開成中学校

〈収録内容〉

便利な DL コンテンツは右の QR コードから

解答用紙　過去年度　国語の問題は紙面に掲載　解説+α

※データのダウンロードは 2025 年 3 月末日まで。
※データへのアクセスには、右記のパスワードの入力が必要となります。 ⇒ 265682

〈合格最低点〉

2024年度	216点	2019年度	218点
2023年度	237点	2018年度	227点
2022年度	199点	2017年度	195点
2021年度	201点	2016年度	196点
2020年度	193点	2015年度	223点

本書の特長

実戦力がつく入試過去問題集

- ▶ 問題 …………… 実際の入試問題を見やすく再編集。
- ▶ 解答用紙 …… 実戦対応仕様で収録。
- ▶ 解答解説 …… 詳しくわかりやすい解説には、難易度の目安がわかる「基本・重要・やや難」の分類マークつき（下記参照）。各科末尾には合格へと導く「ワンポイントアドバイス」を配置。採点に便利な配点つき。

入試に役立つ分類マーク

基本 確実な得点源！
受験生の90％以上が正解できるような基礎的、かつ平易な問題。
何度もくり返して学習し、ケアレスミスも防げるようにしておこう。

重要 受験生なら何としても正解したい！
入試では典型的な問題で、長年にわたり、多くの学校でよく出題される問題。
各単元の内容理解を深めるのにも役立てよう。

やや難 これが解ければ合格に近づく！
受験生にとっては、かなり手ごたえのある問題。
合格者の正解率が低い場合もあるので、あきらめずにじっくりと取り組んでみよう。

合格への対策、実力錬成のための内容が充実

- ▶ 各科目の出題傾向の分析、合否を分けた問題（過去３年分）の確認で、入試対策を強化！
- ▶ その他、学校紹介、過去問の効果的な使い方など、学習意欲を高める要素が満載！

解答用紙ダウンロード 解答用紙はプリントアウトしてご利用いただけます。弊社ＨＰの商品詳細ページよりダウンロードしてください。トビラのＱＲコードからアクセス可。

＋α ダウンロード 2019年度以降の算数の解説に ＋α が付いています。弊社ＨＰの商品詳細ページよりダウンロードしてください。トビラのＱＲコードからアクセス可。

UD FONT 見やすく読みまちがえにくいユニバーサルデザインフォントを採用しています。

開成中学校

高度なカリキュラムで
東大合格者数トップを誇る
伝統行事で生徒の自主性を重視

URL	https://kaiseigakuen.jp

生徒数　914名
〒116-0013
東京都荒川区西日暮里4-7-7
☎ 03-3822-0741
山手線・千代田線西日暮里駅
徒歩２分

プロフィール　全国トップの進学校の伝統と誇り

東大合格者数が全国トップの進学校としてあまりにも有名である。「ペンケン」の校章は“ペンは剣よりも強し”という格言からとったもので、校風を象徴している。開校以来、「自由な精神」と「質実剛健」を伝統とし、新時代を切り開く思考力と実行力、その基盤となる基礎学力、これらを身につける不断の努力を通じ、粘り強く健全な人物の育成に努めている。

1871（明治4）年、幕末の先覚者・佐野鼎により、共立学校として創立。初代校長として高橋是清を迎え、今日の学園の基礎を築いた。1895（明治28）年に開成中学校と改称。出身者として、柳田国男（民俗学者）、斎藤茂吉（歌人）、吉田五十八（建築家）、田中美知太郎（哲学者）など、文化功労者や文化勲章受賞者も多数輩出している。

環境　心技体を育む充実した環境

西日暮里駅から歩いて２分と、通学の便が大変よい。中学校舎には理科実験室、視聴覚教室、小講堂、高校普通教室棟にはコンピューター教室などの最新設備が整うほか、高校校舎屋上には天体観測ドームもある。そのほか、図書館、食堂や、２つのグラウンド、体育館などの体育施設も充実している。

生徒の自発性を重視した授業内容

カリキュラム　コース分けもなく、自主性を尊重

中高６カ年の一貫教育で、進度の速い授業を展開している。中学では、外国人講師による英会話の授業を実施するほか、高校課程の先取り学習も行われる。そのため、高校からの入学者は、高校１年次では別クラスとなり、内部進学者と進度を合わせるように、補講を行うなどの配慮がなされている。

カリキュラムやクラス編成は、文系・理系といったコース分けはなく、すべての教科を履修することが基本で、本校の教師により作成された自主教材も効果的に使われる。また、高校では理・社の科目選択ができ、志望大学の受験科目に合わせた受講が可能となっている。講習は夏期・冬期にそれぞれ１週間ほど行われる。また、校内独自の模試を実施し、到達度・弱点の確認と努力の目安としている。生徒の自主性を尊重し、生徒自身が目標を持って積極的に授業に取り組む姿勢を一番に重視したカリキュラムとなっている。

学校生活　厳しさと楽しさを引き継ぐ伝統行事

「よく学びよく遊べ」をモットーにしており、学園生活は厳しさの中にも楽しさがある。学校行事やクラブ活動でも、生徒の自主性を重んじている。

毎年４月には、長い伝統を持つ筑波大学附属高校とのボートレースが行われ、新入生は入学早々上級生の指導で応援練習に打ち込むことになる。５月には全校をあげて作り上げる運動会、６月には、中学１・２年と高校１年の学年旅行（１～２泊）と、中学３年と高校２年のそれぞれ２泊3日・４泊5日の修学旅行がある。夏休みには水泳学校があり、9月には文化祭がある。また、秋の開成マラソンは、1906（明治39）年以来の伝統行事で、中1が5㎞、中2・中3が6㎞、高校生が８㎞完走を目指す。そのほか冬休みには、希望者を対象にスキー学校も開かれる。

長い伝統を持つ開成マラソン

クラブ活動はバラエティーに富んでおり、22の運動部と30の学芸部、18の同好会がある。

進路　東大進学者日本一 2023年146名合格

学校別の東大進学者数連続日本一を続ける、全国屈指の進学校である。2023年３月卒業生は、118名が現役で東大に、さらに一橋大に５名、東京工業大に３名が合格した。また、私立大では、早稲田大105名、慶應義塾大90名（数字はすべて現役のみ）の合格者を出し、難関校や医学部に進む生徒が多い。毎年、半数弱の卒業生が浪人するが、その多くが再挑戦で希望大学に進学している。

2024年度入試要項

試験日　2/1
試験科目　国・算・理・社

募集定員	受験者数	合格者数	競争率
300	1190	424	2.8

過去問の効果的な使い方

① **はじめに**　ここでは，受験生のみなさんが，ご家庭で過去問を利用される場合の，一般的な活用法を説明していきます。もし，塾に通われていたり，家庭教師の指導のもとで学習されていたりする場合は，その先生方の指示にしたがって，過去問を活用してください。その理由は，通常，塾のカリキュラムや家庭教師の指導計画の中に過去問学習が含まれており，どの時期から，どのように過去問を活用するのか，という具体的な方法がそれぞれの場合で異なるからです。

② **目的**　言うまでもなく，志望校の入学試験に合格することが，過去問学習の第一の目的です。そのためには，それぞれの志望校の入試問題について，どのようなレベルのどのような分野の問題が何問，出題されているのかを確認し，近年の出題傾向を探り，合格点を得るための試行錯誤をして，各校の入学試験について自分なりの感触を得ることが必要になります。過去問学習は，このための重要な過程であり，合格に向けて，新たに実力を養成していく機会なのです。

③ **開始時期**　過去問との取り組みは，通常，全分野の学習が一通り終了した時期，すなわち6年生の7月から8月にかけて始まります。しかし，各分野の基本が身についていない場合や，反対に短期間で過去問学習をこなせるだけの実力がある場合は，9月以降が過去問学習の開始時期になります。

④ **活用法**　各年度の入試問題を全問マスターしよう，と思う必要はありません。完璧を目標にすると挫折しやすいものです。できるかぎり多くの問題を解けるにこしたことはありませんが，それよりも重要なのは，現実に各志望校に合格するために，どの問題が解けなければいけないか，どの問題は解けなくてもよいか，という眼力を養うことです。

算数

どの問題を解き，どの問題は解けなくてもよいのかを見極めるには相当の実力が必要になりますし，この段階にいきなり到達するのは容易ではないので，この前段階の一般的な過去問学習法，活用法を2つの場合に分けて説明します。

☆偏差値がほぼ55以上ある場合

掲載順の通り，新しい年度から順に年度ごとに3年度分以上，解いていきます。

ポイント1…問題集に直接書き込んで解くのではなく，各問題の計算法や解き方を，明快にわかるように意識してノートに書き記す。

ポイント2…答えの正誤を点検し，解けなかった問題に印をつける。特に，解説の 基本 重要 がついている問題で解けなかった問題をよく復習する。

ポイント3…1回目にできなかった問題を解き直す。同様に，2回目，3回目，…と解けなければいけない問題を解き直す。

ポイント4…難問を解く必要はなく，基本をおろそかにしないこと。

☆偏差値が50前後かそれ以下の場合

ポイント1～4以外に，志望校の出題内容で「計算問題・一行問題」の比重が大きい場合，これらの問題をまず優先してマスターするとか，例えば，大問2までをマスターしてしまうとよいでしょう。

理科

理科は1から順番に解くことにほとんど意味はありません。理科は，性格の違う4つの分野が合わさった科目です。また，同じ分野でも単なる知識問題なのか，あるいは実験や観察の考察問題なのかによってもかかる時間がずいぶんちがいます。記述，計算，描図など，出題形式もさまざまです。ですから，解く順番の上手，下手で，10点以上の差がつくこともあります。

過去問を解き始める時も，はじめに1回分の試験問題の全体を見通して，解く順番を決めましょう。得意分野から解くのもよいでしょう。短時間で解けそうな問題を見つけて手をつけるのも効果的です。くれぐれも，難問に時間を取られすぎないように，わからない問題はスキップして，早めに全体を解き終えることを意識しましょう。

社会

社会は1から順番に解いていってかまいません。ただし，時間のかかりそうな，「地形図の読み取り」，「統計の読み取り」，「計算が必要な問題」，「字数の多い論述問題」などは後回しにするのが賢明です。また，3分野(地理・歴史・政治)の中で極端に得意，不得意がある受験生は，得意分野から手をつけるべきです。

過去問を解くときは，試験時間を有効に活用できるよう，時間は常に意識しなければなりません。ただし，時間に追われて雑にならないようにする注意が必要です。“誤っているもの”を選ぶ設問なのに“正しいもの”を選んでしまった，“すべて選びなさい”という設問なのに一つしか選ばなかったなどが致命的なミスになってしまいます。問題文の“正しいもの”，“誤っているもの”，“一つ選び”，“すべて選び”などに下線を引いて，一つ一つ確認しながら問題を解くとよいでしょう。

過去問を解き終わったら，自己採点し，受験生自身でふり返りをしましょう。できなかった問題については，なぜできなかったのかについての分析が必要です。例えば，「知識が必要な問題」ができなかったのか，「問題文や資料から判断する問題」ができなかったのかで，これから取り組むべきことも大きく異なってくるはずです。また，正解できた問題も，「勘で解いた」，「確信が持てない」といったときはふり返りが必要です。問題集の解説を読んでも納得がいかないときは，塾の先生などに質問をして，理解するようにしましょう。

国語

過去問に取り組む一番の目的は，志望校の傾向をつかみ，本番でどのように入試問題と向かい合うべきか考えることです。素材文の傾向，設問の傾向，問題数の傾向など，十分に研究していきましょう。

取り組む際は，まず解答用紙を確認しましょう。漢字や語句問題の量，記述問題の種類や量などが，解答用紙を見て，わかります。次に，ページをめくり，問題用紙全体を確認しましょう。どのような問題配列になっているのか，問題の難度はどの程度か，などを確認して，どの問題から取り組むべきかを判断するとよいでしょう。

一般的に「漢字」→「語句問題」→「読解問題」という形で取り組むと，効率よく時間を使うことができます。

また，解答用紙は，必ず，実際の大きさのものを使用しましょう。字数指定のない記述問題などは，解答欄の大きさから，書く量を考えていきましょう。

開成の算数 ――出題傾向と対策 合否を分けた問題の徹底分析――

出題傾向と内容

出題分野1 〈数と計算〉

「数の性質」の出題率が高く，「演算記号」，「概数」に関する問題も出題が見られる。「単位の換算」は「速さ」・「時計」の問題で基本的な変換が試される。

2 〈図形〉

「平面図形」の問題は毎年，出題されており，「立体図形」も「水量変化」・「回転体」の問題を含めて，ほぼ毎年，出題されている。

一方，「グラフ」を描く問題が含まれる年度もある。

3 〈速さ〉

「図形」ほどは出題率が高くない。近年では「旅人算」・「時計算」・「流水算」が出題されており，ここ数年の「速さ」に関する問題だけを連続して解いてみると，問題によるレベルの差がわかり，勉強になる。「比」を利用する解き方に慣れておこう。

4 〈割合〉

「図形」ほどは出題率が高くないが，「旅人算」における「速さの比」，「平面図形」における「面積比」を問う問題，「水量の比」・「濃度」・「売買」の問題に備えて，難しめの問題にも挑戦しておこう。

5 〈推理〉

「数列・規則性」，「論理・推理」，「場合の数」の問題が，よく出題されている。

6 〈その他〉

近年は「平均算」・「年令算」の出題は見当たらないが，各分野の基本問題から難しめの問題までを，日ごろから練習しておこう。目新しい問題に出合ったときは，問題の条件を把握したうえで，作業して試行錯誤し，内容を整理して正確に答えを推理するという姿勢を目指そう。難しめの「消去算」にも慣れておこう。

出題率の高い分野

❶平面図形・面積　❷立体図形　❸速さの三公式と比　❹数の性質　❺場合の数

来年度の予想と対策

出題分野1 〈数と計算〉…奇数・偶数，約数・倍数，商・余りに関する「数の性質」が出題される。

2 〈図形〉…「平面」「立体」「相似」「移動」の応用問題，融合問題を徹底して練習しよう。

3 〈速さ〉…比を使う「旅人算」の解き方を練習しよう。「特殊算」の練習も必要である。

4 〈割合〉…「速さの比」「面積比」「比の文章題」の応用問題を練習しよう。

5 〈推理〉…「場合の数」「数列・規則性」「推理」，その他の応用問題を練習しよう。

6 〈その他〉…「差集め算」「鶴カメ算」「消去算」，その他の応用問題を練習しよう。

学習のポイント

●大問数4～5題　小問数15～20題前後　●試験時間60分　満点85点

●早めに各分野の基本問題をマスターし，次の段階の考える問題に挑戦していこう。

年度別出題内容の分析表 算数

（よく出ている順に，☆◎○の3段階で示してあります。）

出題内容		27年	28年	29年	30年	2019年	2020年	2021年	2022年	2023年	2024年
数と計算	四則計算			○	○				○		
	単位の換算			○	○		○		○	◎	
	演算記号・文字と式	☆									
	数の性質	☆		◎	☆	☆		○	○	☆	○
	概　数				○		○				
図形	平面図形・面積	☆	☆	☆	☆	☆	☆	☆	☆	☆	☆
	立体図形・体積と容積	☆		☆	○	☆	○	☆	☆	◎	☆
	相似（縮図と拡大図）	○		☆	◎	○	○		☆	○	○
	図形や点の移動・対称な図形		☆				☆		◎	☆	◎
	グラフ		○	◎			◎				
速さ	速さの三公式と比	☆	☆	◎		☆	☆		☆	☆	
	旅人算	☆					○				
	時計算								☆		
	通過算										
	流水算				○						
割合	割合と比		☆	☆	○		○		☆	☆	☆
	濃　度				○						
	売買算										
	相当算										
	倍数算・分配算										
	仕事算・ニュートン算		☆								
	比例と反比例・2量の関係										
推理	場合の数・確からしさ		○		○	☆	◎		☆	☆	☆
	論理・推理・集合			○				☆			
	数列・規則性・N進法	○			☆		○	☆	☆	☆	
	統計と表						☆				
その他	和差算・過不足算・差集め算										
	鶴カメ算						○				○
	平均算										
	年令算										
	植木算・方陣算	○									
	消去算	☆	◎		○				○		

開成中学校

2024年度 開成中学校 合否を分けた問題 算数

1 (3)(ア)〈平面図形，図形や点の移動〉

> 「正三角形」が回転して移動する，出題されやすい問題であるが，(ア)では「マークPの向き」が問われており，油断すると失敗する。

【問題】

1辺3cmの正三角形PにマークPはかかれている。

正三角形Pが初め，右図のスタート位置にあり，1辺9cmの正三角形Qの外周を図の矢印の方向にすべらないように転がり，初めてゴールの位置にくるまで動く。

(ア) 正三角形PがゴールのP位置に着いたときマークPは図の向きになっていた。マークPは，スタート位置ではどのようにかかれていたか。

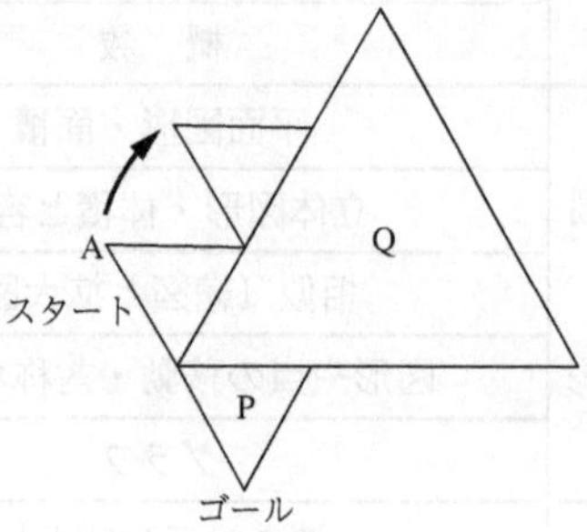

【考え方】

Pの向き…右図のようになる。

辺ABとPの向きを関連づける ——→

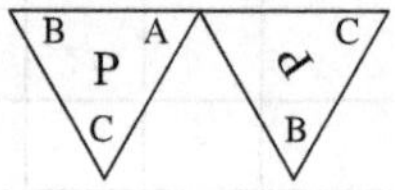

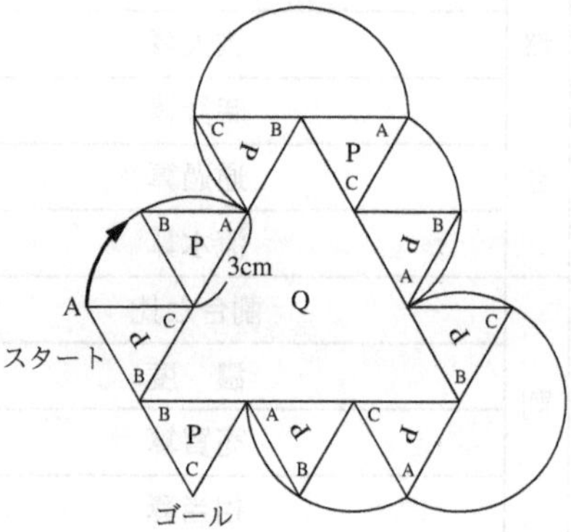

受験生に贈る「数の言葉」————————「ガリヴァ旅行記のなかの数と図形」

作者 ジョナサン・スウィフト(1667~1745)

…アイルランド ダブリン生まれの司祭

リリパット国…1699年11月，漂流の後に船医ガリヴァが流れ着いた南インド洋の島国

①人間の身長…約15cm未満 ②タワーの高さ…約1.5m

③ガリヴァがつながれた足の鎖の長さ…約1.8m ④高木の高さ…約2.1m

⑤ガリヴァとリリパット国民の身長比…12：1 ⑥ガリヴァとかれらの体積比…1728：1

ブロブディンナグ国…1703年6月，ガリヴァの船が行き着いた北米の国

①草丈…6m以上 ②麦の高さ…約12m ③柵(さく)の高さ…36m以上

④ベッドの高さ…7.2m ⑤ネズミの尻尾(しっぽ)…約1.77m

北太平洋の島国…1707年，北緯46度西経177度に近い国

王宮内コース料理 ①羊の肩肉…正三角形 ②牛肉…菱形 ③プディング…サイクロイド形

④パン…円錐形(コーン)・円柱形(シリンダ)・平行四辺形・その他

2023年度 開成中学校 合否を分けた問題 算数

2 〈平面図形，割合と比〉

正六角形を分割する出題されやすい問題であり，重要な問題でもある。
本文の問題では2つの解答を示す設定であるが，ここでは1つのみにする。

【問題】

右図のように1辺が1cmの正六角形がありAP：PF＝1：2で，Qは頂点Aを出発し周上を反時計回りに分速1cmで動く。
正六角形がPQによって2つの部分に分けられるとき，一方の面積が他方の2倍になるのは何分何秒後か。

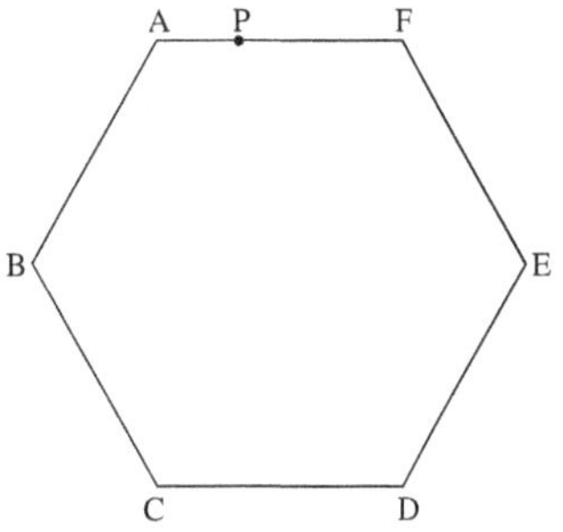

【考え方】

図アにおいて，正六角形の面積を18とする。
二等辺三角形ABC…3
長方形ACGP…3×4÷3＝4
直角三角形PQG…4÷4＝1
五角形ABCQP…3＋4－1＝6
したがって，2つの部分の面積比が6：(18－6)＝1：2になるのは$2\frac{1}{6}$分後すなわち2分10秒後

図ア

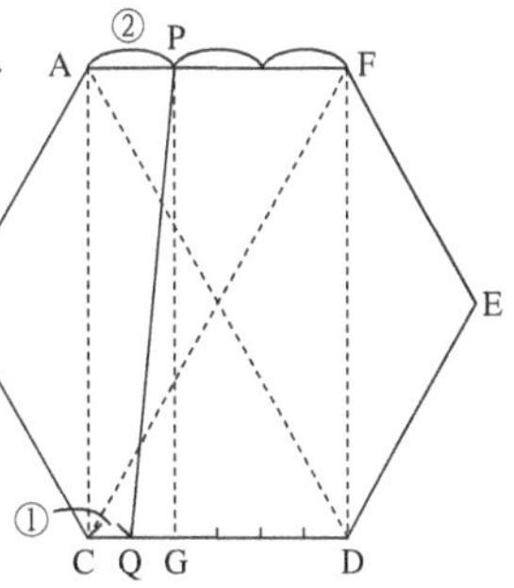

受験生に贈る「数の言葉」―――――――――――バートランド・ラッセル(1872～1970)が語るピュタゴラス(前582～496)とそのひとたちのようす(西洋哲学史)

①ピュタゴラス学派のひとたちは，地球が球状であることを発見した。

②ピュタゴラスが創った学会には，男性も女性も平等に入会を許された。
財産は共有され，生活は共同で行われた。科学や数学の発見も共同のものとみなされ，ピュタゴラスの死後でさえ，かれのために秘事とされた。

③だれでも知っているようにピュタゴラスは，すべては数である，といった。
かれは，音楽における数の重要性を発見し，設定した音楽と数学との間の関連が，数学用語である「調和平均」，「調和級数」のなかに生きている。

④五角星は，魔術で常に際立って用いられ，この配置は明らかにピュタゴラス学派のひとたちにもとづいており，かれらは，これを安寧とよび，学会員であることを知る象徴として，これを利用した。

⑤その筋の大家たちは以下の内容を信じ，かれの名前がついている定理をかれが発見した可能性が高いと考えており，それは，直角三角形において，直角に対する辺についての正方形の面積が，他の2辺についての正方形の面積の和に等しい，という内容である。
とにかく，きわめて早い年代に，この定理がピュタゴラス学派のひとたちに知られていた。かれらはまた，三角形の角の和が2直角であることも知っていた。

2022年度 開成中学校 合否を分けた問題 算数

2 〈平面図形，規則性〉

> 難しい問題ではないが，側面積，表面積の計算が間違いやすく，各数値をミスなくつかむ必要がある。図をよく見ること。

【問題】

図1

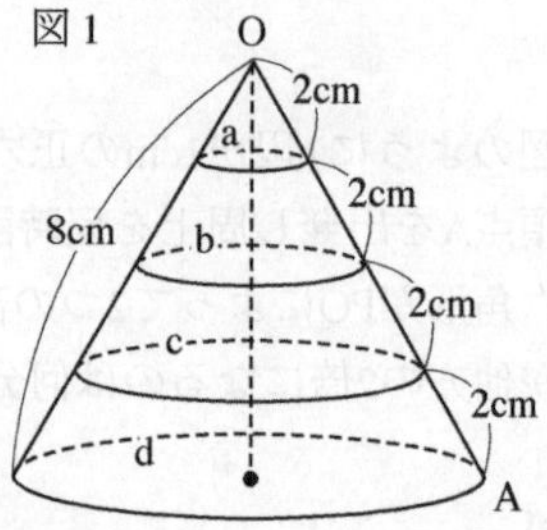

図1のように底面の半径が4cm, OA の長さが8㎝の円錐があり，底面に平行に等間隔になるように4つのブロックに切り分け，最小のブロックから大きいほうへ順にブロックa, b, c, d と呼ぶ。

(1) ブロックb, dの体積の比と表面積の比を求めなさい。

(2) 図2のように，ブロックa, c を積み上げた立体をXと呼び，ブロックb, dを積み上げた立体をYと呼ぶ。立体X, Y の体積の比と表面積の比を求めなさい。

図2

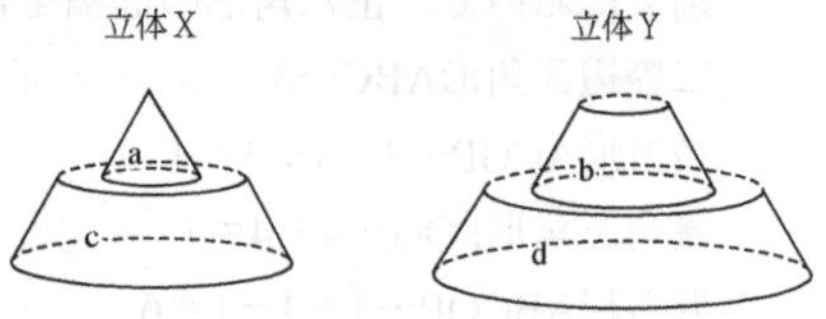

【考え方】

図1において，ブロックa, b, c, d の底面積の比すなわち面積比は1：4：9：16, ブロックa, b, c, d の体積の比は1：(8－1)：(27－8)：(64－27) ＝1：7：19：37

(1) ブロックbとdの体積の比は上の式により，7：37
ブロックdの底面の半径は4cm であり，ブロックdの側面積は4×8×3.14÷16×(16－9)＝14×3.14 (cm^2),
ブロックbの底面の半径は2cm であり，
ブロックbの側面積は2×4×3.14÷4×(4－1)＝6×3.14(cm^2)
したがって，ブロックbとdの表面積の比は
(6＋1＋4)×3.14：(14＋9＋16)×3.14＝11：39

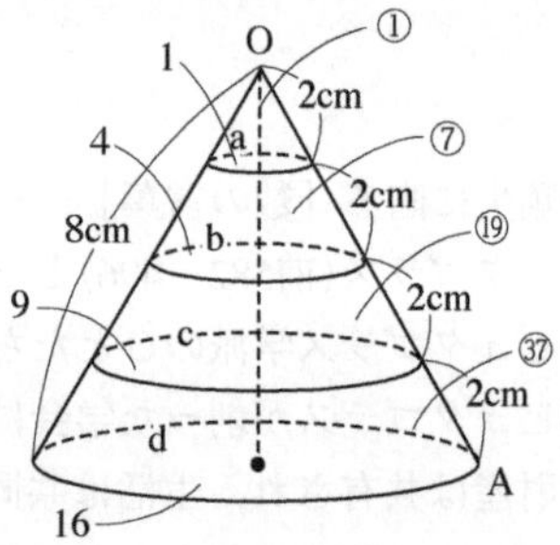

> 側面積＝底面の半径×母線の長さ×3.14

を利用する。

(2) 体積の比… (1＋19)：(7＋37) ＝5：11
表面積の比… (1) より，立体Xの側面積は {1×2＋3×6÷9× (9－4)} ×3.14
＝12×3.14(cm^2),
側面以外の面積は (9＋4－1)×3.14＝12×3.14(cm^2)
立体Y の側面積は (14＋6)×3.14＝20×3.14(cm^2),
側面以外の面積は (16＋9－4＋1)×3.14＝22×3.14(cm^2)
したがって，求める比は (12×2)：(20＋22)＝4：7

開成の理科

——出題傾向と対策
合否を分けた問題の徹底分析——

出題傾向と内容

出題数は本年も大問が4題であった。実験や観察を題材にした問題がほとんどで，問題文の内容や実験結果の数値から結論を導く問題が出題され，問題文の読解力と実験結果の分析能力が試されていた。この手の問題を解くには，幅広い基礎的な知識に加え文章の読解力と数学的な思考力が欠かせない。単に知識があるだけでは不十分で，結果の持つ意味やそれから結論を導き出す力が重視されている。

生物的領域 2022年は植物の具体例を取り上げた基礎的な内容の問題で，2023年は血液中の酸素量の変化に関する問題であった。今年は昆虫の生態に関する個々の知識を問う問題であった。知っていれば容易に解ける内容であり，具体的な内容を知っておくことが必要であった。生物分野は基本的な知識を問うものから，実験をふまえた考察問題まで出題は多岐にわたるが，基本・標準レベルの出題である。個々の植物や動物に関する具体的な知識も求められる。

地学的領域 2022年は気象に関する問題で，問題文の読解力が求められる内容であり，2023年は地層と岩石に関する問題で，比較的解きやすい問題であった。今年は太陰暦と太陽暦に関する問題で，見慣れない内容を含んでいたが，問題文中のヒントをもとに解くことができた。地学分野のレベルは基本的な内容のものが多い。ここ数年は天体の分野からの出題が多いが，過去には気象の問題なども出題されている。

化学的領域 2022年は物質とは何かについて，説明文から結論を導き出す内容の問題で，2023年は温度とインクの色の変化に関する熱の移動の問題であった。今年は水溶液の判別と溶解度の計算問題であった。過去の出題を見ると，比較的「水溶液の性質」に関する問題の出題が多いといえる。また，実験器具の使い方には注意が必要である。普段目にする現象がどのような原理で生じているのか，日頃から考えるようにしたい。

物理的領域 2022年はゴム風船を題材にした実験結果から結論を導く問題，2023年はふりこに関する問題で，今年は回路と電流の問題であった。過去の出題では「力のはたらき」からの出題が多い。例年物理分野は計算問題の問題数が多く，やや難しい問題が多い。

学習のポイント

実験や観察からどんな結論が導けるかを考察する力を身に付けよう。グラフの数値からどんなことがわかるかをいつも考えること。

来年度の予想と対策

幅広い理科の知識が必要である。実験結果を表やグラフ，図にする能力や，逆に表やグラフから傾向を読み取る力が求められる。普段の演習でこのような傾向の問題を解いて慣れておくことが重要である。そのためにもこれまでの過去問を解くなどして練習を行うとよい。

また，実験を題材にした問題は，一般的に問題文の文章が長いことが多く，これまでに扱ったことのない題材が取り上げられることも多い。本番ではあせらずにじっくりと問題を読むことが大切である。この手の問題の解法は問題文の中に見出されることがほとんどである。それで，読解力などの国語の力が決め手となる。

生物分野では，個々の生物の具体的な知識が求められる。図録をたびたび見るなどして，全体的な幅広い知識だけでなく，具体的な個々の生物に関する知識にも触れるようにしたい。

物理分野の計算問題に難しい問題が含まれることがある。問題集の演習でやや難しいレベルの問題に慣れておくことも大切である。

年度別出題内容の分析表　理科

（よく出ている順に，☆◎○の３段階で示してあります。）

領域	出題内容	27年	28年	29年	30年	2019年	2020年	2021年	2022年	2023年	2024年
生物的領域	植物のなかま								☆		
	植物のはたらき			◎							
	昆虫・動物	☆		○	☆	☆		◎			☆
	人体		☆	○						☆	
	生態系							◎			
地学的領域	星と星座		☆								
	太陽と月				☆		☆	☆	◎		☆
	気象	☆						◎	◎		
	地層と岩石			☆						☆	
	大地の活動										
化学的領域	物質の性質	◎							◎		
	状態変化			○		☆					
	ものの溶け方	◎	☆		☆		☆				◎
	水溶液の性質	○	○	○				☆		○	○
	気体の性質										
	燃焼			◎							
物理的領域	熱の性質					☆				◎	
	光や音の性質										
	物体の運動									☆	
	力のはたらき	☆		☆	☆			☆			
	電流と回路		☆				☆				☆
	電気と磁石										
その他	実験と観察	☆	☆	◎	◎	☆	☆	◎	☆	☆	☆
	器具の使用法		☆	○		◎		◎			
	環境										
	時事							○			
	その他				◎						

開成中学校

2024年度 開成中学校 合否を分けた問題 理科

●この問題で，これだけは取ろう！

1	水溶液の性質，溶解度	基本	典型的な内容の問題である。溶解度の計算も全問正解を目指したい。
2	太陽と月	標準	暦の問題は見慣れない内容であるが，問題文を読み取れれば十分対応できる問題であった。
3	昆虫の生態	標準	具体的な例についての知識が必要である。
4	電流と回路	標準	グラフの読み取りを含む内容であった。1問でも多く正解したい。

●鍵になる問題は1だ！

問5　50℃の水100gにホウ酸を7.0gとかしました。この水溶液を25℃まで冷やしたとき，水を何g追加すれば，25℃でホウ酸をとかしきることができますか。25℃の水にホウ酸が溶ける限界の量は実験4の結果から判断して答えなさい。

問6　実験4～実験7の結果から言えることとして，正しいものを，次のア～オの中からすべて選び，記号で答えなさい。

ア　25℃の水にホウ酸をできるだけとかしたとき，その水溶液の酸性は市販の酢より強くなる。

イ　クエン酸の水溶液は水でうすめると，その酸性の強さは弱くなる。

ウ　クエン酸が水にとけた重さと，pHの7からの変化量の間には比例の関係がある。

エ　市販の酢の中にスチールウールを入れると，あわが発生する。

オ　酸をとかした水溶液の濃度が同じであっても，ホウ酸やクエン酸といった酸の種類が異なれば，水溶液の酸性の強さが同じになるとは限らない。

問5　25℃で水100gに溶けるホウ酸の最大量を□gとすると，実験4より，80：4.0＝100：□　□＝5.0gである。50℃で水100gにホウ酸を7.0gを溶かしてこれを25℃に冷やした。25℃でホウ酸7.0gが完全に溶けるのに必要な水の量を□gとすると，100：5.0＝□：7.0　□＝140gとなり，あと40gの水を追加すればホウ酸はすべて溶ける。

問6　pHの値が小さいほど酸性は強い。25℃のホウ酸の飽和水溶液のpHが5程度で，市販の酢のpHが2～3程度なので，市販の酢の方が酸性は強い。また酸は水でうすめると酸性が弱くなる。スチールウールは酸に溶けて水素を発生するが，酸性が弱いと反応が起きない。pH5程度のホウ酸では鉄は溶けなかったが，pHがいくらで溶けるかは，この実験だけではわからない。実験4のホウ酸水溶液と実験5のクエン酸水溶液の濃度は，ともに80gの水に4.0g溶かしたので同じである。しかし，両方のpHの値は異なるので，同じ濃度でも酸の種類によってpHが異なる。

2023年度 開成中学校 合否を分けた問題 理科

●この問題で，これだけは取ろう！

1	地層と岩石	基本	基本問題である。全問正解を目指したい。
2	実験と観察	標準	問題文の内容をしっかりと理解する力が求められる。1問でも多く正解したい。
3	物体の運動	標準～やや難	ふりこの法則を理解していると解きやすい問題であった。
4	人体	標準	表のデータの読み取りや，問題文の内容の理解力が問われる。

●鍵になる問題は3だ！

問5　表4において，ひもの長さが3.0cmと18.0cmの間の規則性が他のひもの長さでも成り立っていると考えて，空欄⑤(ひもの長さが38.0cmのとき)に当てはまる数値を答えなさい。(表4は省略)

図3の左側のように，図1のときと同じおもりを1個用い，ふり初めの角度を5.0°以下の小さなものとし，ひもの長さを2.8cmとして，10往復する時間を測定すると4.40秒でした。

問6　図3の右側のように，ひもの長さは2.8cmのままで1個分の重さと大きさは図1のときと同じおもりを4個用い，ふり初めの角度を5.0°以下の小さいものとし，10往復する時間を測定すると何秒になりますか。ただしフックを含めたおもり4個分の長さは16.0cmで，4個のおもりとひもは波の形になることはなく，直線のまま往復していたものとします。(図は省略)

問5　この問題ではひもの長さとふりこの長さが違うこと注意する。一般的に，ふりこが往復する時間は，ふりこの長さが4倍になると2倍に，9倍になると3倍になる。この問題でも，ふり初めの角度が5.0°以下のときにはこの規則性が成り立つ。ひもの長さが38.0cmのときふりこの長さはそれより2.0cm長い40.0cmである。また，表4よりひもの長さが8.0cmのときふりこの長さは10.0cmであり，このとき10往復の時間は6.34秒であった。ふりこの長さが4倍になるので，往復の時間は2倍の12.68秒になる。

問6　おもりを1個つるしたときのふりこの長さは2.8＋2.0＝4.8(cm)で，10往復の時間は4.40秒であった。おもりを縦に4個並べてつり下げると，ふりこの長さはおもりの重心までの長さになり2.8＋8.0＝10.8(cm)になる。長さが10.8÷4.8＝$\frac{9}{4}$(倍)になるので，往復の時間は$\frac{3}{2}$倍となり4.40×$\frac{3}{2}$＝6.60(秒)になる。ふりこの往復時間と長さの関係は知っておきたい。

2022年度 開成中学校 合否を分けた問題 理科

●この大問で，これだけ取ろう！

①	植物のなかま	基本	基本問題である。全問正解を目指したい。
②	実験と観察	やや難	問題文の内容を理解して，規則性を見つけるのが難しい問題である。1 題でも多く正解したい。
③	物質の性質	標準	問題文が長く読解力が求められる。落ち着いてしっかりと得点したい。
④	気象	標準	グラフの読み取りや問題文の内容の理解力が問われる。

●鍵になる問題は④だ！

問3　B の日記の下線部③について, この時の時刻として最も適当なものを次のア～ウから1つ選び, 記号で答えなさい。

ア　8時　　イ　12時　　ウ　16時

問4　B の日記について, 家を出て砂浜に向かうまでの道順として最も適当なものを次のア～エから1つ選び, 記号で答えなさい。なお, 家から砂浜までに曲がった交差点は1つしかなく, 歩いた道はいずれもまっすぐでした。(選択枝は省略)

問3　朝の8時だとすると，家の前の道を太陽に向かって東に進み，交差点で90°曲がった。交差点を曲がる前の方位磁石の北の方角は，進行方向の左手になる。次に，交差点を北に進むと方位磁石の北の方角は正面になり，時計回りに90°回転することになる。逆に南に進むと北の方角は後ろ側になり，反時計回りに90°回転する。その後，自分の影が正面にくるように西向きに向きを変えると方位磁石の右手側が北になる。12時では最後に影の方を向くと正面が北になる。16時では西に向かって進み，交差点で北に向かうと反時計回りに90°回転するが，その後東に向くと左手側が北になる。

問4　上の説明より，家を出て初めに東に向かい，交差点を南に曲がったことがわかる。

④の問1, 2は海風，陸風が吹く様子を問うもので，標準的な問題と言える。しかし，その後の問題は問題文をよく理解して答えを導き出すものであり，読解力や応用力が求められる。

生物分野の問題では，比較的基礎的な知識が問われるが，その他の分野では，内容的には教科書で扱われるものであっても，問題の問い方が難しくなっている。また，問題文が長く，集中力も求められる。解ける問題を確実に解いて得点する力が求められる。物理分野では例年，やや難しい内容の計算問題が出題される。

開成の社会 ——出題傾向と対策 合否を分けた問題の徹底分析

出題傾向と内容

例年，大問は2～5題の間で出題され，一定ではなく，一昨年は3題で昨年は2題と減ってはいたが，今年は4題と増えた。小問数は40～70題で，今年は解答欄の数で58で昨年の54と大差ないが，試験時間40分ではかなり忙しいだろう。したがって，見直しをする時間はないと思った方がよい。

各設問のレベルは一部を除き，基本的な問題がほとんどでミスが許されない。人名や地名，用語などを答える問題が比較的多く，記号問題がこれに次ぐ。なお，複数の記号を答えるものが2あるが，どちらも2つ選べという指示がある。今年度は短文記述の問題は出題されていない。

地理は広い範囲から出題されるが，日本の国土や自然，産業についての問題が比較的多い。また，今年度は地理の約束事としてメートルや海里の定義やその他メートル法関連の単位についての知識が問われている。

歴史は政治史からの出題が多いが，各時代の代表的人物やその業績に関する出題もある。難問が含まれることがある。

政治は憲法や国会，内閣，裁判所など政治の仕組みからの出題が多い。今年度は選挙制度関連や国連の機関，時事的な問題として2024年問題などについて出題されている。

全体に，比較的オーソドックスな問題が大半を占めているが，知識を使って考えさせる問題もある。

本年度の出題項目は以下の通りである。

1 （総合問題－1924年から2024年の出来事に関連する3分野の問題）
2 （日本地理－各県の産業，自然に関連する問題）
3 （歴史－歴史上の偉人に関連する問題）
4 （総合－近現代の歴史と地理の問題）

学習のポイント

- ●地理や歴史の用語は漢字で正確に覚えよう！
- ●地図や表，グラフの扱いに慣れておこう！
- ●東京・関東地方，ニュースに出てくる外国の地誌は要注意。

来年度の予想と対策

各分野からの出題に時事問題などを加えた総合的な出題が多くなってきている。幅広く学習し，基礎的・基本的な問題を早めに固めることが重要である。

地理では，各地域の自然や産業の特色を理解しておくこと。地図帳で必ず場所を確認し，重要な統計資料には目を通しておきたい。東京や関東地方についての出題も多いので，地域の郷土誌や歴史散歩などの書籍を読むことをお勧めする。日本だけでなく周辺の地域に関しても，ある程度は知識が必要なので，地図帳を細かく見ることを意識しておきたい。また，地形図についての知識も近年出されているので，等高線や縮尺などについての基本的なことはおさえておきたい。

歴史では，まず全体の大きな流れをつかんでから，各時代の特色を把握していきたい。歴史的な出来事を並びあげる問題をピックアップして取り組むのも良い学習方法である。教科書の写真や図版がよく出題されるので，時代や人物名などを確認しながら見ていきたい。歴史上の人物の業績などと絡めた出題も多いので，あわせて確認しておきたい。正誤問題も出されるので，取り違えそうなもの，似たものの区別をしっかりとつけておくこと，因果関係を踏まえて出来事の流れを覚えることに注意。

政治では，日本国憲法の学習が最重要であるのはもちろん，政治の仕組みについても細かくおさえておきたい。時事問題も出題されるので，日ごろからテレビのニュースや新聞には関心を持つことが重要。2024年の50年前，100年前，150年前といったあたりの歴史はもちろん，それに関連する地理などにも注意が必要である。国際政治や国内情勢は，日々，大きく変化しているので，このような動きにも，興味・関心を持ってほしい。経済や政治の国際連携は確実に理解しておくこと。

年度別出題内容の分析表 社会

（よく出ている順に，☆◎○の3段階で示してあります。）

出題内容				27年	28年	29年	30年	2019年	2020年	2021年	2022年	2023年	2024年
地理	日本の地理	テーマ別	地形図の見方	○				◎	○	○	◎		
			日本の国土と自然	◎	◎		◎	☆	☆	☆	☆	◎	◎
			人口・都市	○		◎	○		○				◎
			農林水産業	◎			◎	○		◎	○		◎
			工　業	○			◎				○		
			交通・通信		○	○	○	○		○		◎	◎
			資源・エネルギー問題		◎				☆	◎	○		
			貿　易	○	☆	◎	○	○		○			
		地方別	九州地方										
			中国・四国地方										
			近畿地方										
			中部地方										
			関東地方										
			東北地方										
			北海道地方										
	公害・環境問題			○				○			○		
	世界地理			○		◎	◎	○	◎		○	◎	
日本の歴史	時代別	旧石器時代から弥生時代		○				○				◎	
		古墳時代から平安時代		◎	◎	◎	○	◎	◎	◎	☆	☆	○
		鎌倉・室町時代		◎	◎	○		○	◎	◎	☆		◎
		安土桃山・江戸時代		◎	☆	☆	◎	☆	☆	◎	☆	◎	◎
		明治時代から現代		☆	◎	○	☆	☆	☆	☆	☆	☆	☆
	テーマ別	政治・法律		☆	☆	◎	◎	☆	☆	☆	☆	☆	☆
		経済・社会・技術		◎	☆	◎	◎	○	◎	☆	☆	◎	◎
		文化・宗教・教育		○	○	◎	○	◎	◎	◎	☆	☆	◎
		外　交		○	○	○	◎	○	◎	◎	☆	◎	◎
政治	憲法の原理・基本的人権			◎			○	◎	◎				
	国の政治のしくみと働き						◎	◎	☆	☆	◎	◎	☆
	地方自治												
	国民生活と社会保障								○				
	財政・消費生活・経済一般					○	○		◎		◎	◎	
	国際社会と平和			○						◎	☆	◎	◎
時事問題				○	◎	◎	○		◎	◎	○	◎	◎
その他					○	☆	◎	○	○	○	◎		○

開成中学校

2024年度 開成中学校 合否を分けた問題 社会

1

1は1924年から2024年の時代に関連する3分野の総合問題。100年間のさまざまな出来事に絡めて，いろいろな分野に関する問題が散りばめられており，頭の切り替えをスムーズにやらないとならない問題になっている。問1から問7までの中で，さらに枝問もあり解答欄の数では13個を埋めていくことが求められている。

問1は1924年の前の年の出来事として関東大震災を答えさせるもので，ここはほぼすべての受験生が答えられるのではないだろうか。

問2が選挙制度に関する問題で，枝問が2つ。(1)では選挙制度の変遷に関する説明の5つの選択肢の中で正しいものを2つ選ぶもの。有権者資格の変遷に関するものは受験生のほとんどが正答できると思うが，代理投票に関するものとインターネット関連の事柄の選択肢の正誤を判断するのは厳しいかもしれない。また，参政権の資格に関する正誤問題では被選挙権の居住地に関するもので正誤の判断が問われているが，近年の実際の事例を知っていればわかるかもしれないが厳しいところではある。

問3は度量衡の単位に関連するもので枝問が3つ。知識があれば簡単だが，知識がないと見当もつかないかもしれない。比較的答えやすいのは(3)の海里に関するものか。

問4は東京を流れる荒川と隅田川に関する問題で枝問が3つ。荒川と隅田川を地図を見て答えるものはできてほしいところ。もう1つの水門に関連する問題は地図と説明文を読み常識的に考えればわかるが知識として知っているものではないので，悩んだ受験生も多いかもしれない。

問5は日本の輸送に関する問題で，旅客と貨物のそれぞれの輸送での自動車，船舶，鉄道のものをその輸送量の推移のグラフで考えるもの。これは似たようなものを受験勉強の中で目にしているかもしれないが，初めてでも，航空機輸送の割合から旅客と貨物を判断し，あとはそれぞれの輸送機関の特徴から考えていけば正答はできる。

問6は枝問が2つで，1964年から72年の出来事として不適切なものを選択肢4つの中から選ぶものと，WFPの紋章を4つの選択肢から選ぶもの。出来事を選ぶものは，1973年の第一次オイルショックの原因として第四次中東戦争を知っていれば正解を選ぶことはできるので，ここは正答したいところ。WFPの紋章を選ぶものは知っていれば早いが，その紋章を知らなくても，WFPが食料問題に関連する機関であることを知っていれば，そこから類推すれば紋章の意匠の中に穀物が描かれているものを選ぶことができるとは思う。

問7はさまざまな事柄の4つの説明文の中で誤りのあるものを選ぶもの。これは時事的なものとして物流2024年問題がどういうものかを知っていればわかる。

以上，極端に難しいという問題ではないが，普通の受験生が持っていそうな知識で推測していけば答えられるものというものでもない設問が多い。これらの問題を全て難なく答えられるような知識を身につけるというのは非常に困難であり，しかも今年度の問題に対応する知識を身につけても，それが次年度以降の問題に使えるというものでもない。知識量は正確なものなら大いに越したことはないが，ある程度の知識を持っているならば，それらをフルに動員して問題の中の手掛かりになりそうなものと組み合わせて考えていくことで正解を導き出すような勉強をしていくことが，合格への一番確実な道であろう。知識量だけで勝負するのではなく考えることを求める問題をたくさん解いて，この手の問題に慣れていくことと，あとは短時間でそれをこなす練習を積んでいくことが必要である。

2023年度 開成中学校 合否を分けた問題 社会

[2]

[2]は地理分野と政治分野の総合問題で，2022年の出来事を中心とした問題で，様々な事柄が出題されている。コロナ禍，ウクライナ戦争の影響による物価の高騰，円安傾向を受けての経済の問題もあり，やや中学受験では珍しいので，正直，面食らった受験生も多かったかもしれない。ただ，受験勉強で身に着けてきた知識をフルに活用すれば十分に対応は可能であろう問題なので，いかに本番の際に気持ちの切り替えやどういう状況でも焦らずに問題に取り組むことができるかどうかで，かなり差がつくところかもしれない。

大問の本文の空欄補充が6あり，ここは文脈をしっかりと押さえながら読めば，答えられるものなので，はずしたくはない。問2，問3がウクライナ戦争がらみのもので，ウクライナ，フィンランド，スウェーデンの位置を問うものが問2，NATOを答えさせるものが問3。ここも正解しておきたいところである。

次の問4が経済に関する問題で，(1)で2021年6月と2022年6月のそれぞれの原油1バレル当たりの価格とアメリカドルと日本円の為替レートの正しい組み合わせを選択肢から選ばせるもの。細かく数字を覚えていない場合でも，要は原油の価格は上昇し，為替レートでは円が下落しているという状況を把握していて，実際には数字がどう動けばその状態なのかがわかっていればすぐに選べるもの。円安になる場合の為替レートの変化で間違える可能性もあるが，1ドルが110円から130円になるのが円安で，その逆は円高であることがわかっていれば大丈夫。(2)では(1)をもとに，日本での原油価格がどうなるかを計算させる問題が出されている。ここも数字の意味を正しく理解すれば，ドルで表示されている原油価格を円に換算するなら，単純に為替レートの数字をかければ良く，さらに1バレル当たりの数字を1リットルあたりに換算するので，これを1バレルが160リットルとあるから，単純に160で前の計算の数値を割っていけば答えが出せる。あとは小数第一位で四捨五入とあるのでその指示に従うだけである。

問5は日本，アメリカ，インド，オーストラリアのQUADに関する問題。これは知らないと答えられない。問6は参議院選挙に関する問題。極めてオーソドックスなものなので，ここの問6は必ず正解しておきたいところ。

[2]の中で答えるのに悩んだ受験生が多いと思われるのは問7。九州新幹線の佐賀県内の路線をつくるにあたって佐賀県内から出ていた反対意見の資料の文中の空欄に入れるのに適切と思われる内容を答えるもの。空欄が3か所あり，それぞれに当てはまるものを考えないとならない。AからCまである空欄のうち，Bはズバリ，当てはまる語を答えられればいいのだが，AとCは語とも考えられるし，短い句もしくは文とも考えられる。いずれにしても文脈を把握して空欄の前後をよく見ていけば，答えることはできる。Aは佐賀県にも負担が求められるという空欄の前後の内容から費用に関係するものかと考えられれば大丈夫。Bは在来線を存続させるために佐賀県や沿線市町村が民間企業とともにつくる運営会社の方式ということで第三セクターを思い出せれば完璧である。Cは新幹線がつくられた場合の在来線と比べて効果が小さいという文脈から，新幹線に期待される効果となると移動時間の短縮が思いつければ良い。Bは知らなければ出てこないものだが，AとCは考えればわかるものではある。

問8はリニア新幹線に関するもので，その路線や，その路線をつくることでの問題点を知っていれば答えられるが，知らないと答えるのは難しいであろう。

以上，明らかに知識がないと答えられないものもあるが，多くは考えれば答えることはできそうなものである。短い試験時間の中でフルに考えるのはかなり大変なことではあるが，このあたりの訓練を過去問等で十分にやれているかどうかが合否を分けるともいえよう。

2022年度 開成中学校 合否を分けた問題 社会

2

2は地理分野を中心とした問題で，緯度経度に関連するものを中心に，その他様々な事柄が出題されている。緯度経度を前面に出してくる問題は中学受験では珍しいので，正直，当惑した受験生も多かったかもしれない。ただ，受験勉強で身につけてきた知識をフルに活用すれば十分に対応は可能であろう問題なので，いかに本番の際に気持ちの切り替えやどういう状況でも焦らずに問題に取り組むことが出来るかどうかで，かなり差がつくところかもしれない。

ここの問題で，注目すべきところは，図1，図2で示されたように，緯度経度を利用してグラフの座標のように日本の各地の場所を考えさせているところである。

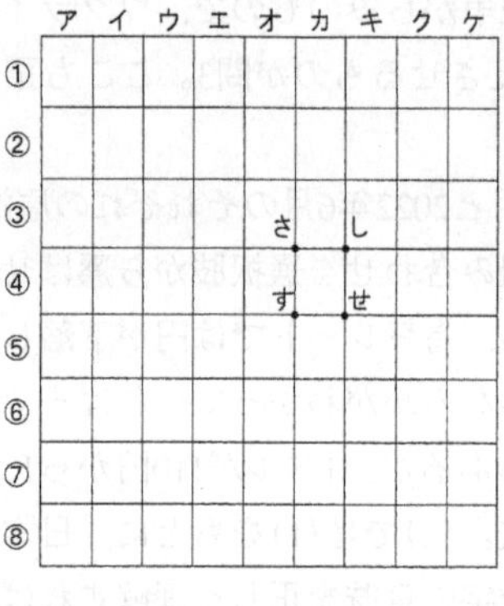

図1

さくいん
□おおさか 大阪……………エ⑥
・おおすみはんとう 大隅半島……イ⑧
・[1]しょとう [1]諸島………ウ⑤
・しもきたはんとう 下北半島……キ③
・しれとこみさき 知床岬…………ケ①
□とうきょう 東京…………[2]
□なごや 名古屋……………オ⑥
・[3]はんとう [3]半島………オ⑤
□ふくおか 福岡……………イ⑦
□わっかない 稚内……………キ①

※□は都市。いくつかの地名を出題のために抜《ぬ》き出《だ》したものであり、五十音順に並んでいる。

図2

本校を受験するような生徒であれば，さすがに日本列島の輪郭をかなり細かく頭の中に描き，位置関係を把握するようなことは可能かもしれないが，おそらくその際に緯度経度を細かく把握している受験生は皆無ではないだろうか。標準時子午線の東経135度線の位置，あとは日本の東西南北の端の場所の緯度経度程度はおおむね把握しているとは思うが，地図に緯線経線の格子模様で網掛をして，いろいろな場所を把握しているというのはほとんどないのではないだろうか。

設問の図は緯度，経度ともに2度刻みの偶数のところに線が引かれた方眼になっており，また図2の中で日本の中の数か所をその図1の中のどこにあるのかを示してあるので，まずはその中でもわかりやすいものを使って緯度経度の線がそれぞれ何度なのかを確認する必要がある。わかりやすいものでは大阪があるので，大阪の場所と東経135度線が同じマスの中にあると判断すれば，大阪のマスの左右が東経134度と136度とわかる。また，稚内と下北半島が同じタテの列になっているので東経140度もこのマスのあたりだと判断できる。さらに稚内がだいたい北緯45度あたりなので，稚内のマスの上の線が146度，下の線が144度と判断できる。これで，方眼の一番外側の左側が東経128度，右側が146度，一番上が北緯46度で，一番下が北緯30度と判断でき，すべての線がわかる。

設問の中で，この緯度経度の方眼がわからないと答えづらいのが，問3～問8。全くわからないというものでもないが，正直，これらの問題は位置関係を把握できないと答えるのは厳しいものが多い。ただ，この中で問7は問題が逆にヒントにもなりうるものでもある。秋田県の男鹿半島の付け根あたりが北緯40度東経140度の交点になっていることを知っていれば，わかりやすい。

上記以外の設問の中にも新潟県の市町村の海外の姉妹都市の組み合わせを答えさせる問題はある程度は世界地理の知識の有無で差がついてくる。その他は，比較的，本校を受験するレベルの生徒であれば知っている，わかるようなものがほとんどになるので，まずはそれらを確実に正解し，その上で，ここに挙げた設問を一つでも多く解答できるかどうかが，合否のカギになってくると思われる。

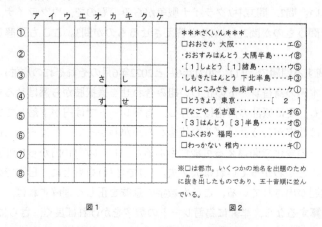

開成の国語

――出題傾向と対策 合否を分けた問題の徹底分析――

出題傾向と内容

素材文の傾向：物語文や随筆文の一題構成，または，物語文と論説文・随筆文・詩の組み合わせなど。文章ジャンルは，多種多様。本年度は，論説文と物語文の二題構成であった。資料を含む表現の問題が出題されたこともある。文章量は多い。文章難度は，例年，かなり高い。あらゆる種類の文章に読み慣れておきたい。

記述形式：本年度は，自由記述問題にはすべて字数指定がなかったが，ある年度もある。字数指定がない場合は解答欄の大きさから，それぞれの設問に，それなりの字数（15～100字など）を，出題者が期待していることを予想する必要がある。問われる内容は，説明的文章の「要約」や「要旨」，あるいは文学的文章の「心情」や「主題」など，多肢に渡る。幅広い記述対策を行いたい。また，小さすぎる字は減点の対象になる。表記にも，気をつけたい。

漢字：基本～標準レベルの漢字問題が，毎年，出題される。本校受験生なら，このような部分で，点数を落とすべきではない。

記述以外・知識問題など：本年度は出題されなかったが，過去には，話者の主観が含まれた表現を書きぬく問題や，「カタカナとひらがなの書き順」に関する問題が出題された。また，「ございます」という表現の誤用などを分析して，「言葉のきまり」を深く考えさせるような出題もあった。どのような出題にも対応できるように，幅広い範囲を油断せずに学びたい。

出題頻度の高い分野

❶物語文　❷論説文　❸心情・細部表現の読み取り　❹類推の記述　❺要約系の記述

来年度の予想と対策

出題分野　物語文や随筆文の一題構成。または，物語文・随筆文と論理的文章，表現問題の組み合わせ。

1　40～100字程度の記述問題。
2　主題に関係する記述。文章全体から書く内容を類推するもの。
3　心情記述：文章中の表現から，言葉を類推する必要があるもの。
4　要約系の記述：指定された字数から，書く内容を判断するもの。
5　言葉の知識に関する，工夫された設問。

学習のポイント

●本校に頻出の記述問題の型をおさえる。　●試験時間50分　満点85点
●過去問対策を通して，さまざまな記述問題に取り組む体験を積む。
●細部読解で解決する設問が出題された場合，手堅く得点する。

年度別出題内容の分析表 国語

（よく出ている順に，☆◎○の3段階で示してあります。）

出題内容		27年	28年	29年	30年	2019年	2020年	2021年	2022年	2023年	2024年
設問の種類	主題の読み取り	◎	○	○	◎	○	○	○	○	○	○
	要旨の読み取り					○	○	○	○	◎	◎
	心情の読み取り	☆	☆	☆	☆	☆	☆	☆	☆	☆	☆
	理由・根拠の読み取り	○	○			○	○	○		○	○
	場面・登場人物の読み取り		○	☆	○	○	○	○	○	○	○
	論理展開・段落構成の読み取り	○									
	文章の細部表現の読み取り	☆	☆	☆	☆	☆	☆	☆	☆	☆	☆
	指示語										
	接続語										
	空欄補充										
	内容真偽										
	根拠　文章の細部からの読み取り	☆	☆	☆	☆	☆	☆	☆	☆	☆	☆
	根拠　文章全体の流れからの読み取り	○	○	○	◎	◎	◎	◎	◎	◎	◎
設問形式	選択肢	○									
	ぬき出し				○			○			○
	記　述	☆	☆	☆	☆	☆	☆	☆	☆	☆	☆
記述の種類	本文の言葉を中心にまとめる	◎	◎	◎	◎	◎	◎	◎	◎	◎	◎
	自分の言葉を中心にまとめる	☆	◎	◎	◎	◎	◎	◎	◎	◎	◎
	字数が50字以内		○	◎	◎	◎	◎	○	○		
	字数が51字以上	☆	☆	◎	☆	◎	◎	◎	◎	☆	☆
	意見・創作系の作文				○						
	短文作成										
語句・知識	ことばの意味	○									
	同類語・反対語										
	ことわざ・慣用句・四字熟語										
	熟語の組み立て										
	漢字の読み書き	◎	◎	◎		◎	◎	◎	◎	◎	◎
	筆順・画数・部首										
	文と文節										
	ことばの用法・品詞										
	かなづかい										
	表現技法										
	文学史										
	敬　語			○							
文章の種類	論理的文章（論説文，説明文など）	○				○	○	○			○
	文学的文章（小説，物語など）	○	○	○	○	○	○	○	○	○	○
	随筆文		○							○	
	詩（その解説も含む）			○							
	短歌・俳句（その解説も含む）										
	その他				○						

開成中学校

2024年度 開成中学校 合否を分けた問題 国語

一 問一 ③

★合否を分けるポイント（この設問がなぜ合否を分けるのか？）

記述問題の解答の，細かい点に気を付けてまとめることが，合格にとって大切であるため。

★この「解答」では合格できない！

（△）背と腹をくねらせる水平運動

→本文の第二段落の最後の文に「背と腹をくねらせる水平運動」とあり，この解答はそれをそのまま抜き出した形。解答の条件である穴埋め文の〔　③　〕にあてはめると，

「……〔　背と腹をくねらせる水平運動　〕という行動を与える。」

となり，「運動」と「行動」という言葉が重なり，文としての座りが悪い。「という行動」に合う形に直して解答する配慮がほしいところである。

★こう書けば合格だ！

（○）水平に背と腹をくねらせる

→解答の条件である穴埋め文の〔　③　〕にあてはめると，

「……〔　水平に背と腹をくねらせる　〕という行動を与える。」

となり，文の流れが整っている。

二 問五 ①

★合否を分けるポイント（この設問がなぜ合否を分けるのか？）

記述問題の中，漢字の書きという基本問題を確実に得点することが，合格にとって大切であるため。

★この「解答」では合格できない！

（×）①：一挙一同

→「イッキョイチドウ」は，一つ一つのふるまいのこと。「一同」は，同じであることや，そこにいる人々という意味を表すので，ここでの「いちどう」とは違う意味。

（×）⑤：遺失

→本文には，「鵺」が「昼間の光とはイシツ」であると書かれている。よって，〝落したり忘れたりして失うこと〟という意味の「遺失」は文脈に合わない。〝性質のちがうこと〟という意味の「異質」がふさわしい。

★こう書けば合格だ！

（○）①：一挙一動　⑤：異質

2023年度 開成中学校 合否を分けた問題 国語

□一 問一

★合否を分けるポイント（この設問がなぜ合否を分けるのか？）

記述問題の中，漢字の書きという基本問題を確実に得点することが，合格にとって大切であるため。

★この「解答」では合格できない！

（×）「モクヒョウ」：目漂・目票

→「漂」は，ただよう，という意味で，熟語には「漂流・漂泊・漂着」などがある。
「票」は，小さい書き付け用の紙片，という意味で，熟語に「伝票・証票」などがある。また，選挙や採決のための入れ札，という意味もあり，熟語に「投票・開票」などがある。

★こう書けば合格だ！

（○）目標

→「標」は，目じるし，という意味で，熟語には「目標・指標・標的・標識・標語・標示・標本・標準」などがある。

□三 問三

★合否を分けるポイント（この設問がなぜ合否を分けるのか？）

複数の自由記述問題の一つ一つの解答を，ポイントをおさえて短時間で的確にまとめることが，合格にとって大切であるため。

★この「解答」では合格できない！

（△）学校を休んで，母へ言い訳をしたり，友達に迷惑をかけたりすることが心配だったから。

→――部2の「曖昧」とは，はっきりせず確かでない様子，という意味。これをふまえると，解答には，このときの希代子の複雑な心情をとらえる必要があると考えられる。この解答では，学校をさぼることに対する，否定的な心情のみをまとめており，肯定的な心情が含まれていないので，心情の複雑さが書ききれていない。

（△）朱里の自由な一日に憧れ，朱里と一緒にいたいという気持ちの一方で，母へ言い訳をしたり，友達に迷惑をかけたりすることが心配な気持ち。

→学校をさぼることに対する，肯定的な心情と，否定的な心情の両方がおさえられているが，解答の文が，設問文の「なぜ……ですか。」という問いかけに対応した文末になっていない。文末は理由を表す「……から。」「……ので。」などの形でまとめるべき。

★こう書けば合格だ！

（○）朱里の自由な一日に憧れ，朱里と一緒にいたいという気持ちがある反面，母へ言い訳をしたり，友達に迷惑をかけたりすることが心配だったから。

→――部2の「曖昧」とは，はっきりせず確かでない様子，という意味。これをふまえると，解答には，このときの希代子の複雑な心情をとらえる必要があると考えられる。学校をさぼることに対する，肯定的な心情と，否定的な心情の両方をおさえることで，心情の複雑さを表すのがよい。両方をつなぐ言葉として「……反面,」「……(だ)が,」などを使うとよい。

2022年度 開成中学校 合否を分けた問題 国語

問一

★合否をわけるポイント（この設問がなぜ合否をわけるのか？）

記述問題の中，漢字の書きという基本問題を確実に得点することが，合格にとって大切であるため。

★この「解答」では合格できない！

（×）① 平正

→「平正」は，公平で正直なこと。「平静」は，落ち着いてしずかなこと。文章中の①は，心也が心の動揺を隠して「ヘイセイを装」っている場面なので，「平静」が合う。

（×）④ 節骨

→「筋」「節」は形が似ていて間違えやすいので注意する。

★こう書けば合格だ！

（○）① 平静　② 筋骨

→——部④「口ぎなたくののしられたり，悪口を言われたほうが」よいという気持ちに合う。

問三

★合否をわけるポイント（この設問がなぜ合否をわけるのか？）

字数の多い自由記述問題の中，字数が比較的少なめの記述問題も，ポイントをおさえて解答することが，合格にとって大切であるため。

★この「解答」では合格できない！

（×）好感を抱いていたヤジさんが「偽善者」という言葉に「なるほど」と言ったという驚き。(40字)

→「驚き」の気持ちもあるはずだが，文章に書かれている「『好感』の絶対量が，一気に半減」(＝失望)や，「苛立ち」の気持ちもおさえる必要がある。

（×）好感を抱いていたヤジさんが「偽善者」という言葉に対して「なるほど」と言ったから。(40字)

→問題では「心也の気持ちを……説明しなさい」と指示されているので，心也がどのような気持ちであるかを答える必要がある。

★こう書けば合格だ！

（○）好感を抱いていたヤジさんが「偽善者」という言葉に抵抗しないことへの失望と苛立ち。(40字)

→心也の話に対してヤジさんは，「偽善者か……。なるほど」と言い，「偽善者」という言葉を抵抗なく受け入れているように見えることに注意する。これに対して心也は，「これまで俺がヤジさんに抱いていた『好感』の絶対量が，一気に半減するのを感じ」て，「苛立ち」を覚えている。

MEMO

大切なことはメモしておこうネ！

2024年度

★★★★★★★★★★★★★★★★★★★★★★★

入　試　問　題

2024年度

開成中学校入試問題

【算　数】（60分）　　＜満点：85点＞

１　次の問いに答えなさい。

(1)　数字１，２，３，４，５，６，７，８，９と四則演算の記号＋，－，×，÷とカッコだけを用いて2024を作る式を１つ書きなさい。ただし，次の指示に従うこと。

①　１つの数字を２個以上使ってはいけません。

②　２個以上の数字を並べて２けた以上の数を作ってはいけません。

③　できるだけ使う数字の個数が少なくなるようにしなさい。（使う数字の個数が少ない答えほど，高い得点を与えます。）

たとえば，10を作る場合だと，

●５＋５や（７－２）×２は，①に反するので認められません。

●１と５を並べて15を作り，15－２－３とするのは，②に反するので認められません。

●③の指示から，２×５，２×（１＋４），４÷２＋３＋５のうちでは，使う数字の個数が最も少ない２×５の得点が最も高く，数字３個の２×（１＋４），数字４個の４÷２＋３＋５の順に得点が下がります。

(2)　２本の金属棒O，Pがあります。長さはPの方がOより２cm長く，重さは２本とも同じです。長さ１cmあたりの重さは，Oはどこでも１cmあたり10ｇです。Pは，中間のある長さの部分だけ１cmあたり11ｇで，それ以外の部分は１cmあたり８ｇです。

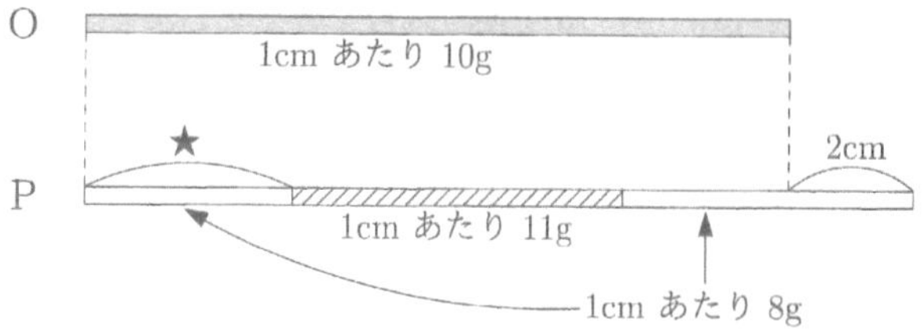

（図の中の長さは正確ではありません。）

２本の金属棒を図の左端《はし》から同じ長さだけ切り取るとすると，切り取る部分の重さが等しくなるのは，切り取る長さが34.5cmのときだけです。

（ア）図の★の部分の長さを求めなさい。

（イ）金属棒１本の重さを求めなさい。

(3)　１辺３cmの正三角形 P に，マークPがかかれています。この正三角形 P がはじめ次のページの図のスタートの位置にあって，１辺９cmの正三角形 Q の外周を図の矢印の方向にすべらないように転がって，はじめてゴールの位置にくるまで動きます。

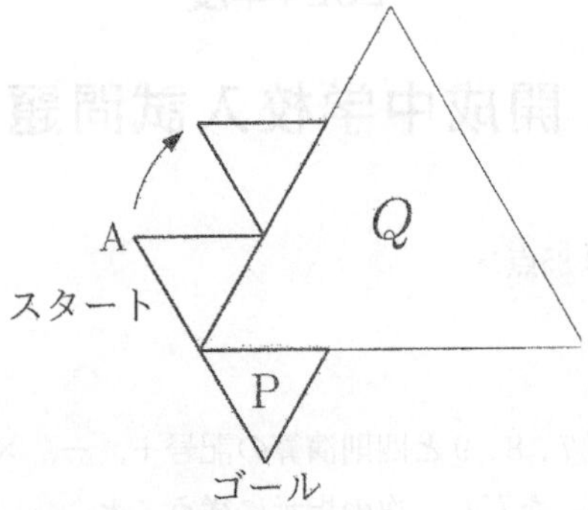

（ア）正三角形 P がゴールの位置に着いたとき，マークPは上の図の向きになっていました。マークPは，スタートの位置ではどの向きにかかれていましたか。解答らんの図に書き込みなさい。

（イ）正三角形 P がスタートからゴールまで動くとき，図の頂点Aが動く距離《きょり》を求めなさい。

（ウ）正三角形 P がスタートからゴールまで動くときに通過する部分の面積は，次のように表されます。空らん（X），（Y）にあてはまる数を答えなさい。

> 正三角形 P が通過する部分の面積は，半径が 3 ㎝で，中心角が60°のおうぎ形 （X） 個分の面積と，1 辺が 3 ㎝の正三角形 （Y） 個分の面積をあわせたものである。

[2] 9 枚のカード[1]，[2]，[3]，[4]，[5]，[6]，[7]，[8]，[9]があります。はじめに，9 枚のカードから何枚かを選び，混ぜ合わせて 1 つの山に重ねます。このときのカードの並び方を「はじめのカードの状況《きょう》」ということにします。

たとえば，5 枚のカード[1]，[2]，[3]，[4]，[5]を使う場合を考えましょう。5 枚のカードを混ぜ合わせて 1 つの山に重ねたとき

「カードが上から[4][2][5][1][3]の順に重ねられている」

とします。これがこのときのはじめのカードの状況です。これを簡単に【4 2 5 1 3】と表すことにします。

机と箱があります。次のルールに従って，山に重ねたカードを上から 1 枚ずつ，机の上か，箱の中に動かします。

● 1 枚目のカードは必ず机の上に置く。

● 2 枚目以降のカードは，そのカードに書かれた数が机の上にあるどのカードに書かれた数よりも小さいときだけ机の上に置き，そうでないときには箱の中に入れる。

たとえば，はじめのカードの状況が【4 2 5 1 3】のとき，カードは次のページの図のように動かされ，最終的に机の上には 3 枚のカード[4][2][1]が，箱の中には 2 枚のカード[5][3]が置かれます。この結果を，机の上のカードに注目して，カードが置かれた順に《4 2 1》と表すことにします。

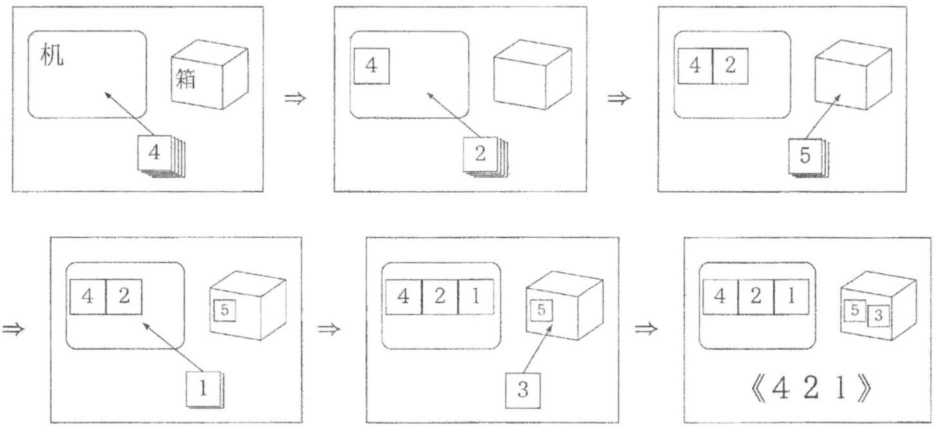

(1)　７枚のカード[1]，[2]，[3]，[4]，[5]，[6]，[7]を使う場合を考えます。
はじめのカードの状況が【７４６３１２５】であるときの結果を答えなさい。

(2)　次のそれぞれの場合のはじめのカードの状況について答えなさい。(ア)，(イ)については，解答らんをすべて使うとは限りません。

(ア)　３枚のカード[1]，[2]，[3]を使う場合を考えます。
結果が《２１》になるはじめのカートの状況をすべて書き出しなさい。

(イ)　４枚のカード[1]，[2]，[3]，[4]を使う場合を考えます。
結果が《２１》になるはじめのカードの状況をすべて書き出しなさい。

(ウ)　５枚のカード[1]，[2]，[3]，[4]，[5]を使う場合を考えます。
①　結果が《２１》になるはじめのカードの状況は何通りありますか。
②　結果が《５２１》になるはじめのカードの状況は何通りありますか。

(エ)　６枚のカード[1]，[2]，[3]，[4]，[5]，[6]を使う場合を考えます。
結果が《５２１》になるはじめのカードの状況は何通りありますか。

(3)　９枚のカード全部を使う場合を考えます。
結果が《７５４２１》になるはじめのカードの状況は何通りありますか。

[3]　次のページの見取図のような直方体Xを３つの平面P，Q，Rで切断して，いくつかの立体ができました。このうちの１つをとって，立体Yと呼ぶことにします。

立体Yの展開図は右ページの図のようになることが分かっています。ただし，辺(あ)，辺(い)につづく面が，それぞれ１つずつかかれていません。また，直方体Xの見取図の点A，B，Cが，立体Yの展開図の点A，B，Cに対応します。

(1)　立体Yの展開図の面①～⑤の中で，もともと直方体Xの面であったものをすべて答えなさい。

(2)　立体Yの展開図に書かれた点D，E，Fに対応する点は，直方体Xの辺上にあります。辺上の長さの比がなるべく正確になるように注意して，点D，E，Fに対応する点を，解答らんの直方体Xの見取図にかき入れなさい。

(3)　平面Pで直方体Xを切断したときの断面，Qで切断したときの断面，Rで切断したときの断面は，それぞれどのような図形になりますか。次のページの図のようなかき方で，解答らんの直方体Xの見取図に１つずつかき入れなさい。３つの答えの順番は問いません。また，平面と交わる直方体の辺については，辺上の長さの比がなるべく正確になるように注意しなさい。

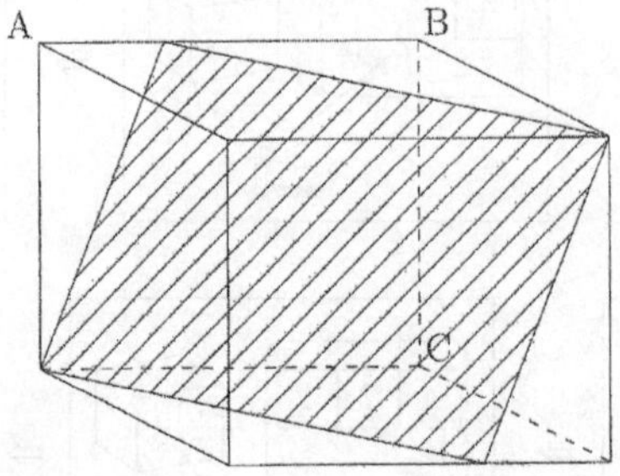

(4)　解答らんの立体 Y の展開図に，（あ），（い）につづく面を，なるべく正確にかき入れなさい。

(5)　展開図のひと目盛を 1 ㎝とします。(4)でかき入れた面のうち，（い）につづくほうの面積を求めなさい。

直方体 X の見取図

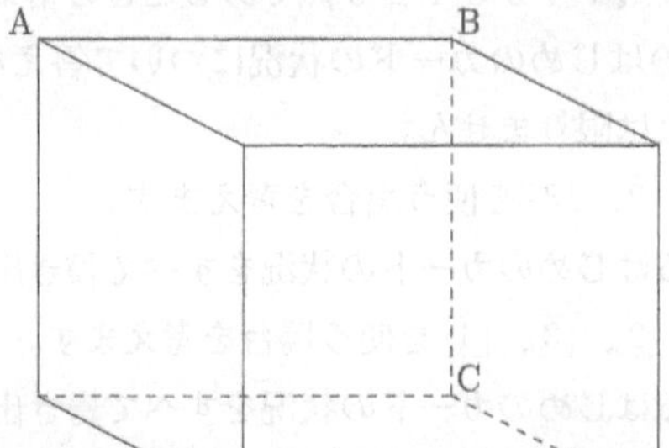

立体 Y の展開図

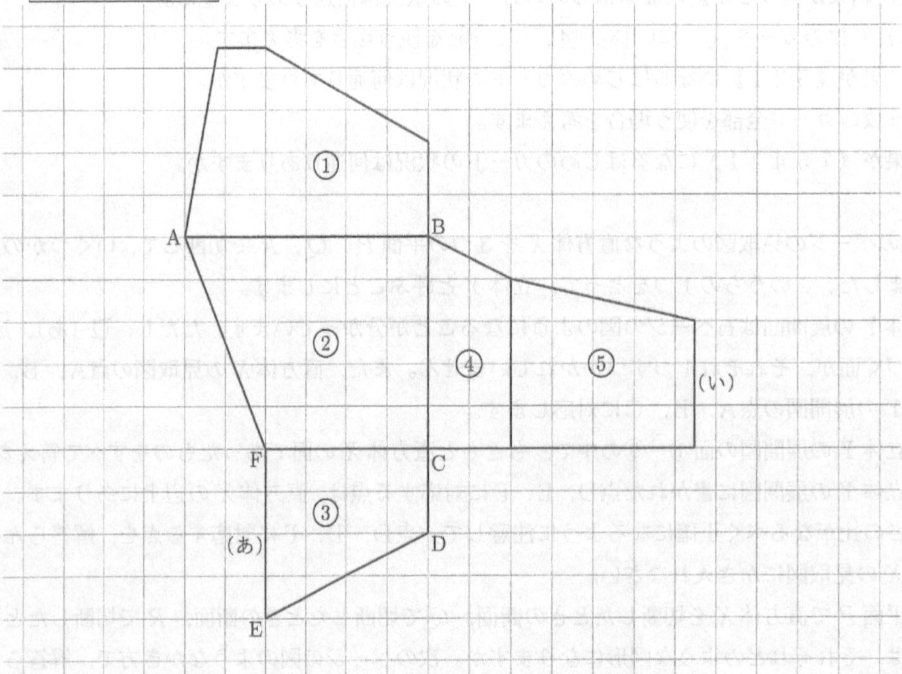

【理　科】（40分）　＜満点：70点＞

1

Ⅰ　**5種類**の水溶液《すいようえき》Ａ～Ｅを試験管に用意して実験１～実験３を行いました。これらの水溶液は，以下の**6つ**のいずれかであることがわかっています。

アンモニア水・塩酸・重そう水・食塩水・石灰水・炭酸水

実験１　水溶液を蒸発皿に入れ，加熱して水を蒸発させると，水溶液Ｂ，Ｃ，Ｄでは白い固体が残りましたが，水溶液Ａ，Ｅでは何も残りませんでした。

実験２　においをかぐと，においがあったのはＡだけでした。

実験３　水溶液Ａ，Ｅは青色リトマス紙を赤色に，水溶液Ｂ，Ｃは赤色リトマス紙を青色に変えましたが，水溶液Ｄでは，リトマス紙の色の変化はありませんでした。

問１　水溶液Ｅの名前を答えなさい。

問２　水溶液Ａの名前を答えなさい。

問３　水溶液Ａ～Ｅをすべて特定するためには，少なくともあと１つの実験をする必要があります。その実験として最も適切なものを，次の**ア**～**エ**の中から１つ選び，記号で答えなさい。

ア　BTB溶液を水溶液に加えてみる。

イ　二酸化炭素を水溶液にふきこんでみる。

ウ　実験１で得られた白い固体に磁石を近づけてみる。

エ　実験１で得られた白い固体が電気を通すか調べてみる。

Ⅱ　水溶液の酸性・中性・アルカリ性を知る方法はリトマス紙やＢＴＢ溶液以外にも複数あり，例えば，ムラサキキャベツにふくまれるアントシアニンという，多様な色を示す色素を利用する方法もあります。さらに複数の色素をしみこませた万能《ばんのう》試験紙（**図１**）を使うことで，酸性やアルカリ性の「強さ」を調べることができます。強さはpH《ピーエイチ》で表し，中性を７とし，多くの水溶液は０から14までの数値で表されます。数値が７から小さくなるほど強い酸性，大きくなるほど強いアルカリ性であることを示しています。

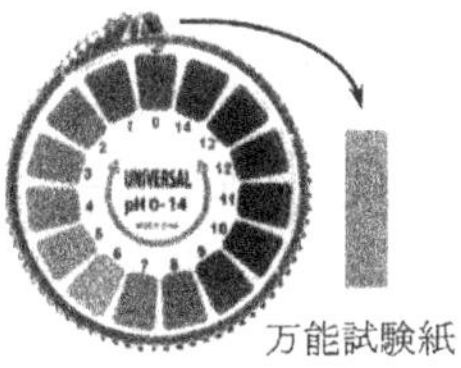

図１

　ここでは医薬品にも使われるほう酸と，果実などに入っているクエン酸に注目し，万能試験紙を使って，実験４～実験７を行いました。

実験４　ほう酸を25℃の水80ｇにとかしたところ，4.0ｇまでとけました。ガラス棒の先を使って，この水溶液を万能試験紙につけたところ，万能試験紙の色が変わりました。色が変わった万能試験紙と見本を**図２**のように比べたところ，pHは５程度であることがわかりました。この水溶液を50℃まで温めたところ，ほう酸はさらに4.8ｇとけました。

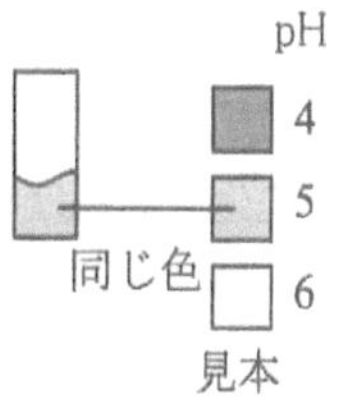

図２

実験５　クエン酸についても実験４と同様に，25℃の水80ｇにとかしたところ，60ｇまでとけました。水溶液のpHは，クエン酸を水80ｇに4.0ｇとかした時点で２程度になり，最終的に60ｇ

をとかしたとき，pHは１程度になりました。

実験６　実験４で得られたpHが５程度のほう酸水溶液にスチールウールを入れたところ，あわは発生しませんでした。一方，実験５で得られたpHが１程度のクエン酸水溶液では，あわが発生しました。

実験７　ほかの酸の水溶液についても酸性の強さを調べました。市販《しはん》の酢《す》では，pHは２～３程度でした。実験室にあった濃度《のうど》３％の塩酸では，pHは０～１程度でした。

問４　実験４の結果より，ほう酸は50℃の水100 gに何 gとけることがわかりますか。ただし，答えが整数にならない場合は，小数第１位を四捨五入して整数で答えなさい。

問５　50℃の水100 gにほう酸を7.0 gとかしました。この水溶液を25℃まで冷やしたとき，水を何 g追加すれば，25℃でほう酸をとかしきることができますか。25℃の水にほう酸がとける限界の量は実験４の結果から判断して答えなさい。ただし，答えが整数にならない場合は，小数第１位を四捨五入して整数で答えなさい。

問６　実験４～実験７の結果から言えることとして，正しいものを，次のア～オの中からすべて選び，記号で答えなさい。

ア　25℃の水にほう酸をできるだけとかしたとき，その水溶液の酸性は市販の酢より強くなる。

イ　クエン酸の水溶液は水でうすめると，その酸性の強さは弱くなる。

ウ　クエン酸が水にとけた重さと，pHの７からの変化量の間には比例の関係がある。

エ　市販の酢の中にスチールウールを入れると，あわが発生する。

オ　酸をとかした水溶液の濃度が同じであっても，ほう酸やクエン酸といった酸の種類が異なれば，水溶液の酸性の強さが同じになるとは限らない。

2　次の会話文を読んで，月についてのあとの問いに答えなさい。

先生：昨年の８月31日に見えた満月は，ブルームーンでしかもスーパームーンだったね。

満男：ブルームーンって青いの？

月子：青く見えるわけじゃなくて，１ヶ月の間に２回満月があるとき，その２回目の満月のことですよね？　その前の満月は８月２日だったから。

先生：その通り。①昔の暦《こよみ》ではありえなかったわけだけどね。

月子：ああ，昔の暦って，１ヶ月が新月から新月までの平均29.53日だったから満月が２回あるわけがないんですね。

満男：でも，そうすると12ヶ月が365日じゃないわけだよね。１年はどうなっていたんだろう？

先生：それはね，②大の月（１ヶ月が30日）と小の月（１ヶ月が29日）を組み合わせて12ヶ月として，１年に足りない分はときどき「うるう月」をはさんで13ヶ月にしていたんだよ。

月子：複雑なんですね。じゃあ「うるう月」はどのくらいあるの？

先生：それはね，だいたい（　あ　）はさむことになっているんだ。

月子：そういえば今年は「うるう年」だから，今月は29日まであるわね。

先生：それは別の話で，「うるう年」は，地球が太陽のまわりを１周するときにぴったりした日数になっていないためにもうけられているんだ。西暦《せいれき》が４で割りきれる年は（　a　）で，100で割り切れる場合は例外的に（　b　）とし，さらに400で割り切れる場合は（　c　）としているよ。

満男：ところで先生，スーパームーンは今年の満月で一番大きく見えるんだよね？

先生：それもちょっとちがうね。最初に決めた占星術《せんせいじゅつ》師は，③１月と地球の距離《きょり》をもとに計算で決めたようだよ。

月子：ああ，だから１年に２回も３回もあるわけなのね。おかしいと思った。

満男：この写真（**図１**）ほんと？こんなに大きさがかわるの？

先生：そうだね，見比べないからわからないんだよ。ブルームーンとスーパームーンは，どちらも人間が勝手に決めたものなので科学的にはあまり意味はないんだ，夢をこわして悪いけど。でもその機会に月や星をながめるのはいいと思うよ。

図１　スーパームーンと最小の満月

問１　下線部①の昔の暦の例としては，明治５年まで使われていたものがあります。その暦と現在使われている暦について説明した文としてあてはまるものを，次の**ア**～**エ**の中から**１つずつ選び**，記号で答えなさい。

ア　１年の長さを太陽の動きで決め，１ヶ月の長さも太陽の動きで決めている。

イ　１年の長さを月の動きで決め，１ヶ月の長さも月の動きで決めている。

ウ　１年の長さを太陽の動きで決め，１ヶ月の長さを月の動きで決めている。

エ　１年の長さを太陽の動きで決め，１ヶ月の長さは太陽の動きや月の動きに関係なく決めている。

問２　下線部②の日数について，大の月と小の月が交互《こうご》にくり返されたとしたとき，12ヶ月の日数を整数で答えなさい。

問３　下記の事実をもとに，文章中の（ａ）～（ｃ）にあてはまる語を「うるう年」または「平年」から選んで答えなさい。

・西暦2023年は平年である。
・西暦2020年はうるう年である。
・西暦2000年はうるう年である。
・西暦1900年は平年である。

問４　七夕（７月７日）の夜に見える月の形は現在の暦では毎年異なっていますが，昔の暦の７月７日には毎年ほぼ同じ形に見えていました。その形としてあてはまるものを，次の**ア**～**オ**の中から１つ選び，記号で答えなさい。ただし，図は月が南中したときに肉眼で見た向きになっています。

ア　**イ**　**ウ**　**エ**　**オ**

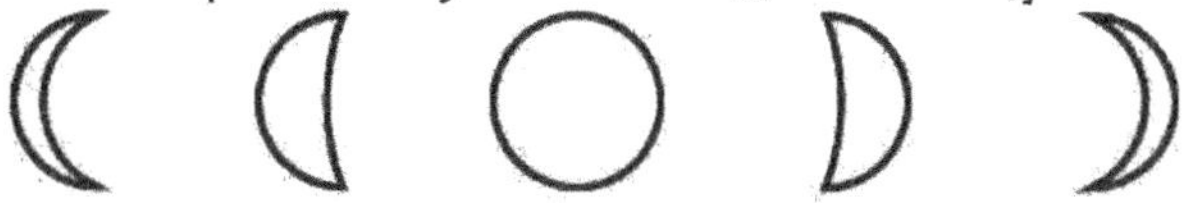

問５　文章中の（**あ**）にあてはまる語句を，次の**ア**～**エ**の中から１つ選び，記号で答えなさい。

ア　２年に１回　　**イ**　４年に１回　　**ウ**　10年に７回　　**エ**　19年に７回

問６　下線部③のくわしい説明の例としては，次のようになります。

「だ円形になっている月の軌道《きどう》で地球から最も違いとき（遠地点）の月と地球の距離をＡとし，

地球から最も近いとき（近地点）の月と地球の距離をBとします。（A－B）の90％の長さをAから引いた距離をCとします。Cよりも近い新月または満月をスーパームーンとします。」

では，Aを40.7万km，Bを35.7万kmとした場合に，昨年の８月２日に見えた満月（距離は35.8万km）について述べた文として正しいものを，次のア～エの中から１つ選び，記号で答えなさい。

ア　Cは36.2万kmであるから，スーパームーンである。
イ　Cは36.2万kmであるから，スーパームーンではない。
ウ　Cは40.2万kmであるから，スーパームーンである。
エ　Cは40.2万kmであるから，スーパームーンではない。

問７　右の図２は地球のまわりの月の軌道を表していて，昨年の８月31日の満月の位置を●で示してあります。ただし，この図では天体の距離や大きさは正確ではありません。また，図２では地球が公転しないように描《か》いてあるので，時間がたつと太陽光の向きが変わっていくことになります。

記入例を参考にして，解答欄《らん》の図に昨年の８月２日の地球に対する太陽光の向きを矢印と直線で記入しなさい。また，昨年の８月２日の満月の位置を×印で記入しなさい。

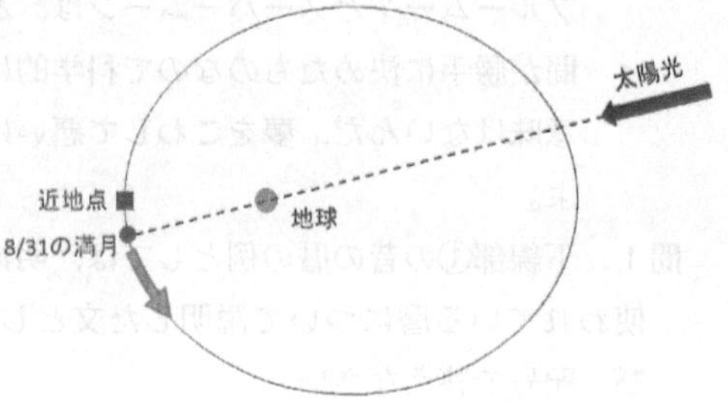

図 2

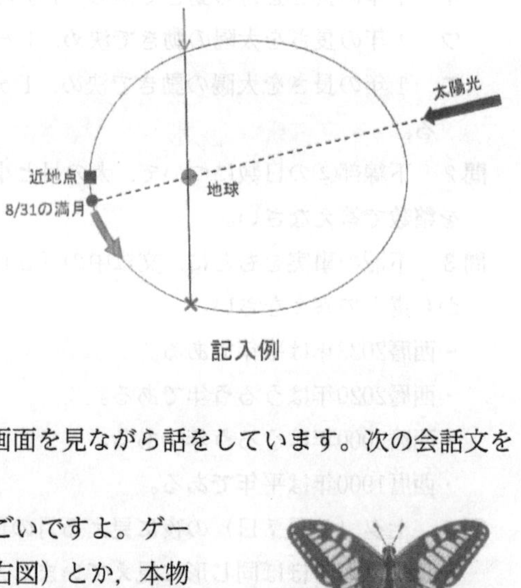

記入例

3　M吉《きち》・S江《え》・F太の３人は，あるビデオゲームの画面を見ながら話をしています。次の会話文を読んで，あとの問いに答えなさい。

M吉：ちょっと見てください，この「ムシ図鑑《ずかん》」すごいですよ。ゲームなのに，超《ちょう》リアルなんですよ。この画像（右図）とか，本物そっくりじゃないですか？

S江：確かに，見事ですね。これなら本物の図鑑と比べても遜色《そんしょく》ないと思います。

F太：これだけ正確なら，画像を見ただけで種《しゅ》がわかりますね。オニヤンマの複眼の接し方とか，ハンミョウの翅《はね》の模様など見事なものです。でもよく見るとこれ，アゲハチョウではなくキアゲハじゃないですか。アゲハチョウなら前翅《まえばね》の付け根の黒い部分が黒と黄色の縞《しま》模様になるはずですよ。カラスアゲハも，ミヤマカラスアゲハに見えますね。翅に光る帯があるように見える

アゲハチョウ

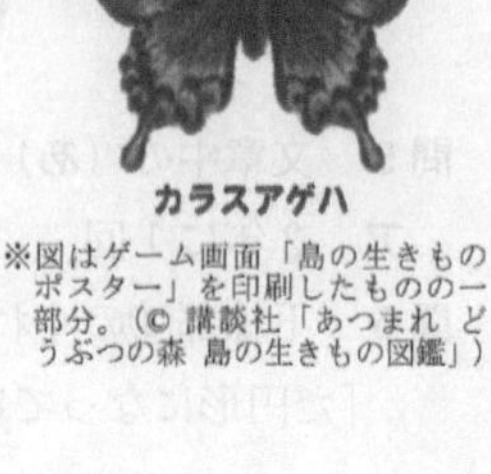
カラスアゲハ

※図はゲーム画面「島の生きものポスター」を印刷したものの一部分。（© 講談社「あつまれ どうぶつの森 島の生きもの図鑑」）

のはミヤマカラスアゲハで，カラスアゲハにはこの帯はありません。こんな区別ができるのは，正確に描《えが》かれているからこそですけれどもね。

M吉：F太くんは細かいですねえ。そんなちがい，ふつうわかりませんよ。それより，考えたんですけれども，このゲームでムシ採りをすれば，屋外に出なくても自由研究ができるのではないでしょうか。夏の暑いさなかに外に出るのはいやですし，冬の寒い時期にムシを探すのは大変ですよね。

S江：それはさすがによくないと思いますけれど………。

F太：道徳的な問題はさておき，このゲームの世界が現実と本当に同じように設計されているかどうかはきちんと調べた方がいいですよ。画像が正確だからと言って，生態まで正確とは限りませんからね。……うわっ，このオオムラサキの飛び方，本物そっくりですね。

M吉：言ってる先から，すっかり夢中じゃないですか。とりあえず，ゲーム内の日付を夏休みである８月に合わせてムシ探りをしてみましょう。

*　　　　　*　　　　　*

M吉：さすがゲームです。簡単に採ることができました。集めたムシはこんな感じです。

F太：日本にはいないはずのムシも多く見られますね。やはりそのまま自由研究にするのは問題がありそうです。

S江：ところで，このゲームではどうして「ムシ」と表示されるのですか？ふつう「虫」は漢字で書くと思うのですけれども……。

F太：①それは多分，昆虫《こんちゅう》以外の生物もふくんでいるからだと思いますよ。このゲームでは，カタツムリやヤドカリも「ムシ」にふくまれるみたいですし。

M吉：ところで，②集めたムシはそれぞれ採れる場所がちがっていたのですけれども，やはりこれは食べ物が関係しているのでしょうか？

F太：どのムシがどこで採れたのかがわからないと判断できませんが，例えば，同じ花に集まるムシでも，蜜《みつ》を吸うもの，花粉を食べるもの，花に来たムシを食べるものなどがいるでしょうから，簡単には言えないと思いますよ。

*　　　　　*　　　　　*

M吉：夏の採集がある程度うまくいったので，今度は冬に挑戦《ちょうせん》してみましょう。ゲーム内の日付を１月に合わせてみますね……おおっ，雪景色になりました！

S江：東京ではこんなに雪は積もらないから，新鮮《しんせん》ですね。

M吉：さっそくムシ採りに行ってきます。

*　　　　　*　　　　　*

M吉：もどりました。やっぱりゲームの世界では冬でも簡単に採集できていいですね。雪の上を飛ぶモンシロチョウとか，ちょっと保護色かも。

F太：ちょっと待ってください。１月にモンシロチョウがいたんですか？

M吉：採れましたよ。花の周りを飛んでいました。

F太：１月に多くの花がさいているというのも驚きですが，モンシロチョウって（　③　）で冬越《ふゆご》ししますよね。１月に成虫が飛んでいるというのは不思議です。

S江：そういえば，④このゲームでは卵や幼虫，さなぎは出てきませんね。

M吉：「セミのぬけがら」は採れますけどね。何のセミかはわかりませんが。

F太：だとすると，本来成虫は見られないはずなのに成虫が採れている可能性が高そうですね。同時に，⑤幼虫がどこで暮らしているのかをこのゲームで調べるのも無理そうです。

S江：やっぱりこのまま自由研究に使うのはやめたほうがよさそうですね。

M吉：そうですか……これをきっかけに，現実のムシも見てみるようにします。

問１　下線部①に関連して，次の**ア**～**ス**のうち，「昆虫」にふくまれないものはどれですか。**すべて選び**，記号で答えなさい。

ア　ノコギリクワガタ　**イ**　ミンミンゼミ　**ウ**　ヒグラシ　**エ**　アキアカネ
オ　キアゲハ　**カ**　オカダンゴムシ　**キ**　クロオオアリ　**ク**　モンキチョウ
ケ　ジョロウグモ　**コ**　ショウリョウバッタ　**サ**　アオスジアゲハ
シ　アブラゼミ　**ス**　クマゼミ

問２　下線部②に関連して，次の**ア**～**セ**を成虫の食べ物によってグループ分けしました。葉を食べるもの，花の蜜を吸うもの，木の汁《しる》を吸うもの，樹液をなめるもの，他の昆虫を食べるもの，というグループに分けたとすると，最も数が多いグループに属するものはどれですか。**すべて選び**，記号で答えなさい。

ア　モンシロチョウ　**イ**　ナナホシテントウ　**ウ**　ヒグラシ　**エ**　アキアカネ
オ　キアゲハ　**カ**　ギンヤンマ　**キ**　オオカマキリ　**ク**　カブトムシ
ケ　ジョロウグモ　**コ**　ショウリョウバッタ　**サ**　ノコギリクワガタ
シ　アブラゼミ　**ス**　クマゼミ　**セ**　アオスジアゲハ

問３　空欄《くうかん》③に関連して，現実の世界では，⑴モンシロチョウ，⑵ナナホシテントウ，⑶カブトムシ，⑷オオカマキリ，⑸エンマコオロギはそれぞれどのような姿で冬越ししますか。あてはまるものを次の**ア**～**エ**の中からそれぞれ**１つずつ選び**，記号で答えなさい。

ア　卵　**イ**　幼虫　**ウ**　さなぎ　**エ**　成虫

問４　下線部④に関連して，現実の世界では，次の**ア**～**キ**のうち，さなぎになるものはどれですか。**すべて選び**，記号で答えなさい。

ア　モンシロチョウ　**イ**　カブトムシ　**ウ**　アブラゼミ　**エ**　アキアカネ
オ　ショウリョウバッタ　**カ**　オオカマキリ　**キ**　クロオオアリ

問５　下線部⑤について，現実の世界では，⑴モンシロチョウの幼虫，⑵カブトムシの幼虫，⑶アキアカネの幼虫，⑷ショウリョウバッタの幼虫，⑸アブラゼミの幼虫を探すには，どんなところを調べればよいですか。あてはまるものを次の**ア**～**エ**の中からそれぞれ**１つずつ選び**，記号で答えなさい。

ア　花の上　**イ**　葉の裏　**ウ**　土または腐葉土《ふようど》の中　**エ**　水の中

4　電気の性質やはたらきについて，あとの問いに答えなさい。

Ⅰ　同じ種類の乾電池《かんでんち》，豆電球，スイッチを使った回路**ア**～**オ**について考えます。最初，すべてのスイッチは開いているものとします。**問１**～**問３**に答えなさい。

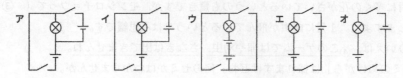

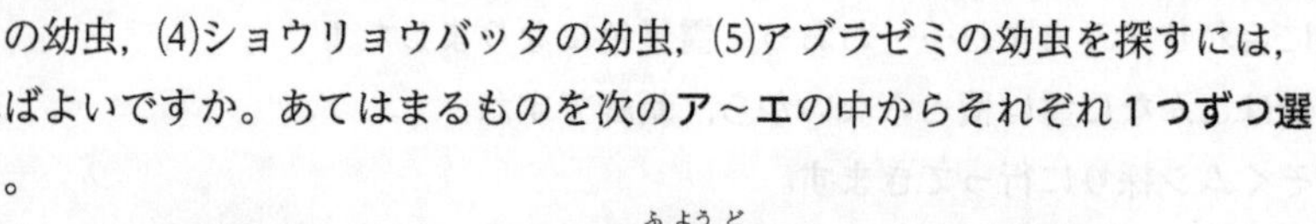

問1　スイッチを1つだけ閉じたときの豆電球の明るさが，すべての回路の中で最も明るくなる回路を**ア**～**オ**の中から1つ選び，記号で答えなさい。

問2　スイッチを1つだけ閉じても豆電球がつかないが，スイッチを2つ閉じると豆電球がつくようになる回路を**ア**～**オ**の中から1つ選び，記号で答えなさい。

問3　一方のスイッチを閉じると豆電球がつき，その状態でもう一方のスイッチを閉じてもその明るさが変わらない回路を**ア**～**オ**の中から**すべて**選び，記号で答えなさい。

Ⅱ　水の温度が電熱線によってどう上昇《じょうしょう》するかを調べるために同じ種類の電熱線，電源装置，電流計，温度計を用いた**図1**の装置を使って，100 g の水の温度を上昇させる実験を行いました。ここでは，電源装置に直列につなぐ電熱線の数だけを変えて，電熱線に流れる電流の大きさを測定し，ときどき水をかき混ぜながら1分ごとの水の上昇温度を測定しました。**図2**，**図3**は測定結果をまとめたグラフです。この測定結果にもとづいて，**問4**，**問5**に答えなさい。

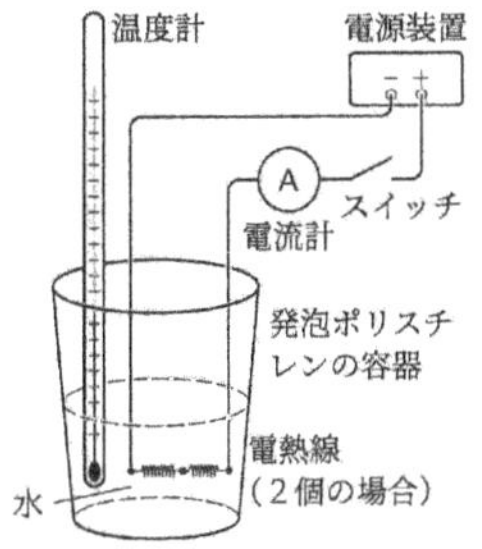

図1

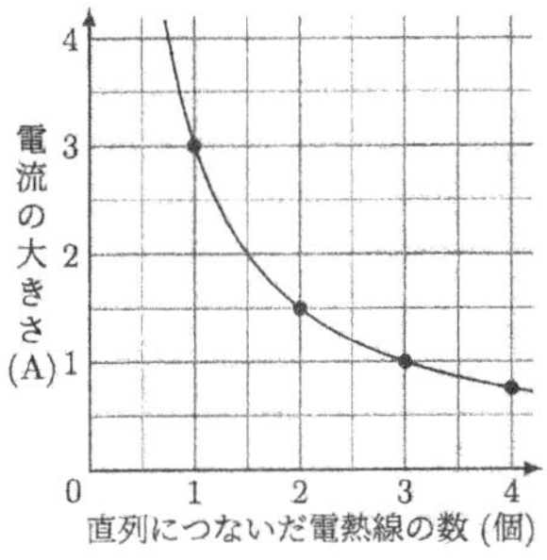

図2

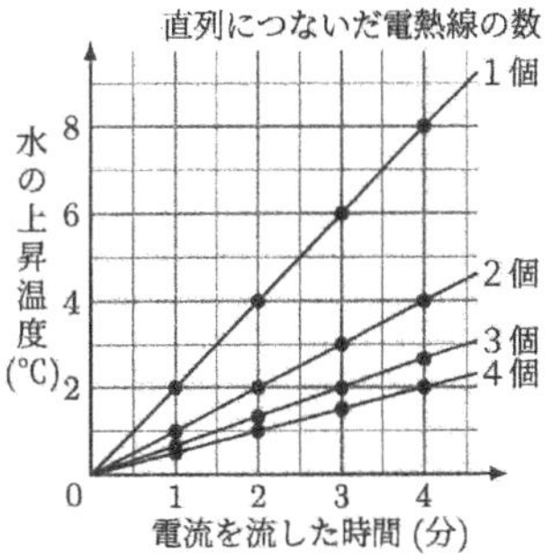

図3

問4　次の文章の空欄《くうらん》①にあてはまる比を，最も簡単な整数の比で答えなさい。また，空欄②，③にあてはまる語を「比例」または「反比例」から選んで答えなさい。ただし，同じ語を2回使ってもかまいません。

「電熱線に同じ時間だけ電流を流したときの，直列につないだ電熱線の数が1個の場合，2個の場合，3個の場合の水の上昇温度の比は（　①　）でした。電熱線に同じ時間だけ電流を流したときの水の温度上昇は，電流の大きさに（　②　）し，直列につないだ電熱線の数に（　③　）していました。」

問5　この電熱線（記号 ─▭─），電源装置（記号 ─|⊢─），回転スイッチを使った温水器の回路（**図4**）について考えます。回転スイッチは，**図4**(a)のようにスイッチの導線部分を180°回転させることができ，そのスイッチの位置によって**図4**(b)～(d)のようにスイッチを切ったり，OとXをつないだり，OとYをつないだりすることができます。**図4**(b)～(d)の回路で，回路全体として同じ時間に水の温度を最も上昇させるのはどれですか。(b)～(d)の中から1つ選び，記号で答えなさい。

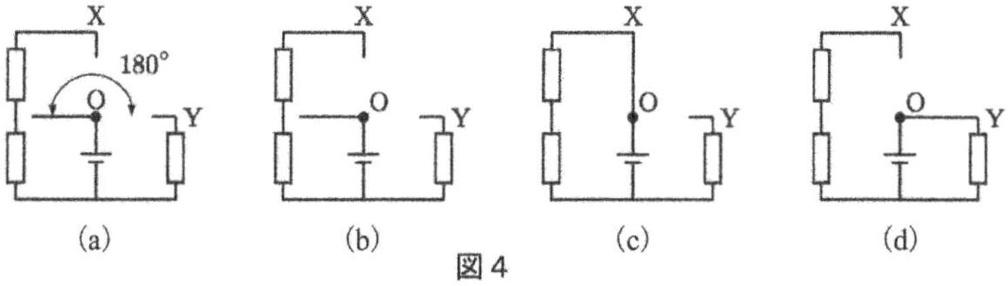

図4

Ⅲ　プロペラ付きモーター（記号Ⓜ），同じ種類の乾電池，回転スイッチを使った扇風機《せんぷうき》の回路（図５）について考えます。この回路について，問６，問７に答えなさい。

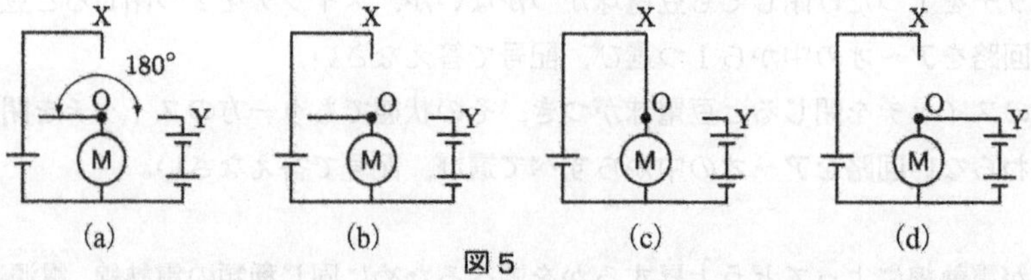

図５

問６　図５(b)~(d)の回路で，モーターが最も速く回るのはどれですか。(b)~(d)の中から１つ選び，記号で答えなさい。

問７　モーターの回る向きをふくめて図５(b)~(d)の回路と同等の機能をもった扇風機を，図６の回路中の空欄３か所のうち必要な所に乾電池１個と導線１本をつないで作ることを考えます。次の**記入例**にしたがって，解答欄の図中の空欄のうち必要な所に乾電池１個と導線１本を記入し，回路図を完成させなさい。

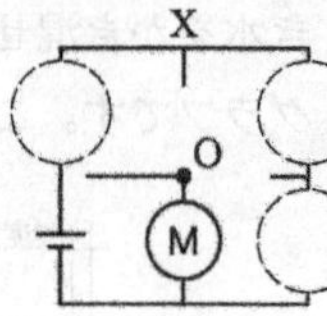

図６

記入例

乾電池１個　乾電池１個　導線１本

【社　会】（40分）　＜満点：70点＞

1　次の文章を読み，あとの問いに答えなさい。

ちょうど100年前の1924年は，前年に起こった（　　）を受けて，災害対策や土地利用の見直しなどを含《ふく》めた帝都《ていと》復興計画が進められていた時期にあたります。６月には第二次護憲運動の高まりを受けて加藤高明《かとうたかあき》内閣が発足し，加藤内閣は翌年，①普通《ふつう》選挙法や治安維持《いじ》法を成立させることになります。７月には改正度量衡《どりょうこう》法が施行《しこう》され，国際的に広く使用されている単位系である②メートル法へ移行しました。それまで日本で広く用いられていた尺貫《しゃっかん》法もしばらく使用されていましたが，1950年代には法的に使用が禁じられます。10月には東京都北区に設置された③岩淵《いわぶち》水門の完成によって，新たに開削《かいさく》された荒川《あらかわ》放水路（現在の荒川）への注水が開始されました。この放水路は，1910年に隅田川《すみだがわ》の決壊《けっかい》などで起こった大水害をきっかけに，首都の水害対策の必要性から建設が始まりました。なお1982年には，大洪水《こうずい》にも耐《た》えられる設計の新水門が完成し，旧水門は運用を終えています。

2024年は和暦《われき》（元号）では令和６年，干支《えと》は甲辰《きのえたつ》にあたります。同じ干支である1964年は，アジア初となるオリンピックが東京で開催された年で，日本はオリンピック景気などの好景気が続く高度経済成長の時代でした。自動車・鉄道・航空など④輸送・交通インフラの整備，オリンピック選手団や観光客受け入れのためのホテル建設，各種工業の発達を背景にして，国民の生活水準が高まった時代でした。オリンピック閉会式の翌日には池田勇人《いけだはやと》首相《しゅしょう》が退陣《たいじん》を表明し，その後1972年まで続くことになる⑤佐藤栄作内閣が発足しました。

産業構造や社会制度，国民の生活は変化し続けてきました。この先も⑥ＡＩ（人工知能）技術の発達などによって，私たちの働き方や社会の劇的な変化が予想されます。2024年には「物流2024年問題」が懸念《けねん》されていますが，ＡＩ活用やＤＸ（デジタルトランスフォーメーション）化が解決の糸口として期待されています。

問１　文章中の空らん（　）にあてはまる語句を答えなさい。

問２　下線部①について，選挙に関する次の設問に答えなさい。

⑴　日本の選挙制度の変遷《へんせん》について述べた次の**ア**～**オ**の文のうち，下線部の内容が正しいものを**二つ**選び，記号で答えなさい。

ア　1890（明治23）年の衆議院議員選挙において，選挙権を有するのは直接国税を25円以上納める満30歳以上の男性のみであった。

イ　1925（大正14）年の普通選挙法成立によって，納税の有無《うむ》にかかわらず，満25歳以上の男性が選挙権を有することになった。

ウ　1945（昭和20）年の衆議院議員選挙法改正により，女性の参政権が認められ，満25歳以上の男女が選挙権を有することになった。

エ　2003（平成15）年の公職選挙法改正により，自筆が出来ない場合に，投票所において親族が代理記載《きさい》することが認められた。

オ　2013（平成25）年の公職選挙法改正により，候補者や政党がウェブサイト等や電子メールを利用して選挙運動を行うことが認められた。

⑵　現在の選挙制度下において選挙権または被《ひ》選挙権が**認められないケース**を，次のページの**ア**～**エ**から一つ選び，記号で答えなさい。なお，示されている事項《じこう》以外は，選挙権・被選挙権を

有する条件を満たしているものとします。

ア	参議院議員選挙	選挙権	選挙期日（投票日）に誕生日を迎《むか》え、満 18 歳となる。
イ	市長選挙	選挙権	満 18 歳、高等学校に在学中である。
ウ	衆議院議員選挙	被選挙権	満 42 歳、現在の居住地から遠く離《はな》れた、自身の出身地の小選挙区から立候補する。
エ	市議会議員選挙	被選挙権	満 58 歳、告示日の 1 か月前に、他県から市内へ転居し立候補する。

問 3　下線部②について，次の設問に答えなさい。

⑴　現在の 1 メートルは，「1 秒の299，792，458分の 1 の時間に光が真空中を伝わる長さ」と定義されていますが，18世紀末にフランスで制定された際には現在と異なる定義でした。その際，「地球の北極点から赤道までの子午線上の長さ」の何分の 1 と定義されたか，答えなさい。

⑵　メートル法に関連した単位として**誤っているもの**を，次のア～エから一つ選び，記号で答えなさい。

ア　キログラム　　**イ**　バレル　　**ウ**　ヘクタール　　**エ**　リットル

⑶　バビロニアで発達した天文学では60進法が用いられ，現在も時間や角度を表す単位には，60進法による時間（度）・分・秒が使用されています。地球上の緯度《いど》1 分に相当する長さをもとに定義された，長さの単位を答えなさい。

問 4　下線部③について，図 1・図 2 を見て，あとの文章を読み，続く設問に答えなさい。

（地理院地図より作成）

図 1

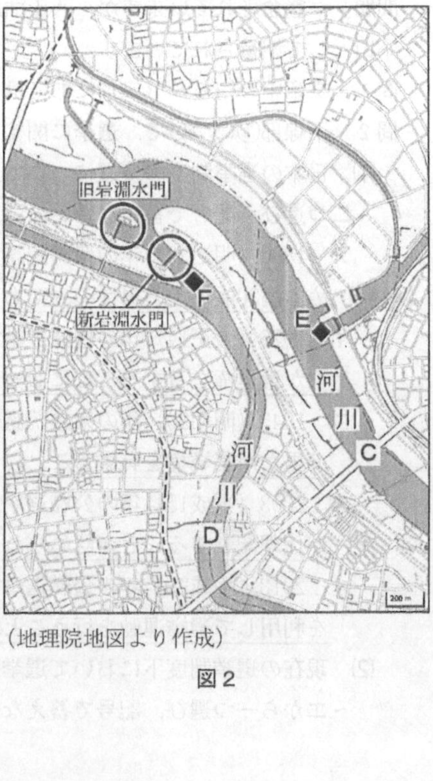

（地理院地図より作成）

図 2

令和元年東日本台風（台風 19 号）によって記録的な大雨が観測された、
2019 年 10 月 12 日～14 日における**図２**中の◆**E**・**F**付近の河川《かせん》水位の状況《じょうきょう》

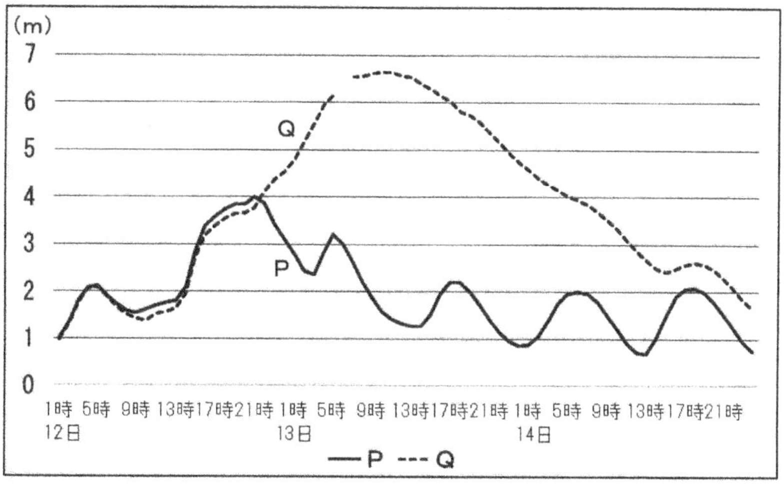

データには一部欠測がある。
（国土交通省「水文水質データベース」より作成）

図３

≪新岩淵水門の役割≫

大雨によって河川水位が上がった際に，岩淵水門を（　i　）ことによっておもに河川（　ii　）の下流域における氾濫《はんらん》・洪水被害を防ぐことを目的としている。**図 3** に示された水位変化のうち（　iii　）は，**図 2** 中の地点◆**E** にあたる。

⑴　河川**C**と河川**D**の名称《めいしょう》を，それぞれ答えなさい。

⑵　文章中の（ i ）～（iii）にあてはまる語句の正しい組み合わせを，次の**ア**～**ク**から一つ選び，記号で答えなさい。

	ア	イ	ウ	エ	オ	カ	キ	ク
i	閉じる	閉じる	閉じる	閉じる	開く	開く	開く	開く
ii	C	C	D	D	C	C	D	D
iii	P	Q	P	Q	P	Q	P	Q

問５　下線部④について，次のページの**図４**は日本国内の輸送機関別輸送量割合の推移を示したもので，（**A**）・（**B**）は貨物・旅客《りょかく》のどちらか，**X**～**Z**は自動車・船舶《せんぱく》・鉄道のいずれかです。貨物と船舶にあたるものの組み合わせとして正しいものを，あとの**ア**～**カ**から一つ選び，記号で答えなさい。

国内における（A）輸送量割合の推移

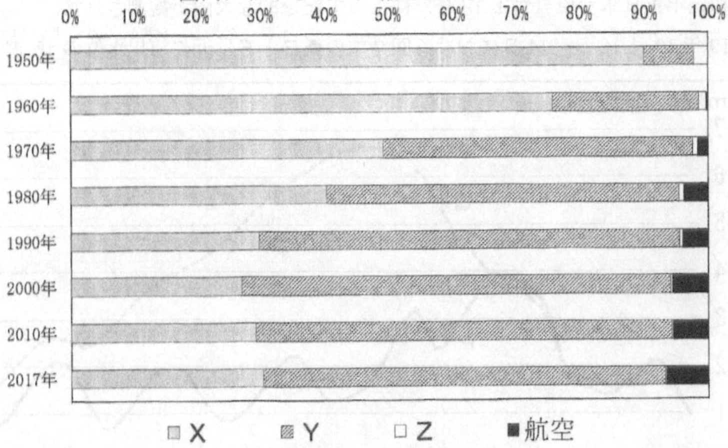

国内における（B）輸送量割合の推移

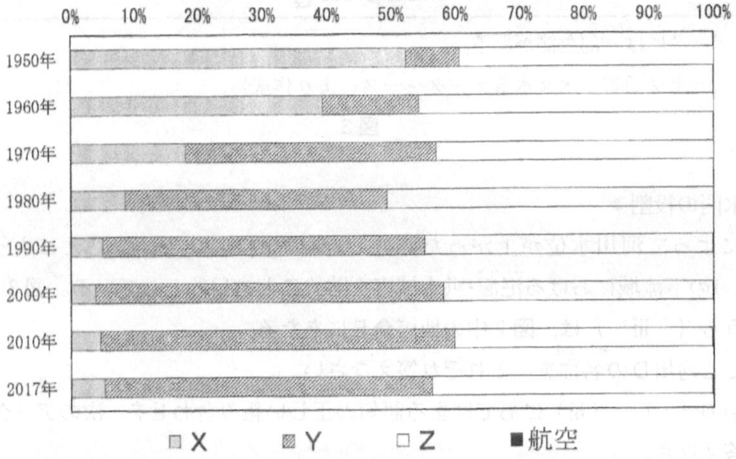

（『数字でみる日本の 100 年』などにより作成）

図４

	ア	イ	ウ	エ	オ	カ
貨物	A	A	A	B	B	B
船舶	X	Y	Z	X	Y	Z

問６　下線部⑤について，次の設問に答えなさい。

(1)　佐藤栄作の首相としての在職期間（1964年11月～1972年７月）に起こった出来事として誤っているものを，次のア～エから一つ選び，記号で答えなさい。

ア　小笠原《おがさわら》諸島の施政権が，アメリカ合衆国から日本に返還《へんかん》された。

イ　日本で初めての万国《ばんこく》博覧会が，大阪で開催された。

ウ　アポロ11号によって，人類初の月面着陸が達成された。

エ　エジプトとシリアがイスラエルに攻撃《こうげき》を開始し，第四次中東戦争が起こった。

⑵　佐藤栄作は1974年にノーベル平和賞を受賞しました。ノーベル平和寛は人物のみならず団体も授与《じゅよ》対象となっており，2020年にはWFPが受賞しています。WFPの紋章《もんしょう》を，次の**ア**～**エ**から一つ選び，記号で答えなさい。

ア　　　イ　　　ウ　　　エ

問７　下線部⑥について，2023年にはChatGPTなどＡＩ言語モデルを活用したチャットサービスが話題となり，世界中で利用者が一気に増えました。しかし，内容や質問の形式によっては不正確な回答や，不自然な言葉づかいも見られます。

次の**ア**～**エ**の文は，文章中に示されたことがらについて，あるＡＩチャットサービスに事前知識をあたえず質問を直接提示し，そこから得られた回答の一部です。これらのうち**内容に明らかな誤りを含むもの**を一つ選び，記号で答えなさい。

ア　治安維持法は，社会主義運動や共産主義運動の抑制《よくせい》を目的として制定された。その濫用や政府の不当な圧力，特に言論・表現の自由に対する制約が懸念された。

イ　尺貫法は，古代中国と日本で用いられた長さと重さの単位制。単位には尺や貫などがあるが，国際的な統一には適さず，現代ではあまり使用されなくなった。

ウ　高度経済成長期は，1950年代～70年代初頭の時期。製造業における品質の安定や生産性の向上が実現し，アジアや世界市場への製品の輸出で外貨を獲得《かくとく》した。

エ　物流2024年問題は，コンピューターの時刻や日時の処理に起因する誤作動により，正確な運搬《うんぱん》や配送が影響《えいきょう》を受けるおそれがある課題。

２　M君は，旅行で訪《おとず》れたことのある名所やその地域の名物について，印象に残っているものを県ごとにまとめました。これらの文章を読み，あとの問いに答えなさい。

A県

庄内《しょうない》平野の南部に位置する鶴岡《つるおか》市の①羽黒山は，昔から修験道《しゅげんどう》の信仰《しんこう》の場として知られています。石段が2,000段以上続く参道を１時間以上かけて歩き，山頂の出羽《でわ》神社に向かいましたが，途中《とちゅう》で法螺貝《ほらがい》を待った山伏《やまぶし》とすれ違《ちが》いました。

南陽市では，山の斜面《しゃめん》にブドウなどの果樹園が広がる景観が記憶《きおく》に残っています。季節によってサクランボ，モモ，ナシ，リンゴなど様々な果物が収穫《しゅうかく》されるそうです。道の駅で購入《こうにゅう》したラ・フランスのゼリーと羊羹《ようかん》がとても美味《おい》しかったです。

B県

（　ｉ　）半島に位置する指宿《いぶすき》市では，砂蒸《すなむ》し風呂《ぶろ》や温泉，黒豚《くろぶた》のしゃぶしゃぶを堪能《たんのう》しました。（ｉ）半島周辺には，黒牛や地鶏《じどり》，山川漁港や枕崎《まくらざき》漁港で水揚《みずあ》げされるカツオ，知覧で栽培《さいばい》される茶など，地場産品が豊富にあります。

練乳をかけてフルーツをふんだんに盛り付けた，「白熊」と呼ばれるかき氷が県内外で知られていますが，黒糖から作った黒蜜《くろみつ》をかけたかき氷もありました。県内の奄美《あまみ》群島などでサトウキビの生産が多く，黒糖を使った郷土料理も豊富です。

C県

安曇野《あづみの》市は，県中部の（　ⅱ　）盆地《ぼんち》に広がる安曇野地域に由来する地名で，古くは安曇平《あずみだいら》とも呼ばれていたそうです。北アルプスから流れる川の堆積《たいせき》物がつくった（　ⅲ　）という地形が広がり，地表の水が地下に浸透《しんとう》してしまうため，堰《せき》と呼ばれる用水路を利用したかんがい農業が行われてきました。見学したわさび農園では，豊富できれいな湧《わ》き水を利用して栽培が行われていました。またこの地域では，小豆《あずき》や野菜など様々な材料の餡《あん》を，小麦粉やソバ粉を練った生地《きじ》で包んで焼いた「おやき」も有名で，大変美味しく何種類も食べてしまいました。

D県

（　ⅳ　）市は，島しょ部で作られる柑橘《かんきつ》類，近海で獲《と》れる魚介《ぎょかい》類をはじめ食材が豊富で，特に生口《いくち》島で食べたタコの天ぷらは絶品でした。本州四国連絡《れんらく》道路の一つによって愛媛県今治《いまばり》市と結ばれていますが，その途中にある因島《いんのしま》には，村上水軍のうち因島村上氏の拠点《きょてん》がありました。島が多く密集し，狭《せま》い航路や複雑な潮流が多い海域において，水先案内や海上警護も行っていたそうです。夏に訪れた際に開催されていた因島水軍まつりでは，迫力《はくりょく》ある水軍太鼓《だいこ》の演奏や小早舟《こはやぶね》レースを見ることができました。

E県

一関《いちのせき》市の厳美渓《げんびけい》では，渓谷の対岸のお店からロープを使って運ばれる「空飛ぶ団子」が観光客に人気です。この地域には団子や餅《もち》のお店が多いことに気付きました。冠婚葬祭《かんこんそうさい》や季節の行事の際には餅がふるまわれ，様々な味付けで食べる文化があるそうです。久慈《くじ》市で食べた「まめぶ汁《じる》」にも，クルミの入った団子が使われていました。この団子は小麦粉を練ったものです。②コンブや煮干《にぼ》しの出汁《だし》で，様々な具材を煮込《にこ》んでありました。

雫石《しずくいし》市や滝沢《たきざわ》市にまたがる広大な小岩井農場では，③酪農《らくのう》や畜産《ちくさん》を中心に様々なものが生産されています。ここで飲んだ牛乳は濃厚《のうこう》なのに飲みやすく，あっという間に飲み干してしまいました。

問1　文章中の（ⅰ）～（ⅳ）にあてはまる地名・語句を，それぞれ答えなさい。

問2　下線部①について，羽黒山の位置に最も近い緯度・経度の組み合わせを，次のア～カから一つ選び，記号で答えなさい。

	ア	イ	ウ	エ	オ	カ
北緯	39度	39度	39度	41度	41度	41度
東経	134度	137度	140度	134度	137度	140度

問3　下線部②について，E県東部ではコンブやワカメ，カキなどの養殖《ようしょく》がさかんで，また様々な

魚種が漁獲されます。これらの背景について述べた文として正しいものを，次のア～エから一つ選び，記号で答えなさい。

ア　遠く沖合まで緩《ゆる》やかな傾斜《けいしゃ》の海底が続き，広大な大陸棚《たいりくだな》がある。

イ　海岸近くまで山地が迫《せま》り，森からの豊かな栄養分が海に運ばれる。

ウ　潮目では暖水が冷水の下に潜《もぐ》り込み，湧昇流《ゆうしょうりゅう》をともなう対流が発生する。

エ　単調な砂浜《すなはま》の海岸線が続き，伝統的に地引き網《あみ》漁が発達している。

問４　下線部③について，M君は酪農に関するデータを調べ，次の表１・図１・次のページの図２にまとめました。これらの図表について，あとの設問に答えなさい。

表１

全国に占《し》める地域別生乳生産量割合と用途内訳

	全国に占める生乳生産量の割合（%）	生乳の用途内訳（%）		
		牛乳等向け	乳製品向け	その他
F	7.1	73.2	26.1	0.7
G	14.9	90.7	8.5	0.8
H	56.6	15.3	84.1	0.6

統計は2022年。Ｆ～Ｈは、関東・東山《とうさん》、東北、北海道のいずれかである。

関東・東山は、関東１都６県および山梨県・長野県を示す。

（農林水産省統計より作成）

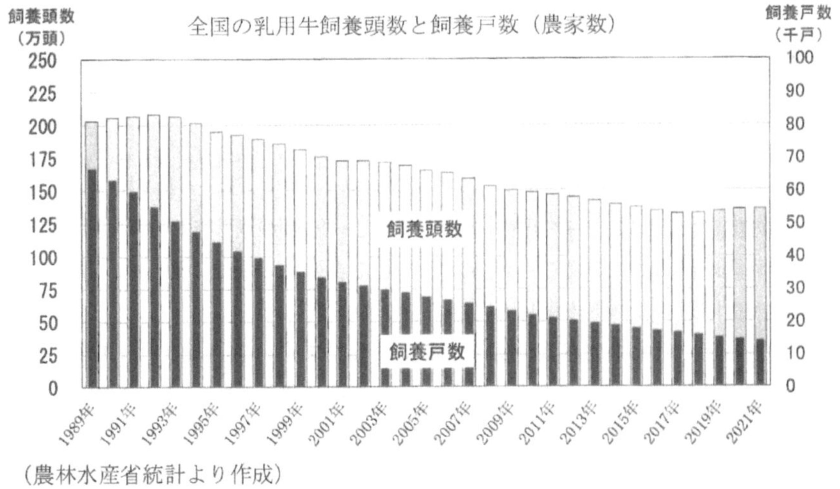

（農林水産省統計より作成）

図１

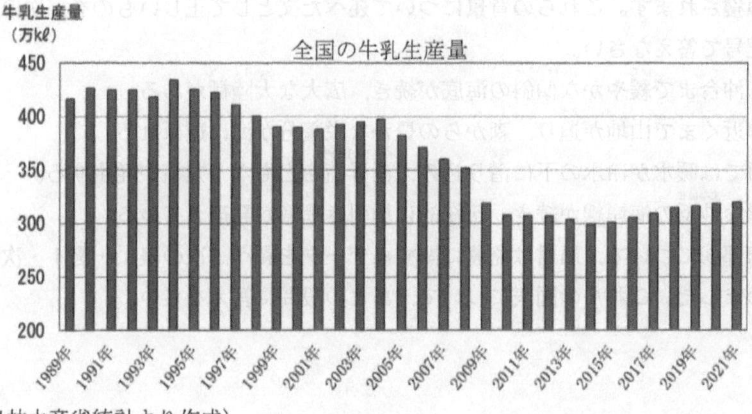

(農林水産省統計より作成)

図２

(1)　**表１**中の**Ｆ～Ｈ**は，関東・東山，東北，北海道のいずれかにあたります。地域と記号の正しい組み合わせを，次の**ア～カ**から一つ選び，記号で答えなさい。

	ア	イ	ウ	エ	オ	カ
関東・東山	F	F	G	G	H	H
東北	G	H	F	H	F	G
北海道	H	G	H	F	G	F

(2)　次の文章は，これらの図表や酪農業に関連して〇君が述べた意見です。文章中の下線部**ア～オ**のうち，内容が**誤っているものをすべて**選び，記号で答えなさい。

≪〇君の意見≫

肉用牛の飼育に比べて，**ア**乳用牛の飼育は涼《すず》しい地域が適していますが，**表１**を見ると関東地方でも酪農は行われていることが分かりました。生乳の用途の違いは，消費地との距離や輸送時間，消費期限やコストも関係していると思います。

図１を見ると，日本の酪農業の将来が心配になります。**イ**全国の飼養頭数はこの30年間でおよそ70万頭減っています。また，**ウ**農家一戸あたりの飼養頭数が減っていることから，大規模に経営している外国に比べて価格競争で負け，安い乳製品が多く輸入されるようになることも心配です。日本は飼料の多くを輸入に頼《たよ》っており，**エ**トウモロコシなど飼料の価格が高騰《こうとう》していることも，酪農はじめ畜産業の経営を難しくしている原因だと考えられます。

飲用の牛乳はすべて国産であると聞いたことがあります。**図２**を見るとこの30年間で，**オ**生乳生産量はおよそ半分にまで減っています。一方で，一人あたりの消費量が減少したため，生乳や牛乳が余り，廃棄《はいき》される量が増えたというニュースも目にしました。

私たちが牛乳や牛乳製品を多く消費することも大事ですが，おいしくて安全な日本の乳製品を外国に広くＰＲして，海外への輸出・販売をもっと増やすことが出来れば，日本の酪農業の発展につながると思います。

問5　次のア～オは，A県～E県のいずれかの伝統的工芸品です。A県とC県の伝統的工芸品をそれぞれ一つ選び，記号で答えなさい。

ア　飯山仏壇《いいやまぶつだん》　イ　大島紬《つむぎ》　ウ　熊野筆　エ　天童将棋駒《しょうぎごま》　オ　南部鉄器

問6　A県～E県の5県を比較《ひかく》した統計について，次の設問に答えなさい。

(1)　次の図3は，A県～E県のいずれかの製造品出荷《しゅっか》額等割合（2019年）を示したグラフで，ア～エはA県～D県のいずれかです。B県とD県にあたるものを，それぞれ図中のア～エから一つ選び，記号で答えなさい。

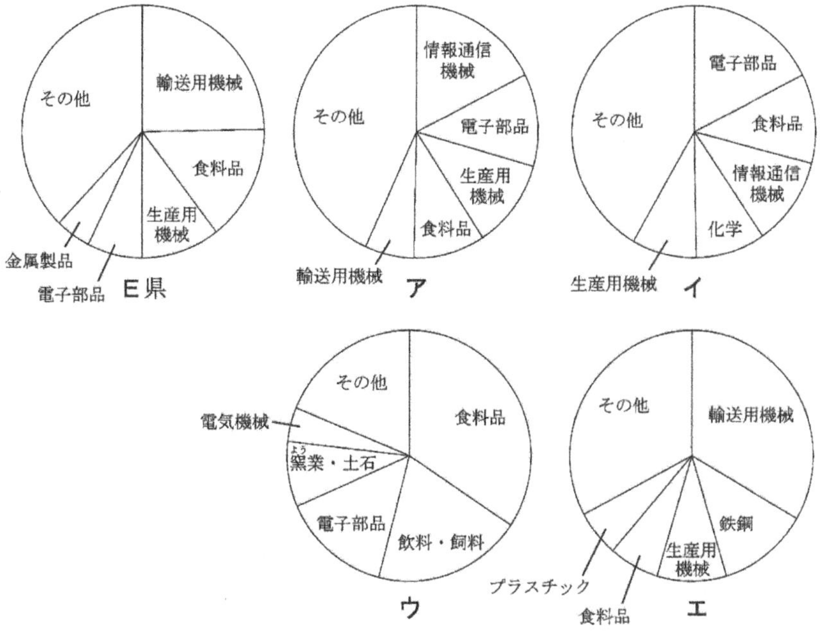

（『データでみる県勢 2023』より作成）

図3

(2)　次の表2は，A県～E県のいずれかの自動車・船舶・鉄道に関する指標で，ア～エはB県～E県のいずれかです。B県とC県にあたるものを，それぞれ表中のア～エから一つ選び，記号で答えなさい。

表2

	100世帯あたり 自動車保有台数（台）	国内航路乗込人員 （千人）	鉄道旅客輸送人員 （百万人）
A県	165.2	12	14
ア	157.0	－	70
イ	140.0	71	26
ウ	119.3	6,112	34
エ	110.9	9,610	205
	2021年	2019年	2019年

（『データでみる県勢 2023』より作成）

(3) 次の表３は，Ａ県～Ｅ県のいずれかの県庁所在都市における，年較差（最暖月平均気温と最寒月平均気温の差），年降水量，１月と７月の日照時間を示したものです。Ａ県にあたるものを，表中のア～オから一つ選び，記号で答えなさい。

表３

	年較差（℃）	年降水量（mm）	日照時間（時間）	
			１月	７月
ア	20.1	2434.7	132.6	185.5
イ	23.1	1572.2	138.6	173.4
ウ	25.1	1206.7	79.6	144.5
エ	25.1	1279.9	115.6	130.5
オ	25.8	965.1	128.4	168.8

（気象庁資料より作成）

3 社会科の授業で，生徒が「歴史カルタ」を作りました。絵札には，歴史上の人物や文学作品，絵画，建築物などの名称と絵が書かれており，読み札には，生徒が考えた「５・７・５」の音韻《おんいん》（文字）による，絵札の題材についての句が書かれています。以上をふまえたうえで，あとの問いに答えなさい。なお，生徒が考えた読み札の句は先生の監修《かんしゅう》を経ているため，内容についての誤りはないものとします。（絵札は，本問では省略します。）

［歴史カルタ・読み札の句Ａ］

① 「名執権　貞永《じょうえい》式目　武士の法」
② 「草履《ぞうり》とり　のちに太閤《たいこう》　天下取り」
③ 「遣隋使《けんずいし》　“日出《い》づる国”の　手紙持ち」
④ 「米将軍　財政赤字を　建て直し」
⑤ 「唐《とう》の僧《そう》　失明くじけず　日本へ」
⑥ 「侘《わ》び求め　奥《おく》の細道　旅に出る」
⑦ 「“いざ鎌倉《かまくら》”の　時は今だと　尼《あま》将軍」
⑧ 「女王の　治める国は　邪馬台国《やまたいこく》」
⑨ 「大政奉還《たいせいほうかん》　最後の将軍の　花道か」
⑩ 「島原の乱　奇跡《きせき》の少年　リーダーに」

［歴史カルタ・読み札の句Ｂ］

⑪ 「長安の　文化を求めて　海を越《こ》え」
⑫ 「かな文字で　光源氏の　物語」
⑬ 「東山　書院造の　たたずまい」
⑭ 「広重《ひろしげ》や　東海道を　いざ進まん」

問１ ［歴史カルタ・読み札の句Ａ］①～⑩で読まれている歴史上の人物の名前を，それぞれ答えなさい。

問2　［歴史カルタ・読み札の句B］⑪～⑭について，次の設問に答えなさい。

⑴　⑪について，この句の内容に**あてはまらない人物**を，次の**ア**～**エ**から一つ選び，記号で答えなさい。

ア　阿倍仲麻呂《あべのなかまろ》　**イ**　犬上御田鍬《いぬかみのみたすき》　**ウ**　空海　**エ**　菅原道真《すがわらのみちざね》

⑵　⑫について，この句の物語と同様に，平安時代にかな文字で書かれた文学作品を，次の**ア**～**カ**から**二つ**選び，記号で答えなさい。

ア　御伽草子《おとぎぞうし》　**イ**　徒然草《つれづれぐさ》　**ウ**　土佐日記
エ　平家物語　**オ**　方丈記《ほうじょうき》　**カ**　枕草子《まくらのそうし》

⑶　⑬について，この句で読まれている建築物としてふさわしいものを，次の**ア**～**エ**から一つ選び，記号で答えなさい。

ア

イ

ウ

エ

⑷　⑭について，この句で読まれている作品としてふさわしいものを，あとの**ア**～**エ**から一つ選び，記号で答えなさい。

ア

イ

ウ

エ

4 次の文章は，ある日の中学校における先生と生徒２人（春樹・夏男）の会話です。これを読み，あとの問いに答えなさい。

春樹：この学校の授業はどれも面白《おもしろ》いしためになるけれど，そのなかでも私が一番好きなのは，中３社会科の地域調査の授業です。毎週楽しみにしています。

夏男：僕《ぼく》も地域調査の授業は好きだな。先生の話を聞いてノートをとる授業もいいけれど地域調査の授業は自分たちでテーマを決めていろいろと調べたり，友達と話し合ったりするのがとても楽しいよ。

先生：この学校の地域調査の授業は，2002（平成14）年から全国の中学校で始まった「総合的な学習の時間」の取り組みとして始められたんだ。

夏男：さすが先生，昔のことをよく知っていますね。

先生：私は①1990年代のはじめに本校に着任して以来，現在まで30年以上この学校に勤めているからね。②明治時代から続くこの学校の長い歴史のなかで，教育内容も大きく変わってきたけれど，最近の地域調査の授業は面白い取り組みだと思うよ。

春樹：地域調査の「東京探検」で取り上げられる場所は，やはり23区が圧倒的《あっとうてき》に多いですね。

先生：そうだね。やはり23区には，歴史的な建造物や長い伝統のある場所がたくさんあるからね。最近の先輩《せんぱい》たちが取り上げた事例では，③文京区から台東区にかけての「谷根千《やねせん》」や，古書店街が並ぶ神田神保町《かんだじんぼうちょう》，「おじいちゃん・おばあちゃんの原宿」と呼ばれる巣鴨《すがも》などが印象的だったね。

春樹：僕は東京都の市部である多摩《たま》地域に住んでいるので，地域調査の「東京探検」の授業で23区の場所ばかりが取り上げられるのは，何となく残念な気がします。

夏男：それは同感だな。僕も東京都の市部に住んでいるので，地域調査の授業では23区ではなく，多摩地域の場所を取り上げたいと思っています。僕は声を大にして言いたい，「23区だけが東京都じゃない！」って。

先生：それはまったくその通りだ。本校から近い23区内の場所を取り上げる生徒が多いのはたしかだけど，「東京探検」でどこを調べるかは君たちの自由だ。君たちが自分たちの住んでいる多摩地域に興味を持っているなら，その地域について調べたらいい。

春樹：私は西東京市という市に住んでいます。西東京市は，2001（平成13）年に④二つの市が合併《がっぺい》してできた市です。西東京市は東京23区の一つである練馬《ねりま》区とも接していて，名前は西東京市だけど，東京都全体の地図で見ると東京都のほぼ中央に位置しています。あと，下野谷遺《したのやい》跡《せき》という⑤縄文《じょうもん》時代の大規模な集落の跡《あと》が発掘《はっくつ》され，現在ではその一部が公園として整備されています。

先生：春樹君は西東京市に住んでいるんだね。君たちはまだ生まれていなかったからあまり知らないと思うけれど，西東京市が誕生した頃《ころ》は⑥平成の大合併といって，日本全国で市町村の合併を政府が主導して推進していた時期なんだ。現在私が住んでいる（　⑦　）市も浦和《うらわ》市と大宮市と与野市の３市が2001年に合併してできた市で，西東京市誕生と同じ年だね。

夏男：僕は国分寺市に住んでいます。国分寺市は，その名の通りかつて武蔵国《むさしのくに》の国分寺があったところで，とても住みやすい街です。武蔵国分寺跡は現在では公園として整備されていて，小学生の時に社会科見学でも行きました。あと，この辺りは落ち着いていて環境《かんきょう》がいいので，隣接《りんせつ》している国立《くにたち》市や小金井《こがねい》市などとあわせて，大学や高校がたくさんあります。

先生：国分寺はその名の通り，歴史を感じさせる街だね。多摩地域にはその他にも，歴史と関連の深い地名がたくさんある。国分寺と同じ⑧奈良時代に関連するものでは，たとえば調布という地名は，律令《りつりょう》制度下の税制である租庸調《そようちょう》に由来するものだし，府中《ふちゅう》という地名は，かつて武蔵国の国府が置かれていたことに由来する地名なんだ。

夏男：やっぱり，多摩地域も歴史の宝庫だな。

先生：君たちが言うとおり，23区だけが東京都じゃない。市部・多摩地域についても積極的に問いを見つけて，研究を深めてほしいな。

春樹・夏男：はい！！

問１　下線部①について，先生がこの学校に勤務している期間（1990年代～現在）に起こった，以下の＜**世界**＞と＜**日本**＞の出来事を，それぞれ年代の古い順に並び加え，記号で答えなさい。

＜**世界**＞

ア　アメリカ同時多発テロ事件の発生

イ　ソビエト連邦《れんぽう》の崩壊《ほうかい》

ウ　新型コロナウイルスの世界的流行の開始

エ　ロシアによるクリミア半島の併合宣言

＜**日本**＞

カ　東日本大震災《しんさい》と福島第一原子力発電所事故

キ　「平成」が終わり「令和」になる

ク　阪神・淡路《あわじ》大震災

ケ　東京オリンピック・パラリンピック開催

問２　下線部②について，明治時代から現在にいたるまで，この学校の長い歴史のあいだには，近代日本の歩みとともに，いくつもの大きな戦争がありました。このことについて，以下の＜**A**＞～＜**D**＞に答えなさい。

＜**A**＞　日清《にっしん》戦争に関連して，次の設問に答えなさい。

(1)　日清戦争の講和条約である下関条約により日本は遼東《りょうとう》半島を獲得しましたが，ロシアを中心とした三国干渉《かんしょう》によって，清に返還することになりました。干渉をおこなったロシア以外の二つの国の組み合わせとして正しいものを，次の**ア**～**カ**から一つ選び，記号で答えなさい。

ア　アメリカ・イギリス　　**イ**　アメリカ・ドイツ　　**ウ**　アメリカ・フランス

エ　イギリス・ドイツ　　**オ**　イギリス・フランス　　**カ**　ドイツ・フランス

(2)　三国干渉後，日本では中国のある故事成語をスローガンに掲《かか》げ，ロシアへの復讐《ふくしゅう》を誓《ちか》う社会的空気が民衆のあいだに広まりました。この故事成語を，次の**ア**～**エ**から一つ選び，記号で答えなさい。

ア　臥薪嘗胆《がしんしょうたん》　**イ**　捲土重来《けんどちょうらい》　**ウ**　呉越同舟《ごえつどうしゅう》　**エ**　四面楚歌《しめんそか》

＜B＞　日露《にちろ》戦争に関連して述べた文として**誤っているもの**を，次の**ア**～**エ**から一つ選び，記号で答えなさい。

ア　日露戦争のさなか，ロシアで「血の日曜日事件」をきっかけに革命運動が起こった。

イ　日本海海戦では，東郷平八郎《とうごうへいはちろう》率いる日本艦隊《かんたい》がロシアのバルチック艦隊に勝利した。

ウ　アメリカの仲介《ちゅうかい》で，陸奥宗光《むつむねみつ》外相がポーツマスでロシアとの講和条約に調印した。

エ　賠償《ばいしょう》金が取れない講和条約に国民の不満が爆発《ばくはつ》し，日比谷《ひびや》焼打ち事件が起こった。

＜C＞　第一次世界大戦に関連して，次の設問に答えなさい。

(1)　第一次世界大戦終結時，敗戦国ドイツと連合国の間で結ばれた講和条約について，調印の舞《ぶ》台《たい》となったフランスの宮殿《きゅうでん》の名称を，**カタカナ**で答えなさい。

(2)　第一次世界大戦後，戦争の抑止と世界平和の維持を目的として設立された国際連盟において，事務次長をつとめた日本人の名前を答えなさい。

＜D＞　第二次世界大戦に関連して，次の設問に答えなさい。

(1)　ナチスによるユダヤ人迫害から救うために，いわゆる「命のビザ」を発行してユダヤ人の海外逃亡《とうぼう》を助けた杉原千畝《すぎはらちうね》は，当時どこの領事館に赴任《ふにん》していたか，次の**ア**～**エ**から一つ選び，記号で答えなさい。

ア　エストニア　**イ**　フィンランド　**ウ**　ラトビア　**エ**　リトアニア

(2)　日本が終戦を迎えた日（1945（昭和20）年８月15日）における日本の内閣総理大臣を，次の**ア**～**エ**から一つ選び，記号で答えなさい。

ア　近衛文麿《このえふみまろ》　**イ**　鈴木貫太郎《すずきかんたろう》　**ウ**　東条英機《とうじょうひでき》　**エ**　米内光政《よないみつまさ》

問３　下線部③について，文京区と台東区に位置する施設や地名の組み合わせを，次の**ア**～**エ**からそれぞれ一つ選び，記号で答えなさい。

ア　上野恩賜《おんし》公園，上野動物園，国立西洋美術館，東京国立博物館，浅草《せんそう》寺

イ　お台場海浜《かいひん》公園，迎賓《げいひん》館赤坂離宮《りきゅう》，芝《しば》公園，増上寺，東京タワー

ウ　銀座，日本橋，築地《つきじ》場外市場，築地本願寺，浜離宮恩賜庭園

エ　小石川植物園，東京大学本郷キャンパス，東京ドーム，湯島聖堂，湯島天神

問４　下線部④について，二つの市の組み合わせとして**正しいもの**を，次の**ア**～**エ**から一つ選び，記号で答えなさい。

ア　昭島《あきしま》市と日野市　**イ**　稲城《いなぎ》市と多摩市

ウ　田無《たなし》市と保谷《ほうや》市　**エ**　羽村《はむら》市と福生《ふっさ》市

問５　下線部⑤について，縄文時代の生活様式について述べた文として**正しいもの**を，次の**ア**～**エ**から一つ選び，記号で答えなさい。

ア　文様が少なく，高温で焼くため赤褐色《せきかっしょく》をした，かたくて薄手《うすで》の土器がつくられた。

イ　人々が食べた貝の殻《から》や魚・動物の骨などは一定の場所に捨てられ，貝塚《かいづか》ができた。

ウ　米はネズミや湿気《しっけ》を防ぐために高床《たかゆか》倉庫におさめ，杵《きね》と臼《うす》で脱穀《だっこく》して食べた。

エ　外敵を防ぐために，周りに濠《ほり》や柵《さく》をめぐらせた環濠《かんごう》集落がつくられた。

問６　下線部⑥について，20世紀末から21世紀初頭にかけておこなわれた，いわゆる「平成の大合

併」によって，日本全国の市町村数は，現在の数に近くなりました。この「平成の大合併」によって，日本全国の市町村数はおよそいくつからいくつに減少したか，次の**ア**～**エ**から一つ選び，記号で答えなさい。

ア　（大合併前）約10,000 →（大合併後）約5,500

イ　（大合併前）約5,500　→（大合併後）約3,200

ウ　（大合併前）約3,200　→（大合併後）約1,700

エ　（大合併前）約1,700　→（大合併後）約900

問7　文章中の空らん（⑦）にあてはまる市の名前を答えなさい。

問8　下線部⑧について，奈良時代の日本について述べた文として**誤っているもの**を，次の**ア**～**エ**から一つ選び，記号で答えなさい。

ア　710年，唐の長安にならった平城京が，律令国家の新しい都となった。

イ　成人男性には租のほかに，布や特産物を都に納める調・庸の税が課された。

ウ　仏教の力で伝染病《でんせんびょう》や災害から国家を守ろうと，国分寺と国分尼寺《こくぶんにじ》が建てられた。

エ　国ごとに国府と呼ばれる役所が置かれ，地方の豪族《ごうぞく》が国司に任命され政治を行った。

堂々としていられるんなら、それでいい。そう思ったら目の前がひらけた。堤くん、ひらけた世界って見たことがないだろう？　拒絶《きょぜつ》されて、死の淵《ふち》まで行って、そうしなきゃ気付けないものはあるんだよ。そして、君はそのチャンスを逃《のが》したんだ」

翔也は立ちあがって階段を降りてきた。

「おれはその時得たもので、今も生きながらえている。だからさ、おれは怖くないんだ。自分の恐怖心や闇すら覗けない奴なんか恐れない。周りと違うって言われても、そんなの当たり前だって思えるんだ。たった一人になっても」

（千早茜「鵺の森」による）

問一　――1「ただ僕には一つ安心があった」とありますが、ここでいう「安心」とはどのようなことですか。説明しなさい。

問二　――2「どうして人って水に入るとあんなに声が高くなるのだろう」とありますが、ここでの「僕」の気持ちを説明しなさい。

問三　――3「大きく羽を伸ばして、今にも飛び立ちそうに生き生きとしている」とありますが、このように感じた「僕」の気持ちを説明しなさい。

問四　――4「そして、森で鵺を見た」とありますが、鵺を見る前と見た後で「翔也」の気持ちはどのように変化しましたか。説明しなさい。

問五　＝＝①～⑤のカタカナを漢字に直して答えなさい。

周りにいた子が一斉《いっせい》に後ずさりした。

上半身裸《はだか》の翔也は目を見開いたまま、首を振った。自分を取り囲む子たちの顔をぐるっと見回し、一番後ろにいた僕のところで視線を止めた。突き抜けられそうなほど虚ろな眼だった。僕は慌てて目を逸《そ》らした。

翔也は胸に描かれた鳥を抱《だ》くようにしてうずくまった。

その日から、翔也の存在は消された。もう誰も話しかける人はいなくなった。町では翔也の父親がヤクザがらみの人間だったという噂がたってしまい、大人たちまでが関わりを避《さ》けようとした。刺青《いれずみ》のある子だから何をするかわからないと陰口《かげぐち》が飛び交った。

子どもたちの間では、翔也は恐ろしい鵺の呪いを受けているから、触ったり口を利《き》いたりしたら不幸になると噂がたった。翔也の作った鳥の模型は壊《こわ》され、机の中も靴箱の中もいつもめちゃくちゃにされた。下校中には石をぶつけられ、生傷が絶えなかった。それなのに、翔也自身は誰からも見えていないように扱《あつか》われた。給食当番もさせてもらえないし、プリントも回ってこない、手をあげても指名されることもなかった。

泣かされていた頃《ころ》の方がまだ、ましだったろうと思う。僕自身もこんなことにまでなるとは思っていなかった。翔也はあの時以来、一度も僕を見ることはなかった。やがて、学校を休みがちになっていった。

僕はまた父の転勤が決まり、三学期にはもう違う学校に移ってしまった。

最後の日も翔也の席は空っぽだったのを覚えている。

（中略）

「ねえ、堤くん、鵺の森に入った？」

何のことを言っている？　乾《かわ》いた唇《くちびる》をひらいたが、声がでなかった。翔也は構わず続ける。

「おれはね、入ったんだ。森は黒かったよ、夜の闇よりずっとね。でも、怖くなかった。母さんは神経がおかしくなっちゃって、学校も家も、おれの居ていい場所なんかなかった。だから、行ったんだ、鵺の塚の前に。命を捨てたいと思ったんだ。どうせなら、みんなが畏《おそ》れるものに奪《うば》われたかった。4そして、森で鵺を見た」

煙草《たばこ》の白いけむりが流れて、消えた。

「そう、おれは鵺を見たんだ。ガラスの群れが一目散に逃《に》げて、ぎゃあぎゃあ騒いでいたよ。鵺は恐ろしく禍々《まがまが》しかった。何よりも闇が似合っていた。ぬめるような空気を放っていた。おれみたいな中途半端《ちゅうとはんぱ》なまがいものじゃない、完全なる異端《いたん》だったよ。あまりに圧倒《あっとう》的で美しくさえあった。なあ、禍々しさやいびつさだって、極《きわ》めれば充分に人を惹《ひ》きつけるんだ」

僕は一歩後ろにさがった。翔也の言っていることが、よく、わからなかった。

「わかんない？　苛められていた頃、おれはこのタトゥーを彫《ほ》った父さんならおれを理解してくれると思っていた。いつか、自分と同じ人たちのところへ行けると夢見た。けど、鵺を見た時思った。もう、一人でいいと。わかったんだ。どこに行っても同じなんだ。みんなカラスと一緒《いっしょ》で怖いだけなんだよ。だから、必ず仲間外れを作る。共同体なんて、そんなもんさ。わずかな違いを見つけだされるのを恐れて生きるのなら、おれは一人でいい。恐れられる方がずっといい。鵺はずっと一人で、畏れられて、理解なんてされないんだ。けど、忌《い》み嫌《きら》われてもあんなに僕に気を遣《つか》っていたのだろう。自分の臆病《おくびょう》さを見抜《ぬ》かれた気がして、苦い気分になった。確かに僕は皆《みな》の前で話しかけられたとしても無視しただろうし、間違ってもかばったりなんかしなかっただろうから。わかっているからこそ、苛立ちが募《つの》った。

　プールに反射する光に目を細めながら、僕に笑いかける翔也が不気味に思えた。怖かったのだ、翔也が僕を恨《うら》んで秘密をばらしてしまうのが。助けてくれないことを責めもせず、笑っていられる翔也が何かを企《たくら》んでいるように見えて気が気じゃなかった。

　夏休みになって、あの色素の薄い目から離れると、やっと息がつけた。けれど、休みが明けて教室に入った途端《とたん》、僕は呆然《ぼうぜん》とした。

　見慣れない光景が広がっていた。

　翔也の机の周りに人が集まっていた。

　その真ん中には白い鳥の模型があった。小さく切った無数の割り箸《ばし》で組み立てられていた。[3]大きく羽を伸《の》ばして、今にも飛び立ちそうに生き生きとしている。

　いつも乱暴な男の子も口をあけて見惚《みと》れている。女の子たちは遠巻きにしながらも「何あれ、すごい、すごい」と騒《さわ》いでいた。遠藤《えんどう》さんという気の強い女の子が「翔也、あんた本当に自分で作ったの？」と高い声で言った。

「そうだよ、そんなに難しくなかった」

　翔也が小さな声で答えると、男の子の一人が「じゃあ、ヘリコプターとかさ、虎とかも作れる？」と訊《き》いた。翔也はそっと頷《うなず》いた。「すげえ」と歓声《かんせい》がわく。人に囲まれて背を丸めていたが、翔也は少し頬《ほお》を上気させて明らかに得意そうだった。

　翔也の作った鳥の模型は文句なく図画工作の最優秀《ゆうしゅう》賞に選ばれた。そればかりか、県の小学生コンクールに出展されることになったと担任の先生が言った。

　僕は怖くなった。翔也は夏休みが明けてから一度も泣いていなかった。休み時間を使って、クラスメイトが頼《たの》んでくる模型を黙々《もくもく》と作り続けていた。木工用ボンドの酸っぱい匂いの中で、規則正しく手を動かす翔也はロボットのようだった。

　このままでは、苛めが僕に回ってきてしまうと思った。

　その恐怖《きょうふ》に抗《あらが》えるものなんてひとつもなかった。

　体育の時間の後だった。教室に戻ってきた翔也は後ろから羽交《はが》い締《じ》めにされた。

　正面に回り込んだ子が体操服をまくりあげようとした。翔也は抵抗《ていこう》した。はじめてのことだった。金切り声をあげて、足を交互《こうご》に蹴《け》りだしながら渾身《こんしん》の力を込めて逃れようとした。蹴り飛ばされた子が大げさな悲鳴をあげると、わっとみんなが押さえにかかった。

　翔也は蹴ったり殴《なぐ》られたりされると、すぐに床《ゆか》に膝《ひざ》をついた。

　ぐったりとした体に手が伸びて、体操服が引きはがされた。

　白く細い胸に、青黒い鳥が翼《つばさ》を広げていた。

　歴史の教科書に載《の》っていた壁画《へきが》のような渦巻《うずま》き文様の鳥だった。

　一瞬《いっしゅん》、辺りはしんとなった。その鳥は濃《こ》い空気を放っていた。昼間の光とは⑤イシツな。

「鵺だ！」と誰かが叫《さけ》んだ。

「こいつ鵺の痣《あざ》があるぞ、呪われてるんだ」

僕がぶっきらぼうに言うと、翔也は少し黙《だま》って足元を這《は》う蟻《あり》に視線を落とした。長い睫毛《まつげ》が影《かげ》をつくる。

「父さんがハーフなんだ、もう会えないけど。だから、受け継《つ》いじゃったんだって、母さんが言ってた」

「髪とか染めたらよかったんじゃないの？　今更《いまさら》だけどさ」

翔也はなんだかいびつだった。個性的なパーツが無理やり細く青白い顔に収められていた。昆虫《こんちゅう》のような長い手足がアンバランスについている。そうかと思えば、睫毛や肌《はだ》は女の子のようだった。そういうちぐはぐさが見まいとしても目に入ってくるのだ。鬱陶《うっとう》しいほどに。

「そんなことしても無駄《むだ》だよ。結局どこを変えたって、この町で生まれ育った奴《やつ》はぼくをよそ者として見るんだ。どこかしらに文句をつけてくる、ぼくがぼくである限り気に障るんだよ」

その気持ちはよくわかった。転校ばかりしていると受け入れられるのに必死で、本当の自分をいつしか見失っていく。けれど、どんなに自分を殺しても完全に溶《と》け込《こ》むことはできない。

「確かにな」と小さな声で言うと、僕は水の中ではしゃぐクラスメイトを見つめた。2どうして入って水に入るとあんなに声が高くなるのだろう。

ぷちりと小さな音がした。横を向くと、翔也が指で蟻を一ぴき一ぴき潰《つぶ》していた。

「ぼく、知っているよ。堤くんの秘密」

水音と甲高《かんだか》い音が遠のいた。心臓が耳の奥で鳴りだす。雲が晴れたのか視界が光で霞《かす》む。

「ちらっと見えたんだ。身体検査の時に。そんな顔しなくても大丈夫《だいじょうぶ》だよ。ぼくも同じようなものだから。ここにね、タトゥーがあるんだ。これだけは見られたくないから、プールをさぼってるんだ。父さん、タトゥー職人でさ、去年会った時にいれてくれたんだ、自分のことを忘れないようにって。でも、会ったことがばれて母さんが怒っちゃって。それで、もう会えない」

翔也は④シンセイな儀式《ぎしき》みたいに胸の辺りをちょっと触《さわ》ると、ぷちぷちと蟻を潰し続けた。

僕は何も言えずに黙《だま》ったままだった。

翔也が「安心した？　秘密の交換《こうかん》だよ、絶対言わないでね」と笑った。笑顔《えがお》のまま、そっと指の匂いを嗅《か》ぐ。

「蟻の血って酸《す》っぱい匂いがするよね」

白さを増した視界の中で、翔也の眼はガラス玉のように見えた。

鵜の死体が入っていたうつほ舟の「うつほ」とは、空っぽとかがらんどうを意味する言葉のことだったと、その時に気付いた。

（　中略　）

そう、僕は彼の秘密をばらしたのだ。

翔也がいけないのだ。泣き虫でグズのくせに、あんなものを作ってしまうから。

僕と秘密を共有したつもりで、いい気になっていたから。

プール学習の度に話しかけてくる翔也が疎《うと》ましかった。けれど、秘密をばらされるのが怖くてついつい言葉を交《か》わしてしまった。

翔也はプールの時以外は話しかけてこなかった。からかわれたり、プロレス技《わざ》をかけられている時でも決して助けを求めたりはしなかった。

とした木々に覆《おお》われていて昼でも暗かった。一番奥には小さなお社があって、古ぼけた塚《つか》を祀《まつ》っていた。

子どもたちは七不思議だの幽霊屋敷《ゆうれいやしき》だのと怖《こわ》い話が好きなものだが、その森と塚は特に恐《おそ》れられていた。

塚には鵺《ぬえ》という怪鳥《かいちょう》が封《ふう》じ込《こ》められていると言われていた。昔、鵺は都を夜な夜な飛び回り、帝《みかど》を悪夢で苦しめたので、③タイジされた。鵺の死体はうつほ舟《ぶね》に入れられて流された。その舟が流れついたのが、この町だと言われていた。祟《たた》りを恐れた人々は鵺を丁重《ていちょう》に埋《う》め、祀った。けれど、人間を呪《のろ》った鵺は夜になると闇《やみ》から力を得て土から蘇《よみがえ》り、森の中を叫《さけ》びながら飛び回る。鵺に見つかってしまうと鋭《するど》い爪《つめ》と嘴《くちばし》で引き裂《さ》かれ、運良く逃《のが》れられたとしてもその鳴き声を耳にしたものは呪われて三日以内に悪夢を見て死ぬ。そう、まことしやかに語り継《つ》がれていた。今ならば、暗くなってから森に入らないようにと、大人たちが作った嘘《うそ》だとわかるのだが。

森にはカラスがたくさんいて不気味だった。いつでもぎゃあぎゃあと鳴いていた。なぜか奇形《きけい》の犬や猫《ねこ》がよく捨てられていた。日が落ちた森の奥から恐ろしい鳴き声が聞こえてきたという子もいた。

僕はその伝説を聞いて育ったわけではないけれど、それでも、鵺の話を一度でも聞いたら充分《じゅうぶん》なくらいその森はおどろおどろしい気配に満ちていた。委員会などがあってどうしても帰りが遅《おそ》くなる日は、校舎の中にいてもなるべく森の方を見ないようにした。黒々とした森が背後に迫《せま》りくるのを感じながら早足で帰った。

大人になってから調べたら、鵺とは頭が猿《さる》で、胴《どう》が狸《たぬき》、尾が蛇《へび》、手足が虎《とら》のキメラのような想像上の生き物とあった。僕らは恐竜図鑑《きょうりゅうずかん》で見た肉食の巨大《きょだい》な鳥を思い浮《う》かべていた。僕は鵺の死体が入っていたという「うつほ舟」というものが妙《みょう》に気になった。「うつほ」という言葉の響《ひび》きに、ぼかんとした恐ろしさを感じたのだった。

翔也は絵や工作が好きで、よく一人でこっそり鵺の絵を描《か》いていた。けれど、ひどい弱虫で、クラスの誰《だれ》かに上履《うわば》きや筆箱を森に投げ込まれたりすると昼間でも取りに行けず、靴《くつ》箱の前に敷《し》いてあるすのこに座り込んでいつまでも泣いていた。

正直、泣いた顔ばかり思いだす。それと、伸びきったTシャツの襟元《えりもと》から覗《のぞ》く骨ばった鎖骨《さこつ》。その向こうで揺《ゆ》れる水面。カルキの匂《にお》い。

そうだった、思いだした。翔也と二人きりになることがあった。プールの時間だ。

僕と翔也はいつもプールを休んでいた。僕は父の知り合いの医師に診《しん》断書《だんしょ》を書いてもらっていて（注・「僕」は五歳《さい》のころに胸に火傷《やけど》を負い、その痕《あと》を他人に見られたくないため、嘘《うそ》の診断書を書いてもらっていた）、翔也はいつも水着を忘れてきて怒《おこ》られていた。

翔也は泣き腫《は》らした顔で、光る水飛沫《しぶき》をぼんやりと見つめていた。茶色い眼《め》は虚《うつ》ろで何を考えているかわからなかった。仲良くしていると思われて、苛めのとばっちりを受けたら嫌《いや》なので、僕は少し離《はな》れたところから呟《つぶや》いた。

「なんでさ、眼とか髪《かみ》とか茶色いの？」

翔也はびくっと細い肩《かた》を震《ふる》わして、おずおずと僕の方を見た。僕は顎《あご》で前を向いたまま話せと促《うなが》した。翔也が慌《あわ》てて前を向く。

「気持ち悪い？」

「そうは言ってない」

問二 ――2「アフォーダンスがあるなと私か思えるようになった」とありますが、筆者がそう思えるようになった理由を六〇字以内で説明しなさい。

問三 ――3「失明者に付いて歩くという経験がスポーツへの興味とつながっています」とありますが、筆者にとって「失明者に付いて歩くという経験」と「スポーツ」はどういう点で共通していますか。「アフォーダンス」という言葉を用いて五〇字以内で説明しなさい。

二 「僕《ぼく》」（＝「堤《つつみ》」）は、小学校の時の同級生である「翔也《しょうや》」に街《まち》で声をかけられ、十五年以上ぶりに再会します。次の文章は、翔也の会社の事務所について行くことになった「僕」が、小学校時代のことを回想する場面から始まります。これを読んで、後の問いに答えなさい。

小学校の高学年だったと思う。父の転勤で、僕は滋賀の山奥《やまおく》に住んでいた。

人口の少ない町で、各学年多くて三クラスくらいしかなかった。そういう環境に引っ越《こ》してくる子どもは大変だ。どうしたって目立ってしまう。場の空気や子ども同士の上下関係を慎重《しんちょう》に読まなくてはいけない。

僕は転校が多かったので、人の顔色を読んだり、当たり障《さわ》りのない関係を築いたりするのには長《た》けていた。自分がどう見えるかということも、早い時期から把握《はあく》していた。

けれど、田舎《いなか》の空気はそれまでいたどこの街より粘着質《ねんちゃくしつ》で保守的だった。人々は思っていた以上に細かい部分にまで注目してきた。村と言っていいようなその町に住んでいる限り、①**イッキヨイチドウ**は人の目にさらされていた。そして、始終さまざまな噂《うわさ》が飛び交《か》っていた。

僕の母親は息が詰《つ》まると、父にしばしば文句を言っていた。その気持ちはよくわかった。まるで、肺に少しずつ滓《おり》が溜《た》まっていくようにだんだんと息がしにくくなるのだ。僕だけリコーダーの色が違《ちが》ったり、自分が話している時に教室の隅《すみ》で誰《だれ》かが笑ったりする度《たび》に、②**コキュウ**が浅くなった。標準語の発音が嫌《いや》みにとられないように、そこの方言を覚えるまではなるべく口数を減らした。

一度、異物だとみなされたら、もう終わりだった。テストですらわざとあまりいい点数を取らないようにしたくらいだ。1ただ、僕には一つ安心があった。それが、同じクラスの翔也だった。翔也も転校生のようだった。

翔也には父親がいなかった。母親は出戻《でもど》りだとか、大阪で水商売をしていたとか、いろいろな噂があった。不倫《ふりん》の末に子どもができてしまい、一人で育てられなくなり実家に帰ってきたとも言われていた。

翔也は色素が薄《うす》く、外見が目立っていた上に気も小さくて、喋《しゃべ》るとすぐ声が裏返った。育ちのせいかは知らないが、遠足の時に蝶《ちょう》を追って迷《まい》子《ご》になったりと、一風変わったところのある子どもだった。何より、彼《かれ》からは「可哀《かわい》そうな」オーラが滲《にじ》んでいて、子どもからすればそれは「苛《いじ》めて下さい」と言っているようにしか見えなかった。正直、僕でさえ、もっとうまく立ち回ったらいいのにと苛々《いらいら》したくらいだ。

ただ、確実な標的が他に一つあれば、こちらに矢が飛んでくることはない。僕は教室の片隅《かたすみ》でぼんやりと窓の外を眺《なが》めている翔也を見ては、人知れずほっと息をついていた。

（中略）

僕らの学校の裏には小高い丘《おか》といった程度の山があった。そこは鬱蒼《うっそう》

抜けている廊下のほうを向いているというようなこともありました。周囲のきわめて微細《びさい》な音や風の変化に敏感《びんかん》になるためのトレーニングをしていたわけです。

しばらくして、いよいよ屋外の訓練がはじまりました。建物のドアを開けて外に出るその男性の後に付いて私も屋外に出ました。その時です、建物入口の扉《とびら》が開いた途端《とたん》に、うわーんと唸《うな》るような、どこまでも広がる音が外にあることを感じたのです。しばらく聞いているとその中にアイドリング中の車の音や少し離《はな》れたところを歩いている革靴《かわぐつ》の足音、100ｍほど離れたところにあるテニスコートのボールの音とかが聞こえてきました。

ほかにもいろいろな音が聞き分けられたのですが、それよりも外の空気全体が唸るように、全身を包み、降りかかってくるような感じがして、街を歩くとはこういう音の中にいることなのだということをはじめて実感したのです。周囲の空気にはさまざまな出来事の振動《しんどう》が満ちている。空気中に満ちている多様な振動やその微細な変化を、失明した人たちは感じとっている。そして、自分が今どこにいるのかとか、周囲に何があり、何が起っているのかを発見している。この環境についてのきわめて無垢《むく》な感覚を研《と》ぎすますことができてはじめて、単独で歩ける視覚障害者になれるわけです。

街の各所には独特な路《みち》の交差部の音や、街全体を包囲するような川や、街をつらぬく列車の音などがある。どの視覚障害者もそれぞれ生活しているところで、それらの多様な音を生活のために利用しています。失明するということは光を失うことですが、同時に振動の世界に深く触《ふ》れることでもあるのです。

私の場合、この3失明者に付いて歩くという経験がスポーツへの興味とつながっています。

スポーツのどの種目も特殊《とくしゅ》な環境を過酷《かこく》なかたちで構築することで成立しています。ハードルがいくつも置かれた走路をできるだけ速く走り抜けること。急斜面《しゃめん》をスキーで滑走《かっそう》し、そのまま空中に投げ出され、できるだけ遠くへ飛び、転倒《てんとう》しないこと。高速の滑《すべ》りをもたらすように磨《みが》かれた氷上を、薄《うす》い金属のエッジに乗って疾駆《しっく》し、コーナーを減速せずに回ること。鎖《くさり》の先に付いた重い金属玉を身体を急回転させて遠くへ飛ばすこと。直径４ｍ55㎝の小さな円の中で体重が150㎏近い大男どうしがわずか70㎝間隔《かんかく》で思いっきりぶつかり合うこと……。日常ではあり得ない危険と困難に満ちた環境こそがスポーツと呼ばれる何かをつくり出しています。

アスリートといわれる人たちはそこでの不自由さを十分に味わい尽《つ》くし、困難さのかかにあるわずかな光明、つまり不自由さの中のわずかな自由を見いだし、活《い》かしきっている人たちだと思います。その「絶壁《ぜっぺき》の自由」こそがスポーツの醍醐味《だいごみ》だと思います。アスリートたちがその苦しみを歓喜《かんき》に変えてしまう出来事こそがスポーツなのです。

（佐々木正人『時速250㎞のシャトルが見える』による）

問一 ――1「与える」とありますが、ここでのリハビリの話において、具体的に「何が何に何を与える」のですか。次の［ ］①～③に入る適切な言葉を答えなさい。ただし、①は五字、②は七字で本文から抜き出して答えなさい。

［ ① ］にある性質が［ ② ］に［ ③ ］という行動を与える。

【国　語】（五〇分）〈満点：八五点〉

【注意】※字数の指定のある問題は、テン・マル・カッコなどの記号も一字として答えなさい。
※答えは、すべて解答用紙の枠《わく》の中におさまるように書きなさい。

一　次の文章を読んで、後の問いに答えなさい。

埼玉県所沢《ところざわ》市にある国立身体障害者リハビリテーションセンター学院の学生さんに聞いた話です。

事故などで膝《ひざ》から下を両脚《りょうあし》とも切断した人のリハビリにプールで泳ぐというメニューがあるそうです。最初は水に入っても誰《だれ》もが短くなった大腿《だいたい》部を使ってバタ足をするそうです。ただし下脚《かきゃく》がないバタ足では水をほとんど捉《とら》えられませんから推進力がほとんどない。水にプカプカ浮《う》かぶだけです。しかしそうやって数時間あるいは数日間プールの水に浸《つ》かって動いているうちに変化が起こる。特に指導をしなくてもたいがいの人の身体《からだ》はそれまでの上下動ではなく大腿部を左右に揺《ゆ》らすような動きになる。やがて魚が水の中を泳ぐような、背と腰《こし》をくねらせる水平運動がはっきりとあらわれてくるそうです。

たいへん驚《おどろ》きました。誰かが考えたとか教えたというわけではない。まったく新しい動きが現われてくるのです。水の中で動いてみることで、下脚のない全身はそれまでしたことのなかったオリジナルな動きを創造する。この動きは水にある「泳ぎを支える」性質の一つを示している。周囲の環境《かんきょう》のなかには行動を可能にしているさまざまな性質があるわけです。行為《こうい》することであらわになるこの「環境の意味」のことを、生態心理学では「アフォーダンス」といいます。英語の動詞アフォード（1与える）を名詞化した用語です。水には足で蹴《け》る以外に、その中で身体を横に揺らすことで利用でき、動物の身体を推進する性質がある。いろいろなアフォーダンスがあるのです。

例えばロッククライマーは岩場の小さな凹凸《おうとつ》が自分の体重を支えられるかどうかを見分けています。そのようにして選ばれた凹凸がクライマーの「垂直方向への移動」を支えるアフォーダンスなのです。そのままで動物の行為の可能性の一つを意味している。物と生きもののすることを同時に意味すること。それがアフォーダンスです。

スポーツの世界でも独特につくられた「環境」の意味を、アスリートの身体は究極まで探《さぐ》っているはずです。アスリートの身体と周囲の環境の接触《せっしょく》面で開けてくる可能性、それがスポーツだと思います。（中略）

2アフォーダンスがあるなと私が思えるようになった一つのきっかけがあります。ずいぶん前ですが、進行性の眼《め》の病気で二〇歳《さい》ごろに失明した男性の歩行訓練に付いて歩いたことがあります。最初の課題はリハビリテーションセンターの屋内を歩き回ることでした。身体の両側へと杖《つえ》を振《ふ》り分けて床《ゆか》を叩《たた》き音をたてリズムを作りながら歩くような訓練を何日間もします。

なんとか自分一人で歩けるようになると、横に曲る小さな廊下《ろうか》がいくつか分岐《ぶんき》している広い廊下を歩きながら、小さな廊下が横に抜《ぬ》けているところで止まるという訓練をします。

この男性は立ち止まって、抜けた廊下のほうに向き杖でそっちの床を叩いて「こちらが抜けていますね」と言ったり、「向こうから風が来ました」などと言いながら交差している廊下を発見できました。なぜかわからないけど、はっきりあるという感覚が生じる前に、なんとなく顔が

MEMO

大切なことはメモしておこうネ！

2024年度

解　答　と　解　説

《2024年度の配点は解答欄に掲載してあります。》

＜算数解答＞ 《学校からの正答の発表はありません。》

1　(1)　(例)　8×(1＋4×7×9)　(2)　(ア)　11.5cm　(イ)　425g
(3)　(ア)　解説参照　(イ)　43.96cm　(ウ)　(X)　14　(Y)　7

2　(1)　《7431》　(2)　(ア)　【213】【231】　(イ)　【2134】【2143】【2314】【2341】
【2413】【2431】　(ウ)　①　24通り　②　6通り　(エ)　30通り　(3)　560通り

3　(1)　②・③・④　(2)　解説参照　(3)　解説参照　(4)　解説参照　(5)　$1.8cm^2$

○推定配点○
1(3), 2(1), 3　各4点×10　他　各5点×9(2(2)(ア)・(イ), 3(1)～(3)各完答)
計85点

＜算数解説＞

1　(数の性質，割合と比，鶴亀算，平面図形，図形や点の移動)

(1)　2024＝8×253＝8×(1＋252)＝8×(1＋4×7×9)

(2)　金属棒O・P

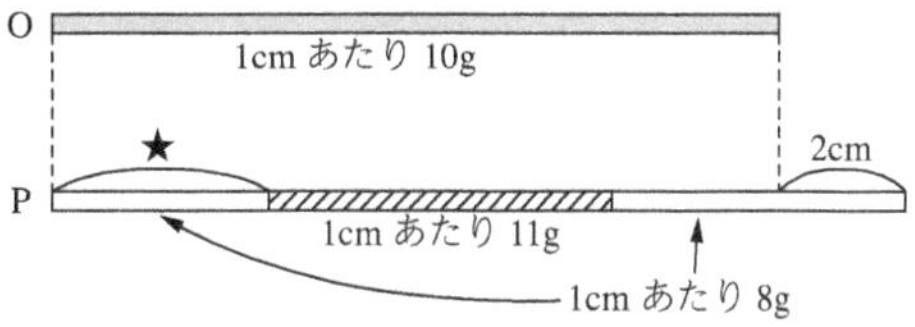

・左端部分から34.5cmずつ切り取る場合，
　切り取る部分の重さが等しい
・それぞれの全体の重さが等しい

重要　(ア)　Oの34.5cmの重さ…10×34.5＝345(g)
★の長さ…(11×34.5－345)÷(11－8)
＝11.5(cm)

やや難　(イ)　Oの左端34.5cmの位置から右端までの長さ
…8×2÷(10－8)＝8(cm)
したがって，棒の重さは
10×(34.5＋8)＝425(g)

重要　(3)　(ア)　Pの向き…右図のようになる
(辺ABとPの向きを関連づける)

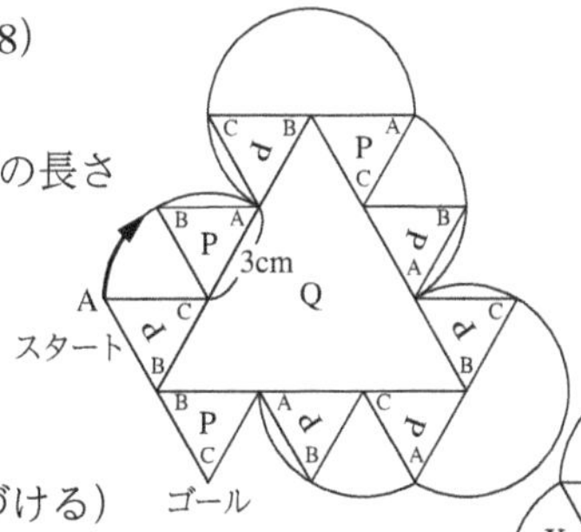

(イ)　(6÷3×3＋6÷3×2×2)×3.14
＝14×3.14＝43.96(cm)

(ウ)　おうぎ形…2×2＋3×2＋1×4＝14(個分)
正三角形…2×2＋3＝7(個分)

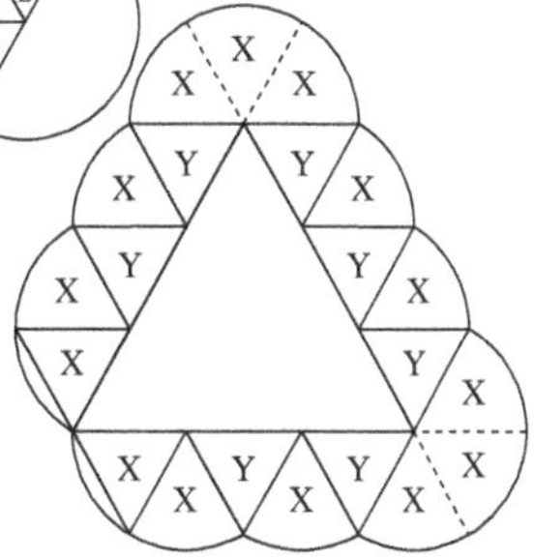

＋α　2　(場合の数)

2枚目以後のカード…机の上のどのカードの数よりも小さい場合のみ，机の上に置く

基本　(1)　【7463125】→《7431》

重要　(2)　(ア)　《21》←【231】【213】

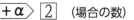

（イ） 《21》←【2341】【2314】【2413】【2431】【2143】【2134】

（ウ） ① 2□□□1，21□□□，2□1□□，2□□1□…3×2×1×4＝24(通り)

② 《521》←【52341】【52314】【52413】【52431】【52143】【52134】の6通り

（エ） 52□□□1，52□□1□，52□1□□，5212□□□…3×2×1×4＝24(通り)

56□□1，56□1□，561□□…2×1×3＝6(通り)

したがって，全部で24＋6＝30(通り)

【別解】 （ウ） ②のそれぞれについて6が順位が5通りある…5×6＝30(通り)

やや難 (3) 3の順位…7542[3]1，75421[3]の2通り(A)

6の順位…(A)のそれぞれについて5通りずつ

8の順位…(A)のそれぞれについて7通りずつ

9の順位…(A)のそれぞれについて8通りずつ

したがって，全部で2×5×7×8＝560(通り)

重要 [3] （平面図形，相似，立体図形，割合と比）

(1) もとの面

…右図より，②・③・④

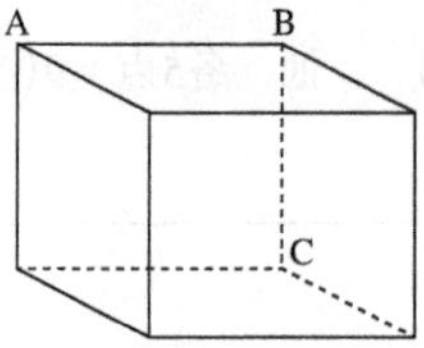

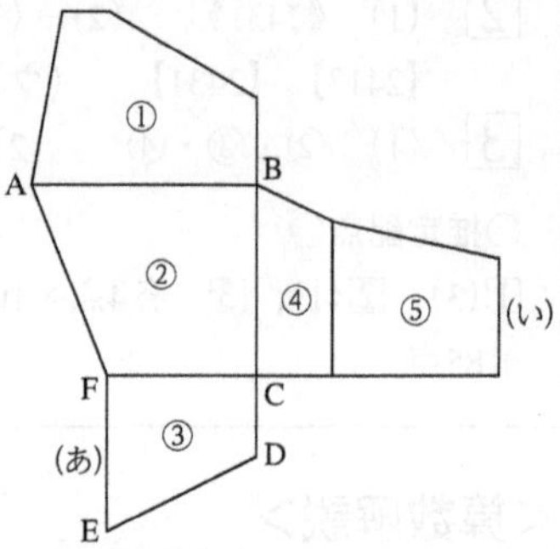

(2) D，E，F

…見取り図アをもとにして各点の位置を描くと図イのようになる。

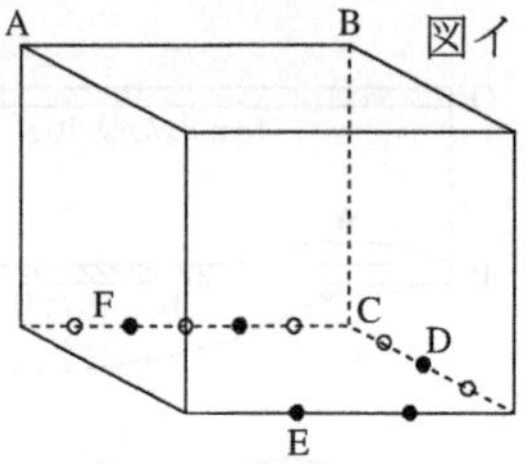

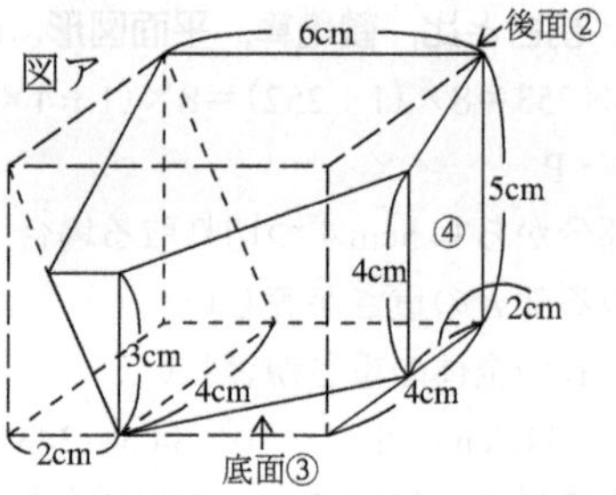

(3) 切断面…下図のようになる。

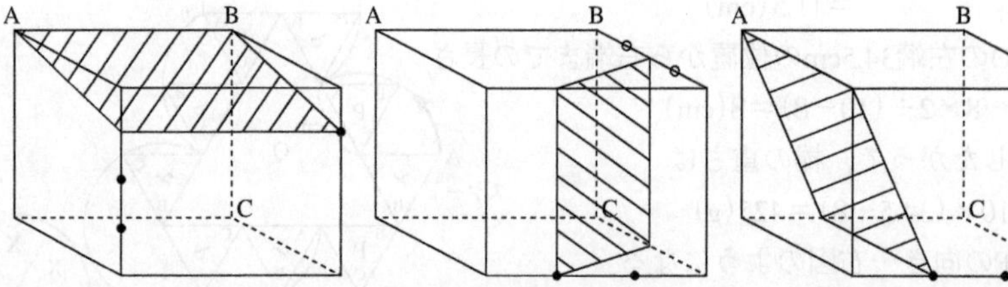

(4) 補う面…右図のようになる。

(5) 求める面積…下図より，三角形HEGとKEJは

相似であり，$3\times2\times\frac{3}{5}\div2$

$=1.8(\mathrm{cm}^2)$

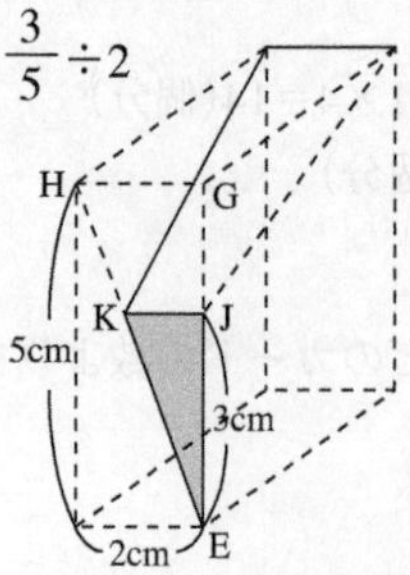

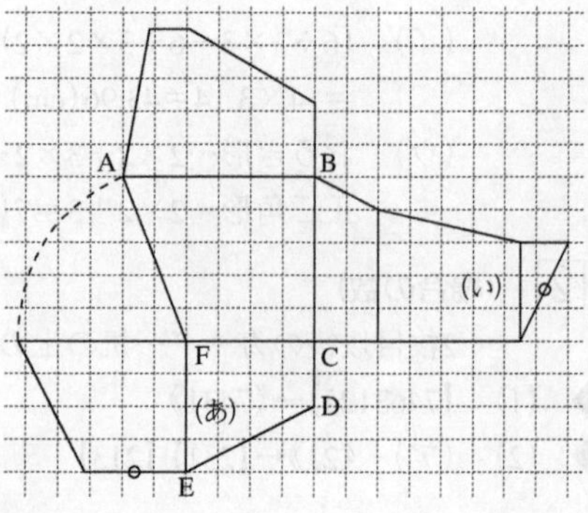

★ワンポイントアドバイス★

1(2)（イ）「金属棒の重さ」は，一見，簡単そうでいてポイントに気づかないと，迷路に入りこむことになり，2(2)（エ）「6を使う場合」も安易に考えると失敗する。3「直方体と断面」は，全体の見取り図が描けるかがポイント。

＋α は弊社HP商品詳細ページ(トビラのQRコードからアクセス可)参照。

＜理科解答＞ 《学校からの正答の発表はありません。》

1　問1　炭酸水　　問2　塩酸　　問3　イ　　問4　11　　問5　40　　問6　イ，オ

2　問1　昔　イ　　現在　エ　　問2　354　　問3　a　うるう年　　b　平年　　c　うるう年

問4　エ　　問5　エ　　問6　ア　　問7　右図

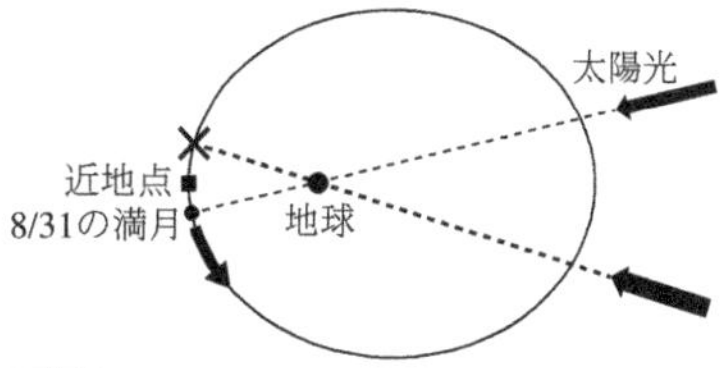

3　問1　カ，ケ　　問2　イ，エ，カ，キ，ケ

問3　(1)　ウ　　(2)　エ　　(3)　イ　　(4)　ア

(5)　ア　　問4　ア，イ，キ　　問5　(1)　イ

(2)　ウ　　(3)　エ　　(4)　イ　　(5)　ウ

4　問1　ウ　　問2　オ　　問3　イ，ウ

問4　①　6：3：2　　②　比例

③　反比例　　問5　d　　問6　d　　問7

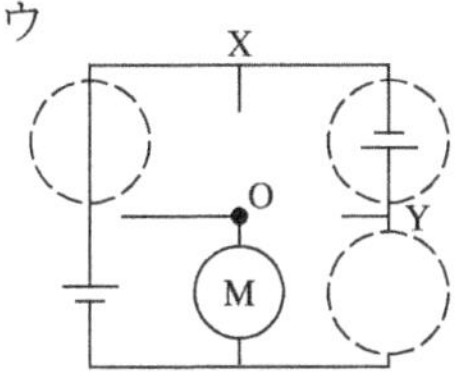

○推定配点○

1　各3点×6(問6完答)　　2　問1，問2　各2点×2(問1完答)　　問3　各1点×3

他　各3点×4　　3　問3，問5　各1点×10　　他　各2点×3(各完答)

4　問4②，③　各1点×2　　問7　3点　　他　各2点×6(問3完答)　　計70点

＜理科解説＞

1　（水溶液の性質—水溶液の判定，酸とアルカリ）

重要　Ⅰ　問1　6つの水溶液のうち，加熱して水を蒸発させると白い固体が残るもの(B，C，D)は，重そう水，食塩水，石灰水の3つであり，何も残らないもの(A，E)はアンモニア水，塩酸，炭酸水のいずれかである。においのするもの(A)は，アンモニア水と塩酸である。青色リトマス紙を赤く変えるもの(A，E)は酸性の水溶液であり，塩酸か炭酸水である。以上より，Eの水溶液は酸性で，においがなく，水分を蒸発させても何も残らないので炭酸水である。

問2　問1の解説から，水溶液Aは酸性で，においがあり，水分を蒸発させても何も残らないので，塩酸である。

重要　問3　重そう水と石灰水はアルカリ性を示すので，BかCのいずれかである。これを区別するには，二酸化炭素を吹き込むことで，白くにごれば石灰水で，変化がなければ重そう水とわかる。水溶液Dは中性であり，食塩水である。

基本　Ⅱ　問4　ホウ酸は50℃の水80gに8.8gまで溶ける。50℃の水100gに溶けるホウ酸の重さを□gとすると，80：8.8＝100：□　□＝11gである。

重要　問5　25℃の水80gにホウ酸は4.0gまで溶けるので，100gの水には80：4.0＝100：□　□＝5.0gまで溶ける。25℃でホウ酸7.0gを溶かしきるのに必要な水は，100：5.0＝□：7.0　□＝140g　よって，

あと40gの水を追加すればよい。

問6　ア　×　25℃のホウ酸の飽和水溶液のpHは5程度であり，市販の酢のpHは2～3程度なので，ホウ酸水溶液の方が酸性が弱い。

イ　○　クエン酸の水溶液を水で薄めると，酸性は弱くなる。

ウ　×　実験5より，クエン酸の水に溶けた重さが大きくなるとpHの値が小さくなるので，クエン酸の重さとpHは比例の関係にないことがわかる。

エ　×　pHが1程度の酸では泡が発生するが，5程度では発生しない。しかし，pHがいくら以上で泡が発生しなくなるかは説明文からは判断できないので，市販の酢で泡が出るかどうかはわからない。

オ　○　ホウ酸を25℃の水80gに4.0g溶かした水溶液のpHは5程度であるが，同じ濃度のクエン酸のpHは2程度なので，濃度が同じでも酸の種類によって酸性の強さは異なることがわかる。

2　（太陽と月―暦）

問1　明治5年まで使われていた暦は太陰暦と呼ばれるもので，1か月の長さを月の満ち欠けで決め，1年の長さも月の動きに合わせて決めていた。これでは実際の季節と暦が合わなくなってくるので，うるう年を設けて調節していた。現在の暦は太陽暦で，1年の長さは太陽の動きで決めている。1年を12か月に区別したのは古代ローマの風習が伝わったものである。

問2　月の公転周期は約29.53日なので，12か月の日数は12×29.53＝354.3≒354日であった。

基本　問3　4つの年のうち，西暦が4で割り切れるのは2020年，2000年，1900年である。このうち100で割り切れるものは2000年と1900年であり，400で割り切れるものは2000年である。2020年と2000年がうるう年なので，aとcはうるう年，bは平年とわかる。

基本　問4　昔の暦では，月の始まりは新月であり，7月7日は新月から7日目の月である。よって月の右側が光るエの形の月が見えた。

問5　太陰暦では1年は354日となり，太陽暦の1年と11日ほどの差が出る。それで約3年で1か月ほどになる。この割合に一番近いのは，エの19年に7回というものである。

問6　与えられた数値を用いてCの値を求めると，40.7万−(40.7万−35.7万)×0.9＝36.2万km　8月2日に見えた月の距離は35.8万kmでCの値より近い満月なので，この日の月はスーパームーンであった。

問7　満月のとき，太陽，地球，月は図の上では一直線上に並ぶ。月の公転周期は約27.3日であり，満月から満月に戻るには約29.5日を要する。そのため，8月2日の満月の位置は，近地点をはさんで反対側になる。

3　（昆虫・動物―昆虫の生態）

基本　問1　昆虫は，体が頭部，腹部，胸部の3つに分かれており，3対6本の脚を持つ。オカダンゴムシ，ジョロウグモは昆虫の仲間ではない。

問2　最も多いのは他の昆虫を食べるもので，これに属するものはナナホシテントウ，アキアカネ，ギンヤンマ，オオカマキリ，ジョロウグモである。花の蜜を吸うものは，モンシロチョウ，キアゲハ，アオスジアゲハである。木の汁を吸うものはヒグラシ，アブラゼミ，クマゼミなどのセミであり，樹液をなめるものはカブトムシ，ノコギリクワガタである。樹液は木の汁が発酵したもので，栄養が多い液体をさす。

重要　問3　(1)　モンシロチョウはさなぎで冬を越す。　(2)　ナナホシテントウは成虫で冬を越す。(3)　カブトムシは幼虫で冬を越す。　(4)　オオカマキリは卵で冬を越す。　(5)　エンマコオロギは卵で冬を越す。

重要　問4　さなぎの時期を経る昆虫を完全変態という。例の中の完全変態のものは，モンシロチョウ，カブトムシ，クロオオアリである。その他はさなぎの時期を経ない不完全変態の昆虫である。

問5　(1)　モンシロチョウの幼虫はアブラナ科の植物をエサにするので，それらの植物の葉の裏側を探す。　(2)　カブトムシの幼虫は土や腐葉土の中で冬を過ごす。　(3)　アキアカネの幼虫は水中で暮らす。　(4)　ショウリョウバッタの幼虫はイネ科の植物を食べる。　(5)　アブラゼミの幼虫は土の中で成長する。

4　(電流と回路―電流と回路，電熱線)

基本　Ⅰ　問1　ウの回路ではどちらのスイッチを閉じても，2つの電池が直列につながった回路になり，最も明るくなる。

問2　ア，イ，ウではどちらのスイッチを閉じても，豆電球は点灯する。エでは2つスイッチを閉じても電池の向きが逆なので豆電球は点灯しない。オが正しい。

問3　アでは一方のスイッチを閉じると豆電球は点灯するが，もう一方のスイッチを閉じると電池の向きが逆になり豆電球は点灯しない。イは2つ目のスイッチを入れると電池が並列につながれるようになり，豆電球の明るさは変化しない。ウでも，もう一方のスイッチを閉じても豆電球に流れる電流の大きさは変化しないので，同じ明るさになる。エ，オでは一方のスイッチだけ閉じても豆電球は点灯しない。

Ⅱ　問4　①　図3より，同じ時間で水の上昇温度を比較すると，電熱線の数が1：2：3のとき温度上昇の割合は6：3：2になっている。

②　電熱線の数と電流の大きさは図2より反比例している。また電熱線に同じだけ電流を流したときの水の温度上昇の比は電熱線の数と反比例するので，温度上昇の比と電流の大きさは比例する。

③　図3より，温度上昇の比と電熱線の数は反比例する。

問5　電熱線の数が少ない方が水の温度上昇が大きくなる。(b)では電流が流れず温度は上昇しない。(c)では電熱線が2個接続されている。(d)では電熱線が1個接続されているので，(d)で最も水温が上昇する。

Ⅲ　問6　(d)の回路では電池が直列に2個つながれているので，モーターが最も速く回転する。

問7　(b)～(d)と同じ機能をもつには，スイッチが切れているときは(b)と同じ状態になり，スイッチがXとつながるときには(c)，Yとつながるときには(d)と同じ状態になればよい。解答に示す回路ではスイッチがXとつながるとき電池が1個接続され(c)と同じ回路になり，Yとつながるときには電池が2個直列につながるので(d)と同じ回路になる。

★ワンポイントアドバイス★

問題文が長めで文章読解力や思考力が求められる。また，生物分野では具体的な例についての知識も必要である。

＜社会解答＞《学校からの正答の発表はありません。》

1　問1　関東大震災　問2　(1)　イ・オ　(2)　エ　問3　(1)　1000万　(2)　イ
(3)　海里　問4　(1)　C　荒川　D　隅田川　(2)　エ　問5　カ　問6　(1)　エ
(2)　ウ　問7　エ

2　問1　i　薩摩　ii　松本　iii　扇状地　iv　尾道　問2　ウ　問3　イ
問4　(1)　ウ　(2)　ウ・オ　問5　A県　エ　C県　ア　問6　(1)　B県　ウ
D県　エ　(2)　B県　ウ　C県　ア　(3)　ウ

3　問1　①　北条泰時　②　豊臣秀吉　③　小野妹子　④　徳川吉宗　⑤　鑑真
⑥　松尾芭蕉　⑦　北条政子　⑧　卑弥呼　⑨　徳川慶喜　⑩　天草四郎
問2　(1)　エ　(2)　ウ・カ　(3)　ウ　(4)　ア

4　問1　(世界)　イ→ア→エ→ウ　(日本)　ク→カ→キ→ケ　問2　A　(1)　カ
(2)　ア　B　ウ　C　(1)　ベルサイユ　(2)　新渡戸稲造　D　(1)　エ
(2)　イ　問3　(文京区)　エ　(台東区)　ア　問4　ウ　問5　イ　問6　ウ
問7　さいたま　問8　エ

○推定配点○
1　問2　各2点×2((1)完答)　他　各1点×11　2　問1　各2点×4　他　各1点×12
3　問1　各1点×10　問2　各2点×4((2)完答)　4　問8　2点　他　各1点×15
計70点

＜社会解説＞

1　(総合問題―1924年から2024年の出来事に関連する3分野の問題)

問1　関東大震災は1923年9月1日に発生。

重要　問2　(1)　アは直接国税を15円以上納める満25歳以上の男子。ウは満20歳以上の男女。エは代理記載が認められるのは親族ではなく，選挙会場にいる係員。　(2)　被選挙権が得られる条件として，都道府県や市町村などの地方自治体では，その都道府県，市町村に3か月以上居住していることが必要。国会議員の場合にはこの条件はない。

やや難　問3　(1)　かつてのメートルの定義は1799年のフランス革命下で定められ採用されたもの。地球を一周する子午線の全長，赤道の全長の4000万分の1というもので，実際の長さとしてはかなり不正確。　(2)　バレルは液体の体積の単位の一つで，だいたい159リットル。バレルは樽を表す語で容積からでたもの。一般的にはバレルは石油や石油製品の体積を表すときに使われることがある。　(3)　1海里は1852メートルで，子午線上で緯度1分の幅の長さ。40000km÷360÷60＝1.85185…km。なお，時速1海里が船などの速さを表すのに使われるノット。

重要　問4　(1)　Cの荒川は埼玉県西部の秩父から流れ出して東京湾に流れ込む河川。Dの隅田川は荒川から分かれて流れる河川。　(2)　図2を見れば，新旧の岩淵水門を閉じることで流れる水量が大きく減るのは河川Dの隅田川とわかる。隅田川に流れ込む水量が減れば，河川Cの荒川を流れる水量は逆に増えるので，グラフのQになる。

基本　問5　航空機輸送に目を向けると，Aはあるが Bはほとんどないことに注目。輸送手段としては割高で重量物を運ぶのには向かないのが航空機なのでAが旅客輸送でBが貨物輸送と判断できる。またそれぞれの輸送手段でZがAはほとんどなく，Bでは多いので船舶と判断できる。XとYではかつては旅客輸送でXが多かったのがYと逆転していることから，Xが鉄道でYが自動車とわかる。

問6　(1)　第四次中東戦争は1973年。アは1968年，イは1970年，ウは1969年。　(2)　アはUNICEF

国連児童基金，イは国際連合，エはUNHCR国連難民弁務官の紋章。

問7　コンピューターの誤作動の説明は2000年問題に関するもの。2024年問題はいわゆる働き方改革に関連する労働基準法の改正で，2024年4月1日より物流業界ではトラックドライバーの時間外労働の年間の上限が960時間とされるもので，これにより物流業界ではドライバーの人材確保が重要な問題となり，一方，ドライバーからすると従来は長時間の時間外労働の代償として得られていた手当が目減りすることにつながるというもの。収入が減ることで，ドライバーの確保がより難しくなる可能性もある。

2　(日本の地理―各県の産業，自然に関連する問題)

基本　問1　i　B県は鹿児島県で，指宿市や枕崎漁港があるのは西側の薩摩半島で，東側にあるのが大隅半島。　ii　C県は長野県で，安曇野市がある県の中央部の盆地は松本盆地。　iii　扇状地は河川が山間から平地に出てくるところに形成される地形。　iv　D県は広島県で，尾道市は愛媛県今治市としまなみ海道でつながっている。

問2　羽黒山は山形県の庄内平野の東にある山。山形県の北の秋田県の男鹿半島の八郎潟干拓地のほぼ中央が北緯40度，東経140度の緯経線の交点で，山形県と秋田県の県境がだいたい北緯39度になる。

問3　E県は岩手県で三陸海岸はリアス海岸で，山地が沈降して山地の表面の谷や尾根などの凹凸が複雑な海岸線をつくっており，海岸線のすぐそばまで山があり，湾には谷から流れてくる川が流域の森林の豊かな栄養を運んできてくれる。

重要　問4　(1)　牛乳の用途内訳に注目。Gは牛乳等向けが9割以上でFも7割以上であるが，Gは8割以上が乳製品向けであるので，生で飲む牛乳向けは消費地が近いところほど多く，乳製品向けが多いのは消費地からは遠いところと判断できる。それによりGが関東・東山，Fが東北，Hが北海道と判断できる。　(2)　ウは図1を見ると，乳用牛の飼養戸数の減り方の方が飼養頭数の減り方よりも大きいので，一戸あたりの飼養頭数はむしろ増えていると判断できるので誤り。オは図2のグラフを見ると1989年から2021年で牛乳生産量は大まかに見て400万klから300万klに減っており，その減り方は半分までとはいかず4分の3ほどなので誤り。

問5　アの飯山仏壇は長野県の飯山市で生産されるもの。エの天童将棋駒は山形県の天童市で作られるもの。イの大島紬は鹿児島県の奄美大島のもの，ウの熊野筆は広島県の熊野町で作られる化粧用の筆，オの南部鉄器は岩手県で作られる鋳物。

やや難　問6　(1)　B県がウ，D県がエ　Bの鹿児島県は九州地方の中ではあまり工業が発達していない地域で，地元の農産物や水産物を加工する食料品や飲料，飼料などが多い。Dの広島県は自動車工業やその他の機械工業や鉄鋼業がさかん。長野県はかつては精密機械工業が盛んだったが，現在では情報通信機器や電子部品の製造が盛んなのでア。山形県は自動車道沿いにコンピュータ関連の工場が進出し電子部品などの工場が多く，また地元の特産の果物や米を利用した加工食品の生産も多いのでイ。　(2)　B県がウ，C県がア　アは船舶での移動がない県ということで内陸のCの長野県とわかる。ウはエとならび船舶での移動が多いので島などが多いところと判断でき，鉄道輸送は少ないのでBの鹿児島県とわかる。同様にエは島が多いが鉄道の便も良い所なので広島県とわかる。残るイは船での移動はさほどなく，鉄道の便も悪いので過疎地の岩手県と判断できる。
(3)　A～Eの5県の中でAの山形県だけが日本海側の県。そのため1月の日照時間が短くなるのでウと判断できる。アは年間降水量が多く，気温の年較差が小さいので温暖なBの鹿児島県，イはアに続いて気温の年較差が小さいのでDの広島県，エは1月の日照時間がウに次いで短いのでEの岩手県，オは気温の年較差が大きく，年間降水量が一番少ないので内陸にあるCの長野県と判断できる。

3 （日本の歴史―歴史上の偉人に関連する問題）

基本　問1　①　北条泰時は鎌倉幕府第3代執権で，1232年に初の武家法となる貞永式目(御成敗式目)を制定。

②　豊臣秀吉が，織田信長に仕え，草履番をしていた際に草履を懐で温めて出したという逸話は有名。太閤は元関白の意味。

③　小野妹子は607年に遣隋使として聖徳太子の手紙を携えて隋の煬帝のもとに派遣された。

④　徳川吉宗は綱吉の頃に悪化した幕府の財政を立て直すために自ら改革に取り組み，その際にとった政策が米に関するものも多かったことから米将軍とも呼ばれるようになった。

⑤　鑑真は奈良時代に日本で高い位の僧に戒を与えられる者がいないということで来日を決意し，何度か渡航に失敗し失明したが，最終的には来日した。

⑥　松尾芭蕉は江戸時代初期の17世紀に活躍した俳人。奥の細道は東北地方を旅して記した紀行文の要素もある句集。

⑦　北条政子は鎌倉幕府を開いた源頼朝の妻で，初代執権となった北条時政の娘。頼朝の死後に出家し頼家を支えたので尼将軍とも呼ばれ，1221年の承久の乱の際に鎌倉側の武士たちに呼びかけた演説が有名。

⑧　卑弥呼は3世紀初頭に倭の国々から推されて邪馬台国の女王となり，諸国をまとめたとされる。

⑨　徳川慶喜は1866年末に江戸幕府第15代将軍となるが1867年に大政奉還を申し出て，江戸幕府を終わらせた。

⑩　天草四郎は1637年に島原のキリスト教信者や圧政に苦しむ農民たちとともに原城で挙兵し島原の乱を起こした。

重要　問2　(1)　選択肢はいずれも遣唐使に関係した人物だが，菅原道真は遣唐使を廃止させたので，菅原道真だけは唐に渡っていない。　(2)　ウとカのみが平安時代のもの。アは室町時代，イ，エ，オは鎌倉時代のもの。　(3)　京都の東山にある書院造が有名な寺が慈照寺で，写真はその銀閣。アは鹿苑寺金閣，イは法隆寺の金堂と塔，エは平等院鳳凰堂。　(4)　アは歌川広重の「東海道五十三次」の中の「日本橋行列振出」。他の選択肢の浮世絵のものはウが渓斎英泉の「江戸八景」の中の「隅田川の落雁」，エは葛飾北斎の「富嶽三十六景」の中の「神奈川沖浪裏」。

4 （総合―近現代の歴史と地理の問題）

重要　問1　世界　イ　1991年→ア　2001年→エ　2014年→ウ　2020年の順。日本　ク　1995年→カ　2011年→キ　2019年→ケ　2021年の順。

問2　〈A〉　(1)　三国干渉は満州やリャオトン半島を狙っていたロシアが中国進出の機会をうかがっていたドイツとフランスに呼びかけて行ってきたもの。ロシアはアメリカやイギリスへも働きかけたが，イギリスやアメリカは日本には好意的な立場をとっており参加しなかった。

(2)　臥薪嘗胆とは復讐を成功させるために苦労に耐えるという意味のもの。〈B〉　日露戦争の際に活躍した外務大臣は陸奥宗光ではなく小村寿太郎。〈C〉　(1)　第一次世界大戦の講和会議はパリ講和会議と呼ばれ，そこで結ばれた講和条約は敗戦国ごとに異なり，ドイツ相手のものはベルサイユ条約で，オーストリアとはサンジェルマン条約，ブルガリアとはヌイイ条約，ハンガリーとはトリアノン条約，トルコとはセーヴル条約であった。(2)　新渡戸稲造は札幌農学校出身の教育者であったが，国際連盟設立後の1920年から26年まで国際連盟の事務次長として活躍もした。〈D〉　(1)　リトアニアはいわゆるバルト三国の中で一番南に位置し，スカンジナビア半島のスゥエーデンの右にあるバルト海に面する。バルト三国の北にフィンランドがありリトアニアの南にポーランドがある。　(2)　1945年の日本は首相の交代が多く，前年の7月から小磯国明がまず首相を務めていたが，4月に鈴木貫太郎と交代，鈴木貫太郎は終戦の8月15日に辞職し皇族の東久邇宮稔彦が首相になるがGHQと対立し辞職，10月には幣原喜重郎が首相になる。鈴木貫太郎は元海軍大将。

基本 問3　文京区はエ，台東区はア　イは港区，ウは中央区になる。

問4　田無市と保谷市が合併し西東京市が誕生。かつての田無市と保谷市の形が，別々の市として存在していると効率が悪い面があったために合併がなされたという。

問5　貝塚があるのは縄文時代の遺跡の特徴。残りの選択肢は弥生時代のもの。

やや難 問6　平成の大合併により1999年の段階で670の市，1994の町，568の村が2010年の段階で786の市，757の町，184の村になり市が186増え，町と村が大幅に減った。

問7　さいたま市は，2001年に旧浦和市，大宮市，与野市が合併して誕生し，2003年には政令指定都市になり，その後2005年に旧岩槻市も合併し現在にいたっている。

問8　奈良時代の国司は都から派遣される者が務め，郡司や里長は地元の有力者が務めていた。

★ワンポイントアドバイス★

知識としてはやや細かいものもあるが，細かすぎるというものでもない。時間に対して問題数が多く，読まなければならないものも多いので，悩んでいられる時間はない。まず一通り全体を見て，答えやすいものの取りこぼしは避けたい。

＜国語解答＞ 《学校からの正答の発表はありません。》

一　問一　①　プールの水　　②　下脚のない全身　　③　(例)　背と腹を水平にくねらせる

問二　(例)　失明した男性の歩行訓練において，周囲の空気中に満ちた多様な振動や微細な変化を感じとっている視覚障碍者の感覚を，自分が実感することができたから。

問三　(例)　特殊な環境での困難さや不自由さの中にわずかな自由を見いだして，アフォーダンスを活かしているという点。

二　問一　(例)　自分と同様外部からの異物であり，しかも自分より冴えない存在である翔也がいるため，自分がいじめの対象にならずに済むこと。　　問二　(例)　プールではしゃいでいるクラスメイトを，よそ者としての立場から眺めている，冷めた気持ち。

問三　(例)　素晴らしい模型を作ってクラスメイトから賞賛されている翔也をすごいと感じ，ねたましく思う気持ち。　　問四　(例)　以前は，いつか自分を理解してくれる仲間ができることを夢見ていたが，異端でありながら圧倒的に美しい鵜を見て，他者からの評価を気にせず，たった一人でも怖がらず生きていけると気づいた。　　問五　①　一挙一動　②　呼吸　　③　退治　　④　神聖　　⑤　異質

○推定配点○

一　問一　各3点×3　　他　各11点×2　　二　問五　各2点×5　　他　各11点×4　　計85点

＜国語解説＞

一　(論説文—内容理解)

問一　直前に注目。「水の中で動いてみることで，下脚のない全身はそれまでしたことのなかったオリジナルな動きを創造する。この動きは水にある『泳ぎを支える』性質の一つを示している」

とある。ここでの「オリジナルな動き」とは，直前の段落の最後の文にある「背と腰をくねらせる水平運動」のことである。

重要 問二　――2に続く内容をとらえる。「失明した男性の歩行訓練」の後に付いて屋外に出た筆者が感じたことが，――2の三つあとの段落に述べられている。この内容をふまえて解答をまとめるとよい。

やや難 問三　――3のあとの二つの段落に注目。特に最後の段落の「不自由さの中のわずかな自由を見いだし，活かしきっている」という部分に注意して解答をまとめる。

二 （小説一内容理解，心情理解，表現理解，主題，漢字の書き取り）

問一　――1の直後の三つの段落に注目。翔也がどのような人物であったかが描かれ，「確実な標的が他に一つあれば，こちらに矢が飛んでくることはない。僕は……ほっと息をついていた」とあることをおさえる。

重要 問二　直前の，「僕」と翔也の会話の内容をふまえて考える。周囲から「よそ者」として見られるという翔也の言葉に，「僕」は「その気持ちはよくわかった」とある。「僕」は自分を「クラスメイト」からの「よそ者」であると感じている。

問三　「白い鳥の模型」にクラスメイトからの「歓声がわ」き，「明らかに得意そう」な様子である翔也を，「僕」はまぶしく感じ，同時に「このままでは，苛めが僕に回ってきてしまう」と思っている。

やや難 問四　あとに続く，翔也の言葉に注目。「鵺」は「あまりに圧倒的で美しくさえあった」，「いつか，自分と同じ人たちのところへ行けると夢見た。けど，鵺を見た時思った。もう，一人でいいと」とある。翔也は元は，自分は人から理解されたいと思っていたが，「完全なる異端」で孤高で美しい「鵺」を見たことで，自分も他人から理解されなくても堂々と生きていこうと思ったのである。

基本 問五　①「一挙一動」は，一つ一つのふるまいのこと。「一挙手一投足」と同じ意味である。
②「吸」の「及」の部分の形に注意する。　③「退治」は，害をなすものをうち平らげること。
④「神聖」は，尊くて侵しがたいこと。清浄でけがれのないこと。
⑤「異質」は，性質のちがうこと。

★ワンポイントアドバイス★

字数の多い記述問題が中心である。文章も長い。限られた時間内で，文章の内容をおさえ，自分の言葉で説明する力が求められる。読書を含め，ふだんからいろいろなジャンルの文章にふれ，文章を要約する練習をしておくことが大切！

2023年度

入　試　問　題

2023年度

2023年度

開成中学校入試問題

【算　数】（60分）　＜満点：85点＞

1　ウサギとカメが競走をしました。

カメはスタート地点からゴール地点まで，毎分４mの速さで走り続けました。

ウサギはスタート地点をカメと同時に出発し，毎分60mの速さで走っていましたが，ゴール地点まで残り100mになったところで走るのをやめて，昼《ひる》寝《ね》を始めました。昼寝を始めた60分後に目を覚ましたウサギは，カメに追い抜《ぬ》かれていることに気がつきました。あわてたウサギは，そこから毎分80mの速さでゴール地点まで走りましたが，ウサギがゴール地点に着いたのは，カメがゴール地点に着いた時刻の５秒後でした。

次の問いに答えなさい。

(1)　ウサギが昼寝を始めてからカメがゴール地点に着くまでの時間は何分何秒ですか。

(2)　ウサギが昼寝を始めたとき，ウサギはカメより何m先にいましたか。

(3)　スタート地点からゴール地点までの道のりは何mですか。

2　図のような，１辺の長さが１cmの正六角形ABCDEFの周上に，次のような点Ｐと点Qがあります。

・点Ｐは辺AF上にあり，AP：PF＝１：２です。

・点Qは頂点Ａを出発し，正六角形の周上を反時計回りに分速１cmで動きます。点Qは，頂点Ｂ，Ｃ，Ｄ，Ｅをこの順で通り，頂点Ａを出発した５分後に頂点Ｆで止まります。

点Qが頂点Ａや頂点Ｆにいるときを除いて，正六角形は直線PQによって２つの部分に分けられます。この２つの部分のうち，一方の面積が他方の面積の２倍になるのは，点Qが頂点Ａを出発してから何分何秒後ですか。２つ答えなさい。

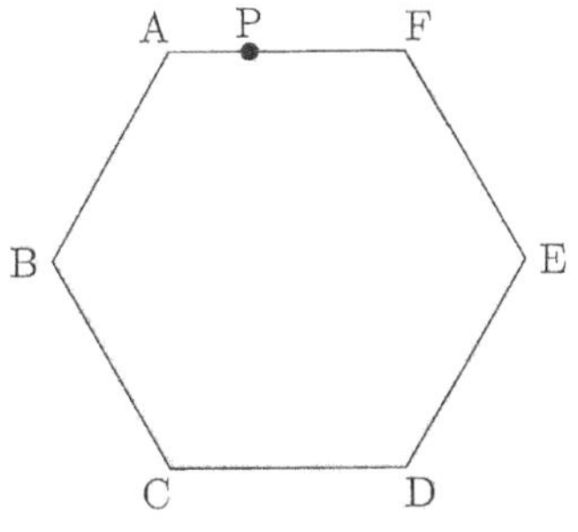

3　次のページの図のような，各辺の長さが10cmの立方体ABCD－EFGHがあります。

図のように，辺AD，AE，BC，BF上にそれぞれ点Ｉ，Ｊ，Ｋ，Ｌがあり，AI＝６cm，AJ＝６cm，BK＝６cm，BL＝６cmです。また，辺AE，AB，DH，DC上にそれぞれ点M，N，O，Ｐがあり，AM＝３cm，AN＝３cm，DO＝３cm，DP＝３cmです。

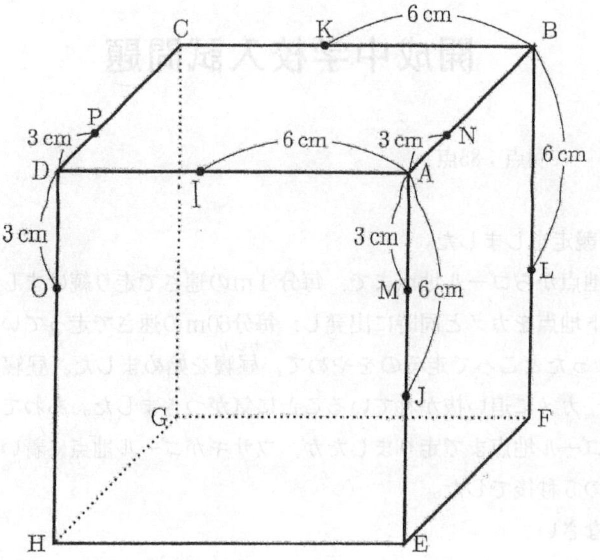

この立方体を，４点Ｉ，Ｊ，Ｋ，Ｌを通る平面と４点M，Ｎ，Ｏ，Ｐを通る平面で切断して，４つの立体に切り分けます。切り分けてできる４つの立体のうち，頂点Ｇをふくむ立体をXとします。

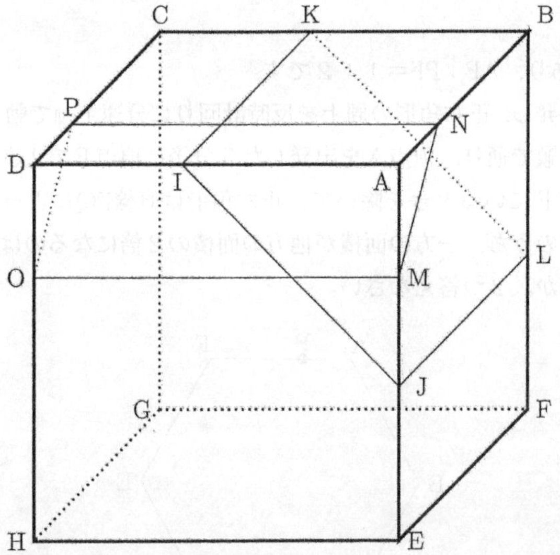

次の問いに答えなさい。

⑴　解答らんには，もとの立方体と四角形IJLKと四角形MNPOの辺が薄《うす》くかかれています。立体Xの見取図をかきなさい。ただし，見えている辺は濃《こ》い線で，見えていない辺は濃い点線でかき入れなさい。

⑵　立体Xの体積を求めなさい。

4 周の長さが6㎝の円があります。図1のように，この円周を6等分する場所を順にA，B，C，D，E，Fとします。

この円周上を毎秒1㎝の速さで動く3つの点P，Q，Rを考えます。

3点P，Q，RはそれぞれA地点，C地点，E地点から同時に動き始めて，図2の各矢印の向きに進みます。その後，P，Q，Rのうちの2点が出会うたびに，出会った2点はそれぞれ直前の自分とは反対の向きに同じ速さで進みます。

図3は，3点P，Q，Rが動き始めてから1秒後に，P，Q，Rがいる地点を表しています。

図1

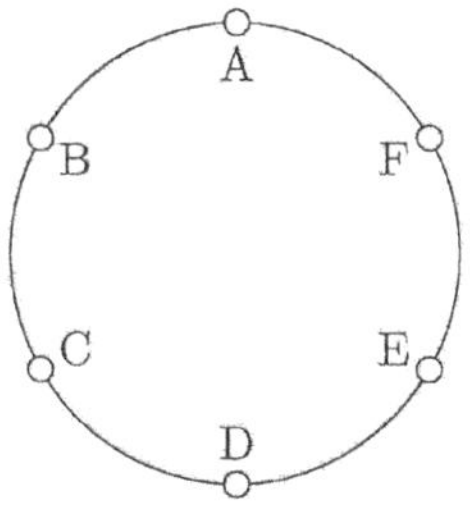

図2

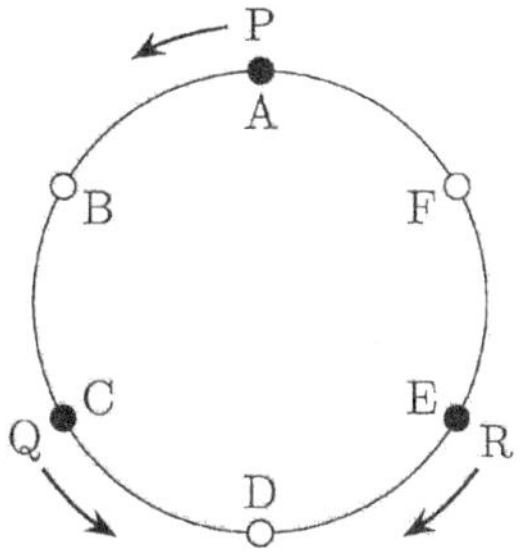

図3

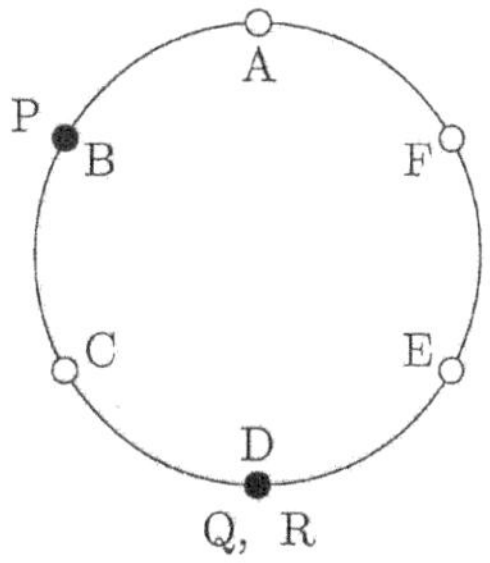

次の問いに答えなさい。

(1) 3点P，Q，Rが動き始めてから6秒後に，P，Q，Rがいる地点はどこですか。図2や図3を参考にして，どの地点にどの点がいるかがわかるように，解答らんの図の○を黒く塗《ぬ》ってP，Q，Rの記号を書き入れなさい。ただし，動く向きを示す矢印を付ける必要はありません。

(2) 3点P，Q，Rが動き始めてから初めて，P，Q，Rが同時に最初の位置に到達《とうたつ》するのは何秒後ですか。

(3) 3点P，Q，Rが動き始めてから100秒後に，P，Q，Rがいる地点はどこですか。図2や図3を参考にして，どの地点にどの点がいるかがわかるように，解答らんの図の○を黒く塗ってP，Q，Rの記号を書き入れなさい。ただし，動く向きを示す矢印を付ける必要はありません。

(4) 点Pと点Rが99回目に出会うのは，3点P，Q，Rが動き始めてから何秒後ですか。

5 1, 2, 3, 4, 5, 6, 7 の7種類の数字のみを並べてつくられる整数 A , B を考えます。例えば，5, 73, 1422 は整数 A , B としてふさわしいですが，8, 939, 4016 は 8, 9, 0 の数字をふくむので整数 A , B としてふさわしくありません。

整数 A , B の和で新たな数をつくることを考えます。例えば，$A+B=20$になる A , B の組は，次の表のように10通り考えられます。

A	17	16	15	14	13	7	6	5	4	3
B	3	4	5	6	7	13	14	15	16	17

次の空らん**ア**～**キ**にあてはまる数をそれぞれ答えなさい。

(1) $A+B=96$になる A , B の組について考えます。

A , B の一の位の数字は，その和が6になるので，次の表のように5通り考えられます。

Aの一の位の数字	5	4	3	2	1
Bの一の位の数字	1	2	3	4	5

このうち，Aの一の位の数字が5，Bの一の位の数字が1であるものを調べると，A，Bの十の位の数字は，その和が9になるので，次の表のように6通り考えられます。

Aの十の位の数字	7	6	5	4	3	2
Bの十の位の数字	2	3	4	5	6	7

このことから，$A+B=96$になるA, Bの組のうち，Aの一の位の数字が5，Bの一の位の数字が1であるものは，6通りあることがわかります。

これを参考にして考えると，$A+B=96$になるA, Bの組は [ア] 通りあることがわかります。

⑵　$A+B=971$になるA, Bの組について考えます。

$971=960+11$に着目して考えると，A, Bの一の位の数字は，その和が11になるので，次の表のように4通り考えられます。

Aの一の位の数字	7	6	5	4
Bの一の位の数字	4	5	6	7

また，⑴の結果を参考にして考えると，$A+B=971$になるA, Bの組のうち，Aの一の位の数字が7，Bの一の位の数字が4であるものは， [イ] 通りあることがわかります。

これを参考にして考えると，$A+B=971$になるA, Bの組は [ウ] 通りあることがわかります。

⑶　$A+B=972$になるA, Bの組について考えます。

A, Bの一の位の数字は，その和が12と2のどちらかになるので，次の表のように4通り考えられます。

Aの一の位の数字	7	6	5	1
Bの一の位の数字	5	6	7	1

・$A+B=972$になるA, Bの組のうち，Aの一の位の数字が7，Bの一の位の数字が5であるものは， [エ] 通りあります。

・$A+B=972$になるA, Bの組のうち，Aの一の位の数字が1，Bの一の位の数字が1であるものは， [オ] 通りあります。

これらを参考にして考えると，$A+B=972$になるA, Bの組は [カ] 通りあることがわかります。

⑷　$A+B=9723$になるA, Bの組は [キ] 通りあります。

【理　科】（40分）　　＜満点：70点＞

1

Ｉ　次の**図１**は，東西方向の垂直な**崖**《がけ》**①**（ａ～ｂ間），南北方向の垂直な**崖②**（ｂ～ｃ間）の位置関係を示したものです。崖の高さはともに20ｍで，崖の上の**面③**は水平です。**崖①**には高さ15ｍのところに水平に薄《うす》い**Ｚ層**が見えました。**崖①**から北に20ｍ離《はな》れた**Ｐ**地点で垂直にボーリングしたところ，15ｍ掘《ほ》ったところに**Ｚ層**がありました。この地域内では**Ｚ層**は１枚の平らな板のようになっており，曲がったりずれたりはしていないものとして，以下の**問１**～**問４**に答えなさい。

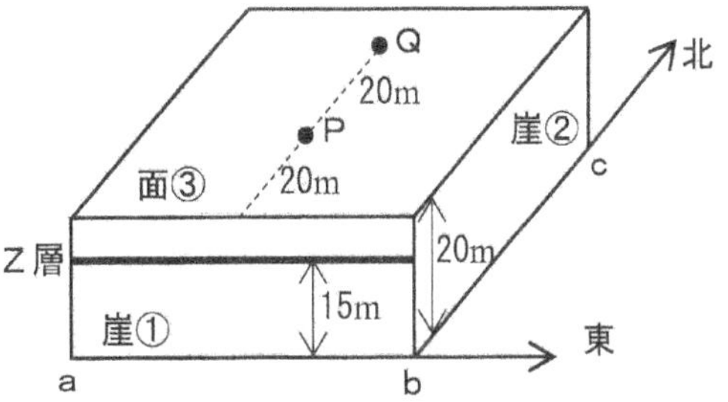

図１

問１　**崖②**では**Ｚ層**はどのように見えますか。解答欄《らん》の図に示しなさい。

問２　**Ｐ**地点のさらに北20ｍの位置にある**Ｑ**地点で垂直にボーリングすると，何ｍ掘ったところに**Ｚ層**があると考えられますか。

問３　次の**ア**～**エ**の地層のうち，火山から噴出《ふんしゅつ》したものが降り積もってできたと考えられるものを**２つ選び**，記号で答えなさい。

ア　主に１㎜程度の大きさの角張った柱状の粒子《りゅうし》が集まってできている地層

イ　主に１㎜程度の大きさの角の丸まった粒子が集まってできている地層

ウ　小さな穴がたくさんあいた，1㎝程度の大きさの角張った小石が集まってできている地層

エ　主に１㎜程度の大きさの生物の殻《から》が集まってできている地層

問４　地層の堆積《たいせき》に関する次の**ａ**，**ｂ**の文の正（○）または誤（×）の組み合わせとして適当なものを，次の**ア**～**エ**の中から１つ選び，記号で答えなさい。

ａ　れきと泥《どろ》が川から海に流れ込《こ》んだ場合，れきの方が陸地の近くに堆積する。

ｂ　砂と泥が水中を沈《しず》んでいく場合，泥の方が沈む速さが速い。

	ア	イ	ウ	エ
a	○	○	×	×
b	○	×	○	×

Ⅱ　日本では多くの地震《じしん》が発生しています。次のページの**図２**の矢印の間の部分は1995年に発生した兵庫県南部地震の際に，淡路《あわじ》島に生じ把大地のずれの様子です。もともと平坦《へいたん》だった地面に段差ができ，横方向にもずれたことがわかります。あとの**問５**～**問８**に答えなさい。

問５　地震は大地にずれが生じることにより発生すると考えられています。**図２**のような大地のずれの名前を答えなさい。

図２　啓林館地学基礎改訂版（2017）より

問６　地震が発生しても必ずしも地表にずれが生じるわけではありません。このことに関する次の**a**～**c**の文の正（○）または誤（×）の組み合わせとして適当なものを，次の**ア**～**ク**の中から１つ選び，記号で答えなさい。

a　海域で発生した地震では，ずれが生じない。

b　地下の深いところで発生した地震では，ずれが地表に達しないことがある。

c　小規模な地震では，ずれが地表に達しないことがある。

	ア	イ	ウ	エ	オ	カ	キ	ク
a	○	○	○	○	×	×	×	×
b	○	○	×	×	○	○	×	×
c	○	×	○	×	○	×	○	×

問７　地表にずれが生じているのが発見されているところは，高い安全性が求められる施設《しせつ》の建設には適していないと考えられています。そのように考える理由として最も適当なものを，次の**ア**～**エ**の中から１つ選び，記号で答えなさい。

ア　大地のずれは同じ場所で繰《く》り返し発生する傾向《けいこう》があり，ずれた場所に近いほどゆれが激しいから。

イ　大地のずれは同じ場所で繰り返し発生する傾向があり，ずれた場所から遠いほどゆれが激しいから。

ウ　大地のずれは同じ場所を避《さ》けて発生する傾向があり，ずれた場所に近いほどゆれが激しいから。

エ　大地のずれは同じ場所を避けて発生する傾向があり，ずれた場所から遠いほどゆれが激しいから。

問８　自然災害が発生した場合に生じる被害《ひがい》の程度や範囲《はんい》を予測して示した地図の名前を答えなさい。

2

Ⅰ　水を加熱する実験を行うときに用いる沸騰《ふっとう》石について述べた次の文を読んで，あとの問１，問２に答えなさい。

水を温めていき100℃になると，水の内部からも水蒸気の泡《あわ》が発生するようになり，これを沸騰といいます。しかし，たまに100℃を過ぎても沸騰が始まらないときがあります。このようなとき，沸騰が始まるきっかけがあると，突然《とつぜん》に沸騰が始まり，これを突沸《とっぷつ》といいます。たとえば，100℃を過ぎてから水中に小さな泡ができると，この泡が大きな泡に急速に成長して高温の水を押《お》し出し，あふれることがあり危険です。そのため，水を沸騰させる必要がある実験では沸騰石を入れて，突沸を防いでいます。この沸騰石には小さな穴がたくさんあいています。

問１　沸騰石が突沸を防ぐ仕組みを説明した文として正しいものを，次の**ア**～**エ**の中から１つ選び，記号で答えなさい。

ア　大きな泡が生じても，その一部が沸騰石の穴に取り込《こ》まれ，最終的には泡が小さくなるため。

イ　沸騰石の穴から小さな空気の泡が出て，それを中心にたくさんの水蒸気の泡が成長しやすくなるため。

ウ　底に沈《しず》んだ沸騰石が，加熱器具で加えられた熱を緩《ゆる》やかに水に伝える役割を果たすため。

エ　加熱器具から与《あた》えられた熱が沸騰石のたくさんの穴に吸収されて，温度の上昇《じょうしょう》が緩やかになるため。

問２　沸騰や沸騰石の使い方に関する文として正しいものを，次の**ア**～**エ**の中から**すべて選び**，記号で答えなさい。

ア　水を100℃にして沸騰させないと，水の液体から気体への変化は起こらない。

イ　液体中に沸騰石の成分が溶《と》けださないように，沸騰石は液体が沸騰する直前に入れるとよい。

ウ　小さな穴がたくさんあいた固体であれば，沸騰石の代わりに使用できる場合がある。

エ　一度使用して穴に水が残っているままの沸騰石は使用しない。

Ⅱ　温度によって色が変わるインクを水に溶かした液体（以下，「インク」とします）を用いた**実験A**～**C**について，以下の**問３**～**問６**に答えなさい。

このインクは，約40℃を境に次のような色になります。

温度	低温　＜　約40℃　＜　高温
インクの色	青色　　　　　　　　　ピンク色

試験管に$\frac{1}{4}$程度までこのインクを入れて実験をしました。すべての実験において，インクを温めるためのお湯は60℃，冷やすための水は20℃，室温は20℃でいずれも変化しないものとします。

たとえば，**図１**（左）のように，はじめに試験管を水に入れてインク全体を青色にしてから，すみやかに**図１**（右）のようにインク全体をお湯に入れて温めると，全体がピンク色になります。

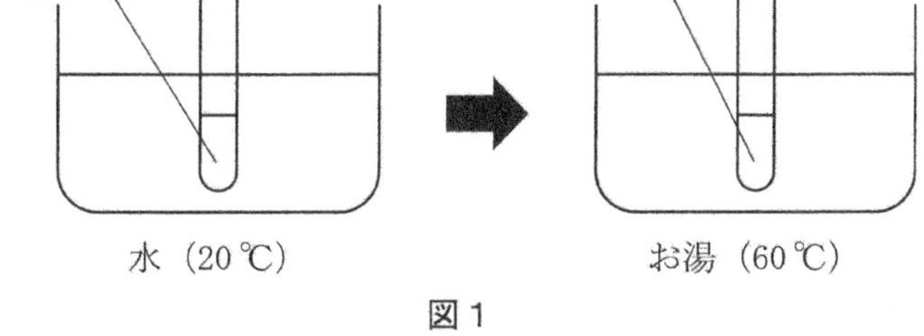

図１

実験A：はじめに，図２（中央）のように，試験管をお湯に入れてインク全体をピンク色にしてから，すみやかに図２（左）のようにインク全体を水に入れると，１分30秒後には全体が青色になりました。一方で，図２（中央）の状態から図２（右）のようにインク全体を20℃の空気中に出すと，20分後には全体が青色になりました。

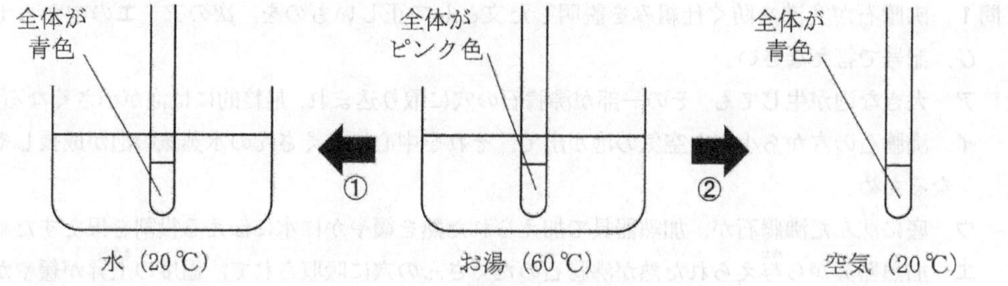

図２

実験B：はじめに，図３（左）のように，試験管をお湯に入れてインク全体をピンク色にしてから，すみやかに図３（中央）のようにインクの下半分だけを水に入れると，１分30秒後には上の方と下の方が異なる色になり，水に入れてから10分後には図３（右）のように全体が同じ色になりました。

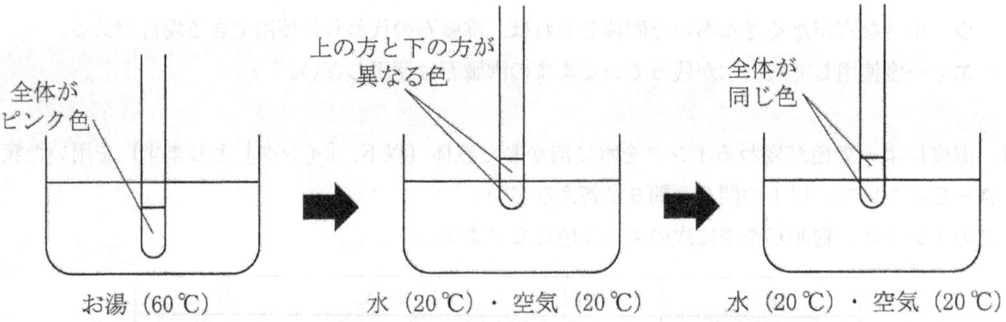

図３

実験C：はじめに，図４（左）のように，試験管を水に入れてインク全体を青色にしてから，すみやかに図４（中央）のようにインクの下半分だけをお湯に入れると，30秒後には下の方がピンク色に変わり，お湯に入れてから50秒後には図４（右）のように全体が同じ色になりました。

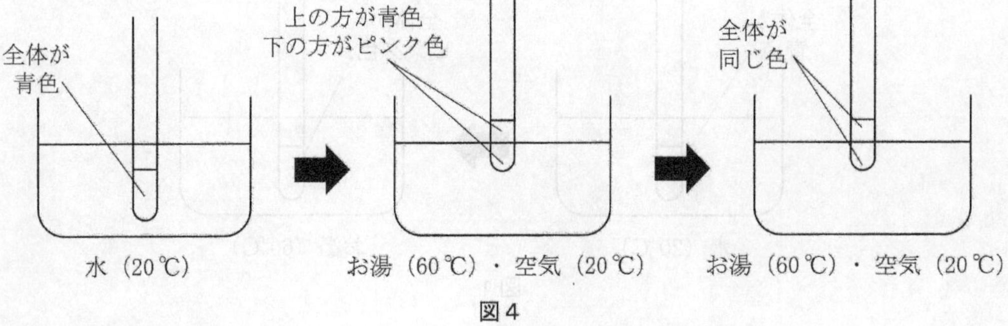

図４

問3　**実験A**の①と②の結果を比べてわかることを述べた次の文の（**あ**）および（**い**）には，「空気」または「水」のどちらかの語句が入ります。（**あ**）および（**い**）にあてはまる語句を答えなさい。

「同じ20℃でも，（　**あ**　）よりも（　**い**　）の方が熱を奪《うば》いやすい。」

問4　**実験B**について，**図3**（中央）や**図3**（右）のときの色はそれぞれどのようになりますか。**図3**（中央）については次の図の**ア**または**イ**から，**図3**（右）については**ウ**または**エ**からそれぞれ1つ選び，記号で答えなさい。また，**図3**（中央）のような色になるのはなぜですか。下の**a**～**c**の中から最も影響《えいきょう》が大きいと考えられる理由を1つ選び，記号で答えなさい。

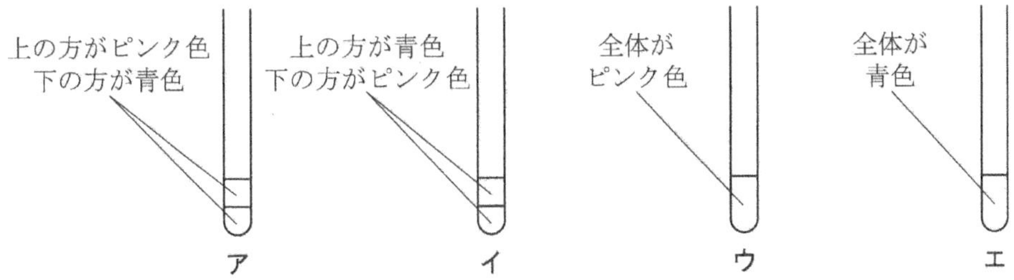

理由

a　水またはお湯との間で熱が伝わった（伝わる）。

b　空気との間で熱が伝わった（伝わる）。

c　試験管の中でインクの移動する流れが生じた（生じる）。

問5　**実験C**を行う前に，**図4**（右）のときの色はどのようになるかを太郎《たろう》さんと花子さんが予想しました。太郎さんと花子さんそれぞれがあげた2つの理由として考えられるものを，**問4**の選択肢《せんたくし》**a**～**c**の中から**2つずつ選び**，記号で答えなさい。

太郎さん：「 理由（2つ） から，全体が青くなるんじゃないかな。」

花子さん：「いや， 理由（2つ） から，全体がピンク色になるんじゃないかな。」

太郎さん：「そうか，**実験A**の結果を忘れていたよ。確かに全体がピンク色になりそうだね。」

問6　**実験C**を最後まで行ったところ，**図4**（右）のときは全体がピンク色になりました。**実験B**よりも**実験C**の方がインク全体の色が短時間で変化する理由を説明した次の文の（**う**）～（**お**）にあてはまる語句を答えなさい。なお，（**う**），（**え**）は**1字**，（**お**）は**3字以内**で答えなさい。

「**実験C**では，試験管内で温められたインクが（　**う**　）へ，温まっていないインクが（　**え**　）へ移動する流れが生じ，試験管内のインクがよく（　**お**　）から。」

3　上端《たん》を固定したひもの下端におもりを付けてふりことし，左右に往復させて，往復の時間をストップウォッチで$\frac{1}{100}$秒まで測定します。ふり始めは，おもりが一番下になる方向からひもがたるまないようにある角度だけずらし，静かに手をはなして往復させます。ずらす角度をふり始めの角度と呼ぶことにします。また，ひもの上端からおもりの中心までの長さをふりこの長さと呼びます。使用するおもりには上下に同じ大きさのフックがあり，上下のフックを含《ふく》めた長さが4.0㎝です。ただし，おもりに比べてひもの重さはとても小さいので無視し，おもりの中心は常にひもの延長線上にあるものとします。

図１のように，おもり１個を98.0cmのひもの先端に付け，ふり始めの角度を10°とし，ふりこが右端《はし》にあるときから10往復する時間を測定する実験を行いました。実験を５回行うと，**表１**のようになりました。

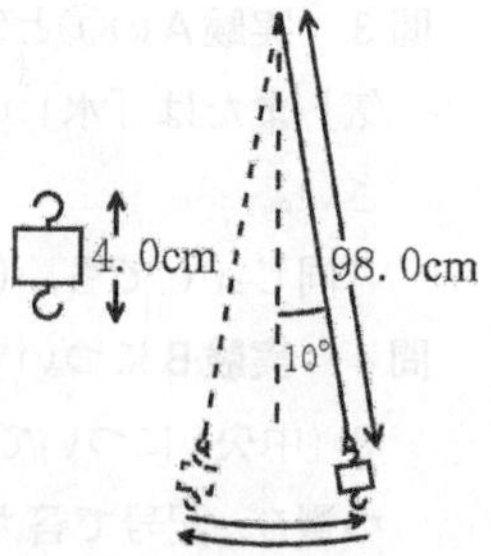

図１

表１

回数	1	2	3	4	5
時間（秒）	20.08	20.12	20.11	18.09	20.09

問１　**表１**の４回目の実験では数値が大きくずれていますが，その原因として最もふさわしいものを，次の**ア**～**ウ**の中から１つ選び，記号で答えなさい。

ア　ふりこが右端にあるときとストップウォッチのボタンを押《お》すときがずれた。

イ　ふりこが往復する回数を数えまちがえた。

ウ　ふり始めてから時間がたち，ふれはばが小さくなっていた。

この後の測定については，同じ条件の測定を複数回行い，**表１**の４回目のように大きくずれた数値を除いて平均した数値を用います。

次に，おもり１個分の重さと大きさ，ひもの長さ，ふり始めの角度は**図１**のときと同じとし，**図２**のようにひもに付けるおもりの数を増やして，10往復する時間をそれぞれ測定すると，**表２**のようになりました。

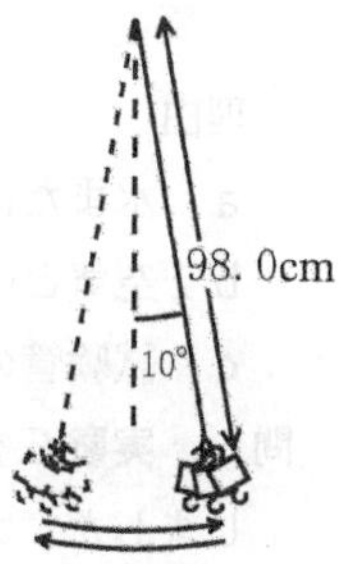

図２

表２

おもりの数	1	2	3	4
時間（秒）	20.10	①	20.09	②

問２　空欄《らん》①，②にあてはまる数値として最も近いものを，次の**ア**～**カ**の中からそれぞれ１つずつ選び，記号で答えなさい。なお，同じ記号を選んでもかまいません。

ア　18.00　**イ**　19.00　**ウ**　20.00　**エ**　21.00　**オ**　22.00　**カ**　23.00

次に，おもり，ひもの長さは**図１**のときと同じとし，ふり始めの角度を2.5°から2.5°ずつ増やして，10往復する時間をそれぞれ測定すると，**表３**のようになりました。

表３

ふり始めの角度	2.5°	5.0°	7.5°	10.0°	12.5°	15.0°	17.5°	20.0°	22.5°	25.0°	27.5°	30.0°
時間（秒）	20.06	20.06	20.08	20.10	20.12	③	20.18	20.22	20.26	④	20.36	20.41

問３　空欄③，④にあてはまる数値として最も近いものを，次の**ア**～**カ**の中からそれぞれ１つずつ選び，記号で答えなさい。なお，同じ記号を選んでもかまいません。

ア　20.10　**イ**　20.15　**ウ**　20.20　**エ**　20.25　**オ**　20.30　**カ**　20.35

次に，図１のときと同じおもりを１個用い，ふり始めの角度を5.0°以下の小さいものとし，ひもの長さを3.0cmから5.0cmずつ増やして，10往復する時間をそれぞれ測定すると，**表４**（次のページ）

のようになりました。

表４

ひもの長さ（cm）	3.0	8.0	13.0	18.0	23.0	28.0	33.0	38.0	43.0	48.0
時間（秒）	4.49	6.34	7.77	8.98	10.03	10.99	11.87	⑤	13.47	14.19

問４　ひもの長さ3.0㎝のときのふりこの長さに比べて，ひもの長さ18.0㎝のときのふりこの長さは何倍になっているかを答えなさい。

問５　**表４**において，ひもの長さが3.0㎝と18.0㎝の間の規則性が他のひもの長さでも成り立っていると考えて，**空欄**⑤にあてはまる数値を答えなさい。

次に，**図３**の左側のように，**図１**のときと同じおもりを１個用い，ふり始めの角度を5.0°以下の小さいものとし，ひもの長さを2.8㎝として，10往復する時間を測定すると，4.40秒でした。

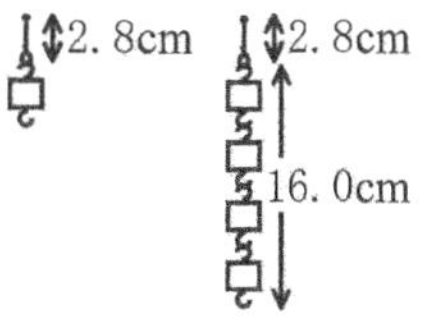

図３

問６　**図３**の右側のように，ひもの長さは2.8㎝のままで，１個分の重さと大きさは図１のときと同じおもりを４個用い，ふり始めの角度を5.0°以下の小さいものとし，10往復する時間を測定すると何秒になりますか。ただし，フックを含めたおもり４個分の長さは16.0㎝で，４個のおもりとひもは波の形になることはなく，直線の形のまま往復していたものとします。また，このときも**表４**の規則性が成り立っているものとします。

問７　これまでの測定や考察から，ふりこが往復する時間が何によって決まっているかを説明した次の文の**空欄**⑥，⑦にあてはまる語句を答えなさい。

「ふり始めの角度が5.0°以下の範囲《はんい》では，ふりこが往復する時開け，（　⑥　）やふり始めの角度の大小にはほとんど関係なく，（　⑦　）によって決まっていると考えられる。」

４　血液にはさまざまなものを溶《と》かすはたらきがあります。血液は必要なものを体《からだ》のさまざまな場所に配り，そこでいらなくなったものを受け取ります。**図１**はヒトの体における血液の流れを示した図です。血液の流れには，心臓から肺に向かう流れと，心臓から肺以外の内臓と体の各部分に向かう流れがあります。

ここでは**図１**に示した血液の流れだけを考えるものとして，あとの**問１**，**問２**に答えなさい。

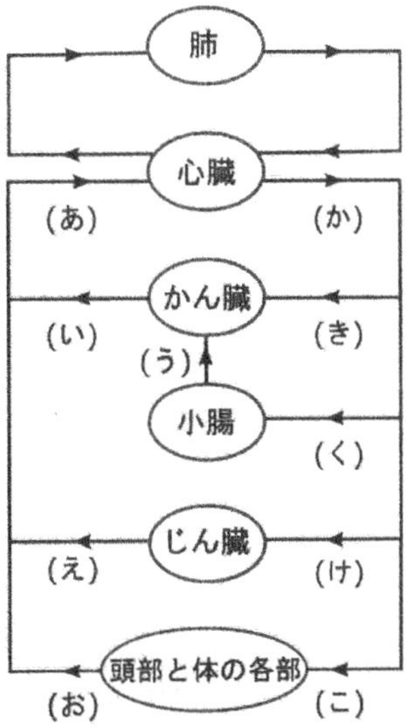

図１

問１　血液が体に配るものについて，あとの(1)，(2)に答えなさい。

(1)　体に取り込《こ》まれたものを血液が配るときの順路を考えます。次の成分①，②が体に取り込まれた後，**図１**の **(あ)** ～ **(こ)** の中ではどこをはじめに通りますか。はじめに通る地点を，**図１**の **(あ)** ～ **(こ)** の中から１つずつ選び，記号で答えなさい。

①　食事の養分　　②　酸素

(2)　体でつくられたもののうち，いらなくなったものを水に溶かした状態で体の外へ出すはたらきをもつ臓器があります。この臓器から体の外に出る液体の名前を答えなさい。

問２　血管を通る１分あたりの血液量が（か）と同じである地点はどこですか。
図１の（あ）～（お），（き）～（こ）の中から１つ選び，記号で答えなさい。

図２は，運動しているときの筋肉に配られる酸素量を考えるために，図１を整理した図です。心臓を出た血液は図２の（A）の先で分かれますが，心臓にもどるまでに再び集まります。

血液は肺で受け取った酸素を体のさまざまな場所に配ります。酸素を配るにつれて，血液中の酸素量は減っていきます。**表１**には，図２の（A）～（C），（a）～（c）の各地点での血液100mLあたりの酸素量（mL）が示されています。また，**表２**には，図２の（A），（B），（C）の各地点を通る１分あたりの血液量（mL）が示されています。**表１**，**２**の値をもとに，以下の問３，問４に答えなさい。

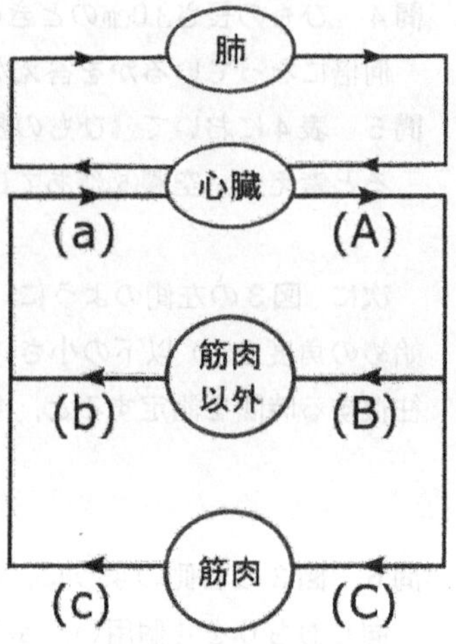

図２

表１　各地点の血液100mLあたりの酸素量

	（A）	（a）	（B）	（b）	（C）	（c）
安静時（mL）	20.0	15.8	20.0	16.0	20.0	15.0
運動時（mL）	19.8	6.0	19.8	14.8	19.8	3.8

表２　各地点を通る１分あたりの血液量

	（A）	（B）	（C）
安静時（mL）	5000	4000	1000
運動時（mL）	16000	3200	12800

問３　ヒトが安静にしているとき（安静時）に，血液が体に配る酸素量について考えます。次の(1)，(2)に答えなさい。

(1)　次の①～③について，安静時のヒトの心臓を出た血液100mLあたりが配る酸素量が多い順に①～③の番号をならべなさい。

①　筋肉以外　　②　筋肉　　③　体全体の平均

(2)　安静時のヒトにおいて，図２の（A）を通る血液量は１分あたり5000mLです。安静時のヒトにおいて，心臓を出た血液が心臓にもどるまでに全身に配る酸素量が１分あたり何mLになるか答えなさい。ただし，答えが整数にならない場合は，小数第１位を四捨五入して整数で答えなさい。

問４　ヒトが運動しているとき（運動時）は，安静時より多くの酸素を消費するため，血液が体に配る酸素量を増やす必要があります。関連するあとの(1)～(3)に答えなさい。

(1)　運動すると心拍《しんぱく》数が増え，１分あたりに心臓を出る血液の量が増加します。**表２**において，安静時の心拍数が１分あたり60回であったとすると，運動時の心拍数は１分あたり何回になりますか。１回の拍動《はくどう》で心臓が押《お》し出す血液の量は安静時と同じであるとして求めなさい。ただし，答えが整数にならない場合は，小数第１位を四捨五入して整数で答えなさい。

⑵　血液が筋肉に配る１分あたりの酸素量（mL）について，運動時は安静時の何倍になりますか。ただし，答えが整数にならない場合は，小数第１位を四捨五入して整数で答えなさい。

⑶　運動時に，安静時と比べてより多くの酸素を配るために体に起こる変化の説明として**誤っている**ものを，次の**ア～エ**の中から１つ選び，記号で答えなさい。

ア　心臓を出て（A）を通る１分あたりの血液量が安静時に比べて増加し，血液量の増加の割合は，筋肉以外よりも筋肉で大きくなる。

イ　心臓を出て（A）を通る血液100mLあたりが配る酸素量が安静時に比べて体全体では増加し，増加量は筋肉以外よりも筋肉で多くなる。

ウ　心臓を出て（A）を通る血液が１分あたりに配る酸素量が安静時に比べて体全体では増加し，筋肉でも増加するが，筋肉以外ではほとんど増減しない。

エ　肺で取り込まれる酸素量が増加した結果，心臓を出て（A）を通る血液100mLに含《ふく》まれる酸素量が安静時に比べて多くなる。

【社　会】（40分）　＜満点：70点＞

1　次の文章は，ある日の中学生どうしの会話です。これを読んで，あとの問いに答えなさい。

A君：歴史の年代はいろいろな表し方があって，ときどき分からなくなることがあるな。どんな年代の表し方を使っているか確認《かくにん》してみよう。

B君：まず，今の世界では多くの国や地域で西暦《せいれき》が使われているよね。

A君：西暦はイエス＝キリストが生まれたとされる年を紀元１年として，それより前を紀元前とする表し方だよね。

B君：さらに，西暦を100年でひとまとまりにする世紀という表し方も使われているよね。

A君：歴史に関する事柄《ことがら》は①「1946年」のように西暦ではっきりと表すことができるものだけでなく，②「１世紀から３世紀」や③「1960年代」と，ある程度の幅《はば》をとって表すものがあるよね。

B君：いつ頃《ころ》のことか特定しにくい時や，ある程度長い時間の中での変化を見たい時にそのような表し方をすることはあるね。

A君：最近聞いたのだけど，④イスラム教を信じている人が多い地域では西暦とは違《ちが》う年代の表し方も使っているそうだよ。それに日本では令和など年号で表すこともあるよね。

B君：年号は元号とも言うね。もともと中国で使い始めたものだよ。それが，日本にも伝わってきたんだ。

A君：日本で最初に年号を使い始めたのはいつからだったかな？

B君：忘れてしまったの？　この前，⑤「大化の改新」って授業でやっているよね。

A君：ああそうだった。あの時に初めて年号が定められたよね。

B君：年号を改める，改元というものもたびたび行われていたよ。

A君：⑥平成から令和に変わった時は，法律と政令による改元だったと聞いたけど，改元はどんな時に行っていたの？

B君：明治より前は，天皇や将軍の代替《だいが》わりの時とか，何か良いこと，あるいは悪いことがあった時に改元していたようだね。

A君：明治より後は，大正，⑦昭和のように，天皇ごとに年号を一つ定めているよね。

B君：年号以外に⑧干支《えと》を使って年代を表すこともあるよ。甲《こう》・乙《おつ》・丙《へい》などの十干と子《ね》・丑《うし》・寅《とら》などの十二支の組み合わせで年代を表し，60年で一周するよ。

A君：ああ，壬申《じんしん》の乱とか甲子園球場とかで出てくる表し方だね。

B君：確かにそうだね。⑨甲子園球場のもとになる運動場が完成した1924年の干支が甲子《きのえね》だったから甲子園とついたそうだよ。

A君：時代の区分を見ると，旧石器時代とか新石器時代，青銅器時代といった区分もあるね。日本の歴史では縄文《じょうもん》時代，弥生《やよい》時代，⑩古墳《こふん》時代という区分も出てくるよ。

B君：文字などによる記録がない時代，少ない時代には考古学の成果をもとにして時代を分けるんだ。旧石器時代のように使っていた道具による区分や，古墳時代のように発見された遺物や遺構による区分が行われているんだ。

A君：⑪飛鳥《あすか》時代や奈良時代といった時代の表し方があるね。

B君：飛鳥時代や奈良時代のような区分は政治の中心地による区分だよ。

A君：⑫戦国時代や安土桃山《あづちももやま》時代みたいに区切りがはっきりしない，重なり合うような時代は扱《あつか》いが難しいよね。でも，古い時代から新しい時代への移行期みたいで，戦国時代に限らず僕《ぼく》はそういう時代が面白《おもしろ》いと思う。

Ｂ君：僕は今の日本で伝統的とされる文化の成り立ちに強い影響《えいきょう》を与《あた》えた時代に興味があるな。⑬平安時代，室町《むろまち》時代に江戸《えど》時代なんかは面白いと思うよ。

Ａ君：これから先はどうなるのだろうね。⑭2022年はロシアのウクライナ侵攻《しんこう》もおきたし，新型コロナウイルスの流行も社会に大きな影響を与えたよね。

Ｂ君：いろいろと大変なことがあるけれど，将来に向け勉強して考えておきたいね。

問１　下線部①に関して，1890年の衆議院議員総選挙と1946年の衆議院議員総選挙を比べると，選挙権をもつ人に違いが見られます。その違いを，解答らんの形式に従って，具体的に説明しなさい。

問２　下線部②に関して，１世紀から３世紀の日本について知る手がかりとされている遺跡《いせき》と，その遺跡から分かる事柄の組み合わせが正しいものを，下の**ア**～**エ**から一つ選び，記号で答えなさい。

【手がかりとなる遺跡】
Ａ：三内丸山遺跡　　Ｂ：吉野ヶ里《よしのがり》遺跡
【遺跡から分かる事柄】
１：ムラやクニどうしの戦いがおきていた
２：集団生活の中で身分の上下関係はなかった

ア　Ａ－１　　**イ**　Ａ－２　　**ウ**　Ｂ－１　　**エ**　Ｂ－２

問３　下線部③に関して，1960年代の日本について述べた文として**誤っているもの**を，次の**ア**～**エ**から一つ選び，記号で答えなさい。

ア　鉄鋼業や自動車工業などで技術革新が進み，軽工業が産業の中心となった。
イ　首都高速道路や名神高速道路，東海道新幹線など交通網《こうつうもう》が整備された。
ウ　大都市圏《けん》でより多くの労働力が必要となり，地方から人口が流入した。
エ　公害の防止と国民の健康や生活環境《かんきょう》を守るための法律が制定された。

問４　下線部④に関して，Ａ君はイスラム教について調べ，次の〔**メモ１**〕をつくりました。

〔**メモ１**〕

イスラム教徒にはさまざまなつとめがあります。例えば一日に５回（　**あ**　）の方角を向いて祈《いの》りをささげるほか，休日である（　**い**　）にはモスクと呼ばれる施設《しせつ》に集まって祈りをささげることになっています。

⑴　空らん（**あ**）と（**い**）に入る語句の組み合わせとして正しいものを，下の**ア**～**ケ**から一つ選び，記号で答えなさい。

【空らん（あ）に入る都市】
Ａ：エルサレム　　Ｂ：メッカ　　Ｃ：デリー
【空らん（い）に入る曜日】
１：月曜日　　２：水曜日　　３：金曜日

ア　Ａ－１　　**イ**　Ａ－２　　**ウ**　Ａ－３　　**エ**　Ｂ－１　　**オ**　Ｂ－２　　**カ**　Ｂ－３
キ　Ｃ－１　　**ク**　Ｃ－２　　**ケ**　Ｃ－３

(2) 2022年の11月から12月まで，イスラム教徒が多数を占《し》める国カタールで，サッカーのワールドカップが開催《かいさい》されました。カタールの位置を，次の図１中のア～エから一つ選び，記号で答えなさい。

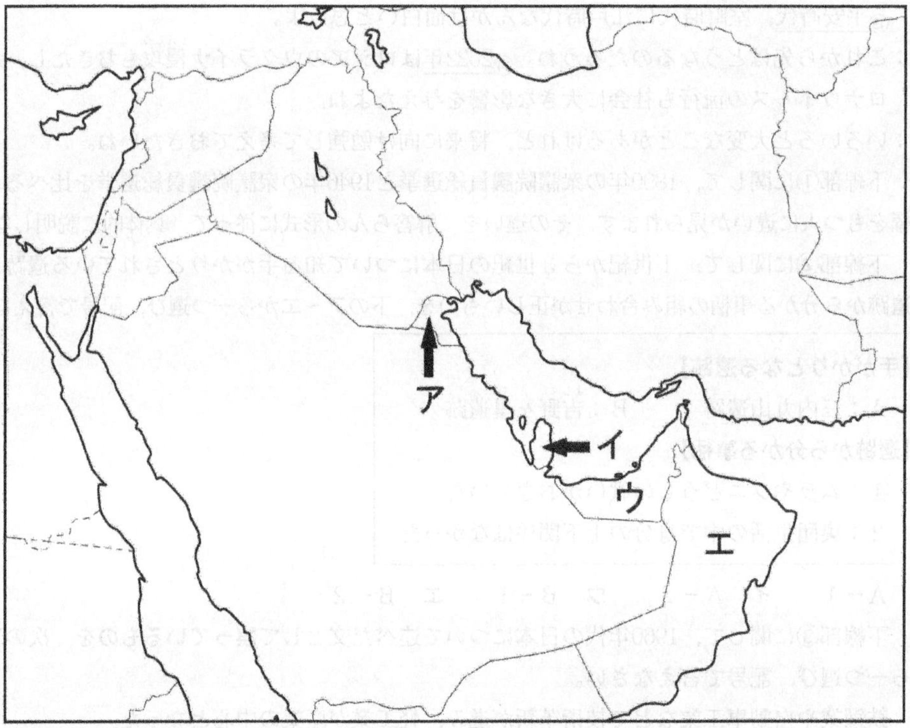

図１

問５　下線部⑤に関して，「大化の改新」には中国へ留学した人々も関わりました。彼《かれ》らの中には，留学中に中国で王朝の交替《こうたい》を経験した者がいました。この時におきた中国の王朝交替を，解答らんの形式に従って答えなさい。

問６　下線部⑥に関して，平成の時代におきた出来事《できごと》として**誤っているもの**を，次のア～エから一つ選び，記号で答えなさい。

ア　サッカーのワールドカップが日本と韓国《かんこく》で共同開催された。

イ　阪神淡路《あわじ》大震災《だいしんさい》がおきた。

ウ　ラグビーのワールドカップが日本で開催された。

エ　国際平和協力法（ＰＫＯ協力法）が成立した。

問７　下線部⑦に関して，Ａ君は昭和時代の日本と国際社会の関わりについて調べ，次の〔メモ２〕をつくりました。

〔メモ２〕

日本は，柳条湖《りゅうじょうこ》事件に端《たん》を発する紛争《ふんそう》で占領《せんりょう》した中国東北部を中国から切り離《はな》して（　う　）として独立させ，政治の実権は日本が握《にぎ》るという対応をとりました。中国は，（　え　）に日本の行動を訴《うった》えました。日本はこのことに対する決議内容を不服として（　え　）を脱退《だったい》しました。

⑴　空らん **(う)** に入る語句を**漢字３字**で，**(え)** に入る語句を**漢字４字**で答えなさい。

⑵　日本は1940年，すでに **(え)** を脱退していた二つの国と同盟を結びました。この二つの国を答えなさい。

問８　下線部⑧に関して，Ｂ君は，干支は朝鮮《ちょうせん》半島でも用いられ，朝鮮の歴史で「壬辰《じんしん》・丁酉《ていゆう》の倭《わ》乱《らん》」と呼ばれる出来事は豊臣秀吉《とよとみひでよし》の朝鮮出兵を指すことを知りました。そして次の**〔メモ３〕**をつくりました。

〔メモ３〕

> 豊臣秀吉の朝鮮出兵は，日本の文化にも大きな影響を与えました。鹿児島県で現在もつくられている陶磁器《とうじき》の（　**お**　）は，朝鮮から連れてこられた職人によって，この地を支配する（　**か**　）氏の保護のもとでつくられるようになったものでした。

⑴　空らん **(お)** と **(か)** に入る語句をそれぞれ答えなさい。

⑵　Ｂ君はさらに日本と朝鮮半島に関係する歴史を調べ，気になった事柄を記録しました。

Ｘ：13世紀，元は朝鮮半島の高麗《こうらい》を従属させると，日本にも何度も使者を送り，通交を求めてきました。日本がその要求を拒《こば》むと元軍は高麗軍とともに九州北部におし寄せました。

Ｙ：明治時代，日本は新しく国交を結ぶことを求めて朝鮮と交渉《こうしょう》を続け，1876年に日朝修好条規を対等な条約として結びました。

二つの記録**Ｘ**と**Ｙ**について，正しいか誤っているか，その判断が適切なものを，次の**ア～エ**から一つ選び，記号で答えなさい。

ア　両方とも正しい　　**イ**　**Ｘ**のみ正しい　　**ウ**　**Ｙ**のみ正しい　　**エ**　両方とも誤り

問９　下線部⑨に関して，甲子園球場のもととなる運動場が完成した年に最も近い出来事と最も遠い出来事を，それぞれ次の**ア～エ**から一つ選び，記号で答えなさい。

ア　米騒動《こめそうどう》がおきる　　**イ**　朝鮮で三・一独立運動がおきる

ウ　第一次世界大戦が始まる　　**エ**　関東大震災がおきる

問10　下線部⑩に関して，Ｂ君は古墳時代について調べ，次の**〔メモ４〕**をつくりました。

〔メモ４〕

> 埼玉県の稲荷山《いなりやま》古墳の鉄剣《てっけん》と熊本県の江田《えた》船山古墳の鉄刀には，大和政権の大王である（　**き**　)大王に仕えたということが漢字で刻まれています。また古墳の形状について分布を見ると，稲荷山古墳や江田船山古墳のような（　**く**　）墳は各地に幅広く見られますが，特に近畿《きんき》地方に大型のものが集まっています。大和政権の大王は中国から倭国の王の地位を認めてもらい，さらに朝鮮半島での勢力を拡大させるため，たびたび中国へ使いを送ったことが知られています。

⑴　空らん **(き)** と **(く)** に入る語句をそれぞれ答えなさい。なお，**(き)** は**カタカナ**で，**(く)** は**漢字**で答えなさい。

⑵　古墳時代についてのまとめをつくるにあたり，**〔メモ４〕**に書き加えることとして正しいものを，あとの**ア～エ**から**すべて**選び，記号で答えなさい。なお，すべて誤っている場合には**オ**と答えなさい。

ア　地方の有力者たちが中央政府である大和政権に仕えるようになった。

イ　大和政権の支配が現在の青森県から鹿児島県にあたる範囲におよんだ。

ウ　大陸から移り住んだ渡来人《とらいじん》が土木工事や織物などの技術をもたらした。

エ　全国を結ぶ道路が整備され，馬や宿舎を備えた駅が設けられた。

問11　下線部⑪に関して，Ａ君は飛鳥時代について調べ，次の〔メモ５〕をつくりました。

〔メモ５〕

> ７世紀，聖徳《しょうとく》太子（厩戸王《うまやどのおう》）が当時大きな力を持っていた蘇我馬子《そがのうまこ》と協力して政治の仕組みを整えました。家柄《いえがら》にこだわらず優《すぐ》れた人材を登用するために（　け　）の制度を定め，役人の心構えを示すために，（　こ　）が定められました。（　こ　）には，「自己中心的な考えを捨てて国家に尽《つ》くすことこそが，臣下の道である」「物事は自分の考えだけで決めてはならない。必ず人と議論せよ」などの内容がもりこまれています。

⑴　空らん（け）と（こ）に入る語句をそれぞれ答えなさい。

⑵　聖徳太子の時代に行われたこととして正しいものを，次のア～エからすべて選び，記号で答えなさい。なお，すべて誤っている場合にはオと答えなさい。

ア　律令《りつりょう》に基《もと》づき政治を行う国家をつくりあげた。

イ　仏教が信じられるようになり，法隆寺《ほうりゅうじ》などの寺院の建設が行われた。

ウ　天皇中心の政治体制をつくることを目指した。

エ　国家が土地と人々を支配する制度が定められた。

⑶　Ａ君は奈良時代の僧である行基について調べ，気になった事柄を記録しました。

Ｘ：行基は人々に仏教の布教活動を行ったほか，道路や橋の建設，用水路の整備などの社会事業も行い，多くの人々から支持を集めるようになりました。

Ｙ：朝廷《ちょうてい》は許可なく布教活動を行った行基を取り締《し》まりましたが，やがて社会事業を行う彼を認めるようになりました。行基は東大寺大仏造立《ぞうりゅう》にも協力しました。

二つの記録ＸとＹについて，正しいか誤っているか，その判断が適切なものを，次のア～エから一つ選び，記号で答えなさい。

ア　両方とも正しい　　イ　Ｘのみ正しい　　ウ　Ｙのみ正しい　　エ　両方とも誤り

問12　下線部⑫に関して，Ａ君は戦国時代や安土桃山時代について調べ，次の〔メモ６〕をつくりました。

〔メモ６〕

> 織田信長《おだのぶなが》が武田勝頼《たけだかつより》を破った長篠《ながしの》の合戦の古戦場から鉛《なまり》の弾丸《だんがん》が発見されています。発見された弾丸の成分を科学的に分析《ぶんせき》すると，国内産の鉛だけでなく，中国や朝鮮，東南アジアの鉱山で産出した鉛も見られました。

⑴　織田信長は海外との貿易に関わった都市を支配下に置いていたため，東南アジア産の鉛を手に入れやすかったのではないかと考えられます。織田信長の支配領域内にあり，海外との貿易に関わった都市を，次のア～エから一つ選び，記号で答えなさい。

ア　長崎　　イ　堺《さかい》　　ウ　平戸　　エ　酒田

⑵　鉛は鉄砲《てっぽう》の弾丸に使うだけでなく，銀の生産のために必要でした。戦国時代の日本で多くの銀を産出し，現在世界遺産にも登録されている銀山を答えなさい。

問13　下線部⑬に関して，次の(1)・(2)の問いに答えなさい。

(1)　この時代における貴族の生活や文化に関する説明として**誤っているもの**を，次の**ア**～**エ**から一つ選び，記号で答えなさい。

ア　上級貴族たちは書院造の広い屋敷《やしき》に住んでいた。

イ　儀礼《ぎれい》や年中行事を正しく行うことが重要だった。

ウ　漢字をくずしてつくられた仮名文字による文学が書かれるようになった。

エ　貴族の服装は束帯，十二単《じゅうにひとえ》が正装として使われるようになった。

(2)　この時代，地方では争いがたびたびおきていました。東北地方では前九年合戦と後三年合戦がおこり，武士が鎮圧《ちんあつ》にあたりました。前九年合戦と後三年合戦の両方に関わった武士の名を，次の**ア**～**エ**から一つ選び，記号で答えなさい。

ア　源頼義《よりよし》　　**イ**　平忠盛《ただもり》　　**ウ**　源義家《よしいえ》　　**エ**　平貞盛《さだもり》

問14　下線部⑭に関して，2022年，鉄道開業から150周年を迎《むか》えました。A君は鉄道開業について調べ，次の〔**メモ7**〕をつくりました。

〔**メモ7**〕

> 1872年，外国人居留地のある築地《つきじ》に近い（　さ　）から，開港場に近い（　し　）までの間で鉄道が正式に開業しました。しかし，正式開業以前にも品川から（　し　）までの仮営業が行われていました。現在，品川駅のホームには鉄道発祥《はっしょう》の地というプレートが埋《う》め込《こ》まれています。

(1)　空らん（**さ**）と（**し**）に入る駅名をそれぞれ**漢字**で答えなさい。

(2)　この時，一部の区間では海上に堤《つつみ》をつくり，その上に鉄道を走らせました。この時につくられた堤の一部が2019年に発見されました。堤の遺構が見つかった場所に最も近い現在の駅を，次の**ア**～**エ**から一つ選び，記号で答えなさい。

ア　浜松町《はままつちょう》　　**イ**　高輪《たかなわ》ゲートウェイ　　**ウ**　大井町　　**エ**　蒲田《かまた》

(3)　鉄道の開業以外に1872年に始まったことを，次の**ア**～**エ**から一つ選び，記号で答えなさい。

ア　電話事業が始まり，電話が開通して使われ始めた。

イ　ラジオ放送が始まり，人々の情報源として使われ始めた。

ウ　乗合自動車（バス）の運行が始まり，都市部で移動手段として使われ始めた。

エ　都市ガス事業が始まり，ガス灯が街灯として使われ始めた。

2　次の文章を読んで，あとの問いに答えなさい。

2022年には，さまざまなことがおこりました。

2月24日に，「ウクライナ政府に迫害《はくがい》されている，ロシア人およびロシア語を話す人々を守る」などの名目で，ロシア軍が①ウクライナに侵攻しました。この出来事を受けて，②フィンランドと③スウェーデンが，④アメリカ合衆国を中心とする軍事同盟への加盟を申請《しんせい》しました。ロシアのウクライナ侵攻に対する経済制裁として，ロシアからの原油の輸入を多くの国が制限したことなどによる⑤原油の国際価格の変化に加え，円安が進行したため，日本国内における石油製品の価格が大きく変動しました。

5月22日に，アメリカ合衆国のバイデン大統領が，就任後初めて来日しました。アメリカ軍の最高司令官でもあるバイデン大統領は，日米（　あ　）条約に基づく日米（　い　）協定の規定を適用して，アメリカ軍横田基地から入国しました。大統領の滞在《たいざい》中，岸田首相《しゅしょう》との日米首脳会談のほか，⑥日米を含《ふく》む４か国による，「ＱＵＡＤ」と呼ばれる枠組《わくぐ》みの首脳会談も行われました。

７月10日に，⑦第26回参議院議員通常選挙が行われ，参議院の議員定数の半数にあたる（　う　）名の議員が選出されたほか，あわせて行われた補欠選挙で１名の議員が選出されました。選挙の結果，憲法改正に賛成の立場をとる議員が，衆議院・参議院ともに憲法改正の発議に必要な総議員数の（　え　）を超《こ》えたことが注目されました。

９月23日に，西九州新幹線が開業しました。今回開業したのは，長崎駅から武雄《たけお》温泉駅までの約66㎞です。武雄温泉駅と，九州新幹線の新鳥栖《とす》駅との間は，軌間《きかん》（車輪の幅）を変えられる「フリーゲージトレイン」を開発して在来線の線路に新幹線を走らせる予定でした。しかしフリーゲージトレインの開発が実現せず，⑧フル規格の新幹線への変更《へんこう》が提案されると，佐賀県内で反対の声が高まったため，この区間の開業の見通しは立っていません。

また，現在，北陸新幹線の（　お　）駅までの延伸《えんしん》工事，北海道新幹線の（　か　）駅までの延伸工事に加え，⑨品川駅・名古屋駅間で，超電導《ちょうでんどう》リニアモーター方式の中央新幹線（リニア中央新幹線）の建設工事が進んでいます。

問１　文章中の空らん（あ）～（か）に入る語句をそれぞれ答えなさい。（あ）と（い）は，漢字で答えること。

問２　下線部①～③に関して，①ウクライナ，②フィンランド，③スウェーデンの位置を，それぞれ次の図２中のア～クから一つ選び，記号で答えなさい。

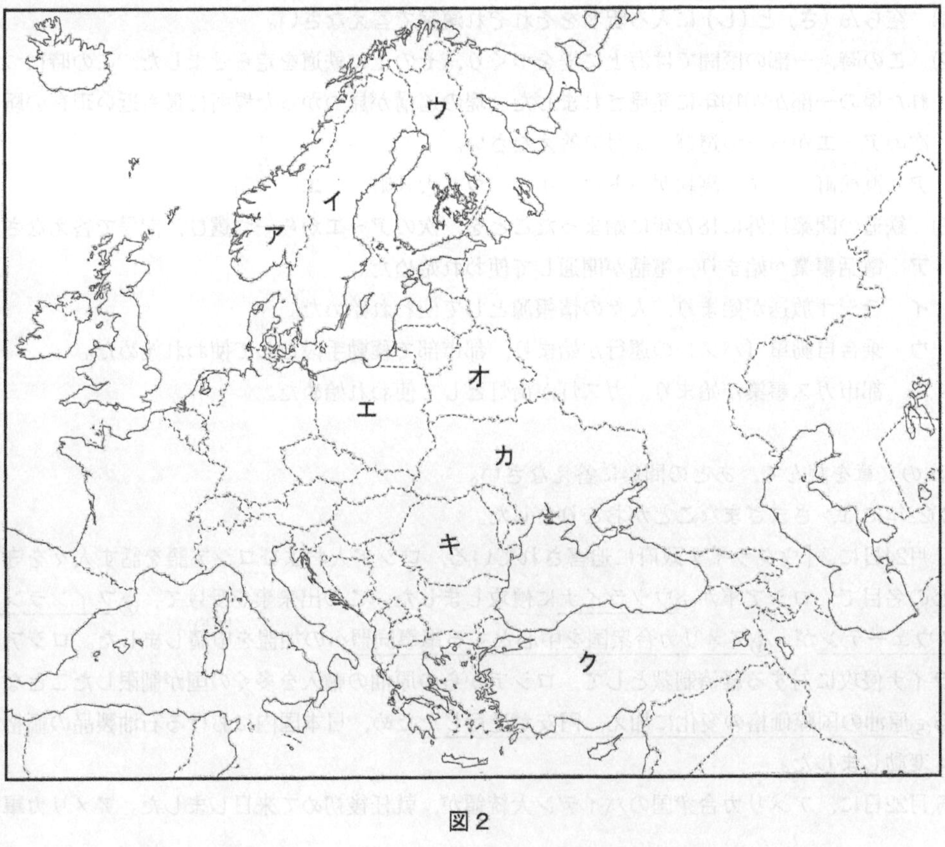

図２

問3　下線部④に関して，この軍事同盟の略称《りゃくしょう》を，**アルファベット4字**で答えなさい。

問4　下線部⑤に関して，次の**表1**は，2021年6月1日と2022年6月1日における，原油1バレルの価格と，米ドル・日本円の為替《かわせ》レートを示したものです。1バレルは，約160リットルです。

表1

日　付	原油1バレルの価格（※）	米ドル・日本円の為替レート
2021年6月1日	約（a）ドル	1ドル＝約（c）円
2022年6月1日	約（b）ドル	1ドル＝約（d）円

※ WTI原油。ENEOSのウェブサイトより

(1)　**表1**中の空らん（a）～（d）にあてはまる数字の組み合わせとして正しいものを，次の**ア**～**エ**から一つ選び，記号で答えなさい。

ア　（a）＝ 68　（b）＝115　（c）＝110　（d）＝130

イ　（a）＝ 68　（b）＝115　（c）＝130　（d）＝110

ウ　（a）＝115　（b）＝ 68　（c）＝110　（d）＝130

エ　（a）＝115　（b）＝ 68　（c）＝130　（d）＝110

(2)　問題文中に示された数値および（a）～（d）の数値を用いて，日本円での原油価格が2021年6月1日と比べて2022年6月1日には1リットルあたり何円上昇《じょうしょう》または下落したか，小数第一位を四捨五入し，解答らんの形式と指示に従って答えなさい。

問5　下線部⑥に関して，この4か国のうち，日本とアメリカ合衆国以外の二つの国名を答えなさい。

問6　下線部⑦に関して，次の(1)～(3)の問いに答えなさい。

(1)　第1回参議院議員通常選挙は何年に行われたか，西暦で答えなさい。

(2)　現在，参議院議員選挙における選挙区のうち，二つの県を合わせて一つの選挙区とする「合区」が2か所あります。合区となっている県の組み合わせを，解答らんの形式に従って，**漢字**で答えなさい。

(3)　現在の参議院議員選挙について述べた文として**誤っているもの**を，次の**ア**～**エ**から**すべて**選び，記号で答えなさい。なお，すべて正しい場合は**オ**と答えなさい。

ア　比例代表の定数は，選挙区の定数の合計より多い。

イ　比例代表は，地方ごとに11のブロックに分かれている。

ウ　比例代表の投票では，政党名または候補者名のどちらかを書く。

エ　選挙区で落選しても，比例代表で復活当選する可能性がある。

問7　下線部⑧に関して，次の文章は佐賀県内での主な反対意見の内容をまとめたものです。文章中の空らん【A】～【C】にあてはまる内容を答えなさい。

> フル規格の新幹線建設にあたっては，佐賀県にも【　A　】の負担が求められる上，新幹線開業後は並行《へいこう》する在来線の経営がJR九州から切り離され，存続させるためには佐賀県や沿線市町村が民間企業《きぎょう》とともに【　B　】方式の運営会社を設立し，赤字を引き受けることになる。それらの負担の大きさに対して，佐賀県内の多くの住民にとっては在来線と比べて【　C　】する効果が小さいため，フル規格の新幹線を建設する意義が感じられない。

問８　下線部⑨に関して，次の⑴～⑶の問いに答えなさい。

⑴　解答らんの地図は，在来線の中央本線のルート（東京駅・名古屋駅間）を示したものです。この地図中に，リニア中央新幹線のルートを書き込んで示しなさい。品川駅は，東京駅と同じ場所でかまいません。

⑵　リニア中央新幹線は，中央本線が迂回《うかい》している二つの大きな山脈を，長いトンネルで貫《つらぬ》いて通る予定です。この「中央本線が迂回している二つの大きな山脈」の名前を答えなさい。

⑶　リニア中央新幹線の建設にあたっては，e ルート上にある県が，「トンネル工事によって地下水脈が影響を受け，f 県内を流れる大きな川の流量が減るおそれがある」として，ＪＲ東海に対策を求めています。

下線部ｅの県と，下線部ｆの川の名前を，それぞれ漢字で答えなさい。

「瑠璃子さん！」

「どうしたの？　美術の授業の画材を探しに来たの？　あちらはお友達？」

瑠璃子さんは、黒いハイネックのカットソーを着ていて肩《かた》がむき出しだった。スケッチブックや本を入れた重そうなトートバッグが肩に食い込み、そこだけ赤くなっている。青白い肌との鮮《あざ》やかなコントラスト〔＝ちがい〕を見つめるうちに、希代子は吸い込まれそうになった。

「知っている人？」

ミルクの香りで我に返る。走り回っていたはずの朱里が隣《となり》にいた。希代子は、精一杯《せいいっぱい》大人びた口調で自慢《じまん》の友人と憧れの人をそれぞれに紹介《しょうかい》する。

「こちら、美大院生〔＝美術を専門に学ぶ大学院の学生〕の瑠璃子さん。ママのお店で働いていたの。こちらは、同級生の奥沢朱里さん。ほら、前に話した奥沢エイジさんがお父様の、あの子です」

奥沢エイジの名を出した瞬間、瑠璃子さんの知的で冷静な目に、ぱっと高揚《こうよう》の色が浮《う》かんだ。それは、なぜか切なかった。

「そうなの。私、写真集持ってるわ、あなたのお父様の駅を撮《と》るアングル、大好きよ」

朱里は、まるで緊張《きんちょう》するそぶりを見せず、人懐《なつ》こく首を傾《かし》げ甘《あま》えるように瑠璃子さんを見ている。抜《ぬ》け目ない子猫《こねこ》みたいに。

「瑠璃子さん、美大の院生なんですか！　うわあ、話聞きたいなあ。美大を受験しようかなって考え中なんです」

瑠璃子さんがお茶をご馳走《ちそう》してくれるというので、朱里と希代子は跳《と》び上がって喜んだ。朱里が瑠璃子さんにぶらさがらんばかりにして売り場を立ち去ろうとするので、希代子は慌《あわ》てて、やっと青色の棚《たな》で見つけたフォーゲットミーノットブルーを握《にぎ》り、レジに走った。一本がお昼代くらいするその絵の具を、なぜ自分が買わねばならないのだろう、という疑問が胸をよぎる。一階で二人に追いついたとき、朱里がもう絵の具などどうでもよくなっていることを知った。

4その夜、希代子はベッドの中で、その青い絵の具をなんども握り、凹《へこ》ませた。蓋《ふた》をあけてにおいを嗅《か》いだ。その日は、間違いなく大好きな二人と素敵《すてき》な放課後を過ごしたはずなのに、なぜか心がざわついていた。瑠璃子さんの連れて行ってくれたカフェで、朱里も瑠璃子さんもひどく楽しそうに絵や映画の話をしていた。二人があまりに親しげだったので、少しやきもちを焼いているのかもしれない、と自己分析《ぶんせき》し、納得《なっとく》しようとする。勿忘草というのは随分寂《ずいぶんさび》しい色をしているのだなと思った。

問一　――部1「希代子は完全に朱里に魅せられた」とありますが、希代子は朱里のどのようなところに魅力《みりょく》を感じているのですか。これまでのこともあわせて説明しなさい。

問二　――部2「曖昧に笑いながら」とありますが、なぜ希代子は「曖昧に笑」ったのですか。希代子の気持ちにふれながら説明しなさい。

問三　――部3「しゃべりかけてくる朱里の柔らかそうな頬や、屋上で投げ出される白い脚のすべてが疑わしくなる」とはどういうことですか。説明しなさい。

問四　――部4「その夜、希代子はベッドの中で、その青い絵の具をなんども握り、凹ませた」とありますが、このときの希代子の気持ちを説明しなさい。

初めて降りるその駅は、半地下で、ひどく寒々としていた。希代子はほっとして、電車のドアが開くやいなやホームに飛び出す。

「ごめんね」

電車内の朱里に向き直ると、媚《こ》びるように笑い、ぺこっと頭をさげた。

「意気地《いくじ》なし」

ドアが閉まる瞬間、朱里ははっきりとそう言った。希代子は頬《ほお》が熱くなるのを感じる。ガラス越《ご》しの朱里は少しずつ遠ざかる。笑うでもなく、手を振るでもなく、ただ希代子を見ていた。希代子という人間を見透《す》かすような、冷静で賢《かしこ》い目でずっと希代子を見ていた。

駅から全速力で走ったおかげで、遅刻は免《まぬが》れた。

翌朝、希代子は井の頭線の二両目で朱里を見つけたとき、怖《こわ》くて泣きそうになった。朱里はもっとひどいことを言う気がした。希代子が希代子自身を完全に嫌《きら》いになってしまうような、強くて毒のある言葉を。ところが、彼女は何事もなかったかのようにへらへら笑い、おはよー、と話しかけてきた。

「キヨちゃん、昨日はアレから散々だったよ。江の島に着いたのはいいけど、お金なくて、結局改札から出られなかったんだよねー」

呑気《のんき》に笑う朱里は、昨日の朝、希代子にショックを与《あた》え、日常も気持ちもかき乱したことにまるで気がついていない。希代子の朱里に対する気持ちは、少しだけ曇《くも》った。筆洗いにほんの一滴《いってき》、黒い絵の具が滴《したた》ったように。

《中略》

夏休みに入る少し手前だった。朱里は、東急ハンズにある画材コーナーを探険しようと提案してきた。

「私、あそこ大好き。なんでもあるじゃん。絵の材料だけであんなにあるのって、すごくない？　一番変な名前の絵の具探して買おうかな。フォーゲットミーノットブルーとかさ」

「何それ」

「勿忘草《わすれなぐさ》の青って意味らしいよ。美術室の色辞典で読んだの」

その不思議な響きに希代子は惹《ひ》かれた。

まだ、朱里の家に誘《さそ》われたことがない。学校を一緒にさぼらなかったことが影響《えいきょう》しているのかもしれない。そう思うと、3しゃべりかけてくる朱里の柔《やわ》らかそうな頬や、屋上で投げ出される白い脚《あし》のすべてが疑わしくなる。

それでも、他の子と差をつけている部分もある。こうして放課後、寄り道に誘ってくれるようになったのだ。

二人は下北沢駅から井の頭線に乗り換《か》え、渋谷にやってきた。夏の夕方のけむるような空気の中、文化村に向かう坂を上り、東急ハンズに辿《たど》り着く。画材のフロアは、朱里の言うとおり、絵の具なら絵の具、クレヨンならクレヨンが色の波を作っていた。朱里は、希代子そっちのけでぐるぐると歩き回り、方々で歓声《かんせい》をあげている。結局、希代子がフォーゲットミーノットブルーを必死に探している。

「あれ、希代子ちゃん」

澄《す》んだ声に振り返る。なんと瑠璃子《るりこ》さんがいるではないか。希代子の目は丸くなる。

「ほら朱里、乗ろう」

希代子は、彼女の手をぐいと引っ張る。朱里は微笑《ほほえ》んだまま動こうとしない。学校をさぼろうとしているのだ。彼女にとって学校をさぼることはなんでもない。しかし希代子にとっては重大事だ。朱里の自由な一日には憧《あこが》れるが、それとこれとは別だ。さぼるのはまずい。冷たい汗《あせ》が背中を伝う。大声で叫《さけ》びたくなる。

家に連絡《れんらく》がいく。母をうまく誤魔化《ごまか》せたとしても、今日の創作ダンスの練習はどうなる。希代子なしで進むのか。皆に迷惑《めいわく》をかけるのではないか。

朱里からそっと離《はな》れようとする。

「無理なご乗車はお止めください」

あのアナウンス。もう走らないと。ほんの一メートルの距離《きょり》なんだ。走らないと。朱里は、のんびりと笑っている。やっと自分が動けないことに気がついた。

強制されているわけではないのに、朱里の提案には退けられない何かがあった。学校をさぼりたいわけではない。しかし今、学校に行くことで何かを失う気がした。

シューッと、ダストシュートにゴミが落ちていくような音をさせて電車のドアが閉まった。ほんの一瞬《いっしゅん》だけれど、ホームは水族館みたいに静かになる。

飛び出しそうだった心臓が、どくんと大きな音を最後に静まった。ホームから同じ制服の女の子たちが綺麗《きれい》に消えた。

「やった、キヨちゃん、これで一日一緒だね」

朱里は嬉しそうに希代子の手を取り、ぴょんぴょんと飛び跳《は》ねた。

2曖昧《あいまい》に笑いながら、本当の自分が乗るべき電車が学校めがけて細く消えていくのを、希代子は眺《なが》めている。二人は、その後すぐやってきた「急行片瀬江ノ島行き」に乗り込んだ。確かにいつもの電車と違《ちが》う。乗っている客がどことなく休日風の出《い》で立《た》ちだし、人数も少ない。シートや手すりの色もレトロだ。

「なんかいいでしょう。この車内」

朱里はとびきりの秘密を打ち明けるようにささやき、青いシートに腰《こし》を下ろし、身を数回弾《はず》ませた。希代子は、電車の窓から見る見慣れた風景が、いつもの数倍のスピードで荒々《あらあら》しく消えていくのを見つめている。知らない世界に連れ去られていく手応《てごた》えを、はっきりと感じた。

降りるべき学校の最寄《もよ》り駅を通り過ぎた。こんな風にいつものホームを急行から眺めたことなどない。売店も階段の位置も、違って見える。ホームにいる人の群れの中に、自分と同じ制服がいくつか目に飛び込んでくる。

希代子は泣きそうになりながら、あっという間に遠ざかるそれらを食い入るように見つめた。自分がどれほど守られ、安心して生活していたのか、はっきりわかった。あの場所に戻《もど》る、なんとしてでも。

「ごめん。朱里」

勇気を振《ふ》り絞《しぼ》って朱里に告げた。

「私、次の駅で降りる。学校に行くね。行かないと」

必死な形相で叫んだので、数人の客がこっちを見た。朱里は驚いたように、希代子をしばらく見つめた後、明らかに面白くなさそうな顔になった。しぶしぶと「わかった」とつぶやく。次の駅までの短い時間、朱里も希代子も無言だった。

希代子たちの学校は、恋人がいる生徒が少ない。男友達がいるというだけで羨望《せんぼう》の眼差《まなざ》しで見られる。

学校の門を出るとき、ちらりと目に入る運転席の彼《かれ》は、髪《かみ》の色が明るすぎるホスト風の男だが、少しだけどきどきしてしまうのは、きっと希代子だけではないはずだ。

「EXILE［＝音楽グループのひとつ］を聴いている時点で、うちら的にはナシって感じ」

と莫迦《ばか》にしたように顔をしかめるのは、音楽に詳《くわ》しいカトノリやななちゃんたちだけだ。

朱里は皆の注目を集めはじめている。国語と美術の成績が抜群《ばつぐん》にいい。希代子は、強引《ごういん》に同じ美術部に入部させた。休みがちだが、彼女が少しだけ手を付けた油絵は迫力《はくりょく》がある。

平気で学校をさぼるし、遅刻もするのに、教科によっては、教師の間で一目置かれている。例えば、厳しくて有名な美術の高木《たかぎ》先生も、発言が多い彼女を可愛《かわい》がっている。そのせいか、好き勝手《かって》しても、不良っぽさなどどこにもない。

「学校来ないとき、どこで何をしているの？」

と訊《き》いたことがある。うふふと笑い、彼女は嬉《うれ》しそうにこう答えた。

「急行片瀬《かたせ》江《え》ノ島《しま》行き」

下北沢《しもきたざわ》駅のホームで、そのアナウンスが流れているのは毎朝聞く。その急行に乗ると、学校がある駅を通過してしまうから、聞き逃《のが》さないよう注意している。

「あのね、急行に乗って、江《え》の島《しま》に海を見に行くの。人が少ない平日の砂浜《すなはま》をぶらぶらするの。波を見つめているだけで、すごく自由な気持ちになって楽しいよ」

1 希代子は完全に朱里に魅《み》せられた。学校をさぼって海に行く――。その言葉は美しい音楽とか、宝石の名前のように思われた。

朱里は、メールの代わりによく手紙をくれる。手紙に添《そ》えられている四コマ漫画《まんが》があまりに面白《おもしろ》いので褒《ほ》めたら、朱里は紺《こん》色の厚い表紙のノートに連載《れんさい》を始めた。朱里に断って、森ちゃんたちに見せた。皆、感心していた。たちまち、口コミで火がつき、彼女の漫画はクラスでまわし読みされるようになった。しかし、朱里は唐突《とうとつ》に、

「義務になったら、なんか嫌になった」

と言い、続きを描くのを止《や》めた。

「あー、まじだるい。眠《ねむ》い」「行きたくないなあ」

希代子と朱里は笑いながら言い合っていた。朝の下北沢駅の下りホーム。学校に向かうため、各駅停車を待っていた。すぐそばには同じ学校の生徒が何人もいる。

ふいに朱里は目を輝《かがや》かせた。

「いいじゃん、今日さぼろうよ。さぼっちゃおう。創作ダンスの練習なんてたるいし、美術の授業もないじゃん」

アナウンスが響《ひび》き、各駅停車の電車がホームに滑《すべ》り込《こ》む。希代子は笑いながら、

「そうしたいけど、そうもいかんでしょ」

一緒に乗ろうと促《うなが》した。朱里はにこにこしながら動かない。希代子は、少し焦《あせ》る。この電車を逃せば、遅刻するかもしれない。

次にくる電車は「急行片瀬江ノ島行き」なのだから。

てようと、そんなことはおかまいなしに、大地をタガヤして作物を作るように、黙々《もくもく》と、ゆっくりと、建築を作り続けていけばいいのである。

バブルがはじけた後の90年代の日本を、「失われた10年」と呼ぶことがある。実際その10年間、東京では、ひとつの設計の依頼も来なかった。それでも、90年代はとても懐《なつ》かしいし、楽しかった。それは、3檮原という場所と、檮原という方法と出会えたからである。

（隈研吾『ひとの住処』より）

問一 本文中の═══部「**モクヒョウ**」・「**イキグル**」・「**ギャク**」・「**タガヤ**」を漢字に直しなさい。

問二 ───部1「80年代の建築の世界も、戦場を失った武士によく似ていた」とありますが、「戦場を失った武士」のどのような点に「よく似ていた」のですか。わかりやすく説明しなさい。

問三 ───部2「東京の現場」、───部3「檮原という場所」とありますが、それぞれ、建築家の筆者にとってどのような所でしたか。わかりやすく説明しなさい。

二

次の文章は、柚木麻子『終点のあの子』の一節です。付属中学から女子高に内部進学した高校一年生の希代子《きよこ》は、高校でほかの中学から入学してきた奥沢朱里《おくさわあかり》と同じクラスになりました。朱里の父は有名なカメラマンです。これを読んで、後の問に答えなさい。なお、本文中の〔＝　〕は、出題者の付けた注・解説です。

希代子と朱里は急速に親しくなっていった。まだ、お互《たが》いの家を行き来するほどではないが、希代子はそれを最終ゴールに設定している。いつか朱里の家に行き、小説のような家庭をこの目で見るのだ。

神泉《しんせん》に住む朱里とは渋谷《しぶや》から一緒《いっしょ》に通学できる。町田《まちだ》に住む森《もり》ちゃんとは、行き帰りを何時何分で合わせるという、はっきりした取り決めをしていなかったのが助かった。

とはいっても、朱里は遅刻《ちこく》ばかりする。学校に来ないことすらある。だから、井《い》の頭線《かしらせん》の前から二両目で彼女《かのじょ》の笑顔を見つけると、その日はものすごくついている気分になった。お弁当の時間は、朱里が声をかけてきたときだけ、グループから外れるようにしている。今のところ、グループの皆《みんな》に嫌《いや》な顔はされていない。

朱里はまんべんなくいろんなグループに顔を出している。それを目《ま》の当たりにして、少し悲しくなった。朱里は希代子だけでは退屈《たいくつ》なのだろう。

昼休みにアッキーたちとバスケをしているところを見た。放課後、保《やす》田《だ》さんたちと漫画《まんが》を描《か》いていた。図書室で秀才《しゅうさい》の星野《ほしの》さんたちと宿題をしていた。サブカル〔＝サブカルチャー〕好きなカトノリたちと、ｉＰｏｄ〔＝音楽再生機器〕で相対性理論《そうたいせいりろん》〔＝音楽グループのひとつ〕を聴《き》いていた。さらに、クラスでも一番華《はな》やかな恭子《きょうこ》さんのグループと、駅前のマクドナルドで雑誌を読んでいるのを見たときは本当に驚《おどろ》いた。

恭子さんは、高校入学組なのだが、クラスで一番堂々と振舞《ふるま》っている。学年で一、二を争う美人。お化粧《けしょう》が上手であまりにも素肌《すはだ》になじんでいることから、なっちゃん〔＝希代子たちのクラスの先生〕も注意しかねている。中等部からの早坂《はやさか》さん、綾乃《あやの》ちゃん、高校からの山下《やました》さんと舞子《まいこ》さんが、彼女の取り巻きだ。

恭子さんの地位を確固たるものにしているのが、放課後、学校の外に車を止め、大音量で音楽を流して彼女を待つ、大学生の恋人《こいびと》の存在だ。

当にいいんか」「大丈夫《だいじょうぶ》、大丈夫」といった掛《か》け合いをしながら、見たことのない壁ができあがった。

千利休《せんのりきゅう》がデザインした待庵《たいあん》（京都府大山崎町《おおやまざきちょう》）という国宝の茶室があって——国宝の茶室は日本に3つしかない。あとのふたつは『蜜庵《みったん》』（京都市、大徳寺《だいとくじ》塔頭龍光院《たっちゅうりょうこういん》）と『如庵《じょあん》』（愛知県犬山《いぬやま》市の有楽苑《うらくえん》に移築）だ——その黒い壁に、普通以上の量のスサが塗り込んであって、その繊《せん》維《い》だらけの壁が得《え》も言われぬあたたかい質感で迫《せま》ってきた。東京の現場所長にスサを増やしてといっても、笑われるだけであった。それが山奥《やまおく》で職人と仲良くなって、意外なほど簡単に実現してしまった。

いろいろな職人と友人になったが、中でもユニークだったのが、オランダ人の紙漉《すき》職人、ロギールである。「変な外国人が、変な紙漉《す》いてるんだけど、会いたかったら紹介《しょうかい》するよ」と、役場の若い担当者にいわれた。なんでこんな山奥にオランダ人がいるのだろうかと、不審《ふしん》に思った。それに、高知の紙漉きといえば、仁淀川《によどがわ》沿いが有名で、檮原と和紙という組み合わせも、意外だった。

狭《せま》い山道を登っていくと、古いボロボロの民家があって、そこでロギールが作業をしていた。捨てられた廃屋《はいおく》を見付けて住み込んだけれど、電気が来てないんだよという話だった。あんな真っ暗な中で、よく作業をしたり、暮らしたりできるものだと感心してしまった。

人物がおもしろいだけではなく、作っている紙もおもしろかった。コウゾ〔=和紙の原料となる植物〕の黒い樹皮が大量に漉き込んであって、ザラザラだし、ゴワゴワしているのである。コウゾ以外の栗《くり》や杉《すぎ》の木の皮を漉き込む実験もしていて、不思議なテクスチャ〔=質感・感触《かんしょく》〕や色合いの紙が、床にたくさん転がっていた。紙の値段を尋《たず》ねたら、「いくらにしていいかわかんないなあ」と答える。その一言で、ロギールと徹底的《てっていてき》につきあってみることにした。山で拾ってきた木の枝やつるに和紙をはりつけたロギールの手作りのスタンドも、今まで僕が使ったこともないやわらかな曲線が出て、気に入った。檮原の山奥にぴったりだと思って、設計中の「雲の上のホテル」の全客室に置くことにした。

客室の壁は、ロギールの和紙を額縁《がくぶち》に入れて飾《かざ》ることを思いついた。普通はホテルの客室の壁には、版画とか写真を好んで飾る。しかし、山奥のホテルには、そんなこじゃれたアートはふさわしくない。あの不思議な和紙は、額縁に入れるにふさわしい迫力《はくりょく》がある。

バブルがはじけたタイミングで、檮原に出会えたことは、僕のその後の人生に大きな意味を持った。きっと、山にいる神様が、僕を呼んでくれたのだと思う。

僕がニューヨークででくわした85年のプラザ合意〔=為替《かわせ》レートの安定化策〕をきっかけにして、20世紀をまわしていた産業資本主義から、金融《きんゆう》資本主義へという大きな転換が起こった。金融資本主義とは、地面と切り離《はな》された経済学である。地面と切断されているがゆえに、値段は糸の切れた風船のように、限りなく高騰する。その高騰を人々は経済成長であり、繁栄《はんえい》であると錯覚《さっかく》する。そしてバブルの崩壊《ほうかい》のように、突然《とつぜん》に風船は破裂《はれつ》する。

檮原の人達は、そんなものと無関係に生き、生活している。彼らと寄り添《そ》い、その場所と併走《へいそう》することによって、建築は再び大地とつながることができるかもしれないという希望を手に入れた。檮原の職人達が、そのやり方を教えてくれた。バブルがはじけようと、どんな災害がやっ

まって、こなすだけになる。自分の作っている建築にどんな意味があるか、社会が今どんな建築や都市を必要としているか、未来の人間がどんな建築、都市を必要としているかを考える時間がなくなってしまう。職人とじっくり話すという時間もなくなってしまう。ものを実際に作る彼らと話すことでこそ、建築にはリアリティが与《あた》えられ、生命が叩《たた》き込まれる。

86年にニューヨークからバブル真っ盛《さか》りの日本に帰ってきた時の僕も、そんな感じで、忙《いそが》しかった。しかし、まったくありがたいことにバブルがはじけた。バブルという「祭り」が終わって、「祭りのあと」に投げ出されることになった。檮原の仕事をはじめる前のバブルの時代は、東京の仕事に追われていた。職人とじっくり話す機会はまるでなかった。東京の工事現場は、建設会社のエリート社員である現場所長が仕切っていて、原則として所長としか話をしてはいけないというルールがあった。彼を通り越《こ》して、僕が直接職人と話して様々なアイデアを交換すると、コスト〔＝値段〕やスケジュールの点で面倒《めんどう》なことになるリスクがある。所長はその面倒を一番嫌《きら》う。話す相手は所長だけ、話題はコストとスケジュールだけというのが、都会の現場の決まりであった。

「とってもいいデザインだと思いますが、何しろスケジュールがタイトな〔＝ゆとりがない〕ので、普通《ふつう》の収まり（ディテール〔＝仕上げの細部〕）でやらしてください。コストオーバーで、スケジュールが遅《おく》れることも、絶対できませんから」というのが、すべての現場所長の口癖《くちぐせ》であった。

しかし、檮原では違う時間が流れていた。この町と、2東京の現場とは、違う空気が流れていた。檮原に来て、谷に流れる霧《きり》を眺《なが》めていると、ゆったりしてしまって、東京に戻《もど》ろうなどという気分が消えてしまった。食べ物はおいしかった。米からして、味がまったく違った。匂《にお》い米《まい》という独特の香りのする米を混ぜて炊《た》くので、白米が香《こう》ばしいのである。タイでこれと同じ香りの米を食べたことがあって、タイ人はそれをジャスミンライスと呼びならわしていた。

現場でも、「職人とは絶対直接話をしないでください！」などというギスギスした雰囲気《ふんいき》はなく、色々な職人と自由に話ができたし、友人にもなった。昼間は、彼らが作業する脇《わき》で、彼らの手の動かし方を眺めながら、色々質問をぶつけて、そんなことも知らないのかと笑われた。大学では決して教われなかった、建築という行為《こうい》の秘密の数々に直接触《ふ》れることができた。彼らが作っている脇で、僕もいろいろ注文を出した。「そんなことできるわけねえだろ」と、一蹴《いっしゅう》されることもあったし、**ギャク**に「そんなの簡単だよ、かえって手間がかかんねえよ。本当にそれでいいのか」などと、笑って返されることもあった。現場所長というマネージャーが間に入ったら、絶対起こらないようなやり取りができた。設計図を描《か》いている時には思いつかなかった、おもしろい仕上げやディテールを実現することができた。

たとえば、左官〔＝主に建物の壁《かべ》を塗《ぬ》る仕事をする人〕の職人はいろいろと無理を聞いてくれるオヤジで、どこまで土壁の中にワラを入れられるかということに、二人で挑戦《ちょうせん》した。僕は普通の土壁は表面がツルツルしすぎていて、檮原にはふさわしくないと感じた。土壁はヒビが入らないようにスサと総称《そうしょう》されるワラや糸くずを混ぜるのが普通である。入れるスサの量を増やすと、普通の土壁とは違う素朴《そぼく》な表情が出ることがわかって、ギリギリまでスサを増やしてもらった。「こんなザラザラで本

【国　語】〈五〇分〉〈満点：八五点〉

一　以下の文章は、建築家である筆者が、一九八〇年代の建築業界と、高知県檮原町《ゆすはらちょう》での経験とをふりかえった文章です。読んで、後の問に答えなさい。なお、本文中の〔＝　〕は、出題者の付けた注・解説です。

当時の建設業界は、江戸《えど》時代の武家社会のようだと僕《ぼく》は感じていた。戦国時代の社会は実際に武士を必要としていた。武士の力によって、武士の暴力によって、中世の日本は近世の日本へと脱皮《だっぴ》できたのである。平和な江戸時代がやってきて、もはや社会は武士を必要としなくなった。しかし、江戸幕府は、功績のあった武士階級を尊重し、彼等《かれら》の特権を温存した。武士は士農工商の身分制度の最上位に位置づけられ、いばり続けることができた。日本社会は、一貫《いっかん》して温情社会であり、過去の功績、過去の特権は尊重され守られ続ける。

そして、すでに自分達《たち》が不要であることに気がついた人々は、自分達の倫理《りんり》、美意識をエスカレートさせることによって、自身のレゾンデートル〔＝存在意義〕をアピールする。時代が転換《てんかん》する時、人間は昔から同じことを繰《く》り返し、前の時代のエリートは、必死に延命を図った。江戸時代の武士は、まさにそのようにして武士道を尖鋭化《せんえい》し〔＝激しくおし進め〕、自分達の存在を正当化しようとした。戦国時代の武士は、倫理や美意識よりも、明日の戦《いくさ》に勝つことがまず大事な、現実的な人達であった。しかし、江戸時代に、転倒《てんとう》が起こる。

《中略》

1 80年代の建築の世界も、戦場を失った武士によく似ていた。第二次大戦後の日本は、確かに、建築を必要としていた。西欧《せいおう》に追いつくために、たくさんの建築を建て、速い鉄道を走らせ、長い道路を作る必要があった。それが、1970年の大阪万博《おおさかばんぱく》の頃《ころ》には、ほぼモクヒョウを達してしまった。戦場はなくなり、江戸時代のような平和な時代がやってきたのである。それでも、江戸幕府が武士政権であったように、1970年が過ぎても、戦後日本の政治も経済も、依然《いぜん》として建築主導であり、建築は作られ続けなければならなかった。作る必要のないものも、たくさん作らなければならなかった。無理に無理を重ねて行きついたその先が、80年代のバブル経済であった。バブル経済は、土地の値段が根拠《こんきょ》のない非常識のレベルにまで高騰《こうとう》した現象である。が、土地は土地の論理によって高騰したのではない。土地はその上に建築を建て続けるという圧力に押《お》されて、根拠なく高騰したのである。

僕が飛び込《こ》んでいった80年代の建築業界は、様々な意味で、武士道が支配する、閉じられたイキグルしい世界であった。

《中略》

若い建築家から、一言アドバイスを求められると、「仕事がないことを大事にするといいよ」と答えることにしている。大抵《たいてい》、みんなそれを聞いてポカンとする。建築家は、依頼《いらい》がないと建築を建てられない職業なので、どうしても仕事をとりに走り回ってしまう。画家と建築家とは、そこが一番違《ちが》う。そうやって走り始めると、日々の仕事に追われてし

2023年度

解　答　と　解　説

《2023年度の配点は解答欄に掲載してあります。》

＜算数解答＞ 《学校からの正答の発表はありません。》

1 (1) 61分10秒　(2) $144\frac{2}{3}$m　(3) 255m　2 2分10秒後　3分12秒後

3 (1) 解説参照　(2) 797.5cm^3

4 (1) 解説参照　(2) 18秒後　(3) 解説参照　(4) 445秒後

5 (1) ア 30　(2) イ 30　ウ 120　(3) エ 30　オ 36　カ 126
(4) キ 492

○推定配点○

1, 2 各4点×5　他 各5点×13　計85点

＜算数解説＞

重要 1 (速さの三公式と比，割合と比，単位の換算)

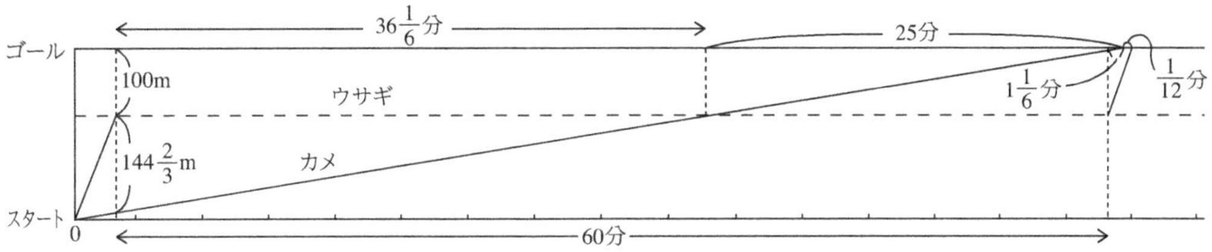

(1) $60+100\div80-\frac{5}{60}=61\frac{1}{4}-\frac{1}{12}=61\frac{1}{6}$(分)　すなわち61分10秒

(2) カメが100m進む時間…$100\div4=25$(分)
ウサギが昼寝している間にカメがウサギに追いついた時間
…(1)より，$60-\left(25-1\frac{1}{6}\right)=36\frac{1}{6}$(分)
したがって，求める距離は$4\times36\frac{1}{6}=144\frac{2}{3}$(m)

(3) ウサギとカメの速さの比…$60:4=15:1$
したがって，(2)より，スタート地点からゴール地点までは$100+144\frac{2}{3}\div(15-1)\times15=255$(m)

+α 2 (平面図形，相似，図形や点の移動，割合と比，速さの三公式と比，単位の換算)

図ア

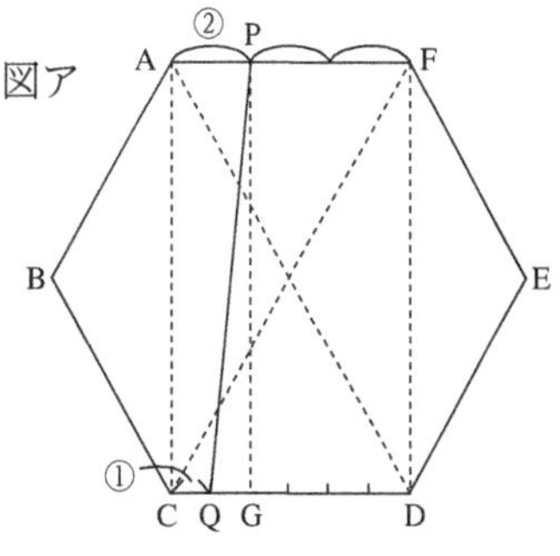

図アにおいて，正六角形の面積を18とする。
二等辺三角形ABC…3　長方形ACGP…$3\times4\div3=4$
直角三角形PQG…$4\div4=1$　五角形ABCQP…$3+4-1=6$
したがって，2つの部分の面積比が$6:(18-6)=1:2$になる

のは$2\frac{1}{6}$分後すなわち2分10秒後

図イにおいて，正三角形OFEの面積を9，台形ADEFの面積を6×6－9＝27，正六角形の面積を27×2＝54とする。

台形ADGP…36－25＝11　　平行四辺形HDGP…10

三角形QGP…10÷(5×2)×2＝2

六角形ABCDQP…54÷2＋11－2＝36　　したがって，2つの部分の面積比が36：(54－36)＝2：1になるのは$3\frac{3}{15}$分後すなわち3分12秒後

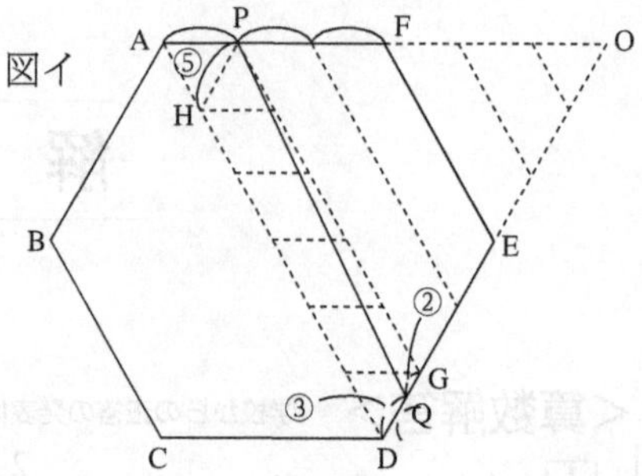

重要　3　(平面図形，立体図形，割合と比)

(1)　立体Xの見取り図は，右図のように描ける。

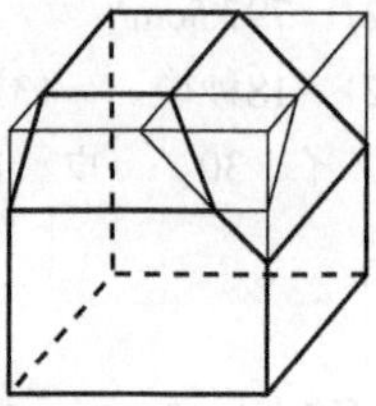

(2)　図1…10×7×10－3×3÷2×10＝655(cm^3)

図2…7×4×3＋3×3÷2×(4＋7)＋3×3×3÷3＝84＋49.5＋9＝142.5(cm^3)

したがって，求める体積は655＋142.5＝797.5(cm^3)

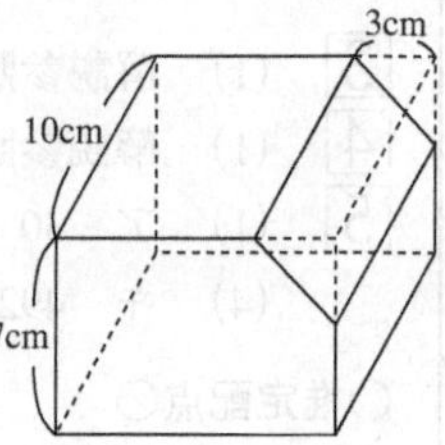

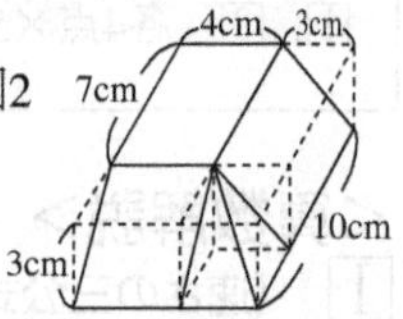

重要　4　(平面図形，図形や点の移動，規則性，速さの三公式と比)

(1)

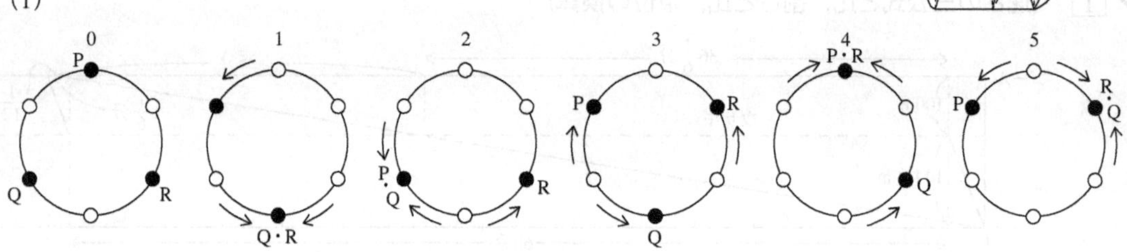

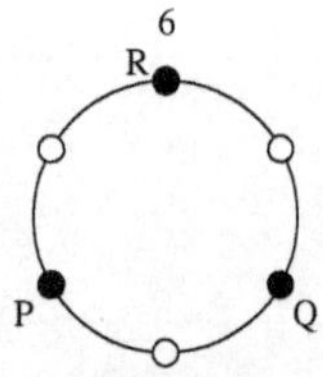

左図より，解答欄の図は右のようになる。

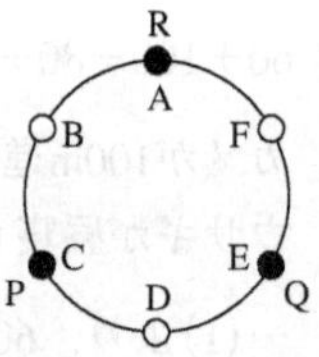

(2)　6秒後…0秒後の PQR の各位置にRPQがある

12秒後…6秒後のRPQの各位置にQRPがある

18秒後…12秒後のQRPの各位置に PQR がある

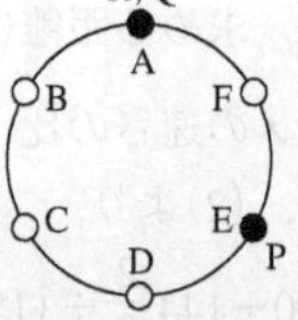

(3)　(1)・(2)より，100÷18＝5…10，10÷6＝1…4であり，R・QがAにあり，PがEにある。

(4)　18秒までに4秒後，8秒後，13秒後，17秒後にPとRが4回，出合い，99÷4＝24…3であるから，99回目に出合う時刻は18×24＋13＝445(秒後)

5　(場合の数，数の性質)

基本　(1)　ア　5×6＝30(通り)

重要　(2)　971＝96×10＋11，11＝7＋4の場合，(1)より，イは30通り，ウは4×30＝120(通り)

(3)　972＝96×10＋12，12＝7＋5の場合，同じくエは30通り

オ…972＝761＋211，751＋221，～，711＋261の6通りがあり，次ページの表より，6×6＝36(通

り）
一の位が共に6の場合…972＝756＋216，～，716＋256の5通り
カ…右表より，30×2＋36＋5×6＝126(通り)

Aの十の位の数字	7	6	5	4	3	2
Bの十の位の数字	2	3	4	5	6	7

Aの一の位の数字	7	6	5	1
Bの一の位の数字	5	6	7	1

やや難 (4)　(3)と同様に計算する。
9723＝971×10＋13，13＝6＋7，7＋6または972×10＋3，3＝1＋2，2＋1
したがって，キは(120＋126)×2＝492(通り)
例えば，7562＋2161＝9723，7576＋2147＝9723

★ワンポイントアドバイス★

1「ウサギとカメの競走」は簡単なグラフを描いてみると，解き方がわかりやすくなる。2「正六角形と面積」は簡単ではないが難問レベルではなく，3「立方体」，4「円周上の3点」も解ける。5「7種類の数字」は，(3)・(4)が問題。

＋α は弊社HP商品詳細ページ(トビラのQRコードからアクセス可)参照。

＜理科解答＞ 《学校からの正答の発表はありません。》

1　問1

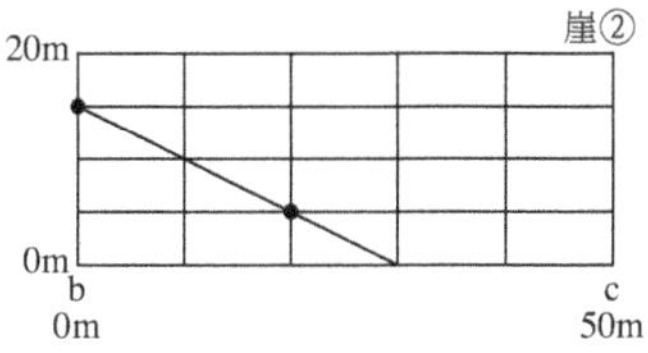

問2　25m　問3　ア，ウ　問4　イ
問5　断層　問6　オ　問7　ア
問8　ハザードマップ

2　問1　イ　問2　ウ，エ　問3　(あ)　空気　(い)　水　問4　図3(中央)　色　ア
理由　a　図3(右)　色　エ　問5　太郎さん　b，c　花子さん　a，c
問6　(う)　上　(え)　下　(お)　まざる

3　問1　イ　問2　①　ウ　②　ウ　問3　③　イ　④　オ　問4　4倍
問5　12.68　問6　6.60秒　問7　⑥　おもりの重さ　⑦　ふりこの長さ

4　問1　(1)　①　う　②　か　(2)　にょう　問2　あ　問3　(1)　②→③→①
(2)　210mL　問4　(1)　192回　(2)　41倍　(3)　エ

○推定配点○
1　各2点×8(問3完答)
2　各2点×11(問2，問4図3(中央)，問5　太郎さん，花子さん各完答)
3　各2点×8(問2，問3各完答)　4　各2点×8(問1(1)完答)　計70点

＜理科解説＞

1　(地層と岩石―地層)

問1　崖②側から見たとき，Z層はb地点では地表面から5m下にあり，P地点では15m下にある。Z層は1枚の平らな板のようになっているので，この地点を直線で結ぶと崖②から見たZ層になる。
問2　20m進むとZ層が10m深くなるので，Q地点では地表から25m下にZ層が現れる。

基本 問3　火山から噴出したものが堆積してできる岩石の特長は，角張っており，ガスが噴き出すときにできる小さな穴がたくさんあいている。この岩石中には生物の化石は含まれない。

基本 問4　a　○　川によって運ばれた岩石が海に堆積するとき，大きくて重いれきは陸地の近くに堆積し，小さくて軽い泥は遠くに堆積する。　b ×　砂と泥では，重さの重い砂の方が速く沈む。

基本 問5　地震による大地のずれを断層という。

基本 問6　a　×　海底で起きる地震でも，地層がずれて断層が生じる。　b ○　地下の深いところで起きる地震では，地表にずれが達しないこともある。　c ○　地震の規模が小さいと，地表にずれが達しないこともある。

問7　大地のずれは同じ場所で繰り返すことがある。過去にずれが生じ，今後も生じる可能性のある断層を活断層という。一般的に地震の揺れは断層に近い場所ほど大きい。

問8　このような地図をハザードマップという。地震の被害だけでなく，火山の噴火や洪水の危険度を示したものもある。

2　(実験と観察―加熱の仕方，温度による色の変化の観察)

問1　沸騰石には小さな穴がたくさんある。その中に含まれている空気が，水溶液中で温度が上昇すると膨張し気泡となって出てきて突沸を防ぐ役割をする。

問2　水は100℃で沸騰するが，100℃以下でも表面から蒸発する。沸騰石の成分が水溶液中に溶け出すことはない。小さな穴がたくさんあいている固体は，沸騰石の代わりに使用することもできる。沸騰石中の空気が少なくなった場合，突沸を防ぐ効果が小さくなるので，一度使用して穴に水が残っている沸騰石はそのままでは使用してはいけない。乾燥させると再利用も可能である。

基本 問3　20℃の水に入れたときインクの色が変わるのに1分30秒かかるが，20℃の空気中に置くと20分かかった。よって空気より水の方が熱を奪いやすいことわかる。

問4　図3(中央)では，水の方が速く熱を奪うので試験管の下側が青色，上側はまだ十分冷やされていないのでピンク色になっている。下側が青色になる理由は，試験管の中の水から水槽の水に熱が移動して，試験管内の水の温度が下がったからである。図3(右)では時間がたったので全体が青色になっている。

問5　太郎さんは全体が青くなると考えた。インクが青色になるには温度が下がらないといけない。そのためには，お湯で暖められた部分の熱は移動して空気と接する部分で冷やされ(b)，水につかっている部分からインクが空気に接する部分に移動し(c)冷やされると考えた。一方，花子さんは全体がピンク色になると考えた。インクがピンク色になるには温度が上がらないといけない。そのためには，空気と接する部分の熱は移動してお湯と接する部分で暖められ(a)，空気に接している部分からインクが移動した(c)と考えた。

問6　試験管のお湯と接する部分で温められたインクはピンク色になり，試験管の上の方に運ばれる。温まっていないインクは下に移動し，そこで温められてピンク色になり，全体が混ざり合ってピンク色になる。

3　(物体の運動―ふりこの動き)

問1　実験4の数値以外はほぼ20秒である。10往復で20秒かかるので1往復は約2秒かかる。実験4では往復時間が18秒ほどだったので，往復する回数を1回少なく測定したと思われる。

重要 問2　ふりこが往復する時間は，おもりの重さに関係せず，ふりこの長さで決まる。そのため，おもりの数が2個のときも4個のときも往復時間は約20秒である。

問3　表3より，ふり初めの角度を大きくすると往復の時間がわずかずつ増加している。それで③は20.12～20.18の間の20.15，④は20.26～20.36の間の20.30と推定される。

問4　ふりこの長さはひもの上端からおもりの中心までの距離になるので，ひもの長さが3.0cmのときふりこの長さは5.0cm，18.0cmのとき20.0cmになる。よって4倍になる。

重要 問5　問4より，ふりこの長さが4倍になると，往復の時間は8.98÷4.49＝2(倍)になる。ひもの長さが8.0cmのときふりこの長さは10.0cmであり，38.0cmのとき40.0cmになる。ふりこの長さが4倍になるので，往復の時間はひもの長さが8.0cmのときの2倍の6.34×2＝12.68(秒)になる。

やや難 問6　ひもの長さが2.8cmのとき，ふりこの長さは4.8cmである。図3のようにおもりを4個つるしたとき，おもりの端からおもりの中心(重心)までの距離は8.0cmであり，ふりこの長さは10.8cmになる。ひもの長さは10.8÷4.8＝$\frac{9}{4}$(倍)になり，往復の時間は$\frac{3}{2}$倍になるので，4.40×$\frac{3}{2}$＝6.60(秒)である。

重要 問7　ふりこの往復の時間はおもりの重さやふり初めの角度に関係なく，ふりこの長さで決まる。ただし，この実験ではふり初めの角度が5°以下のときにこの関係が成り立つ。

4 (人体一血液の流れ)

基本 問1　(1)　①　栄養分は小腸で吸収され肝臓へ運ばれる。(う)が肝門脈と呼ばれる血管で，最も栄養分を多く含む。　②　酸素は肺で取り入れられ，肺で血液に溶け込んで心臓に戻り全身に運ばれる。最も酸素を多く含む血液は，図1では心臓から各臓器に向かう(か)の大動脈である。

(2)　老廃物を血液中からこしとって尿として排出するのは，腎臓の主な働きである。

問2　心臓が送り出す血液の量と心臓に戻ってくる血液の量は等しい。(あ)の大静脈で同じ血液量になる。

問3　(1)　血液が配る酸素量は，出て行くときと戻ってくるときの血液100mL中の酸素量の差で表される。安静時に，①筋肉以外では20.0－16.0＝4.0　②筋肉では20.0－15.0＝5.0　③体全体の平均20.0－15.8＝4.2となる。これより多い順に②＞③＞①となる。

(2)　安静時に血液100mLあたり全身に4.2mLの酸素を配っている。1分あたり心臓から全身に送り出される血液は5000mLなので，1分あたりの酸素量は4.2×5000÷100＝210(mL)である。

重要 問4　(1)　安静時に1分あたり60回の拍動で5000mLの血液が心臓から送り出される。これは1回の拍動で5000÷60＝$\frac{5000}{60}$(mL)の血液が送り出されたことになる。1回の拍動で送り出される血液の量は安静時も運動時も変わらず，運動時に心臓から出る血液の量が16000mLなので運動時の心拍数は16000÷$\frac{5000}{60}$＝192(回)である。

(2)　筋肉が安静時に1分間で配る酸素量は，5.0×1000÷100＝50(mL)であり，運動時には(19.8－3.8)×12800÷100＝2048(mL)である。これは安静時の2048÷50＝40.96≒41(倍)になる。

(3)　ア　○　1分当たりの運動時の血液量は筋肉では安静時の128倍になり，筋肉以外では3200÷4000＝0.8(倍)になる。　イ　○　血液100mLあたりが配る酸素量は，運動時では体全体で19.8－6.0＝13.8　筋肉以外では19.8－14.8＝5.0　筋肉では19.8—3.8＝16.0である。体全体で増加し，筋肉でより増加量が大きくなる。　ウ　○　運動時の血液100mLが配る酸素量と安静時のそれとの差は，体全体では13.8－4.2＝9.6　筋肉以外では5.0－4.0＝1.0　筋肉では16.0－5.0＝11.0である。1分あたりの増加量は，体全体では9.6×16000÷5000＝30.72　筋肉では11.0×12800÷1000＝1408　筋肉以外では1.0×3200÷4000＝0.8　これより体全体と筋肉では大きく増加するが，筋肉以外ではほとんど変わらない。　エ　×　表1より，血液100mLに含まれる酸素量は，安静時でも運動時でもほとんど変わっていない。

★ワンポイントアドバイス★

問題の出題が実験や観察に基づいて結果を数値で与え，それらをもとに考える形式であり，文章読解力や思考力，数学的な処理能力が求められる。

＜社会解答＞《学校からの正答の発表はありません。》

[1] 問1 (1890年は)直接国税を15円以上納める満25歳以上の男子だけに与えられた。(1946年は)納税額の制限がなく，全ての満20歳以上の男女に与えられた。 問2 ウ 問3 ア 問4 (1) カ (2) イ 問5 隋(から)唐(へ) 問6 ウ 問7 (1) う 満州国 え 国際連盟 (2) ドイツ，イタリア 問8 (1) お 薩摩焼 か 島津 (2) イ 問9 (最も近い) エ (最も遠い) ウ 問10 (1) き ワカタケル く 前方後円 (2) ア，ウ 問11 (1) け 冠位十二階 こ 十七条の憲法 (2) イ，ウ (3) ア 問12 (1) イ (2) 石見(銀山) 問13 (1) ア (2) ウ 問14 (1) さ 新橋 し 横浜 (2) イ (3) エ

[2] 問1 あ 安全保障 い 地位 う 124 え 3分の2 お 敦賀 か 札幌 問2 ① カ ② ウ ③ イ 問3 NATO 問4 (1) ア (2) 47(円の)上昇 問5 インド，オーストラリア 問6 (1) 1947(年) (2) 鳥取(県と)島根(県)，徳島(県と)高知(県) (3) ア，イ，エ 問7 A 建設費 B 第三セクター C 移動時間を短縮 問8 (1)

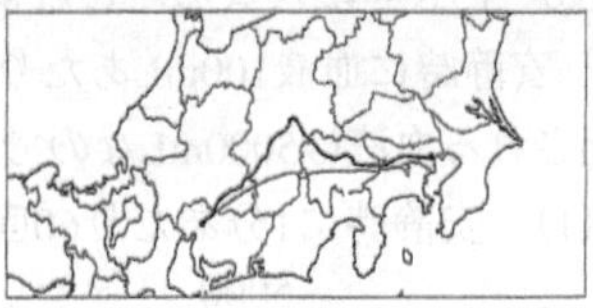

(2) 赤石(山脈)，木曽(山脈) (3) e 静岡(県) f 大井(川)

○推定配点○

[1] 問1 4点 他 各1点×28(問7(2)，問9各完答)

[2] 問1，問4，問5，問7，問8(1) 各2点×13(問5完答) 他 各1点×12(問6(2)各完答)

計70点

＜社会解説＞

[1] (総合問題―「年代，時代」に関連する歴史と地理の問題)

重要 問1 1889年，黒田清隆内閣の時に出された最初の選挙法では有権者の資格が直接国税を15円以上納めている満25歳以上の男子というもので，有権者の資格制限が厳しく，全国民の1%ほどしか該当しないものであった。それが太平洋戦争後の1945年に幣原喜重郎内閣の時に制定された選挙法では財産の制限がなくすべての満20歳以上の男女となり，資格制限が国籍と年齢のみになり，全国民の50%ほどが対象となるものになった。

問2 ウ 1から3世紀の頃の日本は弥生時代で，弥生時代の遺跡は吉野ヶ里遺跡で，環濠集落となっているので，外敵が攻めてくるのに備えたものになっていたため，当時のムラやクニの争いがあったと考えられている。

問3 ア 1960年代は高度経済成長期で，この頃の日本は重化学工業の発達が目覚ましかったので，誤り。軽工業が発達したのは明治の頭頃から日清戦争の頃。

基本 問4 (1) カ イスラム教の聖地のメッカはイスラム教を始めたムハンマドの生誕地であり，イス

ラム教徒はこの地にあるカーバ神殿の方を向いて礼拝する。また，イスラム教においての金曜日は集団礼拝をする日であり，そのためにイスラム圏では官公庁や企業，学校の多くは休日になっている。キリスト教の安息日としての日曜日の位置づけとは異なる。　(2)　カタールの場所はイで，首都がドーハ。アはクウェート，ウはアラブ首長国連邦，エはオマーン。

基本　問5　大化の改新は645年だが，中国において隋王朝は618年に滅び唐王朝に代わる。ちなみに遣唐使として最初に派遣されるのは630年の犬上御田鍬。

問6　ウ　ラグビーのワールドカップが日本で開催されたのは2019年の9月20日から11月2日の間。令和になったのが2019年の5月1日からなので，この期間は令和の時代。アは2002年，イは1995年，エは1992年。

基本　問7　(1)　日本は1931年の柳条湖事件の後，満州国をつくり，中国から独立させた。日本の満州進出に対し，中華民国政府が国際連盟に抗議し，国際連盟がイギリスのリットン卿を団長とする調査団を満州に派遣し調査させ，その報告が国際連盟でなされると，日本側はそれに不服とし，1933年に国際連盟を脱退する。　(2)　1940年の三国軍事同盟は日本とドイツとイタリアのファシズム国家の同盟。ドイツとイタリアはヨーロッパの中で現在のような国家になるのは19世紀の後半で，それまでは小さな国に分裂しており，ヨーロッパの中では後発国であり，帝国主義の国々の植民地争奪戦には完全に出遅れていた。

重要　問8　(1)　秀吉の朝鮮出兵の際に，朝鮮から陶工が連れてこられて日本で始まったのが有田焼などで，その流れをくむものに薩摩焼もあり，島津氏の保護の下でつくられた。　(2)　イ　Yが誤り。朝鮮半島は明治の初期，鎖国状態にあり，日本の中ではそこに派兵して開国させようという征韓論もあったが，大久保利通の反対で消えていた。その後，1875年の江華島事件で朝鮮を開国させて日朝修好条規を締結するが，これは朝鮮の方が不利な不平等な内容のものであった。

問9　アが1918年，イが1919年，ウが1914年，エが1923年なので1924年に最も近いのがエで最も遠いのがウ。

重要　問10　(1)　稲荷山古墳の鉄剣や江田船山古墳の鉄刀に刻まれているワカタケルは宋書倭国伝にある倭王武のこととされ，雄略天皇であるとみられている。稲荷山古墳や江田船山古墳は前方後円墳で四角い方墳と丸い円墳を組み合わせたもの。　(2)　イ　東北地方を大和政権が支配するようになるのは平安時代。　エ　道路網が整備され駅がつくられ馬などが用意されるようになるのは大化の改新以後。

問11　(1)　冠位十二階はその前にあった氏姓制度によって本人の能力ではなく家ごとに官職が割り振られていたことでの問題点を修正する意味もあった。十七条の憲法は現在の憲法とは異なり，当時の役人の心得のようなもので，今でいえば国家公務員規則のようなもの。　(2)　ア　律令政治へ切り替わるのは大化の改新よりも後。　エ　大化の改新で公地公民制になる。

(3)　ア　行基は渡来人系の僧で，当時は禁じられていた民間への布教を行い咎められていたが，様々な社会事業を行い人々の信用はあり，そのため，東大寺の大仏造立のために聖武天皇に取り立てられた。

問12　(1)　イ　当初，堺は信長の支配下にはなかったが，1569年に信長に屈服し支配下にはいった。信長は町の自治を認めたが，堺の町の武装は認めなかった。　(2)　石見銀山は最盛期には当時の世界に出回っていた銀の3分の1を産出していた。

問13　(1)　ア　平安時代の貴族の館は寝殿造のものが多かった。書院造は室町時代に出てくるもの。　(2)　ウ　源義家は前九年の役，後三年の役を平定し，このことで東日本に源氏の勢力が根付く。この源義家をまつってあるのが八幡宮。

問14　(1)　1872年に最初の鉄道が敷かれたのは新橋と横浜の間。　(2)　開通当時の鉄道の堤が出てきたのは高輪ゲートウェイ駅のそば。品川駅と田町駅の間にある。　(3)　アは1890年，イは1925年，ウは1903年。

2 (総合問題―2022年の出来事に関連する地理と政治の問題)

重要　問1　あ　日米安全保障条約は1951年に締結され，その後1960年に改定され日米新安全保障条約とされている。　い　日米地位協定は安全保障条約に基づき日本にある米軍施設に関しての扱いを定めたもの。　う　2022年の参議院選挙では前回の2019年の選挙に続き，定数が3増え，124名，都道府県選挙区から74名，非拘束名簿式比例代表制で50名が選ばれた。　え　憲法改正に必要なのは憲法96条にある通り，衆議院，参議院それぞれの院の総議員数の3分の2以上の賛成。自民党以外にも憲法改正に前向きの政党があり，それらを合わせれば衆参ともに3分の2以上の議席数になる。　お　北陸新幹線では現在の終点の金沢駅から敦賀駅まで伸ばす工事が行われている。　か　北海道新幹線でも函館から札幌まで伸ばす工事が行われている。

問2　ウクライナが地図中のカ，フィンランドはウ，スウェーデンはイ。アはノルウェー，エはポーランド，オはベラルーシ，キはルーマニア，クはトルコ。これらの国々の中で，ウクライナとベラルーシはかつてのソ連の中にあった国。

問3　NATO(北大西洋条約機構)はアメリカと西ヨーロッパの国々で，かつての東西冷戦時に結成していた軍事同盟。これに対してソ連と東欧の国々でつくっていたのはワルシャワ条約機構で，こちらは東西冷戦終結後に消滅している。現在，かつてのワルシャワ条約機構に参加していた東欧の国々はNATOに参加している。

やや難　問4　(1)　ア　原油価格は2021年から2022年で倍近い値上げになっている。この状況の中で日本円は下落し，円安状態になっている。　(2)　原油価格が2021年の1バレル68ドルから2022年では115ドルになっているので，これをそれぞれの為替レートで換算すると，2021年では68×110＝7480(円)，2022年では115×130＝14950(円)となる。この差が7470円で，1バレルが160リットルだとすると，7470÷160＝46.6875となる。したがって，1リットル当たり約47円の値上げとなる。

やや難　問5　QUADは日本，アメリカ，インド，オーストラリアの4カ国による安全保障や経済協力を協議する枠組み。quadは英語で四つのという意味をもつ。

基本　問6　(1)　第1回の参議院選挙は，大日本帝国憲法に代わり日本国憲法が制定公布されたことで新しく国会の中で帝国議会の貴族院に代わって参議院がつくられることになり，1947年4月20日に実施され，このときは全議席分の250人が選出された。　(2)　一票の格差を是正するのに，参議院の選挙区は都道府県単位なので，有権者数の少ない県の議席数を減らすのも限界があり，人口が少ない県を二つ合わせて一つの選挙区にすることになり，鳥取県と島根県で一つ，徳島県と高知県とで一つとなった。　(3)　ア　現在の参議院では選挙区選出が148，比例代表が100なので誤り。　イ　参議院の比例代表は衆議院とは異なり日本全体で一つのブロック。　エ　参議院は衆議院とは異なり，選挙区と比例の両方での立候補はできないので，選挙区で落選して比例代表で復活当選ということはあり得ない。

やや難　問7　九州新幹線の佐賀県内の区間に関する問題点について。地元の反対の声に関するもので，佐賀県に建設費の負担が求められていること，在来線を存続させるには佐賀県や沿線の自治体が民間企業と組んで第三セクターで運営して赤字分を引き受けざるを得なくなること，また新幹線ができたにしても在来線と比べての移動時間が短縮できる部分が少ないことなどの問題があり，JRと佐賀県の間での話し合いが並行状態になっていて話がまとまっていない。

重要　問8　(1)　リニア新幹線は東京の品川駅から名古屋駅をつなぐもので，神奈川県の相模原市橋本のあたりを通った後，山梨県内ではリニア新幹線の実験で使った線路を経て静岡県，長野県，岐阜県を通り，名古屋にまで至る。　(2)　リニア新幹線のルート上で静岡県のところが赤石山脈の下，長野県のところで木曽山脈の下を通過する。　(3)　静岡県の赤石山脈を通過するトンネル工事で地下水脈が影響を受け，大井川の水量が変わるとされている。

★ワンポイントアドバイス★

考え込まないとわからないという問題はほとんどないが，時間に対して問題数が多く，読まなければならないものも多いので，悩んでいられる時間はまずない。できそうなものの取りこぼしがないように，あらかじめ全体を大まかにでも見て，問題の配列を把握しておくことが必要である。

＜国語解答＞ 《学校からの正答の発表はありません。》

一　問一　目標　　息苦　　逆　　耕　　問二　(例)　自分たちが社会から必要とされない時代になって，過去の功績や特権を維持するために倫理，美意識をエスカレートさせ，自身の存在を正当化した点。

問三　(東京の現場)　(例)　建設会社の所長に仕事を仕切られ，管理され，自分が作る建築の意味や，社会や未来がどんな建築，都市を求めるかを考える時間もない，息苦しく忙しい所。　　(檮原という場所)　(例)　ゆったりした空気が流れており，職人と自由に話し，友人になり，試行錯誤をしながら土地に合った創造的な仕事ができる，楽しさを感じられる所。

二　問一　(例)　父親が有名カメラマンでもあり，自由にふるまう朱里に魅力を感じていたが，学校をさぼって海に行くところに，さらに魅力を感じている。

問二　(例)　朱里の自由な一日に憧れ，朱里と一緒にいたいという気持ちがある反面，母へ言い訳をしたり，友達に迷惑をかけたりすることが心配だったから。

問三　(例)　朱里が自分に親しく接してくれることが，もしかすると表面的な態度にすぎないのではないかと心配になるということ。

問四　(例)　自分は朱里のことを特別な存在だと思っていたが，朱里から見て自分はそれほど特別な存在ではないのではないかと感じ，寂しい気持ちになっている。

○推定配点○

一　問一　各2点×4　　他　各11点×3　　二　各11点×4　　計85点

＜国語解説＞

一　(論説文―漢字の書き取り，内容理解)

基本　問一　・「目標」の「標」と，「漂」「票」を区別しておくこと。　・「息」の「自」の部分を「白」としないように注意。　・「逆」の「屰」の部分の形に注意。　・「耕作」という熟語を思い出すとよい。

重要　問二　第二次大戦後には建築が必要とされたが，1970年以降は必要とされなくなった。しかし，過去の権威を守るために，1970年以降も政治経済は建築主導が続き，80年代のバブルへと至った。この状況は，戦国時代に必要とされ，江戸時代には必要とされなくなった武士が，江戸時代に「自分達の倫理，美意識をエスカレートさせることによって，自身のレゾンデートルをアピール」し，「自分たちの存在を正当化しようとした」ことに似ているのである。

やや難　問三　――部2の直前の段落から，「東京の現場」についてとらえる。また，――部2を含む段落以降から，「檮原という場所」についてとらえる。

二　（小説―内容理解，心情理解，表現理解，主題）

問一　希代子は，――部1の直前の「急行に乗って，江の島を見に行く」という言葉に「魅せられた」のである。それまでも，父親が有名なカメラマンで，学校で自由にふるまう朱里に魅力を感じていたが，学校をさぼって海へ行くという朱里に，ますますひかれているのである。

重要　問二　学校をさぼることは「希代子にとっては重大事だ。朱里の自由な一日には憧れるが，それとこれとは別だ。さぼるのはまずい」，「母をうまくごまかせたとしても，……皆に迷惑をかけるのではないか」という希代子の気持ちをとらえる。

問三　――部3の直前で希代子は，「まだ，朱里の家に誘われたことがない。学校を一緒に……かもしれない」と，朱里の心に疑問を抱いている。

やや難　問四　希代子，朱里，瑠璃子の三人が顔を合わせたこの日の出来事に注目する。希代子は，自分は朱里を特別な存在だと思っているが，朱里は自分のことをそれほど特別だと思っていないのではないかと感じたのである。

★ワンポイントアドバイス★

すべて記述問題である。読解は，短時間の中で，文章の内容をおさえ，自分の言葉にまとめ，適切な字数で的確に説明する力が求められる。ふだんからいろいろなジャンルの文章にふれることや，文章の要約する練習をすることが力となる！

2022年度

★★★★★★★★★★★★★★★★★★★★★★

入 試 問 題

2022年度

開成中学校入試問題

【算　数】（60分）　＜満点：85点＞

1 次の問いに答えなさい。

(1) 次の□にあてはまる数を求めなさい。

$$2.02 \div \left(\frac{2}{3} - \square \div 2\frac{5}{8}\right) = 5.05 \times 2.8$$

(2) 次の計算の結果を９で割ったときの余りを求めなさい。

1234567＋2345671＋3456712＋4567123＋5671234

(3) ４人の人がサイコロを１回ずつふるとき，目の出方は全部で６×６×６×６＝1296通りあります。この中で，４つの出た目の数をすべてかけると４の倍数になる目の出方は何通りありますか。

(4) 図のようなABを直径とする円形の土地があり，柵《さく》で囲まれています。点Oはこの円の中心で，円の半径は10mです。円の直径の一方の端の点Aから円周の半分の長さのロープでつながれた山羊《やぎ》が直径のもう一方の端の点Bにいます。柵で囲まれた円形の土地の外側で山羊が動ける範囲《はんい》が，図の㋐，㋑，㋒です。

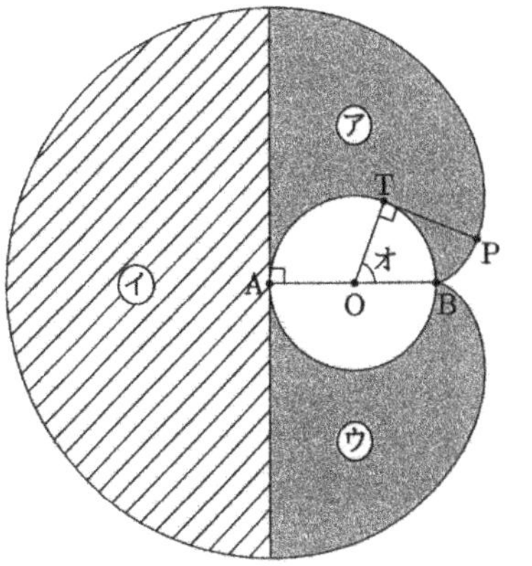

① ㋑の面積は，ABを直径とする円形の土地の面積の何倍ですか。

② 図のPの位置に山羊がいるとき，ロープのTPの部分の長さが9.577mでした。角オの大きさを求めなさい。ただし，Tは柵からロープがはなれる点です。

2 図１のように，底面の半径が４㎝でOAの長さが８㎝の，粘土《ねんど》でできた円すいがあります。この円すいを，底面に平行で等間隔《とうかんかく》な３つの平面で４つのブロックに切り分け，いちばん小さいブロックから大きい方へ順にa，b，c，dと呼ぶことにします。このとき，次の問いに答えなさい。

［図１］

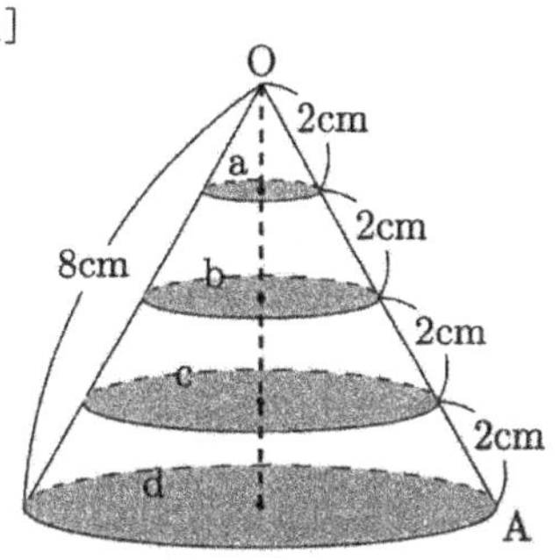

(1) ブロックbとdの体積の比，および，表面積の比を求めなさい。

⑵　ブロックａ，ｃを図２のように積み上げて立体を作りＸと呼ぶことにします。同じように，ブロックｂ，ｄを積み上げて立体を作りＹと呼ぶことにします。

立体ＸとＹの体積の比，および，表面積の比を求めなさい。

［図 2］

立体 X　　　　立体 Y

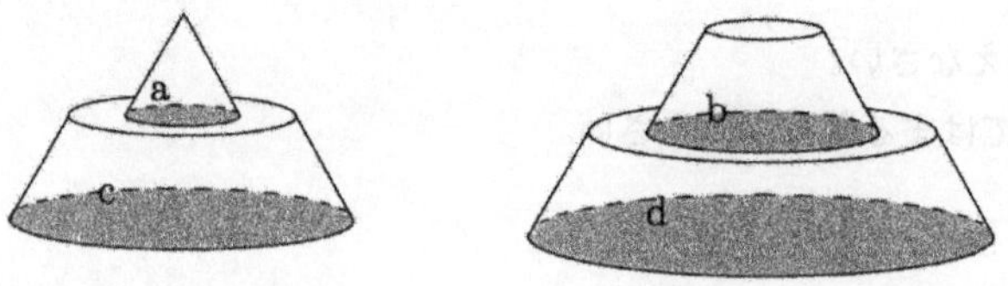

3　開成《あけなり》君は，図１のような縦２マス，横７マスのマス目を用意し，マス目のいくつかを黒くぬりつぶして「暗号」を作ろうと考えました。そこで，次のようなルールを決め，何種類の暗号を作ることができるかを調べることにしました。

・黒くぬりつぶすマス目は，上下左右が隣《とな》り合わないようにする。

・読むときは，回したり裏返したりしない。

次の問いに答えなさい。

［図 1］

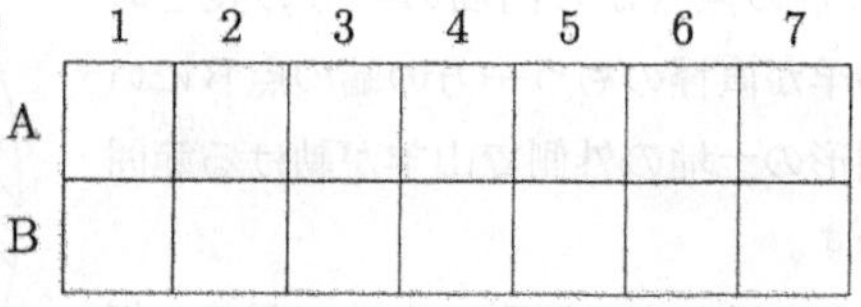

⑴　最大で何か所をぬりつぶすことができますか。その場合，暗号は何種類できますか。

⑵　14個のマス目のなかで５か所だけをぬりつぶす場合を考えます。

㋐　左から１列目と３列目のマス目をぬりつぶさないことにしてできる暗号をすべてかきなさい。黒くぬりつぶす部分は，次の図２のように斜線《しゃせん》を入れ，ぬりつぶす部分が分かるようにしなさい。また，解答らんはすべて使うとは限りません。使わない解答らんは，らん全体に大きく✕印を入れて使わなかったことが分かるようにしなさい。

㋑　左から３列目と５列目のマス目をぬりつぶさないことにしてできる暗号は何種類ありますか。

㋒　14個のマス目のなかで５か所だけをぬりつぶす場合，暗号は全部で何種類できますか。

⑶　左から１列目だけ，左から１列目と２列目の２列だけ，…と使う列の数を増やしながら，暗号が何種類できるかを考えようと思います。ただし，１マスもぬりつぶさない場合も１種類と数えることにします。たとえば，一番左の１列だけで考えると，暗号は図２の３種類ができます。

［図 2］

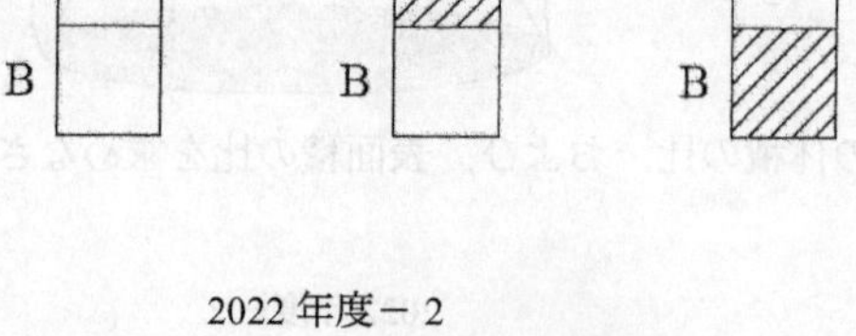

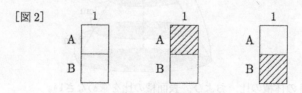

(ア) 左から２列だけを考えます。このときできる暗号のうち，１マスもぬりつぶさないもの以外をすべてかきなさい。解答らんはすべて使うとは限りません。使わない解答らんは，らん全体に大きく✕印を入れて使わなかったことが分かるようにしなさい。

(イ) 左から１列目から３列目までの３列を考えます。このときできる暗号は何種類ありますか。

(ウ) 左から１列目から７列目までのマス目全部を使うとき，暗号は全部で何種類できますか。

4 開成《あけなり》君の時計はつねに正しい時刻より５分遅れた時刻を指します。この時計について，次の問いに答えなさい。

開成君の時計

正しい時刻を指す時計

(1) 開成君の時計の長針と正しい時刻を指す時計の短針が同じ位置にくる場合を考えます。正しい時刻で１時を過ぎたあと，初めてそのようになるのは何時何分ですか。正しい時刻で答えなさい。

正しい時刻を指す時計の短針と長針の間にできる角の大きさを a，開成君の時計の短針と長針の間にできる角の大きさを b という文字で表すことにします。ただし，短針と長針の間にできる角というのは，たとえば次の図のような例でいうと，短針と長針によってできる角ア，イのうち，角の大きさが180°以下である角アのほうを指すものとします。

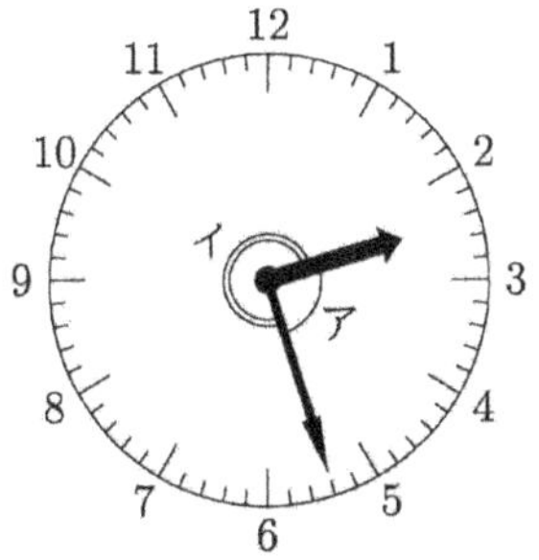

(2) 正しい時刻で１時を過ぎたあと(1)の時刻までの間で，a と b が等しくなるのは何時何分ですか。正しい時刻で答えなさい。

(3) 正しい時刻で１時を過ぎたあと(1)の時刻までの間で，a が b の２倍になる時刻をＡとし，(1)の時刻を過ぎてから初めて a が b の２倍になる時刻をＢとします。時刻Ａから時刻Ｂまでの時間は何分何秒ですか。

【理　科】(40分)　＜満点：70点＞

1　校庭や通学路など，身近なところにも多くの植物が生育しています。校庭の周囲を調べたところ，Aナズナ，シロツメクサ，カラスノエンドウを見つけました。これらを比較《ひかく》してみると，葉の形，B葉のつき方，C茎《くき》や根のつくり，花の構造など，いろいろな点に違《ちが》いがあることがわかります。

そこで，いくつかの植物の成長の様子を調べることにしました。アサガオ，ホウセンカ，ヘチマのD種をまいて育てたところ，数日後にいずれも２枚の葉（子葉）が広がりました。その後，E3枚目の葉が出ましたが，その葉は最初に出た２枚の葉とは形が異なっていました。また，それぞれの花を咲《さ》かせたところ，F花の構造にも違いがみられました。

以下の問いに答えなさい。なお，図の縮尺は，等しいとは限りません。

問１　下線部Aについて，⑴ナズナ，⑵シロツメクサ，⑶カラスノエンドウはどれですか。当てはまるものを次のア～エからそれぞれ１つずつ選び，記号で答えなさい。

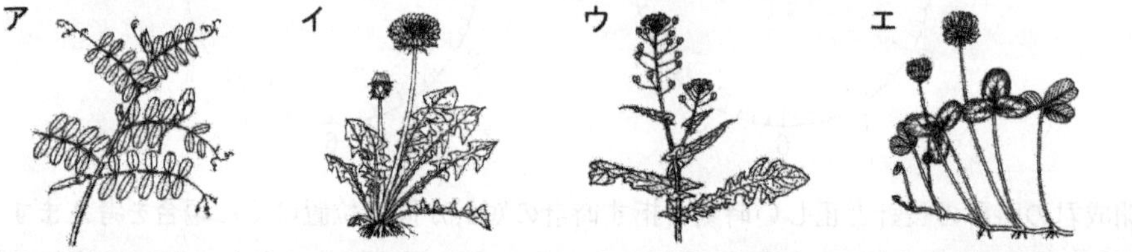

『新しい科学　1年　教師用指導書 研究編』(東京書籍)

問２　下線部Bに関連して，右の図はメマツヨイグサという植物の葉のつき方を上から見たものです。葉についている数字は，葉が出た順番を示しています。この図の葉は，どのような決まりでついているでしょうか。次の文の空欄《くうらん》に当てはまる数値を整数で答えなさい。

「時計回りに平均（　　　）°回転したところに次の葉をつける」

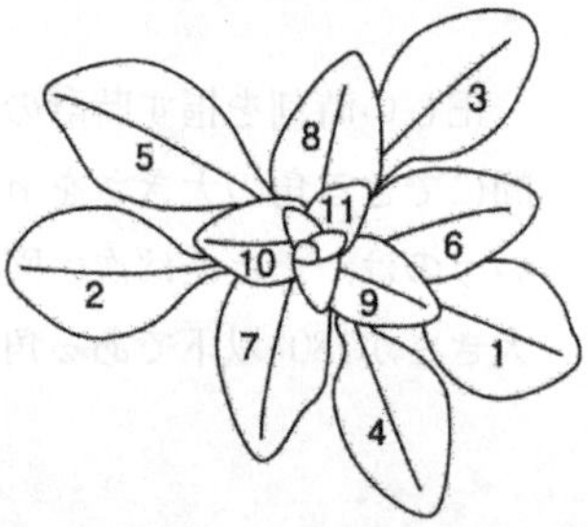

岩瀬徹・大野啓一著『写真で見る植物用語』(全国農村教育協会)をもとに作成

問３　下線部Cに関連して，ホウセンカの茎の断面を表している図はどれですか。次のア～エから１つ選び，記号で答えなさい。ただし，図中の色の黒い部分は着色した水が通ったところです。

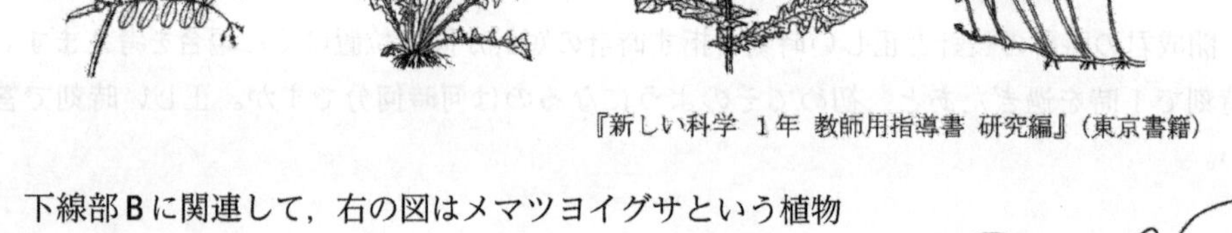

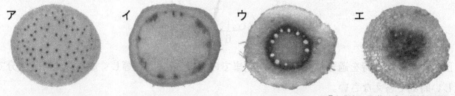

『中学校 科学１』(学校図書)

問４　下線部Dについて，一般《いっぱん》に，植物の種子が発芽するのに必要な条件は何ですか。当てはまるものを次のア～オから３つ選び，記号で答えなさい。

ア　日光　　イ　水　　ウ　肥料　　エ　空気　　オ　適当な温度

問５　下線部Ｅについて，以下の図は⑴アサガオ，⑵ホウセンカ，⑶ヘチマの子葉をスケッチしたものです。⑴～⑶に対応する「３枚目の葉」はどれですか。当てはまるものを下の**ア**～**エ**からそれぞれ１つずつ選び，記号で答えなさい。

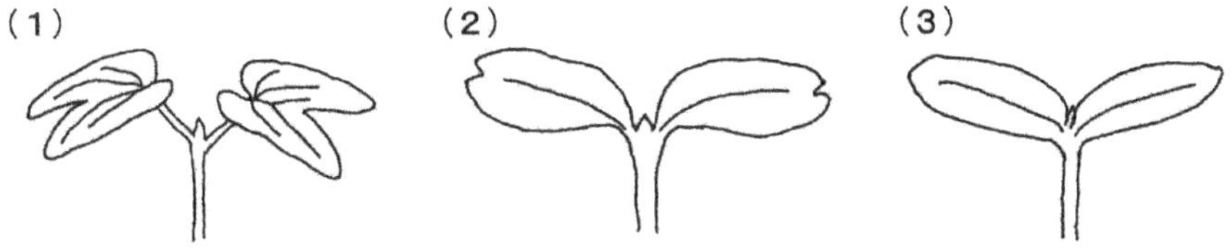

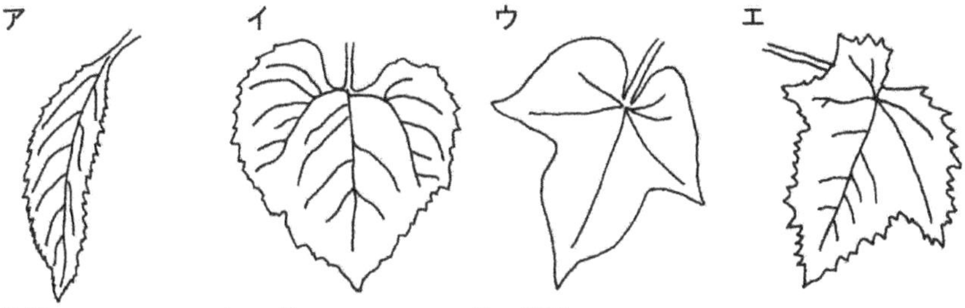

問６　下線部Ｆについて，右の表は一つ一つの花の構造について簡単にまとめたものです。⑴アサガオ，⑵ホウセンカ，⑶ヘチマの花は，表の**ア**～**オ**のどれに当てはまりますか。当てはまるものをそれぞれ選び，記号で答えなさい。答えが複数ある場合はすべて選ぶこと。

	がく	花びら	おしべ	めしべ
ア	○	○	○	○
イ	×	○	○	○
ウ	○	○	×	○
エ	○	○	○	×
オ	×	×	○	○

○：あり　×：なし

問７　下線部Ｆに関連して，アサガオ，ホウセンカ，ヘチマは花粉を昆虫《こんちゅう》に運んでもらいます（虫《ちゅう》媒花《ばいか》という)。花粉を風に運んでもらう花（風媒花《ふうばいか》）と比較したときに，虫媒花の特徴《とくちょう》として，**当てはまらない**ものはどれですか。次の**ア**～**エ**から１つ選び，記号で答えなさい。

ア　大量の花粉をつくるものが多い　　**イ**　花粉の表面に毛や突起《とっき》があるものが多い

ウ　においやみつなどを出すものが多い　　**エ**　目立つ色の花びらをもつものが多い

2　太郎《たろう》さんはゴムの性質を調べたところ，ゴムは加熱すると縮むことを知りました。そこで，バルーンアートで使う細長い風船を用いて以下のような実験を行いました。後の問いに答えなさい。ただし，割り切れない場合は小数第２位を四捨五入し，小数第１位まで答えなさい。

バルーンアートで使う風船に空気を入れると風船の一部が膨《ふく》らみ，風船全体は膨らみませんでした。風船に入れる空気の量を２倍にすると膨らんだ部分の長さが２倍になり，太さはほとんど変わりませんでした。さらに，膨らんでいない部分がなくなるまで風船に空気を入れても，膨らんだ部分の太さはほぼ変化しませんでした。膨らんでいない部分がなくなったところで空気を入れるのをやめました。空気を抜《ぬ》くと，しぼんだ風船の長さは48.6cmでした。しぼんだ風船にドライヤーで温風をあてたところ，長さは36cmになりました。その後，膨らんでいない部分がなくなるまで風船に空気を入れると長さが162cmに，空気を抜くと再び48.6cmになりました。続けて温風をあてると長さが36cmに戻《もど》りました。以下の実験では，ドライヤーの温風をあてて36cmに戻した後の風船を使いました。ただし，膨らんだ部分の太さはどこも同じで長さだけが変化するものとし，膨らんでいない部分の空気の体積は考えないものとします。また，空気を右端《はし》に移動させるときには，風船の膨らんだ部分がそのまま右へずれていくものとします。

風船の長さの半分まで空気を入れて膨らませました。残りの半分は膨らむことはなく，風船の長さは99cmになりました（図１）。その後，空気を抜きました。

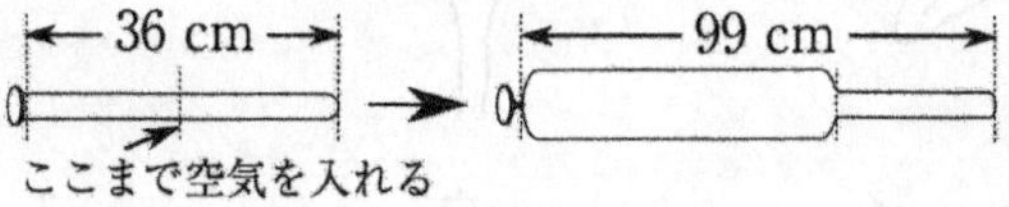

図１

問１　空気を抜いた後の風船の長さは何cmですか。

風船の長さの$\frac{2}{3}$まで空気を入れ，その半分を右端に移動させました(図２)。真ん中のしぼんでいる部分にだけドライヤーで温風をあててから空気をゆっくり抜きました。ただし，空気を抜くときにドライヤーをあてた部分は膨らむことはありませんでした。

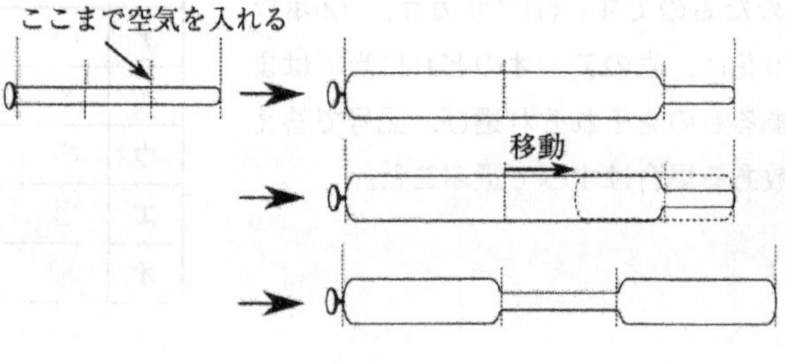

図２

問２　空気を右端に移動させた直後の風船の長さは何cmですか。

問３　空気を抜いた後の風船の長さは何cmですか。

空気を入れない風船と，膨らんでいない部分がなくなるまで空気を入れた風船をそれぞれ冷凍庫《れいとうこ》に入れ，充分《じゅうぶん》に時間を経過させました。その後，それぞれの風船を取り出し，室温になるまで待ちました。空気を入れた方の風船は空気を抜くと，長さが戻りきらず51.6cmになりましたが，ドライヤーで温風をあてると再び長さが36cmに戻りました。空気を入れなかった方の風船は冷凍庫から取り出しても長さは変化しませんでした。また，室温になってから空気を入れても，冷凍庫に入れる前の風船と変化の仕方は同じでした。

風船の長さの半分まで空気を入れ，風船を冷凍庫に入れて充分に時間を経過させました。その後，風船を取り出して室温になるまで待ち，空気を抜きました。

問４　空気を抜いた後の風船の長さは何cmですか。

風船の長さの$\frac{1}{3}$まで空気を入れ，冷凍庫に入れて充分に時間を経過させました。その後，風船を取り出し，室温になってから風船の中の空気を右端に移動させました（次のページの図３）。最後に空気をゆっくり抜きました。空気を抜いているとき，風船は膨らむことはありませんでした。

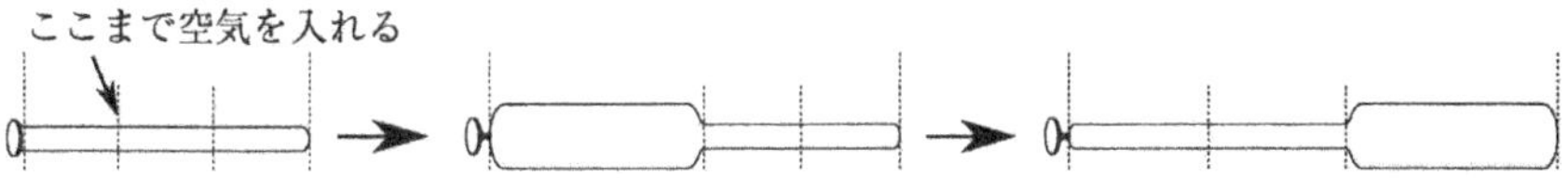

図３

問５　空気を抜いた後の風船の長さは何cmですか。

風船を２つ用意し，A・Bとしました。Aの風船に空気を入れ，Bの風船にはAの２倍の量の空気を入れました。Aの風船の空気を右端へ，Bの風船の空気の半分を右端へそれぞれ移動させたところ，Aの風船の長さが80.1cm，Bの風船の長さが111.6cmになりました（図４）。

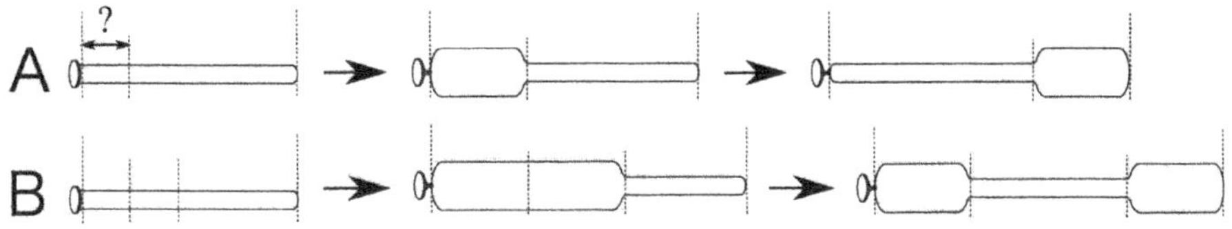

図４

問６　Aの風船で，初めに空気を入れた部分の長さは何cmですか。空気を入れる前の長さで答えなさい。

3　次の文章は1909年にノーベル化学賞を受賞したドイツの化学者オストワルドが，はじめて化学を学ぶ子どもたちに向けて1903年に書いた著書「化学の学校」の一節です（ただし，読みやすいように一部を変えています）。先生と生徒の会話文をとおして，化学という学問はあらゆる物質の学問であり，化学を学ぶことは森の中を散歩するように楽しいことだと教えています。後の問いに答えなさい。

生徒　それではいったい物質とは何ですか。

先生　それは一言では言えない。では君が実際物質というものを知らないのか，それともそれをうまく言えないのか，ひとつ試《ため》してみよう。これは何ですか。

生徒　砂糖だと思います。

先生　なぜそう思う？

生徒　そうですね。ビンの中の砂糖にそっくりだからです。ちょっとなめさせて下さい。
——あ，これは砂糖です。甘《あま》い味がします。

先生　まだそのほかに①砂糖を識別する方法を知っていますか。

生徒　はい，指につけるとベトベトします。これも実際ベトベトします。

先生　実際に君が何かしら物質を手に渡《わた》されて，それが砂糖かどうかと聞かれたときには，いつもそういう方法で判定することができます。すなわちまず外観や味により，またさらに粘着性《ねんちゃくせい》によってそれを知るわけです。この識別のめじるしのことを，その物の性質と呼びます。わたしたちは砂糖をその性質によって知るのです。砂糖は一つの物質です。すなわちわたしたちは物質をその性質によって認識《にんしき》するのです。——ところで君は物質のもつすべての性質が物質の認識に役立つと思いますか。

生徒　そう思います。性質がわかっていれば――

先生　ではひとつみてみよう。砂糖にはただ一種しかないでしょうか？――そうではない。氷砂糖というものを知っているでしょう。あの大きな塊《かたまり》になっている砂糖。それから粉砂糖。あの白砂のような粉状のもの。どちらも砂糖です。というのは氷砂糖を乳鉢《にゅうばち》の中で砕《くだ》くと粉砂糖ができるからです。

生徒　あ，なるほど，両方とも同じものなんですね！

先生　両者は「同一の物質」砂糖です。しかしその性質のうち一つは変わってしまいました。物体のもつ形も一つの性質です。これは勝手に変えることができます。しかし物質は依然《いぜん》として変わらずにいます。また分量についても同様です。たとえビンの中に砂糖がいっぱい入っていようが，あるいはほとんど空っぽであろうが，その中にあるものはいつも砂糖です。すなわち形と分量とは物質を認識すべき性質とはならないのです。――砂糖は温かいか，冷たいか？

生徒　わかりません。――どちらにでもなるんではありませんか！

先生　そうです。温かいとか冷たいとかは物質の認識に役立つ性質ではありません。

生徒　それはそうですね。考えてみると砂糖は大きくも小さくも，温かくも冷たくも自由にできますね。

先生　そうですね。それでようやくはっきりしましたね。物の性質の中には変えることのできないものがあります。砂糖が甘みをもつことや指にベトつくことは，いつも砂糖に見られることがらです。しかしその大きさや，形や，その温度は変えることができます。どんなものでも一定の物質は一定不変の性質をもっています。そしてどんなものでもこの一定不変の性質をもっているものには，その物質の名前があたえられます。このさい，その物質が温かくても冷たくても，大きくても小さくても，またその他どんな②可変の性質をもっていようと，それは関係しないのです。しばしば③物はその用途《ようと》や形によってその物質とは異なった名前がつけられていますが，そんな場合にもそれは一定の物質からできていると言います。

生徒　どうも全部はわかりません。

先生　これは何ですか。またあれは？

生徒　針とハサミです。

先生　それらは物質ですか？

生徒　よくわかりません。――どうも，物質じゃないようです。

先生　わかりにくいときには，いったいこの物は何からできているかと考えてみればよい。するとたいがい物質の名前が頭にうかびます。針とハサミは何からできていますか。

生徒　鉄です。では鉄は物質ですか。

先生　そうです。鉄のひとかけらはやはり鉄です。たとえ大きくても小さくても，冷たくても温かくても鉄にちがいありません。

生徒　それならば紙も物質であるはずです。それは本も紙からできていますから。木質も机を形成しているので物質です。そしてレンガも物質です。暖炉《だんろ》はレンガからできていますから。

先生　最初の二例は正しい。でも最後のはいけない。レンガは砕いてもなおレンガですか？そうではない。レンガという名前はある形をそなえたものにあたえられているもので物質ではあり得ない。ところでレンガは何から作りますか。

生徒　粘土《ねんど》から。

先生　粘土は物質ですか。

生徒　そうです――いや――やはりそうです。というのは粘土を砕いてもやはり粘土のままでいます。

先生　まったくその通り。④そのやり方で，当分のうちは疑問が起きても用が足ります。すなわち，まず何から物ができているかと考え，そして答えを得たならば，さらに砕いた場合にもそのままでいるかどうかを考える。そのとき何ら変わりがなければそれが物質なのです。

オストワルド著／都築洋次郎　訳『化学の学校　上』（岩波書店）

問１　下線部①に関連して，別々の試験管にとった食塩水と炭酸水を識別するためにある方法で実験したところ，次のような**結果**になりました。ある方法とはどんな方法ですか。５文字以内で答えなさい。

結果

「片方の試験管の中には白い粒《つぶ》だけが残ったが，もう片方は何も残らず空《から》になった」

問２　下線部②について，ここで述べられている「可変の性質」の例として適当なものを，次の**ア**～**オ**から**すべて**選び，記号で答えなさい。

ア　20℃の水100㎝^{3}に溶《と》けるミョウバンの最大の重さ

イ　氷ができはじめる温度

ウ　砕いた氷砂糖のひとかけらの体積

エ　アンモニアのつんとするにおい

オ　窓ガラスの表面温度

問３　下線部③の例として「ドライアイス」があります。ドライアイスを温めると気体に変わります。この気体は，石灰水を白くにごらせる性質があります。「ドライアイス」を形成している物質の名前を答えなさい。

問４　下線部④のやり方によって物質と考えられるものを次の**ア**～**オ**から**すべて**選び，記号で答えなさい。

ア　ガラス　　**イ**　ペットボトル　　**ウ**　割りばし　　**エ**　コップ　　**オ**　銀

問５　この文章に登場する「先生」は，物質かどうか決めたいとき，まずどうすればいいと言っていますか。最も適当なものを次の**ア**～**エ**から１つ選び，記号で答えなさい。

ア　その物をどのように利用しているかを考える。

イ　その物が何からできているかを考える。

ウ　その物がどこでできたかを考える。

エ　その物がいつできたかを考える。

問６　この文章に登場する「先生」は，化学であつかう「物質」は何をもっていると言っていますか。文章中から７文字で抜《ぬ》き出しなさい。

4　次の文章**A**～**C**は，関東地方に住む太郎《たろう》さんが書いた日記です。これらの日記は，ある月の連続する３日間のものです。ただし，**A**～**C**の日記は日付順とは限りません。方位磁針の針は，常に正確に南北を指しているものとして，後の問いに答えなさい。

A　○月※日

海辺では今日もここちよい南風が吹《ふ》いていました。この風が吹くしくみは，だいたい見当がついていました。前に①ビーカーに水を入れ，底の中心ではなく端《はし》の方を加熱する実験（図１）をやったことがあるからです。絵の具が少しずつ溶《と》けて水の動きがよく見えたのを覚えていました。そこで，昨日の夕方から今日の夕方まで，海水と砂浜《すなはま》の温度調べをしました。②結果は予想通りでした（図２）。

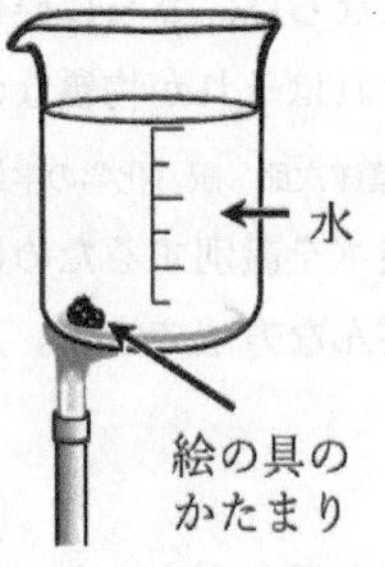

図１

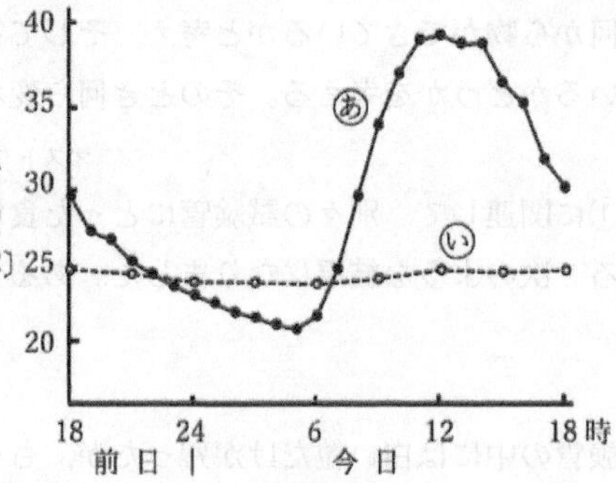

図２

B　○月◇日

いつもの砂浜で影《かげ》のでき方を調べました。砂浜には方位磁針をもっていきました。家の前の道を進むと太陽が正面に見えました。交差点を１つ曲がると，それまで左右方向を指していた方位磁針の針は反時計回りに90°回転しました。そこからまっすぐ進んで砂浜まで行き，③自分の影が前方にできるように向きを変えると，方位磁針の針は再び左右方向を指し，右手の向きが北でした。

C　○月△日

海辺でいつもより高い波を調べていると，雨が降ってきました。家に帰って雨に濡《ぬ》れていた洗濯《せんたく》物《もの》を，外でも雨のかからない場所に移動させました。午後５時ごろ，まだ雨は降り続いていましたが，洗濯物は少し乾《かわ》いていました。

問１　Aの日記の下線部②について，図２で砂浜の温度を表すグラフは(あ)と(い)のどちらですか。また，海水と砂浜の温度調べをしている間は，どのような空の様子だったと考えられますか。最も適当なものを次のア～エから１つ選び，記号で答えなさい。

ア　砂浜のグラフは(あ)で，雲がなく晴れていた。

イ　砂浜のグラフは(あ)で，雲におおわれていた。

ウ　砂浜のグラフは(い)で，雲がなく晴れていた。

エ　砂浜のグラフは(い)で，雲におおわれていた。

問２　Aの日記について，下線部①の実験の様子と下線部②の結果を合わせて考えた時，海辺の風の吹き方として最も適当なものを次のア～エから１つ選び，記号で答えなさい。なお，陸風とは陸側から海側に向かって吹く風であり，海風とは海側から陸側に向かって吹く風のことです。

ア　昼間は陸風，夜間は海風で，昼間の風の方が夜間の風よりも強い。

イ　昼間は陸風，夜間は海風で，夜間の風の方が昼間の風よりも強い。

ウ　昼間は海風，夜間は陸風で，昼間の風の方が夜間の風よりも強い。

エ　昼間は海風，夜間は陸風で，夜間の風の方が昼間の風よりも強い。

問３　Bの日記の下線部③について，このときの時刻として最も適当なものを次のア～ウから１つ選び，記号で答えなさい。

ア　８時　　イ　12時　　ウ　16時

問4　**B**の日記について，家を出て砂浜に向かうまでの道順として最も適当なものを次の**ア**～**エ**から1つ選び，記号で答えなさい。なお，家から砂浜までに曲がった交差点は1つしかなく，歩いた道はいずれもまっすぐでした。

ア　東に向かい，交差点を曲がって北に向かった。

イ　東に向かい，交差点を曲がって南に向かった。

ウ　西に向かい，交差点を曲がって北に向かった。

エ　西に向かい，交差点を曲がって南に向かった。

問5　**A**～**C**の3つの日記が書かれたのは何月ですか。最も適当なものを次の**ア**～**エ**から1つ選び，記号で答えなさい。

ア　3月　　**イ**　6月　　**ウ**　9月　　**エ**　12月

問6　空の様子を**表1**の天気マークで表すと，日記を書いた連続する3日間を含《ふく》む1週間の空の様子は，**表2**のとおりでした。**A**～**C**の日記を日付順に並べ直したとき，1日目となるのは**月曜日**から**金曜日**のうち何曜日ですか。なお，空の様子は6時間ごとに示しています。

表1　空の様子と天気マーク

空の様子	雲がなく晴れている	雲におおわれている	雨が降っている
天気マーク			

表2　1週間の空の様子

曜日	**月**	**火**	**水**	**木**	**金**	**土**	**日**
6～12時							
12～18時							
18～24時							

【社　会】（40分）　＜満点：70点＞

1　次の文章は，日本での医学の歴史について述べたものです。これを読んで，あとの問いに答えなさい。

世界中どこの国でもそうですが，日本でも古代から疫病《えきびょう》に悩《なや》まされてきました。古代の日本で疫病がはやり，人々が苦しめられたことは，『古事記』やⓐ『日本書紀』などの書物にも記されています。

奈良時代も疫病がはやりました。とくに新羅《しらぎ》からの使節が来日したり，ⓑ遣唐使《けんとうし》が海外の人を連れて帰国すると，大宰府《だざいふ》のあたりで疫病が流行し始めました。ⓒ聖武《しょうむ》天皇はこれを心配して，お寺などでお経《きょう》を読ませたり，疫病に苦しむ人々に薬を給付したりしました。聖武天皇の皇后《こうごう》である（　1　）も，施薬院《せやくいん》という施設《しせつ》をつくり，貧しい病人のために薬を与《あた》えました。唐から来日したⓓ鑑真《がんじん》は仏教だけでなく医薬にもくわしく，珍《めずら》しい薬をたくさん持って来ました。聖武天皇の母の病が悪化したときも，鑑真がよばれて，治療《ちりょう》しています。

平安時代の人々は，病気は怨霊《おんりょう》や物《もの》の怪《け》のせいだと信じたため，病気になると医者よりもむしろ祈禱師《きとうし》がよばれました。祈禱師が呪文《じゅもん》を唱え，神仏に祈《いの》ることで病気を治そうとしたのです。たとえばⓔ藤原道長《ふじわらのみちなが》が胸の病の発作《ほっさ》で苦しんだときも，祈禱をしてもらうことで，病気を治そうとしました。

鎌倉《かまくら》時代には，『喫茶養生記《きっさようじょうき》』という書物があらわされました。これをあらわしたのは，宋《そう》で学び，日本にⓕ臨済《りんざい》宗を伝えた（　2　）です。この書では茶が医薬として優《すぐ》れた効能を持つことが述べられています。（　2　）は鎌倉幕府のⓖ3代将軍 源 実朝《みなもとのさねとも》に茶を献上《けんじょう》して喜ばれています。

ⓗ室町《むろまち》時代には，竹田昌慶《しょうけい》という人が明《みん》に留学し，医学を学びました。彼《かれ》は明の皇后の難産をたすけ，皇帝《こうてい》からおおいに喜ばれました。帰国のときは多くの医書を持ち帰り，天皇の侍医《じい》として活躍《かつやく》しました。

戦国時代には，ポルトガル人によってⓘ鉄砲《てっぽう》が九州の種子島《たねがしま》に伝わり，その後キリスト教とともにヨーロッパの医学が日本に入ってきました。（　3　）氏が統治する豊後《ぶんご》の府内には，ポルトガル人によって洋式の病院もつくられ，外科《げか》手術も行われました。キリスト教宣教師は医術を布教の手段として利用したため，各地に医療《いりょう》施設がつくられていきました。

ⓙ江戸《えど》時代には幕府がいわゆる「鎖国《さこく》」政策をとりました。しかし，オランダとの交易は長崎でつづいており，オランダ商館にはオランダ人などが医者として来日したので，日本の医学はオランダ医学の影響《えいきょう》を受けました。人体解剖《かいぼう》も行われるようになり，ⓚ江戸の小塚原刑場《こづかっぱらけいじょう》で刑死体の解剖が行われたとき，杉田玄白《すぎたげんぱく》や前野良沢《まえのりょうたく》らはそれを見学し，人体内部のようすがオランダ語の解剖書と一致《いっち》していることに驚《おどろ》き，解剖書の翻訳《ほんやく》を決意しました。たいへん苦心しましたが，翻訳を『（　4　）』として出版することができました。

ドイツ人のシーボルトが長崎のオランダ商館の医者として来日すると，イギリスのジェンナーが開発した種痘《しゅとう》法を日本で実施しようとしました。種痘法とは天然痘《てんねんとう》の予防接種のことです。痘苗《とうびょう》をとりよせて接種しようとしましたが，長い航海により痘苗が古くなっていたため，うまくいきませんでした。しかしⓛシーボルトは長崎に私塾《しじゅく》をつくり，日本人の学生に医学を講義し，多くの人材を育てました。

また緒方洪庵《おがたこうあん》はⓜ大坂にⓝ適塾《てきじゅく》をつくり，多くの英才を育てました。緒方洪庵は医学書の翻訳につとめ，また大坂でコレラが大流行すると，その治療法を発表しました。緒方洪庵は幕府によばれて江戸にでて，幕府の最高の医官になりました。

ⓞ明治時代になると，北里柴三郎《きたざとしばさぶろう》はドイツに留学し，コッホの下《もと》で研究して，（　5　）菌《きん》の純粋《じゅんすい》培養《ばいよう》に成功しました。これをもとに（　5　）という病気の治療や予防に貢献《こうけん》しました。北里柴三郎が帰国すると，伝染病《でんせんびょう》研究所を主宰《しゅさい》し，日本の細菌学の発展に大きく貢献しました。たとえば現在の千円札に描《えが》かれている（　6　）も伝染病研究所に入り，細菌学を研究しました。（　6　）はⓟ昭和時代の初め，アフリカで黄熱病の研究中に亡《な》くなりました。

他にも多くの日本人が海外の進んだ知識を積極的に学び，医学の分野で活躍しました。こうした先人たちの努力により，多くの病気が克服《こくふく》されていったのです。

問1　文章中の空らん（1）～（6）に入る最も適当な語句を**漢字**で答えなさい。

問2　下線部ⓐに関して，次の〔**資料1**〕は『日本書紀』に記されたある戦いについての記述をやさしいことばに改めたものです。〔**資料1**〕を読んで，下の問いに答えなさい。

〔**資料1**〕

> 十七日に敵将が来て城を囲んだ。唐の将軍は軍船百七十艘《そう》を率いて，（　　）江に陣《じん》をしいた。二十七日に日本の先着の水軍と，唐の水軍が戦った。日本軍は負けて退いた。唐軍は陣を固めて守った。二十八日，日本の諸将と百済《くだら》の王とは，そのときの戦況《せんきょう》などをよく見ないで，「われわれが先を争って攻《せ》めれば，敵はおのずから退くだろう」と共に語った。さらに日本軍が進んで唐軍を攻めた。すると唐軍は左右から船をはさんで攻撃《こうげき》した。たちまちに日本軍はやぶれた。水中に落ちておぼれて死ぬ者が多かった。船のへさきをめぐらすこともできなかった。

⑴　〔**資料1**〕中の空らん（　）に入る地名を**漢字**で答えなさい。

⑵　〔**資料1**〕に記された戦いについて述べた文として正しいものを，次の**ア**～**エ**から一つ選び，記号で答えなさい。

ア　この戦いは，天武天皇のときにおきた。

イ　この戦いで，日本軍は唐軍の火薬兵器に苦しめられた。

ウ　日本は百済の復興をたすけるために出兵し，この戦いがおきた。

エ　この戦いについては，広開土王の碑《ひ》にも記されている。

問3　下線部ⓑに関して，遣唐使や唐にわたった人々について述べた文として**誤っているもの**を，次の**ア**～**エ**から一つ選び，記号で答えなさい。

ア　日本は第1回遣唐使として，小野妹子《おののいもこ》に国書を持たせて送り出した。

イ　阿倍仲麻呂《あべのなかまろ》は留学生として唐にわたったが，船が風波にあい帰国できなかった。

ウ　遣唐使船ははじめ北路をとったが，新羅との関係が悪化すると南路にかえた。

エ　菅原道真《すがわらのみちざね》の意見で，遣唐使の派遣は停止された。

問4　下線部ⓒに関して，聖武天皇が建てた東大寺には，正倉院という宝物庫があります。木材を井の字形に組み合わせる，正倉院の建築方法を**漢字**で答えなさい。

問5　下線部ⓓに関して，鑑真が現在の奈良市に建てた寺の名を**漢字**で答えなさい。

問6　下線部ⓔに関して，藤原道長とその子頼通《よりみち》の時代に摂関《せっかん》政治は全盛期《ぜんせいき》になりました。藤原頼通は平等院鳳凰堂《ほうおうどう》を建てたことで有名ですが，平等院鳳凰堂はどの市にありますか。現在の市名を**漢字**で答えなさい。

問7　下線部ⓕに関して，臨済宗の教えについて述べた文として最も適当なものを，次の**ア～エ**から一つ選び，記号で答えなさい。

ア「南無阿弥陀仏《なむあみだぶつ》」という念仏を唱えれば，救われる。

イ「南無妙法蓮華経《なむみょうほうれんげきょう》」という題目を唱えれば，救われる。

ウ　座禅《ざぜん》をすることで，自分の力で悟《さと》りを開くことができる。

エ　生きながら大日如来《にょらい》と一体化し，仏となることができる。

問8　下線部ⓖに関して，次の〔**資料2**〕は源実朝の母が御家人《ごけにん》たちを前に演説した内容を，やさしいことばに改めたものです。〔**資料2**〕を読んで，下の問いに答えなさい。

〔**資料2**〕

> みな，心を一つにして聞きなさい。これが最後のことばです。亡《な》き頼朝殿《よりともどの》が朝敵を倒《たお》して鎌倉幕府を開いて以来，官位といい俸禄《ほうろく》といい，その恩は山岳《さんがく》よりも高く，大海よりも深いはずです。それは，どれだけ感謝してもしきれないほどでしょう。ところが今，逆臣の中傷により，いわれなき追討の命令をうけることになりました。名誉《めいよ》を重んじる者は，はやく逆臣を討《う》ち取《と》り，三代将軍がのこしたものを守りなさい。ただし京都側につこうと思う者は，ただちにこの場を立ち去りなさい。

⑴　〔**資料2**〕の演説をした人物の名を**漢字**で答えなさい。

⑵　その人物はなぜ〔**資料2**〕のような演説をしたのですか。その理由として正しいものを，次の**ア～エ**から一つ選び，記号で答えなさい。

ア　朝廷《ちょうてい》が京都に六波羅探題《ろくはらたんだい》を置いて，幕府を倒そうとしたため。

イ　後鳥羽《ごとば》上皇が幕府を倒そうとして，兵をあげたため。

ウ　後醍醐《ごだいご》天皇が幕府を倒そうとする計画をたてたため。

エ　源氏の流れをくむ新田義貞《にったよしさだ》が，鎌倉を攻めようとしたため。

問9　下線部ⓗに関して，室町時代の社会や文化について述べた文として**誤っているもの**を，次の**ア～エ**から一つ選び，記号で答えなさい。

ア　京都の西陣《にしじん》や九州の博多《はかた》では，綿織物の生産が盛《さか》んになった。

イ　土倉や酒屋が高い利子でお金を貸し，富をたくわえるようになった。

ウ　足利義満の保護をうけた観阿弥《かんあみ》・世阿弥《ぜあみ》父子が，能を大成した。

エ　足利義政は，京都の東山に銀閣という建物をたてた。

問10　下線部ⓘに関して，鉄砲は堺《さかい》や国友で大量に生産されるようになりました。堺は現在の大阪府にありますが，国友はどこにありますか。現在の都道府県名を**漢字**で答えなさい。

問11　下線部ⓙに関して，江戸時代の出来事《できごと》**a～c**を，古いほうから年代順に正しく配列したものを，下の**ア～カ**から一つ選び，記号で答えなさい。

a　幕府は営業を独占《どくせん》している株仲間に解散を命じた。

b　幕府は昌平坂《しょうへいざか》学問所で朱子学《しゅしがく》以外の学問を教えることを禁じた。

c　幕府は公事方御定書《くじかたおさだめがき》という裁判の基準となる法律を定めた。

ア　a→b→c　　イ　a→c→b　　ウ　b→a→c

エ　b→c→a　　オ　c→a→b　　カ　c→b→a

問12　下線部ⓚに関して，小塚原刑場は千住《せんじゅ》宿の近くにありました。千住宿は五街道《ごかいどう》のうち，どの街道の宿場町ですか。次の**ア**～**エ**から一つ選び，記号で答えなさい。

ア　東海道　　**イ**　中山道《なかせんどう》　　**ウ**　甲州《こうしゅう》街道　　**エ**　日光街道

問13　下線部ⓛに関して，シーボルトが長崎につくった私塾の名を，次の**ア**～**エ**から一つ選び，記号で答えなさい。

ア　松下村塾《しょうかそんじゅく》　　**イ**　咸宜園《かんぎえん》　　**ウ**　鳴滝塾《なるたきじゅく》　　**エ**　洗心洞《せんしんどう》

問14　下線部ⓜに関して，大坂は各地の年貢《ねんぐ》や特産物が集まり，商業の中心地として「天下の（　　　）」とよばれました。空らん（　）に入る適当なことばを**漢字**で答えなさい。

問15　下線部ⓝに関して，次の〔**資料３**〕は適塾で学んだある人物がそこでの生活ぶりを述べた文を，やさしいことばに改めたものです。〔**資料３**〕を読んで，下の問いに答えなさい。

〔**資料３**〕

> 私が熱病をわずらった時，兄の家来に，中津《なかつ》の蔵屋敷《くらやしき》から枕《まくら》を持ってこいと言ったが，「枕がない，どんなにさがしてもない」と言う。それでふと思いついた。これまで蔵屋敷に一年ばかりいたが，いまだかつて枕をしたことがない。というのは，ほとんど昼夜の区別はなく，日が暮れたからといって寝《ね》ようとも思わず，しきりに本を読んでいる。読書にくたびれて眠《ねむ》くなってくれば，机の上にうつ伏《ぶ》して眠るか，あるいは床《とこ》の間《ま》の床ぶちを枕にして眠るかで，本当に布団《ふとん》を敷《し》いて夜具をかけて枕をして寝るなどということは，ただの一度もしたことがない。

⑴　〔**資料３**〕中の「私」とはだれのことですか。この人物の名を答えなさい。

⑵　〔**資料３**〕中の「私」は「天は人の上に人を造らず，人の下に人を造らずと言えり」のことばを残しました。このことばが書かれている書物の名を答えなさい。

問16　下線部ⓞに関して，明治時代の出来事について述べた文として**誤っているもの**を，次の**ア**～**エ**から一つ選び，記号で答えなさい。

ア　日本はポーツマス条約を結んで，南樺太《みなみからふと》をロシア領，千島列島を日本領とした。

イ　日露《にちろ》戦争で東郷平八郎《とうごうへいはちろう》ひきいる艦隊《かんたい》は，ロシアのバルチック艦隊をやぶった。

ウ　外務大臣の陸奥宗光《むつむねみつ》が，イギリスとの間で領事裁判権の撤廃《てっぱい》に成功した。

エ　日清《にっしん》戦争の講和として下関《しものせき》条約が結ばれ，清は朝鮮《ちょうせん》の独立を認めた。

問17　下線部ⓟに関して，昭和時代，海軍の青年将校などが首相官邸《かんてい》をおそい，犬養毅《いぬかいつよし》首相を暗殺する事件がおきました。この事件名を答えなさい。

２　みなさんが幼いころの出来事から，社会について考えてみましょう。次の**文章１**～**３**を読んで，あとの問いに答えなさい。

文章１

みなさんの多くが生まれた2009年の干支《えと》（十二支）は丑年《うしどし》，2010年は寅年《とらどし》でした。12年でひと回りしており，2021年と2022年の干支と同じです。干支は年を表すのに使われるだけでなく，月や日，方位を表す際にも使われることがあります。経線を子午線とよぶのも干支に由来しています。次のページの**図１**の直線は日本列島の周辺の経線・緯線《いせん》を示しています。経度・

緯度は２度ごとの偶数《ぐうすう》です。また，図２は図１の範囲《はんい》について地図帳のさくいんのように示したものです。

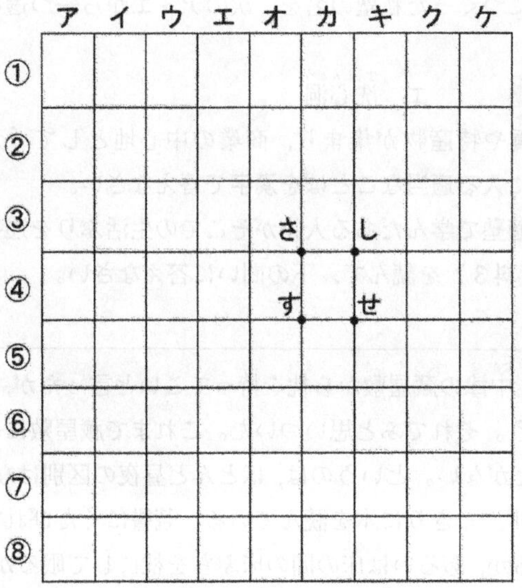

図１

＊＊＊さくいん＊＊＊
□おおさか 大阪‥‥‥‥‥‥‥‥‥‥エ⑥
・おおすみはんとう 大隅半島‥‥イ⑧
・［1］しょとう［1］諸島‥‥‥‥ウ⑤
・しもきたはんとう 下北半島‥‥キ③
・しれとこみさき 知床岬‥‥‥‥‥ケ①
□とうきょう 東京‥‥‥‥‥‥［ 2 ］
□なごや 名古屋‥‥‥‥‥‥‥‥‥オ⑥
・［3］はんとう［3］半島‥‥‥‥オ⑤
□ふくおか 福岡‥‥‥‥‥‥‥‥‥イ⑦
□わっかない 稚内‥‥‥‥‥‥‥‥キ①

※□は都市。いくつかの地名を出題のために抜《ぬ》き出《だ》したものであり、五十音順に並んでいる。

図２

問１　歴史的な事件などの名称《めいしょう》に，おこった年の干支が使われることもあります。干支が使われている例として最も適当なものを，次のア～エから一つ選び，記号で答えなさい。

ア　10世紀半ばに関東地方の武将が中央政府に対しておこした反乱。

イ　足利義政のあとつぎ争いをきっかけに，九州と東国を除く地域でおこった戦乱。

ウ　明治維新期《いしんき》に明治新政府軍と旧江戸幕府軍の間でおこった戦い。

エ　西郷隆盛《たかもり》を中心とする，鹿児島の士族らによっておこされた反乱。

問２　2021年と2022年の干支を組み合わせた「丑寅」が示す方位を，次のア～エから一つ選び，記号で答えなさい。

ア　北東　　イ　南東　　ウ　南西　　エ　北西

問３　日本標準時子午線はどの経度帯にあるか，図１のア～ケから一つ選び，記号で答えなさい。なお，図中の直線のいずれとも一致していません。

問４　四国の最も多くの面積を占《し》めるのはどの緯度帯であるか，図１の①～⑧から一つ選び，番号で答えなさい。

問５　図２の空らん［1］・［3］に当てはまる地名を答えなさい。解答はひらがなでも漢字でも構いません。

問６　図２の空らん［2］に当てはまる記号を，図２のさくいんの他の地名の例にならって答えなさい。

問７　次のページの図３は，図１中の点さ～せのいずれかの周辺を示したものです。図３のＡ付近は，かつては琵琶湖《びわこ》に次ぐ面積の大きな湖でした。あとの問いに答えなさい。

⑴　**図３**は，前のページの**図１**中の点**さ**～**せ**のどの周辺に位置しているか，一つ選び，記号で答えなさい。

⑵　この湖の面積は，人工的な陸地化によって減少しました。どのようなことを主な目的として湖を陸地化したのか，説明しなさい。

⑶　この湖を陸地化した方法を表す語句を答えなさい。

⑷　この地域が含《ふく》まれる都道府県名を答えなさい。

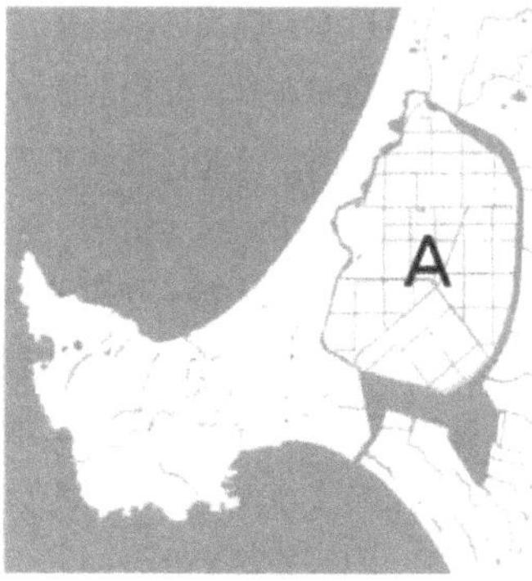

（地理院地図より）

図３

問８　**図１**の範囲に関連して述べた文として正しいものを次の**ア**～**エ**から**すべて**選び，記号で答えなさい。なお，すべて誤っている場合には**オ**と答えなさい。

ア　この図の範囲には日本の東の端《はし》は含まれていない。

イ　この図の範囲には朝鮮半島が含まれる。

ウ　この図の範囲には日本海と太平洋は含まれるが，オホーツク海は含まれていない。

エ　この図の範囲には東北地方太平洋沖地震《じしん》（東日本大震災）の震源地が含まれている。

文章２

気候に関する平年値は過去30年間の平均値で表されます。10年ごとに更新《こうしん》されており，2021年５月からは新しい平年値が使われています。その前の更新は10年前の2011年でした。

2011年には東日本大震災が発生したことにより，国内外の社会・経済に大きな影響がありました。

問９　平年値に関連して，次の問いに答えなさい。

⑴　各月の平均気温に関して，新しい平年値にはどのような変化があったと推測できるか，説明しなさい。

⑵　次の**表１**は東京・仙台《せんだい》・宮崎のいずれかの地点における，現在使われている平年値（新平年値）とその前の平年値（旧平年値）の月ごとの気温（℃）をまとめたものです。東京・仙台それぞれの新･旧平年値に当てはまるものを，下の**ア**～**カ**から一つずつ選び，記号で答えなさい。

表１

	1月	2月	3月	4月	5月	6月	7月	8月	9月	10月	11月	12月	年平均
ア	2.0	2.4	5.5	10.7	15.6	19.2	22.9	24.4	21.2	15.7	9.8	4.5	12.8
イ	1.6	2.0	4.9	10.3	15.0	18.5	22.2	24.2	20.7	15.2	9.4	4.5	12.4
ウ	5.2	5.7	8.7	13.9	18.2	21.4	25.0	26.4	22.8	17.5	12.1	7.6	15.4
エ	5.4	6.1	9.4	14.3	18.8	21.9	25.7	26.9	23.3	18.0	12.5	7.7	15.8
オ	7.8	8.9	12.1	16.4	20.3	23.2	27.3	27.6	24.7	20.0	14.7	9.7	17.7
カ	7.5	8.6	11.9	16.1	19.9	23.1	27.3	27.2	24.4	19.4	14.3	9.6	17.4

（『日本国勢図会《ずえ》』2020/21年版、2021/22年版より）

問10　東日本大震災の前後で，日本および国際社会におけるエネルギー政策とそれをとりまく状況には変化がありました。次の問いに答えなさい。

⑴　次にあげる20世紀後半の**ア**～**ウ**の出来事を，古いほうから年代順に並《なら》べ替《か》え，記号で答えなさい。

ア　チェルノブイリ原子力発電所事故が発生した。

イ　「京都議定書」が採択《さいたく》された。

ウ　日本における一次エネルギー供給で，初めて石油が石炭を上回った。

⑵　次の文章の空らん（**た**）～（**つ**）の組み合わせとして正しいものを，下の**ア**～**カ**から一つ選び，記号で答えなさい。

日本政府は2018年７月に「第５次エネルギー基本計画」を定め，2050年の長期目標として「温室効果ガスの80％削減《さくげん》」を掲《かか》げている。この具体的な目標は，2030年までに国内の電力を（　**た**　）で56％，再生可能エネルギーで22～24％，（　**ち**　）で20～22％というエネルギー構成を作り上げる計画である。また，エネルギー効率を高め（　**つ**　）を徹底《てってい》する方針も示されている。

	ア	**イ**	**ウ**	**エ**	**オ**	**カ**
た	火力	火力	水力	水力	原子力	原子力
ち	原子力	水力	火力	原子力	火力	水力
つ	省エネルギー	エネルギー備蓄《びちく》	省エネルギー	エネルギー備蓄	省エネルギー	エネルギー備蓄

文章３

2012年には東京スカイツリーが完成，開業しました。2022年の今年は10周年を迎えます。東京スカイツリーの高さは634mですが，下の**図４**は山頂の標高が634mの弥彦《やひこ》山周辺（新潟県）の５万分の１地形図の一部です。（編集の都合により85％に縮小）

図４

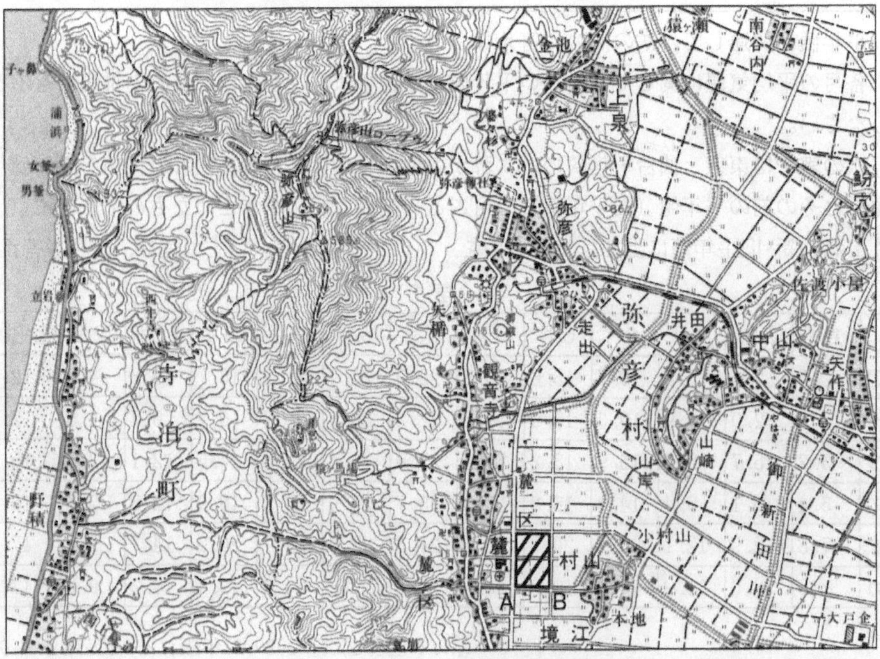

※地形図は2003年発行のもので現在の市町村と異なる部分がある。

問11　前のページの**図４**から読み取れる情報として正しいものを，次の**ア**～**エ**から一つ選び，記号で答えなさい。

ア　弥彦山ロープウェイの山頂駅と山麓《さんろく》駅の標高差は約200ｍある。

イ　弥彦山の山頂（634ｍの地点）は自動車の通行が可能な道路が通っている。

ウ　弥彦村役場の最寄《もより》駅は弥彦駅である。

エ　図中の観音寺付近には温泉の記号がみられる。

問12　**図４**中にで示した範囲の面積に最も近いものを，次の**ア**～**エ**から一つ選び，記号で答えなさい。なお，図中の**Ａ－Ｂ**の地図上の長さは約0.5㎝です。

ア　3 ha　　**イ**　6 ha　　**ウ**　12ha　　**エ**　25ha

問13　弥彦村からは隣接《りんせつ》する燕《つばめ》市へ通勤する人々も多くいます。燕市の地場産業に最も関係の深いものを，次の**ア**～**エ**から一つ選び，記号で答えなさい。

ア　アルミ製品　　**イ**　金属洋食器　　**ウ**　漆器《しっき》　　**エ**　和紙

問14　弥彦村はモンゴルのエルデネ村と友好都市となっていますが，新潟県の他の市町村でも姉妹《しまい》（友好）都市提携《ていけい》を行っている例は多くみられます。次にあげる姉妹都市と（友好）都市Ⅰ～Ⅲと，提携の動機・きっかけ等Ａ～Ｃとの組み合わせとして正しいものを，下の**ア**～**カ**から一つ選び，記号で答えなさい。

都市と姉妹（友好）都市

Ⅰ　妙高《みょうこう》市－ツェルマット（スイス）

Ⅱ　佐渡《さど》市－洋県《ようけん》（中国）

Ⅲ　新潟市－ウラジオストク（ロシア）

提携の動機・きっかけ等

Ａ　トキの借り入れを機会に交流が始まった。

Ｂ　観光やスキーを中心とした町づくりという点で類似《るいじ》していた。

Ｃ　この市にある港から友好都市に戦後初の観光船が就航した。

	ア	**イ**	**ウ**	**エ**	**オ**	**カ**
Ⅰ	Ａ	Ａ	Ｂ	Ｂ	Ｃ	Ｃ
Ⅱ	Ｂ	Ｃ	Ａ	Ｃ	Ａ	Ｂ
Ⅲ	Ｃ	Ｂ	Ｃ	Ａ	Ｂ	Ａ

3　次の文章を読んで，あとの問いに答えなさい。

国際社会は，国境を越《こ》えた課題への取り組みを進めています。たとえば2021年の①Ｇ７，Ｇ20，②ＯＥＣＤの会議では，多国籍企業《たこくせききぎょう》に対する課税が議論されました。③工場などの製造拠点《きょてん》を置かずに各国に事業を展開することのできる巨大《きょだい》ＩＴ企業に対する課税は，一国で対応することの難しい問題です。

どの国も，④自国の租税《そぜい》のあり方は自国が定めます。逆に言えば，⑤政府の権力が及《およ》ぶ地理的な範囲はあくまでその国の内部に限定されているため，他の国に籍を置く企業に課税することはできません。また，他の国の租税のあり方について干渉《かんしょう》することもできません。そして⑥国際連合も世界各国から税を徴収《ちょうしゅう》する権力を持っているわけではありません。

したがって国際的な課税は，世界各国が共通のルールを作って対応することが求められる課題と言えそうです。同様に，気候変動をはじめとした⑦国際社会全体の問題についても，現状認識《にんしき》や進むべき方向性を確認《かくにん》しながら，足並みを揃《そろ》えていく必要があるでしょう。

現在世界中の市民，企業，政府などで取り組みが進められている⑧SDGsも，「持続可能な開発」という考え方に基《もと》づいて作られた目標の集まりです。ただし，SDGsは2030年までの目標ということになっています。それではその先，国際社会はどのような考え方に基づいて様々な問題解決に取り組んでいくことになるのでしょうか。動向に注目しつつ，私たちも考えていきましょう。

問１　下線部①に関して，次の問いに答えなさい。

⑴　Ｇ７に含まれる国を，次のア～エから一つ選び，記号で答えなさい。

ア　オーストラリア　　イ　カナダ　　ウ　韓国《かんこく》　　エ　ロシア

⑵　いわゆるサミットとして先進国（主要国）の首脳会議が初めて開かれたのは1975年です。この年に最も近い時期におこった国際的な出来事を，次のア～エから一つ選び，記号で答えなさい。

ア　アジア通貨危機　　　イ　キューバ危機

ウ　リーマンショック　　エ　第一次オイルショック

問２　下線部②に関して，1948年に設立されたＯＥＥＣが1961年に改組され，ＯＥＣＤとなりました。これを踏《ふ》まえて，次の問いに答えなさい。

⑴　ＯＥＥＣは米ソの対立が深まる中で設立された機関でした。そんな中，日本は国際社会へ復帰していくこととなります。1948年以降に日本が結んだ次の条約ａ～ｃを，古いほうから年代順に正しく配列したものを，下のア～カから一つ選び，記号で答えなさい。

ａ　日韓基本条約　　ｂ　日中平和友好条約　　ｃ　日米安全保障条約

ア　ａ→ｂ→ｃ　　イ　ａ→ｃ→ｂ　　ウ　ｂ→ａ→ｃ

エ　ｂ→ｃ→ａ　　オ　ｃ→ａ→ｂ　　カ　ｃ→ｂ→ａ

⑵　ＯＥＣＤの日本語名を**漢字８字**で答えなさい。

⑶　日本は1964年にＯＥＣＤに加盟しました。1960年代の日本の動きとして正しいものを，次のア～エから一つ選び，記号で答えなさい。

ア　国民所得倍増計画が発表された。　　イ　自衛隊が発足《ほっそく》した。

ウ　沖縄が日本に返還《へんかん》された。　　　エ　国際連合に加盟した。

⑷　1960年代ごろから，日本では公害が社会問題となっていました。1960年代以降の，公害や環《かん》境《きょう》問題をめぐる日本の動きについて述べた文として正しいものを，次のア～エから一つ選び，記号で答えなさい。

ア　1967年には公害対策基本法が廃止《はいし》され，環境基本法が制定された。

イ　1970年の「公害国会」では，いくつかの公害対策に関する法律が制定された。

ウ　1971年には環境庁が環境省に格上げされた。

エ　大阪空港公害訴訟《そしょう》で原告側が主張した環境権は，最高裁判決で認められた。

⑸　四大公害病の一つとして，水俣病《みなまたびょう》があげられます。これについて述べた次の文章中の空らん【Ａ】・【Ｂ】に当てはまる語句を**漢字**で答えなさい。

水俣病は企業の工場排水《はいすい》に含まれるメチル【　Ａ　】が原因で，【　Ｂ　】県水俣市の周辺で発生しました。2017年には，【　A　】の適正な管理や，排出を減らすことを目指した「【　A　】に関する水俣条約」が発効しました。

問３　下線部③に関して，次の問いに答えなさい。

⑴　巨大IT企業のうち代表的な四つの企業は，それらの頭文字《かしらもじ》を取って「GAFA」と総称されています。このうち，「G」が指す企業の名前を**カタカナ**で答えなさい。

⑵　こうした課税は一般的《いっぱんてき》に何とよばれていますか。解答らんに当てはまるように，**カタカナ４字**の語句を答えなさい。

問４　下線部④に関して，日本において注目される税として消費税があげられます。次の問いに答えなさい。

⑴　消費税が導入されたのは1989年です。その後の1990年代における国際社会及び日本国内の出来事として**誤っているもの**を，次の**ア**～**エ**から一つ選び，記号で答えなさい。

ア　阪神《はんしん》・淡路《あわじ》大震災がおこった。　　**イ**　PKO協力法が制定された。

ウ　アメリカ同時多発テロがおこった。　　**エ**　EU（欧州《おうしゅう》連合）が発足した。

⑵　2019年，増税分を社会保障関係費に充《あ》てることを目的に，消費税が10％に引き上げられました。そして次の**図１**は，令和３年度一般会計予算の歳出《さいしゅつ》を表した円グラフです。社会保障関係費を表している項目《こうもく》を，**図１**中の**ア**～**エ**から一つ選び，記号で答えなさい。

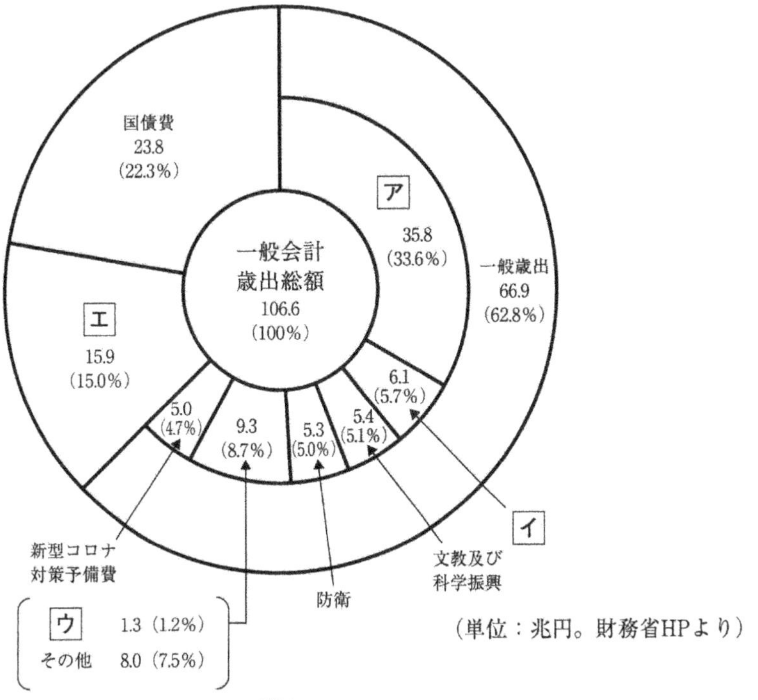

図１

問５　下線部⑤に関して，日本の政治制度について述べた文として正しいものを，次の**ア**～**エ**から一つ選び，記号で答えなさい。

ア　内閣は参議院の解散を決めることができる。

イ　各省庁は予算案を作成し，国会に提出することができる。

ウ　国会は内閣総理大臣を指名することができる。

エ　裁判所は内閣不信任案を決議することができる。

問６　下線部⑥に関して，国際連合について述べた文として正しいものを，次のア～エから一つ選び，記号で答えなさい。

ア　1951年にサンフランシスコ講和会議で国連憲章が採択され，国連が発足した。

イ　本部はスイスのジュネーブに置かれている。

ウ　安全保障理事会の決議は，15か国がすべて賛成した場合にのみ成立する。

エ　2021年４月時点での加盟国は193か国であった。

問７　下線部⑦に関して，次の問いに答えなさい。

⑴　次の文章中の空らん【Ｃ】・【Ｄ】に当てはまる語句を**漢字**で答えなさい。

> 第二次世界大戦の反省を踏まえ，人権保障が国際平和の基礎《きそ》になるとの考えに基づき，国際社会における人権保障の基準を示すものとして【　Ｃ　】が作成され，1948年に国連総会で採択されました。そしてこの内容を条約化して，各国に対する法的拘束力《こうそくりょく》を持たせるために作成されたのが，1966年に国連総会で採択された【　Ｄ　】です。

⑵　日本国憲法前文では，国際社会と日本との関係について，次のように書かれています。空らん【Ｅ】・【Ｆ】に当てはまる語句を答えなさい。

> われらは，平和を維持し，専制《せんせい》と隷従《れいじゅう》，【　Ｅ　】と偏狭《へんきょう》を地上から永遠に除去しようと努めてゐ《い》る国際社会において，名誉《めいよ》ある地位を占めたいと思ふ《う》。われらは，全世界の国民が，ひとしく恐怖《きょうふ》と【　Ｆ　】から免《まぬ》かれ，平和のうちに生存する権利を有することを確認する。

問８　下線部⑧に関して，ＳDGsで掲げられる目標の一つに，「ジェンダー平等を実現しよう」というものがあります。日本でも，男女共同参画社会の実現に向けての取り組みが進められています。その中で，今日，「アンコンシャス・バイアス（無意識の思《おも》い込《こ》み）」の問題が指摘《してき》されています。

以下の〔資料〕にある下線部の言動の背景には，母親に対するどのようなアンコンシャス・バイアスがあると考えられるでしょうか。解答らんに合わせて書きなさい。

〔資料〕

> アンコンシャス・バイアスは誰《だれ》にでもあって，あること自体が問題というわけではありません。過去の経験や，見聞きしたことに影響を受けて，自然に培《つちか》われていくため，アンコンシャス・バイアスそのものに良《よ》し悪《あ》しはありません。しかし，アンコンシャス・バイアスに気づかずにいると，そこから生まれた言動が，知らず知らずのうちに，相手を傷つけたり，キャリアに影響をおよぼしたり，自分自身の可能性を狭《せば》めてしまう等，様々な影響があるため，注意が必要です。
>
> …（中略）…単身赴任《ふにん》の母親に対して「え？母親なのに単身赴任？お子さん，かわいそうね…」といった言動が，母親や，家族を傷つけることがあるかもしれません。

（男女共同参画局「共同参画」2021年５月号より）

咀嚼《そしゃく》した［＝よく噛《か》んだ］焼うどんを飲み込んだ。

店内がふたたび静かになって、時計の秒針と雨の音がやけに大きく聞こえはじめた。

なんだよ。マジかよ。やめるのかよ。

俺に、胃が重くなるような未来を想像させておいて、やめるのかよ——。

そもそも自分からやめて欲《ほ》しいと言ったのに、いざ父が賛成してくれたら、それにも不平を言いたくなって、胸の奥のもやもやがむしろ一気に膨張《ぼうちょう》してきた。正直、少し息苦しいほどだった。それでも、俺は、焼うどんを頬張った。そして、いつもよりしっかりと噛んだ。背中に父の存在を感じると鼻の奥がツンとしてきそうだったから、必死に噛むことに集中したのだ。

やがて、静かすぎる店のなかで、俺は焼うどんを完食した。

皿の上にそっと箸を置き、背中越《ご》しに言った。

「ごちそうさまでした」

少し、声がかすれてしまった。

「おう、美味かったか？」

母がいなくなってから、何度も、何度も、父と俺のあいだで交《か》わされてきた短い言葉のやりとり。

ちょっと腹が立つから、今日くらいはイレギュラーな返事にしてやれ、と俺は思った。

「5まずかった」

ぽつりと言ったら、背後で父が吹き出した。

「あははは。心也、お前なぁ——」

「…………」

「ほんと、死んだ母ちゃんによく似てるわ」

俺はあえて振り返らずに、空になった皿を見下ろしていた。

すると父が、ますます愉快《ゆかい》そうに続けた。

「母ちゃんも、お前も、嘘をつくのが下手すぎなんだよなぁ」

その言葉に肩の力が抜けて、フッと笑いそうになった瞬間、なぜか同時に鼻の奥が熱くなってしまって……、それから俺は、しばらくのあいだ後ろを振り向けなかった。

問一　＝＝部①～④のカタカナを漢字に直しなさい。

問二　——部1「さすがにこたえた」とありますが、それはなぜですか。四十五字以上、六十字以内で説明しなさい。

問三　——部2「なるほど——って、何だよ？」とありますが、この時の心也の気持ちを、二十五字以上、四十字以内で説明しなさい。

問四　——部3「この感じは、やっぱり『怒り』だよな——」とありますが、心也はどのようなことに怒りを感じたのですか。三十五字以上、五十字以内で自分の言葉で説明しなさい。

問五　——部4「なんだ、泣きたい気分なのって、俺じゃん」とありますが、この時の心也の気持ちを、五十字以上、六十五字以内で説明しなさい。

問六　——部5「まずかった」とありますが、この時の心也の気持ちを、六十字以上、七十五字以内で説明しなさい。

★　問二～六は、句読点や記号も一字として数えます。

「なに？」

俺は箸を手にしたまま、思わず後ろを振り向いた。

「ほんとお前って、昔から嘘が下手なのな」

「は？　嘘なんて――」

「まあ、いいけどよ」父は美味《うま》そうにビールをごくごく飲んで、「ちょっと想像してみろよ」と言った。

「想像？」

「ああ。『こども飯』をやめた俺と、その後の食堂をイメージしてみろって」

「………………」

「しかも、自分から進んでやめたんじゃなくて、どこぞの部外者の言葉に屈《くっ》して『こども飯』サービスをあきらめた俺と、子どもたちが来なくなったこの食堂と、そうなった店に学校から帰ってくる自分のこともな」

想像をしかけて、すぐにやめた。まじめに想像をするまでもない。というか、すでに胃のあたりが重くなっていたのだ。

俺が、何も答えられずにいると、ふいに父はやわらかい目をした。

「なあ心也、死んだ母ちゃんは賢《かしこ》かっただろ？」

「え？」

「その母ちゃんが、言ってたんだ」

「………………」

「人の幸せってのは、学歴や収入で決まるんじゃなくて、むしろ『自分の意思で判断しながら生きているかどうか』に左右されるんだって」

「………………」

「あ、お前、その目は疑ってるな？」

「いや、べつに」

「いまのは俺の言葉じゃなくて、本当に母ちゃんの言葉だからな。しかも、国連だか何だかがちゃんと調べたデータらしいぞ」

「分かったよ、それは」

「よし。てなわけで、死んだ母ちゃんの教えどおり、俺は自分の意思を尊重しながら生きる。やりたいようにやる」

父はニヤリと笑って、ビールをあおった。

「………………」

なるほど、やっぱり俺の意見は流されるってことか。

そう思ったら、言葉にならないもやもやが胸のなかで膨《ふく》らみはじめた。俺はふたたび父に背中を向けた。そして、黙って焼うどんを口に運んだ。少し冷めてしまった麺は、さっきよりも粘《ねば》ついていて、風味も落ちた気がした。それでも、かまわず食べ続けた。

すると、背後で、また、コツン、という乾いた音がした。

父がビールのグラスを置いたのだ。

「ちなみに、だけどな」

穏やかな父の声を、俺は背中で撥《は》ね返そうとして無視をした。でも、父はかまわず言葉を続けた。

「心也が不幸になると、自動的に俺も不幸になっちまう」

「………………」

「だから、心也が不幸になるんだったら、俺は『こども飯』をやめるよ」

「………………」

「それが、やりたいようにやると決めている俺が、自分で決めた意思だ」

察しているのだと。
「まあ、別に、深刻ってほどのことじゃないんだけど」
　俺は、後ろを振り返ったまま言った。
「そうか。それなら、それでいいけどな」
　父はグラスをテーブルに置き、コツン、という乾《かわ》いた音を店内に響かせた。
　チ、チ、チ、チ、チ……。
　客席の壁《かべ》かけ時計が秒針の音を漂《ただよ》わせ、窓の隙間《すきま》からは雨音が忍び込んでくる。
　母がいなくなってから、この家に一気に増えた静けさ。父が陽気な人だからこそ、ふと黙った瞬間の静けさがいっそう深く感じられるのだと思う。
　外で突風が吹いて、店のシャッターがガタガタと大きな音を立てた。
「心也」
　父が俺の名を呼んだ。いつもと変わらぬ、野太くて明るい声色《こわいろ》で。
「え?」
「とりあえず、うどん、あったかいうちに食べちゃえよ」
「あ、うん」
　俺はカウンターに向き直り、止めていた箸を動かした。そして、食べながらふと気づいた。
　父は、わざと俺の後ろの席に座ってくれたのだ。
　少しでも俺がしゃべりやすくなるように。
「うめえか?」
「うん」
　それからしばらく父は黙ってビールを飲んでいた。
　俺も黙々と箸を動かした。
　そして、半分くらい食べたとき、なんとなく自然な感じで俺の口が動いてくれたのだった。
「あのさ」
　と、焼うどんを見ながら言った。
「おう」
「うちの『こども飯』のことなんだけど」
「………」
　背後の父は返事をしなかった。でも、ちゃんと耳を傾《かたむ》けてくれている気配は感じられた。
「そろそろ、やめない?」
　ああ、言っちゃったな——、そう思いながら焼うどんを頬張ったら、なんだか少しだけ味がぼやけた気がした。
　父は、少しのあいだ何も答えなかった。しかし、ふたたび店のシャッターがガタガタと音を立てたとき、いつもと変わらず野太くて、でも、いつもより少し穏やかな声で言った。
「学校で、何か言われたのか?」
　俺の脳裏に、あの汚い落書きの文字がちらついた。
「別に、言われたわけじゃないけど」
　嘘はついていない。言われたのではなくて、書かれたのだ。俺は心のなかで自分自身に屁理屈《へりくつ》を言っていた。すると、
「くくく」
　と、父が笑い出した。

「もちろん好きだよ。食べてくれた人が『美味《おい》しい』って言ってくれたら、もっともっと好きになっちゃうだろうな」

あの頃よりも、父の目尻のしわは深くなり、髪の毛には白いものが混じるようになった。④キンコツ隆々《りゅうりゅう》としていた身体も、ひとまわり小さくなった気がする。

「あらよっと」

わざと陽気な声を出しながら、父がフライパンの鍋肌《なべはだ》に醤油《しょうゆ》を回しかけた。

食欲をかき立てる、焦《こ》げた醤油のいい匂いが立ちのぼる。

思えば、毎日、毎日——、俺は、この人の作ったご飯を食べて育ったんだよな……。

父の目尻のしわを見ていたら、ふと、そんなことを思った。

「よおし、完成だ」

フライパンから皿に盛られたのは焼《やき》うどんだった。「こども飯」でリクエストの多い人気の裏メニューだ。

「ほれ」

「ありがと」

厨房から差し出された皿を受け取った。にんにくとバターと醤油の香りのする湯気が立ちのぼり、たっぷりのせた鰹節《かつおぶし》が生き物のように揺れ動いている。

「いただきます」

「おう」

俺が焼うどんを食べはじめると、父は「さてと」と言って、厨房の冷蔵庫から瓶ビールを出し、栓《せん》を抜いた。そして、グラスも手にして客席に出てきた。

父が座ったのは、俺のいるカウンター席の隣ではなく、背後にある四人席だった。

「くはぁ、明るい時間に飲むビールは最高だなぁ。台風さまさまだ」

陽気な父の声を背中で聞きながら、俺はしゃべり出すタイミングを計っていた。すると、思いがけず父の方からそのタイミングをくれたのだった。

「で、心也、お前、俺に何か言いたいことがあるんじゃねぇのか?」

「え?」

不意をつかれた俺は、手にしていた箸《はし》を止めた。

「学校で何かあったのか?」

「………」

直球で訊かれた俺が言葉を詰まらせていると、父はごくごくと喉《のど》を鳴らして、明るいままの声で続けた。

「いきなりびしょ濡れで帰ってきて、あんなに深刻な顔してんだもんなぁ。しかも、帰ってすぐに腹が減ったなんて言い出すのも珍《めずら》しいだろ?さすがの俺でも、何かあったんだろうなって思うぞ」

「別に、深刻な顔なんて——」

言いながら背後を振り向いたら、

「してた、してた」

と父はからかうように笑う。

俺、そんなに深刻な顔をしてたのか——。

正直、自分としては心外だったけれど、そういえば、景子さんに言われたことがあった。学校から帰ってきたときの俺の顔を、毎日、父は観

夕花と別れた俺は、びしょ濡れのまま店に入った。

「ただいま」

言いながら店内を見回す。お客は一人もいなかった。さすがにこの天候では仕方がないだろう。よく見れば、すでに奥の客席のテーブルの上に暖簾《のれん》が置かれている。

「おう、おかえり。いよいよ嵐になって――、つーか、なんだ、お前、どうした?」

厨房から顔を覗かせた父が、頭からずぶ濡れの俺を見て吹き出した。

「傘、役に立たなかったから、使わなかった」

「あはは。なるほどな。しかし、ここまでの土砂降《どしゃぶ》りだと、逆にずぶ濡れになるのが気持ちよかっただろ?」

「うん」と素直《すなお》に頷いた俺は、あらためて店内を見てから訊《き》いた。

「景子さんは?」

「嵐になる前に帰ってもらったよ。どうせこの台風じゃ、お客も来《こ》ねえだろ」

「そっか」父と二人きりになれるのは都合がいい。「じゃあ、俺、ちょっと着替《きが》えてくるわ」

「おう、そうしろ」

「あ、俺さ、ちょっと腹減ってるんだけど」

本当は、さほど空腹ではなかったけれど、そう言った。

「そうか。じゃ、何か作っとくから、着替えたら降りてこいよ」

「うん」

「あ、ちなみに、何が食べたい?」

「うーん、麺類《めんるい》がいいかな」

「オッケー」

父が親指を立てたとき、店の窓に強風が吹きつけてガタガタと鳴った。

「心也も帰ってきたし、早々にシャッター降ろしとくか」

そう言って、父は、店の出入り口に向かった。

俺は、厨房の脇《わき》にある三和土《たたき》〔=土間〕で、濡れた靴《くつ》と靴下を脱《ぬ》いで家に上がった。そして、二階の自室に入り、濡れた身体《からだ》とカバンをタオルでよく拭《ふ》き、Tシャツとショートパンツに着替えた。

雨で冷やされた身体は、着替えたあとも少しひんやりとしていて、憂《ゆう》鬱《うつ》な心とは裏腹にこざっぱりとしていた。

さてと――、

「ふう」

俺はひとつ息を吐いてから部屋を出た。

階段を降り、三和土でサンダルを履いて厨房へ。そのまま客席へと廻《まわ》り、調理をしている父と対面するカウンター席に腰掛けた。

ジュウジュウといい音を立てながら、父はフライパンを振っていた。

「すぐにできるからな」

「うん」

視線を手元に落として調理しているときの父の顔は、目尻《めじり》と口元が穏《おだ》やかで、どこか微笑んでいるようにも見える。

そういえば、俺がまだ夕花と二人で遊んでいた頃――つまり、母が生きていた頃――調理中の父の顔を見て、ストレートに訊いたことがある。「お父さんって、ご飯つくるの、好きなの?」と。すると父は、いっそう目を細めて俺の頭をごしごし撫《な》でながら、こう答えたのだった。

言葉とは裏腹に夕花が小さく笑ったとき、窓ガラスに風雨が叩《たた》きつけられた。ザーッという雨滴の音と、窓が揺《ゆ》れるガタガタという音が、静かな教室にまとめて響《ひび》き渡った。

「あ、台風……」と、俺。

「帰らないとね」と、夕花。

俺たちは頷き合って、急いで席を立った。

校舎を出てからは、横殴《なぐ》りの雨に翻弄《ほんろう》され、俺たちは制服のズボンとスカートをそれぞれたっぷり濡らしながら、通学路の坂道を降りていった。

突風《とっぷう》が吹くと、俺たちは声を出して笑った。

二人とも髪《かみ》がぐしゃぐしゃになり、傘《かさ》がひっくり返った。役に立たなくなった傘は、あきらめて閉じて手に持った。

「きゃあ、シャワーみたい」

「さっそく冒険だな」

大きめの声で俺が言うと、夕花は「あはは、ほんとだね」と笑う。

唇《くちびる》をいっぱいに左右に引いた、奥歯まで見えるほどの明るい笑み。幼い頃によく見ていた、夕花の本当の笑みだった。

「なんかさ」

「ん？」

「嵐も、悪くねえな」

「うん、嵐、楽しいっ」

不穏《ふおん》な黒い空を見上げながら、思い切り笑っている夕花。そのびしょ濡れの横顔を見ていたら、なぜだか、ふと、泣いているようにも見えて、俺は思わず名前を呼んでいた。

「夕花？」

「ん、なに？」

こっちを向いた夕花は笑っていた。ちゃんと。これまで見たことがないくらい、吹っ切れたような笑みを浮かべていたのだ。

「えっと——、なんか、気持ちいいな」

「うん。最高」

「だよな」

「もうね、なんか、全部がどうでもよくなっちゃいそうなくらい」

夕花の前髪と顎《あご》の先から、つるつるとしずくがしたたり落ちる。

全部がどうでもよくなっちゃいそうなくらい——。

俺は、夕花の言葉を胸のなかで繰《く》り返した。そして、頷いた。

「ほんと、ぜーんぶ、どうでもいいよな」

「あははは」

夕花が笑った。泣いているみたいに目を細めて。

正面から強い風が吹きつけてくる。大粒の雨滴が俺たちの顔をバチバチと叩いた。

「うわ、痛《い》てて」

「ひゃぁ」

そして、俺たちは、また笑う。

バケツをひっくり返したようなこの雨が、ビンボーも、偽善者も、きれいさっぱり洗い流してくれればいいのに——。

そう思ったとき、ようやく俺は気づいた。

4 なんだ、泣きたい気分なのって、俺じゃん。

「なんだよ、それ」

俺は、軽く吹き出してしまった。夕花もクスッと笑った。二人で笑ったら、張り詰《つ》めていた肩の力がするりと抜け落ちたような気がした。まあ、どっちにしろ夕花には、さっきの行動を知られているのだ。ある程度まではしゃべってもいいだろうと思った。

「じゃあ、教えるけど、俺からも部長命令な」

「え、なに？」

「さっき落書きを消したことも含めて、これからしゃべることは、すべて秘密にすること」

「うん、分かった」

頷《うなず》いた夕花の頬には微笑みの欠片《かけら》が残っていた。でも、その目は、優等生らしい誠実な光を放っていた。

それから俺は、昨日の昼休みからの一連の出来事をざっくりと話した。ただし、ひとつだけ、夕花にも伝えなかったことがある。それは、石村がうちの店でよく「こども飯」を食べているということだった。つまり、体育館の裏での俺と石村との会話についてだけ嘘をついたのだ。石村は、なぜか落書きの犯人を俺だと勝手に決めつけていたので、俺はきっぱり違うと主張した。そうしたら、今朝、俺の机にも落書きがあった、と。

「そっか。そんなことがあったんだね」

夕花は、一応は納得した顔をしていた。

でも、石村の机には「ビンボー野郎」、俺の机には「偽善者のムスコ」と落書きされていたのだ。かしこい夕花は、そのふたつの言葉から、俺と石村の関係性をある程度は連想しているに違いない。

「俺からしたら、とんだ濡《ぬ》れ衣《ぎぬ》だよ」

「濡れ衣を着せられたのに、こっそり落書きを消してあげたんだね」

「………」

俺は、夕花の言葉にどう返したものか考えた。正直、自分でも、どうして石村の机の落書きを消そうなどと思ったのか、よく分からないのだ。分かることといえば、俺の脳裏にはずっと石村の丸まった背中がちらついて離《はな》れないこと——、ただそれだけだ。

「心也くん、やっぱり優《やさ》しいよね」

「え——」

やっぱり、ということは、もともとそう思ってくれていたということか？

「さすが、うちの部長さん」

「まあ、俺たちはひま部だからな、ひまつぶしにちょうどよかっただろ？」

「俺たち、じゃなくて、心也くん、一人でやろうとしてたじゃん」

「まあ、そうだけど……」

夕花は、照れている俺を軽くからかっているようにも見えた。

「ねえ、心也くん」

「ん？」

「また、冒険みたいなことをするときは誘《さそ》ってね」

「は？　するかよ、そんなに」

「えー、そうなの？」

「当たり前だろ」

「なんか残念」

「どうして、心也くんが消すの？」

その質問が、いちばん答えにくい。

「俺も、分かんねえ」

「もしかして、この落書き――」

「書いたの、俺じゃねえからな」

夕花には最後まで言わせず、言葉をかぶせた。しゃべりながらも、俺の手はせわしなく動いていた。

「俺さ、休み時間にここに来たんだよ。そしたら、こいつの机にも落書きがあることに気づいちゃって。だから、まあ、ついでみたいな感じかな」

俺の返事に、夕花は少しも納得《なっとく》していないようだった。

「じゃあ、どうして、放課後にこっそり消すの？」

「だって、みんながいるときに隣のクラスの俺が消しに来たら、まるっきり俺が書いたみたいじゃんか」

「あ、そっか」

「だろ？　よし。消えた」

落書きは、完璧《かんぺき》に消えていた。

「うん」

「台風で窓を開けられねえから、シンナーの匂《にお》いは残っちゃうかもしんねえけど」

「じゃあ、教室の出入り口の引き戸を、ふたつとも少し開けておく？」

「それ、いいね」

俺たちは、足音を忍《しの》ばせながら教室から出た。その際、引き戸を半開きにしておいて、ついでにもうひとつの引き戸も半開きにした。そして、急いで自分たちの教室へと戻った。それぞれの席の前に立ち、シンナーとティッシュを机の上に置く。

なんとか誰にも見られずにやり遂《と》げた俺は、「ふう」と息を吐いてから「任務完了《かんりょう》」と言って夕花を見た。

「なんか、冒険《ぼうけん》した気分だね」

わずかに頬を紅潮させた夕花が、両手をこちらに向けて挙げた。俺はその手に、自分の両手をパチンと合わせた。

ハイタッチだ。

「やったね」

「やったな」

小さく笑い合って、俺たちはそれぞれ自分の椅子に座った。

「ねえ、心也くん」

「ん？」

「先輩《せんぱい》［＝二人は同級生だが、二人の間では冗談《じょうだん》で夕花を『先輩』、心也を『部長』と呼ぶことがある］命令を発動させて、いい？」

「は？」

夕花が無邪気《むじゃき》な感じで目を細めた。

「ねえ、いい？」

「それは、内容によりけりだろ」

「わたし、やっぱり知りたいんだけど」

「何を？」

「昨日の昼休みに石村くんが来てからのこと」

俺は一瞬、考えた。話していいものか、あるいは、黙っておくべきか。

「わたし、同じ部活の先輩として、ちゃんと知っておきたいから」

偽善者のムスコ――。

毒を孕《はら》んだ言葉。その落書き。

思いだしたら、俺の胃のなかで、嫌な熱がとぐろを巻きはじめた。

3この感じは、やっぱり「怒り」だよな――。

俺は確信した。というか、認めた。

認めたら、なぜか「怒り」の理由が明確になった。

偽善者のムスコ――、このムスコという三文字がやたらと腹立たしい意味を持つということに気づいたのだ。つまり、俺はただのムスコであって、偽善者と罵られたのは父だ。

父が、クラスメイトたちの前で吊《つ》るし上げられたのだ。

俺はゆっくりと息を吸い、そして、嫌な熱を孕んだ息を吐《は》き出した。

低い空を流れてゆく黒雲から、ぱらぱらと大粒《おおつぶ》の雨滴《うてき》が落ちはじめた。

窓から吹き込んでくる蒸《む》し暑い風。

暑いのに、俺の背中にはチリチリと鳥肌《とりはだ》が立っていた。

【落書きのことを問いただそうと、心也は隣のクラスの石村を訪ねますが、石村はおらず、かわりに石村の机にも落書きが油性ペンでされているのを見つけました。心也は誰もいなくなる放課後を待って、石村の机の落書きも消すことにしました。】

俺たちは、教室を出た。

そして、こっそりと隣の教室に入り込んだ。

泥棒《どろぼう》にでもなったかのような、妙な緊張感を覚えた俺が、ふと後ろを振り返ると、そこには③マンメンの笑みを浮《う》かべた夕花の顔があった。

「なんか、わくわくするね、こういうの」

もしかすると、いざというときに度胸があるのって、女子の方なのかも知れない。そんなことを考えながら、俺は石村の机の前に立った。

「えっ、これ……」

予想通り、夕花は息を飲んで俺を見た。

ビンボー野郎《やろう》

できれば夕花に見せたくなかった言葉。

俺にとっての「偽善者」と似たような「毒」を、夕花に感じさせてしまうかも知れない言葉だった。

でも、俺の心配は、どうやら当てが外れたらしい。

夕花の表情を見る限り、自らの胸を痛める「毒」よりも、むしろ、落書きされた者にたいする同情で胸を痛めているように見えたのだ。

「ここ、石村の席なんだ」

俺は、小声で言った。

「どうして――」

「俺には分からないけど……。とにかく、先生の見回りが来る前に終わらせないと」

俺は、今朝、自分の机の落書きを消したときのように、まずはティッシュにシンナーを染《し》み込ませた。そして、石村の机の落書きをごしごしとこすった。

ヤジさんは吹《ふ》き出しながら言った。

「あ……、はい」

「で、何に使うんだ？」

「えっと、じつは――」

それから俺は、机の落書きについて、ありのままにしゃべった。ここでヤジさんに嘘《うそ》をついても仕方がないし、事実を伝えた方がシンナーを貸してもらえる確率も高いと思ったのだ。

俺の説明を聞き終えたヤジさんは、眉毛《まゆげ》をハの字にしてため息をついた。

「偽善者か……。なるほど。まあ、しかし、お前も大変だよな」

2なるほど――って、何だよ？

この瞬間、これまで俺がヤジさんに抱いていた「好感」の絶対量が、一気に半減するのを感じた。

俺は、黙ってヤジさんを見下ろしていた。視線に苛立《いらだ》ちがこもってしまったかも知れない。でも、ヤジさんは気にする風でもなく、椅子をくるりと回して、こちらに背を向けると、斜め前の席にいた美術の恩田《おんだ》ひとみ先生に声をかけて、ガラス瓶《びん》に入ったシンナーを借りてくれた。

「雑巾はないけど、代わりにこれを使っていいぞ」

ヤジさんは机の引き出しからポケットティッシュを取り出すと、シンナーの瓶と一緒にこちらに差し出した。

「ありがとうございます」

あまり心を込めずに軽く頭を下げた俺は、さっさと職員室を後にした。

【心也は教室にもどり、自分の机の落書きを消しました。】

三時間目の国語の授業がはじまってしばらく経《た》つと、窓の外が急に暗くなってきた。見上げた空には黒くて低い雲が、まるで早送りのような速度で流れていた。

「今夜の台風、けっこう強いみたいだね」

板書を終えた国語の藤巻《ふじまき》さつき先生が、ちらりと窓の外を見て言った。大学を卒業して二年目という若さと、明るい性格のおかげで、生徒たちから友達のように慕《した》われている先生だ。

「俺、嵐《あらし》の前って、めっちゃ血が騒《さわ》ぐんだよな」

後方の席から青井の声が聞こえてきた。誰かが「俺も！」と言ったのを引き金に、教室がざわつきはじめた。

俺は、斜め前の華奢《きゃしゃ》な背中を見た。

夕花は机に覆《おお》いかぶさるようにしてノートを取っていた。台風の話題にざわつくクラスメイトとは、まったく別の世界にいるような背中だった。

無になろう、存在を消そう、誰にも気づかれないよう、息を止めたままでいよう――、そんな、淋《さび》しい静けさを夕花は常にまとっていた。うちの店のカウンター席で幸せそうに「こども飯」を食べているときとは、まるで別人のような存在感だ。

ふと、表情のとぼしい幸太《こうた》「＝夕花の弟」の横顔が脳裏をよぎった。食べているところをたまたま俺に見られて、やたらと恨《うら》めしそうに頬《ほお》を歪《ゆが》めた石村の顔も思い出す。

してしまう。そもそも俺に隠すなんて無理な話なのだ。

ポストに投函されていた二度目の「偽善者」と出会ってしまったとき、さすがに俺は父と景子さんに訊《たず》ねた。

「こども飯、このまま続けて大丈夫なの？」

口にした言葉は質問形式だったけれど、俺は不平を込めた声のトーンで「もう、やめようよ」と伝えたつもりだった。だって、せっかく世のため人のため、自分を犠牲《ぎせい》にしてまで働いているのに、どこの誰かも分からないような奴《やつ》らから罵《ののし》られるなんて、あまりにも割りが合わないではないか。

すると景子さんは、いつものように軽《かろ》やかな微笑《ほほえ》みを俺に向けた。

「心也くんは、気にしなくていいよ。大丈夫だから。ね？」

語尾《ごび》の「ね？」は、父に向けられたものだった。

それを受けた父は、やっぱり父らしく、厨房《ちゅうぼう》でニヤリと悪戯坊主《いたずらぼうず》みたいに笑うのだった。

「もちろん大丈夫だ。つーか、匿名でしか文句を言えねえようなチンケな連中に、俺の人生を変えられてたまるかってーの」

そんな感じで大人たちは「大丈夫だ」と言い張った。

でも、「偽善者」という三文字には、ある種の「毒」が含《ふく》まれていた。「毒」だから、それを浴《あ》びせられるたびに、俺の心はじくじくと膿《う》んで痛んだし、しかも、その「毒」は時間とともに薄れはしても、決して消えることがなかった。常に心のどこかに残り続けるのだ。とりわけ今回の落書きの「毒」は強烈だった。なにしろクラスのみんなに見られてしまったのだ。これまでのように電話や手紙を使って、こっそり個人的に攻撃《こうげき》されるのとはワケが違《ちが》う。

職員室に向かって歩きながら、俺は自分の足が地についていないことをはっきりと自覚していた。自分でも思いがけないくらいに動揺しているらしい。

渡り廊下を抜けて、隣の校舎の階段を上った。

職員室の引き戸は開いていた。

なかを覗《のぞ》くと、奥の窓際《まどぎわ》の席にヤジさんがいて、何かしらの書類に目を通しているようだった。

「おう、風間か、どうした？」

ドアのそばにいた体育の岡田《おかだ》先生が、俺に気づいて声をかけてくれた。

「あ、ええと、矢島《やじま》先生に、ちょっとお願いがあって……」

「そうか。おーい、矢島先生」

岡田先生の太い声の呼びかけに、ヤジさんが書類から顔を上げた。そして、すぐに俺の存在に気づいた。

「風間が用事があるそうですよ」

「おう、どうした？　入っていいぞ」

俺は小さく一礼をして、職員室のなかに入った。そして、ヤジさんの席まで行くと「えっと、シンナーってありますか？」と訊ねた。

「は？　シンナー？」

「はい」

「お前、シンナーなんて、何に使うんだ？」

怪訝《けげん》そうなヤジさんの顔に、俺は少し慌《あわ》ててしまった。

「えっ？　違いますよ。吸うわけじゃなくて――」

「馬鹿《ばか》。そんなこと、分かってるよ」

見ていた。
　俺の脳裏《のうり》には、石村《いしむら》とその取り巻きの顔がちらついていた。怒《いか》りなのか、悔《くや》しさなのか、恥《は》ずかしさなのか、自分でもよく分からないけれど、とにかく真っ黒でドロドロとした感情が肚《はら》のなかで渦《うず》巻いていることだけは分かった。
　動揺《どうよう》を隠《かく》したくて、俺は指先でそっと落書きをこすりながら口を開いた。
「ふざけんなよ。これ油性じゃんか」
　せっかく明るめの声で言ったのに、クラスメイトたちは、それぞれの顔を見合いながら押し黙っていた。
　重めの沈黙《ちんもく》を破ってくれたのは、いつもはきはきしている女子バスケ部の才女、江南《えなみ》だった。
「それ、書いた犯人のことは誰《だれ》も見てないけど――、でも、みんな、石村くんじゃないかって……」
　まあ、普通《ふつう》は、そう思うだろうな……。
　俺は、それには答えず「ふう」と大きなため息をこぼすと、肩《かた》にかけていたカバンを床《ゆか》の上に置き、椅子《いす》に腰《こし》掛けた。そして、筆箱から消しゴムを取り出し、落書きの上から力任せにこすってみた。でも、油性ペンで書かれた文字は、少し色が薄《うす》くなっただけで、ほとんど消えてくれなかった。
「消しゴムじゃ無理だよ、油性なんだから」江南が横から口を出してくる。「ねえ、風間《かざま》くん、職員室に行って、ヤジさんにシンナーと雑巾《ぞうきん》を借りてくれば？」
「おっ、それはグッドアイデア。なんなら俺、一緒《いっしょ》に行ってやろうか？」
　目の奥《おく》に好奇心を光らせた青井が言う。
「大丈夫《だいじょうぶ》。俺、一人で行ってくるわ」
　消しゴムを筆箱に戻《もど》し、俺はおもむろに立ち上がると、②ヤジウマたちを押しのけるようにして輪の外へと出た。
　職員室に行くには、階段を降りて一階に行き、屋根付きの渡《わた》り廊下《ろうか》を通って、隣《となり》の校舎の二階に上がらなくてはいけない。
　俺はぐらつく膝《ひざ》に注意しつつ、手すりにつかまって階段を降りはじめた。降りながら、ふと、昨日の石村の少し丸まった背中を思い出した。
「くそっ」
　また、偽善者呼ばわりかよ――。
　俺の人生のなかに「偽善者」という三文字が放《ほう》り込《こ》まれるようになったのは、父が「こども飯」サービスをはじめた三年ほど前からだった。といっても、そのほとんどは俺個人への批判としてではなく、いつも『大衆食堂かざま』か、その店主である父に向けて放たれた三文字だった。
　正直、店にかかってきた電話にたまたま俺が出たら、いきなり「この偽善者ヤロー」と怒鳴《どな》られて通話を切られたこともあるし、あるときは、ポストに投函《とうかん》されていた紙切れを手にしたら、そこにボールペンで「偽善者！」と書かれていたこともある。中学一年生になったばかりの頃《ころ》、クラスで最初に仲良くなった友人に「お前んち、偽善者の店って言われてるらしいぞ。知ってた？」と言われたときは、1さすがにこたえた。
　父も景子《けいこ》さん〔＝従業員〕も、「こども飯」というサービスが匿名《とくめい》の人間から批判の対象になっているという事実を俺には知られたくなかったようだけれど、でも、噂《うわさ》は勝手に俺の耳に入ってくるし、目の前で店の電話が鳴れば出てしまうし、新聞を取るついでにポストの中身を手に

【国　語】（五〇分）〈満点：八五点〉

次の文章は、森沢明夫『おいしくて泣くとき』の一節です。これを読み、後の問いに答えなさい。ただし、【　】は省略した部分の説明、〔＝　〕は出題者による注です。

【中学三年生の心也《しんや》（俺《おれ》）と夕花《ゆうか》は、幼なじみであり、クラスメイトでもあります。クラスの話し合いで、なかば強引《ごういん》に学級新聞を制作する係を押《お》し付けられた二人は、自分たちに「ひま部」と名づけ、活動を始めました。】

夕花にボタンを付けてもらった翌日は、朝から抜《ぬ》けるような青空が広がり、東の空にマッチョな入道雲が湧《わ》き立っていた。蟬《せみ》たちも無駄《むだ》に元気で、登校時間の気温はすでに三〇度を超《こ》えていた。でも、今朝のテレビの天気予報によると、これからどんどん空模様は変わっていき、午後になると台風の影響《えいきょう》が出はじめるらしい。

真夏のまぶしい朝日のなか、俺は通学路の坂道を登り、校門を通り抜けた。汗《あせ》ばんだ背中にワイシャツがぺったりと張り付く。体育館の前を過ぎ、昨日、夕花が俺を見下ろしていた教室のベランダを見上げた。そこには声を上げてふざけあう三人の男子のクラスメイトたちの姿があった。

昇降口《しょうこうぐち》に入ると、少しホッとした。強烈《きょうれつ》な日差しから逃《のが》れられたからだ。スニーカーから上履《うわば》きに履《は》き替《か》えるとき、俺はちらりと夕花の下駄《げた》箱《ばこ》を見た。ひとつだけ扉《とびら》が凹《へこ》んでいるから、見つけるのがとても簡単な下駄箱だった。

上履きに履き替えた俺は、階段を上り、いつものように教室に入った。

その「異変」に気づいたのは、親しい友人たちに「おーっす」と手を挙げながら自分の席に向かおうとしたときのことだった。どういうわけか俺の席の周りに数人のクラスメイトたちが集まっていて、机を見下ろしていたのだ。

夕花は、その輪には加わらず、斜《なな》め前の自分の席で静かに本を読んでいた。へたに後ろを振《ふ》り向《む》いて余計なことを言ったりしたら、それがまたいじめの火種になるということを夕花はよく知っているのだ。

俺は嫌《いや》な予感を抱《いだ》きながら、彼《かれ》らの輪に近づいていった。

「あ……」

最初に俺に気づいたのは、サッカー部のお調子者、青井《あおい》だった。その青井の様子に気づいた他のクラスメイトたちが、一斉《いっせい》にこちらを振り向いた。

微妙《びみょう》な緊張《きんちょう》と好奇《こうき》が入り混じったいくつもの顔。

「お前ら、何してんの？」

①ヘイセイを装《よそお》いながら、俺は、みんなが見下ろしていた自分の机を見た。

嫌な予感はハズレた。より、悪い方に。

俺の机の天板に、太い油性ペンで落書きがされていたのだ。

偽善者《ぎぜんしゃ》のムスコ

いかにも頭の悪そうな汚《きたな》い文字《もじ》で、でかでかと、そう書かれていた。

「…………」

一瞬《いっしゅん》、言葉を失ってしまった俺を、周囲のクラスメイトたちが黙《だま》って

MEMO

大切なことはメモしておこうネ！

2022年度

解　答　と　解　説

《2022年度の配点は解答欄に掲載してあります。》

＜算数解答＞　≪学校からの正答の発表はありません。≫

1　(1)　$1\frac{3}{8}$　(2)　5　(3)　999通り　(4)　①　4.9298倍　②　54.9度

2　(1)　(体積の比)7：37　(表面積の比)11：39　(2)　(体積の比)5：11　(表面積の比)4：7

3　(1)　7か所，2種類　(2)　(ア)　解説参照　(イ)　8種類　(ウ)　102種類

(3)　(ア)　解説参照　(イ)　17種類　(ウ)　577種類

4　(1)　1時$10\frac{10}{11}$分　(2)　1時$7\frac{21}{22}$分　(3)　6分40秒

○推定配点○

1　(1)　各5点×5　他　各4点×15　計85点

＜算数解説＞

1　(四則計算，数の性質，場合の数，平面図形，図形や点の移動，割合と比)

(1)　$\square=\left(\frac{2}{3}-2.02\div5.05\div2.8\right)\times\frac{21}{8}=\left(\frac{2}{3}-\frac{1}{7}\right)\times\frac{21}{8}=\frac{7}{4}-\frac{3}{8}=\frac{11}{8}$

重要　(2)　1234567＝1000000＋234567

234567は各位の数の和が9の倍数であり，9で割り切れるので1234567は余り1

以下，同様に計算すると，余りは1×5＝5

＋α　(3)　奇数の目だけ出る場合…3×3×3×3＝81(通り)

奇数の目が3回出て2か6が1回出る場合…4×3×3×3×2＝216(通り)

したがって，サイコロを4回ふって出た目の数の積が4の倍数になる場合は

1296－(81＋216)＝999(通り)

重要　(4)　①　右図において，AOの半径を1とすると，ACは1×3.14＝3.14であり，㋑の面積は3.14×3.14×3.14÷2，円Oの面積は3.14

したがって，求める割合は3.14×3.14÷2＝4.9298(倍)

②　右図において，弧TBの長さが9.577m，弧ABの長さが　10×3.14＝31.4(m)

したがって，角オは180÷31.4×9.577＝54.9(度)

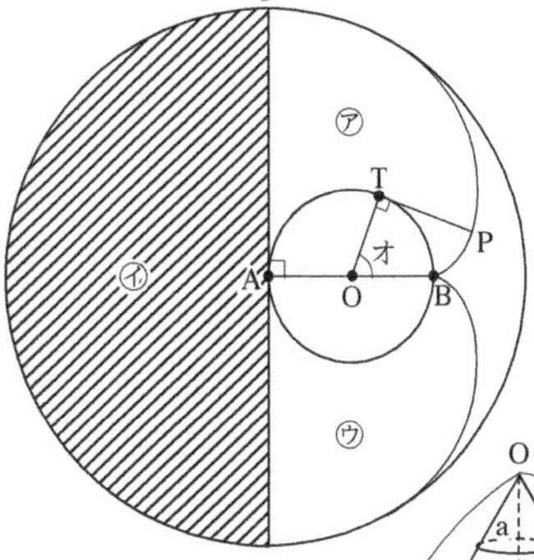

重要　2　(立体図形，平面図形，相似，割合と比)

図1において，ブロックa，b，c，dの底面積の比すなわち面積比は1：4：9：16，

ブロックa，b，c，dの体積の比は1：(8－1)：(27－8)：(64－27)＝1：7：19：37

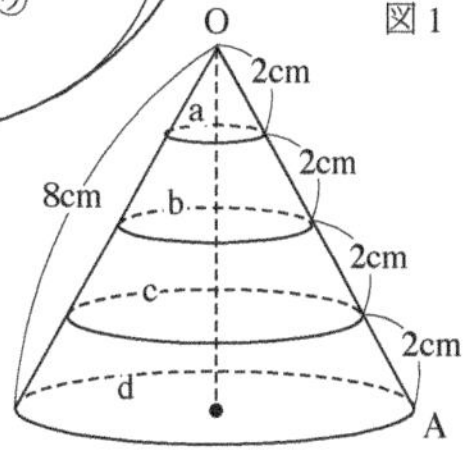

図1

(1)　ブロックbとdの体積の比は上の式により，7：37

ブロックdの底面の半径は4cmであり，ブロックdの側面積は$4\times8\times3.14\div16\times(16-9)=14\times3.14(\mathrm{cm}^2)$，ブロックbの底面の半径は2cmであり，

ブロックbの側面積は$2\times4\times3.14\div4\times(4-1)$
$=6\times3.14(\mathrm{cm}^2)$

したがって，ブロックbとdの表面積の比は

$(6+1+4)\times3.14:(14+9+16)\times3.14=11:39$

図2

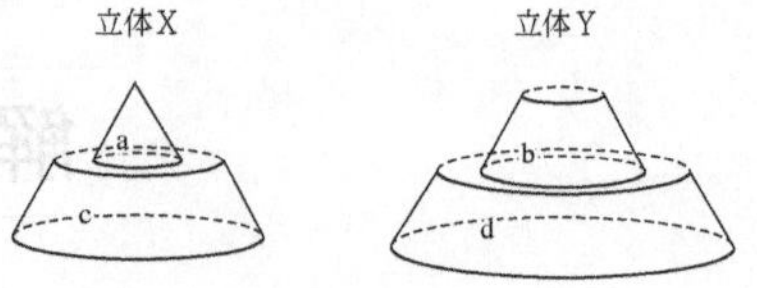

(2) 体積の比…$(1+19):(7+37)=5:11$

表面積の比…(1)より，立体Xの側面積は$\{1\times2+3\times6\div9\times(9-4)\}\times3.14=12\times3.14(\mathrm{cm}^2)$，

側面以外の面積は$(9+4-1)\times3.14=12\times3.14(\mathrm{cm}^2)$

立体Yの側面積は$(14+6)\times3.14=20\times3.14(\mathrm{cm}^2)$，側面以外の面積は$(16+9-4+1)\times3.14=22\times3.14(\mathrm{cm}^2)$

したがって，求める比は$(12\times2):(20+22)=4:7$

3 (平面図形，規則性，場合の数)

基本 (1) 黒のマス目は，上下左右が隣り合うことがないので最多で7か所，この場合，暗号は2種類

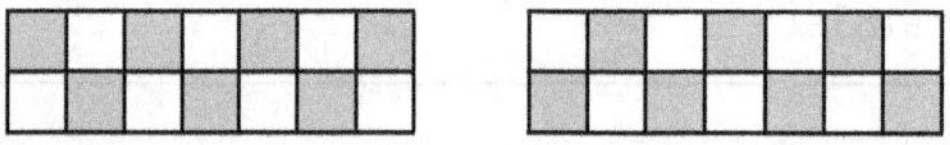

基本 (2) (ア)

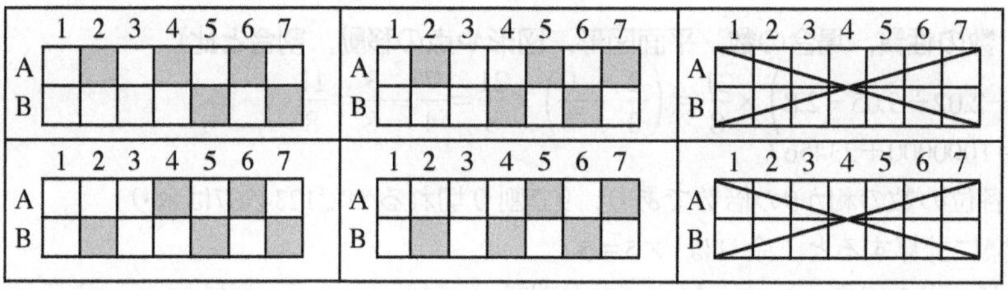

基本 (イ) $2\times2\times2=8$(種類)

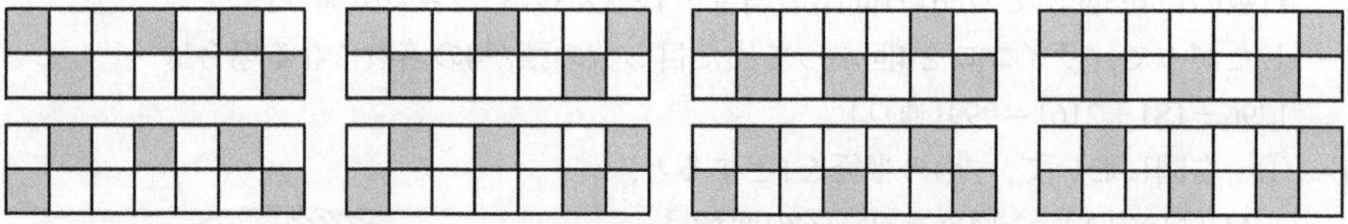

重要 (ウ) 1・2列が白のまま…2種類　1・3列が白のまま…$2\times2=4$(種類)

1・4列が白のまま…4種類　1・5列が白のまま…4種類

1・6列が白のまま…4種類　1・7列が白のまま…2種類

2・3列が白のまま…4種類　2・4列が白のまま…$2\times2\times2=8$(種類)

2・5列が白のまま…8種類　2・6列が白のまま…8種類

2・7列が白のまま…4種類　3・4列が白のまま…4種類

3・5列が白のまま…8種類　3・6列が白のまま…8種類

3・7列が白のまま…4種類　4・5列が白のまま…4種類

4・6列が白のまま…8種類　4・7列が白のまま…4種類

5・6列が白のまま…4種類　5・7列が白のまま…4種類

6・7列が白のまま…2種類

したがって，全部で$2\times3+4\times12+8\times6=6+48\times2=102$(種類)

(3)　(ア)

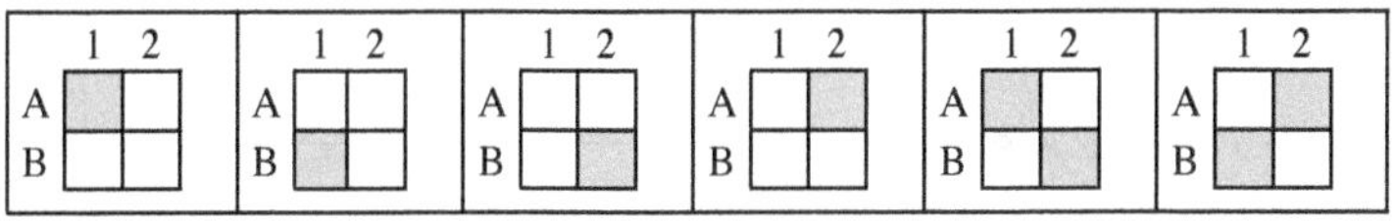

(イ)下図において，1列目のパターンA～Cにより，暗号は7＋5×2＝17(種類)になる。

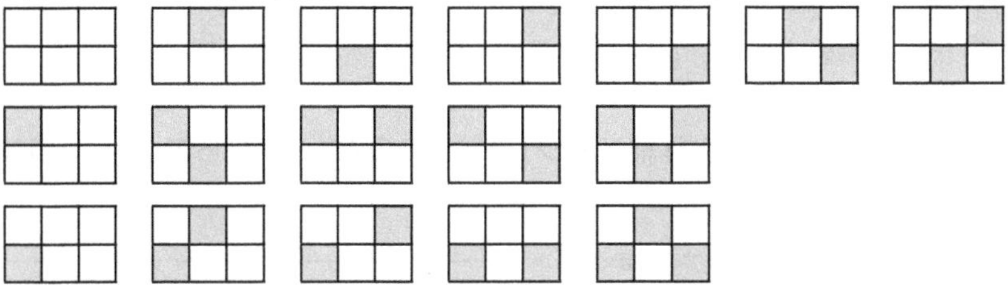

やや難　(ウ)＜4列目まで＞

パターンA…（イ)より，7＋5＋5＝17(種類)

パターンB・C…（7＋5)×2＝12×2＝24(種類)　　　合計17＋24＝41(種類)

＜5列目まで＞

パターンA…4列目までから，17＋12＋12＝41(種類)

パターンB・C…（17＋12)×2＝19×2＝58(種類)　　合計41＋58＝99(種類)

＜6列目まで＞

パターンA…5列目までから，41＋29＋29＝99(種類)

パターンB・C…（41＋29)×2＝70×2＝140(種類)　　合計99＋140＝239(種類)

＜7列目まで＞

パターンA…6列目までから，99＋70＋70＝239(種類)

パターンB・C…（99＋70)×2＝169×2＝338(種類)　　合計239＋338＝577(種類)

[4]　(速さの三公式と比，時計算，消去算，単位の換算)

基本　(1)　1時の□分後，正しい時計の短針は0.5×□＋30(度)の位置にある。このとき，開成君の時計の長針は6×□度動いており，これが30×2＋0.5×□＝60＋0.5×□(度)に等しい。したがって，□は$60\div5.5=\frac{120}{11}=10\frac{10}{11}$(分)

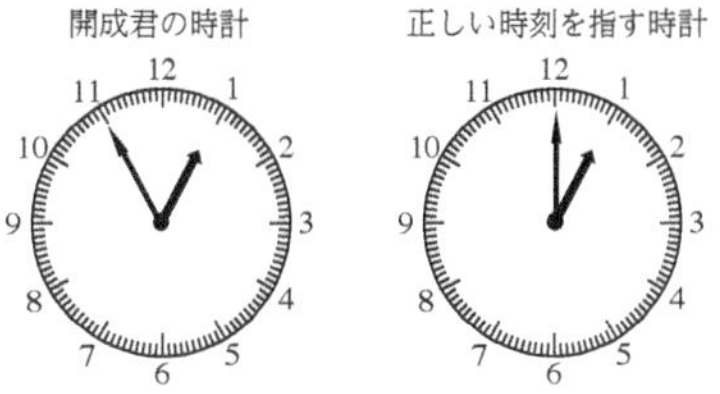

重要　(2)　1時○分に正しい時計の両針が重なるとき，○は30÷5.5＝$5\frac{5}{11}$(分)　このとき，開成君の時計は1時$\frac{5}{11}$(分)を指しており，この時計の両針の間の角度は$30-5.5\times\frac{5}{11}=27.5$(度)　この後，正しい時計の両針の間の角度ａと開成君の時計の両針の間の角度ｂが等しくなるのは，それぞれ27.5÷2＝13.75(度)動いたとき。

したがって，求める時刻は$5\frac{5}{11}+13.75\div5.5=5\frac{5}{11}+2.5=7\frac{21}{22}$(分)

やや難　(3)　(2)より，正しい時計の両針が重なった$5\frac{5}{11}$分の後，aがb×2になるとき，aは

$27.5\div(2+1)\times2=\frac{55}{3}$(度)

このときの時刻は$\frac{55}{3}\div5.5=\frac{10}{3}$(分後)すなわち3分20秒後…B

さらに，(1)より，開成君の時計の長針が正しい時計の短針の位置にきた$\frac{120}{11}$分のとき，

ａは$5.5\times\frac{120}{11}-30=60-30=30$(度)，ｂは30－27.5＝2.5(度)　この後，両針の間の角度がそれぞれ△度大きくなり，30＋△が(2.5＋△)×2＝5＋△×2になるとき，△は30－5＝25(度)

このときの時刻は(30＋25)÷5.5＝10(分) …A
したがって，求める時刻は10分－3分20秒＝6分40秒

★ワンポイントアドバイス★

[1](3)「4つの目の数の積」は難しく，[2]「立体図形，相似」は側面積，表面積の計算が間違いやすく，各数値をミスなく押さえる。[3]「規則性，場合の数」は(3)(イ)までは解きやすく，[4]「時計算」も時間があれば解ける。

+α は弊社HP商品詳細ページ(トビラのQRコードからアクセス可)参照。

＜理科解答＞ ≪学校からの正答の発表はありません。≫

[1] 問1 (1) ウ (2) エ (3) ア 問2 135 問3 イ 問4 イ，エ，オ
問5 (1) ウ (2) ア (3) エ 問6 (1) ア (2) ア (3) ウ，エ
問7 ア

[2] 問1 42.3 問2 124.2 問3 44.4 問4 43.8 問5 49.6 問6 10

[3] 問1 加熱する 問2 ウ，オ 問3 二酸化炭素 問4 ア，オ 問5 イ
問6 一定不変の性質

[4] 問1 ア 問2 ウ 問3 ア 問4 イ 問5 イ 問6 月(曜日)

○推定配点○
[1] 問1，問4～問6 各1点×12 他 各2点×3 [2] 各3点×6
[3] 問5 2点 他 各3点×5 [4] 問1 2点 他 各3点×5 計70点

＜理科解説＞

[1] (植物のなかま―植物の特徴と違い)

基本 問1 ウがナズナ，エがシロツメクサ，アがカラスノエンドウの図である。

問2 1枚目の葉から9枚目の葉までで3回転する。2枚の葉の角度は360×3÷8＝135°になる。

基本 問3 ホウセンカは双子葉植物であり，維管束が輪状に配置する。

基本 問4 植物の発芽に必要な3つの要素は，水，空気，適度な温度である。

問5 アサガオの本葉はウであり，ホウセンカはア，ヘチマはエの形をしている。

基本 問6 アサガオとホウセンカは両性花であり，おしべとめしべを同じ花にもつ。ヘチマは単性花であり，雄花はおしべだけ，雌花はめしべだけを持つ。

問7 虫媒花の花粉は虫にくっつきやすい形をしており，花は虫を引き付けるためににおいや蜜を出すものが多い。また目立つ色の花のものが多い。風媒花では受粉の起きやすさが低いため，多くの花粉をつけるものが多い。

[2] (実験と観察―風船の膨張)

問1 風船に満タンに空気を入れたときの長さは162cmになる。半分の空気を入れると81cmの長さになり，空気の入っていない部分は18cmのままである。これから空気を抜くと，長さが162cmのとき空気を抜くと48.6cmになるので，81cmでは48.6÷2＝24.3(cm)になる。空気を抜いた後の風船の長さは，24.3＋18＝42.3(cm)になる。

やや難 問2 風船の長さの$\frac{2}{3}$まで空気を入れると，空気の入った部分の長さは162×$\frac{2}{3}$＝108(cm)になる。この半分(54cm)が右端に移動すると中央の部分がへこむ。空気を抜くと162cmが48.6cmに縮むの

で，中央の54cmは48.6÷3＝16.2(cm)に縮む。右端に移動した部分の長さは54(cm)のままなので，全体の長さは54＋16.2＋54＝124.2(cm)になる。

やや難 問3　真ん中のしぼんだ部分はドライヤーをあてているので，長さは12cmに戻る。両端の54cmの部分はそれぞれ16.2cmにしぼむので，空気を抜いた後の風船の長さは16.2＋12＋16.2＝44.4(cm)になる。

やや難 問4　風船の長さの半分まで空気を入れた部分の空気を抜いた後の長さは，51.6÷2＝25.8(cm)になり，空気の入っていなかった部分の長さは18cmのままなので，全体の長さは25.8＋18＝43.8(cm)になる。

やや難 問5　風船の$\frac{1}{3}$まで空気を入れた部分の，空気を抜いた後の長さは51.6÷3＝17.2cmになる。空気の入らなかった$\frac{2}{3}$の部分は室温にしてから空気を移動させ，その後空気を抜いたので16.2×2＝32.4(cm)の長さになる(問3を参照すること)。それで全体の長さは17.2＋32.4＝49.6(cm)になる。

やや難 問6　空気を入れたとき風船の長さは36cmから162cmになるので，162÷36＝4.5(倍)になる。また，空気を抜くと36cmの風船は48.6cmになるので，48.6÷36＝1.35倍の長さになる。Aで□cmの空気を入れたとすると，空気の入った部分の長さは4.5×□(cm)になり，空気の入っていない部分も空気が移動するときいったん膨らみその後しぼむので，(36－□)×1.35(cm)になる。Aの長さが80.1cmなので，4.5×□＋(36－□)×1.35＝80.1　またBでは空気の入った部分の長さは4.5×2×□(cm)になり，空気の入っていない部分も(36－2×□)×1.35(cm)になり，4.5×2×□＋(36－2×□)×1.35＝111.6となる。この二つの式を両辺で引き算すると，4.5×□－1.35×□＝31.5　これより，□＝10(cm)となる。

3　(物質の性質―物質とは何かを問う問題)

問1　食塩水を加熱すると，水分が蒸発した後に白色の食塩が残る。炭酸水を加熱すると二酸化炭素が気体となって出ていき，あとには何も残らない。

重要 問2　ア：その温度において，一定量の水に溶ける純粋な物質の重さは一定である。
イ：純粋な物質では圧力が一定であれば，液体が固体に変化する温度は一定である。
ウ：氷砂糖の大きさによってその体積は変化する。
エ：アンモニアのにおいは，アンモニアがもつ性質である。
オ：空気の温度が変化すると，空気に接するガラスの温度も変化する。

基本 問3　ドライアイスは二酸化炭素の固体である。

問4　ガラスと銀は砕いてもガラス，銀のままであるが，その他の名前はその形をそなえたものに与えられたものであり，形が変われば呼び方も変わってしまう。

問5　先生の最後の言葉に答えがある。

問6　「一定不変の性質を持っているものには，その物質の名前があたえられます。」という表現からわかる。

4　(気象―気象・太陽の動きの総合問題)

基本 問1　海水の温度は一日のうちでは大きく変化しないが，陸地の温度は気温によって大きく変化する。砂浜の温度を表すグラフは㋐であり，日中気温が大きく上昇しているので，雲がなく晴れていたことがわかる。

重要 問2　昼間は陸地の温度が海の温度より高くなり，陸地で熱せられた空気が上昇し，海からの風(海風)がふく。逆に，夜間は海の温度が陸地より高くなり，海で上昇気流が生じ陸から海に風(陸風)がふく。気温差は昼間の方が大きいので，昼間の風の方が夜間の風より強い。

問3　Bの時刻が8時であれば，家を出て東の方角に進んでいる。交差点で曲がると方位磁石の向きが反時計回りに90°回転したので，南の方角に曲がった。その後，自分の影が前方にできるように西の方角に向くと，右手側が北になる。12時であれば，影が伸びる方角が北になり，16時であれば，交差点で北向きに曲がった後，影ができる東の方角に向くと北が左手になる。

問4　朝8時に東の方角に進むと方位磁石の北は左手側になる。交差点で南に向かうと方位磁石の北が後ろ側に向くので，反時計回りに90°回ることになる。

問5　この日の最高気温が40℃近くになったので夏の時期であり，日の出が6時前で8時に太陽が東の方角にあるので夏至の頃と思われる。6月に日記が書かれた。

問6　Aの日は，朝から晴れて気温が上がり1日中晴れていた。これに当たるのは，月曜日か金曜日である。Bの日は，朝は太陽が見えたので晴れていたことがわかる。Bは水曜日と思われる。Cの日は途中から雨が降ってきて，夕方まで雨であった。Cは火曜日か土曜日である。連続する3日の日記なので，Aが月曜日，Bが火曜日，Cが水曜日である。

★ワンポイントアドバイス★

物理分野の計算問題に難問が出題される。問題の出題が一般的ではなく，文章読解力や思考力，数学的な処理能力が求められる。

＜社会解答＞ ≪学校からの正答の発表はありません。≫

[1]　1　問1　1　光明　2　栄西　3　大友　4　解体新書　5　破傷風
6　野口英世　問2　(1)　白村　(2)　ウ　問3　ア　問4　校倉造
問5　唐招提寺　問6　宇治　問7　ウ　問8　(1)　北条政子　(2)　イ
問9　ア　問10　滋賀県　問11　カ　問12　エ　問13　ウ　問14　台所
問15　(1)　福沢諭吉　(2)　学問のすすめ　問16　ア　問17　五・一五事件

[2]　問1　ウ　問2　ア　問3　エ　問4　⑦　問5　1　隠岐　3　能登
問6　カ⑥　問7　(1)　し　(2)　水田を造成し，米を増産するため。
(3)　干拓　(4)　秋田県　問8　ア，イ，エ
問9　(1)　各月とも，ほぼ平年値は上昇していると推測できる。
(2)　東京　新　エ　旧　ウ　仙台　新　ア　旧　イ
問10　(1)　ウ→ア→イ　(2)　ア　問11　エ　問12　ウ　問13　イ　問14　ウ

[3]　問1　(1)　イ　(2)　エ　問2　(1)　オ　(2)　経済協力開発機構　(3)　ア
(4)　イ　(5)　A　水銀　B　熊本　問3　(1)　グーグル　(2)　デジタル
問4　(1)　ウ　(2)　ア　問5　ウ　問6　エ
問7　(1)　C　世界人権宣言　D　国際人権規約　(2)　E　圧迫　F　欠乏
問8　家庭で家事や子育てをするもの

○推定配点○

[1]　各1点×25　[2]　問7 (2)，問9 (1)　各2点×2　他　各1点×21 (問8完答)
[3]　問8　2点　他　各1点×18　計70点

＜社会解説＞

1 （日本の歴史－「疫病」の歴史に関連する問題）

問1　1　光明皇后は藤原不比等の子で，皇族出身でない最初の皇后。　2　栄西は平安時代末に宋にわたり，臨済宗を日本に伝えた。　3　大友義鎮(宗麟)は豊後を支配していた領主で，大友氏の拠点となっていた府内は南蛮貿易の港としても栄えた場所で，ザビエルを招いて布教させ，自らも受洗した。　4　『解体新書』は前野良沢と杉田玄白が，ドイツのクルムスによる『解剖図譜』のオランダ語訳のものを日本語に翻訳したもの。　5　破傷風は破傷風菌が出す毒素による神経の障害を引き起こす感染症で，破傷風菌は土壌などの中にあるので，非衛生的な環境で外傷が生じるとかかる恐れがあるが，人から人への感染はなく，現在はワクチンでかなり抑えられている。　6　野口英世は明治時代から大正時代に活躍した細菌学者で，アメリカのロックフェラー研究所で研究を行い，黄熱病の研究のためにアフリカにわたり，黄熱病にかかり病死した。

問2　(1)　白村江は朝鮮半島南部にあるクム川(錦江)の河口部のこと。　(2)　663年に白村江で，新羅や唐によって倒された百済の再興を狙う人々に乞われた日本が派兵し唐や新羅の軍勢と戦い敗れた。この戦いの後に中大兄皇子は天智天皇になる。イは元寇，エの広開土王碑にある戦いは倭が百済や高句麗と戦い敗れたもので，記念碑は中国と北朝鮮の国境のアムノック川沿いにある。

問3　ア　630年の最初の遣唐使は犬上御田鍬。

基本　問4　三角柱の角材を井の字型に積み上げて作る建築は校倉造で，現在でも寺社にはその名残がみられる建造物はある。

問5　鑑真が開いたのは唐招提寺で，講堂や金堂は天平文化の時代のものが現存するもの。

問6　平等院は，京都府宇治市の宇治川のほとりにある。

重要　問7　ウ　鎌倉時代に新たに開かれた仏教の宗派の中で，臨済宗と曹洞宗は禅宗と呼ばれるものであり，座禅によって悟りを啓き，自力で自己を救済するもので，他の四つの宗派のように念仏や題目を唱え仏にすがるものとは異なる。鎌倉幕府と室町幕府は臨済宗を保護した。

問8　(1)　北条政子は平治の乱の後に，伊豆に流されていた源頼朝を監視する役を負っていた北条時政の娘で，頼朝と結婚し二代目将軍の頼家，三代目将軍の実朝を産んだ。実朝が死ぬと，政子が将軍職を継ぐとし，後鳥羽上皇と対立し承久の乱に至る。　(2)　イ　政子の演説がなされたとされるのは後鳥羽上皇が起こした承久の乱の際に鎌倉の幕府側につくか上皇の朝廷側につくかで武士たちが動揺していた際とされる。

基本　問9　ア　日本で綿織物が広がるのは室町時代よりも後のこと。

やや難　問10　国友は近江の国，坂田郡の地名で現在の滋賀県長浜市にある。鉄砲伝来後，この地の鍛冶師が鉄砲の見本を見せられて，それをもとにつくるようになり，安土桃山，江戸の時代には堺と和歌山の根来と国友が鉄砲の生産地として知られた。

重要　問11　カ　cは享保の改革の際，bは寛政の改革の際，aは天保の改革の際のこと。

問12　千住は現在の東京都足立区の地名で，荒川沿いにひろがる。日本橋から千住宿を通り北上するのが奥州街道，日光街道。中山道は千住宿の西にある板橋を通る。

問13　ウ　出島のオランダ商館の医師のシーボルトが許可を得て長崎に開いた蘭学塾は鳴滝塾。松下村塾は吉田松陰が叔父の塾を受け継いでやったもの。咸宜園は豊後国日田郡に儒学者の広瀬淡窓が開いた私塾。洗心洞は大阪に大塩平八郎が開いた私塾。

基本　問14　大阪には各藩の蔵屋敷があり，ここに各地から様々な物資が集められ，それが再度他の場所へと分散されたことで経済の中心として大阪が栄えたことから「天下の台所」と称されるようになった。

重要　問15　(1)　適塾の塾生で中津出身の人は福澤諭吉。中津は今の大分県中津市のあたり。　(2)　福澤諭吉の『学問のすすめ』は1872年に初編が刊行され，その後1876年の17編まで付け足されて完成した。

問16　ア　1854年の日露和親条約でまず，千島列島の中のいわゆる北方四島は日本とし，それ以北はロシア領となり，樺太は両国雑居となる。その後，1875年の千島樺太交換条約で千島が全域日本となり，樺太はロシア領となり，さらに1905年のポーツマス条約で樺太の南半分が日本領となった。

問17　五・一五事件は1932年(昭和7年)に海軍の青年将校らが犬養毅首相を殺害したもの。

2　(地理―緯度，経度と関連した様々な日本地理の問題)

重要　問1　ウ　干支による十干十二支が使われた歴史上の事件の問題。ウは戊辰戦争で1868年が戊辰の年。アは平将門，藤原純友の乱は承平天慶の乱と呼ばれ，これはこの時代の元号のもの。イは応仁の乱でこれも元号。エは西南戦争もしくは西南の役で，これは日本の南西部でのものだから。なお，今は南西と呼ぶが昔は西南であったので西南戦争，西南の役とされる。

やや難　問2　ア　干支を使う方位の呼び方では北が子，東が卯，南が午，西が酉となる。丑寅は子と卯のちょうど中間になるので北東になる。

問3　図1の緯経線は2度ずつのものなので，アとイの間が東経130度で①と②の間が北緯44度になる。日本の標準時子午線の東経135度線は京都府北西部の丹後半島の西から南下し，兵庫県明石市を通り，淡路島の北端部を通ると，紀伊半島と淡路島の間の海を抜けて太平洋へ出ていく。

やや難　問4　四国の東端部の徳島県の東部を東経134度線が通り，四国の西端部の愛媛県西部を東経132度線が通っている。また，徳島県の中央からやや北よりのところから愛媛県の燧灘の海岸のあたりがだいたい北緯34度で，四国の南端の高知県南西部，愛媛県の南端部のあたりを北緯33度線が通っているので，緯度帯としては⑦になる。

問5　[1]　図のウ⑤のマスに入るのは隠岐諸島。隠岐諸島の西ノ島の南の知夫里島のあたりが東経133度，北緯36度になる。　[2]　図のオ⑤のマスに入るのが能登半島。能登半島のほぼ中央をだいたい東経137度線が通り，半島の下部の富山県と石川県の県境のあたりが北緯37度になる，

やや難　問6　東京都と千葉県の県境や東京湾の房総半島の海岸あたりがだいたい東経140度で，東京都の西端部がだいたい東経139度，東京都の北にある埼玉県のほぼ中央を北緯36度線が通っていて，神奈川県の南，伊豆半島の付け根付近や房総半島の南端部あたりが北緯35度になるので，カ⑥のマスの中に東京都が入る。

問7　(1)　地図のAの場所にかつてあった日本で二番目に大きな湖は八郎潟で，そのほぼ中央部が北緯40度線と東経140度線の交点となるので点しにあてはまる。(2)　八郎潟は太平洋戦争後，米の生産量を増やすために大規模な事業が行われ陸地化され，大規模な米作地帯が誕生したが，1970年代の減反政策によって，自由に米作を行うことが出来たのはごくわずかな期間であった。食糧管理制度が廃止された後，再び米作が盛んにおこなわれるようになり，あきたこまちなどの秋田県のブランド米の生産地となっている。(3)　八郎潟の陸地化は干拓によって行われたもの。干拓は比較的水深の浅い湖沼や湾などを堤防で仕切り，その中の水を汲みだすか干上がらせて陸地化するもの。(4)　大潟村のある場所は秋田県の男鹿半島の付け根のところ。

問8　ウ　オホーツク海は北海道の北東の海域で，図のク①，ケ①にはオホーツク海が含まれる。

重要　問9　(1)　同じ都市の気温が大きく変わるということもないので，表のアイ，ウエ，オカがそれぞれ同じ都市のものと考えればよい。そして，温暖化が進行している状況を考えれば，それぞれの組み合わせの中でア，エ，オが新しいものと考えることができ，そうすると3つの都市の月ごと，年間の平年値はそれぞれ0.2～0.4度ほど上昇しているのが読み取れる。(2)　3つの都市の中で一番年平均が低いものが仙台，高いものが宮崎と判断でき，高い方が新しいもので古い方が低い

ものと考えていけばよい。そうすると仙台の新しいものがアで古いものがイ，東京の新しいものがエ，古いものがウ，宮崎の新しいものがオ，古いものがカとなる。

問10 (1) ウ 1962年→ア 1986年→イ 1997年の順。 (2) ア 現在の日本の電力供給の主力は火力で，これは当面の間は変わらない。東日本大震災の後，一時的に原子力発電は稼働していない時期もあったが，発電量が大きく，またある程度安定して発電できるものが原子力であることは否定できない。再生可能エネルギーによる発電方式は出力が小さかったり，安定した電力供給が難しいところもあったりするので，原子力による発電を全廃し再生可能エネルギーによる発電方式に切り替えるのは現実的ではない。

基本 問11 ア 図4は5万分の1の縮尺のものなので，等高線は20m毎になり，5本に1本目立つ形でかかれている計曲線は100mごと。よって標高差は400m以上になる。 イ ロープウェイの山頂駅のあたりには自動車が通れる道の表示もあるが，弥彦山の山頂を通るように引かれている線は，市町村の境目や登山道のもの。 ウ 弥彦村の村役場は図の右の方にあるやはぎ駅のそば。

問12 図中の斜線部は0.5cm×1cmの長方形。実際の面積は0.5×50000×1×50000(cm^2)となるので，単位換算し一番近いのはウの12ha。

問13 新潟県の燕市は，金属製洋食器の製造がさかんなところ。冬の間は雪に閉ざされ，田畑での農業は出来ないので，この冬の間の余剰労働力を活かして生産している。

重要 問14 ウ 妙高もツェルマットも比較的雪が多い山沿いにある場所で，スキーが盛んなところ。佐渡はトキがいる場所であることを思い出せればBを選べるはず。ウラジオストクはロシアの日本海側にある街。ロシア語のウラジとヴォストークという単語の組み合わさった名称で，「東を支配する」という意味になる。

3 (政治—日本と国際社会の政治経済に関する問題)

基本 問1 (1) G7はアメリカ，イギリス，フランス，ドイツ，イタリア，日本，カナダの7か国。
(2) 第1回のサミットは1975年にフランスのランブイエで開かれた。1973年のオイルショック後の国際社会の動きを見て，その後どのようなことをしていくべきかなどについて議論された。第1回のランブイエサミットはカナダを除くG6で開催され，第2回からカナダを含むG7となり，1994年から2013年まではロシアを含むG8での開催となった。

重要 問2 (1) オ c 1951年→a 1965年→b 1978年の順。 (2) OECDはOrganization for Economic Cooperation and Developmentの略で，経済協力開発機構と訳されている。もともとは第二次世界大戦後の西ヨーロッパへのアメリカの経済援助のマーシャルプランの受け皿としてつくられたOEECヨーロッパ経済協力機構が母体。 (3) ア 池田勇人首相が1961年に国民所得倍増計画を発表。 (4) イ アは公害対策基本法が環境基本法になったのは1993年で誤り。ウは環境庁が環境省になったのが2001年で誤り。エは大阪空港の問題に関し，最高裁は夜間の発着による住民の被害に関し，国営の空港のものなので夜間の発着を取りやめにすることは出来ないとし，空港が運用されるようになってからの住民が受けた健康被害などへの損害賠償にとどめるものとなったので，環境権が保護されたというものにはなっていないので誤り。 (5) A メチル水銀(有機水銀)は有毒物質で，食べ物や飲み水を介して体内に取り込まれると，蓄積されて健康を害するようになる。 B 水俣市があるのは熊本県。

やや難 問3 (1) GAFAはグーグル，アマゾン，フェイスブック，アップルの四社のこと。 (2) デジタル課税は，現在の日本の法人税の制度だと，日本に企業の拠点や工場がないと課税できないのを，インターネットなどを介して，日本でもさまざまな商品やサービスを提供して利益を上げている海外の企業に対しても，日本での活動に関しては課税するというもの。

重要 問4 (1) ウ アメリカの同時多発テロが発生したのは2001年9月11日。アは1995年，イは1992年，エは1993年。 (2) 社会保障関係費はグラフのア。イは公共事業費，ウは食料安定供給費，エは地方交付税交付金等。

問5 ア 参議院には解散がないので誤り。 イ 各省庁が予算案を出す相手は国会ではなく内閣なので誤り。 エ 内閣不信任案を決議するのは裁判所ではなく衆議院なので誤り。

問6 ア 国際連合は1945年4月から6月のサンフランシスコ会議で国際連合憲章について審議が行われ連合国51か国が調印し，1945年10月に発足したので誤り。 イ 国際連合の本部はニューヨークで，ジュネーブにあったのは国際連盟の本部なので誤り。 ウ 安全保障理事会の決議は五大国すべてを含む9カ国の賛成なので誤り。

基本 問7 (1) C 1948年の第三回国連総会で世界人権宣言が採択され，人権に関する定義が定められた。 D 世界人権宣言に法的拘束力を持たせたものが1966年の国際人権規約。 (2) E 圧迫。世界のさまざまな民族，国家に対して，どこかの民族や国家が圧力をかけたり偏ったものの見方で差別することをしないということがここの内容。 F 欠乏。戦争や災害，その他何らかの事態で世界の人々が恐怖にさらされたり，衣食住に関するものが著しく不足したりする状況を生み出さないようにし，物質的にも精神的にも平和な状態に生きることが出来る権利があるということ。

やや難 問8 アンコンシャス・バイアスunconscious(無意識の)bias(思い込み，先入観)は意識していないがなにかを「こうあるべき」と思い込み判断してしまうもの。この場合，設問の下線部の内容では，家庭のある女性が単身赴任をすることへの偏見，母親は家庭で子どもと一緒に暮らすものという先入観，子どもは母親と一緒にいることが望ましいという先入観などを考えられればよいであろう。

★ワンポイントアドバイス★

設問数が絶対的に時間に対して多いので，とにかく効率よく解いていくことが重要。できそうなものの取りこぼしがないように，予め全体を大まかにでも見て，問題の配列を把握しておくことが必要である。

＜国語解答＞ ≪学校からの正答の発表はありません。≫

問一 ① 平静 ② 野次馬 ③ 満面 ④ 筋骨

問二 (例) 新しいクラスでせっかく最初に仲良くなった友人にまで，「偽善者の店」という言葉が広まっているということにがく然としたから。(60字)

問三 (例) 好感を抱いていたヤジさんが「偽善者」という言葉に抵抗しないことへの失望と苛立ち。(40字)

問四 (例) クラスメイトたちが，「偽善者のムスコ」という言葉によって父をつるし上げ，罵っていること。(34字)

問五 (例) 台風の雨に打たれ，夕花の言葉を聞いたことで心が解放され，ビンボーや偽善者という言葉に悩み，悲しんでいた自分の心に気づいている。(63字)

問六 (例) 「こども飯」に関する解決できない息苦しさの中で，自分を支えてくれる父の存在の大きさを感じて胸が熱くなり，素直に「美味かった」とは言いたくない気持ち。(74字)

○推定配点○

問一 各4点×4 問二・問五・問六 各15点×3 問三・問四 各12点×2 計85点

<国語解説>

(小説一漢字の書き取り，内容理解，心情理解，主題)

基本 問一　①「平静」は，落ち着いてしずかなこと。　②「野次馬」は，自分に関係のないことを人のあとについてわけもなく騒ぎ回ること。また，そういう人。　③「満面」は，顔全体，という意味。　④「筋骨」は，筋肉と骨格，つまり体格のこと。

問二　それまで心也は，父や店に対する「偽善者」という言葉を見たり聞いたりしてきたが，自分が中学生になって「クラスで初めて仲良くなった友人」にまで，「偽善者」という言葉が広まっていたということにショックを受けているのである。

問三　ヤジさんは「偽善者か……。なるほど」と言い，「偽善者」という言葉を抵抗なく受け入れているように見える。これに対して心也は,「これまで俺がヤジさんに抱いていた『好感』の絶対量が，一気に半減するのを感じ」て，「苛立ち」を覚えている。

問四　「偽善者のムスコ――，このムスコという三文字がやたらと腹立たしい意味を持つということに気づいた」「俺はただのムスコであって，偽善者と罵られたのは父だ」「父が，クラスメイトたちの前で吊るし上げられたのだ」とあることに注目。心也が感じているのは，父が罵られていることへの怒りである。

重要 問五　夕花の「全部がどうでもよくなっちゃいそうなくらい」という言葉を，心也は「胸のなかで繰り返し」て，「ほんと，ぜーんぶ，どうでもいいよな」と言っている。台風の雨に打たれながら夕花の言葉をかみしめ，ひととき心が解放されているのである。「この雨が，ビンボーも，偽善者も，きれいさっぱり洗い流してくれればいいのに」「泣きたい気分なのって，俺じゃん」と，心也は自分の悩みと悲しみに改めて気づいている。

やや難 問六　父が「心也が不幸になるんだったら，俺は『こども飯』をやめるよ」と言っていることに注目。これに対して心也は，「そもそも自分からやめて欲しいと言ったのに，いざ父が賛成してくれたら，それにも不平を言いたくなって，胸の奥のもやもやがむしろ一気に膨張してきた」と感じている。「こども飯」に関する悩みは解消されないが，「父の存在」の大きさを感じて「鼻の奥がツンとしてきそう」つまり，胸が熱くなっているのである。かといって素直には返事をせず，「今日くらいはイレギュラーな返事にしてやれ」と思ったのである。

★ワンポイントアドバイス★

すべて記述問題である。読解は，短時間の中で，文章の内容をおさえ，自分の言葉にまとめて指定字数内で的確に説明する力が求められる。ふだんからいろいろなジャンルの文章にふれることや，文章の要約する練習をすることが力となる！

MEMO

大切なことはメモしておこうネ！

2021年度

★★★★★★★★★★★★★★★★★★★★★★★

入　試　問　題

2021年度

開成中学校入試問題

【算　数】（60分）　＜満点：85点＞

【注意】 １．問題文中に特に断りのないかぎり，答えが分数になるときは，できるだけ約分して答えなさい。円周率が必要なときは3.14を用いなさい。

２．必要ならば，「角柱，円柱の体積＝底面積×高さ」，「角すい，円すいの体積＝底面積×高さ÷３」を用いなさい。

３．式や図や計算などは，他の場所や裏面などにかかないで，すべて解答用紙のその問題の場所にかきなさい。

４．問題用紙を切り取ってはいけません。

1　次の問いに答えなさい。

⑴　2021年２月１日は月曜日です。現在の暦《こよみ》のルールが続いたとき，2121年２月１日は何曜日ですか。

ただし，現在の暦において，一年が366日となるうるう年は，

・４の倍数であるが100の倍数でない年は，うるう年である

・100の倍数であるが400の倍数でない年は，うるう年ではない

・400の倍数である年は，うるう年である

であり，うるう年でない年は一年を365日とする，というルールになっています。

⑵　三角形の頂点を通る何本かの直線によって，その三角形が何個の部分に分けられるかについて考えます。ただし，３本以上の直線が三角形の内部の１点で交わることはないものとします。

右の図のように，三角形の各頂点から向かい合う辺に，直線をそれぞれ２本，２本，３本引いたとき，元の三角形は24個の部分に分けられます。

では，三角形の各頂点から向かい合う辺に，直線をそれぞれ２本，３本，100本引いたとき，元の三角形は何個の部分に分けられますか。

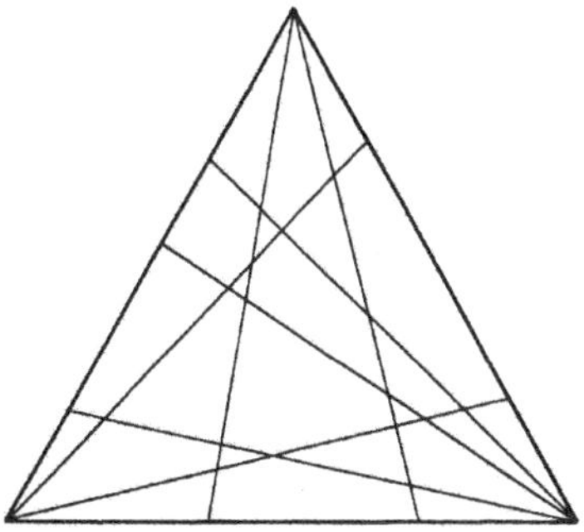

⑶　面積が６cm^2の正六角形ABCDEFがあります。右の図のように，P，Q，Rをそれぞれ辺AB，CD，EFの真ん中の点とします。三角形PQRの面積を求めなさい。

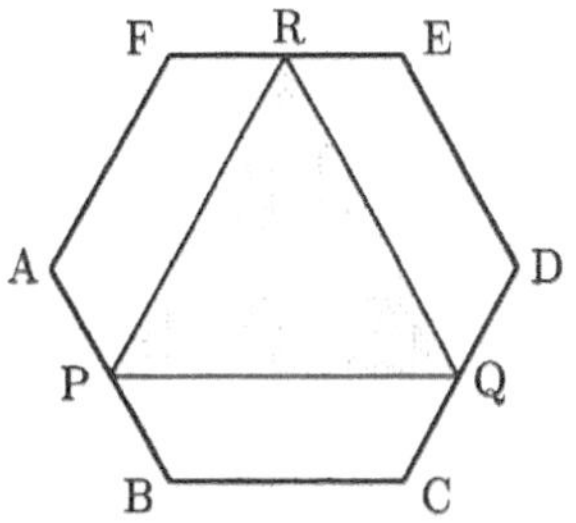

⑷　$\frac{1}{9998}$を小数で表すとき，小数第48位の数，小数第56位の数，小数第96位の数をそれぞれ求めなさい。

2　三角すいの体積は，(底面積)×(高さ)÷３により求めることができます。

１辺の長さが６㎝の立方体の平行な４本の辺をそれぞれ６等分し，図のように記号を付けました。以下の問いに答えなさい。

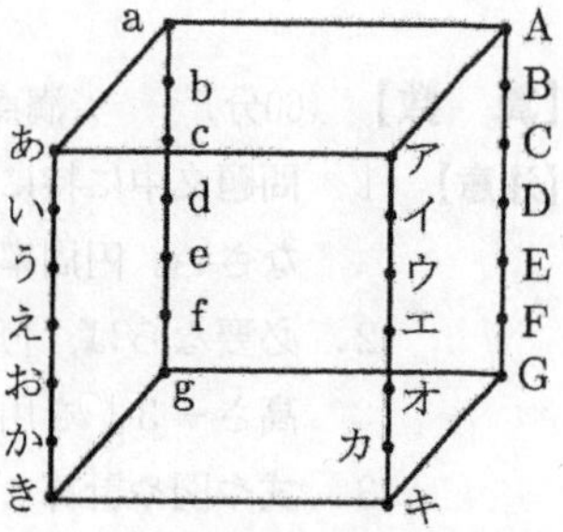

⑴　４点 き，G，a，g を頂点とする三角すいの体積を求めなさい。

⑵　４点 き，ウ，G，a を頂点とする三角すいの体積を求めなさい。

⑶　４点 い，オ，C，g を頂点とする三角すいの体積を求めなさい。

3　1と0のいずれかが書かれたカードがたくさんあります。

はじめにA君とB君は同じ枚数のカードを手札として横一列に並べています。審判《しんぱん》には0のカードが１枚渡《わた》されていて，「スコアスペース」にはカードがありません。

次のような「操作」を考えます。

A君とB君はそれぞれ手札の右はしのカード１枚を出し，審判は最後に渡されたカードのうち１枚（はじめは0のカード）を出します。これら合計３枚のカードを次のように移します。

・３枚とも0の場合は，
「スコアスペース」に0のカード１枚を置き，審判に0のカード２枚を渡します。

・２枚が0で１枚が1の場合は，
「スコアスペース」に1のカード１枚を置き，審判に0のカード２枚を渡します。

・１枚が0で２枚が1の場合は，
「スコアスペース」に0のカード１枚を置き，審判に1のカード２枚を渡します。

・３枚とも1の場合は，
「スコアスペース」に１のカード１枚を置き，審判に1のカード２枚を渡します。

ただし，「スコアスペース」には古いカードが右に，新しいカードが左になるように置いていきます。

A君，B君，審判は，A君とB君の手札がなくなるまで上の「操作」を繰《く》り返《かえ》します。

審判に最後に渡されたカードが1 ２枚ならばA君の勝ちです。

審判に最後に渡されたカードが0 ２枚ならばB君の勝ちです。

いずれの場合も「スコアスペース」に置かれている１のカードの枚数を，勝者の得点とします。

例えば，次のページの図のように，はじめの手札が３枚ずつであるとして，A君の手札が001でB君の手札が101のとき，最終的に「スコアスペース」には110が置かれて，審判に最後に渡されたカードが0 ２枚なので，B君の勝ちで得点は２点になります。

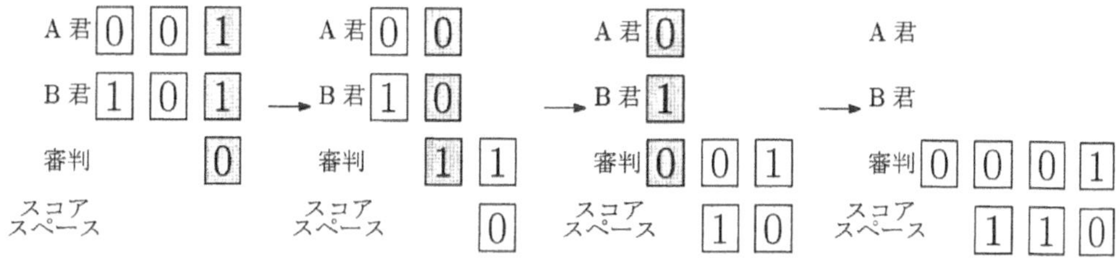

注意：塗《ぬ》られているカードは，次の「操作」で移すカードです。

⑴　はじめの手札が４枚ずつであるとします。
A君の手札が[0][1][0][1]でB君の手札が[0][0][0][0]のとき，最終的に「スコアスペース」に置かれているカードを答えなさい。

⑵　はじめの手札が６枚ずつであるとします。
A君の手札が[0][0][1][0][0][1]でB君の手札が[0][1][0][0][0][1]のとき，最終的に「スコアスペース」に置かれているカードを答えなさい。

⑶　はじめの手札が６枚ずつであるとします。
A君の手札が[0][0][1][0][0][1]のとき，B君が勝ちで得点が６点になるには，B君はどのような手札であればよいでしょうか（答えは一通りしかありません）。

⑷　はじめの手札が６枚ずつであるとします。
A君の手札が[0][0][1][0][0][1]のとき，B君が勝ちで得点が１点になるには，B君はどのような手札であればよいでしょうか。すべて答えなさい。ただし，解答らんはすべて使うとは限りません。

⑸　はじめの手札が６枚ずつであるとします。
A君の手札が[0][0][1][0][0][1]のとき，B君が勝ちで得点が２点になるようなB君の手札は何通りありますか。

【理　科】（40分）　＜満点：70点＞

1

Ⅰ　次にあげるア～オの水よう液について，以下の問いに答えなさい。

ア　アンモニア水　　イ　塩酸　　ウ　水酸化ナトリウム水よう液

エ　食塩水　　　　　オ　炭酸水

問１　においをかぐとき，どのようにすればよいですか。簡潔に答えなさい。

問２　においをかいだとき，においのするものはどれですか。においのするものをア～オの水よう液の中からすべて選び，記号で答えなさい。

問３　赤色リトマス紙につけると，リトマス紙の色が赤から青になるものはどれですか。ア～オの水よう液の中からすべて選び，記号で答えなさい。

問４　イ～オの水よう液にアルミニウムを入れるとアルミニウムがとけるものはどれですか。とけるものをイ～オの水よう液の中からすべて選び，記号で答えなさい。

問５　エとオの水よう液をそれぞれ沸《ふっ》とうさせて，さらにしばらく加熱し続けました。その後，残った液体を冷やして，その中に石灰水《せっかいすい》を入れました。結果の組み合わせとして適当なものを，次のａ～ｄの中から１つ選び，記号で答えなさい。

	a	b	c	d
エ 食塩水	白くにごる	白くにごる	変化なし	変化なし
オ 炭酸水	白くにごる	変化なし	白くにごる	変化なし

Ⅱ　図１のメスシリンダーは液体をはかりとる器具で，読みとった体積（目盛りの数値）とメスシリンダーから流し出した液体の体積が同じになるようにつくられています。そのため，取り扱《あつか》う際には，容積が変化してしまう可能性のある使い方は避《さ》けなければなりません。以上のことをふまえて以下の問いに答えなさい。なお，以下で用いるメスシリンダーはすべて図１と同じものとし，液体はすべて水よう液とします。

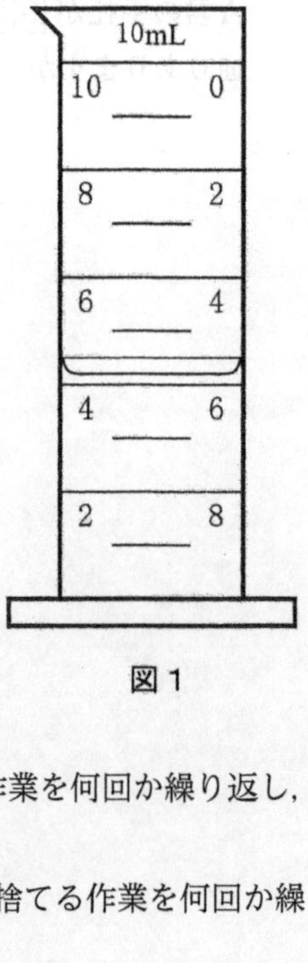

図１

問６　水よう液を入れたメスシリンダーが図１のようになっているとき，体積は何mLと読めますか。読みとった数値を答えなさい。

問７　メスシリンダーを洗って乾《かわ》かす方法として最も適当なものを次のア～エの中から１つ選び，記号で答えなさい。

ア　中の液体を流し，そこへ水を入れては捨てる作業を何回か繰《く》り返し，そのまま放置して乾かした。

イ　中の液体を流し，そこへ水を入れては捨てる作業を何回か繰り返し，乾燥機《かんそうき》で加熱して乾かした。

ウ　水と硬《かた》いブラシを用いて，中をよく洗い，そこへ水を入れては捨てる作業を何回か繰り返し，そのまま放置して乾かした。

エ　水と洗剤《せんざい》と硬いブラシを用いて，中をよく洗い，そこへ水を入れては捨てる作業を何回か繰り返し，乾燥機で加熱して乾かした。

問8　メスシリンダーAで液体を正確に10mLはかりとり，別の乾いたメスシリンダーBに移しました。このときメスシリンダーBの示す体積を読むとどうなっていますか。次の**ア**～**エ**の中から１つ選び，記号で答えなさい。

ア　10mLより少ない　　**イ**　10mLちょうど

ウ　10mLより多い　　**エ**　10mLより少ないときも多いときもある

問9　２つのメスシリンダーに，それぞれ正確に体積を読みとったまま液体が入っています。その２つの液体を，読みとった体積で混ぜ合わせているものはどれですか。最も適当なものを**ア**～**エ**の中から１つ選び，記号で答えなさい。なお，下の図は**ア**～**エ**の文に対応する模式図です。

ア　スポイトを用いてメスシリンダーからビーカーに移し，もう一方もスポイトを用いてビーカーに移して混ぜた。

イ　メスシリンダーに，もう一方のメスシリンダーから直接移して混ぜた。

ウ　メスシリンダーから直接移す方法で，同じビーカーに２つとも移して混ぜた。

エ　２つのメスシリンダーからそれぞれ別のビーカーに直接移した後，同じビーカーに２つとも移して混ぜた。

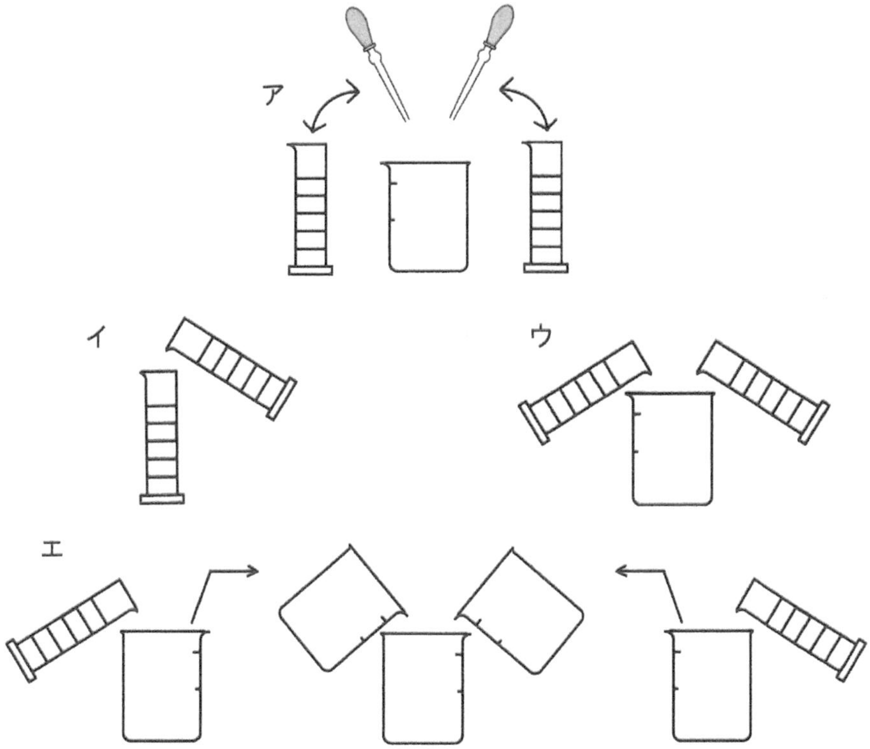

2

Ｉ　**図１**（次のページ）は太陽と地球と月の位置関係を示したもので，３つの天体は常に同じ平面上にあるものとします。この図で地球は反時計回りに自転しているものとします。ある日，東京で，左半分が光っている月がちょうど真南に見えました。次のページの問いに答えなさい。

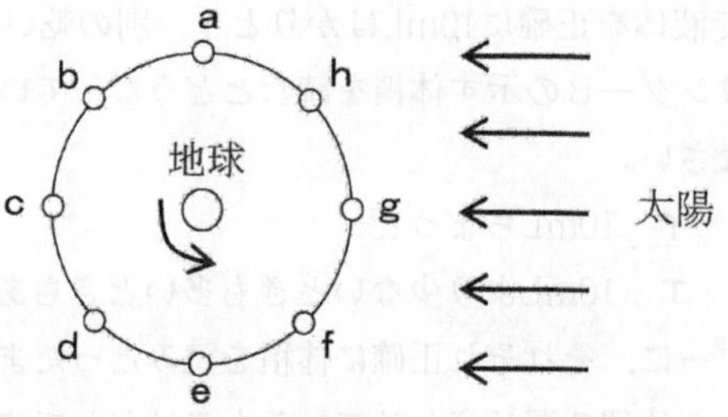

図1

問1　この時の月の位置として最も適当な場所を図1の**a**～**h**の中から1つ選び，記号で答えなさい。

問2　この時の時刻として最も近いものを次の**ア**～**エ**の中から1つ選び，記号で答えなさい。

ア　6時　**イ**　12時　**ウ**　18時　**エ**　24時

問3　東京での太陽の南中高度（太陽が真南に来た時の地平線からの角度）は夏至《げし》の日に最も高くなり，冬至《とうじ》の日に最も低くなります。このようになるのは地球の自転軸《じてんじく》が傾《かたむ》いているためです。それでは，東京で見る満月の南中高度はどうなるでしょうか。以下に示す日にそれぞれ満月になったとして，最も適当なものを次の**ア**～**オ**の中から1つ選び，記号で答えなさい。

ア　春分の日に最も高くなり，秋分の日に最も低くなる。

イ　秋分の日に最も高くなり，春分の日に最も低くなる。

ウ　夏至の日に最も高くなり，冬至の日に最も低くなる。

エ　冬至の日に最も高くなり，夏至の日に最も低くなる。

オ　1年を通じて変わらない。

Ⅱ　図2に示されるように，両側が崖《がけ》になっている狭《せま》い谷川に沿って200mほどの間隔《かんかく》で**A**，**B**，**C**の3地点があり，この谷川の上流には盆地《ぼんち》が広がっています。太郎《たろう》，次郎《じろう》，三郎《さぶろう》の3人は，非常に激しい雨が降り続いた時の**B**地点での水位の変化を調べました。普段《ふだん》に比べ水位は非常に高くなっていましたが，図3の時刻**ア**に急激に低下し，その後図3のように変化したことがわかりました。また，**A**地点では**B**地点とほぼ同じパターンで水位が変化していましたが，**C**地点では**B**地点と明らかに異なるパターンで水位が変化していました。このことに関する次の会話文を読んで，あとの問いに答えなさい。

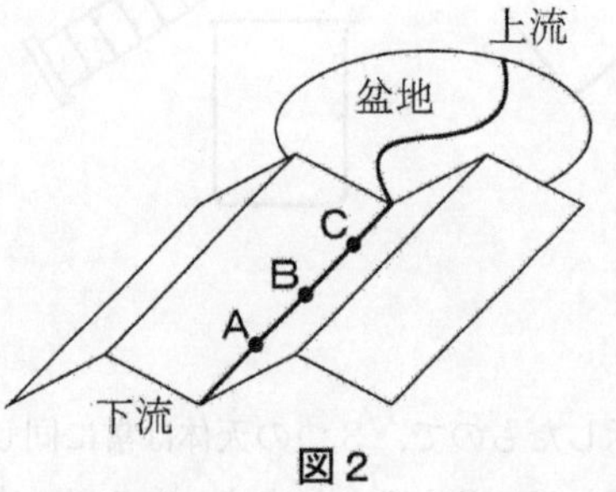

図2

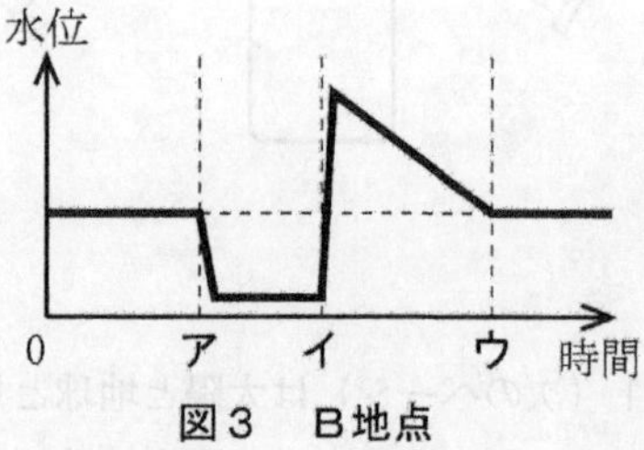

図3　B地点

三郎：「川の水位が1時間ほどの間に急に下がったり上がったりするのは不思議だね。雨が止《や》んだりしたのかと思ったけど，調べたらこの期間の雨の降り方は，ほぼ一定だったらしい。」

次郎：「何か理由があるはずだよね。確認《かくにん》したけどダムの放流などもなかったらしいよ。」

太郎：「時刻**ア**にＢ地点の川の水位が急に下がったのは，上流の盆地から谷川に流入する水が減少したと考えれば説明できるよね。たとえば，上流の盆地で堤防《ていぼう》が決壊《けっかい》したと考えれば説明できると思う。」

三郎：「なるほど。」

次郎：「時刻**ア**にＢ地点の川の水位が急に下がったのは，Ｂ地点と（　a　）地点の間で（　b　）などが発生し，川が（　c　）と考えても説明できると思うな。」

三郎：「２つの仮説が出たね。それでは，時刻**イ**にＢ地点の川の水位が急に上昇《じょうしょう》するのは，それぞれの仮説で，どのように説明できるのだろう？」

太郎：「うーん，困ったな。ぼくの堤防決壊仮説では，ちょっと説明できないかもしれない。堤防を大急ぎで修理しても，こんなに急には水位の上昇は起こらないだろうな。」

次郎：「僕《ぼく》の仮説だと，時刻**イ**に（　d　）と考えれば，急激な水位の上昇も説明できると思う。」

三郎：「なるほど。次郎君の仮説だとうまく説明できるね。」

太郎：「残念だけど僕の仮説では説明できないことがあったね。僕も次郎君の仮説に賛成だ。」

問４　会話文の空欄《くうらん》（a）～（d）にあてはまる適当な語句や文を答えなさい。なお，（a）には「A」または「C」が入り，（d）には「土砂《どしゃ》」という言葉を含《ふく》む10～20字の文が入るものとします。

問５　Ｃ地点におけるこの川の水位の変化は，Ｂ地点とは明らかに異なるパターンでした。次郎君の仮説に基《もと》づくと，どのようになっていたと考えられますか。時刻**ア**～時刻**ウ**の期間について，各時刻から図中の点を１つずつ選んで線で結び，その変化の大まかな様子を示しなさい。なお，時刻**ア**までと時刻**ウ**からは，**図４**の太線のようになっていたものとします。

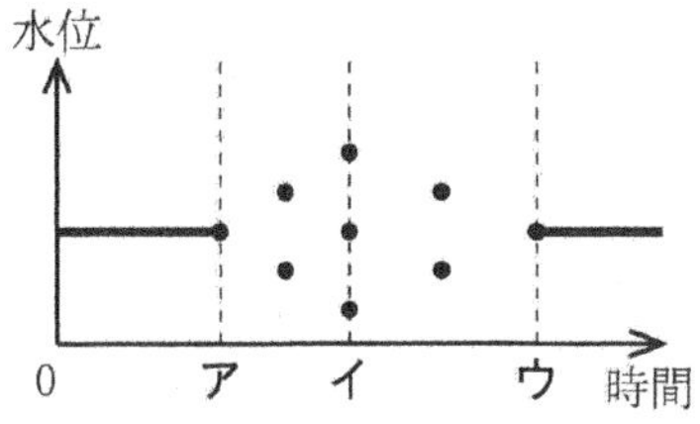

図４　Ｃ地点

問６　次の文の（　）に当てはまる語句を**漢字５文字**で答えなさい。

１時間に50㎜を超《こ》えるような激しい雨が数時間以上続くのは積乱雲が同じ場所で次々と発生し同じ方向に移動してゆく場合が多いですが，このような場所を（　　　）と呼ぶことが近年，新聞やテレビなどで多くなってきました。

3　次の文章を読み，以下の問いに答えなさい。

太郎君は，いろいろな生物を観察して，ある生物が別の生物にとてもよく似ていることがあることに気がつきました。似ている理由には，いろいろな場合があるようだったので，詳《くわ》しく調べてみました。

問１　次のページの**表１**の①～③の生物Ａと生物Ｂの組み合わせにおいて，生物Ａが生物Ｂに似ていることにより，生物Ａにどのような利益があると考えられますか。最もよく当てはまると思われるものをあとの**ア**～**ウ**の中からそれぞれ１つずつ選び，記号で答えなさい。

ア　他の生物に見つかりにくくなり，他の生物を捕《つか》まえて食べることが簡単になる。

イ　他の生物に見つかりにくくなり，他の生物に捕まって食べられてしまうことを避けやすくなる。

ウ　他の生物に見つかりやすくなるが，危険な生物と誤解させることによって，食べられてしまうことを避けやすくなる。

表１

	①	②	③
生物A	ナナフシ ※1 	ハナカマキリ ※2 	ホソヒラタアブ ※1 
生物B	植物の葉や枝 	ランの花 	セグロアシナガバチ ※1 

（なお，虫や植物の縮尺は均等ではありません）

※１：川邊透『昆虫探検図鑑1600』（全国農村教育協会）2014 より
※２：安佐動物公園（http://www.asazoo.jp/event/eventlist/3880.php）より

太郎君は，ある湖に生息する魚Aに興味を持ちました。この魚Aは，親が自分の巣に卵を産みます。卵を産んだ後も，親は巣を離《はな》れず，ふ化した稚魚《ちぎょ》（子供の魚）を食べようと襲《おそ》ってくる魚Bを追《お》い払《はら》うなど，稚魚を守る行動をします。

太郎君は，魚Aの稚魚は白黒の模様をしており，巣の周囲にいる巻貝Cの模様とよく似ていることに気がつきました。このことにどのような意味があるのか調べてみようと思いました。

問２　太郎君は魚Aの巣内と巣外（巣のすぐ近く）で，稚魚に似ている巻貝Cと，稚魚には似ていない巻貝Dの数を数えてみました。その結果を巻貝の種類ごとに巣内と巣外の比率（割合）としてまとめたものが図１です。以下のア～エの中で，図１（次のページ）の結果を最もよく説明しているものを１つ選び，記号で答えなさい。ただし巣ができる前は，巻貝C，巻貝Dともにそれぞれかたよりなく分布していました。また，調べた面積は巣内と巣外でほぼ同じであるとします。

ア　魚Aの親魚は巻貝Cも巻貝Dも巣内に運んだ。

イ　魚Aの親魚は巻貝Cも巻貝Dも巣外に運んだ。

ウ　魚Aの親魚は巻貝Cを巣内に運び，巻貝Dは巣外に運んだ。

エ　魚Aの親魚は巻貝Cを巣外に運び，巻貝Dは巣内に運んだ。

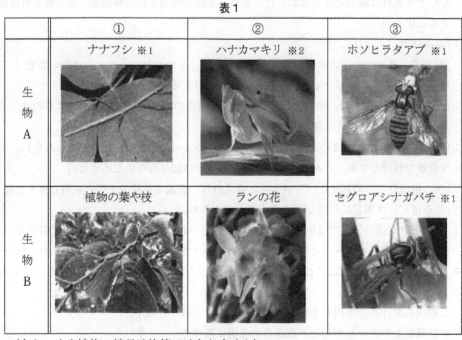

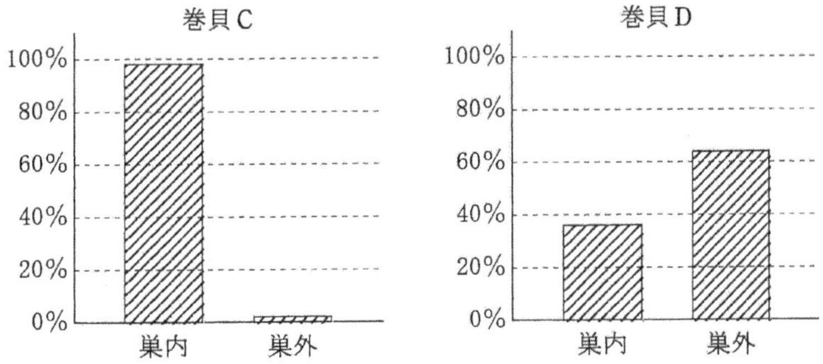

図１

問３　太郎君は「稚魚は巻貝Cに似ていることによって魚Bに襲われにくくなっている」という予想をたてました。この予想が正しいことを確かめるには，**図１**の状態からどのように変化させる実験を行い，どのような結果が得られればよいですか。次の**ア**～**エ**の中から１つ選び，記号で答えなさい。ただし，魚Bは巻貝を食べないものとします。

ア　巣内の巻貝Cを巣外に人工的に移動させると，稚魚が生き残る割合が低くなる。
イ　巣外の巻貝Cを巣内に人工的に移動させると，稚魚が生き残る割合が低くなる。
ウ　巣内の巻貝Dを巣外に人工的に移動させると，稚魚が生き残る割合が低くなる。
エ　巣外の巻貝Dを巣内に人工的に移動させると，稚魚が生き残る割合が高くなる。

問３で答えた実験を行っても，実際には稚魚が生き残る割合は変わりませんでした。不思議に思った太郎君は，巣の親魚の行動をよく観察してみたところ，**問３**で答えた実験の前と後で，親魚が魚Bを追い払う回数が変化することに気がつきました。

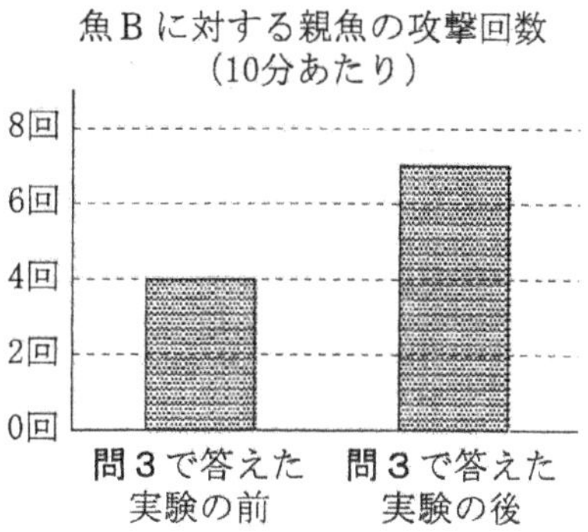

図２

問４　これらの結果からいえることを示した以下の文章の［1］～［4］には，次の**a**～**e**のいずれかの選択《せんたく》肢《し》が入ります。選択肢の組み合わせとして最も適当なものを以下の**ア**～**ク**の中から１つ選び，記号で答えなさい。

a　巻貝C　　b　巻貝D
c　魚Aの親魚　　d　魚Aの稚魚
e　魚B

巣内の［　1　］の数が少ないと，［　1　］に似ている［　2　］が［　3　］に見つかりやすくなる。その結果，［　4　］が［　3　］を追い払う行動が増える。

	［1］	［2］	［3］	［4］
ア	a	c	d	e
イ	a	c	e	d
ウ	a	d	c	e
エ	a	d	e	c
オ	b	c	d	e
カ	b	c	e	d
キ	b	d	c	e
ク	b	d	e	c

問５　次のページの⑴，⑵に，**下線部**（〰〰）および**図２**をもとにして答えなさい。

⑴　魚Aの親魚が，魚Aの稚魚に似ている巻貝Cを運ぶことで，直接利益を得ている生物はどれですか。問4のａ～ｅの中から１つ選び，記号で答えなさい。

⑵　⑴で答えた生物には，どのような利益がありますか。20字以内で答えなさい。

4　以下の問いに答えなさい。数値が割りきれない場合は小数第２位を四捨五入して，小数第１位まで答えなさい。

問１　長さが84㎝の太さが一定でないバットを糸を使ってつるし，水平にすることを考えます。図１のようにするには540ｇの力が，図２のようにするには180ｇの力が必要でした。図３のように，糸１本だけでバットをつるすにはバットの左端《ひだりはし》から何㎝のところをつるせばよいですか。また，このとき糸を支える重さは何ｇですか。

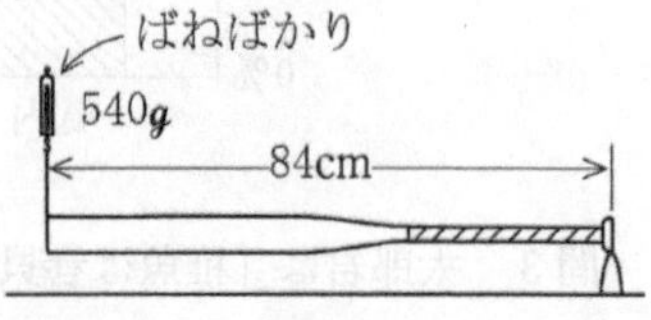

図１

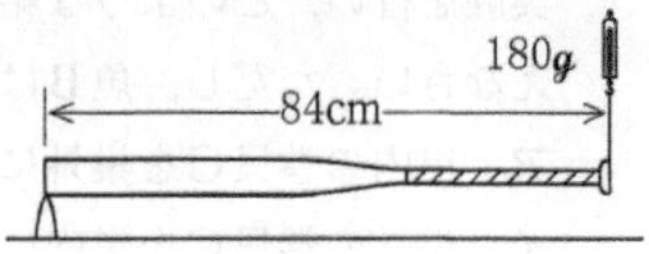

図２

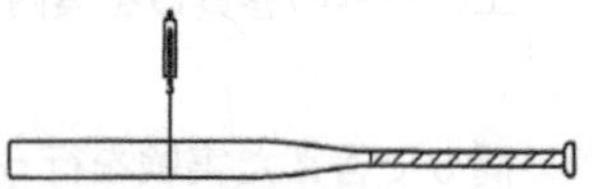
図３

ものをその一点で支えることができるとき，その点を「重心」といいます。例えば，図３で糸を支えている位置（ばねばかりの位置）はバットの重心の真上になります。

一見複雑で重心の位置がわからないように見えるものも，様々な方法で調べることができます。その方法の１つに，「そのものを適当な部分に分け，その部分ごとの重心を考えることで，全体の重心を求める」というものがあります。重さが無視できるほど軽く，曲がらない真《ま》っ直《す》ぐな棒をつかい，この方法で，いろいろなものの重心の位置を考えてみましょう。

問２　重さ10ｇのおもり10個を図４のように10㎝の棒２本に取り付け，それを棒の外側の端が揃《そろ》うように30㎝の棒につり下げます。すべての棒が水平に保たれているとき，図４中の ア ， イ の長さはそれぞれ何㎝でしょうか。

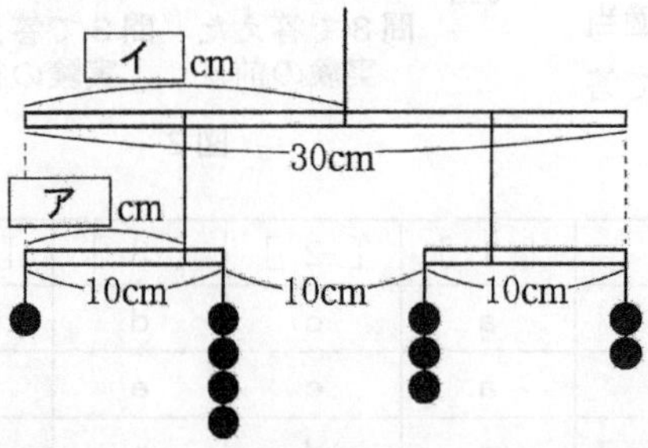

図４

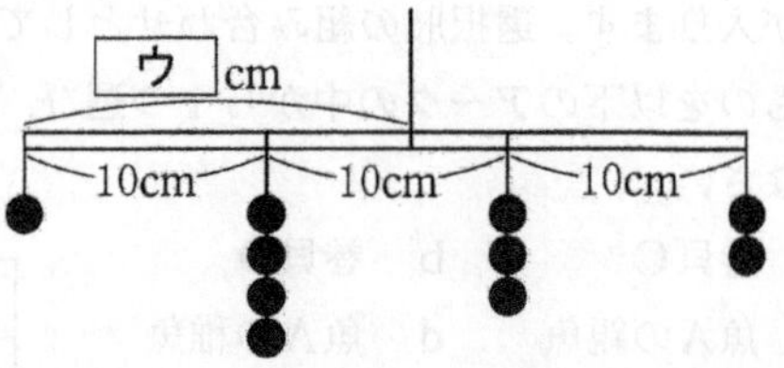

図５

実は図５のように10ｇのおもり10個を30㎝の棒に取り付けたとき，棒に糸をつけて水平に保てる ウ の長さは イ の長さに等しくなります。このように，一見複雑で重心の位置がわかりにくいものも，うまく分けてその部分ごとに重心を求めることで，全体の重心を求めることができます。

厚さが一定の変形しない板（横80㎝×縦50㎝）から次のページの図６のような形を切り取りました。次のページの図７は切り取られて残った部分を表しています。なお，板の大きさがわかりやすいように，縦横10㎝ごとに破線が描《えが》かれています。また，板をつるしている糸はすべて同じ長さであるとします。

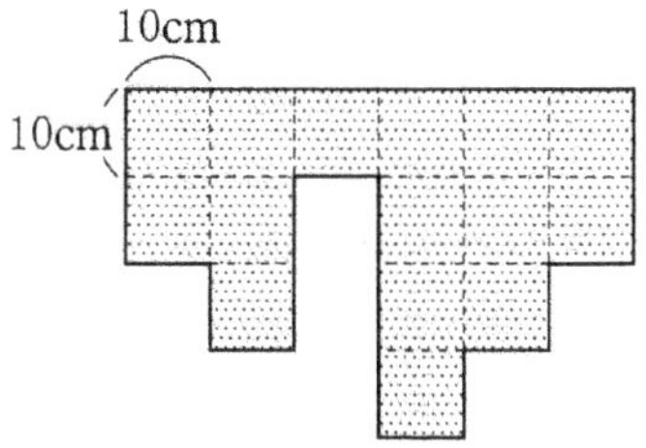

図６

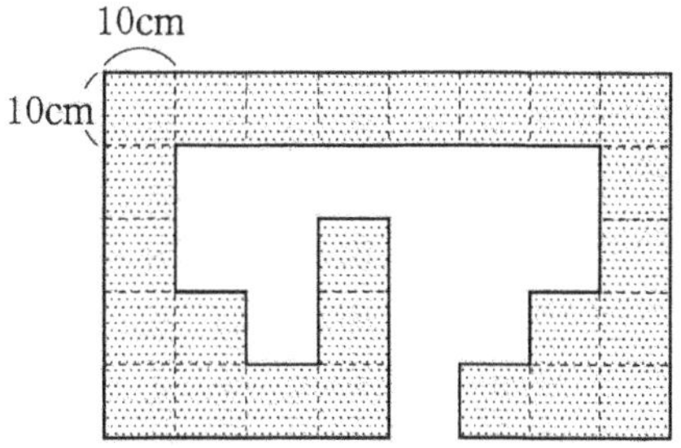

図７

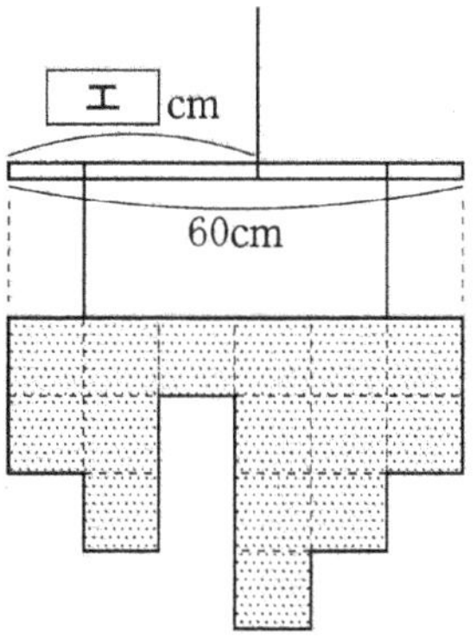

図８

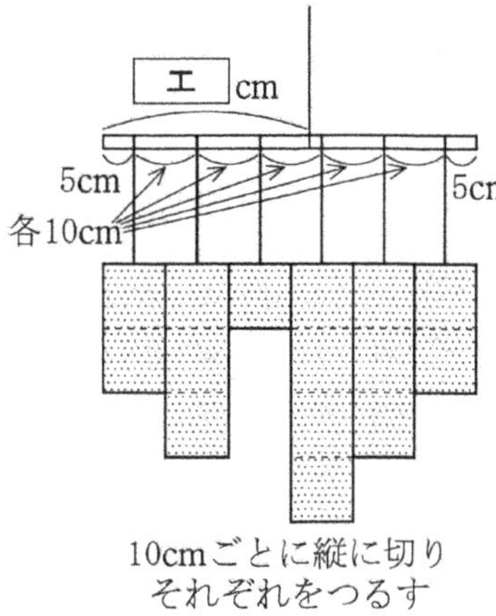

図９

問３　切り取った板を**図８**のように60㎝の棒に，両端《りょうたん》の位置が揃うように取り付けました。このとき，棒が水平に保たれるためには，図中の エ の長さをいくらにすればよいでしょうか。なお，板を**図９**のように10㎝ごとに切って棒に取り付けても，棒を水平に保つために支える位置は同じになります。

問４　切り取られて残った部分を**図10**のように80㎝の棒に，両端の位置が揃うように取り付けました。このとき，棒が水平に保たれるためには，図中の オ の長さをいくらにすればよいでしょうか。なお，切り取られる前の板の重心は，板の中心になります。

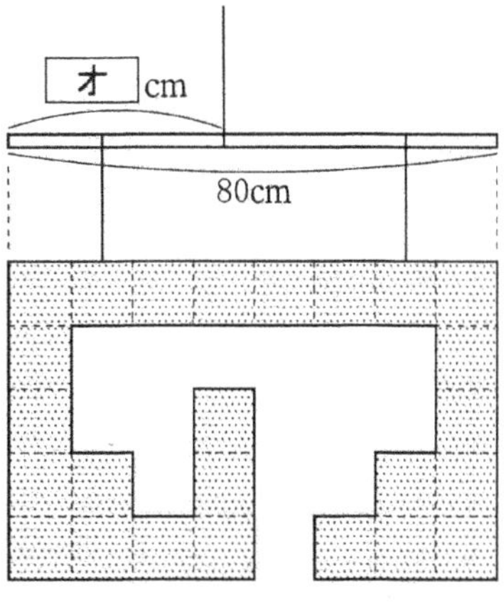

図10

問５　図11のように厚さが一定の半径30㎝の円形の板から半径10㎝の円形の板が切り取られて残った部分があります。この板を図のように60㎝の棒に，２つの円の中心を結んだ線と棒が平行になるように，板が棒の幅《はば》にちょうどおさまるように取り付けました。このとき，棒が水平に保たれるためには，図中の カ の長さをいくらにすればよいでしょうか。

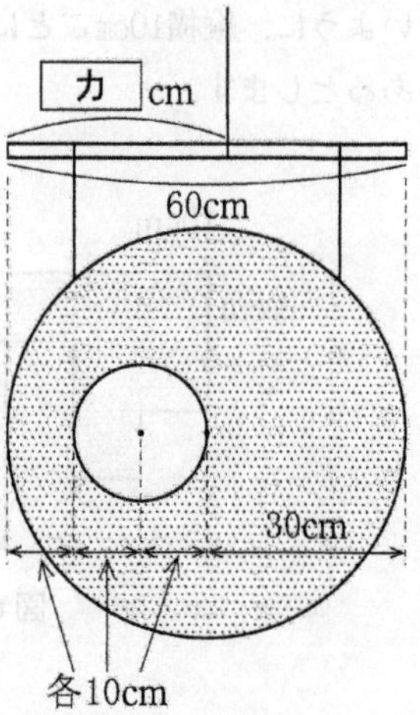

図11

【社　会】（40分）　＜満点：70点＞

1　次の文章は，奈良・鎌倉・江戸時代の東海道について述べたものです。これを読んで，あとの問いに答えなさい。

律令《りつりょう》による支配が行われるようになると，都から地方に国司が派遣《はけん》され，ⓐ地方からは租税《そぜい》が都に納められるようになります。ⓑ国司が地方を統治する拠点《きょてん》を国府といい，都から各国の国府へとのびる道は官道とよばれました。官道のなかでも東海道は都と東国を結ぶ重要な幹線でした。

源 頼朝《みなもとのよりとも》は，ⓒ鎌倉幕府をつくりあげていく過程のなかで，東海道の再整備を進めました。東国に新たに生まれた武家の都鎌倉と，政治の中心である京都をつなぐ東海道が，重要になると考えたからです。その後，ⓓ東海道は多くの人や物が往来し，東西の政治的交流をうながす大動脈としての役割を果たすようになりました。

徳川家康《とくがわいえやす》は，江戸の日本橋を起点とした五街道という新たな交通体系の整備に取り組みました。東海道は，京都の三条大橋まで53の宿場が設けられました。ⓔ参勤交代が制度として定められると，大名行列が東海道を行きかうようになります。ⓕ「鎖国《さこく》」が完成した後も，外国人の行列が東海道を通行することもありました。江戸時代も後半になると，庶民《しょみん》の旅もさかんになり，ⓖ東海道の名所風景は浮世絵にも描《えが》かれました。

問１　下線部ⓐに関して，右の資料は地方から都に租税を納めたときに荷札として用いられた木簡（一部改変）です。次の問いに答えなさい。

（表）伊豆国田方郡棄妾郷瀬埼里戸主茜部真弓［　　］荒堅魚《かつお》十一斤十両　六連一丸
（裏）天平七年*十月　＊西暦の七三五年にあたる。

（奈良文化財研究所所蔵）

①資料の空らん［　］にあてはまる租税の名称《めいしょう》を**漢字**で答えなさい。

②資料から読み取れることを述べた文として**誤っているもの**を，次の**ア**～**エ**から一つ選び，記号で答えなさい。

ア　この租税は東海道を使って運ばれた。
イ　この租税を納めたときの都は平城京だった。
ウ　この租税は戸主がとりまとめて納入した。
エ　この租税は土地の広さを基準に課税された。

問２　下線部ⓑに関して，聖武天皇《しょうむてんのう》のときに国府の近くに建立《こんりゅう》された寺院の名称を**漢字**で答えなさい。

問３　下線部ⓒに関して，源頼朝が鎌倉幕府をつくりあげていく過程を述べた文**a**～**c**を，古いほうから年代順に正しく配列したものを，下の**ア**～**カ**から一つ選び，記号で答えなさい。

a　源頼朝が朝廷《ちょうてい》から守護と地頭を任命する権利を認められた。
b　源 義経《みなもとのよしつね》をかくまったとして源頼朝は奥州《おうしゅう》藤原氏を滅ぼした。
c　源頼朝が朝廷から征夷《せいい》大将軍に任じられた。

ア　a→b→c　　**イ**　a→c→b　　**ウ**　b→a→c
エ　b→c→a　　**オ**　c→a→b　　**カ**　c→b→a

問４　下線部ⓓに関して，次のページの資料は執権北 条 泰時《しっけんほうじょうやすとき》が京都にいた弟の重時《しげとき》にあてて書き送った手紙の一部（部分要約）です。次のページの問いに答えなさい。

> この式目は，とくに根拠《こんきょ》とした文章があるわけではなく，ただ道理の指し示すところを記したものです。あらかじめ御成敗《ごせいばい》のありかたを定めて，人の身分の高下にかかわらず，かたよりなく裁定されるように，これらの条文を定めました。もっぱら武家の人々へのはからいのためばかりのものです。これによって，律令の掟《おきて》は少しも改まるべきものではありません。京都の人々が非難を加えることがあれば，私の意をくんで説明して下さい。

①弟の重時が長官をつとめていた鎌倉幕府の機関を答えなさい。

②資料から読み取れることを述べた文として**誤っているもの**を，次のア～エから一つ選び，記号で答えなさい。

ア　この手紙は承久《じょうきゅう》の乱の後に書かれたものである。

イ　この式目は律令の規定の影響《えいきょう》を受けてつくられた。

ウ　この手紙で北条泰時は朝廷の政治を尊重する姿勢をとっている。

エ　この式目は武士の裁判の基準となる法律としてつくられた。

問５　下線部ⓔに関して，参勤交代について述べた文として**誤っているもの**を，次のア～エから一つ選び，記号で答えなさい。

ア　徳川家光《とくがわいえみつ》は武家《ぶけ》諸法度《しょはっと》を改め，参勤交代を制度として定めた。

イ　親藩《しんぱん》や譜代《ふだい》の大名は，参勤交代の負担を免除《めんじょ》された。

ウ　参勤交代の行列の人数などは，大名ごとに決められていた。

エ　参勤交代を行う際，大名は弓・槍《やり》・鉄砲《てっぽう》などの武器を持参した。

問６　下線部ⓕに関して，「鎖国」のもとで東海道を通行した外国人の行列について述べた文として**誤っているもの**を，次のア～エから一つ選び，記号で答えなさい。

ア　将軍がかわったときに，朝鮮《ちょうせん》から通信使とよばれる使節団が東海道を通行して江戸に向かった。

イ　将軍や琉球《りゅうきゅう》国王がかわったときに，琉球からの使節団が東海道を通行して江戸に向かった。

ウ　中国人の商人団は，東海道を通行して江戸に向かい，中国皇帝《こうてい》からの国書を将軍に渡《わた》した。

エ　オランダ商館長一行は，貿易を認められているお礼を将軍に伝えるため，東海道を通行して江戸に向かった。

問７　下線部ⓖに関して，右の資料は「東海道五十三次」のうち日米修好通商条約で開港が定められた宿場町を描いた作品（一部改変）です。次の問いに答えなさい。

①「東海道五十三次」の作者を**漢字**で答えなさい。

②資料に描かれている宿場町を**漢字**で答えなさい。

（国立国会図書館所蔵）

2 近代における大都市の人口は，社会や経済の動向などを反映して変化しました。次の表は，東京市と大阪市の人口の変化を示したものです。また，下のＡ～Ｄは，この表をてがかりに，生徒が疑問に感じたことを書いた文です。これらについて，あとの問いに答えなさい。

年（西暦）	東京市の人口（千人）	大阪市の人口（千人）
1889	1,390	476
1893	1,214	483
1898	1,440	821
1903	1,819	996
1908	2,186	1,227
1913	2,050	1,396
1918	2,347	1,642

年（西暦）	東京市の人口（千人）	大阪市の人口（千人）
1920	2,173	1,253
1925	1,996	2,115
1930	2,071	2,454
1935	5,876	2,990
1940	6,779	3,252
1945	2,777	1,103

注⑴『日本帝国《ていこく》統計年鑑《ねんかん》』，国勢調査の結果などをもとに作成した。
⑵単位未満は四捨五入した。
⑶東京市は1932年に市の範囲《はんい》を拡大した。都制施行《しこう》後の1945年は旧東京市の数字である。
⑷大阪市は1897年と1925年に市の範囲を拡大した。

Ａ　1889年から1918年までの期間をみると，大阪のほうが東京より，人口が急増しているのはなぜだろう。
Ｂ　1920年から1925年までの期間をみると，大阪では人口が急増したが，東京では人口が減少したのはなぜだろう。
Ｃ　1930年から1940年までの期間をみると，東京のほうが大阪より，人口が急増しているのはなぜだろう。
Ｄ　1940年から1945年までの期間をみると，東京・大阪ともに人口が急減したのはなぜだろう。

問１　つとむ君は，ＡとＣの疑問について，それぞれの期間がどのような時期であったかを確認《かくにん》し，日本経済の特徴《とくちょう》を考えたうえで，解答を次のように表にまとめてみました。これについて，下の問いに答えなさい。

	Ａの疑問	Ｃの疑問
時　期	明治時代後半から（　１　）が終わるまでの時期	1931年に（　２　）がおこり、1937年に始まる（　３　）が長期化した時期
日本経済の特徴	（　Ｘ　）	（　Ｙ　）
疑問に対する解答	大阪では（　ａ　）がさかんで、大工場が数多く操業していたため、東京よりも人口が急増した。	東京では（　ｂ　）を生産する工場が発展したため、（　ａ　）がさかんな大阪を人口増加で上回った。

①空らん（１）～（３）にあてはまる戦争の名称を**漢字**で答えなさい。

②空らん（X）と（Y）にあてはまる文を，次のア～オからそれぞれ選び，記号で答えなさい。

ア　工業生産の中心は繊維《せんい》産業だった。

イ　国が運営する官営工場が工業生産の中心を占《し》めた。

ウ　産業構造が軽工業中心から重化学工業中心へと変化した。

エ　重化学工業の製品の輸出が急増した。

オ　石炭から石油へのエネルギーの転換《てんかん》が急速に進んだ。

③空らん（a）と（b）にあてはまる語句を，次のア～カからそれぞれ選び，記号で答えなさい。

ア　製糸業　　イ　紡績《ぼうせき》業　　ウ　造船業　　エ　民需《みんじゅ》品　　オ　軍需《ぐんじゅ》品　　カ　輸出品

問2　ゆきお君は，Bの疑問の解答を次のように文章にまとめてみました。これについて，下の問いに答えなさい。

> 大阪は都市化が進み，市の範囲も広がったことで人口が急増したが，東京は［　　］で多くの被災者《ひさいしゃ》を出したため人口が減少した。

①下線部の都市化にあてはまる動きとして**誤っているもの**を，次のア～エから一つ選び，記号で答えなさい。

ア　都市では電灯が一般《いっぱん》家庭にも普及《ふきゅう》した。

イ　都市と郊外《こうがい》を結ぶ高速道路の建設が進んだ。

ウ　都市ではラジオ放送が開始された。

エ　都市では市電やバスなどの交通機関が発達した。

②空らん［　］にあてはまる語句を答えなさい。

問3　としひこ君は，Dの疑問の解答を3つの要因に整理し，次のようにメモにまとめてみました。これについて，空らん（X）～（Z）にあてはまる適切な語句を，それぞれ答えなさい。

> ・男性で（　X　）される人が増えた。
> ・（　Y　）を避《さ》けるため，（　Z　）する人が増えた。
> ・（　Y　）で死亡する人が増えた。

3　開太《かいた》君・成也《せいや》君・先生による次の会話文を読んで，あとの問いに答えなさい。

開太：2020年9月に，日本の内閣総理大臣が［　A　］から［　B　］へと交代し，ⓐ新内閣が誕生しました。旧政権は，戦前もふくめて歴代最長政権だったそうです。

成也：それまでの歴代最長政権は，だれが総理のときだったんでしょう？

先生：連続在職日数では，ⓑ1964年11月から1972年7月までの佐藤栄作《さとうえいさく》政権が，最長記録だった。この記録は，2020年8月に更新《こうしん》されたんだ。

成也：「連続在職日数では」と断るということは，それ以外の記録があるのですか？

先生：通算在職日数では，戦前に総理を務めたⓒ桂《かつら》太郎《たろう》の三度の在職期間の合計，2886日が最長記録だったんだ。この記録も，2019年11月に更新されたけどね。

開太：2020年9月に辞任した総理も，二度目の政権だったんですよね。

先生：よく知っているね。

開太：海外では，長期政権はめずらしいのでしょうか？　たとえばアメリカでは？

先生：アメリカ合衆国の大統領の場合は分かりやすい。〔　　　ⓓ　　　〕

開太：2020年の大統領選挙で，大統領候補として勝利した〔　C　〕にも，そのルールが適用されるわけですね。

成也：ⓔ大統領選挙のルールは複雑だったけど，任期のルールは分かりやすいな。

開太：ヨーロッパの国々では，長期政権はめずらしいのでしょうか？

先生：ⓕドイツ首相《しゅしょう》やフランス大統領が10年以上連続して在職した例は，戦後にもあるよ。最近では，2005年にドイツで始まった〔　D　〕政権が長期政権だね。ただ現在，フランス大統領の連続在職の上限は10年ちょうどに変更されたんだ。

開太：日本の政治制度は，イギリスに似ているのですよね？

成也：ということは，内閣不信任決議や衆議院解散もあるのですか？

先生：欧米《おうべい》には議会が上院と下院に分かれている国が多いけど，イギリスには下院解散や内閣不信任決議の制度があるので，その点は日本に似ている。もっとも，解散のルールは2011年に変更されたから，日本とはだいぶちがう制度になったけどね。

成也：どのように変わったのでしょう？

先生：変更前はいつでも下院を解散できたけど，変更後，任期満了《まんりょう》前の解散には，内閣不信任決議案の可決か，総議員の３分の２以上の賛成が必要になったんだ。

開太：へー。じゃあ，〔　　　ⓖ　　　〕

先生：そうだね。ⓗイギリスの下院の選挙制度は完全小選挙区制だから二大政党が強いけど，片方の政党だけで３分の２を確保するのは難しいだろうからね。

開太：話をもどすと，イギリスでは長期政権がめずらしいのですか？

先生：おお，そうだった。10年以上連続して在職した首相も，戦後だけで２人います。

問１　会話文中の空らん〔A〕～〔D〕にあてはまる人名を答えなさい。ただし，日本人の場合は**フルネーム**で答えなさい。

問２　下線部ⓐに関して，次の問いに答えなさい。

①2020年９月に新たな内閣総理大臣を指名した国会について，この会は，憲法に定められたどの会にあてはまりますか。次の**ア**～**エ**から一つ選び，記号で答えなさい。

ア　緊急《きんきゅう》集会　　　**イ**　常会（通常国会）

ウ　特別会（特別国会）　**エ**　臨時会（臨時国会）

②2020年９月に内閣総理大臣は交代し，新たな内閣が誕生しました。一方で，財務大臣など複数の大臣職には，前内閣と同じ人物が引き続き就任しました。財務大臣の決定方法について述べた文として正しいものを，次の**ア**～**エ**から一つ選び，記号で答えなさい。

ア　国民による直接選挙で，財務大臣に選出される。

イ　国会議員による直接選挙で，財務大臣に選出される。

ウ　財務省の官僚《かんりょう》の長によって，財務大臣に任命される。

エ　内閣総理大臣によって，財務大臣に任命される。

問３　下線部ⓑに関して，次の問いに答えなさい。

①1964年11月から1972年７月の出来事を，次の**ア**～**エ**から一つ選び，記号で答えなさい。

ア　いざなぎ景気が始まった。　**イ**　大戦景気が始まった。

ウ　特需《とくじゅ》景気が始まった。　**エ**　バブル景気が始まった。

②次の文章中の空らん〔X〕・〔Y〕にあてはまる言葉の組み合わせとして正しいものを，下のア～エから一つ選び，記号で答えなさい。

1971年８月にドル・ショック（ニクソン・ショック）が起きるまで，円とドルは〔　X　〕相場制で，二つの通貨の交換比率は現在よりも〔　Y　〕でした。

ア　X－固定，Y－円高　　イ　X－固定，Y－円安
ウ　X－変動，Y－円高　　エ　X－変動，Y－円安

問４　下線部ⓒの桂太郎に関して，次の問いに答えなさい。

①桂太郎の出身県は，彼《かれ》より前に内閣総理大臣を務めた伊藤博文《いとうひろぶみ》や山県有朋《やまがたありとも》と同じです。また，2020年９月に辞職した内閣総理大臣や佐藤栄作も，同じ県の選挙区から衆議院議員に選出されています。この県を，次のア～エから一つ選び，記号で答えなさい。

ア　鹿児島県　　イ　奈良県　　ウ　福島県　　エ　山口県

②桂太郎の三度の在職期間は【表】の通りです。【表】中のX～Zと，【語群】A～Cの組み合わせとして正しいものを，下のア～カから一つ選び，記号で答えなさい。

【表】

	期　間	出　来　事
第一次	1901年 6月～1906年 1月	〔　　X　　〕
第二次	1908年 7月～1911年 8月	〔　　Y　　〕
第三次	1912年12月～1913年 2月	〔　　Z　　〕

【語群】　A　韓国併合《かんこくへいごう》　　B　大正政変　　C　日露《にちろ》戦争

ア　X－A，Y－B，Z－C　　イ　X－A，Y－C，Z－B
ウ　X－B，Y－A，Z－C　　エ　X－B，Y－C，Z－A
オ　X－C，Y－A，Z－B　　カ　X－C，Y－B，Z－A

問５　会話文中のⓓには，次の文章が入ります。これに関して，下の問いに答えなさい。

アメリカ合衆国の大統領は任期〔　X　〕年で，現在の制度では〔　Y　〕期までしか続けられない。副大統領から昇格《しょうかく》する例外や，過去の例外を考慮《こうりょ》しなければね。

①文章中の空らん〔X〕にあてはまる数を答えなさい。
②文章中の空らん〔Y〕にあてはまる数を答えなさい。

問６　下線部ⓔに関して，アメリカ大統領選挙の制度を説明した次の文章を読んで，選挙の勝敗について，次のページのア～ウから正しい文をすべて選び，記号で答えなさい。一つもない場合には「なし」と答えなさい。

アメリカ大統領選挙では，まず州の人口に応じて選挙人が割り当てられます。11月に各州の有権者は，大統領候補の一人に投票します。その票は州ごとに集計され，票数に応じて，候補がその州の選挙人を獲得《かくとく》します。ほとんどの州では，得票数の最も多かった候補が，そ

の州の選挙人全員を獲得します。

12月に全米の選挙人が集まって投票を行い，そこで過半数の票を獲得した候補が大統領になります。

ア　12月の投票で，全米の選挙人の過半数が投票した候補が，大統領選挙において敗れる可能性がある。

イ　11月の投票で，全米の合計得票数の過半数を獲得した候補が，大統領選挙において敗れる可能性がある。

ウ　11月の投票で，全米の過半数の州で得票数１位となった候補が，大統領選挙において敗れる可能性がある。

問７　下線部ⓕに関して，ドイツとフランスの政治制度が，それぞれ「議院内閣制」か「大統領制」かを考えます。それぞれの意味は，次の通りです。

・議院内閣制　－　議会（特に下院）の信任にもとづいて内閣が成立する制度。首相が下院によって選ばれ，内閣を形成し，行政に関わる。

・大統領制　　－　国家元首としての大統領が国民から選ばれ，議会から独立して行政に関わる制度。

次の文章中の空らん〔**ア**〕～〔**ウ**〕には，それぞれ「議院内閣制」あるいは「大統領制」のいずれかの言葉が入ります。「議院内閣制」の言葉が入るものを，**ア～ウ**から**すべて**選び，記号で答えなさい。一つもない場合には「なし」と答えなさい。

ドイツの政治制度は，一般的に〔　**ア**　〕に分類されます。国家元首の大統領は，下院議員と各州代表で構成される連邦《れんぽう》会議での選挙によって選出されますが，その権限は形式的・儀礼的《ぎれいてき》な首相任命や下院解散にとどまります。一方，首相は下院議員によって選出され，大統領から任命され，内閣を形成し，行政に関わります。実質的には，首相が下院の解散権を持ち，下院が内閣不信任決議権を持ちます。

フランスの政治制度は，一般的に〔　**イ**　〕に分類されます。国家元首の大統領は国民による選挙によって選出され，その大統領が首相の任命権や下院の解散権を名実ともに持つからです。大統領に任命された首相が内閣を形成し，行政に関わります。一方で，下院が内閣不信任決議権を持つこともあり，大統領の所属政党とは異なる場合でさえ下院の多数派の政党から首相を選ぶ伝統もあります。この伝統には〔　**ウ**　〕の要素がみられます。

問８　会話文中のⓖに関して，前後の会話の流れからⓖに入ると判断できる文を，次の**ア～ウ**から**すべて**選び，記号で答えなさい。一つもない場合には「なし」と答えなさい。

ア　選挙に有利な状況《じょうきょう》を見こした解散は，変更前よりも減りそうですね。

イ　下院議員が任期満了にいたることは，変更前よりも減りそうですね。

ウ　内閣不信任決議が可決される回数は，変更前よりも減りそうですね。

問９　下線部ⓗに関して，次のページの**【表】**は，2019年６月のイギリス下院選挙（定数650）における獲得議席数１位から４位までの政党について，2015年・2017年・2019年の選挙結果を並べて示したものです。各年の政党の数字は，左側の数が獲得議席数，カッコ内の数が得票率（％）を示します。（得票率とは，国内すべての票のうち，その政党の候補者が獲得した票の割合を意味します。）たとえば，2015年の下院選挙における保守党の獲得議席数は331，得票率は36.9%でした。

この結果を見ると，３回の選挙とも，得票率では自由民主党を下回るスコットランド国民党は，獲得議席数では自由民主党を上回っています。なぜこのような逆転現象が起きるのでしょうか。下の【解説】の〔Ｘ〕にあてはまる内容を，空らんに合う形で述べなさい。

【表】

	2015年	2017年	2019年
保守党	331（36.9）	318（42.4）	365（43.6）
労働党	232（30.4）	262（40.0）	202（32.1）
スコットランド国民党	56（ 4.7）	35（ 3.0）	48（ 3.9）
自由民主党	8（ 7.9）	12（ 7.4）	11（11.5）

（高安健将『議院内閣制』、HOUSE OF COMMONS LIBRARY「General Election 2019」により作成）

【解説】

小選挙区制においては，国内全体の得票率が二大政党から大きく引きはなされている政党であっても，〔　　　　Ｘ　　　　〕政党であれば一定の議席を獲得できる可能性があります。スコットランド国民党も，そのような政党であると推測することができます。

4　様々な自然環境《かんきょう》について述べた［Ａ］～［Ｃ］の文章を読んで，あとの問いに答えなさい。

［Ａ］

日本は，ⓐ地震《じしん》，噴火《ふんか》，洪水《こうずい》など世界的にも災害が多く発生する地域とされています。ⓑ日本海溝《かいこう》や南海トラフなどで大きな地震が起きると津波《つなみ》が発生することもあり，古文書にも多くの災害の記録が残されています。また，ⓒ季節風や台風，梅雨前線などの影響によってたびたび大雨に見舞《みま》われています。こうした自然災害が発生した際には，気象庁によるⓓ速報や警報など様々な情報が発信されています。

近年では，過去の記録を防災に役立てる動きもあります。国土地理院では，2019年にⓔ自然災害伝承碑《ひ》という新しい地図記号を追加しました。

問１　文章中の下線部ⓐについて，次のＡ～Ｃは1990年～2019年の顕著《けんちょ》な災害を発生させた地震・噴火・洪水のいずれかの分布を示したものです。Ａ～Ｃと災害の種類との正しい組み合わせを，次のページのア～カから一つ選び，記号で答えなさい。

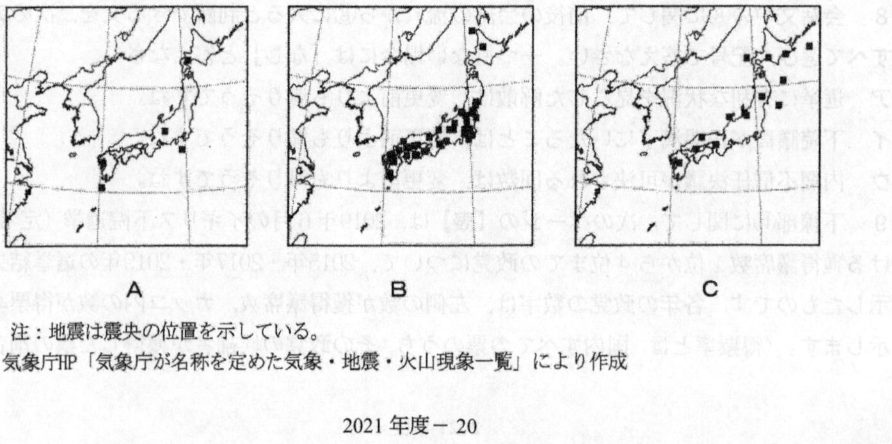

Ａ　　　　　Ｂ　　　　　Ｃ

注：地震は震央の位置を示している。

気象庁HP「気象庁が名称を定めた気象・地震・火山現象一覧」により作成

	ア	イ	ウ	エ	オ	カ
地震	A	A	B	B	C	C
噴火	B	C	A	C	A	B
洪水	C	B	C	A	B	A

問２　文章中の下線部ⓑについて，下の**ア**～**エ**は〈図１〉中の**Ａ**～**Ｄ**の線のいずれかにおける海底の断面図です。**Ａ**と**Ｃ**における断面図として正しいものを，下の**ア**～**エ**からそれぞれ選び，記号で答えなさい。

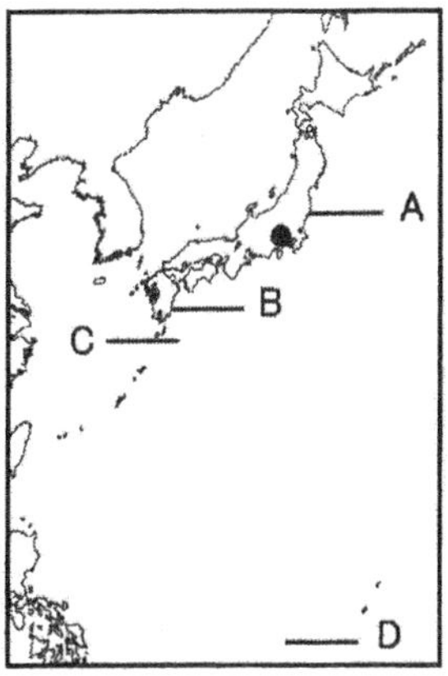

〈図１〉

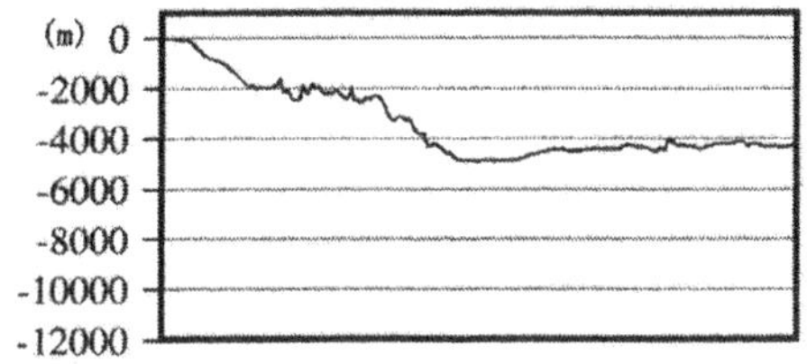

ア

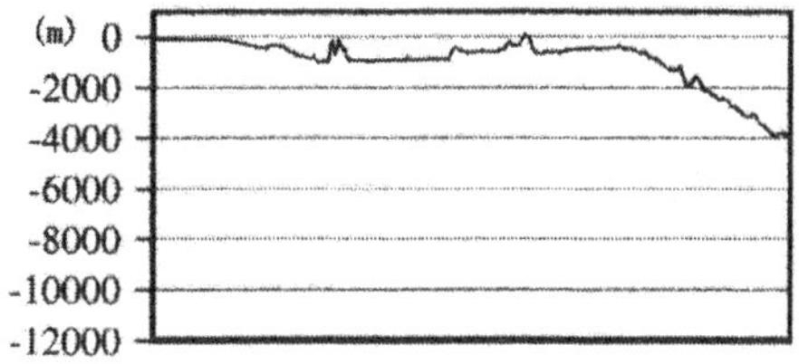

イ

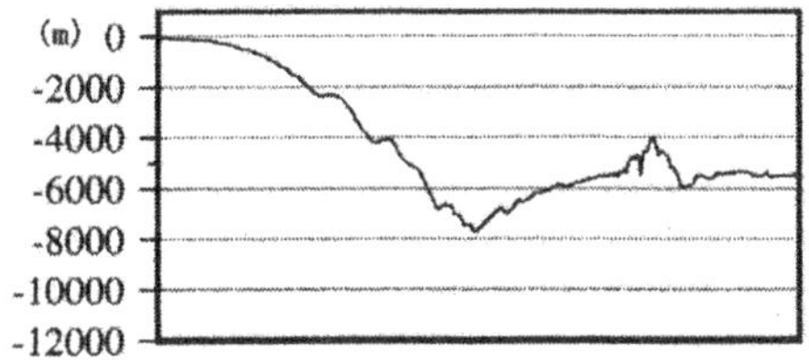

ウ

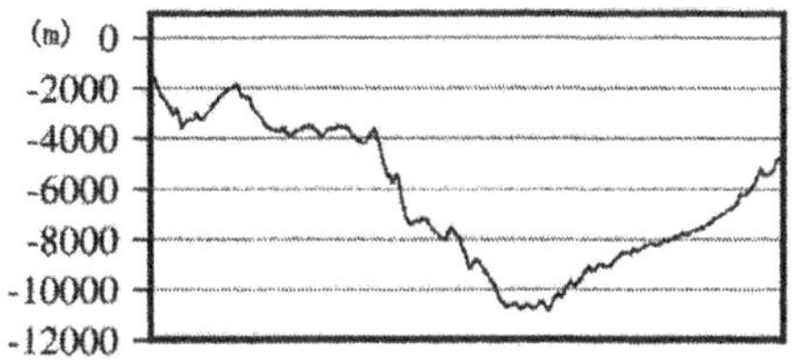

エ

注：すべて図の左側が西、右側が東である。
UCSD「SRTM15+」をもとに作成

問３　文章中の下線部ⓒについて，**問２**の〈図１〉中の●付近における７月ごろの季節風の向きを，次のページの**ア**～**エ**から一つ選び，記号で答えなさい。

ア　　　イ　　　ウ　　　エ

問４　文章中の下線部ⓓについて，災害が発生する危険があるときに気象庁が発表する情報があります。その情報について述べた文として**誤っているもの**を，次のア～エから一つ選び，記号で答えなさい。

ア　火山活動によって地域に重大な被害を及《およ》ぼす噴火が発生，または切迫《せっぱく》していると予想されるときに噴火警報を発表する。

イ　１時間以内に最大震度が５弱以上の地震が発生すると予想された場合に，緊急地震速報を発表する。

ウ　台風や集中豪雨《ごうう》などにより数十年に一度の降水量となる大雨が予想される場合に，大雨特別警報を発表する。

エ　河川《かせん》の水位が氾濫《はんらん》危険水位を超《こ》え，いつ氾濫してもおかしくない状態の場合に氾濫危険情報を発表する。

問５　文章中の下線部ⓔについて，〈図２〉中の★周辺の地形図が〈次のページの図３〉です。この地図中にある自然災害伝承碑はどのような災害に対して置かれたものですか。最も適切なものを，下のア～エから一つ選び，記号で答えなさい。

ア　地震によって発生した津波が到達《とうたつ》した。

イ　大雨による土砂崩《どしゃくず》れの被害があった。

ウ　やませによる不作で，飢饉《ききん》が起こった。

エ　洪水による浸水《しんすい》被害が大きかった。

〈図２〉

図３中のこの記号が自然災害伝承碑です。

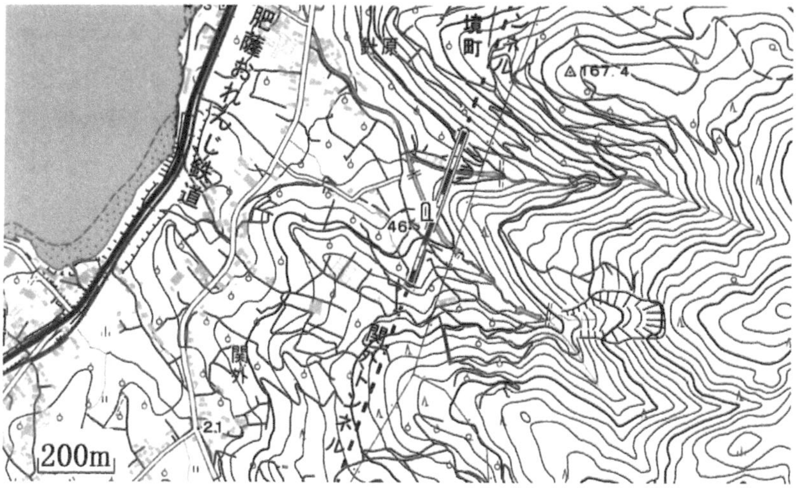

〈図３〉国土地理院HP「地理院地図」を一部改変

［B］

離島《りとう》では自然環境と生活の関係がより深いものになることがあります。伊豆《いず》諸島の八丈島《はちじょうじま》では西南日本や中国からの船舶が（　　　）に流されて漂着《ひょうちゃく》し，八丈島の文化に影響を与《あた》えたともいわれています。また，右の〈表１〉は八丈島における発電量の内訳を示したものです。これを見ると，八丈島では再生可能エネルギーとⓕ火力発電を併用《へいよう》していることがわかります。特に需要《じゅよう》の少ない時期は火力発電の割合を小さくしています。

八丈島は温泉にも恵《めぐ》まれ，豊かな自然をいかしたⓖ観光開発を行い，国内外からのⓗ観光客も呼《よ》び込《こ》むようになりました。

〈表１〉八丈島の電力需給（平成25年）

需要

最大需要	………… 10,000kW
最小需要	………… 3,500kW

供給

火力発電（ディーゼル）	………… 11,100kW
X	………… 3,300kW
風力発電	………… 500kW
合計	………… 14,900kW

東京都環境局『https://www.kankyo.metro.tokyo.lg.jp/climate/renewable_energy/tousyo_renew/2_1.files/shiryou4dennryokukyoukyuu.pdf』による

問６　文章中の空らん（　）にあてはまる海流の名称を**漢字**で答えなさい。

問７　〈表１〉中の**X**にあたる発電方式の名称を**漢字**で答えなさい。

問８　文章中の下線部ⓕについて，次のページの〈図４〉中の**A**～**C**は日本の主な火力発電所，原子力発電所，主な水力発電所の分布を示したものです。〈図４〉中の**A**～**C**の組み合わせとして正しいものを，次のページの**ア**～**カ**から一つ選び，記号で答えなさい。

注：原子力発電所は，点検などにより運転を停止しているものをふくむ。廃炉《はいろ》となった発電所はふくまない。

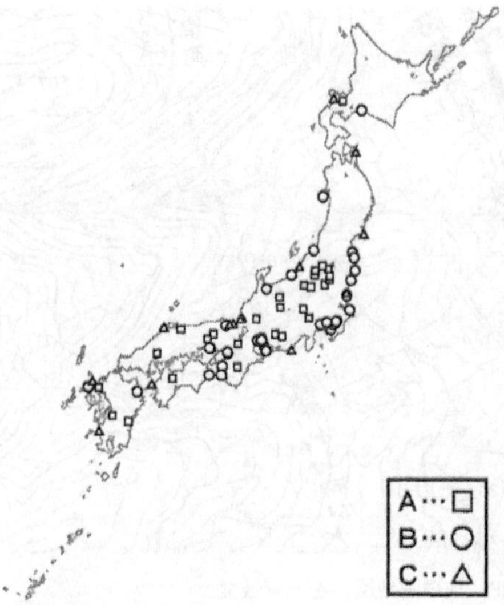

〈図４〉
『日本国勢図会《ずえ》2020/21年版』、
資源エネルギー庁『電気事業便覧2018』により作成

	ア	イ	ウ	エ	オ	カ
火力発電所	A	A	B	B	C	C
原子力発電所	B	C	A	C	A	B
水力発電所	C	B	C	A	B	A

問９　文章中の下線部ⓖについて，次の枠内《わくない》に示したような観光の形態を何といいますか。**カタカナで答えなさい。**

> 農山漁村地域に宿泊《しゅくはく》して，農業・林業・漁業体験やその地域の自然・文化に触《ふ》れ，地元の人々との交流を楽しむ旅。

問10　文章中の下線部ⓗについて，次の〈グラフ１〉は2000年，2010年，2018年の訪日観光客数のうち，アメリカ合衆国・韓国・タイからの観光客の割合を示したものです。ａ～ｃを古いほうから年代順に正しく配列したものを，下のア～カから一つ選び，記号で答えなさい。

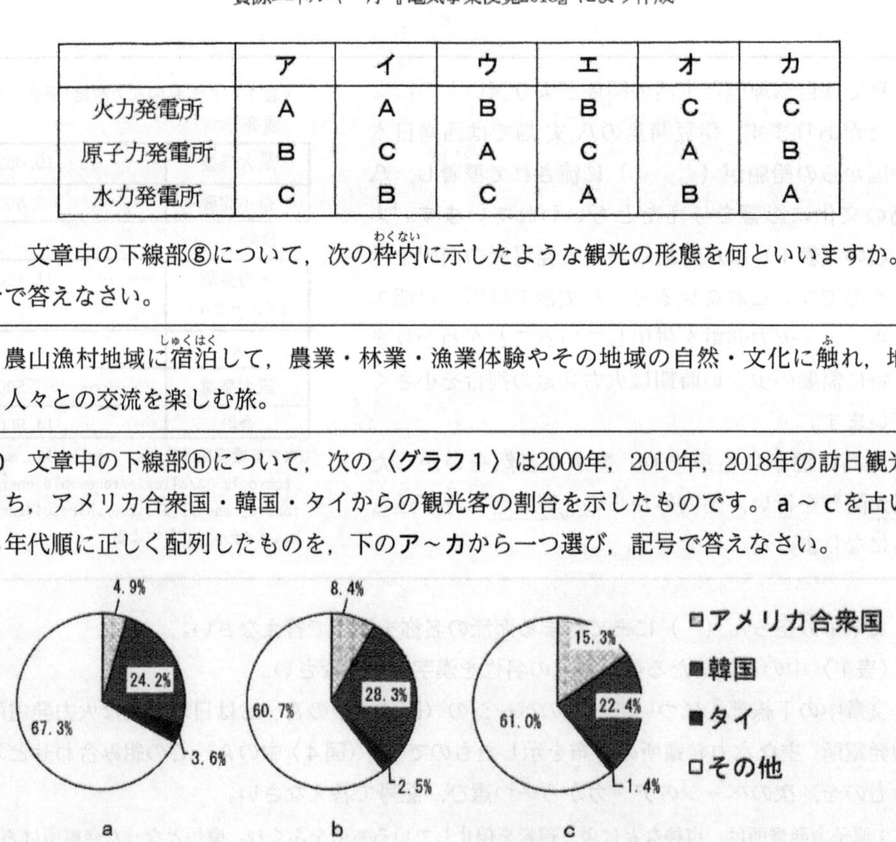

〈グラフ１〉　　日本政府観光局HP「日本の観光統計」により作成

ア　a→b→c　　イ　a→c→b　　ウ　b→a→c
エ　b→c→a　　オ　c→a→b　　カ　c→b→a

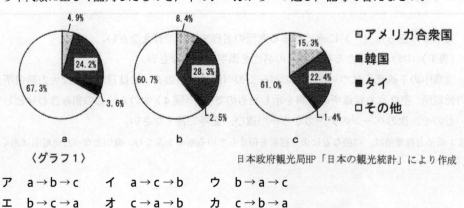

［C］

多様な自然環境は農業などの産業にも大きく関わってきます。北海道の十勝《とかち》地方では，稲作《いなさく》に不向きなこともあって大規模な畑作や酪農《らくのう》が行われています。また，ⓘ十勝地方の1戸あたりの耕地面積は日本の平均のおよそ20倍あり，畑ではⓙ小麦やⓚビート，ばれいしょ，ⓛ大豆などの豆類，ⓜとうもろこしなど様々な作物が栽培《さいばい》されています。一方で，北海道の石狩《いしかり》地方では，泥炭地《でいたんち》の客土によって稲作が可能になりました。この2地域では土壌《どじょう》やⓝ気候の違いなどの影響を受けて作られる作物に違いが生まれています。

問11　文章中の下線部ⓘについて，十勝地方の農家1戸あたりの耕地面積として最も近いものを，次の**ア**～**キ**から一つ選び，記号で答えなさい。

ア　2.5ha　**イ**　4ha　**ウ**　15ha　**エ**　85ha　**オ**　100a　**カ**　4500a　**キ**　10000a

問12　文章中の下線部ⓙについて，日本における小麦の状況について述べた文として正しいものを，次の**ア**～**エ**から一つ選び，記号で答えなさい。

ア　終戦直後から輸入量が増加し，高度経済成長期には食の多様化が進んだ。

イ　1991年に輸入が自由化されたため，国内の農家は高品質化を進めて安価な外国産との差別化を図《はか》った。

ウ　1995年にミニマムアクセスが設定されて以降，毎年一定量の小麦が輸入された。

エ　現在の主な輸入先はカナダが半分を占め，残りがアメリカ合衆国やオーストラリアなどとなっている。

問13　文章中の下線部ⓚについて，ビートは砂糖の原料の一つで，日本で生産されている砂糖の原料の多くを占めています。次の〈**表2**〉は2017年の日本国内における精製糖生産量で上位7つの都道府県を示したもので，〈**表2**〉中の**A**～**C**は大阪府，沖縄県，北海道のいずれかです。精製糖とは，粗《そ》糖から不純物を取り除いた砂糖で，上白糖やグラニュー糖，ざらめ糖などがあり，精製糖生産量には輸入した原料から精製したものをふくみます。

〈**表2**〉中の**A**～**C**の組み合わせとして正しいものを，次のページの**ア**～**カ**から一つ選び，記号で答えなさい。

〈**表2**〉精製糖生産量の多い都道府県と国内生産量に占める割合（%）

A	36%
千葉県	15%
愛知県	13%
B	6%
東京都	5%
C	0.4%
鹿児島県	0.2%

経済産業省資料「平成30（2018）年工業統計表　製造品に関する統計表」により作成

	ア	イ	ウ	エ	オ	カ
大阪府	A	A	B	B	C	C
沖縄県	B	C	A	C	A	B
北海道	C	B	C	A	B	A

問14　文章中の下線部ⓛについて，大豆油は食用油として多く利用されています。また，大豆油と並んで，〈イラスト〉に示した植物の果実からとれる食用油があります。これに関して下の問いに答えなさい。

〈イラスト〉『データブック　オブ・ザ・ワールド』2020年版より

①〈イラスト〉に示した植物の果実からとれる食用油の名称を**3字**で答えなさい。
②〈イラスト〉の作物の栽培による環境問題があります。そこで別の作物から油をとることも検討されていますが，それで問題が解決するわけではありません。次の〈グラフ2〉から考えられる，その解決しない問題とは何か説明しなさい。

〈グラフ2〉いくつかの食用油に関する農地1haあたりの収量（トン/ha）

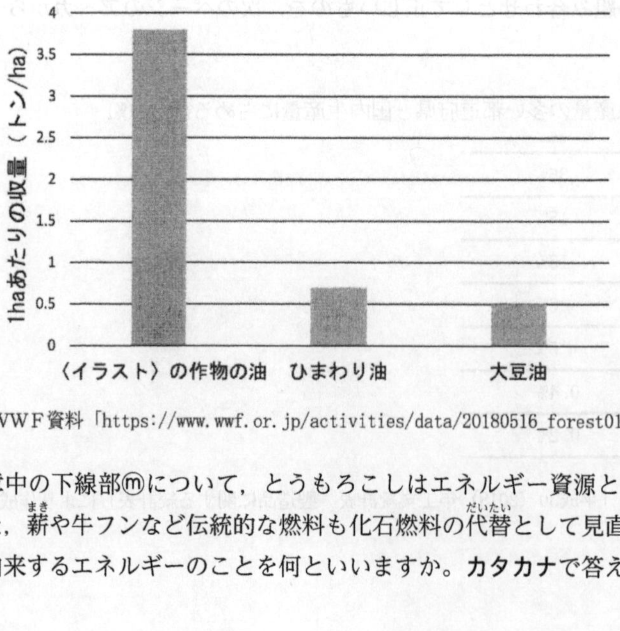

WWF資料「https://www.wwf.or.jp/activities/data/20180516_forest01.pdf」により作成

問15　文章中の下線部ⓜについて，とうもろこしはエネルギー資源としての需要が高まっています。また，薪《まき》や牛フンなど伝統的な燃料も化石燃料の代替《だいたい》として見直されています。このような生物に由来するエネルギーのことを何といいますか。**カタカナ**で答えなさい。

問16　文章中の下線部ⓝについて，次の〈**表３**〉中の**ア**～**エ**は下の〈**図５**〉に●で示したいくつかの地域における各月の気温と降水量の平年値です。旭川《あさひかわ》と網走《あばしり》にあたるものを，下の**ア**～**エ**からそれぞれ選び，記号で答えなさい。

〈**表３**〉上段：月平均気温（℃）　下段：月降水量（mm）

地点	1月	2月	3月	4月	5月	6月	7月	8月	9月	10月	11月	12月
ア	-2.6	-2.1	1.4	7.2	11.9	15.8	19.7	22.0	18.3	12.2	5.7	0.0
	77.2	59.3	59.3	70.1	83.6	72.9	130.3	153.8	152.5	100.0	108.2	84.7
イ	-3.6	-3.1	0.6	7.1	12.4	16.7	20.5	22.3	18.1	11.8	4.9	-0.9
	113.6	94.0	77.8	56.8	53.1	46.8	81.0	123.8	135.2	108.7	104.1	111.7
ウ	-7.5	-6.5	-1.8	5.6	11.8	16.5	20.2	21.1	15.9	9.2	1.9	-4.3
	69.6	51.3	54.0	47.6	64.8	63.6	108.7	133.5	130.9	104.3	117.2	96.6
エ	-5.5	-6.0	-1.9	4.4	9.4	13.1	17.1	19.6	16.3	10.6	3.7	-2.4
	54.5	36.0	43.5	52.1	61.6	53.5	87.4	101.0	108.2	70.3	60.0	59.4
釧路《くしろ》	-5.4	-4.7	-0.9	3.7	8.1	11.7	15.3	18.0	16.0	10.6	4.3	-1.9
	43.2	22.6	58.2	75.8	111.9	107.7	127.7	130.8	155.6	94.6	64.0	50.8

気象庁HP「地点別データ・グラフ(世界の天候データツール(Climate View月統計値))」により作成

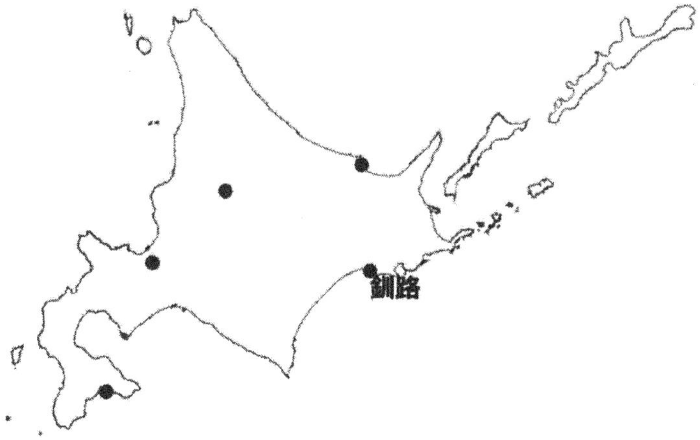

〈**図５**〉

高い漁場だったりするのだ。

パチンコに行って少しの時間で大儲《おおもう》けした人は、その後、その何十、何百倍もの時間と財産をつぎ込んでしまう。それを人生のささやかな冒険《ぼうけん》と言うならば仕方ないが、自分が銀行員になって、それなりに安定した幸せな人生を過ごせたからといって、「なにがなんでも銀行員になれ」と子供に指図《さしず》するのは筋違《すじちが》いだ。時代が移り変わっていることに無自覚だと、親子ともども不幸になる可能性がある。これも思考停止という習慣が生んだ結果だ。かつての漁場にはもはや魚はいないと考えるべきだろう。

（山田玲司『非属の才能』による）

問一　＝＝部1～3のカタカナを漢字に直しなさい。

問二　——部①「定置網にはまり、そのなかでうさぎ跳びをしながら、出る杭に嫉妬している」とありますが、どういうことですか。「に嫉妬しているということ。」につながるように、四十字以上、六十字以内でわかりやすく説明しなさい。

問三　——部②「どうしても向かってしまいがちなのが、『かつて大量に魚が捕れた漁場』だろう」とありますが、どうして「かつて大量に魚が捕れた漁場」に向かってしまうのか、三十字以上、五十字以内で説明しなさい。

★　問二、問三は、句読点や記号も一字として数えます。

とに気づく。そこで彼は肥沃な土地を手放し、石だらけの海沿いの土地を購入《こうにゅう》して、単独で甘いみかんの開発に挑《いど》んだ。最低限の肥料と水で、植物が本来持っている力を最大限まで引き出そうと1シコウ錯誤《さくご》をくり返したのだ。まわりの人はさんざん永田氏を非難したが、彼はまったく動じなかった。やがてその研究は国内最高峰《さいこうほう》の学者たちに認められ、水に沈《しず》み、フルーツのような甘さを誇《ほこ》るトマトや、生で食べられるタマネギなどを生む「永田農法」へとつながっていく。まさに「非属の農夫」とも言える永田氏は、いまなんとロボットによる農業に取り組んでいるという。野外での過酷な肉体労働があたりまえの農業を、快適で安全に楽しくできるものに変えようとしているのだ。

「農地はただ必死に耕せばいいのではない」と永田氏は言う。体に悪いうさぎ跳《と》びを野球少年にさんざんやらせてきたように、この国ではよく、考えずに意味のない努力をさせがちだ。そして、その根拠《こんきょ》はたいがい「みんながしているから」である。

野球はどちらかといえば瞬発系《しゅんぱつけい》の「速筋《そっきん》」スポーツなのに、いまだにただひたすら走らせるなど、やみくもに「遅筋《ちきん》」を鍛《きた》えさせているコーチが多いと聞く。

永田氏はかつて特攻隊《とっこうたい》にいた。「みんながしているから」と、お国のために死んでいく仲間を見てきたのだろう。もし彼がずっと常識や伝統といったものに従っていたら、僕《ぼく》たちはいつまでも水っぽくてすっぱいトマトしか食べられなかったのかもしれない。

人生で自分が使えるエネルギーには限界がある。そうなると、どの部分にエネルギーを注ぐべきかを考えなくてはならない。

本質的なことを考えずに、群れのなかをうまく泳ぎ切ることだけにエネルギーを注いでしまうと、もはや自分の人生を好転させることはむずかしくなってしまう。たとえチェーン店で身を2コにして働いたとしても、店長以上の待遇《たいぐう》はなかなか望めないだろう。成功して莫大《ばくだい》な収入を得ることも、海外で新しい出会いがあったり、密《ひそ》かに抱《かか》えていた夢がかなったりするようなこともない。携帯電話《けいたいでんわ》でも買うように仕事を選ぶと、知らないうちに「意味のないうさぎ跳び」や「耕さなくてもいい畑を必死に耕す」羽目になりかねないのだ。もちろん、成功しているチェーン店で商売のイロハを学びたいとか、将来的には本部の社長になりたいという人もいるだろう。しかし3タイハンの人は、「ただなんとなく有名だから」といった漠然《ばくぜん》とした理由で①定置網《ていちあみ》にはまり、そのなかでうさぎ跳びをしながら、出る杭《くい》に嫉妬《しっと》している。ただ、そんな人ほど「真面目に一生懸命《いっしょうけんめい》生きている」ように見えるから人生は恐《おそ》ろしい。自分で考えたり、行動することを怠《なま》けているにもかかわらず、だ。そんな人が「俺《おれ》だって朝から晩まで頑張《がんば》っているんだ」なんて食ってかかってきても、肝心《かんじん》のところで怠け者なのだから、相手にしなくていいだろう。ここまできて、「うさぎ跳び選手の努力」を称《たた》える気にはなれない。

知り合いの漁師がみんな、「魚が捕《と》れない」と言う。環境問題が背景なのはわかってはいるものの、実際に海に出て釣《つ》りをしてみると、その深刻さはここ数年、身に沁《し》みる。

ところで、そんなときに②どうしても向かってしまいがちなのが、「かつて大量に魚が捕れた漁場」だろう。ところが、「いま」はすでに「かつて」ではなく、その後、幾度《いくど》にもわたって大量の人間が押《お》しかけ、おまけにゴミや廃液《はいえき》まで流し込《こ》んで小魚すら住めなくなっている可能性が

素足《すあし》がとがった小石を踏むと、ズックをはいた方の足が、あわてて先に出る。そしてしっかりと和子をささえた。そのたびに、拓也はズキンと胸が痛くなる。ひたいから流れてくる汗が冷たかった。ピンク色のズックが片方だけになると、前にもまして、残った片方がきれいに見えた。

「和ちゃん」

「……」

「和ちゃん」

拓也は和子の前に走り出て、糸のほどけたズックをぬいだ。

「ボロだげんと、はけば痛ぐない」

面と向かった拓也は、和子の顔をじっと見た。和子のひたいにも汗がにじんでいる。先の少し上がりぎみの目もとに、小さなほくろがある。口もとがすねたように、まんなかでつぼまった。⑤今まで何度も見てきた顔なのに、ひとつひとつが、拓也の知っていた和子とはちがっているように思えた。

ススキの穂《ほ》がさっとなびくと、吹いてきた風が和子の表情を運んできたように、顔がやわらかくふくらんだ。

「うん」

ピンクのズックと拓也のズックは、和子を交互に運んで行く。

流そうとして流しだのではないけれど、流してしまったのは自分なんだ。どんな理由をつけたところで、片方のズックはもうないのだ。どんなに、ため息をついたところで、その事実からは逃げられはしない。

拓也は、わざと裸《はだか》の足に力を入れて歩いてみる。

痛みは、体を通りぬけていった。

（最上一平「糸」による）

問一　――部①は「いいかげんな返事、はっきりしない返事」を意味する言葉です。［　］に入る漢字一字を答えなさい。

問二　――部②「きのうまで履いていた物なのに、もう何年もどこかでほこりにまみれていた、きたない物に見えた」とありますが、そのように見えたのはなぜですか。五十字以上、七十字以内で説明しなさい。

問三　――部③B「言わなければよかった」とありますが、――部③A「『ちょっとカッコ悪いなァ』と言って、笑ってみせた」からここまでの拓也の心情の変化を、「後悔した。」につながるように、五十字以上、七十字以内で説明しなさい。

問四　――部④「口ぎたなくののしられたり、悪口を言われたほうが、どれくらい気がかるくなるかしれやしない」とありますが、拓也の気の重さがわかる、ひと続きの二文を、これより前からさがし、はじめの五字を抜《ぬ》き出しなさい。

問五　――部⑤「今まで何度も見てきた顔なのに、ひとつひとつが、拓也の知っていた和子とはちがっているように思えた」とありますが、拓也がそう感じたのはなぜだと考えられますか。五十五字以上、七十五字以内で説明しなさい。

★問二～問五は、句読点や記号も一字として数えます。

二　**次の文章を読んで、あとの問いに答えなさい。**

みかん栽培《さいばい》を生業《なりわい》としていた永田照喜治《ながたてるきち》氏は、若い頃《ころ》から植物をよく観察する人だったという。あるとき永田氏は、過酷《かこく》な土地に植えられたみかんのほうが、肥沃《ひよく》な土地に植えられたみかんより甘《あま》くておいしいこ

「私、帰る」

和子は片足だけズックをはいて、裸足の方を近くの玉石にのせながら、ピョコタン、ピョコタンと歩き出した。小さな玉石のある川べりを歩いていくから、土手の上から見ていると、川の中に和子は見える。川面《かわも》をなでて川風が吹《ふ》くと、風の通った道が小さく波だって、キラキラと夕陽《ゆうひ》をあびて光った。その中を小さなハヤがときどきはねて、パチャンと落ちる音がさびしく聞こえた。

拓也は、どろどろによごれてしまった自分のズックを見て、流そうとして流したんじゃないぞ、と口の中でつぶやいた。そして、土手をかけ降りて、和子に追いついた。

「流そうとして流したんじゃないぞ。絶対に流そうとして流したんじゃないぞ」

拓也は同じことをくりかえした。

「わかってるわよ」

「おぶってってやる」

拓也はくるりと背を向けた。

「いいわよ、はずかしい」

「はずかしくとも、おぶってってやる」

「いやだよ」

「いいから早ぐ」

和子は拓也の勢いにまけて、首に手をまわした。拓也はよろけながら土手をのぼった。

「また買ってもらわなくちゃ」

和子が背中で言った。

りんご畑を過ぎたころから、拓也の手はしだいにしびれてきた。何度もしょい上げながら、ピンクのズックを川に浮かべたときのことを思い出していた。

おこられることはしかたがないけれど、少しでもねたましい気持ちが自分にあったことを、知られるのではないかと思うと、拓也は自分が悲しかった。そして、ねたんだ気持ちがズックを流したんだと言われることが恐《おそ》ろしかった。

「ほんとうに、流そうとして流したんじゃないぞ」

あえぎながら拓也はつぶやいた。汗《あせ》だくだった。足はガクガクしていまにもつぶれそうだった。

「もう降ろしてよ。歩いて行くから」

拓也は聞こえてないように、のろのろと進んだ。

「降ろして」

背中で和子がさわいだので、拓也はよろめいた。その拍子《ひょうし》に、ぬってあった方のズックに力がかかって、プツンとぬい目がほどけて、白い糸が出てきた。

つぶれるもんか、と、しびれた腕《うで》に力を入れた。それでもズリズリ和子はさがってくる。気持ちとはうらはらに、とうとう拓也はつぶれた。

前を和子が歩いていく。じゃり道に裸足の右足をそっと置くようにして、一歩ずつ進む。④口ぎたなくののしられたり、悪口を言われたほうが、どれくらい気がかるくなるかしれやしない。それなのに、和子はなにも言わなかった。

うつむいて歩く拓也の目に映るのは、ズックのない右足だけだった。

和子が向こうから水の中に入ったので、拓也は出口の方にのろのろと歩いた。さっきやなを作ったときは気がつかなかったが、水たまりの水が川に合流するわきの、大きな玉石の上に、きのう遠足にはいてきたピンクのズックがきちんとそろえて置いてあった。

和子のズックを見ているうちに、拓也は半分酔《よ》ったような気持ちで、やなを通りこし、何となく玉石に近づいた。そして、これも、さわってみようなどと少しも思っていないのに、右側のズックを手にしてながめた。

ながめている自分に気がつくと、今度は、はっきりと、このズックをぬらしてやりたいという気持ちがおこった。拓也はゆっくりとしゃがんで、かかとの上をそっとつまみながら水面に浮かべてみた。拓也はなかなかしみてこないズックの中をじっと見つめていた。

「なにすんのよ」

という言葉といっしょに、背中に水が飛んできた。

背中がヒヤッとして立ち上がったはずみに、手はズックをはなしてしまった。二人は同時にアッと叫《さけ》んだ。手からはなれたズックは、川に流されて二回、三回まわったかと思うと、本流の流れにのって川下の方に、どんどん流され始めたからだ。

拓也は走った。走りながら、まわりに棒きれがないかと、ズックと交互《こうご》に川原を見わたした。しかし、役にたちそうなものは何も落ちていなかった。拓也は岸に押《お》し戻《もど》されることを願いながら、玉石の間をすりぬけたり、砂に足をとられたりしながら、ズックを追いかけた。

川は、ところどころ早瀬《はやせ》になって白いしぶきを上げ、ズックをもて遊ぶように速く遅《おそ》く流した。岸から、だんだんとはなれていく。

拓也はねこやなぎやすすきのやぶになっている川原の端《はし》まで走っていた。そこから土手に上がり、なおも走った。

土手はどんどん高くせり上がって、りんご畑の端になると、そこからは雑木《ぞうき》の山で、川はがけの下に見えなくなった。ズックは沈んでしまったのか、がけの下を流れて行ってしまったのか、見つからなかった。拓也は肩《かた》で息をしながら、がけの下で砕《くだ》けている白いあわを、しばらくにらみつけた。

「ちくしょう」

ひょろひょろした女郎花《おみなえし》の花をペシッとおって、そこにたたきつけてから、しかたなく引き返した。

川原の土手にもどると、すぐ下の玉石に和子はすわっていて、片方のズックに人差し指を入れ、くるくるまわしていた。拓也はそれを見ると、どうにでもなれという、やけっぱちな気持ちになった。

「ズックどうしたァ」

和子が立ち上がった。

「流れて行った」

「アーア。きのうと今日しかはいていないのに無くしちゃった。きっとしかられるなァ」

「かんべん。んでも、流そうとして流したんじゃないぞ」

「いたずらしていたからよ」

そう言われると、拓也は何も言うことができなかった。ただ、和子の顔をずっとにらんでいた。視線をさけてしまえば、とんでもない悪者にされてしまいそうで、そうしていることが、拓也にすれば、自分を守る最後の術《すべ》だった。

きのこが出てきたりするので、だんだん山の方に行くようになる。

川での遊び場は、大滝《おおたき》の川原ときまっていて、行くとだれかかれか必ずいた。

川にそった道路を、川下に十五分ばかり行くと発電所がある。その下がゆっくりとカーブしているのだが、りんご畑を過ぎて、土手を降りると、大きな玉石《たまいし》がごろごろしている川原に出る。川原には水たまりがあったり、小さな川が別れて、シャラシャラ流れていたりで、いたるところ絶好の遊び場だった。

遠足のつぎの日、拓也が川原の土手に立って見ると、いたのはめずらしく和子ひとりだった。川原は一昨日《おととい》の雨で増水して、水たまりの形が少し変わっていた。なかでも川原のまんなかにある大きな水たまりは、まだ本流とつながっていた。そこで和子は、白いスカートのすそをパンツにはさみこんで、ひざまで水に入っていた。増水したつぎの日は、ハヤやナマズが水たまりに流れてきて、そのままそこに巣くっていることがよくあるので、拓也は和子が何か見つけたなと思って、土手を一気にかけおりた。

やっぱり水たまりには大きなナマズが一匹《いっぴき》入っていた。

拓也は水たまりの流れ口から、本流に逃《に》げられないように、よもぎを引きぬいてきて、流れ口に山ほどつんだ。その上に石をのせておけば、水はすき間から逃げていくが、ナマズは逃げ出せなくなる。そうしておいて、水の入口《いりぐち》の方から少しずつ追っていく。

「どー、どどどど。どー、どどどどど」

と、口をとがらせながら足で底を踏《ふ》んでナマズを追いたてた。和子は拓也が作ったインスタントのやなの前でまちかまえた。

ナマズは一番深いところに沈《しず》んでいて、なかなか動かなかった。やっとのっそり動いて浮《う》いてきたかと思うと、すぐにくるりと向きを変えて濁《にご》った底にかくれてしまった。

「早く早く」

と、和子がせかした。

「さわぐな、警戒《けいかい》すんべな」

拓也は見えなくなった底を、やみくもに足でかきまわした。それでもナマズは出てこなかった。

「だめだ。濁り過ぎで、どごさいるかさっぱりわがんね。おさまるまで、ちっと中止だ」

拓也は、半ズボンを両手で上に引っぱり上げながら水をこいで、水たまりの外に出た。

「拓ちゃんはだめだ。今度私《わたし》がやる。交代」

そう言うと、拓也の前の玉石の上を裸足《はだし》でポンポンと飛んで、和子は水の入口のところに行った。

「裸足じゃ爪《つめ》はがすぞ」

「だいじょうぶ、だいじょうぶ」

「なんでズックはかねんだ」

「んだって、まだ新しいもん」

和子は玉石の上で、だんだん澄《す》んでくる水底《みなそこ》に目をはしらせた。

拓也は新しいもんと言われて、忘れていた自分のズックを思い出した。頭だけちょっと下げて見てみると、乾いた玉石はぬってもらった右足のズックの方だけ、中にたまった水が流れ出て、黒くぬれていた。それを見るとなんとなく、もう水に入る気がしなくなった。

拓也は腹がへっていたけれど、夕飯を食わなかった。食ってやるもんか、そんな気持ちでだまっていると、

「食いたくなけりゃ、食わなけりゃいい」

と、父親がどなった。

拓也はくやしくなって、ふとんを頭からかぶって、そのまま眠《ねむ》ってしまった。

つぎの日は、遠足だということと、腹がへったのとで、いつもよりだいぶ早く目がさめてしまった。拓也は何回も寝返《ねがえ》りをうちながら、腹がへったのをがまんして、ホオジロの鳴くのを聞いていた。

「起きて用意すろは」

と、母親が戸の向こうから声をかけた。

「晴れたかァ」

ホオジロが鳴くので、晴れているのはわかっているけれど、きいてみた。

「日本晴れだ。早ぐ起きてご飯食えは」

いもの煮《に》えている、うまそうな匂《にお》いがした。

起きてきた拓也を見て、母親が言った。

「これなら、今日一日ぐらい、はけるベェ」

見ると、ズックは洗ってあって、穴のあいた片方のズックが、白い糸でぬってあった。

「もうちょいで乾《かわ》ぐは」

母親は、ズックの口を火にかざして乾かしていた。

「ケェー、ぬったんかァ」

「もうすぐ、米売ったら新しいの買ってやっから」

「うん……」

洗ったあとが黄色くしまになって、きばんでいる線が、拓也にはボロくさくていやだったけれど、しかたないと思ってうけとった。ボロはボロだけど、前のズックよりはよっぽどましだし、なんだかうれしい気がして、母親に何か言いたくなった。土間におろして、そろえながら、

③A「ちょっとカッコ悪《わり》いなァ」

と言って、笑ってみせた。

「なんもカッコ悪いことがあるもんか」

背中の方から聞こえてきた母親の言葉のおわりが、かすかに震《ふる》えているようだった。拓也は、③B言わなければよかった、と後悔《こうかい》した。

学校に集まると、和子はだれよりもしゃれた洋服を着て帽子《ぼうし》をかぶり、ズックもピンクの新しい物をはいていた。いつにもまして、はなやいだ雰囲気《ふんいき》が和子にはあった。

拓也は和子にだけは、ぬってあるズックを知られたくないと思った。とくに、汽車に乗って、向かい合って座席にすわったときなど、二人のズックがおたがいに並んで、ぬってある白い糸が見つかってしまいそうで、気が気ではなかった。拓也は気づかれないように少しずつ足を交差させ、ぬってある方のズックに片方をのせてかくした。

けれど、初めて乗った汽車がゴトンと揺《ゆ》れて、スピードをあげ、トンネルや鉄橋や町の家並みが、つぎつぎに現れる窓の外をながめているうちに、それもいつしか忘れてしまった。

九月は川遊びのできる最後の月だった。十月もやらないことはないが、水が少しずつ冷たくなってくるし、そのころは、山に栗《くり》が落ちたり、

【国　語】（五〇分）〈満点：八五点〉

一　次の文章を読んで、あとの問いに答えなさい。

今度の遠足は蔵王《ざおう》で、拓也《たくや》は初めて汽車に乗れるのでうれしかった。けれど、遠足の日が近づくにつれて、心配になってきたことがひとつある。

　前々から遠足にはいて行くズックを買ってくれるように頼《たの》んでおいたのに、明日が遠足だという今日になっても、まだ買ってもらえなかった。

　遠足の前日は朝から雨だった。はずれたといの間から落ちてくる雨水が、軒下《のきした》の古だるに当たって、ビチャビチャ音をたてるのを聞きながら、拓也は朝飯を食った。

　ゆうべも母親によく頼んでおいたけれど、母親は①［　　　］返事ばかりで、買ってやるとも、買ってやらないとも、言わなかった。

　父親は朝飯をすませると、いろりでいっぷくをつけた。拓也はズックのことで、何か言うのではないかと、ときどき目のはしで見るのだが、ゆるゆるとたばこの青いけむりが上がっているだけで、いつもと少しも変わらなかった。ズックと、のどまで出かかったが、みそ汁《しる》といっしょに飲みこんで、母親の方をにらんだ。母親はセカセカと後かたづけを始めている。拓也は急いでご飯をかきこんだ。

　土間で拓也が長ぐつをはいていると、そのわきにペチャンコになった貧相《ひんそう》なズックがあった。②きのうまで履《は》いていた物なのに、もう何年もどこかでほこりにまみれていた、きたない物に見えた。

　母親も土間におりてきて、かけてあったカッパを着た。今日じゅうに町に行って、買ってきてもらわないことには間に合わないので、拓也は片方のズックを、つまむように持ち上げて、もう一度ねだった。

「かあちゃん、ほれ見でみろ。俺《おれ》のズック」

　母親はゴワゴワのカッパを着て、髪《かみ》の毛をうるさそうに後ろになでつけた。母親がふり返ったところで、拓也は小指からかかとの方に向かって、大きく穴のあいているズックを、おおげさに開いて見せた。

「バクバクだ。こんじゃ遠足にはいていかんにぇ。あしただぜ、遠足」

「ん、……」

　わかったのかどうか、母親はあやしい返事をして戸を開けた。

「絶対買ってな」

と、もうひとこと言おうとして、拓也も外に出た。

　雨はあいかわらず降っていて、その中をカッパをすっぽり着こんだ母親が歩いていた。かさを開いていると、和子《かずこ》の母親の山本先生も家から出て来た。拓也の母親は三度もおじぎをした。山本先生は薄茶《うすちゃ》のかさをさして、クリーム色のスラックスをはいていた。黒いゴムガッパは、とろとろにぬれながら山の方に曲がって行った。

　拓也のすぐわきで、はずれたといからこぼれる水が、古だるに当たって四方に散っていた。そっとかさをさし出して、雨水をうけてみた。そして、ボンボンボンという不規則なかさに当たる水の音を聞きながら、右と左にだんだんわかれていく二人をながめていた。

　夕方になると、西の方にある飯豊山《いいでさん》の上の空が、少しずつ明るくなってきた。拓也はその空を見てあしたは晴れるだろうと思った。

　夜になっても、父親も母親も新しいズックのことはなにも言わなかった。

　新しいズックは、家のどこにもないようだった。

MEMO

大切なことはメモしておこうネ！

2021年度

解　答　と　解　説

《2021年度の配点は解答欄に掲載してあります。》

＜算数解答＞ ≪学校からの正答の発表はありません。≫

1 (1) 土曜日　(2) 612個　(3) $\frac{9}{4}$cm^2　(4) (48位) 8　(56位) 3　(96位) 6

2 (1) 36cm^3　(2) 60cm^3　(3) 42cm^3

3 (1) 0101　(2) 011010　(3) 110110　(4) 000111，010111　(5) 12通り

○推定配点○

1 (2)～(4)　各5点×5　他　各6点×10　計85点

＜算数解説＞

＋α 1 (数の性質，規則性，平面図形)

重要 (1) うるう年は2024年から2096年，2104年から2120年まで，(120－20)÷4－1＝24(回)ある。したがって，求める曜日は(2121－2021＋24)÷7＝17…5より，5日後の土曜日

重要 (2) 2本・3本・1本のとき…18個　2本・3本・2本のとき…24個
2本・3本・3本のとき…30個
したがって，2本・3本・100本のときは，12＋6×100＝612(個)

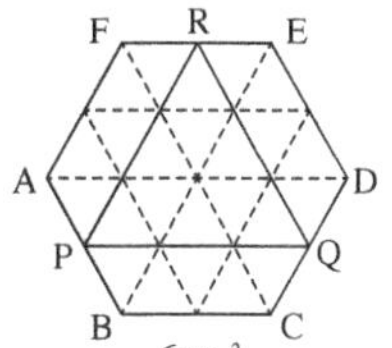

基本 (3) 右図より，三角形PQRの面積は6÷{(5＋7)×2}×(1＋3＋5)＝$\frac{9}{4}$(cm^2)

やや難 (4) 小数点以下の数は，右表のように続く。
したがって，以下のように計算される。

0001…小数第4位　0002…小数第8位
0004…小数第12位　0008…小数第16位
0016…小数第20位　0032…小数第24位

小数第48位…48÷4－1＝11，2を11回かけると8×8×8×4＝2048より，8
小数第56位…(56－48)÷4＝2，2048×2×2＝8192であるが，次の第60位が16384と5ケタになり，2＋1＝3
小数第96位…(96－56)÷4＝10，8192×8×8×8×2＝8388608であるが，次の第97位が16777216，第98位が33554432になり，右の計算において，80＋77＋3より，6

8388608
　16777216
　　33554432
6

2 (立体図形)

基本 (1) 図1より，6×6÷2×6÷3＝36(cm^3)

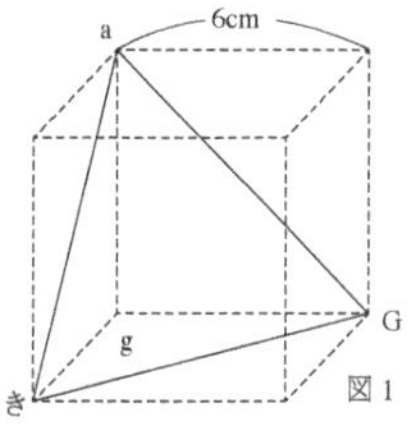

図1

重要 (2) 図2において，全体から(1)の三角すい，四角すいa－あきウア，a－アウGA，三角すいウ－きキGの体積をそれぞれ引く。
6×6×6－{36＋(6＋2)×6÷2×6÷3×2＋6×6÷2×4÷3}　＝216－156＝60(cm^3)

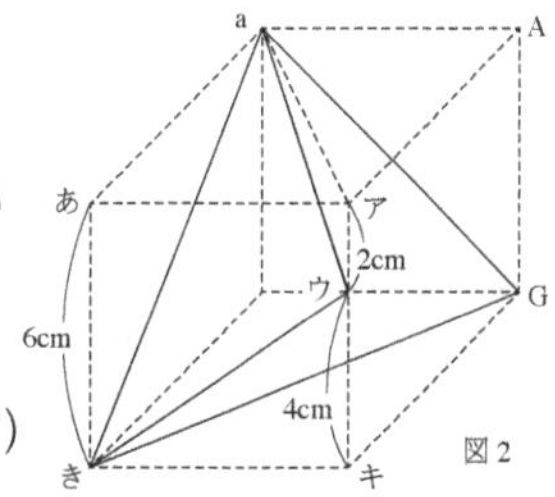

図2

やや難　(3)　右図より，高さ5cmの直方体から，四角すいーBbgC，g－いきキオ，いーBCオイ，G－CGキオの体積をそれぞれ引く。

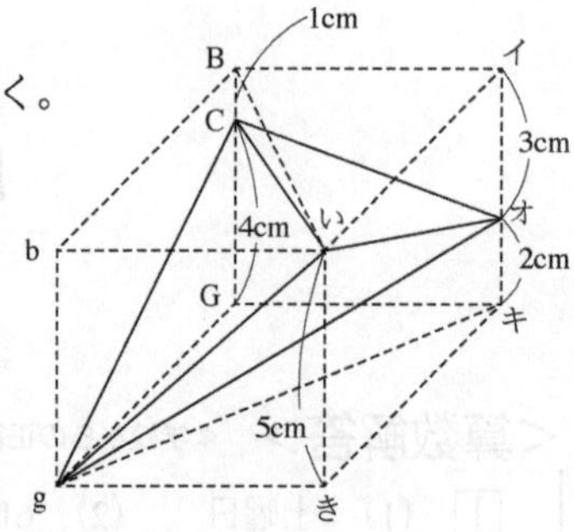

$6\times6\times5-\{(1+5)+(5+2)+(1+3)+(4+2)\}\times6\div2\times6\div3$

$=180-138=42(\mathrm{cm}^3)$

3 (推理)

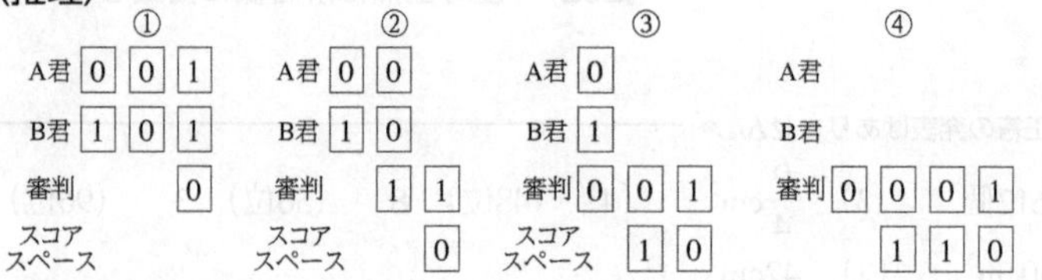

上図の意味について確認すると，次の通りである。

①A君・B君・審判がそれぞれ$\boxed{1}$，$\boxed{1}$，$\boxed{0}$のカードを出す。

②決まりによって，$\boxed{1}$，$\boxed{1}$，$\boxed{0}$の$\boxed{1}$，$\boxed{1}$を審判に渡し$\boxed{0}$をスコアスペースに置く。

　A君・B君・審判がそれぞれ$\boxed{0}$，$\boxed{0}$，$\boxed{1}$のカードを出す。

③決まりによって，$\boxed{0}$，$\boxed{0}$，$\boxed{1}$の$\boxed{0}$，$\boxed{0}$を審判に渡し$\boxed{1}$をスコアスペースに置く。

　A君・B君・審判がそれぞれ$\boxed{0}$，$\boxed{1}$，$\boxed{0}$のカードを出す。

④決まりによって，$\boxed{0}$，$\boxed{1}$，０の$\boxed{0}$，$\boxed{0}$を審判に渡し$\boxed{1}$をスコアスペースに置く。

結果：スコアスペースに$\boxed{1}$，$\boxed{1}$，$\boxed{0}$があり，B君が勝ち(審判に$\boxed{0}$を2枚)で得点は2点

(以下，スコアスペースをSSで表す。)

基本　(1)　①1，0，0→SSには1・審判には0，0

②0，0，0→SSには0，1・審判には0，0，0

③1，0，0→SSには1，0，1・審判には0，0，0

④0，0，0→SSには0，1，0，1・審判には0，0，0，0

(A0，1，0，1
B0，0，0，0)

基本　(2)　①1，1，0→SSには0・審判には1，1

②0，0，1→SSには1，0・審判には0，0，1

③0，0，0→SSには0，1，0・審判には0，0，0，1

④1，0，0→SSには1，0，1，0・審判には0，0，0，0，1

⑤0，1，0→SSには1，1，0，1，0・審判には0，0，0，0，0，1

⑥0，0，0→SSには0，1，1，0，1，0・審判には0，0，0，0，0，0，1

(A0，0，1，0，0，1
B0，1，0，0，0，1)

重要　(3)　最後に審判に0を2枚渡し，SSに1，1，1，1，1，1が置かれる。…A0，0，1，0，0，1

したがって，(2)より，最初，Bには1，1，0，1，1，0がある。…BはAの逆

①1，0，0→SSには1・審判には0，0

②0，1，0→SSには1，1・審判には0，0，0

③0，1，0→SSには1，1，1・審判には0，0，0，0

④1，0，0→SSには1，1，1，1・審判には0，0，0，0，0

⑤0，1，0→SSには1，1，1，1，1・審判には0，0，0，0，0，0

⑥0，1，0→SSには1，1，1，1，1，1・審判には0，0，0，0，0，0，0

やや難　(4)　Bの右端のカードが0の場合，最初にSSに1が置かれ，Aの4枚目の1に合わせてBの4枚目も1でなければいけない。このとき，審判に1，1が渡され，この後，最後に審判に0が渡される場合がない。Bの右端のカードが1の場合，Aの4枚目の1に合わせてBの4枚目に0がなければならず，Bの5枚目についてSSに1が置かれる［0，0，0，1，1，1］とBの6枚目についてSSに1が置かれる［0，1，0，1，1，1］の2通りがある。

(5) 以下の12通りがある。

Bの右から6・5・4番目が1, 0, 0の場合… [1, 0, 0, 1, 1, 1]
Bの右から6・5・4番目が0, 1, 1の場合… [0, 1, 1, 1, 1, 1] [0, 1, 1, 0, 1, 1]
[0, 1, 1, 0, 0, 1] [0, 1, 1, 0, 0, 0]
Bの右から6・5・4番目が0, 0, 1の場合… [0, 0, 1, 1, 1, 1] [0, 0, 1, 0, 1, 1]
[0, 0, 1, 0, 0, 1] [0, 0, 1, 0, 0, 0]
Bの右から6・5・4番目が0, 0, 0の場合… [0, 0, 0, 0, 1, 1] [0, 0, 0, 0, 0, 1]
[0, 0, 0, 0, 0, 0]

★ワンポイントアドバイス★

1(2)「三角形の個数」は「2本・3本」を固定したまま3番目を1本から始めると，規則が見つかる。(4)は，「小数第56位・96位」の規則に気づき難い。2(2)「体積」は難しくなく，3「カード操作」説明の読み取りは簡単ではない。

+α は弊社HP商品詳細ページ(トビラのQRコードからアクセス可)参照。

＜理科解答＞ ≪学校からの正答の発表はありません。≫

1 問1 手であおぐようにしてかぐ　問2 ア，イ　問3 ア，ウ　問4 イ，ウ
問5 d　問6 4.2mL　問7 ア　問8 ア　問9 ウ

2 問1 e　問2 ア　問3 エ　問4 (a) C　(b) 土砂くずれ
(c) せき止められた　(d) 川をせき止めていた土砂が押し流された。
問5

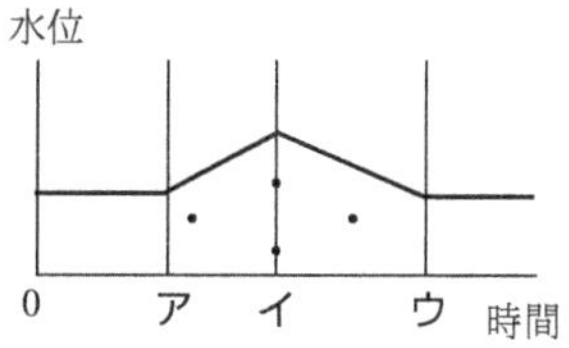

問6 線状降水帯

3 問1 ① イ　② ア　③ ウ　問2 ウ　問3 ア　問4 エ
問5 (1) C　(2) 稚魚を襲う魚Bを追い払う労力が減る。

4 問1 左端から 21cm　重さ 720g　問2 ア 8cm　イ 16cm
問3 31cm　問4 39.4cm　問5 31.25cm

○推定配点○
1 問1 3点　他 各2点×8　2 問4 (a)(b)(c) 各1点×3　他 各2点×6
3 問5 (2) 3点　他 各2点×7　4 問1 各2点×2　他 各3点×5　計70点

＜理科解説＞

1 (水溶液の性質―水溶液の性質と体積)

I 問1 水溶液の入っている容器に直接鼻を近づけて臭いをかぐと有毒な気体を多量に吸い込む危険があるので，手であおぐようにしてにおいをかぐ。

基本 問2 刺激臭のある水溶液は，アンモニア水と塩酸である。

基本 問3 赤色リトマス紙が青色になるのはアルカリ性の水溶液である。アンモニア水と水酸化ナトリウム水溶液がアルカリ性である。

基本 問4　アルミニウムや亜鉛は，酸や強いアルカリ性の水溶液に溶ける。アンモニア水は弱いアルカリ性の水溶液なので，アルミニウムは溶けない。ここでは塩酸と水酸化ナトリウム水溶液に溶ける。

問5　石灰水は二酸化炭素と反応して白くにごる。食塩水では反応しないので変化はない。炭酸水は二酸化炭素が溶け込んでいるが，沸騰させたとき二酸化炭素が逃げ出すのでその後の水溶液では変化はない。

Ⅱ　問6　測定器具では，測定値は最小目盛りの10分の1まで読み取る。図では4.2mLと読み取れる。

問7　メスシリンダーのように体積を測定するガラス器具は，乾燥機で乾かすと温度が高くなってガラスが変形し体積が正確に測れなくなる危険があるので，乾燥機で乾燥してはいけない。また，硬いブラシを使うのもガラスが削れたり，目盛り部分が消えたりすることがありふさわしくない。

問8　乾いたメスシリンダーBからは10mLよりわずかに少ない量の水が取り出されるので，Bの目盛りも10mLより少なくなる。

問9　スポイトやビーカーに移すと器具に残る分の体積が少なくなる。ウのように両方のメスシリンダーから流しだして混ぜ合わせると，読み取ったままの体積で混ぜ合わせることができる。

2　(太陽と月・気象―月の動き・川の変化)

基本 Ⅰ　問1　東京で左半分が光った月が真南に見えるのは，月がeの位置にあるとき。太陽からの光で左半分が照らされている。

基本 問2　eの位置の月が真南に見えるのは，朝の早い時間である。

問3　月が南中するとき，太陽－地球－月の順序で並ぶ。地軸が傾いているので，夏至の日の太陽に南中高度が最も高くなり，月の南中高度は最も低くなる。冬至の日は逆になる。

Ⅱ　問4　時刻アでB地点の水位が下がったのは，BとCの間で何かの理由で水が来なくなったためと思われる。その理由としては土砂くずれなどが最も考えやすい。そのために川の水がせき止められ，Bに流れ込む水の量が減少し水位が低下した。その後，川をせき止めていた土砂が流されると，それまで溜まっていた水が流れ出しBの水位が上昇する。

問5　アからイまでは土砂くずれで水がせき止められ，Cの水位が上昇する。イからウではせき止められていた水が流れ出しCの水位が徐々に低下する。

問6　積乱雲が同じ場所で次々と発生し同じ方向に動いて，同じ場所で激しい雨が降ることがある。このような場所を線状降水帯という。

3　(生態系―植物や動物の生き延びるための工夫)

問1　他のものに姿を似せて目立たなくし，身を守ることを擬態という。ナナフシは枝に似せることで他の生物に食べられることから身を守っている。ハナカマキリはランの花に似せることで，花にやってくる昆虫を食べる。ホソヒラタアブはセグロアシナガバチに似ていることで，ハチと勘違いさせて他の動物から攻撃されることを防いでいる。

問2　巻貝Cの割合が巣内で非常に多く巣外で非常に少ないのは，魚Aが巻貝Cを巣の中に運び込んだからと考えられる。また，巻貝Dはもともとかたよりなく存在していたのが，巣内の割合が巣外の割合より少なくなったので，魚Aが巻貝Dを巣外に運び出したと思われる。

問3　巻貝Cによって稚魚が襲われにくくなったことを確かめるには，巻貝Cを巣外に移動させて稚魚の生き残る数を見ればよい。これが減少していれば巻貝Cの効果が確かめられる。

問4　図2より，巣内の巻貝Cの数が減ると，姿が似ている稚魚が目立ちやすくなり魚Bに攻撃されやすくなる。そのため親魚が魚Bを攻撃して追い払う回数が増える。

問5　(1) Aの稚魚の生き残りの割合は巻貝Cの数に左右されないので，魚Aの稚魚は巻貝Cから直接の益を受けているわけではない。巻貝Cがあると魚Bからの攻撃が少なくなり，魚Aの親魚のストレスが減少するので，直接利益を得ているのはAの親魚である。

(2)　巻貝Cがあると魚Bからの攻撃が少なくなり，魚Aの親魚はBを追い払うためのエネルギーを節約できる。

4　(力のはたらき—てんびんのつりあい)

基本　問1　バットの重さは540＋180＝720(g)であり，重心の両側のバットの端にかかる重さの比が左：右＝3：1である。そのため重心の位置は，重心からそれぞれの端までの長さの比が1：3となり，$84\times\frac{1}{4}=21$より，バットの左端から21cmのところでつるす。

問2　アの長さは重さの比が左：右＝1：4なので，長さの比が左：右＝4：1となり，$10\times\frac{4}{5}=8$(cm)である。同様に右下側のてんびんの糸の位置は，右端からは$10\times\frac{3}{5}=6$(cm)の位置にある。上側の30cmの天秤の左端から8cmの位置に50gのおもりが，右端から6cmの位置に50gのおもりが吊り下げられていることになるので，イの長さを□cmとすると，50×(□−8)＝50×(30−□−6)より，□＝16cmとなる。

やや難　問3　正方形の板1枚の重さを1として考える。右図のように，板の太字で囲んだ部分が初めはなかったと考えると，その部分を除いた図形は真ん中で左右対称な形(重さは半分が板6枚分)になる。このとき同じ重さなので，糸は棒の中心にくる。ここに右側に色のついたの部分の3つ分を加えたとすると右側が重くなり，バランスを取るために糸の位置を右に□cm移動させるとする。すると板6枚分の重心が□cm右に移動するので，(おもりの重さ)×(支点からの距離)の値が，右側では6×□だけ減少し，左側では6×□増加する。言い換えると，左側で初めより2×6×□分増加する。さらに右側では付け加えた3個分のおもりの重心は糸の位置から(5−□)cmの位置にくるので，3×(5−□)増加する。左右で釣り合うには両側の増加量が等しくなるので，12×□＝3×(5−□)　□＝1cmなので，エの長さは30＋1＝31(cm)になる。

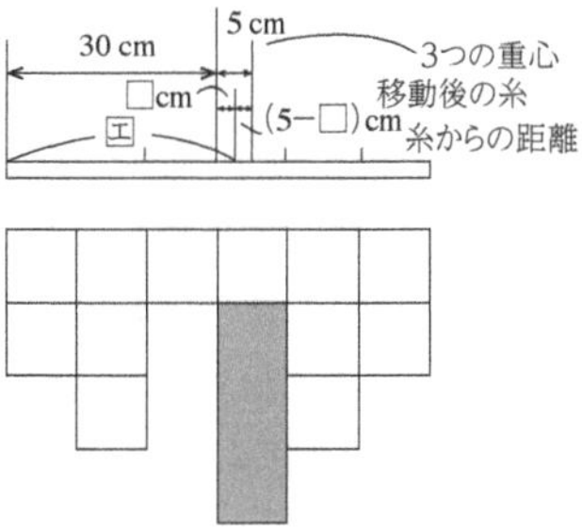

やや難　問4　問3と同様に，はじめ左右同じ形の板(それぞれ11枚分)が釣り合っていたと考える。これに3枚分の板を左側に加える(右図の色のついた部分)。初めの11枚分の板は糸が左に□cm移動したとすると，(おもりの重さ)×(支点からの距離)の値が，左側では11×□だけ減少し，右側では11×□増加する。つまり右側で22×□だけ増加したことになる。左側に付け加えた3枚分の重心は糸の位置から(5−□)cmの位置なので，3×(5−□)だけ左側が増加する。これが等しくなるので，22×□＝3×(5−□)　□＝0.6cm　よって，オの位置は40−0.6＝39.4(cm)になる。

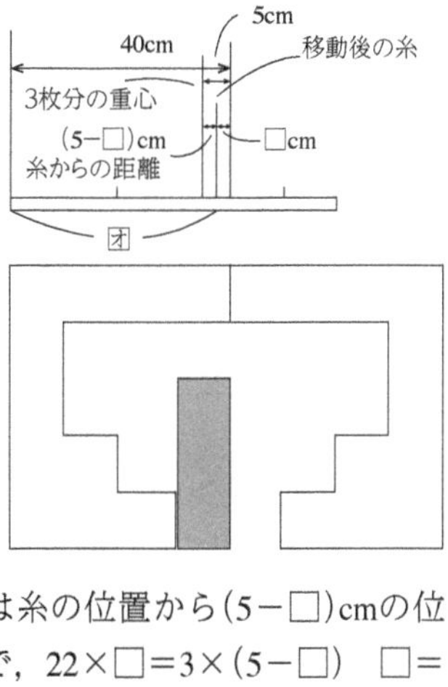

やや難　問5　大きい円の半径が小さい円の半径の3倍なので，重さは9倍になる。小さい円の重さを1とすると，大きい円の半円の重さは4.5になる。半円どうしがつるされているとき，重心は30cmの位置にくる。左側の半円から小さい円をくりぬいて糸の位置を□cm右に移動させたとき再び釣り合ったとすると，糸の移動により右側の半円では，(おもりの重さ)×(支点からの距離)の値が4.5×□だけ減少し，左側では4.5×□だけ増加する。つまり右側で合計9×□分減少する。この減少分がくりぬいた円の分に相当する。小さい円の重心は糸から(10＋□)cmの位置なので，9×□＝1×(10＋□)　□＝1.25cm　よって，カは30＋1.25＝31.25(cm)になる。

★ワンポイントアドバイス★

物理分野の計算問題に難問が出題される。全般に文章読解力や思考力，数学的な処理能力が求められる。普段から，結果から導ける理由を考える練習をしておくことが大切である。

＜社会解答＞ ≪学校からの正答の発表はありません。≫

1　問1 ① 調　② エ　問2 国分寺　問3 ア　問4 ① 六波羅探題
② イ　問5 イ　問6 ウ　問7 ① 歌川広重　② 神奈川

2　問1 ① 1 第一次世界大戦　2 満州事変　3 日中戦争　② X ア　Y ウ
③ a イ　b オ　問2 ① イ　② 関東大震災　問3 X 徴兵　Y 空襲
Z 疎開

3　問1 A 安倍晋三　B 菅義偉　C バイデン　D メルケル
問2 ① エ　② エ　問3 ① ア ② イ
問4 ① エ　② オ　問5 ① 4　② 2　問6 イ，ウ
問7 ア，ウ　問8 ア　問9 特定の地域では支持者が多い

4　問1 オ　問2 A ウ　C イ　問3 ア　問4 イ　問5 イ
問6 日本海流[黒潮]　問7 地熱　問8 エ　問9 エコツーリズム[グリーンツーリズム]　問10 カ　問11 カ　問12 ア　問13 エ　問14 ① パーム
② パームヤシ(油ヤシ)の栽培のために熱帯雨林が伐採される問題が起こっている。しかし，ひまわりや大豆の油では，単位面積当たりの収量がパームヤシと比べると少ないので，必要な収量を確保できない。　問15 バイオマスエネルギー
問16 (旭川) ウ　(網走) エ

○推定配点○

1　各1点×10　2　問1①・問3　各2点×6　他　各1点×6
3　問1，問9　各2点×5　他　各1点×11　4　問14 ②　3点　他　各1点×18
計70点

＜社会解説＞

1　(日本の歴史－奈良，鎌倉，江戸時代に関連する問題)

基本　問1 ① 調は繊維製品もしくは各地の特産物，貨幣などを都に納めるもの。特産物の品目については，中央からの指定がある。② エ　調は成人男子に課されていた。

問2 741年に国分寺，国分尼寺造立の詔が出され，各国ごとに国分寺，国分尼寺が建てられた。各国の国分寺の中心となるのが都の東大寺で，国分尼寺の中心は法華寺であった。

問3 a 1185年→b 1189年→c 1192年の順。

重要　問4 ① 六波羅探題は承久の乱の後，それまでの京都守護に代えて京都に設置したもので，平清盛の屋敷跡に置かれた。最初の別当を務めたのが北条泰時。② イ　御成敗式目の内容は御家人の相続争いの裁判の基準や，その他の御家人の間のもめ事を裁くための基準で，頼朝以来の習わしなどを基につくられている。

問5 イ　参勤交代は基本的にすべての大名が課された。

問6　ウ　江戸時代の日本と中国との間では国家間の正式な国交は開かれていないので，国書を中国の皇帝が日本の将軍あてに出すということもない。

問7　①「東海道五十三次」は歌川広重の1832年から33年にかけてつくられた錦絵で全55枚。

②「東海道五十三次」に含まれている，開港された場所は神奈川のみ。日米修好通商条約で開港されたのは函館，下田，神奈川，新潟，兵庫，長崎で，下田はのちに閉鎖。

2　**(日本の歴史－東京と大阪に関する近現代の歴史の問題)**

重要　問1　①　1　1889年から1918年までの期間を文章に合わせると明治時代後半から第一次世界大戦が終わるまでの時期となる。　2　1931年に満州事変は柳条湖事件から始まった。　3　日中戦争は1937年の盧溝橋事件で始まった。　②　X　Aの期間は日本の工業が発達し始める時期で，その主力は繊維産業であった。　Y　1930年代には日本の産業の主力が軽工業から重化学工業へと動いていき，戦争へと向かっていく。　③　a　大阪には1883年に大阪紡績会社が設立され，その後も他の工場も設立され綿糸の生産がさかんに行われるようになる。　b　1930年代に急増するのは軍需産業の工場。

問2　①　イ　日本で高速自動車道が作られるのは戦後のこと。　②　1923年の関東大震災で，東京では多くの死者が出て，また地震で家屋を失った人が東京の外へ動くこともあり，1920年から1925年の時期には東京の人口は減少している。

問3　1940年から1945年の時期は日中戦争から太平洋戦争の時期に当てはまるので，東京や大阪などの都市部で人口が減少することに関しては，戦争との関連で考えれば分かる。男性で減っているものとしては徴兵によるものがあり，それ以外では空襲を避けての疎開や空襲での死亡などが考えられる。

3　**(政治―日本と欧米の国々の政治，経済に関する問題)**

基本　問1　A　安倍晋三は2006年9月から2007年9月まで，2012年12月から2020年9月までの第90代，96代，97代，98代首相。　B　菅義偉は2020年9月からの第99代首相。　C　ジョー・バイデンは第47代大統領として2021年1月に就任。過去に2009年から2017年まで，オバマ大統領の下で副大統領を務めた。　D　アンゲラ・メルケルは2005年11月からドイツの首相を務めている。

問2　①　エ　衆議院が解散された後の首相指名のための国会なら特別国会になるが，衆議院が解散されずに首相の指名のために召集されるのなら臨時国会になる。　②　エ　内閣総理大臣は国務大臣を任意に任免できる。国務大臣は内閣総理大臣が任命した後，天皇によって認証される。

問3　①　ア　いざなぎ景気は1965年11月から1970年7月まで続いた好景気。大戦景気は第一次世界大戦の際の1915年後半から終戦後の1920年ごろまで続いた好景気。特需景気は朝鮮戦争の際の1950年から52年頃までの好景気。バブル景気は1986年末から1991年2月までの好景気。

②　イ　第二次世界大戦後，アメリカドルを基軸通貨として，ドルと他の国々との交換レートを固定する為替相場制がブレトンウッズ協定によって設定されていたが，アメリカの経済の優位性がベトナム戦争やアポロ計画などによって薄れてきたこと，日本などの国々が急速に経済成長を遂げたことなどが原因となりアメリカドルの価値が低下し，当初の為替レートを保てなくなり，1971年にいったん，為替レートを引き下げたが，それも維持できず，1973年からは現在の変動為替相場制へと移行した。1ドルが360円から308円になり，さらにその後変動相場制に移行したので，当初は現在からみればかなり円安といえる。

問4　①　山口県はかつての長州藩があった場所で，安倍前首相の選挙区もここにある。

②　オ　Aの韓国併合は1910年なのでY，Bの大正政変は1912年なのでZ，Cの日露戦争は1904年から05年なのでX。

問5　①　アメリカの大統領の任期は1期が4年。　②　アメリカの大統領は任期を最大2期までつとめることができる。ただし，現職の大統領が亡くなり，副大統領などが昇格した場合には，残りの任期が2年以内の場合には，新たに2回大統領選挙に立候補できるので，最大10年務めることはできる。

問6 ア 11月の一般国民の投票で過半数を獲得しても，おさえた州の数が少なければ選挙人の数が少なく負けるということはあるが，選挙人の数で過半数を獲得していれば負けることはない。

やや難 問7 ア ドイツは議院内閣制の政治形態で政治の権限は首相が握り，大統領は存在するが議会が選出するだけで半ば名誉職。 イ フランスは国民が選出する大統領が政治の権限を握っている。ウ フランスの内閣制度は大統領制の政治形態に議院内閣制の要素を取り込んだもの。

やや難 問8 イ 内閣の一存で下院を解散できた状況よりも，下院が内閣不信任案を可決させた場合もしくは議会の総議員の3分の2以上の賛成で解散という場合の方が，解散になる可能性は低くなるので，任期満了になる可能性は以前よりは上がった。 ウ 基本的に下院で多数派の政党が内閣を組織しているのであれば，下院で内閣不信任案が成立するには与党内での内閣批判がない限りはあり得ないので，内閣不信任案が可決される可能性が低いのは前と同じ。

問9 小選挙区制の場合，二大政党が有利であるのはもちろんだが，特定の地域に根差してその地域の支持率が高い政党がある場合には，その地域の選挙区においてはその地域政党が議席を獲得しうる。

4 （地理―様々な自然現象に関する地理の問題）

重要 問1 オ A，B，Cの分布図でBが日本のかなりの地域で見られているものなので，一番多い洪水と判断できる。A，Cは海の中にもあり，Cは三陸沖などもあるので，地震と判断でき，Aは火山の噴火と判断できる。

やや難 問2 A 東日本の東側の太平洋のところには日本海溝が南北にあるので，海岸の0mのところから8000mあたりまでくぼんでいるウと判断できる。 C 屋久島，種子島などの大隅諸島と吐噶喇列島の間あたりにCは引かれており，ここは九州から南に広がる地域で，水深も最大で500mほどのところなのでイとなる。なお，エは水深1万メートルを超えているのでフィリピンの東のマリアナ海溝のあたりになる。

問3 ア 日本列島の上を吹く季節風はユーラシア大陸と太平洋との間の空気の動きになり，夏は太平洋側からユーラシア大陸に吹き込む南東の季節風となるのでア，冬はユーラシア大陸から太平洋に向かって吹き出す北西の季節風となる。

問4 イ 緊急地震速報は地震発生後に速く伝わるP波を感知し，その後のS波の方が被害が大きくなりがちなので，このS波を直ちに警戒するように出すものなので1時間以内などという悠長なものではない。なお，震源地に近いと緊急地震速報の方がS波よりも遅く伝わることもある。

問5 熊本県南部は大雨の災害に見舞われることがあり，特に地形図が示されている地域では，等高線の間が密になっている場所で土砂崩れが起こっている。

基本 問6 伊豆諸島の八丈島に西南日本や中国からの船が流されてくるのなら暖流の日本海流に運ばれてきたと考えられる。

問7 八丈島は西山，東山という火山が結合した形の島になっている。どちらも18世紀以後は大規模な噴火はないが火山性の地震の観測はある場所で，火山の熱を利用した地熱発電がおこなわれている。

問8 Aは内陸の山間部に分布しているので水力発電所と判断できる。BとCは海沿いにあり，Bは東京湾や大阪湾などの人口密集地域にもあるので火力発電所，Cは限られた場所にしかないので原子力発電所と判断できる。

問9 グリーンツーリズム（エコツーリズム）は農山漁村に滞在し，農業，林業，漁業などを体験したり，地域の住民との交流をおこなったりする余暇活動で，観光地巡りをする旅行とは異なる。これを推進することによって，農山漁村にとっては活性化につながり，また都市部に住む人々に農山漁村での生産活動などを理解してもらうことで，普段消費している農林水産物に親しみをもってもらうというもの。

問10　円グラフを見比べると，aがその他の国々の比率が一番高くなっており，cが一番低いのが分かる。訪日観光客の国別の比率でいえば，上位のアメリカ，韓国，中国，台湾あたりが群を抜いて多いのは事実だが，徐々にそれ以外の国々からの訪日客も増えており，その結果その他の比率が高くなってきていると判断すれば，aが2018年と判断できる。2000年と2010年とでは，アメリカに始まるリーマンショックによる景気悪化が2009年にあったことで，アメリカからの訪日客が減ったと判断できるのでcが2000年，bが2010年と判断できる。

重要 問11　単位換算が問題。日本の農家の1戸当たりの平均耕地面積はだいたい2haほどなので，十勝地方の農家が日本の平均の20倍と考えると，4で始まる答えになる。1haは10000㎡であり，1aは100㎡なので2haは20000㎡でその20倍は400000㎡になる。このことからイの4haは40000㎡で，カの45aは450000だから，答えはカが一番近いと判断できる。

問12　イ　日本の小麦の輸入は，いったん国が輸入したものが民間に払い下げられているので自由化されたものではない。　ウ　ミニマムアクセスが設定されているのはコメ。　エ　現在の小麦の輸入先は輸入量の半分ほどがアメリカで，次いで3割ほどがオーストラリアとなっている。

問13　日本で精製糖生産量が一番多いAは，ビートを栽培している北海道。Cは鹿児島県と同様の砂糖と考えて，さとうきびの栽培が盛んな沖縄県を考えられれば残りのBが大阪府となる。

問14　①　イラストの植物は油やしで，この油やしの実から作るのがヤシ油でパームという。
②　パームを作るのとひまわりの種から油をつくったり，大豆から油をつくったりするのとを比べると，農地1ha当たりの収量が大きく差があり，パームをつくる方が効率がいいのがわかる。そのため，パームを作るためにパームのもとになる油やしを育てるための畑をつくるのに，熱帯雨林が乱開発されているという問題が生じている。

問15　生物由来の資源をバイオマスといい，家畜の排せつ物の他，間伐材などもあり，植物由来のバイオマスの場合，燃やせば二酸化炭素を出すが，成長段階で二酸化炭素を吸収しているので普通の化石燃料を燃やすのよりも環境には優しいとされている。また家畜の排せつ物などは，これから出るメタンガスなどを燃やして発電などに使えるということで，このようなバイオマスを利用したエネルギーがバイオマスエネルギーという。

問16　北海道の気候に関する問題。内陸部の旭川は，北海道の中でも最低気温がかなり低くなる場所でウが旭川と判断できる。また，北海道は東側の方が西側よりも冬の雪は少なくなるので，釧路と同様の降水量の変化があるエが網走と判断でき，函館と札幌とでは地形的に函館の方が北西の季節風の影響を受けにくいのでアが函館，イが札幌と判断できる。

★ワンポイントアドバイス★

問題文、設問の選択肢など読む量が多いわりに試験時間が短いのでスピードが大事。空欄補充は前後を丁寧に読み込んで，知識をフルに活用し，一見無関係のようなものも関連づけて考えてみることも大事。

＜国語解答＞ ≪学校からの正答の発表はありません。≫

一　問一　生[空]

問二　(例)　楽しみにしている明日の遠足のために買ってもらう新しいズックのことが頭にあるため，古いズックが余計に古くてみすぼらしく感じられたから。(66字)

問三　(例)　母親がズックを洗って縫ってくれたことがうれしく，照れ隠しでズックを悪く言ったが，その言葉に母親がつらくなったかもしれないと気づき，後悔した。(70字)

問四　おこられる

問五　(例)　ズックを流してしまった拓也をののしったり悪口を言ったりせずしっかり自分で歩こうとし，拓也が差し出したボロなズックを抵抗なく素直に受け入れてくれたから。(75字)　(例)　ズックを流した拓也をののしったりせず自分で歩こうとし，拓也が差し出したボロなズックを抵抗なく受け入れる和子の心に，底知れぬ素朴な清らかさを感じたから。(75字)

二　問一　1　試行　　2　粉　　3　大半

問二　(例)　漠然と同じ職場に勤務し，自分で考えたり行動したりせずに仕事をこなす一方で，人と群れずに自分の才能を発揮して出世する人(58字)(に嫉妬しているということ。)

問三　(例)　新しい漁場を開拓するという発想や勇気がないため，過去においてよかった漁場にすがってしまうから。(47字)

○推定配点○

一　問一・問四　各5点×2　　問二・問三　各10点×2　　問五　15点

二　問一　各5点×3　　問二　15点　　問三　10点　　計85点

＜国語解説＞

一　(小説一熟語，心情理解，内容理解，主題)

基本　問一　「生返事」「空返事」は，いいかげんなうわべだけの返事，という意味。

問二　遠足を明日にひかえて，新しい靴を買ってもらうのを心待ちにしていることから，古いズックが余計にみすぼらしいものに思えたのである。

重要　問三　拓也は，「ボロだけど，前のズックよりはよっぽどましだし，なんだかうれしい気がして，母親に何か言いたくなった」が，照れもあり，「ちょっとカッコ悪いなァ」と言って笑ったが，それを受けた「母親の言葉のおわりが，かすかに震えているようだった」。母親の言葉の震えに，拓也は母親のつらい気持ちを察し，自分が言ったことを後悔したのである。

問四　拓也はいっそ和子から「口ぎなたくののしられたり，悪口を言われたほうが」よいと思っている。これに関連した拓也の気持ちが書かれている部分を探すと，少し前に「おこられることはしかたがない」「ねたんだ気持ちがズックを流したんだと言われる」という言葉が見つかる。

やや難　問五　問四とも関連させて考える。拓也が和子のズックを流してしまったことは，ののしられたり悪口を言われてもしかたがないはずなのに，和子はそうせず，片方のズックだけでしっかりと歩こうとしている。また，差し出された拓也のズックをばかにもせず，素直に好意を受け入れている。こうした出来事の重なりから，拓也は和子の心の清らかさに改めて気づいたのである。

二　(論説文一漢字の書き，内容理解)

基本　問一　1　「試行錯誤」は，課題が困難なときに，何回もやってみて，失敗を重ねながらだんだんと目的にせまって行くという方法のこと。　2 「身を粉にする」は，労苦をいとわず尽力する，という意味。　3 「大半」は，おおかた，という意味。

重要 問二 「定置網にはまり」は，漠然と同じ職場に勤務すること，「うさぎ跳び」は，自分で考えたり行動したりせずに(無駄な)仕事をこなすこと，「出る杭」は，群れずに自分の才能で出世する人のことを表すと考えられる。

やや難 問三 別の新しい「漁場」を探したり開拓したりするという発想や勇気がなく，過去によかった「漁場」のことしか考えられないということ。

★ワンポイントアドバイス★

すべて記述問題である。読解は，短時間の中で，文章の内容をおさえ，自分の言葉にまとめて指定字数内で的確に説明する力が求められる。ふだんからいろいろなジャンルの文章にふれることや，文章の要約する練習をすることが力となる！

MEMO

大切なことはメモしておこうネ！

2020年度

入　試　問　題

2020年度

開成中学校入試問題

【算　数】（60分）　＜満点：85点＞

【注意】◎答えが分数になるときは，できるだけ約分して答えなさい。円周率が必要なときは3.14を用いなさい。

◎必要ならば，「角柱，円柱の体積＝底面積×高さ」，「角すい，円すいの体積＝底面積×高さ÷３」を用いなさい。

◎式や図や計算などは，他の場所や裏面などにかかないで，すべて解答用紙のその問題の場所にかきなさい。

◎問題用紙を切り取ってはいけません。

1　まっすぐ進む２つのロボットAとBがあります。２つのロボットは，下のような指示が書かれた５枚のカードをそれぞれもっていて，カードがセットされた順にスタート地点から１分間ずつその指示に従って進みます。

カード①：毎分30cmで進みなさい。（このカードは２枚あります）
カード②：１分間停止しなさい。
カード③：毎分45cmで進みなさい。
カード④：毎分60cmで進みなさい。

例えば，カードが①，①，②，③，④の順にセットされた場合，スタートから２分間で60cm進み，そこで１分間停止し，その後１分間で45cm進み，その後１分間で60cm進みます。このようなロボットの進み方をカードの番号を用いて＜11234＞と表すことにします。

いま，２つのロボットAとBを同じ方向に進めたとき，AとBの間の距離《きょり》をグラフにしたところ下の図のようになりました。このとき，ロボットAの進み方として考えられるものをすべて答えなさい。ただし解答らんはすべて使うとは限りません。

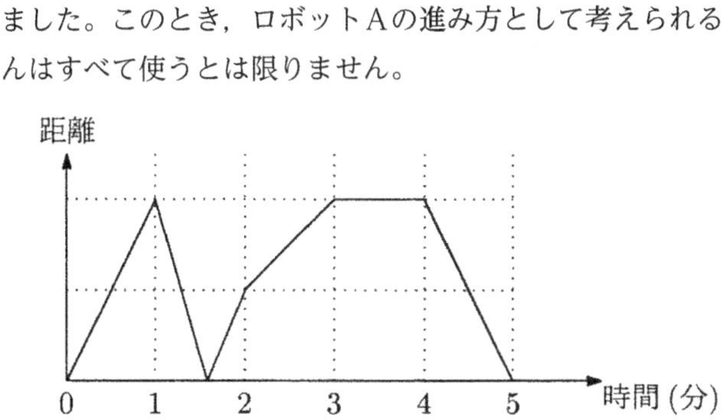

2　平面上に，点Aを中心とする半径10mの円Xと半径20mの円Yがあり，円Xの周上を動く点Bと円Yの周上を動く点Cがあります。点Bは円Xの周上を一定の速さで反時計回りに進み，１時間で一周します。そして，点Cは円Yの周上を一定の速さで反時計回りに進み，３時間で一周します。

また，点Ｐがあり，点Ｐは，次の［移動１］，［移動２］，［移動３］ができます。

［移動１］：点Ａを通る直線上を１時間に50mの速さで12分間進む。
［移動２］：円Ｘの周上を点Ｂと一緒《いっしょ》に進む。
［移動３］：円Ｙの周上を点Ｃと一緒に進む。

現在，３点Ａ，Ｂ，Ｃは図のように１列に並んでいて，点Ｐは点Ａと重なっています。

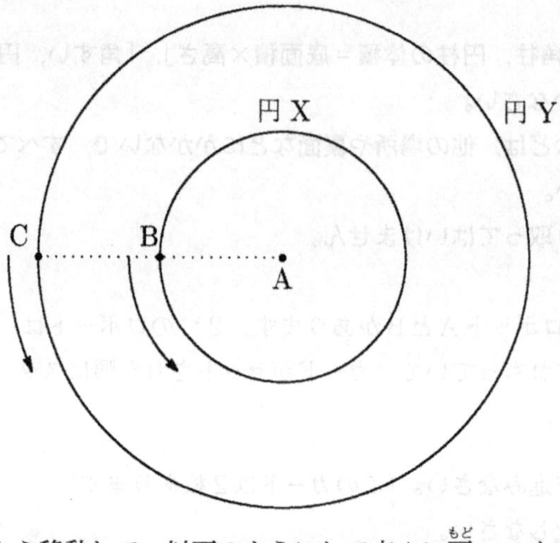

このあと，点Ｐが点Ａから移動して，以下のようにして点Ａに戻《もど》ってくることを考えます。

点Ｐの動き

① ［移動１］で点Ａから点Ｂに移る。
② ［移動２］で点Ｂと一緒に８分間進む。
③ ［移動１］で点Ｂから点Ｃに移る。
④ ［移動３］で点Ｃと一緒に何分間か進む。
⑤ ［移動１］で点Ｃから点Ｂに移る。
⑥ ［移動２］で点Ｂと一緒に８分間進む。
⑦ ［移動１］で点Ｂから点Ａに移る。

点Ｐが上の動きを最後までできるように，①の移動の開始時と，④の移動の時間を調節します。

⑴ ①の移動を開始してから③の移動で点Ｃに到着《とうちゃく》するまでの点Ｐの動きは右の図のようになります。解答らんの図に，①の移動開始時の点Ｂと点Ｃのおよその位置をそれぞれわかるように書きこみなさい。

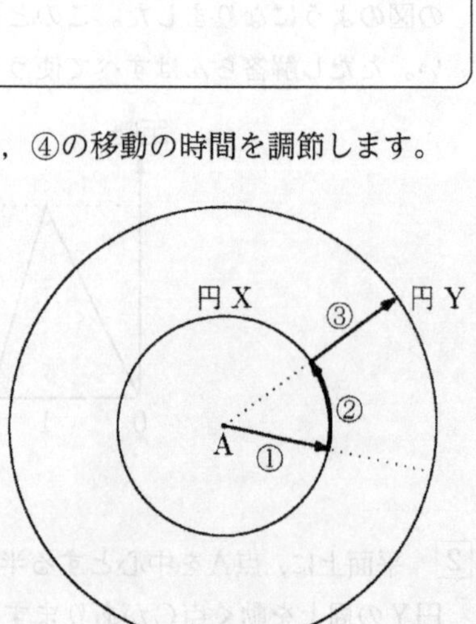

⑵ ①の移動の開始時を現在から最短で何分後にすれば，③の移動までで点Ｐが点Ｃに到着することができますか。

⑶ ①の移動を開始してから⑦の移動で点Ａに戻るまでに，点Ｐの動く道のりは最短で何mですか。四捨五入して小数第１位まで求めなさい。

3　あるクラスで，生徒全員から決まった金額を集めることになりました。そこで，学級委員の太郎君と花子さんは集めやすくするために次のようなルールを作りました。

ルール１　使えるお金は１円玉，５円玉，10円玉，50円玉，100円玉，500円玉の６種類の硬貨《こうか》とする。

ルール２　おつりの無いように持ってくる。

ルール３　硬貨は，１人につき10枚まで持ってくることができる。

⑴　クラスの生徒40人から28円ずつ集めることにしました。

㋐　ルールに合うように28円を持ってくる方法は全部で何通りありますか。

㋑　集まったお金のうち，１円玉を数えたら165枚ありました。このとき，５円玉を１枚も持ってこなかった生徒は何人ですか。

⑵　このルールについて，太郎君と花子さんは次のようなやり取りをしています。空らん①～⑧にあてはまる数を答えなさい。

太郎　「集める硬貨が多くなり過ぎないようなルールを決めたけど，このルールだと集められない金額ってあるよね。」

花子　「たしかにそうね。例えば389円を用意するとしたら，**ルール１**と**ルール２**を守れば，最低でも［①］枚の硬貨が必要だから，**ルール３**を守れないわね。」

太郎　「このような金額ってどれくらいあるのかな。」

花子　「そのうち一番低い金額は［②］円だとわかるけど，たくさんありそうね。」

太郎　「49円までの金額を用意するのに必要な最低枚数の表を作ってみたよ。」

最低枚数 (枚)	金額 (円)	何通りか (通り)
1	1, 5, 10	3
2	2, 6, 11, 15, 20	5
3	3, 7, 12, 16, 21, 25, 30	7
4	4, 8, 13, 17, 22, 26, 31, 35, 40	9
5	⋮	［③］
6	⋮	［④］
7	⋮	［⑤］
8	⋮	［⑥］
9	49	1

花子　「なるほど，この情報と50円玉，100円玉，500円玉の組み合わせを考えると，**ルール１**と**ルール２**を守れば，**ルール３**を守れないものは，300円までの金額では［⑦］通りあり，1000円までの金額では［⑧］通りあるわね。」

太郎　「次に集めるときはルールを考え直してみないといけないね。」

4 （図１）のように，１辺の長さが５ｍの立方体の小屋ABCDEFGHがあります。
小屋の側面ABFEには［窓穴１］が，小屋の上面EFGHには［窓穴２］があり，外の光が入るようになっています。そして，この小屋の展開図は（図２）のようになっています。そして，この小屋の展開図は（図２）のようになっています。
晴天の日のある時刻においてこの小屋の床面ＡＢＣＤで日のあたっている部分は，次のページにある（図３）の斜線《しゃせん》部分でした。このとき，小屋の中で他の面の日のあたっている部分を解答用紙の展開図に斜線を用いて示しなさい。

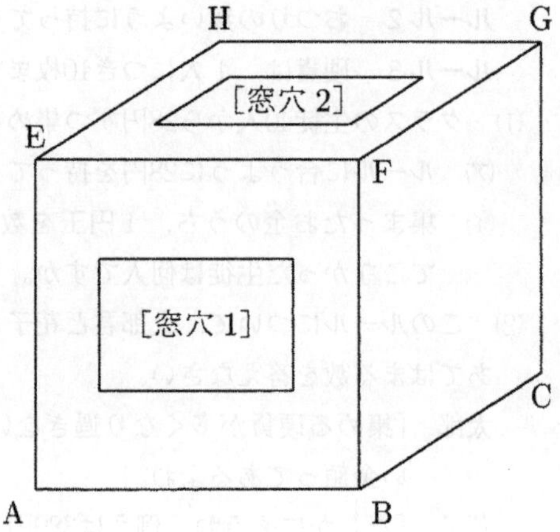

（図 1）

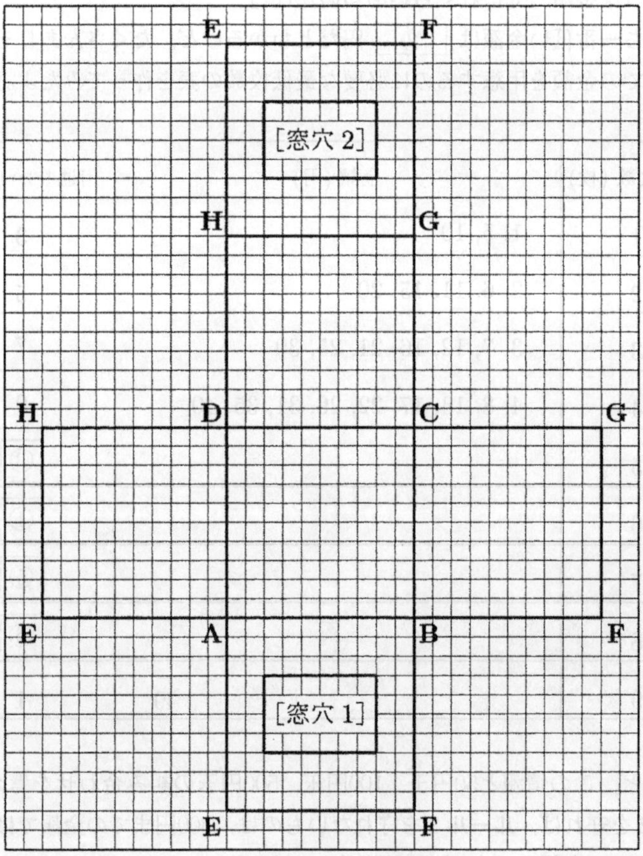

（図 2）

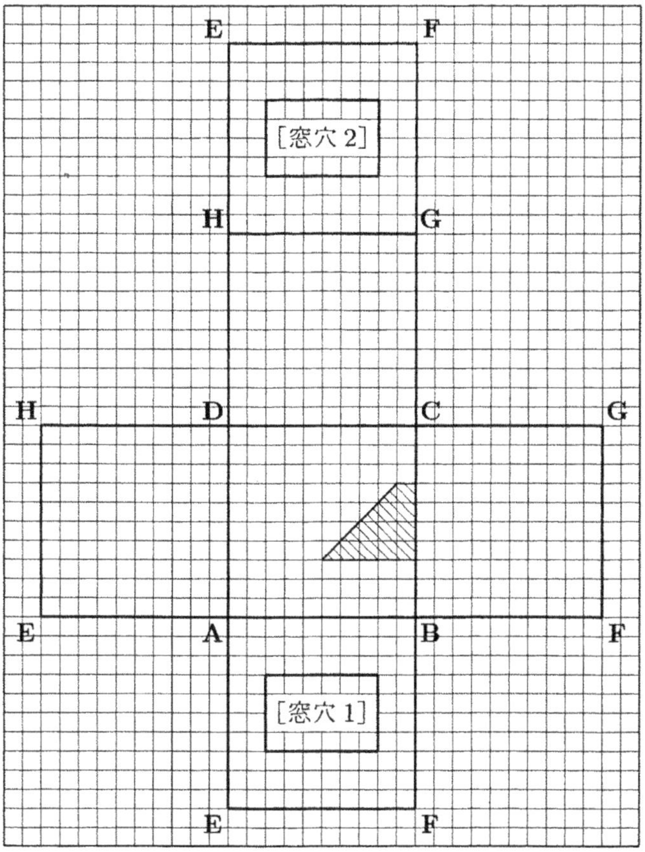

（図 3）

【理　科】（40分）　＜満点：70点＞

1　図１は，地球の公転のようすを示した図で，図２は棒を板に垂直に立ててつくった実験道具です。これらを見て，以下の問いに答えなさい。

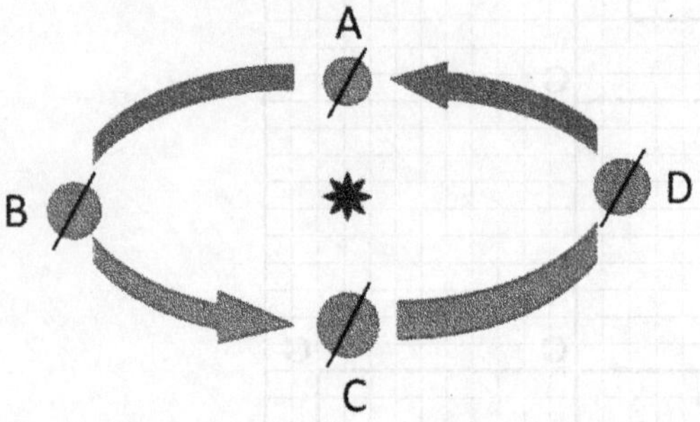

図１

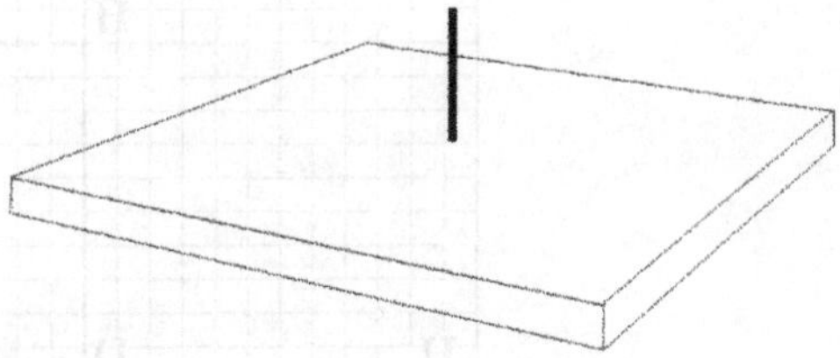

図２

問１　図１の中で，５月５日の地球はどの位置にありますか。あてはまるものを，次の**ア**～**エ**の中から一つ選び，記号で答えなさい。

ア　AとBの間　　**イ**　BとCの間　　**ウ**　CとDの間　　**エ**　DとAの間

問２　次の⑴～⑶の日に日本で**図２**の道具を水平な地面に置いて，棒の先たんのかげの位置を板に描《えが》いたとき，どのようになりますか。それぞれもっとも近いものを右の図の**ア**～**カ**の中から一つずつ選び，記号で答えなさい。

⑴　２月１日　　⑵　５月５日　　⑶　９月23日

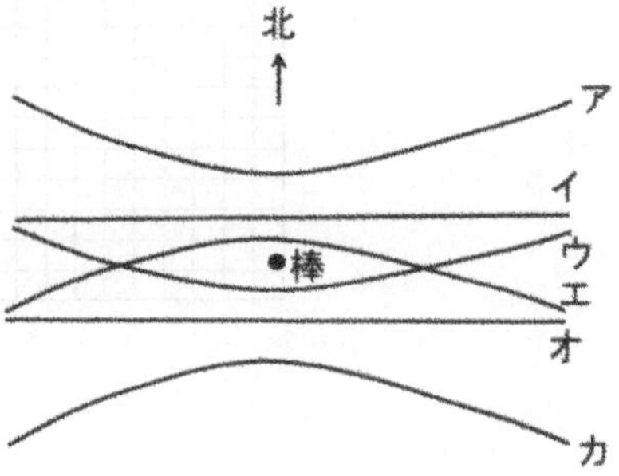

問３　**写真１**は日本で西の空の広はん囲を長時間にわたって撮《と》ったもので，時間とともに星が動いているようすがわかります。星も太陽も自分で動いているわけではなく，地球の自転によって動いて見えるので，その動き方はほぼ同じになります。写真の中で５月５日の太陽と同じ経路を動く星としてもっとも近いものを，**ア**～**ウ**の中から一つ選び，記号で答えなさい。

写真１

問4　**図3**のように，水平なゆかに垂直に立つうすいかべに囲まれ，真北に向いた窓だけがある部屋があります。この部屋で5月5日に真北に向いた窓から太陽の光が直接差しこむかどうかを観察したとき，どのようになりますか。あてはまるものを，次の**ア**～**エ**の中から一つ選び，記号で答えなさい。ただし，この部屋は日本にあり，太陽は雲や建物などにさえぎられることはないものとします。

ア　差しこむことはない。　**イ**　朝と夕方のみ差しこむ。
ウ　昼前後だけ差しこむ。　**エ**　1日中差しこむ。

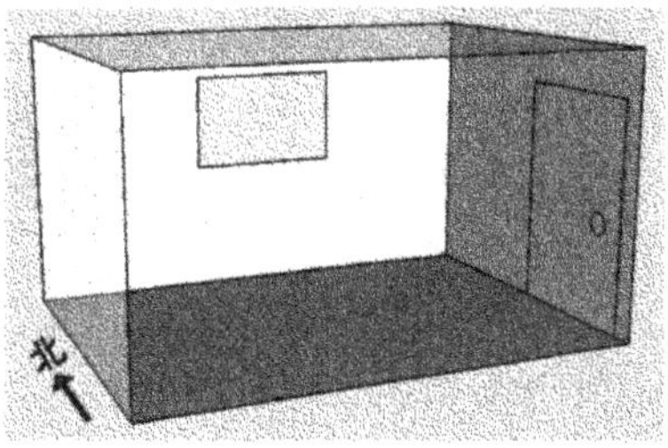

図3

図2の道具では，同じ時刻でも季節によって太陽のかげができる向きが異なるので，日時計としては使いづらくなっています。一方，**写真2**は，ある場所に設置された日時計の写真で，ななめになっている棒は地球の自転軸《じく》と平行になっています。そうすることで，太陽による棒のかげが，同じ時刻ならば季節によらずほぼ同じ方角にできるようになっています。**写真2**の棒は地面に対して垂直な方向から63度ほどかたむいています。

また，**写真3**には，**写真2**の日時計の台座にある時刻を示す目盛が示されています。真北にある目盛がⅫ（ローマ数字の12）ではなく，Ⅺ（11）になっています。

写真2

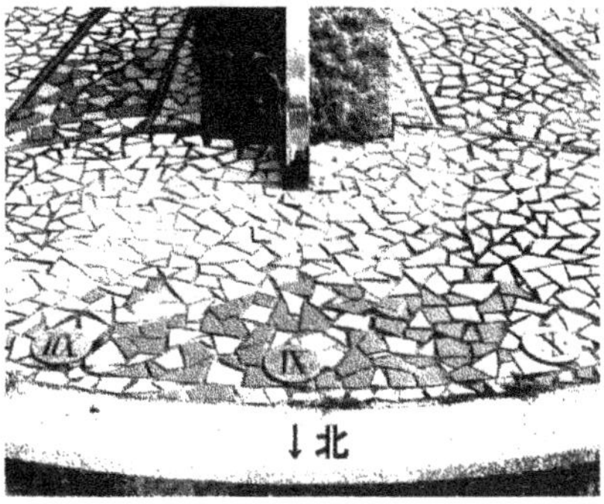

写真3

問5　**写真2**の棒の先たんの方向の延長上あたりに見られる星の名前を答えなさい。

問6　**写真2**および**写真3**から，この日時計が設置されているのは日本のどの地域だと考えられますか。あてはまるものを，次の**ア**～**オ**の中から一つ選び，記号で答えなさい。

ア　札幌《さっぽろ》　**イ**　名古屋《なごや》　**ウ**　淡路《あわじ》島　**エ**　小笠原《おがさわら》父島　**オ**　沖縄《おきなわ》本島

2　手回し発電機とはモーターに手回しハンドルを付けたもので，以下では，手回し発電機のハンドルの回転方向を，**ハンドルの側から見て**「時計回り」，「反時計回り」と表します。

はじめに，次のページの**図1**のように手回し発電機**G1**（以下では**G1**と表します）と豆電球を接続します。ハンドルを時計回りに手で回転させると豆電球が点灯します。このとき，電流は黒いたんしから出て豆電球を通過して白いたんしに入ります。

次に，図２のようにG1のハンドルにはさわらずに，かん電池を接続すると，ハンドルは時計回りに回転します。

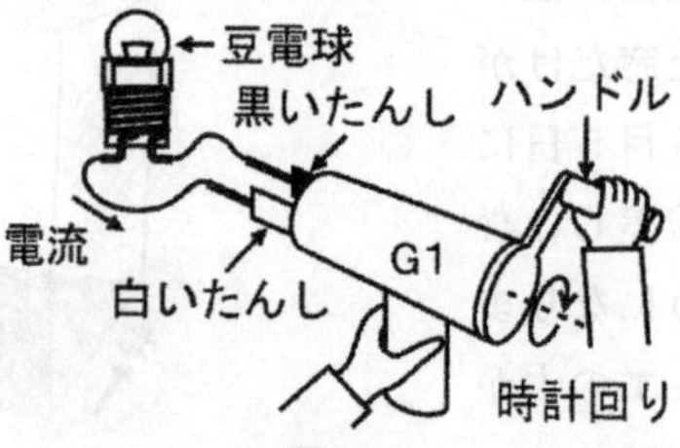

図１

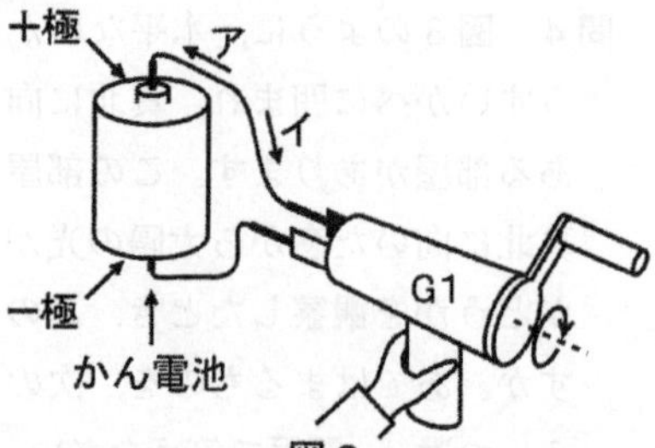

図２

問１　図２のとき，導線に流れる電流の向きは，ア，イのどちらになりますか。正しいものを一つ選び，記号で答えなさい。

次に，電流の向きとハンドルの回転方向がG1と同じになる手回し発電機G2(以下ではG2と表します）を用いて，図３のように接続し，G2のハンドルにはさわらずに，G1のハンドルを時計回りに手で回転させます。

問２　図３のとき，G2のハンドルはどのようになりますか。正しいものを，次のア～ウの中から一つ選び，記号で答えなさい。

ア　回転しない。　　　　　イ　時計回りに回転する。

ウ　反時計回りに回転する。

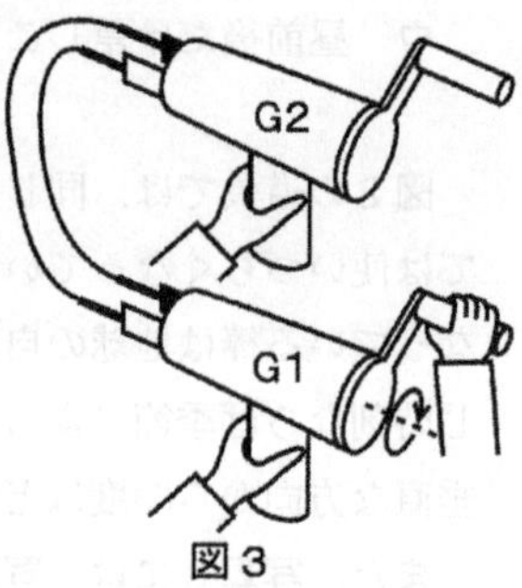

図３

次に，図４のようにかん電池，コンデンサー，G1，スイッチS1，スイッチS2(以下ではS1，S2と表します）を接続します。S2を開いた状態でS1だけを閉じてしばらく放置すると，コンデンサーに電気がたまります。続いて，①S1を開いてからS2を閉じるとコンデンサーにたまった電気が流れるので，G1のハンドルから手をはなしておくと時計回りに回転し始めます。そして，だんだん回転がおそくなって，しばらくすると止まります。

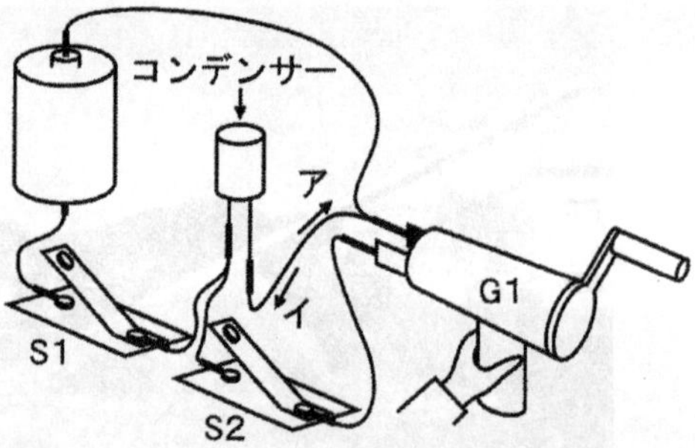

図４

問３　図４において下線部①の直後，コンデンサーとG1の回路に流れる電流の向きは，ア，イのどちらになりますか。正しいものを一つ選び，記号で答えなさい。

次に，図５のようにかん電池，コンデンサー，G1，G2，スイッチS3(以下ではS3と表します）を接続します。G1，G2のハンドルにはさわらずにS3を閉じると，G1，G2のハンドルはどちらも時計回りに回転し始めます。しばらくすると，

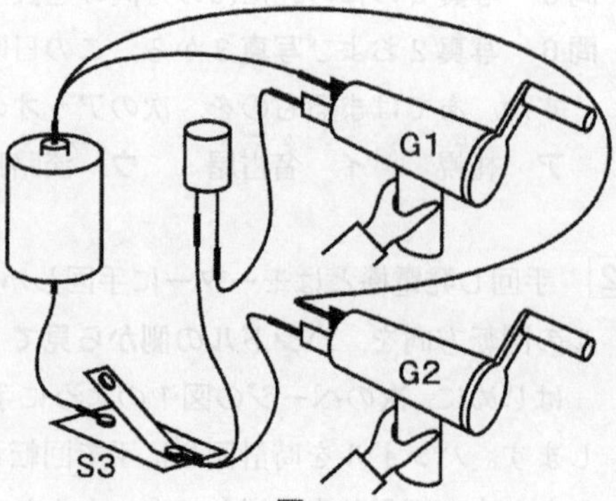

図５

コンデンサーに電気がたまり，コンデンサーには電流が流れなくなり，②G1のハンドルの回転だけが止まります。

問４　図５において下線部②の後にＳ３を開いた直後，G1，G2のハンドルはそれぞれどちら向きに回転しますか。正しいものを，表の**ア**～**エ**の中から一つ選び，記号で答えなさい。

	Ｇ１	Ｇ２
ア	時計回り	時計回り
イ	時計回り	反時計回り
ウ	反時計回り	時計回り
エ	反時計回り	反時計回り

最後に，図６のようにG1とコンデンサーを接続し，G1のハンドルを時計回りにしばらくの間手で回転させ，③ハンドルから手をはなします。

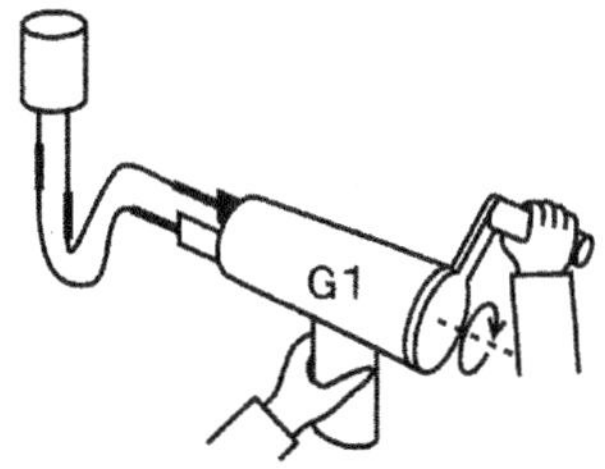

図６

問５　図６において下線部③の直後，G1のハンドルはどのようになりますか。正しいものを，次の**ア**～**オ**の中から一つ選び，記号で答えなさい。

ア　すぐに回転が止まり，そのまま回転しない。

イ　すぐに反時計回りに回転し始め，だんだん回転が速くなる。

ウ　すぐに反時計回りに回転し始めるが，だんだん回転がおそくなる。

エ　時計回りに回転し続け，だんだん回転が速くなる。

オ　時計回りに回転し続けるが，だんだん回転がおそくなる。

3　お湯につけたティーバッグから紅茶の成分がとけ出すようすに興味を持ち，食塩と水を用いて，固体が水にとけるようすを２種類の実験を通して調べることにしました。

［実験１］　茶葉の代わりに食塩をティーバッグに入れて，ビーカーに入れた水の中に静かにつるすと，「もやもやしたもの」が見えて，食塩が水中にとけ出すようすが観察されました。

問１　この実験において，食塩が水にとけ出すときの「もやもやしたもの」は，水中のどの方向に広がっていくでしょうか。もっとも近いものを，次の**ア**～**エ**の中から一つ選び，記号で答えなさい。

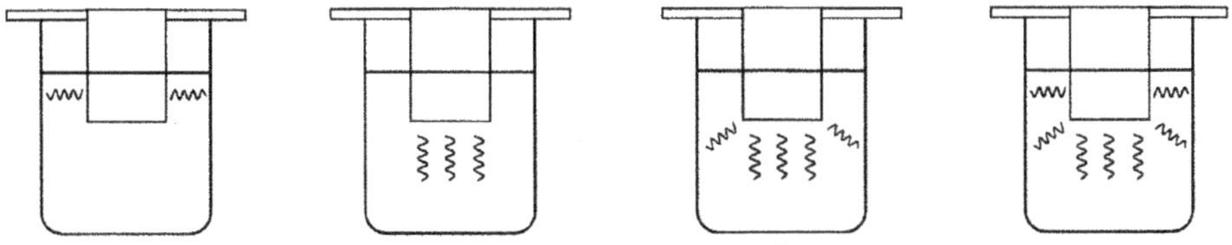
ア　　**イ**　　**ウ**　　**エ**

問２　食塩水は中性であるため，リトマス紙の色を変化させません。赤色リトマス紙を青色に変化させる水よう液を，次の**ア**～**オ**の中から**すべて選び**，記号で答えなさい。

ア　砂糖水　　**イ**　うすいアンモニア水　　**ウ**　石灰《かい》水　　**エ**　炭酸水　　**オ**　うすい塩酸

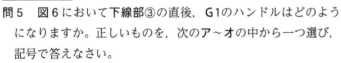

［実験２］ 水にとける食塩の重さや，できた水よう液の体積をくわしく調べることにしました。200mLのメスシリンダーの中に25℃の水100.0mLを入れて，ガラス棒でよくかきまぜながら，食塩を少しずつ加えていきました。加えた食塩の重さと，メスシリンダーで読み取った体積の関係は下の表のようになりました。ただし，水の体積1.0mLの重さは1.0ｇであるものとします。

状態	①	②	③	④	⑤	⑥	⑦
食塩の重さ（ｇ）	0.0	2.0	5.0	10.0	30.0	36.0	60.0
メスシリンダーで読み取った体積 (mL)	100.0	100.4	101.6	103.6	111.6	114.0	125.0

（体積の値は，メスシリンダーの最小目盛の 10 分の 1 まで読み取っています。）

状態⑥になったとき，よくかき混ぜても固体の食塩がとけきれずにわずかに残りました。そこで，このときに加えた食塩の重さを，水100.0mLにとける限界の重さとみなしました。

問３　状態⑥から状態⑦にかけては，とけきれなくなった固体の食塩の体積分メスシリンダーで読み取った体積が増えています。ここから，固体の食塩の体積1.0㎝^{3}の重さは何ｇとわかりますか。割り切れない場合は，四捨五入して小数第一位まで求めなさい。

問４　状態⑤の食塩水を加熱して40.0ｇの水を蒸発させた後，水よう液を25℃にしたとすると，とけきれなくなって残る固体の食塩は何ｇですか。割り切れない場合は，四捨五入して小数第一位まで求めなさい。

問５　［実験２］の結果について，横軸《じく》に「水に加えた食塩の重さ」を，縦軸に「メスシリンダーで読み取った体積の『状態①』からの増加分」をとって，グラフを作るとどのような形になりますか。もっとも近いものを，次のア～エの中から一つ選び，記号で答えなさい。なお，グラフにおける点線（………）は直線を表しています。

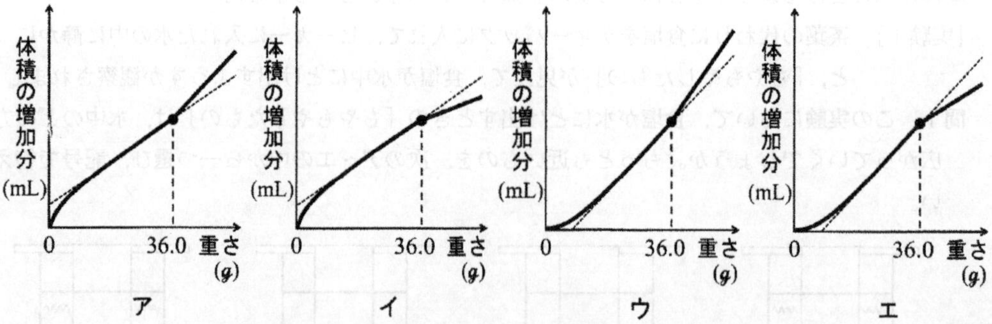

問６　以上の［実験１］と［実験２］の結果から確認できることや考えられることとして，正しいものを，次のア～オの中から**すべて選び**，記号で答えなさい。

ア　食塩が水にとけていくとき，水よう液の体積は増えていく。

イ　水に食塩を加えてとかすと，できた水よう液の体積は，とかす前の水の体積と食塩の体積の和よりも小さくなる。

ウ　水に食塩を加えてとかすと，できた水よう液の重さは，とかす前の水の重さと食塩の重さの和よりも小さくなる。

エ　食塩は水の温度を上げても，水にとける重さはほとんど変わらない。

オ　状態①から状態⑥に向かって，食塩水の体積1.0mLの重さは増えていく。

4　**図1**に示した**葉A**と**葉B**の形を比べることにしました。

はじめに，**図2**に示した測定方法にしたがって，縦方向を長さ，横方向を幅《はば》として測り，平面部の形を調べました。ここでは，平面部の縦方向の長さの最大値を全長とよび，横方向の幅の最大値を最大幅とよびます。

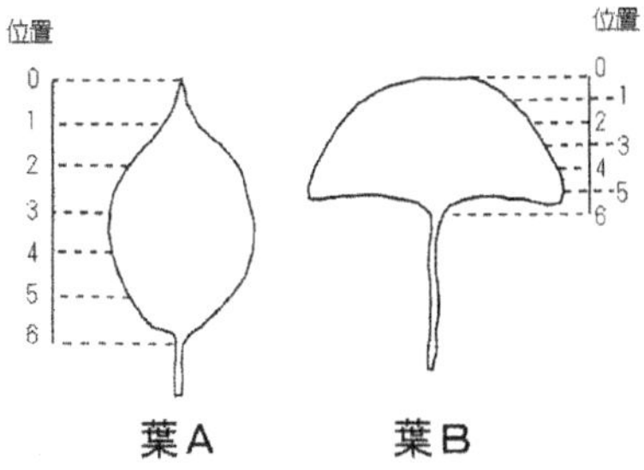

実物との比率は葉A，葉Bで異なります

図1

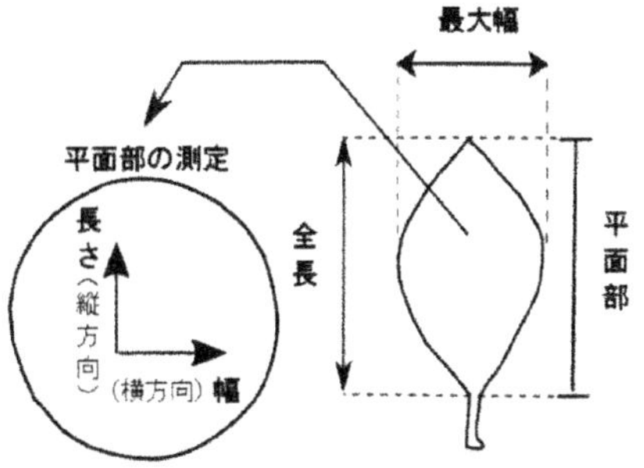

図2

次に，**葉A**，**葉B**それぞれの全長と最大幅から，全長に対する最大幅の割合「最大幅÷全長×100(%)」を計算しました（**表1**）。ただし，**表1**の①，②が**葉A**，**葉B**の順番になっているとは限りません。

	全長 (mm)	最大幅 (mm)	全長に対する最大幅の割合 (%)
①	30	51	170
②	102	56	55

表1

さらに，葉の先たん部を位置0として，全長を6等分した位置0～6の各位置（**図1**）の幅を調べました。**図3**のグラフは**葉A**と**葉B**それぞれについて，横軸《じく》に位置をとり，縦軸に「最大幅に対するその位置での幅の割合（%）」をとって点で表し，それを直線で結んで作りました。

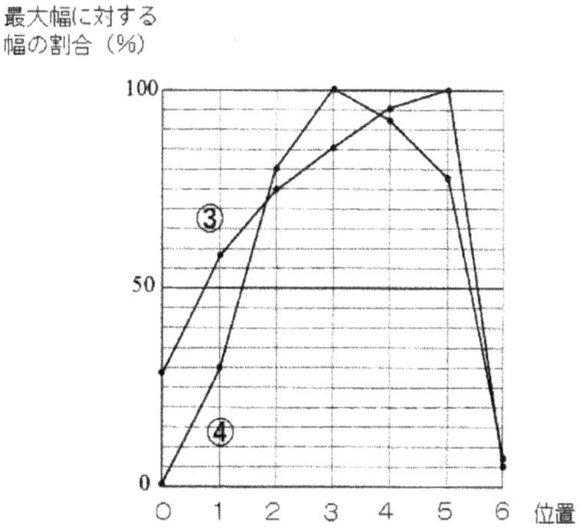

図3

問1　表1の①・②と図3の③・④からそれぞれ葉Aのものを選んだ組み合わせを，次のア～エの中から一つ選び，記号で答えなさい。

	表1の値	図3のグラフ
ア	①	③
イ	①	④
ウ	②	③
エ	②	④

次に，図4に示した葉Cの形を調べることにしました。葉の全長を6等分した位置0～6の各部分について，「最大幅に対する幅の割合（%）」が表2に示されています。

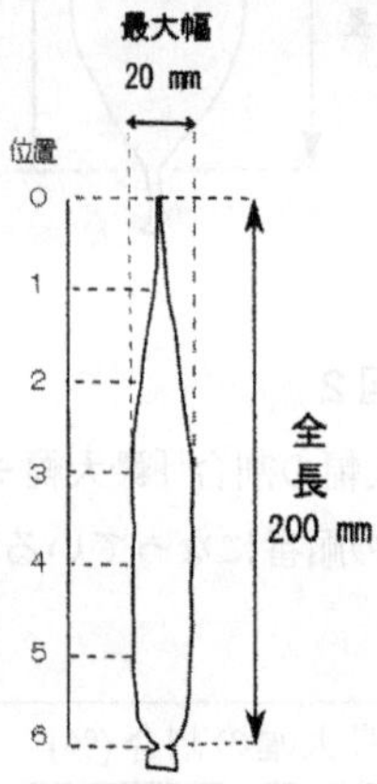

葉C

図4

	図4の最大幅20mmに対する幅の割合(%)
位置0	0
位置1	25
位置2	75
位置3	100
位置4	100
位置5	100
位置6	25

表2

問2　葉Cの位置0～6での幅の値を表2から計算し，右の例1にならい，値を解答らんに点で書き入れ，各点を直線で結びなさい。

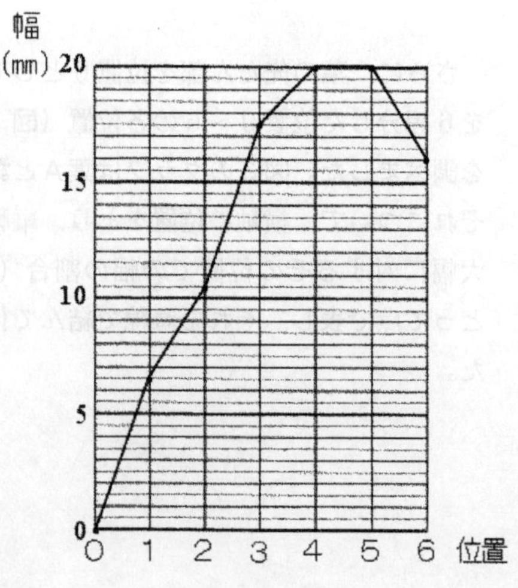

例1

次に，**図５**のように**葉Ｃ**が成長して全長20㎜の幼葉《ようよう》から全長200㎜の成葉《せいよう》になるときの形の変化を調べました。ここでいう幼葉とは成長中の葉で，成葉とは大きくなって成長をやめた葉です。

成長によって葉の全長が変化するそれぞれの段階で，葉の全長を６等分して位置０～６とします（**図５**）。葉の縦方向の成長は，位置０～６のそれぞれの間かくが同じ割合で広がるようにおこるものとします。ここで位置１について，「成葉の幅に対する幼葉の幅の割合（％）」を各成長段階で調べます。**図６**は横軸を全長とし，縦軸を「成葉の幅に対する幼葉の幅の割合（％）」として，成長とともに位置１の幅がどのように変化していくかを示したものです。位置２も同様にして調べ，その結果も**図６**に重ねて示しています。

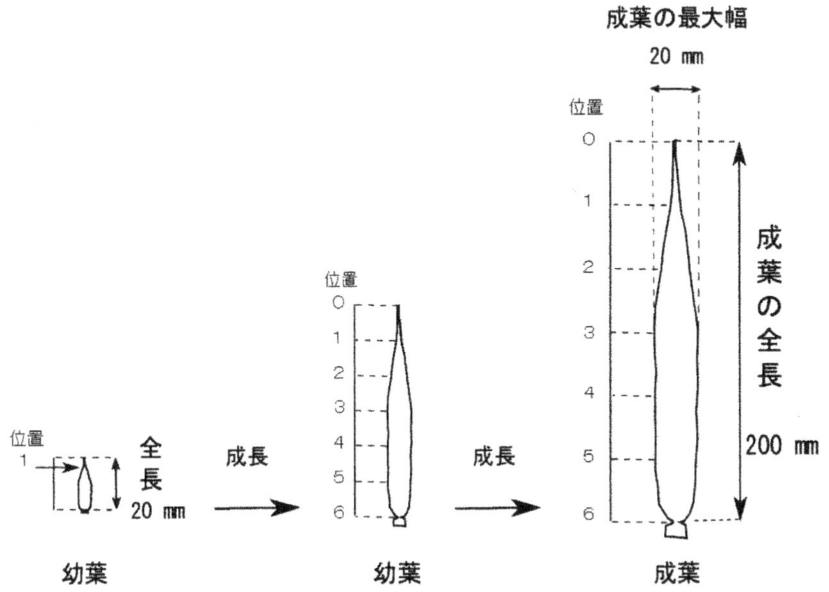

図５

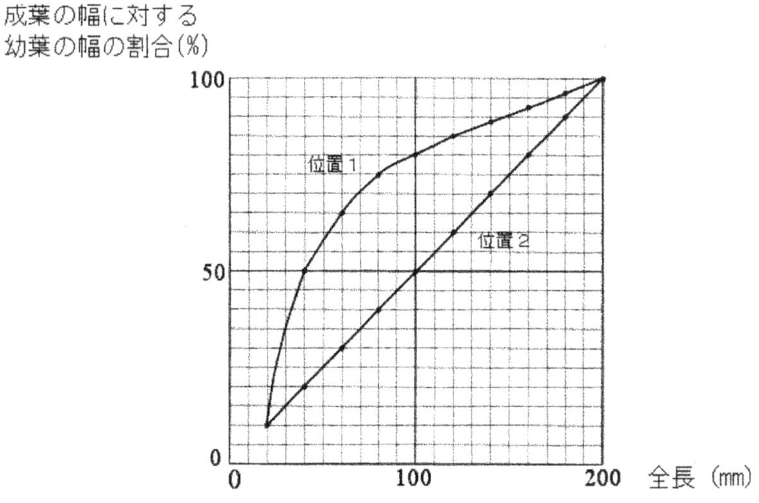

図６

問3　葉の全長が20㎜，40㎜，100㎜のとき，位置1，位置2での幅の値を表2，図6をもとに計算し，右の例2にならい，値を解答らんに点で書き入れなさい。それぞれの点の右側に20㎜は**カ**，40㎜は**キ**，100㎜は**ク**と記入すること。

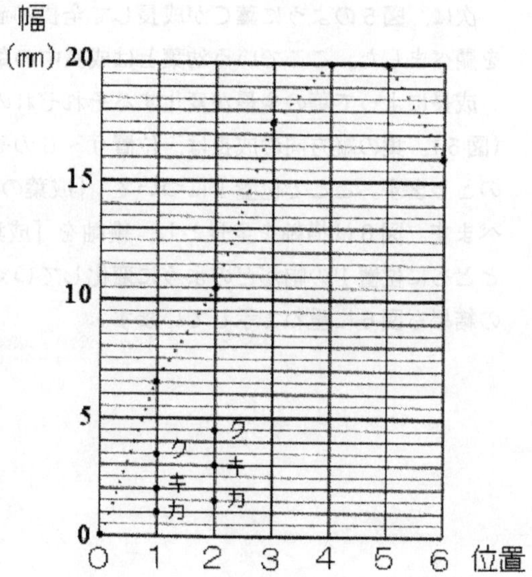

例2

問4　幅の増加量が位置2より位置1で多い期間を，次の**ア**～**ウ**の中から一つ選び，記号で答えなさい。

ア　葉の全長が20㎜から40㎜まで成長する期間

イ　葉の全長が40㎜から100㎜まで成長する期間

ウ　葉の全長が100㎜から200㎜まで成長する期間

問5　葉の①全長が20㎜から40㎜まで成長する期間と，②全長が100㎜から200㎜まで成長する期間では，ともに葉の全長は2倍になります。**問3**の位置1の結果をもとに考えると，**下線部**①，②のそれぞれの期間について，**葉C**の先たん（位置0～1）の長さと幅の比率はどうなりますか。もっとも近いものを，下の**ア**～**ウ**の中からそれぞれ一つずつ選び，記号で答えなさい。ただし，下図は長さと幅の比率を表したものであり，成長前後の長さの変化量を正確に表したものではありません。

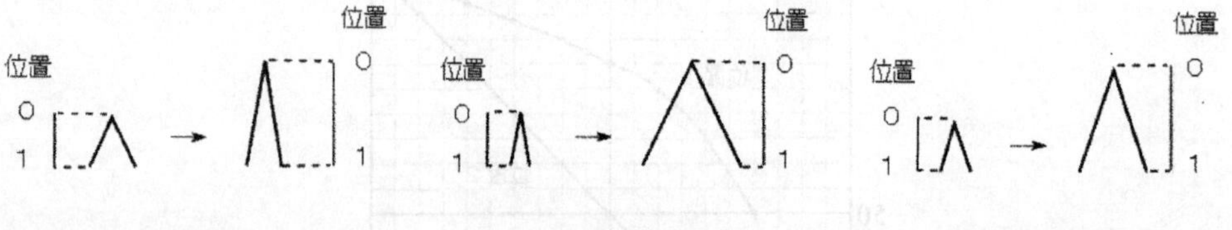

ア　長さに比べて幅の比率が小さくなる。

イ　長さに比べて幅の比率が大きくなる。

ウ　長さと幅の比率は変わらない。

【社　会】（40分）　＜満点：70点＞

1　次の文章を読み，あとの問いに答えなさい。

日本の国会，内閣，裁判所の役割や，たがいの関係について考えてみましょう。「全国民を代表する選挙された議員」（日本国憲法第43条）の集まる国会は，主権者である国民の意思を反映する「唯《ゆい》一《いつ》の立法機関」（第41条）とされています。たとえば2019年10月に①消費税率が10％へ引き上げられましたが，この税率の変更《へんこう》も，国会での消費税法の改正などを通じて行われました。

また今回の増税によって得られる②税収の使い道として，子育て，教育，介護《かいご》，年金といった政策にあてられることが発表されており，そのいくつかはすでに実行に移されています。こうした③予算案の作成や政策の実行は内閣および行政機関の役割であり，④内閣は国会の信任によって成立しています。したがって，間接的ではありますが，行政も国民の意思の下《もと》にあると言えるでしょう。

ただし国会の定めた法律や内閣の実行する政策が憲法に反した内容であってはなりません。そのチェックをするのが違憲審査権《いけんしんさけん》を持つ⑤裁判所です。たとえば，2018年７月には公職選挙法が改正され，2019年７月にはそれに基《もと》づいて⑥参議院選挙が行われました。この選挙においても「一票の格差」が生じており，これは日本国憲法第14条などに反するのではないかという訴訟《そしょう》が起こされています。この点について，もし裁判所が違憲判決を下せば，国会や内閣には対応が求められるでしょう。

以上のことから，日本の政治制度は，人々の意思を反映させながら物事を決定・実行していく仕組みと，その決定・実行の内容に歯止めをかける仕組みの両方を兼《か》ね備《そな》えているという説明ができそうです。そしてどちらの側面も⑦日本国憲法に示されています。視点を定めて日本国憲法を読み直してみると，新たに気づくことがあるかもしれません。

問１　下線部①に関連して，消費税率10％への引き上げが行われる中で，酒類・外食を除く飲食料品と，定期購読契約《こうどくけいやく》が締結《ていけつ》された週２回以上発行される新聞については８％のままとされています。このような，一部の商品にかけられる低い税率を何といいますか。**漢字４字**で答えなさい。

問２　下線部②に関連して，以下の問いに答えなさい。

⑴　国の歳出《さいしゅつ》において，大きな割合を占《し》めるのが社会保障関係費です。社会保障制度と最も関連が深いものを，次の**ア**～**エ**から一つ選び，記号で答えなさい。

ア　法の下《もと》の平等　　**イ**　思想・良心の自由
ウ　職業選択《せんたく》の自由　　**エ**　生存権

⑵　社会保障は４つの部門に分かれていますが，老齢《ろうれい》年金が含《ふく》まれる部門として正しいものを，次の**ア**～**エ**から一つ選び，記号で答えなさい。

ア　社会保険　　**イ**　公的扶助《ふじょ》
ウ　社会福祉《ふくし》　　**エ**　公衆衛生

問３　下線部③に関連して，以下の問いに答えなさい。

⑴　次のページの文は，予算の成立過程における衆議院の優越《ゆうえつ》について述べたものです。この文中の空欄《くうらん》（Ａ）（Ｂ）にあてはまる言葉の組み合わせとして正しいものを，あとの**ア**～**エ**から一つ選び，記号で答えなさい。

参議院が衆議院の議決を受け取った後（　A　）日以内に議決しない場合，もしくは衆議院と参議院で異なった議決をした後の両院協議会でも不一致《ふいっち》の場合，衆議院の（　B　），予算が成立する。

ア　A　30　　B　議決をそのまま国会の議決とし
イ　A　30　　B　出席議員の３分の２以上の賛成で再可決されれば
ウ　A　60　　B　議決をそのまま国会の議決とし
エ　A　60　　B　出席議員の３分の２以上の賛成で再可決されれば

⑵　日本の国の予算は税収や公債金《こうさいきん》を主な財源としていますが，国際連合の予算は各国からの分担金を財源としています。次の表は，各国の分担金の割合による順位を示したものです。日本にあてはまるものを，表中のア～エから一つ選び，記号で答えなさい。

順位（2019～2021年）	国名	2016～2018年の分担率（%）	2019～2021年の分担率（%）
1	ア	22.000	22.000
2	イ	7.921	12.005
3	ウ	9.680	8.564
4	エ	6.389	6.090
5	英国	4.463	4.567
6	フランス	4.859	4.427

（外務省ウェブサイト「日本の財政貢献《こうけん》」による）

問４　下線部④に関連して，以下の問いに答えなさい。

⑴　内閣は国会の信任によって成立しており，また「国会に対し連帯して責任を負《う》ふ」（日本国憲法第66条第３項《こう》）とされています。国会と内閣の関係についての，こうした制度を何といいますか。漢字５字で答えなさい。

⑵　次の文は，衆議院が内閣不信任案を可決した後の動きについて述べたものです。この文中の空欄（C）（D）にあてはまる言葉の組み合わせとして正しいものを，下のア～エから一つ選び，記号で答えなさい。

衆議院が内閣不信任案を可決した場合，（　C　）日以内に衆議院が解散されない限り，内閣は総辞職をしなければならない。衆議院が解散された場合，選挙が行われ，その選挙の日から30日以内に（　D　）が開かれる。そこで新たに内閣総理大臣が指名される。

ア　C　10　　D　臨時国会
イ　C　10　　D　特別国会
ウ　C　40　　D　臨時国会
エ　C　40　　D　特別国会

⑶　国会と内閣についての日本国憲法の規定を述べた文として**誤っているもの**を，次のページのア～エから一つ選び，記号で答えなさい。

ア　内閣は，参議院の緊急《きんきゅう》集会の開催《かいさい》を求めることができる。

イ　内閣が条約を締結《ていけつ》する場合，国会による承認《しょうにん》が必要である。

ウ　内閣総理大臣は，衆議院議員の中から指名される。

エ　国務大臣は，国会に出席して議案について説明することができる。

問5　下線部⑤に関連して，国会および内閣が裁判所を抑制《よくせい》するための制度を述べた文として正しいものを，次の**ア**～**エ**から一つ選び，記号で答えなさい。

ア　最高裁判所の長官は国会が任命する。

イ　最高裁判所の長官以外の裁判官は内閣が任命する。

ウ　下級裁判所の裁判官は国会が指名も任命も行う。

エ　内閣は弾劾《だんがい》裁判によって裁判官を罷免《ひめん》することができる。

問6　下線部⑥に関連して，以下の問いに答えなさい。

(1)　次の文は，参議院選挙の制度について述べたものです。この文中の空欄（E）～（G）にあてはまる言葉の組み合わせとして正しいものを，下の**ア**～**ク**から一つ選び，記号で答えなさい。

> 選挙権は18歳以上の国民が持ち，被《ひ》選挙権は（　E　）歳以上の国民が持つ。選挙区選挙は一部の合区を除いて都道府県ごとに行われる。比例代表選挙は（　F　）で行われるが，2019年7月の参院選では初めて（　G　）が取り入れられた。

ア　E　25　F　拘束名簿《こうそくめいぼ》式　G　一人別枠《べつわく》方式

イ　E　25　F　拘束名簿式　G　特別枠

ウ　E　25　F　非拘束名簿式　G　一人別枠方式

エ　E　25　F　非拘束名簿式　G　特別枠

オ　E　30　F　拘束名簿式　G　一人別枠方式

カ　E　30　F　拘束名簿式　G　特別枠

キ　E　30　F　非拘束名簿式　G　一人別枠方式

ク　E　30　F　非拘束名簿式　G　特別枠

(2)　次のページに掲《かか》げる二つの表は，最近行われた2回の参議院選挙での「一票の格差」を計算したものです。「一票の格差」の意味をふまえた上で，これらの表から読み取れることとして正しいものを，次の**ア**～**エ**から一つ選び，記号で答えなさい。なお，表中の「格差」は，「議員一人あたりの有権者数」について，最も少ない選挙区を1としたときの比率を表しています。

ア　どちらの選挙でも，宮城県における一票は福井県における一票の約3倍の価値があった。

イ　選挙当日の有権者数が増えた神奈川県は，福井県との「一票の格差」が拡大した。

ウ　埼玉県の選挙当日の有権者数に変化がなかったとしたら，議員定数は減ったと推測できる。

エ　議員一人あたりの有権者数が減った選挙区はすべて，福井県との「一票の格差」も縮小した。

〔2016（平成28）年７月10日執行《しっこう》　第24回参議院議員通常選挙〕

	選挙区	選挙当日の有権者数	議員定数	議員一人あたりの有権者数	格差
1	埼玉県	6,069,018	6	1,011,503	3.08
2	新潟県	1,959,714	2	979,857	2.98
3	宮城県	1,947,737	2	973,869	2.96
4	神奈川県	7,577,073	8	947,134	2.88
	⋮				
42	香川県	834,059	2	417,030	1.27
43	山梨県	705,769	2	352,885	1.07
44	佐賀県	693,811	2	346,906	1.06
45	福井県	657,443	2	328,722	1.00

〔2019（令和元）年７月21日執行　第25回参議院議員通常選挙〕

	選挙区	選挙当日の有権者数	議員定数	議員一人あたりの有権者数	格差
1	宮城県	1,942,518	2	971,259	3.00
2	新潟県	1,919,522	2	959,761	2.97
3	神奈川県	7,651,249	8	956,406	2.96
4	東京都	11,396,789	12	949,732	2.94
	⋮				
42	和歌山県	816,550	2	408,275	1.26
43	山梨県	693,775	2	346,888	1.07
44	佐賀県	683,956	2	341,978	1.06
45	福井県	646,976	2	323,488	1.00

（参議院ウェブサイト「参議院議員選挙制度の変遷《へんせん》」，総務省ウェブサイト「平成28年７月10日執行 参議院議員通常選挙 速報結果」「令和元年７月21日執行 参議院議員通常選挙 速報結果」による）

問７　下線部⑦に関連して，以下の問いに答えなさい。

⑴　次の文Ｈ～Ｋのうち，日本国憲法の内容として適切な文の組み合わせを，下のア～エから一つ選び，記号で答えなさい。

Ｈ　天皇は国の元首として，統治権を総攬《そうらん》する。

Ｉ　天皇は内閣の助言と承認に基づいて国事行為《こうい》を行う。

Ｊ　国民は臣民として，法律の範囲内《はんいない》において居住および移転の自由を有する。

Ｋ　国民は法律の定めるところにより，その能力に応じて等しく教育を受ける権利を有する。

ア　ＨとＪ　　イ　ＨとＫ

ウ　ＩとＪ　　エ　ＩとＫ

⑵　日本国憲法の次の条文は，憲法改正の手続きについて述べたものです。この文中の空欄（**L**）～（**N**）にあてはまる言葉の組み合わせとして正しいものを，下の**ア**～**ク**から一つ選び，記号で答えなさい。

> **第96条**　この憲法の改正は，各議院の（　L　）の（　M　）の賛成で，国会が，これを発議《はつぎ》し，国民に提案してその承認を経なければならない。この承認には，特別の（　N　）又は…（中略）…において，その過半数の賛成を必要とする。

ア	L	出席議員	M	3分の2以上	N	国民投票
イ	L	出席議員	M	3分の2以上	N	国民審査
ウ	L	出席議員	M	過半数	N	国民投票
エ	L	出席議員	M	過半数	N	国民審査
オ	L	総議員	M	3分の2以上	N	国民投票
カ	L	総議員	M	3分の2以上	N	国民審査
キ	L	総議員	M	過半数	N	国民投票
ク	L	総議員	M	過半数	N	国民審査

⑶　日本国憲法の次の条文中の空欄（**O**）（**P**）にあてはまる言葉を**漢字**で書きなさい。

> **第41条**　国会は，国権の（　O　）であつて，国の唯一の立法機関である。

> **第98条**　この憲法は，国の（　P　）であつて，その条規に反する法律，命令，詔勅《しょうちょく》及び国務に関するその他の行為の全部又は一部は，その効力を有しない。

2　次の文章を読み，あとの問いに答えなさい。

日本は島国で，四方を囲む海が自然の防壁《ぼうへき》となって日本を守ってきました。そのため歴史的にみても日本が外国に攻撃《こうげき》されることはほとんどなく，また近代以前に日本が外国と戦争をすることは少なかったといえます。しかし日本と他の国との戦争が全くなかったわけではありません。

「日本」という国の名前がまだなく「倭《わ》」と呼ばれていた時代，朝鮮《ちょうせん》半島の北部にあった高句麗《こうくり》という国の王の功績を記した石碑《せきひ》には，4世紀の末に高句麗と倭国が戦ったという記述があります。また中国の歴史書には，5世紀後半に倭国の武という王が中国に使いを送り，高句麗との戦いに有利になるような官職を与《あた》えてほしいと願い出ていたことが記されています。この倭国王の武は，稲荷山古墳《いなりやまこふん》で発見された鉄剣《てっけん》に①「ワカタケル大王」と記された人物と同じであると考えられています。このように倭国が朝鮮半島に進出する際に高句麗など朝鮮半島の国々と対立し，戦うことがあったことがわかるのです。

倭国が朝鮮半島の政治に深く関《かか》わっていたため，外国との大きな戦いにいどんだことがありました。②倭国と友好関係にあった朝鮮半島の百済《くだら》が滅亡《めつぼう》すると，その救援《きゅうえん》のために③中大兄皇子《なかのおおえのおうじ》は大軍を朝鮮半島に派遣《はけん》することを決定し，海上で倭国は唐《とう》（中国）・新羅《しらぎ》（朝鮮半島）の連合軍と戦ったのです。この663年の白村江《はくそんこう》の戦いに敗北した倭国は，以後朝鮮半島から手を引き，内政の充実《じゅうじつ》に専念することとなります。やがて唐《とう》の律令《りつりょう》制度を導入して税制や官僚《かんりょう》組織などが整った中央集権的な国家が完成し，その前後の時期，「倭」にかわって「日本」の国号が，「大王」にかわって「天皇」

の称号《しょうごう》が確立されました。唐の都の長安にならった平城京に都が置かれていた④奈良時代は，この律令制度が最もよく機能し広まった時代でした。外交面でも，⑤日本は唐と友好関係を保ち，しばしば遣唐使が派遣されて中国の進んだ文化がもたらされました。

唐が衰《おとろ》えると遣唐使は派遣されなくなりましたが，日本と中国・朝鮮との間では民間の貿易や僧《そう》侶《りょ》などの往来が活発で，おおむね平和な時代が続きました。近代になるまで日本が外国と戦争したことはほとんどなかったのですが，例外がありました。鎌倉時代のモンゴルの襲来《しゅうらい》（元寇《げんこう》）と豊臣《とよとみ》秀吉《ひでよし》による朝鮮出兵です。

13世紀にモンゴルはユーラシア大陸に大帝国《だいていこく》を築き，中国に君臨したフビライは朝鮮半島の高麗《こうらい》を従え，日本にも服属を要求してきました。日本がこれを拒絶《きょぜつ》すると⑥文永の役《えき》（1274年）と弘安《こうあん》の役（1281年）の二度にわたって北九州に攻《せ》め込んできましたが，退却《たいきゃく》しました。

また豊臣秀吉は⑦日本国内の統一を果たすと対外進出の野望をあらわにし，⑧1592年と1597年の二度にわたって朝鮮に攻め込んでいきましたが，日本軍は苦戦し，秀吉の死を機に撤退《てったい》しました。

このような例外的な出来事はありましたが，島国である日本は対外戦争をほとんど経験することなく，⑨鎖国《さこく》体制が確立された江戸時代においても日本が国際的な紛争《ふんそう》にまきこまれることはほとんどありませんでした。しかし19世紀になると外国船が日本に接近し，日本の鎖国体制を揺《ゆ》るがすようになりました。その頃《ころ》は国内でも百姓一揆《ひゃくしょういっき》や（　⑩　）が多く起こり，1838年，⑪水戸藩主《はんしゅ》だった徳川斉昭《とくがわなりあき》は幕府に意見書を提出した際に，日本が直面している状況《じょうきょう》を⑫「内憂外患《ないゆうがいかん》」（国内の問題と国外からもたらされる問題が同時に起こること）と表現しています。そして（　⑬　）年にペリーが浦賀《うらが》に来航し，その翌年に日本は日米和親条約を結んで開国しました。やがて⑭日米修好通商条約が結ばれて貿易が開始されると，日本国内で尊王攘夷《そんのうじょうい》の思想（天皇のもとに結束して外国勢力を打ちはらうという考え）が強まりました。そして（　⑮　）の二つの藩はイギリスなどの外国と戦争をしましたが敗北し，攘夷をやめ，幕府を倒《たお》して天皇を中心とする新しい国家をつくることを目指しました。こうして明治新政府が成立し，「会議を開いてみなの意見を聞いて国の政治を行っていく」「これまでの攘夷などのよくない風潮を改める」「新しい知識を世界に求め大いに国を繁栄《はんえい》させる」などの⑯基本方針を明らかにしました。⑰欧米《おうべい》諸国と友好関係を保ち，進んだ海外の技術や文化を取り入れて⑱急速な近代化を推《お》し進《すす》めていきました。

軍事力を強化した日本は，国外，特に朝鮮や中国への進出を本格化させ，それが軍事衝突《しょうとつ》に発展したり，第三国との戦争に発展することにもなりました。19世紀末から20世紀前半の時代は，日本にとってまさに対外戦争の時代といってもよいでしょう。

朝鮮の支配権をめぐって日清《にっしん》戦争が起こり，日本は勝利して⑲下関条約を結びました。また満州（中国東北地方）の支配権をめぐって⑳日露《にちろ》戦争が起こり，戦いは日本に有利に進みましたが，両国とも戦いを続ける国力は限界に達し，㉑日露間で講和条約が結ばれました。

ヨーロッパで第一次世界大戦が始まると，これを対外進出のよい機会と考えた日本は，1914年に（　㉒　）に対し宣戦布告し，この大戦に参戦しました。第一次世界大戦の戦いは1918年末に終結しました。アメリカ大統領は㉓講和の方針として民族自決の原則（民族が自分たちの意思に基づいて自分の国のあり方を決定し，他国の干渉《かんしょう》を認めないとする考え）を主張し，国際的に大きな反響《はんきょう》を呼びましたが，1919年６月に結ばれたベルサイユ講和条約では必ずしもその理想は生かされず，戦勝国の利害が反映された内容となりました。日本の中国進出に有利な内容が条約にもりこまれたのもその一例といえましょう。㉔第一次世界大戦を契機《けいき》に日本は農業国から工業国に成長し，大正年間に国民の生活・文化の水準が向上し，大正デモクラシーと呼ばれる民主主義的な考え方が広まっていきました。

昭和になって日本が満州事変・日中戦争・太平洋戦争へと突《つ》き進んでいく過程は，軍国主義が深まり国際社会から孤立《こりつ》して対外戦争を拡大していった過程と考えられますので，これらの時期（1931～1945年）を一括《いっかつ》して㉕「十五年戦争」の時代ということがあります。

1945年８月，日本は（　㉖　）宣言を受諾《じゅだく》し，無条件降伏《こうふく》しました。そして連合国軍の占領《せんりょう》下で民主化を進め，1947年には新しい憲法が施行《しこう》され，日本は，戦争のための軍隊を持たない平和主義の国として復興していくことになります。1951年にサンフランシスコで講和会議が開かれ，日本は連合国諸国と㉗講和条約（平和条約）を結んで独立を回復することになりました。

問１　下線部①に関する説明として**誤っているもの**を，次の**ア**～**エ**から一つ選び，記号で答えなさい。

ア　「ワカタケル大王」の活躍《かつやく》した５世紀中頃には，奈良県や大阪府に巨大《きょだい》な前方後円墳《ぜんぽうこうえんふん》が造営され，中でも堺市《さかいし》の大山《だいせん》古墳は日本最大の大きさである。

イ　「ワカタケル大王」の名を刻んだ鉄刀が熊本県の古墳からも出土しており，大和朝廷《やまとちょうてい》の大王が関東から北九州に至る範囲の地方豪族《ごうぞく》を従えていたことがわかる。

ウ　中国の歴史書は，「ワカタケル大王」が神の言葉を伝えるという霊的《れいてき》な力を発揮して約30の国を従えていたことを伝えている。

エ　「ワカタケル大王」が活躍した５世紀，大陸から移り住んだ渡来人《とらいじん》によって土木工事・金属加工・養蚕・織物などの進んだ技術が日本にもたらされた。

問２　下線部②について，6世紀半ばに百済王から倭の大王に仏教が伝えられましたが，その仏教の導入に積極的だった古代豪族蘇我《そが》氏によって建立《こんりゅう》された，日本で最初の本格的な仏教寺院の名を，次の**ア**～**エ**から一つ選び，記号で答えなさい。

ア　法隆寺《ほうりゅうじ》　　**イ**　興福寺　　**ウ**　東大寺　　**エ**　飛鳥寺《あすかでら》

問３　下線部③の人物は，後に即位《そくい》して天皇となりました。この天皇の名を，次の**ア**～**エ**から一つ選び，記号で答えなさい。

ア　天智《てんじ》天皇　　**イ**　天武天皇　　**ウ**　推古天皇　　**エ**　文武天皇

問４　下線部④に関する説明として正しいものを，次の**ア**～**エ**から一つ選び，記号で答えなさい。

ア　農民は収穫《しゅうかく》した稲《いね》の約３％を国に納める調という税を負担した。

イ　地方の有力な豪族が朝廷から国司に任命され，地方の政治や軍事を任された。

ウ　平城京は碁盤目《ごばんめ》状に道路で区切られ，朝廷の役所の正門からまっすぐ南に朱雀大路《すざくおおじ》がのびていた。

エ　農民男子の一部は兵役《へいえき》についたが，居住地から遠く離《はな》れた地に配属されることはなかった。

問５　下線部⑤に関して，遣唐船によって日本から唐に渡《わた》った人物，あるいは唐から日本に渡ってきた人物として**誤っているもの**を，次の**ア**～**オ**から**二つ**選び，記号で答えなさい。

ア　行基　　**イ**　鑑真《がんじん》　　**ウ**　阿倍仲麻呂《あべのなかまろ》　　**エ**　最澄《さいちょう》　　**オ**　菅原道真《すがわらのみちざね》

問６　下線部⑥に関する説明として**誤っているもの**を，次の**ア**～**エ**から一つ選び，記号で答えなさい。

ア　文永の役・弘安の役のいずれの戦いについても，御家人《ごけにん》を指揮した鎌倉幕府の執権《しっけん》は北条時《ほうじょうとき》宗《むね》であった。

イ　元寇のあった時代にはまだ火薬が発明されておらず，モンゴル軍が日本軍との戦闘《せんとう》で火薬を使った兵器を用いることはなかった。

ウ　文永の役の後，鎌倉幕府は博多湾《はかたわん》に沿って防塁《ぼうるい》（石塁）を築いていたので，弘安の役ではモンゴル軍の侵攻《しんこう》を防ぐのに役立った。

エ　肥後国（熊本県）の御家人竹崎季長《たけざきすえなが》は，自分のモンゴルとの戦いぶりや鎌倉幕府から恩賞を獲得《かくとく》した経緯《けいい》などを絵巻物に描《えが》かせた。

問７　下線部⑦に関する説明として正しいものを，次の**ア**～**エ**から一つ選び，記号で答えなさい。

ア　豊臣秀吉は安土に壮大《そうだい》な城を築いて，全国を統治する本拠地《ほんきょち》とした。

イ　豊臣秀吉は平定した国々に検地を命じたが，その際，地域によって異なる長さや面積などの単位が用いられた。

ウ　豊臣秀吉は朝廷から征夷大将軍《せいいたいしょうぐん》に任命されて，諸大名を従える地位についた。

エ　豊臣秀吉は小田原の北条氏を滅《ほろ》ぼすと，徳川家康の領地を関東に移した。

問８　下線部⑧に関する説明として正しいものを，次の**ア**～**エ**から一つ選び，記号で答えなさい。

ア　豊臣秀吉は，朝鮮半島に日本軍を派遣する基地とするため，長崎を直轄地《ちょっかつち》にして軍備を整えた。

イ　豊臣秀吉の朝鮮出兵は，日本と朝鮮の両国の戦いであり，明《みん》（中国）が介入《かいにゅう》することはなかった。

ウ　豊臣秀吉の朝鮮出兵の際に日本に連行された朝鮮の職人らによって，有田《ありた》焼や薩摩《さつま》焼の生産が始まった。

エ　豊臣秀吉の朝鮮出兵によって，江戸時代を通じて日本と朝鮮の国交は回復しなかった。

問９　下線部⑨に関する説明として正しいものを，次の**ア**～**エ**から一つ選び，記号で答えなさい。

ア　徳川家康は，キリスト教の禁教令を発した後，日本人の海外渡航《とこう》も禁止した。

イ　徳川家光は，島原の乱が鎮圧《ちんあつ》された後，ポルトガル船の来航を禁止した。

ウ　鎖国後もオランダ・中国・朝鮮の船は長崎港に来航して貿易が行われた。

エ　江戸時代を通じて，蝦夷地《えぞち》（北海道）は幕府の直轄地とされ，幕府の任命した奉行《ぶぎょう》によってアイヌの人々との交易が行われた。

問10　空欄⑩には，都市などで民衆が豪商の家屋などを破壊《はかい》する行為を意味する語が入ります。その語を答えなさい。

問11　下線部⑪の水戸藩主と尾張《おわり》・紀伊《きい》藩主をあわせて御三家といいますが，このような徳川氏一門の大名を，譜代《ふだい》や外様《とざま》に対して何というか，答えなさい。

問12　下線部⑫の「内憂」に該当する事件として，大坂（大阪）の町で引き起こされた反乱があります。この反乱を起こした幕府の元役人の名を答えなさい。

問13　空欄⑬に入る西暦《せいれき》年を**算用数字**で答えなさい。

問14　下線部⑭に関する説明として正しいものを，次の**ア**～**エ**から一つ選び，記号で答えなさい。

ア　貿易が開始されると，日本国内どこでも外国人の旅行や営業活動が自由となり，日本人との間でトラブルが頻繁《ひんぱん》に起こった。

イ　貿易が開始されると，日本に大量の生糸《きいと》が輸入されて国内の生糸の値段が下がり，養蚕をしていた日本の農民が打撃を受けた。

ウ　貿易品にかけられる関税を日本が自由に決める権限がなく，貿易相手国と協議しなければならなかった。

エ　日本国内で外国人が関わった事件を裁くときにも，日本の法律や規則に従って裁かれた。

問15　空欄⑮に入る藩の名を，次の**ア～オ**から**二つ**選び，記号で答えなさい。

ア　薩摩藩　　**イ**　土佐藩　　**ウ**　長州藩　　**エ**　会津《あいづ》藩　　**オ**　佐賀藩

問16　下線部⑯を何というか，答えなさい。

問17　下線部⑰に関して，諸外国との友好親善と視察のため，1871年に日本を出発した政府使節団について述べた文として正しいものを，次の**ア～エ**から一つ選び，記号で答えなさい。

ア　この使節団の大使は岩倉具視《いわくらともみ》で，その他，薩摩藩出身の西郷隆盛《さいごうたかもり》や佐賀藩出身の大隈重信《おおくましげのぶ》などが副使として随行《ずいこう》した。

イ　この使節団は太平洋を渡って最初にアメリカを訪問して大歓迎《だいかんげい》を受け，そこで不平等条約を改正することに成功した。

ウ　この使節団には国の費用で派遣される女子留学生が含まれており，その中には後に日本の女子教育に貢献した津田梅子がいた。

エ　この使節団が日本から太平洋を渡ってアメリカに向かう際に，咸臨丸《かんりんまる》が護衛艦《ごえいかん》として随行した。

問18　下線部⑱に関して，明治時代はじめの頃の近代化政策について述べた文として正しいものを，次の**ア～エ**から一つ選び，記号で答えなさい。

ア　1872（明治５）年12月３日を1873（明治６）年１月１日とすることで，太陽暦への切りかえがなされた。

イ　学制が定められ，全国に５万以上の小学校の校舎が建設され，児童の就学率もほぼ100％に達した。

ウ　群馬県の富岡《とみおか》に官営の製糸工場を建設し，イギリス人コンドルの指導のもと最新式の機械で生糸が生産された。

エ　国家財政安定のために地租《ちそ》改正を行ったが，それに反対する農民が西南戦争を起こしたので地租税率を引き下げた。

問19　下線部⑲に関して，下関条約について述べた文として正しいものを，次の**ア～エ**から一つ選び，記号で答えなさい。

ア　この条約で日本は多額の賠償金《ばいしょうきん》を手に入れ，その一部は八幡《やはた》製鉄所の建設費として使われた。

イ　この条約で日本は台湾《たいわん》をいったんは自国の領土にしたが，三国干渉によって清に返還《へんかん》した。

ウ　この条約で日本は朝鮮半島を自国の領土にし，朝鮮総督《そうとく》を置いて支配するようになった。

エ　この条約に調印した日本側の代表は，内閣総理大臣伊藤博文《いとうひろぶみ》と外務大臣小村寿太郎《こむらじゅたろう》であった。

問20　下線部⑳に関して，日露戦争の戦いの中にいる弟を歌った「君死にたまふ《もう》ことなかれ」という詩を発表した文学者の名を，次の**ア～エ**から一つ選び，記号で答えなさい。

ア　正岡子規《まさおかしき》　　**イ**　与謝野晶子《よさのあきこ》　　**ウ**　樋口一葉《ひぐちいちよう》　　**エ**　石川啄木《いしかわたくぼく》

問21　下線部㉑に関して，この講和条約が結ばれた場所がある国の名を答えなさい。

問22　空欄㉒に入る国の名を答えなさい。

問23　下線部㉓に関して，この民族自決の理念に共鳴した朝鮮の人々が日本からの独立を求める運動を起こしましたが，大韓民国《だいかんみんこく》では今日《こんにち》それを記念する祝日が設けられています。その祝日は何月何日か答えなさい。

問24　下線部㉔に関して，大正期の社会や文化について述べた文として**誤っているもの**を，次のア～エから一つ選び，記号で答えなさい。

ア　第一次世界大戦中の日本では海運業や造船業が発展し，それによってにわかに大金持ちになった人々は「船成金」と呼ばれた。

イ　子供向けの文芸雑誌『赤い鳥』が出版され，芥川龍之介《あくたがわりゅうのすけ》の「蜘蛛《くも》の糸」などが掲載《けいさい》された。

ウ　全国水平社の創立大会で「人の世に熱あれ，人間に光あれ」という宣言文が読み上げられた。

エ　普通《ふつう》選挙の実現を求める国民運動が高まり，平民宰相《さいしょう》とよばれた原敬《はらたかし》の内閣により普通選挙法が成立した。

問25　下線部㉕に関して，この時期に起こった次の３つの出来事を，年代順に並べ，記号で答えなさい。

A　高橋是清大蔵《たかはしこれきよおおくら》大臣など政府要人が暗殺される二・二六事件が起こった。

B　日本が国際連盟から脱退《だったい》した。

C　アメリカが自国の石油を日本に輸出することを禁止した。

問26　空欄㉖に入る語を答えなさい。

問27　下線部㉗に関して，この講和条約について述べた文として**誤っているもの**を，次のア～エから一つ選び，記号で答えなさい。

ア　ソ連は講和会議に出席したが，講和条約には調印しなかった。

イ　講和条約調印と同日に日米安全保障条約が調印され，日本国内に米軍基地が置かれることになった。

ウ　講和条約で日本は南樺太《みなみからふと》と千島列島の主権を放棄《ほうき》した。

エ　講和条約の調印によって日本の国連加盟が約束され，翌年には正式に日本の国連加盟が実現した。

3　水に関する，次の問いに答えなさい。

問１　地球上に存在する水のうち，97.4％は海水で，陸にある水（陸水）は2.6％に過ぎません。＜表１＞は，陸水量の内訳を示したものです。表中のA～Cの組み合わせとして正しいものを次のア～カから一つ選び，記号で答えなさい。

＜表１＞　**陸水量の内訳**

A	76.4　％
B	22.8　％
C	0.59　％
その他	0.21　％

（『理科年表 2019』による）

ア　A　湖水・河川《かせん》水　B　地下水　C　氷河
イ　A　湖水・河川水　B　氷河　C　地下水
ウ　A　地下水　B　湖水・河川水　C　氷河
エ　A　地下水　B　氷河　C　湖水・河川水

オ　A　氷河　B　湖水・河川水　C　地下水

カ　A　氷河　B　地下水　C　湖水・河川水

問２　＜図１＞は，1975年と2015年の，日本における水使用量とその内訳を示したものです。

＜図１＞　全国の水使用量

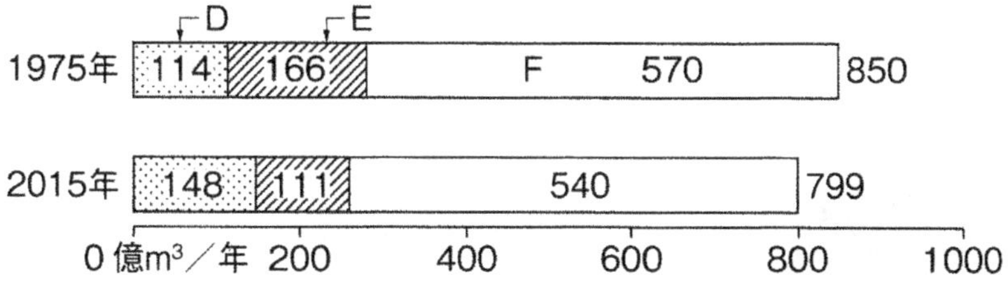

（『日本国勢図会《ずえ》 2019／20年版』による）

⑴　図中のD～Fにあてはまるものを，それぞれ「○○用水」のように，解答欄の形式に従って漢字で答えなさい。

⑵　2015年におけるEの使用量が1975年より減少しているおもな理由として正しいものを，次のア～エから一つ選び，記号で答えなさい。

ア　2015年における水の再利用率が，1975年より高くなった。

イ　2015年における日本の人口が，1975年より少なくなった。

ウ　2015年におけるEの産業の出荷《しゅっか》額が，1975年より少なくなった。

エ　2015年は各地で降水量が少なく，深刻な水不足が起こっていた。

問３　次のG～Jの都市に関する，以下の問いに答えなさい。

G：東京	H：金沢	I：長野	J：尾鷲《おわせ》

⑴　解答用紙の地図中の「G」を例として，H～Jの位置を書《か》き込《こ》んで示しなさい。

⑵　G～Jの都市を，年平均降水量の多い順に並べかえ，記号で答えなさい。

問４　次のページの＜図２＞は，東京都江戸川区が発行している「江戸川区水害ハザードマップ」の一部です。図中の K にあてはまる内容を答えなさい。

問５　洪水《こうずい》の防止や水道水の安定供給などを目的として，日本各地にダムが建設されています。解答用紙の図は，国土地理院発行２万５千分の１地形図「米の川」の一部です。もし，図中に――で示したようなダムが完成し満水となった場合，水没《すいぼつ》が予想される範囲を，のように示しなさい。

問６　東京都水道局のウェブサイト「東京の水道の概要《がいよう》」によると，2017年度の東京都における一日平均配水量は約422万立方メートル，給水人口（水道の供給を受けている人の数）は約1344万人でした。配水量と水の使用量が等しいと考えると，一人あたり一日に約何リットルの水を使ったことになるか，小数第一位を四捨五入して答えなさい。

＜図２＞

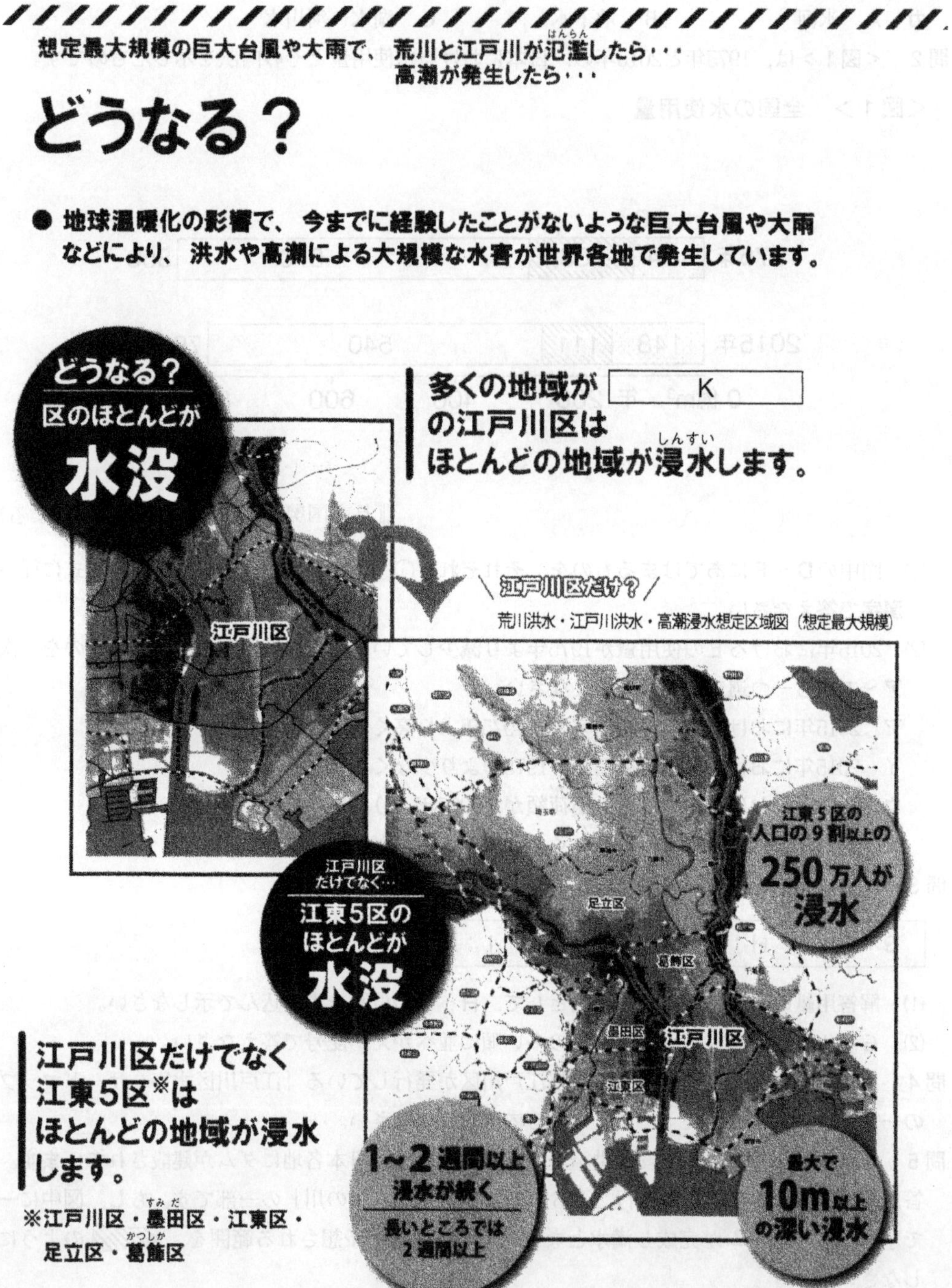
想定最大規模の巨大台風や大雨で、荒川と江戸川が氾濫《はんらん》したら・・・
高潮が発生したら・・・
どうなる？
● 地球温暖化の影響で、 今までに経験したことがないような巨大台風や大雨などにより、 洪水や高潮による大規模な水害が世界各地で発生しています。
どうなる？
区のほとんどが
水没
多くの地域が K
の江戸川区は
ほとんどの地域が浸水《しんすい》します。
江戸川区
＼江戸川区だけ？／
荒川洪水・江戸川洪水・高潮浸水想定区域図（想定最大規模）
江東５区の
人口の９割以上の
250万人が
浸水
江戸川区
だけでなく…
江東５区の
ほとんどが
水没
足立区
葛飾区
墨田区
江戸川区
江東区
江戸川区だけでなく
江東５区※は
ほとんどの地域が浸水
します。
※江戸川区・墨田《すみだ》区・江東区・
足立区・葛飾《かつしか》区
1～2週間以上
浸水が続く
長いところでは
2週間以上
最大で
10m以上
の深い浸水

問７　下水道について，次の文章や資料を読んで，以下の問いに答えなさい。

下水排除《はいじょ》の二つの方式

下水の排除の方法には、汚水《おすい》と雨水を同じ管で集めて流す合流式と、汚水と雨水を別々の管で流す分流式の二つの方法があります。

【分流式】　汚水 → 汚水専用の排水設備 → 下水道管 → 下水処理場 → 川・海

雨水 → 雨水専用の排水設備 → 側溝《そっこう》・地下浸透《しんとう》 → 川・海

【合流式】　汚水 ↘
下水道管 → 下水処理場 → 川・海
雨水 ↗

（松戸市のウェブサイト「下水道のしくみ」による）

千葉県松戸市では，大部分の地域で分流式の下水道が整備されています。

一方，東京都では，大部分の地域で合流式の下水道が整備されています。

＜表２＞は，東京都と千葉県の下水道普及率《ふきゅうりつ》を示したものです。

＜表２＞　下水道普及率

	1975年	1990年	2000年	2017年
東京都	55%	88%	97%	99.5%
千葉県	13%	40%	57%	74.2%

（『データでみる県勢 2019』、東京都下水道局のウェブサイト「数字でみる東京の下水道」、千葉県のウェブサイト「公共下水道の紹介《しょうかい》」による）

2019年８月にお台場海浜《かいひん》公園で行われたオープンウォータースイミングの大会に出場した選手から「海水がトイレのような臭《くさ》さだった」という声が上がり，検査したところ，基準値の上限を上回る大腸菌《だいちょうきん》が検出されました。この主な原因は，東京の合流式の下水道から，処理しきれない下水が川や海に流されてしまったことにあると考えられています。

⑴　合流式の下水道では，どのような時に，処理しきれない下水が川や海に流されてしまうと考えられるか，答えなさい。

⑵　東京都ではなぜ，⑴で挙げたような欠点がある合流式の下水道が整備されたと考えられるか，＜表２＞の内容も参考にして答えなさい。

ような態度ですか。説明しなさい。

問三 ——2「こんな笑い話がある」とありますが、この話はどのような点が笑い話なのですか。説明しなさい。

二 **次の文章を読んで、後の問に答えなさい。**

「蛍《ほたる》の光」は日本の卒業式などで明治時代からうたわれてきたなじみの①**ショウカ**だ。原曲はスコットランド民謡《みんよう》だが、冒頭《ぼうとう》の歌詞「蛍の光、窓の雪」は、中国の故事に②**ユライ**している。

今から千六百年ほどまえの東晋《とうしん》代のこと。車胤《しゃいん》（?～四〇一年?）は幼いころから学問が好きだったが、家は灯油を買う金にもこと欠くほど貧しかったので、夏がくると練り絹の嚢《ふくろ》に数十匹《ぴき》のホタルを入れて灯《あか》りにし、夜を日についで書物を読んだ。孫康《そんこう》（生没年不詳《せいぼつねんふしょう》）もまた貧しく、冬は雪明りをたよりに夜ふけまで勉学にいそしんだ。苦学したかいがあって、成人したふたりは③**コウカン**にまで出世した。困難にくじけず学問に励《はげ》む大切さをしめす手本として、古来、中国の読書人たちが好んだ④**ビダン**である。「蛍雪《けいせつ》の⑤**コウ**」という⑥**セイゴ**もここから生まれた。

しかしそのいっぽうで、この故事には懐疑的《かいぎてき》な人も少なからずいた。ことに怪《あや》しまれたのがホタルの光である。清《しん》朝の名君・康熙帝《こうきてい》は、『康熙《こうき》字典《じてん》』や『古今図書集成《こきんとしょしゅうせい》』を編纂《へんさん》させるほど学問熱心な皇帝《こうてい》で、みずからも万巻の書を読んだが、古典のなかには眉唾物《まゆつばもの》もあるのではないか、たとえばホタルの光なんかで本が読めるものだろうかと疑いを抱《いだ》いていた。

そこであるとき、⑦**ソッキン**に百匹あまりのホタルを捕《と》ってこさせ、実際に絹の嚢に入れて試《ため》してみたところ、文字を判読することすらできなかったので、車胤の故事は嘘《うそ》っぱちであると断じた。宣教師を身近におき、西洋の幾何学《きかがく》や医学、天文学、音楽までを貪欲《どんよく》に吸収した1康熙帝らしい実証的な態度である。（中略）

しかし皮肉なことに、事実は逆だったようだ。天体観測の邪魔《じゃま》になるほど光があふれている現代になって、あえてホタルの光で本を読む実験をした人が少なからずいる。彼らの報告によれば、「読める」（見える）のだ。たとえば大型で強い光を放つタイワンマドボタルを使った実験では、二十四程度ですでになんとか文字が判読できたという。百匹でも読めなかったという康熙帝が使ったのは、北京《ぺきん》の紫禁城《しきんじょう》周辺に生息する光の弱い種類のホタルだったのだろうか。

「蛍の光」の故事があながち嘘でないことは証明されたが、だからといって車胤のとった方法が賞賛に値《あたい》するかはべつの話だ。読めるかいなかはともかく、ホタルを光源にした読書が非現実的であることに、人びとはとっくに気づいていた。2こんな笑い話がある。

ある日、孫康が車胤の家を尋《たず》ねた。留守だったので、門番に「車胤殿《どの》はどちらへ」と聞くと、答えていう。

「へえ、主人は早朝から草むらに蛍を捕りに出ておりまして」

後日、今度は車胤が孫康の家を訪ねると、庭のまんなかに孫康が心配そうな面持《おもも》ちで立ち尽《つ》くしている。

「おや、机にも向かわず外でぼんやりしておいでとは。こんなに天気のいい日に、なにか気がかりでもおありですか」

「それなんですよ。どうやら今晩は雪が降りそうになくて」

（明《みん》・馮夢龍《ふうぼうりょう》『笑府《しょうふ》』）

（瀬川千秋『中国　虫の奇聞録』による）

問一　文中の①～⑦の**カタカナ**を漢字に直しなさい。ハネ・トメなど丁《てい》寧《ねい》でない場合は減点されることもあります。

問二　――1「康熙帝らしい実証的な態度」とありますが、それはどの

「最後までやっちゃお、こんなの」

カナが決定する。ダンススクールに通うカナは、そのレッスンが本格化するまでピアノを習っていた。簡単な楽譜なのかもしれない。

「では、最後までやっといてくださーい」

小磯が雑に言い、それに対して不満が出ることもなく、皆「はーい」と言い合いながら、楽譜をしまった。

チャイムが響《ひび》く中、カナが「リーダー、よろしくねー」と、小磯の背中をポンッと叩いた。小磯は迷惑《めいわく》そうに無視している。

夏休みに、塾《じゅく》の講習で忙《いそが》しいまやまやを除いた三人で、遊びに行った。その帰り道にカナが小磯を好きだと打ち明けた。しかしそれはもう、皆が忘れなければならないことだった。ほぼ同じタイミングで、小磯がまやまやに告白していたのだ。

小磯は、クラスの男子の中でもリーダー的な存在で、一部の女子から「かっこいい」と言われているほどには顔も整っているし、背も高い。だけど、スマホのトークアプリでのまやまやとの会話を保存《スクショ》して仲間たちに送信するという、信じられないバカをしたせいで、今や彼《かれ》の人気はダダ下がりである。

めぐ美も、誰からともなく回ってきた小磯の保存画面を見た。小磯の告白を、じらしながらも完全に拒否《きょひ》はしない意外なぶりっこぶり――そのぶりっこぶりが小磯を勘《かん》違いさせたようだが――を発揮しているまやまやは、女子どうしで遊んでいる時の彼女と違うキャラだった。

まやまや、終わったなー。

カナがまやまやに何か仕掛《しか》ける気だったら、めぐ美はそれにノろうと思っていた。そもそも、まやまやが小磯とトークアプリでつながっていることも、めぐ美は知らなかった。カナも知らなかったはずだ。これはもう、吊《つ》るし上げるしかない。あるいは集団無視かな。まやまやのやったことは、それに相当する裏切りだ。

しかし、新学期に四人また顔を合わせた時、5カナは意外にもまやまやに優《やさ》しかった。自分から「小磯に告られたってマジ？」と訊き、まやまやが恥《は》ずかしそうに頷《うなず》いたら、手を叩いて爆笑《ばくしょう》した。

カナが小磯を「私服がダサい」とか「よく見ると猿《さる》顔」などと言ってばかにするようになったのはその頃からだ。

（朝比奈あすか『君たちは今が世界《すべて》』より）

問一 ――1「同じ班になった『ひなっち』という子と仲良くなった」とありますが、めぐ美は、ひなっちと出会ったことで、どのように変わりましたか。説明しなさい。

問二 ――2「親友」にカギ括弧《かっこ》がついていることで、どのような意味になっていますか。「〜という意味ではなく、〜という意味。」の形で答えなさい。

問三 ――3「カナの自尊心の強さを、めぐ美は見て見ぬふりをする。実際、なんでも強気で向き合っていくカナの『でも』には、説得力があるようにも思った」とありますが、この部分から読み取れる、めぐ美のカナに対する思いを説明しなさい。

問四 ――4「かったるそうな声で返すと」とありますが、なぜめぐ美は「かったるそうな声」を出したのですか。説明しなさい。

問五 ――5「カナは意外にもまやまやに優しかった」とありますが、なぜカナはまやまやを攻撃《こうげき》しなかったのですか。説明しなさい。

藤岡がアコーディオンと書かれた文字の下に、見村《みむら》、前田《まえだ》、と名前を書く。流れるように、全《すべ》てが決められてゆく。

するとカナの隣の席の武市陽太《たけいちようた》が、唐突《とうとつ》に手を挙げて、

「おれ、マラカスやる！」

勝手に立候補した。

「武市さん、順番に訊いていきますからね。ちょっと待っていてください」

藤岡が制止し、周りがくすくす笑った。

「武市、マラカス似合いすぎ！」

カナは武市を冷やかしてから、

「まやまやー、リッチー、アコーディオンに立候補しなよ！」

と、席の離《はな》れたリッチーとまやまやにも声をかける。彼女はいつもこうだ。教室の中で信じられないくらい傍若無人《ぼうじゃくぶじん》に振《ふ》る舞《ま》う。同じように自己中心的に振る舞っていても、カナは威圧《いあつ》感を与《あた》え、武市は面白《おもしろ》がられる。違《ちが》いはあれど、ふたりは心のままに振る舞っていて、藤岡は、武市にはちゃんと注意するくせに、カナの振る舞いには見て見ぬふりをすることが多いとめぐ美は思った。

立候補やらじゃんけんやら、一部の楽器にはオーディションもあって、ようやく全員の楽器が決まった時には、四時間目が終わろうとしていた。武市は最初の希望通りマラカスを仕留めていた。武市なんかと並んでマラカスをやるよりは、アコーディオンのほうがましだったとめぐ美は思った。

「はい！　では、もうあんまり時間がないけど、皆《みな》さん、パートごとに分かれてリーダーを決めてください」

藤岡が言い、それぞれの場所を割り振られる。アコーディオン組は、カナの机の周りに集まることになった。

「やった！　めぐー！」

カナがめぐ美に抱《だ》きつく。

アコーディオンのメンバーは女子六名、男子二名。カナがリーダーをやりたがるのかと思ったが、打楽器のじゃんけんに負けてアコーディオンになった小磯利久雄《こいそりくお》が、カナに推薦《すいせん》されて――実態は、押《お》しつけられたようなものだったが――リーダーを引き受けていた。

「ほらほら、リーダー、仕切ってよ」

カナに言われ、小磯が頰《ほお》を少し上気させながら、楽譜《がくふ》のプリントを皆に配る。

「リーダー、爪《つめ》きれいじゃね？」

突然《とつぜん》カナが小磯の手を取って言うと、小磯が赤くなってその手をひっ込めた。最近カナはよく小磯をからかう。からかわれるたび、小磯がまやまやの様子を窺《うかが》うことに、めぐ美は気づいていた。そのまやまやはといえば、カナと小磯のじゃれ合いには無関心なふりで、楽譜の上に右手の指をぱらぱらっと弾ませて、鍵盤《けんばん》を叩《たた》く真似《まね》をしているのだ。

「じゃ、えーと、明日から楽器使って合わせるんで、各自でテキトウにやっておいてください」

「どこまでー？」

カナに問われて、

「えーと」

小磯は楽譜を見て迷っている。

自分で訊いておいて、

カナを取り合うようになり、やがてめぐ美が勝ったのである。小学校四年生になると、めぐ美はほぼカナとふたり組で過ごすようになった。

そして、そのまま、今もカナとめぐ美は2「親友」だ。

長い付き合いだから、カナの口癖《くちぐせ》が「でも」だというのは知っている。誰《だれ》かが目立つと「でも」と必ず否定せずにはいられないカナの、あまりに大きな自尊心を、めぐ美は間近で見続けてきた。「でも」を言いたい相手は、髪型《かみがた》を変えた同級生の時も、朝会で挨拶《あいさつ》をする上級生の時も、テレビに出ているアイドルの時も、ティーン雑誌のモデルの時もある。

3カナの自尊心の強さを、めぐ美は見て見ぬふりをする。実際、なんでも強気で向き合っていくカナの「でも」には、説得力があるようにも思った。

（中略）

ふだん三時間目の音楽は、専門の三好《みよし》先生が音楽室で受け持つのだけれど、今日は、合奏会で演奏する『ブラジル』の担当楽器を決めるのが主題だったから、四時間目の学級会とつなげて、三組の教室で話し合うことになっていた。

合奏会は、毎年三学期に開かれ、六年生が卒業前に在校生に「音楽のプレゼント」をするというのがコンセプトだ。クラスごとに別の曲を演奏する。三好先生が、各組の個性に合った曲を選んでくれるのだが、三組は「明るくて、個性的なメンバーが溢《あふ》れているから」という理由で、『ブラジル』という曲を演奏すると決まっていた。始業式の日に題名だけ聞かされ、ネットの動画などで聴《き》くことができたら聴いておいてと言われたが、それきりめぐ美は忘れていた。だけど先週、三好先生がＣＤで流してくれたのを初めて聴いて、いっぺんで好きになった。知ってる！　知ってる！　めぐ美は近い席の子たちと言い合った。どこかで聴いたことがある、軽快なリズムが、終わった夏を思わせた。ブラジルは暑い国なんだろう。時おり聞こえた打楽器のリズムが楽しげで、胸が弾《はず》んで、自然と体がリズムを刻みたくなる。

楽器の説明で、めぐ美は「打楽器」に惹《ひ》かれた。小太鼓《こだいこ》、マラカス、タンバリンから選べるという説明だったので、マラカスがいいな、と思った。

それなのに、

「めぐ〜、何にする？」

遠くの席から大きな声でカナに訊《たず》ねられた時、マラカスと言えなかった。やりたい楽器をもう決めているなんて、張り切りすぎている気がしたからだ。

「えー、決めらんない、てか、なんでもいい」

4かったるそうな声で返すと、

「一緒《いっしょ》にアコーディオンにしない？」

カナがさらに大きな声でめぐ美を誘《さそ》う。

「アコーディオン？」

「やろうよー、めぐ」

カナは周囲を牽制《けんせい》するように言う。

「やろ、やろ、ね。はーい、決まり。センセ、センセ、うちら、アコーディオンね、アコーディオン」

カナが勝手に藤岡《ふじおか》（＝担任の先生）に言うのを聞いていた。

「他にはいない？　今の時点で八人を超《こ》えていなければ、ふたりは決定ね」

【国　語】〈五〇分〉〈満点：八五点〉

一　次の文章を読んで、後の問に答えなさい。なお、文章中の「(=　)」は、その直前の言葉の説明です。

——めぐって頭良かったの？

ママの言葉を聞いたミイ姉が、からかうように訊《き》いた時、

——頭良かったんだよ、この子。図書館に連れてっても、あんたと龍《りゅう》はすぐ飽《あ》きちゃったけど、めぐだけはずうっと本読んでたんだから。

と、ママは言った。

——マジで？

——字を覚えたのだって、三人の中で、一番早かった。

——マジか。

——やっとあたしからパパ似が生まれたって、思ったんだけど。

——今こいつ、本なんか全然読まないじゃん。

——どこでどうなっちゃったのか。

ママとミイ姉がげらげら笑うのを聞いていた。

どこでどうなっちゃったのか。ふたりの会話を聞いていて、めぐ美《み》はうっすらと、本が愉《たの》しかった頃《ころ》のことを思い出した。せいぜい小学校の低学年くらいのことだったが、十二歳《さい》のめぐ美にとっては、ものすごく遠い昔に思えた。自宅マンションの隣《となり》に、公共の図書館があって、たびたび訪《おとず》れた。職員による読み聞かせの回が楽しみだった。

絵本に慣れた彼女《かのじょ》に、次のステップはごく自然に訪れた。本棚《ほんだな》を眺《なが》め、華《はな》やかな文字の、わくわくしそうな題名の、その背に指をひっかけた。膝《ひざ》の上でそっと開くと知らない世界が広がった。

だけども次へのステップを、彼女は逃《のが》してしまうのだ。本を読んでいると、ミイ姉に「ネクラ」とか「キモい」と言われたり、読んでいた本を取り上げられて隠《かく》されたりしたせいだとも言えるが、それだけでなく、めぐ美自身が性格を変えたかった。

小学三年生の新しいクラスで、1同じ班になった「ひなっち」という子と仲良くなった。運動神経抜群《ばつぐん》で、男子より足が速いひなっちは、本など読まなかった。休み時間を告げるチャイムが鳴ると、真っ先に教室から飛び出してゆくような子だった。ドロケイでも脱走《だっそう》ゲームでもいつも大活躍《だいかつやく》のひなっちは、クラスの人気者だったから、そんな彼女に声をかけられて、嬉《うれ》しかった。

ひなっち、めぐ、と呼び合うようになった頃、めぐ美も彼女と同じく「人気者」というポジションの、端《はし》っこにいた。ひとりで本を読むのは寂《さび》しいこと、実際寂しくなくても、寂しそうに見られることだという考えを、めぐ美は自分に植えつけた。低学年の頃の自分は、大人数でわあっと盛り上がるノリには気後《きおく》れした。だけど、ひなっちに引っ張られて遊んでいるうちに、友達は自然と増えていったし、盛り上がることも楽しめるようになってきた。めぐ美は鬼《おに》ごっこやドロケイで活躍したし、友達から、友達の多い子だと思われるようになったら、学校が楽しくなった。その自信は、本からでは、得られないものだった。

ひなっちとめぐの間にカナが入り込《こ》んだのはいつ頃だったろうと思う。カナは当時の彼女のグループ内で色々と揉《も》めて、輪から飛び出し、なんとなくひなっちとめぐ美と三人で行動するようになったのだ。三人という関係性を巧《たく》みに操《あやつ》れるほど成熟していない九歳の少女たちは、愛《あい》憎《ぞう》帯びた幼稚《ようち》なパワーゲームを始めるのが常だが、めぐ美とひなっちも

MEMO

大切なことはメモしておこうネ！

T.G

2020年度

解　答　と　解　説

《2020年度の配点は解答欄に掲載してあります。》

＜算数解答＞ ≪学校からの正答の発表はありません。≫

1　＜42311＞ ＜13412＞ ＜12314＞ ＜23411＞

2　(1)　解説参照　(2)　76分後　(3)　94.4m

3　(1)　(ア)　4通り　(イ)　9人　(2)　①　12　②　199　③　9　④　7　⑤　5　⑥　3　⑦　6　⑧　129

4　解説参照

○推定配点○

1, 2, 3(1)　各6点×9　3(2)　各3点×8　4　7点　計85点

＜算数解説＞

+α　1　(速さの三公式と比，グラフ)

問題のグラフにおいて，2つのロボットの間が1分で30cm，2分で15cm，3分から4分までが30cmのまま，5分で0cmであり，1分から2分の間で一方のロボットが他方を追い越している。したがって，2つのロボットが進んだグラフは，右の2通りがあり，ロボットAの進み方は＜42311＞，＜13412＞，＜12314＞，＜23411＞の4通りがある。

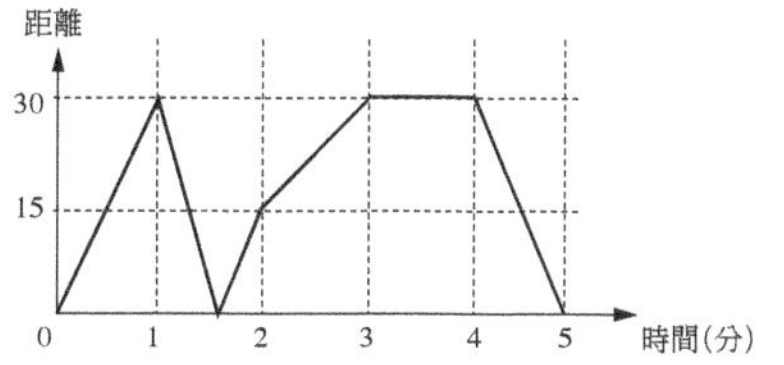

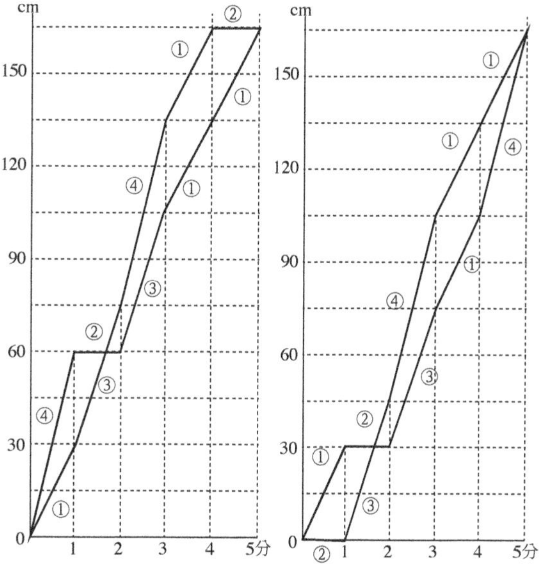

2　(平面図形，図形や点の移動，速さの三公式と比，旅人算，割合と比，単位の換算，概数)

速さ…点P：12分で50÷(60÷12)＝10(m)

点B：1分で360÷60＝6(度)　点C：1分で360÷3÷60＝2(度)

基本　(1)　図1において，点Pが12分で点Aからアまで進む間に点Bは6×12＝72(度)進み，点Pが12×2＋8＝32(分)で点Aからウまで進む間に点Cは2×32＝64(度)進む。したがって，点Pが点Aから移動を始めたときの点B，Cの位置は図2のようになる。

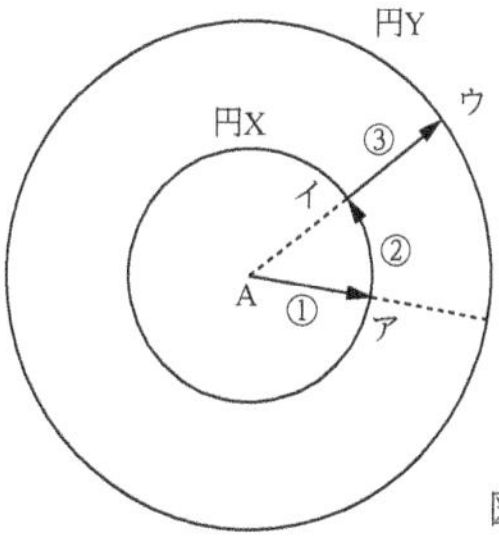

図1

重要　(2)　図3において，②の部分の角度は6×8＝48(度)であり，点BとCが図3の位置まで進んだのは「現在」(図4)から{360－(72＋48－64)}÷(6－2)＝(360－56)÷4＝304÷4＝76(分後)

やや難 (3)　①，③の部分の往復…10×2×2＝40(m)

Bと共に進む道のり…20×3.14÷360×6×8×2＝$3.14\times\frac{16}{3}$(m)

Cと共に進む道のり…点Pが移動を開始して32分後に点Cと共に進み始めたとき，(2)より，点Bは点Cより4×32－56＝72(度)前方に進んでおり，点Pが③の部分を戻り始めるとき，点Bは点Cの後方，6×12＝72(度)まで進んでいる。この間の時間は(360－72×2)÷4＝54(分)であり，この間に点Pが進んだ道のりは40×3.14÷360×2×54＝3.14×12(m)

したがって，点Pが進んだ道のりは$40+3.14\times\left(\frac{16}{3}+12\right)$より約94.4(m)

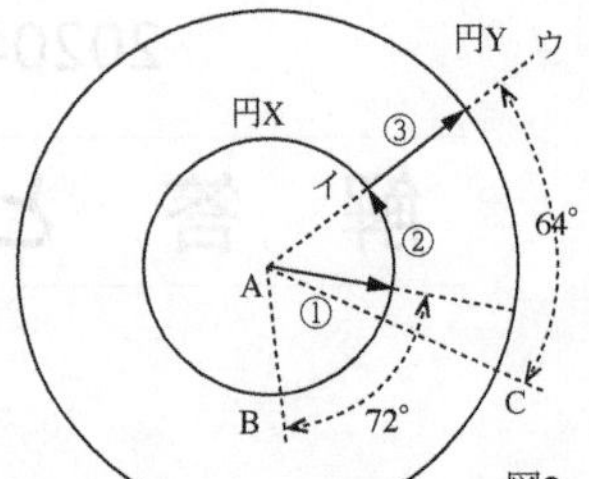

図2

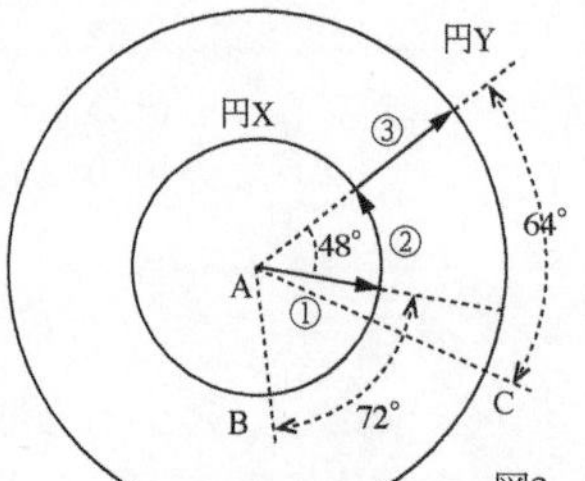

図3

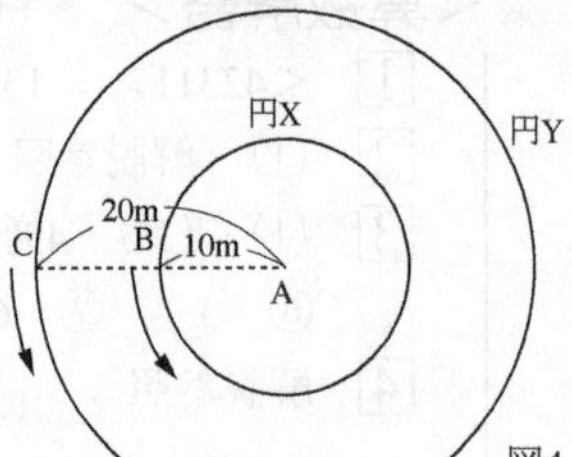

図4

3 (統計と表，規則性，場合の数，鶴亀算)

基本 (1)　(ア)　以下の4通りがある。

10×2＋5×1＋1×3　　10×2＋1×8　　10×1＋5×3＋1×3　5×5＋1×3

(イ)　(ア)より，1円玉を3枚持ってきた人と8枚持ってきた人がおり，5円玉なしで1円玉を8枚持ってきた人は(165－3×40)÷(8－3)＝9(人)

(2)　①　389＝100×3＋50×1＋10×3＋5×1＋1×4

… (3＋1)×2＋4＝12(枚)

②　問題の表より，49円は9枚であり，199＝100＋50＋49(円)は11枚

③～⑥　右表より，③9，④7，⑤5，⑥3

⑦　右表より，②のほか，200円台に200＋49，250＋39，＋44，＋48，＋49があり，1＋1×2＋3＝6(通り)

⑧　⑦より，上表の各枚数から規則を利用する。

最低枚数	金額	何通りか
1	1, 5, 10	3
2	2, 6, 11, 15, 20	5
3	3, 7, 12, 16, 21, 25, 30	7
4	4, 8, 13, 17, 22, 26, 31, 35, 40	9
5	9, 14, 18, 23, 27, 32, 36, 41, 45	③
6	19, 24, 28, 33, 37, 42, 46	④
7	29, 34, 38, 43, 47	⑤
8	39, 44, 48	⑥
9	49	1

100円台…1通り　200円台…1×2＋3＝5(通り)　300円台… (1＋3)×2＋5＝13(通り)

400円台… (1＋3＋5)×2＋7＝25(通り)

500円台…1通り　600円台…5通り　700円台…13通り　800円台…25通り

900円台… (1＋3＋5＋7)×2＋9＝41(通り)

したがって，全部で(1＋5＋13＋25)×2＋41＝129(通り)

やや難 4 (立体図形，平面図形，相似)

図①において，三角錐カ－アサタ，ケ－エセテは相似であり，底面が直角二等辺三角形であり，等辺の長さと高さが等しい。これらをもとにして，図②のように，面BCGFの日が当たる部分の一部が作図でき，図③のように，他についても作図できる。

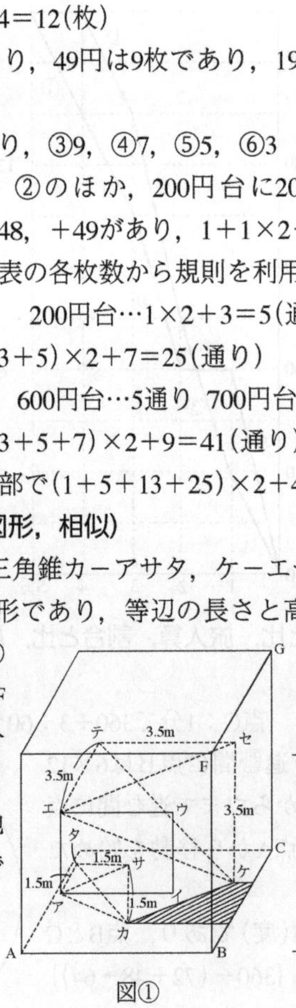

図①

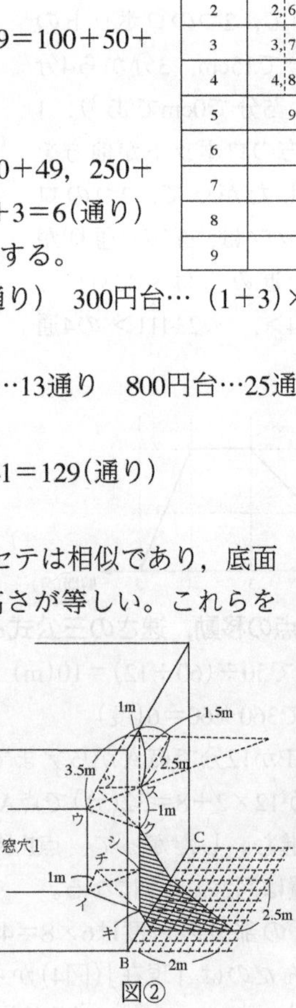

図②

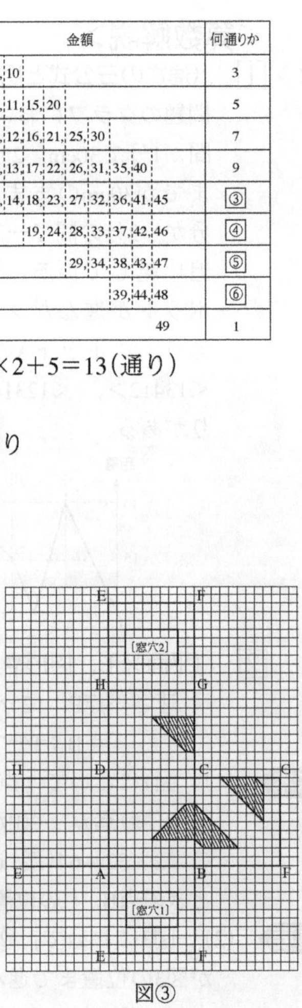

図③

★ワンポイントアドバイス★

[2]「現在」,「移動開始時」の状態がそれぞれ何を意味するのかを，落ち着いてつかまないと徒労に終わる。[3](2)⑧「11枚以上になる金額」はまちがいやすく，[4]「日のあたる部分」も短時間で解くのは難しい。

+α は弊社HP商品詳細ページ(トビラのQRコードからアクセス可)参照。

＜理科解答＞ ≪学校からの正答の発表はありません。≫

[1] 問1 ア 問2 (1) ア (2) エ (3) イ 問3 ウ 問4 イ
問5 北極星 問6 エ

[2] 問1 イ 問2 ウ 問3 ア 問4 ウ 問5 オ

[3] 問1 イ 問2 イ，ウ 問3 2.2g 問4 8.4g 問5 ウ 問6 ア，イ，オ

[4] 問1 エ 問2・問3 右図
問4 ア
問5 ① イ ② ア

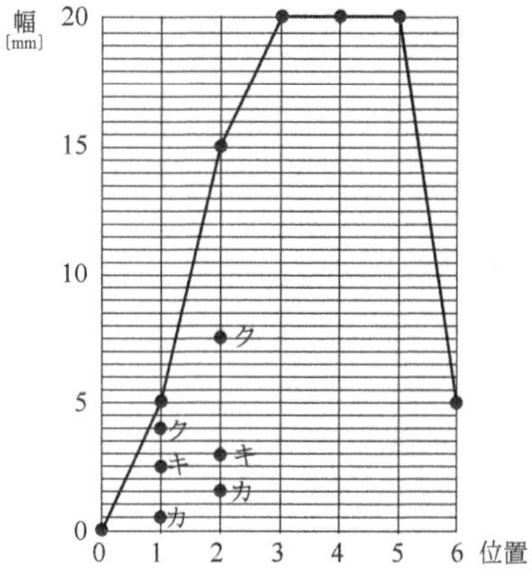

○推定配点○

[1] 問3，問4，問5 各3点×3 他 各2点×5 [2] 各3点×5
[3] 各3点×6(問2，問6完答) [4] 各3点×6 計70点

＜理科解説＞

[1] (太陽と月―太陽の日周運動，日時計)

基本 問1 地軸の傾きより，Bが夏至，Dが冬至，Aが春分，Cが秋分の日である。5月5日はAとBの間である。

基本 問2 2月1日の太陽の動きは，冬の季節で南中高度が低く，棒の影は北側に長くのび，アの動きに相当する。5月5日の太陽の南中高度は高く，棒の影は北側に短く伸びる。日の出の位置は真東より北側で，日の入りの位置は真西より北側になりエの動きを示す。春分と秋分の日の太陽の影はイのように動く。9月23日は秋分の頃である。

基本 問3 5月5日の太陽の日の入りの位置は真西より北側に来るので，太陽と同じ経路を動く星はウである。

問4 5月5日の太陽は，真東より北側から昇り，南中時には観測者の真上より南側の位置を通り，真西より北側の位置に沈む。そのため，北側の窓には朝と夕方に太陽の光が差し込む。

基本 問5 日時計の棒の先端は，北極星の方向に向ける。

問6 日時計の棒と地面の間の角度は，観測点の緯度になるようにする。写真2の棒は地面に対して垂直な方向から63度傾いているので，地面と棒の角度は27度である。東京が北緯35度付近なので，この場所は東京より南にある。また。真北の目盛が11時を指しているので，明石の標準時より南

中が1時間早い。よって兵庫県明石市より東に位置する。これらより，この場所は小笠原父島と推定される。

2 (電流と回路―手回し発電機・コンデンサー)

基本 問1　電流は電池の＋極から－極に流れる。

問2　手回し発電機G1から流れ出す電流は，黒いたんしから出てG2の白いたんしに入り，黒いたんしから出る。図2のとき，電流が黒いたんしに入り白いたんしから出ると手回し発電機のハンドルが時計回りに回転したので，逆向きの電流では反時計回りに回転する。

問3　コンデンサーにたまった電気が流れ出すとき，長い足の方が＋極なので電流は図4のアの方向に流れる。そのためG1では黒色のたんしから電流が入り白色のたんしから出るので，ハンドルは時計回りに回転する。

問4　コンデンサーから流れ出る電流は，G1では白色のたんしから入り黒色のたんしから出るので，ハンドルは反時計回りに回転する。G2では電流は黒色のたんしから入り白色のたんしから出るので，時計回りに回転する。

問5　始めは発電機で発生する電流がコンデンサーに流れ込み，電気がたまる。この後，コンデンサーの電気がG1に流れ込む。その時電流の流れは黒色のたんしから入って白色のたんしから出るので，ハンドルの回転方向は時計回りのままである。しかし，徐々にコンデンサーから流れ出す電流が弱くなり回転が遅くなる。

3 (ものの溶け方―食塩水)

問1　食塩が溶けだしてできる食塩水は，周りの水より密度が大きいので，ビーカーの底に沈んでいく。

基本 問2　赤色リトマス紙を青色にするのは，アルカリ性の物質である。うすいアンモニア水と石灰水がアルカリ性の水溶液である。

問3　固体の食塩の重さが60.0－36.0＝24.0(g)であり，その体積が125.0－114.0＝11.0(mL)なので，固体の食塩1.0(cm^3)の重さは，24.0÷11.0＝2.18≒2.2(g/cm^3)である。

重要 問4　100mLの水の重さは100gであり，状態⑥で100gの水に36.0gの食塩が溶けて飽和になっている。これから40gの水を蒸発させると，残りの60gの水に溶けている食塩の重さは，100：60＝36.0：□　□＝21.6gである。⑤の状態で30.0gの食塩を溶かしたので，溶けきれずに残る食塩は，30.0－21.6＝8.4(g)である。

問5　水に加えた食塩の重さとメスシリンダーで読み取った体積の『状態①』からの増加分を表にすると，

水に加えた食塩の重さ	2.0	5.0	10.0	30.0	36.0	60.0
メスシリンダーで読み取った体積の『状態①』からの増加分	0.4	1.6	3.6	11.6	11.4	25.0

各2点間で，(メスシリンダーで読み取った体積の『状態①』からの増加分の変化量)÷(水に加えた食塩の重さ変化量)の値を計算すると，①～②では，(0.4－0)÷(2.0－0)＝0.2，同様に②～③では0.4，③～④，④～⑤では共に0.4．⑤～⑥では0.4より小さくなるが，⑥～⑦では0.56になる。この値が等しい区間ではグラフの変化は直線(グラフにおける点線)となり，⑥～⑦ではこの値が0.4より大きくなるので曲線の傾きがグラフにおける点線の上側にくる。すなわちウのグラフとなる。

問6　ア　○　実験2の①～⑤で食塩は水に溶ける。この間水溶液の体積は増加している。

イ　○　加えた食塩の体積は，質量÷密度で求まる。②では2.0÷2.2＝0.90でこれと水の体積の和は100.9mLとなり，できた水溶液の体積100.4mLの方が小さくなる。その他の状態でも同様である。

ウ　×　食塩と水の重さの合計は，食塩水の重さに等しい。

エ　×　一般的に固体は温度が高いほど多く水に溶ける。食塩水も温度による変化量は少ないが，温度が高いほど多く溶ける。

オ　○　食塩を多く含むほど水溶液の密度が大きくなり，同体積での重さは大きくなる。

4　**(実験と観察─葉の成長の仕方)**

問1　全長はAの方が長いので，表1では②がAである。最大幅に対するその位置での幅の割合がAでは位置3付近で最大となるので，④がAである。

問2　表2より，葉Cの各位置の幅を計算すると，

位置	1	2	3	4	5	6
幅の長さmm	5	15	20	20	20	5

これをもとにグラフを書く。

問3　位置1では，成葉の幅は5mmなので

葉の全長	20mm	40mm	100mm
成葉の幅に対する幼葉の幅の割合	10%	50%	80%
幼葉の幅mm	0.5mm	2.5mm	4mm

位置2では成葉の幅は15mmなので

葉の全長	20mm	40mm	100mm
成葉の幅に対する幼葉の幅の割合	10%	20%	50%
幼葉の幅mm	1.5mm	3.0mm	7.5mm

これをグラフ上に表す。

問4　図6より，以下の3つの期間での，全長の増加量で成葉の幅に対する幼葉の幅の割合の増加量を割った値を示す。

	全長20mm～40mm	全長40mm～100mm	全長100mm～200mm
位置1	2	0.5	0.2
位置2	0.5	0.5	0.5

この値が大きいほど幅の増加量が多い期間といえる。位置2より位置1の方が幅の増加量が多いのは，全長が20mmから40mmまで成長する期間である。

問5　葉の全長が20mmから40mmに成長する期間に，位置1の幅は0.5mmから2.5mmに成長する。成長の割合は全長の成長に対して幅の成長が5÷2＝2.5倍である。葉の全長が100mmから200mmに成長する期間に位置1の幅は4mmから5mmに成長するので，成長の割合は(5÷4)÷2＝0.625倍になる。よって，①では長さに比べて幅の比率が大きくなり，②では長さに比べて幅の比率が小さくなる。

★ワンポイントアドバイス★

実験を題材にし，データから結論を導く形式の問題がほとんどである。文章読解力や思考力，数学的な処理能力が求められる。普段から，結果から導ける理由を考える練習をしておくことが大切である。

＜社会解答＞ ≪学校からの正答の発表はありません。≫

[1] 問1 軽減税率 問2 (1) エ (2) ア 問3 (1) ア (2) ウ
問4 (1) 議院内閣制 (2) イ (3) ウ 問5 イ 問6 (1) ク
(2) イ 問7 (1) エ (2) オ (3) O 最高機関 P 最高法規

[2] 問1 ウ 問2 エ 問3 ア 問4 ウ 問5 ア，オ 問6 イ 問7 エ
問8 ウ 問9 イ 問10 打ちこわし 問11 親藩 問12 大塩平八郎
問13 1853年 問14 ウ 問15 ア，ウ 問16 五か条の御誓文 問17 ウ
問18 ア 問19 ア 問20 イ 問21 アメリカ合衆国 問22 ドイツ帝国
問23 3月1日 問24 エ 問25 B→A→C 問26 ポツダム 問27 エ

[3] 問1 カ 問2 (1) D 生活用水 E 工業用水 F 農業用水 (2) ア
問3 (1) 右図 (2) J→H→G→I

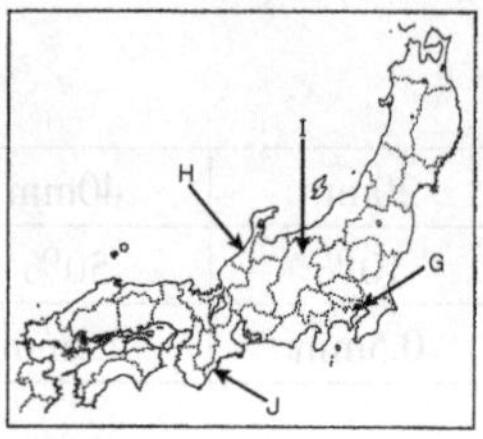

問4 ゼロメートル地帯
問5 右図

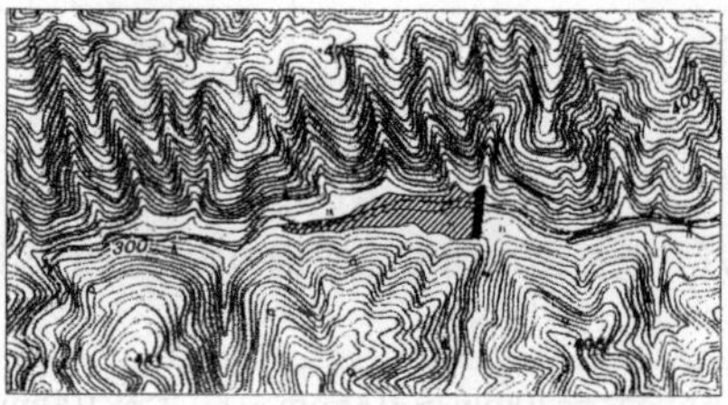

問6 約314リットル 問7 (1) 大雨が長い時間降り続けたとき。 (2) 人口が集中する東京とでは下水道の設備の工事を急いでやる必要があったため，大雨の浸水と汚水処理の問題を同時に解決できる合流式の施設が設置されたから。

○推定配点○

[1] 問1，問4(1) 各2点×2 他 各1点×13 [2] 問5，問10，問11，問12，問13，問15，問16，問21，問22，問23，問25，問26 各2点×12 他 各1点×15
[3] 問7 各2点×2 他 各1点×10 計70点

＜社会解説＞

[1] (政治－三権，財政，日本国憲法などに関連する問題)

問1 軽減税率は消費税率を10%に引き上ることが国民生活に与える影響を懸念し，とくに日常生活に密接な食品や新聞などの消費税率は据え置きにして8%のままとしたもの。ただ，外食は10%となるので，食品を販売している商店で，店内で購入した食品を食べられる場所を併設しているような店舗混乱が生じている。

問2 (1) 社会保障は弱者救済のために国がとるものであり，これは国民の最低限の生活を保障するためのものなので日本国憲法第25条で保障する「健康で文化的な最低限度の生活を営む権利」という生存権に関連が深い。 (2) 社会保険は万一の場合に備えて，経済的に準備をしておくもので，年金の他にも医療や雇用など様々なものがある。

重要 問3 (1) 予算審議に関しては衆議院に先議権があり，衆議院で議決後，参議院で30日以内に議決しない場合には，衆議院は参議院が否決したとみなすことができるようになっている。このことが機能するのは，予算審議の場合に衆参で異なる議決がなされた場合には，両院協議会を開き，それでも同意がみられなければ，衆議院の議決を国会の議決とすることができるというルールがあるためである。このみなし否決は，予算や条約の承認の場合が30日以内，法律案の審議の場合には60日以内，首相指名の場合には10日以内となっている。 (2) 国連の分担金の分担率はアメリカが1番多い22%で，二番目に日本が長くあったが，2019年からの分では中国が2番目に多くなり，日本は3番目になっている。4番目はドイツ。ただ，この分担金の未納が国連の中では問題になっており，1番のアメリカが実際には満額は払っていない。

問4 (1) 議院内閣制はイギリスではじまったもので，議会の信任を得て内閣が政治を行うというもの。通常は，議会で一番議席数を多く持つ政党が与党となり，その党の党首が首相をつとめ内閣を組閣している。 (2) 衆議院と内閣との関係で，衆議院は内閣不信任議決を行うことができる一方で，内閣は衆議院を解散させることができるようになっており，日本国憲法の規定では，内閣不信任議決がなされた場合には，10日以内に内閣が総辞職をするか衆議院を解散させなければならない。衆議院解散の場合には，解散の日から40日以内に総選挙，総選挙の日から30日以内に特別国会を召集することになっている。なお，参議院には内閣不信任議決をする権限がなく，参議院では首相や閣僚などに対しての問責決議をすることは可能だが，その効力はない。 (3) ウ 内閣総理大臣は衆議院議員であることは多いが，衆議院議員でないとならないというルールはない。

問5 ア 最高裁判所長官は内閣が指名し天皇が任命する。 ウ 下級裁判所裁判官の任命は内閣の権限。 エ 裁判官の資格を問う弾劾裁判所は国会に設置する。

やや難 問6 (1) 参議院議員と都道府県知事のみ被選挙権年齢が満30歳以上，それ以外は満25歳以上。参議院の比例代表選挙は非拘束名簿式となっており，選挙の際に政党が候補者の名簿を公示する際に，あらかじめ政党の方で当選させたい順位を設定していない。衆議院の場合にはこの順位設定がある。この順番があらかじめ定められているか否かで拘束，非拘束という名称が使われている。衆議院では比例の投票は政党名でのもののみだが，参議院の場合には政党名での投票はもちろん，個人の候補者の名前での投票も可能となっており，各党それぞれが議席の割り当てを受けた段階で，各党の中では個人名での得票の多いものから順位をつけ，その上位から議席分を当選者とする。2019年の参議院選挙で新たに導入された特別枠は，この非拘束名簿式の中で，例外的に2名分は，個人の得票に関係なく優先的に当選させられるもの。 (2) ア 逆。宮城県の方が福井県よりも一票の価値は軽くなる。 ウ 逆。議員定数を増やしたので，議員一人当たりの有権者数が減り，一票の価値が多少重くなったため，この票の中では省略されている中に含まれるようになった。 エ 福井県も議員一人当たりの有権者数が減っているので，一概には言えない。

問7 (1) H 現在の日本国憲法において，天皇には政治的な権限は一切ないので誤り。 J 現在の憲法では国民は臣民ではなく，国民の権利は法律の範囲内で認めるというものではなく，公共の福祉に反しない限り認められるものなので誤り。 (2) オ 日本国憲法の改正については，憲法96条に定められており，衆参各院の総議員数の3分の2が賛成し国会が改正案を国民に対して発議し，主権を持つ国民が最終的な判断を下すために，国民投票で有効票の過半数の賛成を必要としている。 (3) O 国会は三権の中で唯一，主権をもつ国民が直接選挙でそれを構成する議員を選ぶので，国権の最高機関とされる。 P 憲法はすべての法律に優先されるものなので，最高法規とされる。日本にある規則類は，日本国憲法＞(条約＞)法律＞政令＞省令・府令＞条例，の順になる。

2 （日本の歴史－古代から近代までの日本と周辺の国々との関係に関する問題）

問1　ウ　内容は魏志倭人伝の卑弥呼に関するものなので誤り。

問2　エ　飛鳥寺は法興寺とも呼ばれ，蘇我馬子が蘇我氏の寺として飛鳥の地に建てさせたもので，平城京に都が定められた後には興福寺の南に元興寺として移された。

問3　ア　中大兄皇子は大化の改新で活躍するが，改新によって皇極天皇が退位し，孝徳天皇が即位し，中大兄皇子は皇太子となる。その後孝徳天皇が亡くなると，皇極天皇が名を変え斉明天皇として即位するが，その斉明天皇も亡くなると，中大兄皇子はしばらく天皇にはならずに天皇の代わりに政治をとり，白村江の戦いを経て，668年に天智天皇として即位した。

重要　問4　ア　収穫した稲の3％を納めるのは調ではなく租。　イ　国司は都から派遣し，郡司や里長には地元の有力者がなった。エ　兵役はいったんは各国司の元の軍団に配属になるがその中から，都の警備や大宰府の警備に送られる者がいた。

問5　アの行基はもともと渡来人の系統の僧侶。オの菅原道真は遣唐使に任ぜられたが遣唐使の廃止を建議し，廃止にもっていったので行ってない。

問6　イ　元軍がつかった「てつはう」が火薬を使った兵器なので誤り。

問7　ア　安土に城を築いたのは織田信長。　イ　太閤検地の際に，測量に使う単位を統一した。ウ　秀吉は将軍にはなっていない。

問8　ア　秀吉の朝鮮出兵の際の日本の拠点とされたのは今の佐賀県の唐津に築いた名護屋城。イ　秀吉の朝鮮出兵は最終的には明を攻略するためのものであり，それを明側もわかっていて，日本の軍勢を朝鮮の軍とともに迎え撃った。　エ　江戸時代に中国との正式な国交はこの朝鮮出兵が理由で開かれなかったが，朝鮮とは対馬の宗氏が間に入り国交関係がもたれた。

問9　ア　1612年に禁教令が出された際には家康も生きているが，日本人の海外渡航を禁じた1635年の段階では家康はすでにいない。　ウ　鎖国時に長崎で貿易を行ったのは中国とオランダ。朝鮮は対馬での貿易。　エ　蝦夷地は江戸時代の最初は蠣崎氏の松前藩が支配していたが，のちに幕府の直轄地となる。

問10　打ちこわしは江戸時代に不正を行った商人や役人の家を一般民衆が襲い，家屋を壊したり金品を奪ったりしたもの。

問11　親藩は尾張，紀州，水戸の御三家の他，田安徳川家，一橋徳川家，清水徳川家の御三卿，さらには越前，会津，越智の松平家など。将軍の跡継ぎは徳川の直系からだが，そこがなければ御三家から立てた。最後の慶喜は御三家の下の御三卿だが，御三家の水戸徳川家の養子として将軍になった。

問12　大塩平八郎は大坂町奉行所の元与力。1833年から37年にかけて天保の大飢饉が起こり，その際に前半の頃は奉行所の役人が大塩などの進言を受け入れ対策をとったが，後半の頃は奉行も代わり大塩の進言を受け入れず，さらに商人が米の買い占めなどを行ったため大坂の町の人々の生活が苦しいものになっていたことで，大塩が大塩を慕う人たちと反乱を起こした。ただ，その反乱の情報は事前に奉行所に知られてしまい，反乱は失敗に終わった。

問13　アメリカ合衆国大統領フィルモアの国書を持ってペリーが艦隊を率いて来日したのが1853年。

やや難　問14　ア　開国はしたが，外国人がどこにでも入ってよいわけではなかった。　イ　逆。生糸が日本からの輸出品。　エ　逆。領事裁判権を外国に与えてしまったので，外国人が日本で犯罪を犯した場合には，日本で日本の法を使って裁くことはできず，犯罪を犯した外国人の国の領事がその国の法を使って裁くことになった。

問15　幕末期に攘夷を行うことが無理と悟った薩摩藩と長州藩の人間がイギリスと手を組み，朝廷とつながりをもち，幕府を倒す方向へ動いた。

問16　天皇が神に誓う形で近代国家建設を宣言したのが五箇条の御誓文。

問17　ア　明治の岩倉使節団には西郷隆盛は随行していない。　イ　岩倉使節団は条約改正交渉はことごとく失敗に終わる。　エ　咸臨丸が護衛艦として随行したのは日米修好通商条約の批准のために幕府の使者がアメリカに渡ったとき。

問18　イ　1872年の学制は当時の日本の実情には合わず，1879年の教育令で改廃された。　ウ　富岡製糸場はフランスの技術が導入されたもの。　エ　西南戦争は地租改正とは関係ない。

重要　問19　イ　下関条約で中国から獲得したものの三国干渉を受けて返したのはリャオトン半島。
ウ　下関条約の段階では朝鮮半島は日本のものにはならず，清が朝鮮の独立を認めただけ。
エ　下関条約の際の日本側の代表は伊藤博文と陸奥宗光。

問20　日露戦争の際に『君死にたまふことなかれ』を発表したのは与謝野晶子。

問21　ポーツマス条約の調印が行われたポーツマスはアメリカの大西洋岸の町で，条約の交渉の秘密を保つために海軍の施設で交渉，調印が行われた。

問22　第一次世界大戦の際に日本が戦ったのはドイツ帝国。南太平洋の島々と中国のシャントン半島が舞台。このドイツ帝国で戦争末期に革命がおこり，皇帝が退位し共和国が樹立され，そのドイツ共和国で制定された憲法がワイマール憲法。

問23　1919年のパリ講和会議の際に合衆国大統領ウィルソンが掲げた14か条の平和原則の中の民族自決主義が適用されたのはヨーロッパのみでアジアやアフリカは関係なく，三一独立運動を起こした朝鮮半島の人々の希望通りにはならなかった。

問24　エ　原敬内閣は米騒動の騒乱を受けて寺内正毅内閣が退陣した後にできる。原敬内閣の時代の1919年の選挙法改正では，まだ財産制限は残り，直接国税を3円以上納めた25歳以上の男子に選挙権が与えられる形で，財産制限がなくなるのは1925年の加藤高明内閣の際の選挙法改正なのでエは誤り。

やや難　問25　B　1933年→A　1936年→C　1941年8月の順。

問26　ポツダムはドイツのベルリンのそばにある。

問27　エ　1951年のサンフランシスコ平和条約の段階では，日本の国際連合加盟は常任理事国のソ連の反対を受け成立しなかった。日本が国際連合に加盟するのは1956年にソ連との国交が日ソ共同宣言で回復した後のこと。

3　**(地理―「水」に関する地理の問題)**

問1　カ　氷河といっても，高緯度の場所のフィヨルドを形成するものだけではなく，内陸部の山などにあるいわゆる万年雪も含めて考えると陸水の多くは氷河になる。Cの湖水や河川水は分布しているところは限られているので全体の量で見れば少ない。

問2　(1)　日本で一番使用量が多いのは農業用水。かつては工業用水の方が生活用水を上回っていたが，現在では生活用水の方が消費量は多い。　(2)　ア　工場での水使用は，環境への配慮などで企業側が努力し，再利用率が非常に高まり，工業用水の使用量はかなり減少している。

問3　(1)　Hの金沢は石川県能登半島の付け根あたりのやや海よりの場所にある。Iの長野は長野県内のやや北よりにある。Jの尾鷲は三重県のやや南寄りの海沿いの場所。　(2)　これらの都市の中では三重県の尾鷲市が最も降水量が多く年間で3800mmを超える。最も少ないのが長野市で930mmほど。東京と金沢市とでは金沢の方が多く2400mmほど，東京は1500mmほど。

問4　江戸川区や江東区には海抜高度が0メートルあるいはマイナスの場所もあり，様々な水害対策が施されている。

問5　地形図中のダムによって川がせき止められると，ダムの内側に水がたまると水没する場所ができる。水面は同じ海抜高度になるのでダムの内側でダムの上よりは低い場所で同じ高さの等高線の中を塗ればよい。

問6　422万(立法メートル)÷1344万(人)＝0.313988　1立方メートルは1000リットルなので小数以下を四捨五入すると314リットルになる。

やや難 問7　(1)　汚水が極端に量を変えることはあまり考えられないので，急激に量が増えたりするのは雨水である。この雨水が処理能力を超えて下水処理場へ流れ込めば，未処理の水が川や海へ流れ込んでしまう可能性が出てくるので，普段の雨水の量を超えた量の雨水が流れ込む状況を考えればよい。　(2)　表2から，合流式を採用した東京都は1975年の段階ですでに下水道は55％普及していたのに対して，分流式を採用した千葉県はわずか13％という状況。千葉県が50％台に乗ってる2000年の段階では東京都は97％にまで達している。合流式をとった東京都の方が早く普及できたということが分かる。東京都と千葉県でこの差が生じたのは東京が首都であり官公庁や学校，企業などが多いという事情の他に，居住する人口が桁違いに東京都の方が多いということがあげられる。人口が多い分，出される下水も多いので，その処理のための下水道整備を急ぐ必要性が千葉県よりも東京都の方が高かったのだろうということは考えられるはず。

★ワンポイントアドバイス★

問題文，設問の選択肢など読む量が多いわりに試験時間が短いのでスピードが大事。空欄補充は前後を丁寧に読み込んで，知識をフルに活用し，一見無関係のようなものも関連づけて考えてみることも大事。

＜国語解答＞ ≪学校からの正答の発表はありません。≫

一　問一　(例)　読書をやめてひなっちと遊ぶうちに，苦手だった大人数で盛り上がることが楽しめるようになり，友達が多い子だと思われ，学校が楽しくなった。

問二　(例)　たがいに信頼できる友という意味ではなく，表面的には親友に見える関係という意味。

問三　(例)　カナに反論したいときもあるが，それをおさえることで「親友」関係を続けたいと思い，実際，カナの言葉が正しいと思えることもあると感じている。

問四　(例)　自分が張り切り過ぎていると，カナに思われたくなかったから。

問五　(例)　小磯への告白を聞き入れられなかったカナは，今後小磯をばかにすることに決め，まず，小磯との関係をまやまやから聞き出そうと思ったから。

二　問一　①　唱歌　②　由来　③　高官　④　美談　⑤　功　⑥　成語　⑦　側近

問二　(例)　博学で見聞の広い康熙帝の，単に頭で考えて論証するのではなく，実際に実験し観察することで論証するという態度。

問三　(例)　車胤と孫康が蛍と雪を使うのは，勉強することが目的のはずなのに，笑い話では，蛍を探したり雪を心配することで，勉強のための時間を無駄にしている点。

○推定配点○

一　問四　8点　他　各9点×4

二　問一　各3点×7　他　各10点×2　計85点

＜国語解説＞

一　（小説―内容理解，表現理解，心情理解）

問一　めぐ美がひなっちに会う前と，あとの違いをおさえる。ひなっちに会う前は，一人で本を読むことが好きで，「大人数でわあっと盛り上がるノリには気後れした」とあるが，ひなっちに会ったあとは，「ひとりで本を読むのは寂しいこと，……だという考えを，めぐ実は自分に植えつけた」とあり，「ひなっちに引っ張られて遊んでいるうちに，友達は自然と増えていったし，盛り上がることも楽しめるようになってきた」とある。また，「友達の多い子だと思われるようになったら，学校が楽しくなった」とある。

問二　語に特別な意味合いをもたせるときには，「」が使われることがある。互いに信頼できる友，という「親友」本来の意味ではなく，表面的には「親友」であるという意味でを表すために「」が使われている。

重要　問三　「実際，なんでも強気で向き合っていくカナの『でも』には，説得力があるようにも思った」とあることに注目。カナの自尊心の強さが表れた「でも」には，全面的に同意できない場合でも，それに逆らうことはカナとの関係を壊すことにつながるので，「見て見ぬふりをする」のであるが，一方で，カナの言葉には「説得力があるようにも思っ」て自分を納得させてもいるのである。

問四　「遠くの席から大きな声でカナに訊ねられた時，マラカスと言えなかった。やりたい楽器をもう決めているなんて，張り切りすぎている気がしたからだ」というめぐ美の様子や気持ちに注目。

やや難　問五　傍線部の直後でカナが「小磯に告られたってマジ？」とまやまやに直接聞いていることや，その後，「小磯を『私服がダサい』とか『よく見ると猿顔』などと言ってばかにするようになった」という流れをふまえて考える。

二　（論説文―漢字の書き取り，内容理解）

基本　問一　①「唱歌」は，主として明治初期から第二次大戦終了時まで学校教育用につくられた歌のことを指す。　②「由来」は，物事がいつ，何から起こって，どのように現在まで伝えられてきたかということ。また，その起源や歴史のこと。「いわれ」「来歴」「由緒」ともいう。　③「高官」は，高い官位のこと。　④「美談」聞く人が感心するような美しい話のこと。また，立派な行いについての話のこと。　⑤「蛍雪の功」は，苦学した成果，という意味。　⑥「成語」は，古人がつくってのち，人によく引用される語句のこと。「成句」ともいう。　⑦「側近」は，そば近く仕えること，また，その人。

重要　問二　「実証的」とは，思考や推理によるのではなく，経験的な事実をもとにして明らかにされる様子，という意味。これをもとに，康熙帝がどのような人であったかをふまえてまとめる。

やや難　問三　そもそも車胤と孫康は，勉強をすることが目的で蛍と雪を使っていたのだということをふまえて考える。「笑い話」では，車胤は蛍を探して，孫康は雪を心配して，時間を無駄にしている。

★ワンポイントアドバイス★

すべて記述問題である。読解は文章の内容をしっかりおさえたうえで，自分の言葉にまとめて説明する力が求められる。ふだんからいろいろなジャンルの文章にふれることや，文章を要約する練習をしておくことが力となる！

MEMO

大切なことはメモしておこうネ！

2019年度

入　試　問　題

2019
年度

2019年度

開成中学校入試問題

【算　数】（60分）　＜満点：85点＞

【注意】 **◎答えが分数になるときは，できるだけ約分して答えなさい。円周率が必要なときは3.14を用いなさい。**

◎必要ならば，「角柱，円柱の体積＝底面積×高さ」，「角すい，円すいの体積＝底面積×高さ÷３」を用いなさい。

◎式や図や計算などは，他の場所や裏面などにかかないで，すべて解答用紙のその問題の場所にかきなさい。

◎問題用紙を切り取ってはいけません。

1　Ｋ君は，自宅からおばさんの家まで，スイカ２つを一人で運ぶつもりでした。ところが，弟のＳ君が「ぼくも手伝う！」と言ったので，次のようにしました。

１）Ｋ君とＳ君がそれぞれスイカを１つずつ持って，同時に自宅を出発する。

２）Ｋ君の方がＳ君より進む速さが速いので，おばさんの家に先に着く。そこで，すぐにスイカを置いて，Ｓ君に出会うまで引き返す。

３）Ｋ君は，Ｓ君に出会ったらすぐにＳ君からスイカを受け取り，すぐにおばさんの家に向かう。

ここで，Ｋ君の進む速さは

スイカを２つ持っているときは　　毎分　60m，

スイカを１つ持っているときは　　毎分　80m，

スイカを持っていないときは　　　毎分　100m

です。

スイカ２つを運び終えたＫ君がおばさんの家で休んでいると，後から追いかけてきたＳ君が到《とう》着しました。

Ｓ君「おにいちゃん，ぼく，役に立った？」

Ｋ君「もちろんだよ！　ぼくが一人で運ぶつもりだったけど，そうするのに比べて，$\frac{15}{16}$倍の時間で運び終えられたからね。ありがとう！」

Ｓ君「ほんと!?　よかった！」

次の問いに答えなさい。

⑴　Ｋ君が一度目におばさんの家に着いてから，二度目におばさんの家に着くまでの時間は，Ｋ君がはじめに一人でスイカ２つを運ぶのにかかると考えていた時間の何倍ですか。

⑵　引き返したＫ君がＳ君に出会った地点から，おばさんの家までの距離《きょり》は，自宅からおばさんの家までの距離の何倍ですか。

⑶　Ｓ君がスイカを１つ持って進む速さは毎分何mですか。

2 右の図のような直方体ABCD－EFGHがあります。また，辺CD，EF，GC上にそれぞれ点P，Q，Rがあり，DP＝８㎝，PC＝12㎝，EQ＝４㎝，CR＝９㎝ が成り立っています。

３点P，Q，Rを通る平面でこの直方体を切断し，切断したときにできる切り口の図形をXとします。

図形Xを前から見ると（面ABFEに垂直な方向から見ると），面積が228㎝^{2}の図形に見えます。

図形Xを上から見ると（面ABCDに垂直な方向から見ると），面積が266㎝^{2}の図形に見えます。

このとき，次の問いに答えなさい。

⑴ 図形Xは何角形ですか。

⑵ 直方体の高さ（辺AEの長さ）は何㎝ですか。

⑶ 直方体の奥行《おくゆ》き（辺ADの長さ）は何㎝ですか。

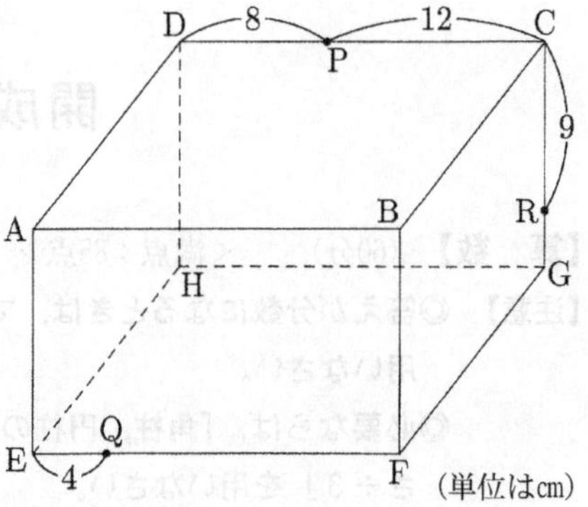

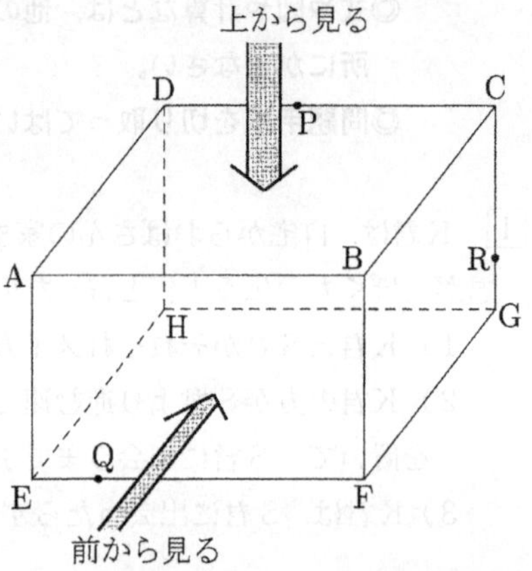

3 空間内または平面上にひかれた道を進んで，点Aから点Bまで移動するとき，その移動経路が何通りあるかを考えます。

⑴ 《図１》は一辺の長さが１の立方体を４個組み合わせて，横幅《はば》２，高さ２，奥行《おくゆ》き１の直方体をつくり，その直方体と点A，Bを結ぶ道をつけたものです。図の中で点Aと点Bを結ぶ太線が，通ることのできる道です。

《図２》は一辺の長さが１の立方体を４個組み合わせて，横幅４，高さ１，奥行き１の直方体をつくり，その直方体と点A，Bを結ぶ道をつけたものです。《図１》と同じく太線で表された道を通ることができます。

これらの道を，右，上または奥のいずれかの方向に進むことで，点Aから点Bまで移動するとき，考えられる移動経路は，《図１》，《図２》のそれぞれについて何通りありますか。

《図１》

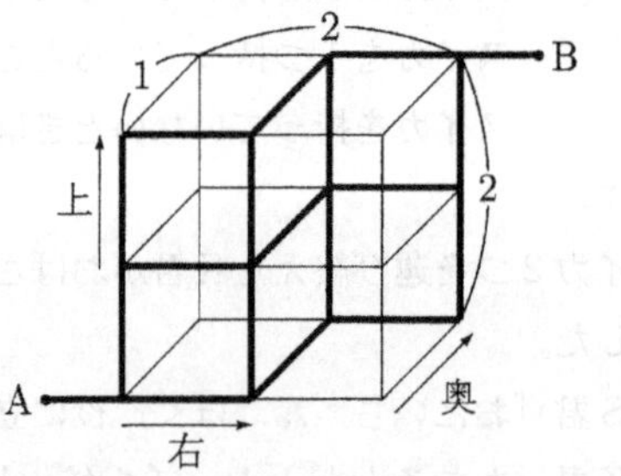

《図２》

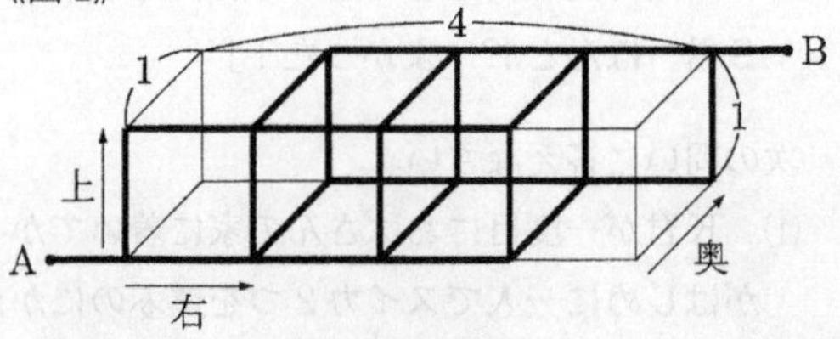

⑵ 次のページの《図３》は一辺の長さが１の正方形を２個並べて，横１，縦２の長方形をつくり，その長方形と点A，Bを結ぶ道をつけたものです。図の中で点Aと点Bを結ぶすべての線が，通

ることのできる道です。

《図４》は一辺の長さが１の正方形を３個並べて，横３，縦１の長方形をつくり，その長方形と点A，Bを結ぶ道をつけたもので，《図５》は一辺の長さが１の正方形を６個並べて，横３，縦２の長方形をつくり，その長方形と点A，Bを結ぶ道をつけたものです。それぞれ《図３》と同じく，点A，Bを結ぶすべての線を道として通ることができます。

次のような規則に従ってこれらの道を通り，点Aから点Bまで移動することを考えます。

規則「一回だけ左に１進み，それ以外は右または上に進む」

ただし，進む方向を変更できるのは正方形の頂点の場所だけです。点Aにもどったり，点Bからもどったりはできません。また，規則に従うかぎり，同じ道を２回以上通ることも可能です。

《図 3》

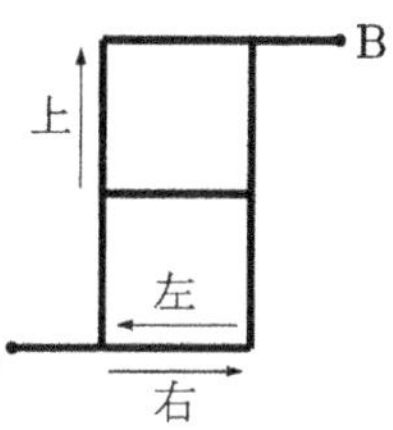

《図 4》

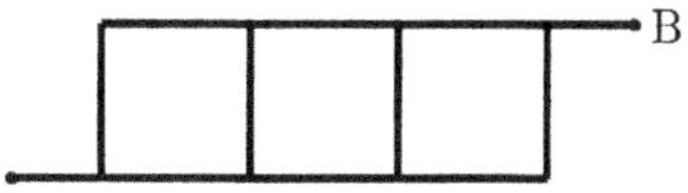

《図 5》

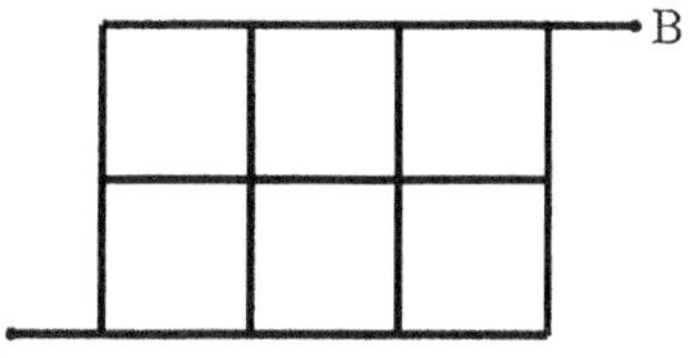

このとき，《図３》の点Aから点Bまでの移動経路は10通りあります。では，《図４》，《図５》のそれぞれについて，考えられる移動経路は何通りありますか。

４　A，B，C，D，Eの５人が，次の10枚のカードを使って，ゲームをします。

（これらのカードはこれ以降，左から順に１，２，３，４，５，６，７，８，９，Tと書き表すことにします。）

まず，５人が右の《図１》のようにまるく座《すわ》ります。

次に，５人に１枚ずつ，♡のカードを配ります。

さらに，５人に１枚ずつ，♠のカードを配ります。

そして，次の**手順**［１］，**手順**［２］を行います。

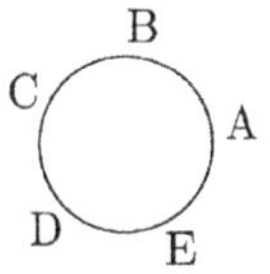

《図 1》

手順［１］　座っている全員が，持っている２枚のカードのうち，数が大きい方を，右どなりの人にわたす。（これ以降，この手順を 記号 → で表します。）

手順［２］　持っているカードが２枚とも♡，または，２枚とも♠になった人は，ゲームに負けとなり，席を立つ（このとき，この人が持っているカードもゲームから除かれる）。また，持っているカードが♡，♠１枚ずつになった人は，そのカードを持ったまま座りつづけ，ゲームに残る。（これ以降，この手順を 記号 ⇒ で表します。）

ここで，座っている人が１人だけになったら，その人の勝ちでゲームは終わります。

座っている人が複数いる場合は，座っている人が１人だけになるまで，→と⇒を交互《ご》に繰り返します。座っている人が１人になったら，その人の勝ちでゲームは終わりです。（いつまで繰り返しても座っている人が１人にならないこともありますが，そのときは引き分けとします。）

下に，例として，「はじめに，Aに１と２が，Bに６と７が，Cに４と９が，Dに３とTが，Eに５と８が配られた場合」のゲームの進み方を示しました。ここで，26のように下線が引かれた部分は，そのカードが次の ⇒ でゲームから除かれることを表し，× が書かれた部分は，そこに座っていた人がすでに負けて席を立っていて，その席が空席になっていることを表します。

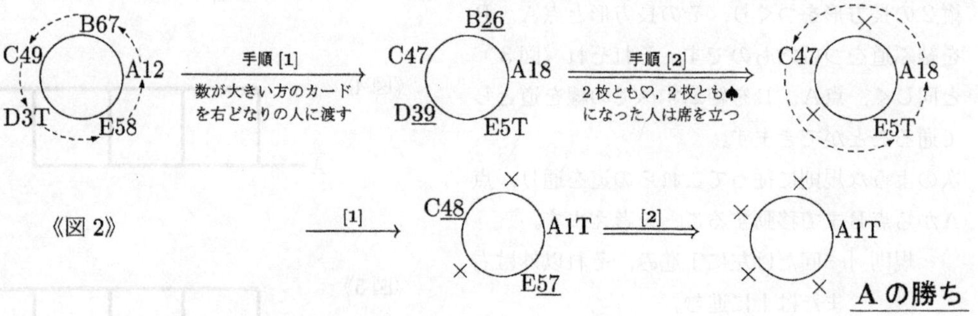

《図２》

次の問いに答えなさい。なお，たとえば「Aが１と２を持っている」ことを，「A12」と表しても「A21」と表しても，どちらでもかまいません。

⑴　はじめに配られたカードが《図３》である場合のゲームの進み方を，《図２》にならって，解答らんの空らんに数字（1，2，3，…，9，T），文字（A，B，C，D，E），下線，× を適切に入れ，完成させなさい。

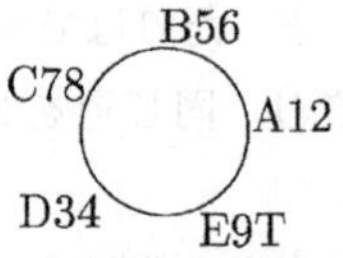

《図３》

⑵　次の《図４》のように進んだゲームを考えます。

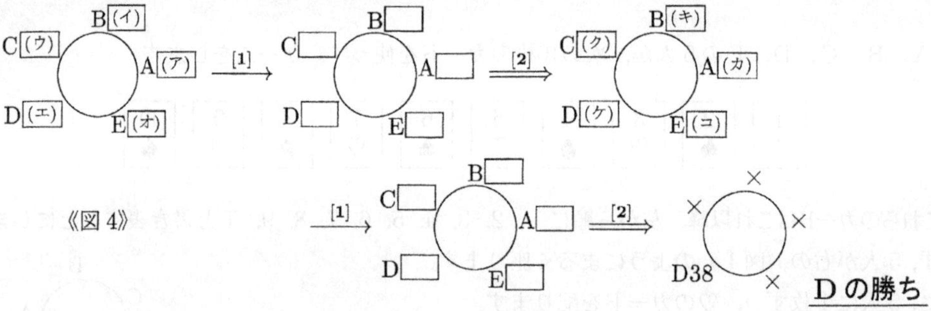

《図４》

まず以下のようにして，（ケ）に３があることを説明しました。

（ケ）に３がないと仮定する。

　このとき，最後にDが３と８を持っていることと，２回目の → で移動したカードのことを考え合わせると，（ク）は ［(x)］，（ケ）は ［(y)］ しかありえない。この（ク）と（ケ）の内容から考えると，（ウ）は29または ［(z)］ だとわかる。

　一方，１回目の ⇒ でだれも負けなかったことから

　（ア），（イ），（ウ），（エ），（オ）はいずれも ［(★)］

ということが分かるが，これはさきほどの（ウ）の内容と話が合わない。だから，（ケ）に３がないと仮定したのは誤りで，実際は，（ケ）には３がある。

(a) 前のページの説明の中の空らん(x), (y), (z)に，数字（1, 2, 3, …, 9, T）を適切に補いなさい。

(b) 前のページの説明の中の空らん（★）に適切な文章を補いなさい。ただし，次にあげる2つの言葉を使うものとし，言葉を使った部分を □ で囲みなさい。

使う言葉　♡のカードの数字，　♠のカードの数字

また，次の例のように

♡のカードの数字 を ハート に，♠のカードの数字 を スペード に省略してもかまいません。

例　ハート と スペード の和が3になる

(c) （ア）～（コ）に入る数字の組として，可能性のあるものをすべて答えなさい。解答らんはすべて使うとは限りません。使わない解答らんには，全体に大きく斜《しゃ》線／を引きなさい。

【理　科】（40分）　＜満点：70点＞

1 次の文章を読み，以下の問いに答えなさい。

コップの中で水に浮《う》かぶ氷を見てみましょう。氷は透明《とうめい》であるはずなのに，部分的に白くにごって見えることがあります。

水には水以外の物質を追い出しながら水だけが固体となる性質があります。ところが，水道水や雨水などには水以外の物質が含《ふく》まれています。そして，水が氷になるときに，それらの物質が氷の中に最後に閉じ込《こ》められると，白くにごって見える氷になってしまいます。家庭用の冷凍庫《れいとうこ》では，このような氷になることが多くあります。

しかし，工夫をすれば透明な氷を作ることができます。水以外の物質を追い出しながら水だけが固体となる性質を上手に利用すればいいのです。

下の文①～④は，身近に聞いたり体験したりできるものです。なお，①～④は水の性質ごとに，2つずつまとめています。

① ・魚は水中で，呼吸によって酸素を取り入れています。
・水を入れたコップを暖かいところにしばらくおいておくと，コップの内側の水の部分に小さな泡《あわ》ができました。

② ・生卵は，水の中に入れると沈《しず》みましたが，濃《こ》い塩水に入れると浮かびました。これは，水よりも塩水のほうが同じ体積でも重さが重いからだと教わりました。
・ペットボトルや缶《かん》には「凍《こお》らせないでください。容器が破損することがあります。」と書いてあります。

③ ・ジュースを凍らせると，味の濃いところと薄《うす》いところができました。
・海水を冷やし，半分ぐらい凍ったところで氷だけを取り出しました。その氷をとかしてなめてみると，もとの海水ほど塩からくはありませんでした。

④ ・雨の日に水たまりから茶色にごった水をくんできました。このくんできた水をそのままにしておいたら，水がなくなり，土だけになっていました。
・海水でぬれた浮き輪をそのままにしておいたら，水が蒸発して白い粉が残りました。

問1　①～④のうち，氷が水に浮かぶことと関係が深いものはどれですか。①～④の中から1つ選び，記号で答えなさい。

問2　家庭の冷凍庫でつくった氷を観察すると，**図1**のように，氷の縁《ふち》のあたりは透明でしたが，氷の真ん中あたりは白くにごっており，全体が透明な氷ではありませんでした。この氷はどのようにしてできたと考えられますか。あてはまるものを，次の**ア**～**エ**の中から1つ選び，記号で答えなさい。

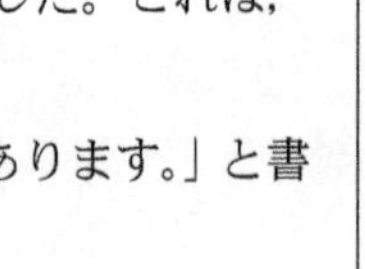

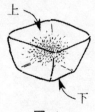

図 1

ア　図1の上の方から下の方に向かって順に氷になった。

イ　図1の下の方から上の方に向かって順に氷になった。

ウ　**図1**の周りから中心に向かって順に氷になった。

エ　**図1**の中心から周りに向かって順に氷になった。

問3　全体が透明な氷を作るために，下のような手順を考えました。文中の下線部**A**，**B**の操作は，①～④のどれを手がかりにしていますか。下線部**A**，**B**のそれぞれについて，①～④の中から１つ選び，記号で答えなさい。

手順1　水に溶《と》けている水以外の物質をできるだけ追い出す

A蛇口《じゃぐち》からくんだ水道水には水以外の物質が含まれているので，一度やかんで沸《ふっ》とうさせます。やかんに残った水を部屋と同じ温度まで冷まします。

手順2　まだ残っている水以外の物質を水だけが固体となる性質を利用して追い出す

手順1のやかんの水を発泡《はっぽう》スチロールのカップに入れ，冷凍庫で冷やします。水の全部が氷になる前にカップを取り出し，Bまだ凍っていない部分の水を捨て，その分だけ**手順1**のやかんから新しい水を入れます。そのカップをまた冷凍庫で冷やします。この操作を，完全に水が凍るまでくり返します。

問4　海水は，海の底の方から上昇《じょうしょう》したり，水平に移動したり，とどまったり，海の底の方に沈み込んだりしながら，ゆっくりと循環《じゅんかん》しています。そして海水が循環することは，さまざまな地域の暑さや寒さをやわらげていると考えられています。このとき海では，透明な氷をつくるときと同じ理由で説明できることが起こっています。循環の中で，海の表面付近で氷ができているとき，凍らなかった海水はどのようになっていると考えられますか。①～④を参考にして，最もあてはまるものを，下の**ア**～**ウ**の中から１つ選び，記号で答えなさい。

ア　広がらずに海の表面付近にとどまっている。

イ　海の表面付近を水平に移動している。

ウ　海の底の方に向かって沈んでいる。

問5　水が循環しているのは海の中だけではありません。地球上の水は，氷になったり水蒸気になったりしながら，地上と空との間を循環しています。

地上の水には，インクやジュース，どろ水や海水など，いろいろな物質が溶けたり混じったりしています。それらの一部は地上から空に移動して雲となり，いずれは雨となって再び地上に降ってきています。それなのに，インクと同じ色の雲ができたり，オレンジジュース味の雨が降ったりはしません。この理由は，地上にある水が空に移動するときに起こることに関係しています。この理由を考える手がかりとなるものを，①～④の中から１つ選び，記号で答えなさい。

2　下校途中《とちゅう》で雨に降られたとき，ノートに書いてあった文字のインクがにじみ，いくつかの色に分かれてしまったことに興味をもちました。調べてみると，このような現象を使ってインクの成分を分ける方法をクロマトグラフィーということがわかりました。

そこで，どんな黒色インクでも水に溶《と》けて広がるのかと疑問に思い，予想をたてて調べました。

[予想1]　紙にいくつかの黒ペンで点を書き，その紙に下から水をしみこませると，どの点も水に溶け，水の移動と共に上に広がるだろう。

[予想1]をもとに３種類の黒色ペンA，B，Cを使って実験をしました。長方形に切ったろ紙に次のページの**図1**のようにそれぞれのペンで点を書いてスタンドにぶら下げ，ペンで書いた点が水につからないように注意しながら，皿に入れた水にろ紙をつけました。そしてある程度水がしみ

こんで上に移動したところで，ろ紙を水からあげました。結果は図２のようになりました。

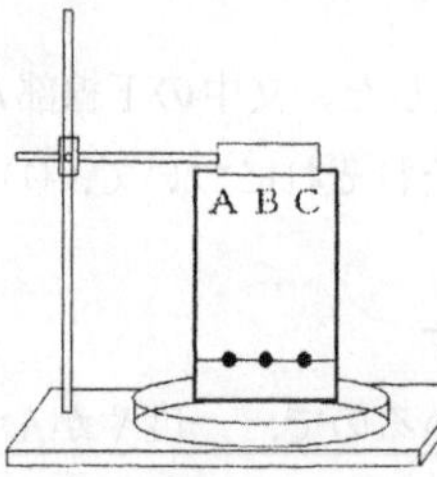

図１

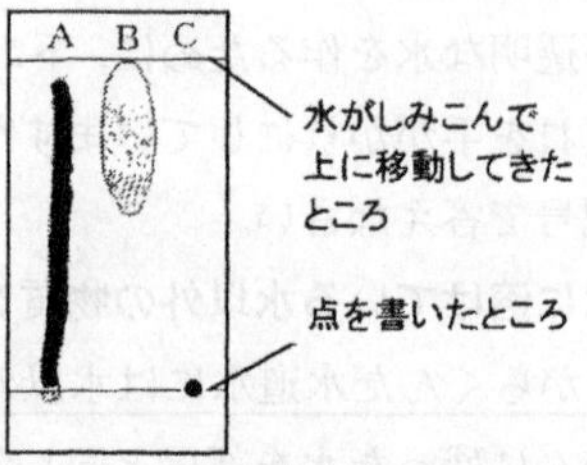

図２

問１　図２から［予想１］は正しかったですか。次のア～ウの中から１つ選び，記号で答えなさい。

ア　正しかった。　**イ**　間違っていた。　**ウ**　この結果だけからは判断できない。

問２　図２をもとにすると，ろ紙にペンで書いたすべての点が，はじめから水につかる状態でしばらくぶら下げておくと，どのような結果になると考えられますか。次のア～エの中から１つ選び，記号で答えなさい。

ア　図２と同じ状態になる。

イ　ペンで書いたすべての点が，水に溶けて水の移動と共に上に広がる。

ウ　ペンA，Bで書いた点はほぼ消え，Cは書いたままの位置に残る。

エ　ペンで書いた点は，すべてはじめの位置に残る。

問３　長方形のろ紙に新しい黒色ペンDで点を書き，図１と同じように水につけてくわしく観察すると，図３のようになっていました。この結果からわかることを，下のア～オの中から２つ選び，記号で答えなさい。

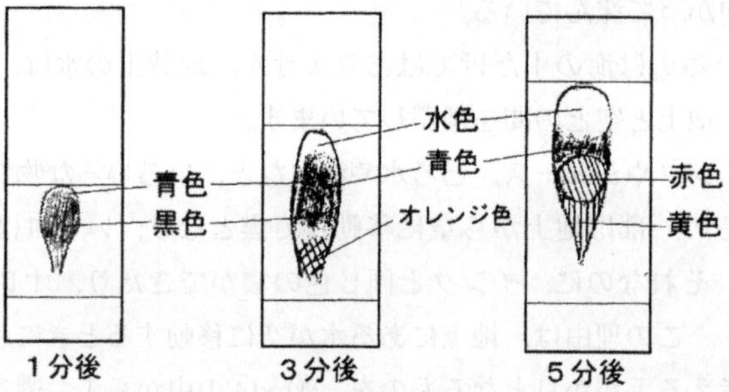

図３

ア　黒色ペンDのインクには成分が何種類かまざっている。

イ　黒色ペンDのインクは，水に溶けず，広がらない。

ウ　黒色ペンDの黄色のインクの成分は，水色のインクの成分より水に溶けて，上に広がりやすい。

エ　黒色ペンDの水色のインクの成分は，黄色のインクの成分より水に溶けて，紙にくっつきにくい。

オ　時間の経過とともに，黒色ペンDのインクの成分の量は増加した。

さらに，ろ紙を折り曲げたり斜《なな》めにしたりして水につけるとどうなるか疑問に思い，次のページのように予想をたてて調べました。

［予想２］　５分程度水につけておくと，ろ紙を折り曲げたところの水が，より高いところに移動する。また，ろ紙を斜めにしておくと，垂直にしておくよりも水の移動する距離《きょり》が長くなる。

［予想２］をもとにして，**図４**のように，ろ紙を①垂直に立てたもの，②折り曲げて垂直に立てたもの，③斜めにしたものを，５分程度水につけておきました。結果は**図５**のようになりました。

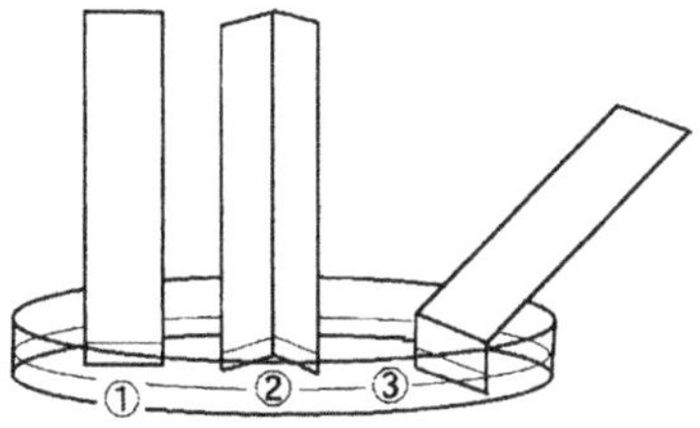

図４

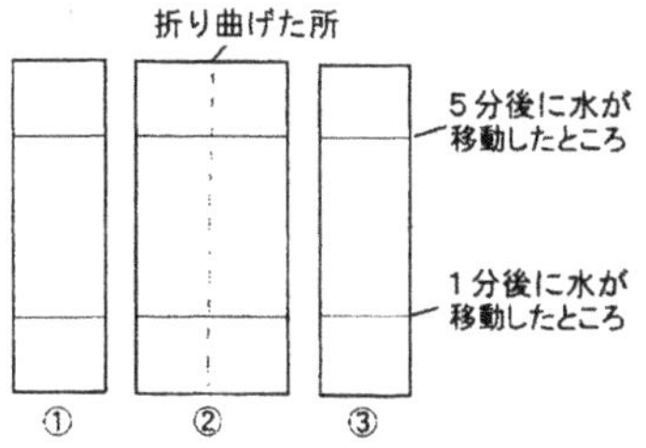

図５

問４　**図５**から**［予想２］**は正しかったですか。次の**ア**～**ウ**の中から１つ選び，記号で答えなさい。

ア　正しかった。　**イ**　間違っていた。　**ウ**　この結果だけからは判断できない。

問５　丸型ろ紙の中心を水につけるために，**図６**のようにして折り曲げ，中心のとがった部分を水につけて数分待ちました。ろ紙を開いて観察すると，水はどのように移動していると考えられますか。**図５**の結果をもとにして考え，下の**ア**～**エ**の中から最も近いものを１つ選び，記号で答えなさい。ただし，山折りと谷折りで水につかるろ紙の長さにほとんど差はないものとします。

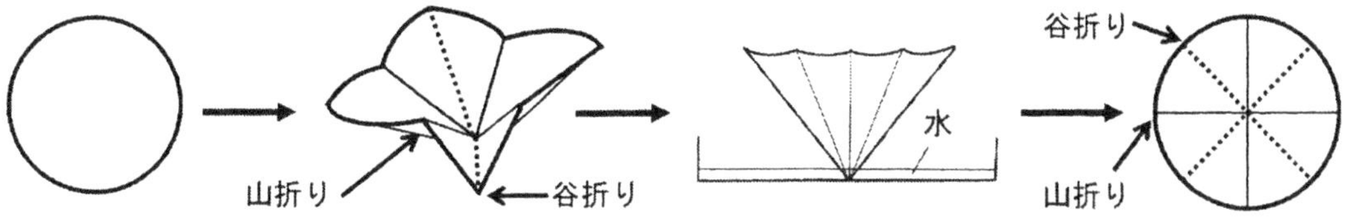

図６

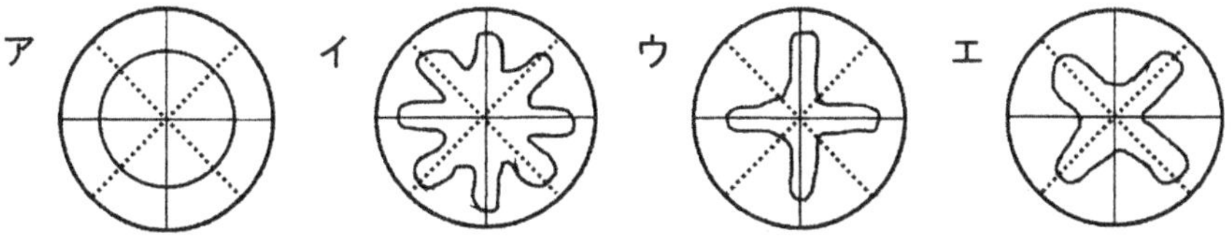

問６　**図７**のように黒色ペンＤで輪を書き，**図６**のようにろ紙を折り曲げてろ紙の中心を５分程度水につけました。このときに最も外側にくる色は何色だと考えられますか。次の**ア**～**エ**の中から１つ選び，記号で答えなさい。ただし，はじめに書いた輪は水面よりも上にあるようにしました。

ア　黄色　**イ**　水色　**ウ**　赤色　**エ**　黒色

図７

3 太郎君は，アリが行列をつくっているのを見つけました。行列をたどっていったところ，落ちていたエサからアリの巣まで行列ができていました。

問1 アリは，育ち方で分けると，どの昆虫《こんちゅう》と同じ仲間ですか。下の幼虫と成虫の図を参考に，次の①～④の中から1つ選び，記号で答えなさい。なお，図の縮尺は均等ではありません。

	アリ	① シロアリ	② ゴキブリ	③ ハチ	④ トンボ
幼虫		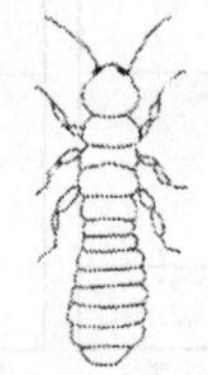		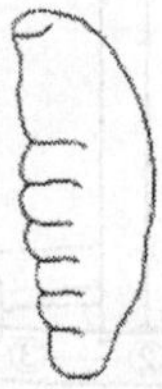	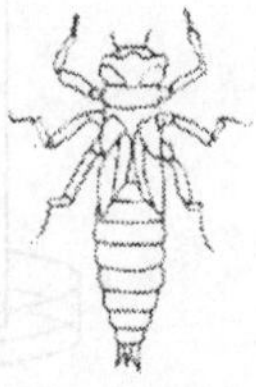
成虫	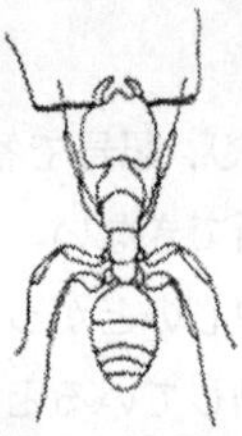	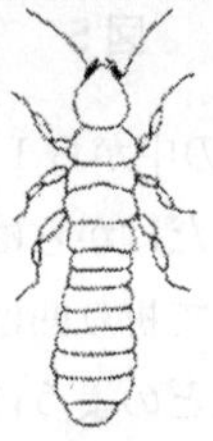	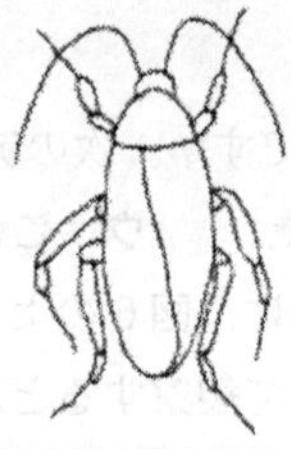	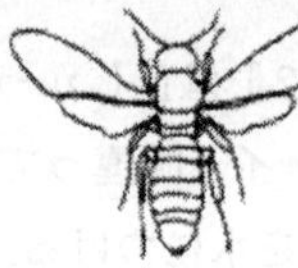	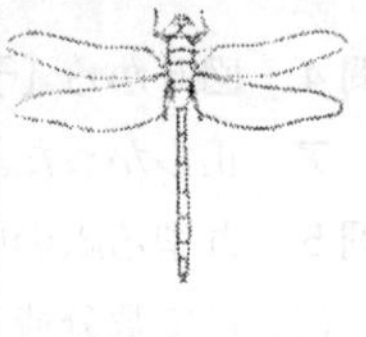

問2 アリの育ち方に関して，下の文の（ ）にあてはまる語句を答えなさい。

アリは，［幼虫→（　　）→成虫］の順に育つ。

太郎君は，巣とエサの間に複雑な迷路を設置してみました。最初，アリは迷った様子を見せたものの，しばらくたつと，行列をつくって一定の通路を往復するようになりました。太郎君は，アリは左右に分かれた道にぶつかったとき，必ず右に曲がると予想しました。この予想が正しいかどうかを確かめるために，**［実験１］**をおこないました。

［実験１］ 巣とエサの間に，**図１**のような左右に分かれ道のある通路を設置しました。そして，巣とエサの間をアリがどのように移動するか観察しました。

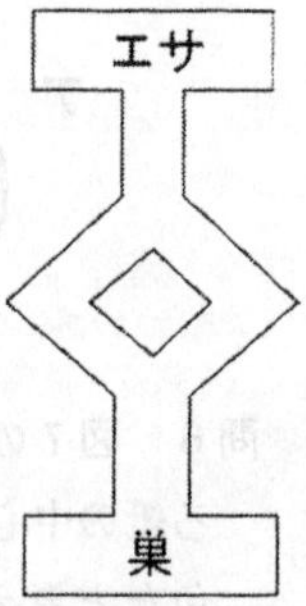

図１

問3 もし太郎君の予想が正しかった場合，**［実験１］**でどのような結果が得られるでしょうか。あてはまるものを，次の**ア～エ**の中から1つ選び，記号で答えなさい。

ア
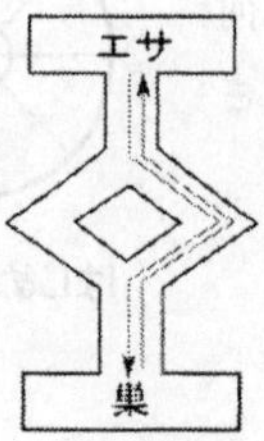

イ
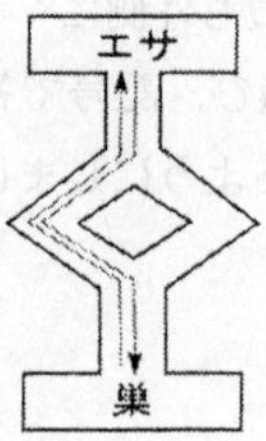

ウ
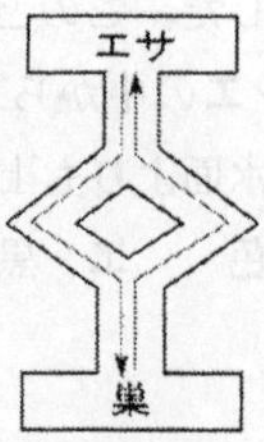

エ
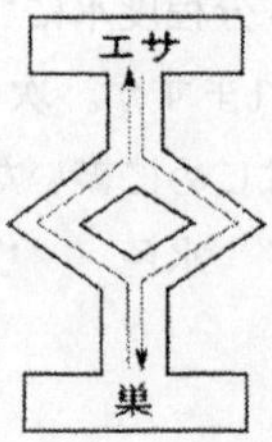

実際に**［実験１］**を何回かおこなってみると，アリが分かれ道を左右どちらに曲がるかは，規則

性が無いようでした。しかし，いずれの回も30分ほどすると，アリは図２のＡもしくはＢのような行列を作るようになりました。

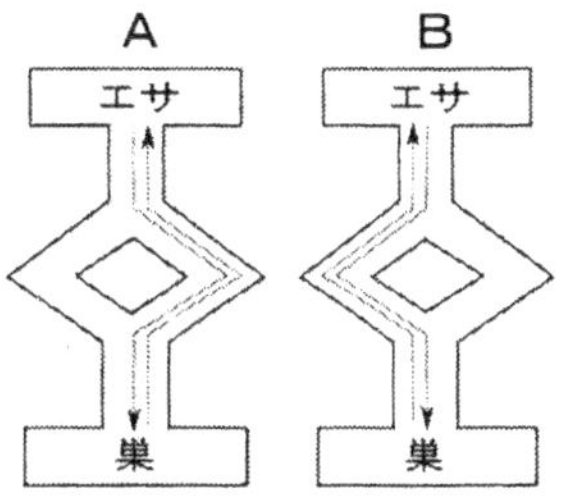

図２

太郎君は，エサを見つけたアリが巣にエサを持ち帰る途中，腹からにおいを出して道しるべにしているという仕組みがあり，その結果，エサを持って巣に帰ったアリがたまたま多かった道筋に従って，行列ができるのではないかと予想しました。この予想が正しいかどうかを確かめるために，**［実験２］**をおこないました。

［実験２］ 凍《こお》らせたアリを少量のアルコールに加え，すりつぶしました。このアルコール溶液《ようえき》をつけたガラス棒で，エサから巣まで直線を引きました。

［結果］ アリは引かれた直線に沿ってまっすぐエサまでたどりついた。

問４ **［実験２］**では，太郎君が考えた仕組み以外の仕組みで，アリがエサまでたどり着いている可能性があります。下の**［可能性１］を否定するには**どのような実験をおこない，どのような結果が得られれば良いでしょうか。最もあてはまるものを，下の**ア**～**エ**の中から１つ選び，記号で答えなさい。

［可能性１］ アリは，アリの出すにおいには関係なく，エサまでの最短距離《きょり》を感じ取って，エサまでたどり着いた。

ア アリを加えていないアルコールだけで直線を引いたところ，アリはその直線に沿って最短距離でエサまで行列をつくった。

イ アリを加えていないアルコールだけで曲線を引いたところ，アリはその曲線には従わず，最短距離でエサまで行列をつくった。

ウ アリを加えてすりつぶしたアルコールで曲線を引いたところ，アリはその曲線に沿ってエサまで行列をつくった。

エ アリを加えてすりつぶしたアルコールで曲線を引いたところ，アリはその曲線には従わず，最短距離でエサまで行列をつくった。

問５ 下の**［可能性２］を否定するには**どのような実験をおこない，どのような結果が得られれば良いでしょうか。最もあてはまるものを，**問４**の**ア**～**エ**の中から１つ選び，記号で答えなさい。

［可能性２］ アリはアルコールのにおいをたどって，エサまでたどり着いた。

太郎君は，エサと巣を行き来するのに，におい以外の手がかりも使っているか調べてみることにしました。

エサと巣を10m離して設置し，その間を直線のせまい通路でつなげました。アリが，エサと巣を数回行き来した後で，直線の通路をにおいのついていない新しいものに変えました。この新しい通路は巣穴にはつながっていません。そうすると図３のように，エサから出発したアリが，巣があった位置のそばで通路を行ったり来たりして，巣を探すような行動が観察されました。

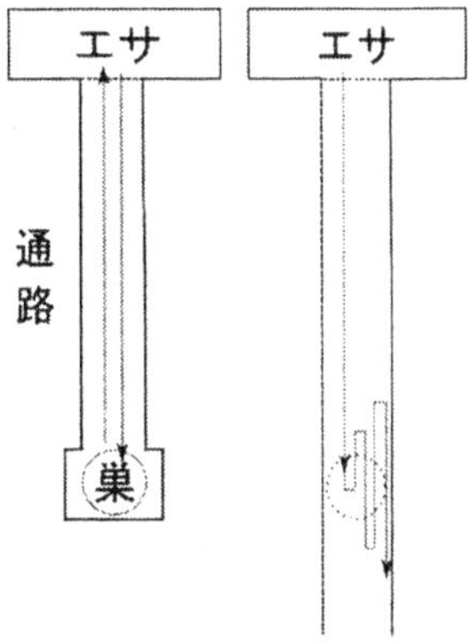

図３

太郎君はアリがエサから巣までの距離を覚えているのかどうか疑問に思い，**［実験３－１］**，**［実験３－２］**をおこないました。

［実験３－１］　多数のアリを用意し，巣とエサを数回往復させました。その後，３つのグループに分け，それぞれのグループのアリの足の長さを①～③のようにしました。

①　そのままの長さ　②　一部切って短くした　③　人工的に長くした

エサからの通路を新しいものに変えた後で，エサの位置でそれぞれのアリを放しました。アリが通路を進み，巣を探し始めたときのエサからの距離を測定し，グラフにまとめたところ，図４のようになりました。

［実験３－２］　多数のアリを用意し，巣とエサを往復させる前に３つのグループに分け，それぞれのグループのアリの足の長さを①～③のようにしました。

①　そのままの長さ　②　一部切って短くした　③　人工的に長くした

アリが巣とエサを数回往復した後で，エサからの通路を新しいものに変え，エサの位置でそれぞれのアリを放しました。アリが通路を進み，巣を探し始めたときのエサからの距離を測定し，グラフにまとめたところ，図５のようになりました。

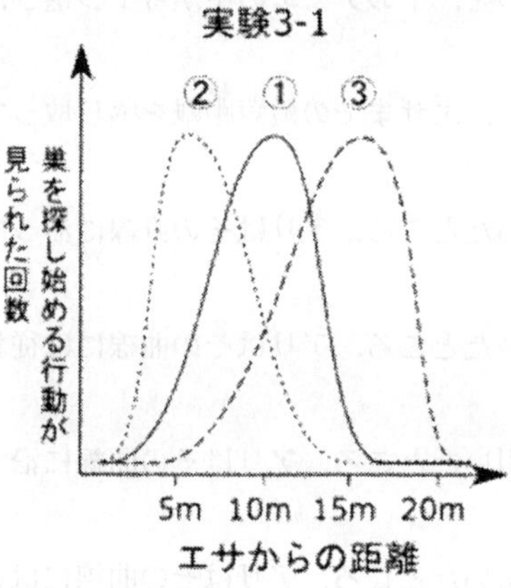

図４

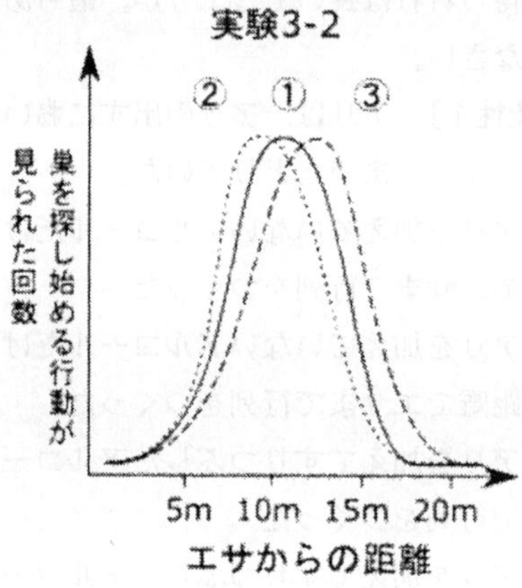

図５

問６　［実験３－１］，［実験３－２］の結果からわかることとして，最もあてはまるものを，次のア～エの中から１つ選び，記号で答えなさい。

ア　アリは，エサと巣の間の距離を記憶することができない。

イ　アリは，エサと巣の間の距離を目で測って記憶することができる。

ウ　アリは，エサと巣の間の歩いた歩数を記憶することができる。

エ　アリは，エサと巣の間の距離を，歩数と歩幅から計算し記憶することができる。

4　熱の伝わり方の実験について，以下の問いに答えなさい。

ロウをぬったうすい正方形の金属板を用意し，１つの角に細い金属棒を取り付け，金属板を床《ゆか》と平行にして棒をゆっくり加熱しました。

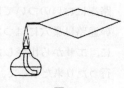

図１

問１　金属板にぬられているロウは加熱されて透明《とうめい》になります。図１の場合，ロウの変化の様子として最も近いものを，次のページのア～オの中から１つ選び，記号で答えなさい。図は金属板を上から見たもので，金属板の中の線はロウが透明な場所とそうでない場所の境目を表しています。

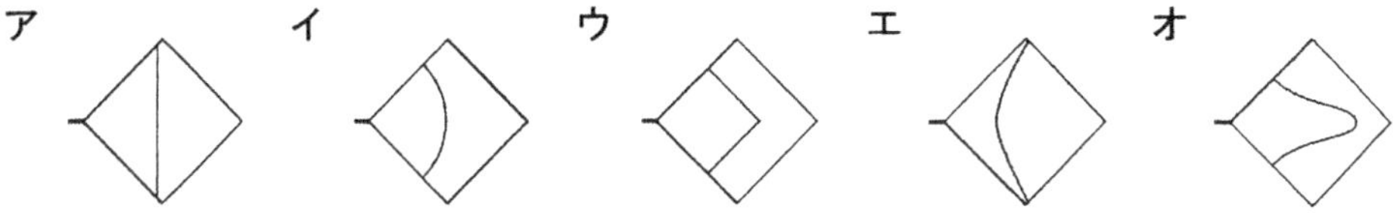

次に，金属でできたふたのない容器の中に氷を入れて，容器を外から加熱しました。同じ量の０℃の氷を用意し，容器の外側の温度を変えて，氷がすべてとけるまでの時間を計りました。**表１**はその結果を表しています。容器の内側の温度は氷や水の温度と常に同じであったとします。

表　1

容器の外側の温度(℃)	630	560	420	300	210	105
氷がすべてとけるまでの時間(秒)	40	45	60	84	120	240

問２　容器の外側の温度と氷がすべてとけるまでの時間の関係として，正しいものはどれですか。次の**ア**～**ウ**の中から１つ選び，記号で答えなさい。

ア　比例　　**イ**　反比例　　**ウ**　比例でも反比例でもない

問３　容器の外側の温度が350℃のとき，氷がすべてとけるまでに何秒かかりますか。割り切れない場合は，小数第１位を四捨五入して整数で答えなさい。

長さが１ｍの種類が異なる金属棒を３本用意し，**図２**のような装置を用いて各金属棒の熱の伝わり方のちがいを調べました。各金属棒の上には左端《ひだりはし》から10cmのところから20cmの間隔《かんかく》でロウソクをとかしてつけました。

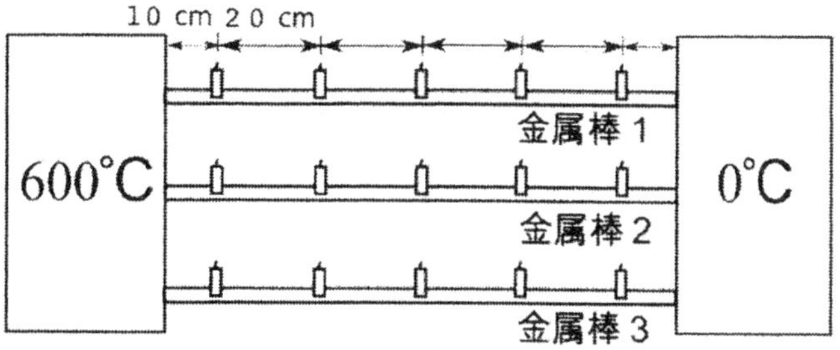

図２

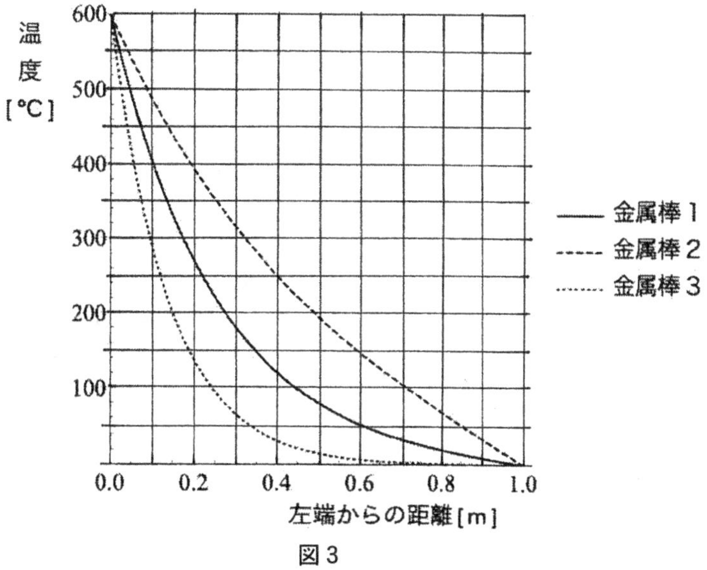

図３

はじめ，各金属棒の右端《みぎはし》は０℃の物質に接触《せっしょく》したままにして，棒全体の温度を０℃にしておきました。この状態で左端に600℃の物質を接触させました。物質の温度はそれぞれ600℃と０℃で一定に保ったまましばらく時間がたつと，温度が変化しなくなりました。このとき，各金属棒の左端からの距離《きょり》と温度の関係は前のページの**図３**のグラフのようになりました。

問４　３本の金属棒の上に**残っているロウソク**の合計の本数を答えなさい。ただし，ロウソクは50℃でとけ，とけたら直ちに落下するものとします。

とても長い金属棒を２本（金属棒４と金属棒５）用意して，それぞれ左端を**図４**のように加熱し，左端の温度が同時に600℃になったところで加熱をやめました。このときの左端からの距離と温度の関係を調べ，**図５**，**図６**（次のページ）に太い線でグラフにしました。加熱をやめてから，１秒後，２秒後，…，５秒後についても同じように調べ，細い線でそれぞれグラフにしました。

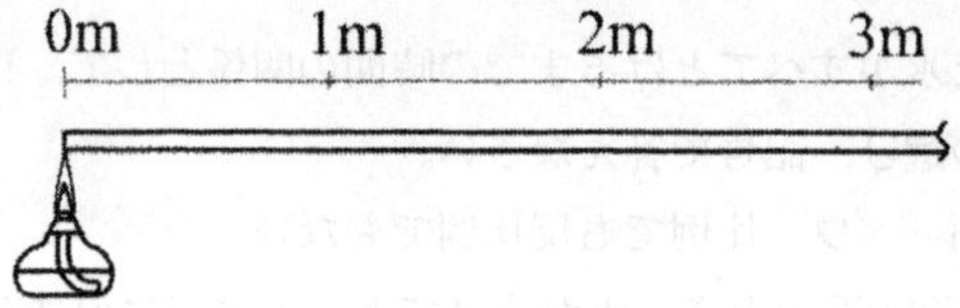

図　４

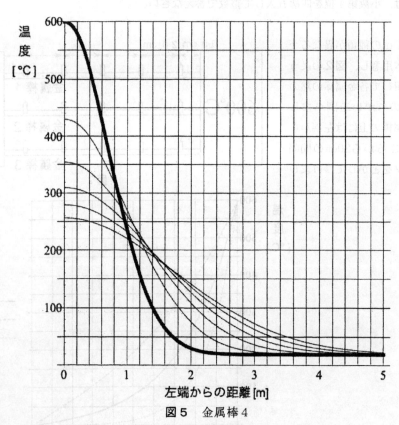

図５　金属棒４

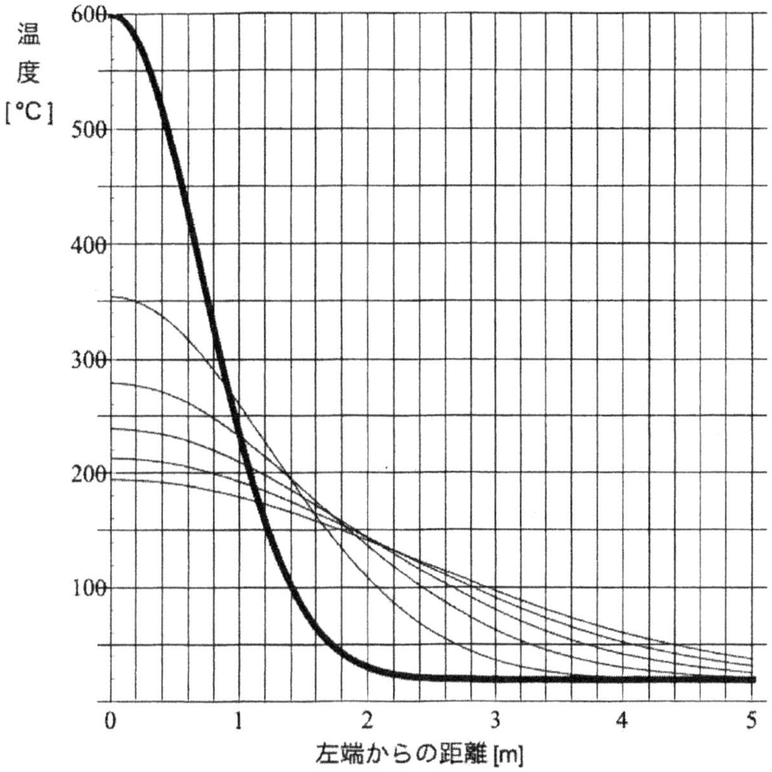

図６　金属棒５

問５　**金属棒４**で，左端から０ｍと２ｍの位置の１秒後の温度として，最も近い組み合わせはどれですか。次の**ア**～**カ**の中から１つ選び，記号で答えなさい。数値の単位は℃とします。

	ア	イ	ウ	エ	オ	カ
０ｍの位置	250	275	310	350	430	600
２ｍの位置	140	135	125	110	75	30

問６　加熱をやめてから３秒後に，金属棒４と金属棒５の上にあるロウソクを同時に落下させるためには，金属棒４と金属棒５の左端からそれぞれ何ｍの位置にロウソクをつければよいですか。ただし，ロウソクは50℃でとけ，とけたら直ちに落下するものとします。

【社　会】（40分）　＜満点：70点＞

1　次の文章を読み，あとの問いに答えなさい。

上野公園を散歩しました。京成上野駅から上野公園に入ると，西郷隆盛の銅像があります。西郷隆盛は平成30年のＮＨＫ大河ドラマ，『西郷《せご》どん』の主人公ですから，よく知っているという人も多いでしょう。西郷隆盛は（　1　）藩の出身です。下級の武士でしたが，①幕末の尊王攘夷《そんのうじょうい》運動に活躍《かつやく》し，②長州藩と（　1　）藩の同盟後は倒幕の中心的な役割を果たしました。③明治政府が成立すると参議となりましたが，（　2　）論が受け入れられず，政府から去りました。最後は西南戦争で敗れ，自刃《じじん》しました。ところが西郷隆盛の死後に，その銅像を建てようという運動がおこります。寄付が集められ，④明治天皇や初代内閣総理大臣（　3　）もお金を出しました。銅像は⑤日清戦争後の明治31年に完成し，除幕式が行われました。このとき，西郷隆盛の夫人も出席したのですが，「うちの人はこんな人ではなかった」とつぶやいたといわれています。

西郷隆盛の銅像の背後には彰義《しょうぎ》隊士の墓があります。幕末に15代将軍（　4　）が鳥羽《とば》・伏見《ふしみ》の戦いに敗れて江戸に逃《に》げ帰り，上野の寛永寺《かんえいじ》に謹慎《きんしん》したため，旧幕府を支持する者たちが，彰義隊を名乗って上野に集まりました。⑥江戸無血開城が決まり，（　4　）が⑦水戸に移っても彰義隊は解散せず，新政府軍に抵抗《ていこう》しましたが，壊滅《かいめつ》しました。彰義隊士たちの遺体はしばらく放置されましたが，やがて見かねた人が火葬《かそう》し，墓をつくったそうです。

そもそも上野公園は，江戸時代は寛永寺の敷地《しきち》でした。寛永寺の山号は「東叡山《とうえいざん》」といいますが，これは東の⑧比叡山という意味です。⑨徳川家康の信頼をうけた天海という僧《そう》が，２代将軍徳川秀忠，⑩３代将軍徳川家光にすすめて，寛永寺をつくりました。寛永寺には⑪８代将軍徳川吉宗など多くの将軍が埋葬《まいそう》され，増上寺とならんで徳川将軍家の菩提寺《ぼだいじ》になりました。幕末の新政府軍の攻撃《こうげき》で，多くの建物は焼けてしまいましたが，明治６年に上野の山は日本最初の公園として再生したのです。

西郷隆盛の像から少し歩くと，上野大仏があります。ただし大仏といっても，今は顔しかありません。この大仏はもともと京都にある⑫豊臣家ゆかりの方広寺の大仏を模してつくられたもので，はじめは体もありました。江戸時代に何度も大地震《じしん》で倒《たお》れ，⑬大正時代の関東大震災では頭部が落ちてしまいました。⑭第二次世界大戦中には政府の命令により，大仏を供出することになりました。ただし，顔だけは寛永寺が保管していたため，残されたのです。やがて顔はもとの場所にもどされ，壁面《へきめん》に固定されました。今では「もう二度と落ちない」大仏として，受験生の合格祈願《きがん》の対象になっています。

大仏の近くには，「時の鐘《かね》」があります。これは，江戸の町に時を知らせた鐘です。⑮松尾芭蕉の俳句に「花の雲　鐘は上野か　浅草か」という作品があります。松尾芭蕉も，上野の鐘をきいていたようですね。

上野公園には，⑯古墳もあります。⑰正岡子規記念球場の近くです。擂鉢山《すりばちやま》古墳といい，山がすり鉢のようになっており，今でも上にのぼることができます。

不忍池《しのばずのいけ》に面したところには清水観音堂《きよみずかんのんどう》があります。京都の清水寺の観音堂を模してつくられたものです。寛永寺をひらいた天海は，京都の名所を上野につくって，江戸の人々に楽しんでもらおうとしたのです。もともとは擂鉢山につくられましたが，焼失《しょうしつ》後，今の地に再建されました。ここには浮世絵師の⑱歌川広重が「名所江戸百景」で描《えが》いた「月の松」が復元されています。枝がくるりと一周し，満月のように円を描いている松です。ここから見える不忍池は，比叡山から眺《なが》める（　5　）湖に見立てられています。

不忍池の周りを散策し，上野公園から少し足をのばして，湯島天神（湯島天満宮《てんまんぐう》）に行きました。現在の湯島天神は，5世紀に⑲雄略天皇の命により⑳アメノタヂカラオノミコト（天之手力雄命）をまつったのが始まりと伝えられています。14世紀に湯島の人々が天神を迎えいれ，15世紀には太田道灌《どうかん》が再建したとされています。太田道灌は㉑室町時代の武将で，江戸城を築いたことで有名ですね。天神とは本来は天の神ですが，㉒平安時代の（　6　）を天神とするようになったものです。（　6　）が㉓九州の大宰府で亡《な》くなると，京都では雷火《らいか》による火災がしばしばおきたため，人々はこれをたたりと考えました。こうして（　6　）は天神として京都や大宰府でまつられましたが，同時に学者であったため学問の神として信仰《しんこう》されるようになったのです。湯島天神は江戸時代には亀戸《かめいど》天神・谷保《やぼ》天神とならぶ「江戸三天神」として知られました。やがて富くじが興行されるようになると，湯島天神の周辺は盛り場となり，㉔江戸の人々の楽しみの場となりました。

このように，上野公園やその周辺は，歴史の宝庫のようなところです。歴史を学び，昔を想像しながら歩くと，散歩するのがとても楽しくなりますね。

問1　文章中の空らん（1）～（6）に入る語句を答えなさい。

問2　下線部①について，尊王攘夷運動の中心となった長州藩の萩《はぎ》には，松下村塾という私塾がありました。松下村塾で高杉晋作など多くの人材を育て，安政の大獄で刑死《けいし》した人物の名を答えなさい。

問3　下線部②について，長崎に海運や貿易のための結社として海援隊《かいえんたい》を組織し，この同盟をあっせんしたとされる人物の名を答えなさい。

問4　下線部③について，明治政府の政策について述べた文として正しいものを，次の**ア**～**エ**から1つ選び，記号で答えなさい。

ア　20歳《さい》以上の男女に兵役《へいえき》の義務を負わせた。　**イ**　群馬県の富岡に官営の製糸場をつくった。

ウ　土地の所有者に地価の10%にあたる税を納めさせた。

エ　藩を廃止《はいし》して府・県を置き，府知事・県令は自治体の選挙で選ばせた。

問5　下線部④について，1868年に明治天皇の名のもとで五か条の誓文が出されました。五か条の誓文の内容としてあきらかに**誤っているもの**を，次の**ア**～**エ**から1つ選び，記号で答えなさい。

ア　政治は会議を開いて，みんなの意見を聞いて決めよう。

イ　国民が心を合わせ，国の勢いをさかんにしよう。

ウ　憲法をつくって，これまでのよくないしきたりを改めよう。

エ　知識を世界から学んで，天皇中心の国家をさかんにしよう。

問6　下線部⑤について，日清戦争後の下関条約で，いくつかの地域の日本への割譲《かつじょう》が決まりました。右の地図中の都市のうち，日本へ割譲された地域に含《ふく》まれるものを，**ア**～**エ**から1つ選び，記号で答えなさい。

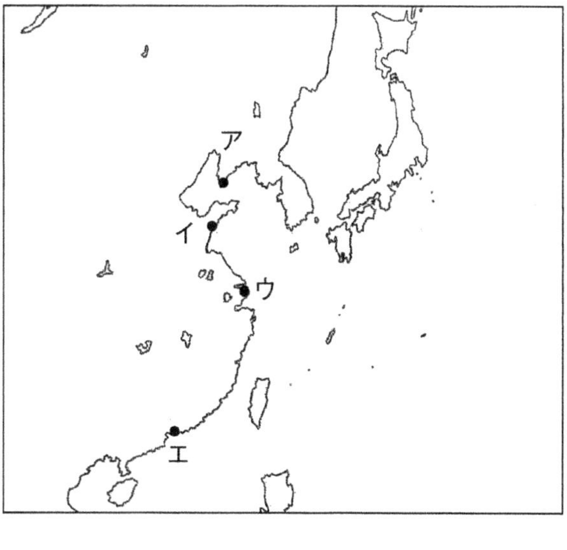

問７　下線部⑥について，江戸の高輪《たかなわ》で西郷隆盛と会見し，江戸無血開城に努力した旧幕府側の人物の名を答えなさい。

問８　下線部⑦について，江戸時代には多くの藩校が設立されましたが，江戸時代末期に水戸に設立された藩校の名を答えなさい。

問９　下線部⑧について，唐から日本に天台宗を伝えた最澄が，比叡山に建てた寺の名を答えなさい。

問10　下線部⑨について，徳川家康は三河国の出身ですが，三河国は現在の何県の一部ですか。県名を**漢字**で答えなさい。

問11　下線部⑩について，徳川家光が将軍の時，ある地域でキリスト教徒の農民を中心とする一揆《いっき》がおこり，彼《かれ》らは廃城跡《あと》にこもって幕府軍と戦いました。この一揆を指導した人物の名を答えなさい。

問12　下線部⑪について，徳川吉宗が行った政策について述べた文として正しいものを，次の**ア**～**エ**から１つ選び，記号で答えなさい。

ア　大名たちに米を納めさせ，かわりに参勤交代を廃止した。

イ　目安箱をつくって，民衆の意見をきいた。

ウ　生類あわれみの令を出して，犬などの動物を極端《きょくたん》に保護した。

エ　日米和親条約を結んで，漢訳洋書の輸入を緩和《かんわ》した。

問13　下線部⑫について，豊臣秀吉が行ったことについて述べた文として正しいものを，次の**ア**～**エ**から１つ選び，記号で答えなさい。

ア　刀狩令を出して，刀や鉄砲などの武器を農民から取り上げた。

イ　小田原の上杉氏を倒し，天下統一を完成させた。

ウ　朝鮮に出兵したが，李舜臣《りしゅんしん》(イ・スンシン)ひきいる水軍や，清の援軍《えんぐん》に苦戦した。

エ　本能寺の変の後，明智光秀を桶狭間の戦いでやぶった。

問14　下線部⑬について，大正時代の出来事を，次の**ア**～**エ**から１つ選び，記号で答えなさい。

ア　日露戦争で日本が勝利した。　**イ**　日本が朝鮮を併合《へいごう》する条約を結んだ。

ウ　日本は満州国を建設した。　**エ**　第一次世界大戦に日本も参戦した。

問15　下線部⑭について，第二次世界大戦について述べた文として正しいものを，次の**ア**～**エ**から１つ選び，記号で答えなさい。

ア　ドイツがポーランドを攻撃したことから，大戦がはじまった。

イ　日本はドイツ・イギリスと同盟を結んだ。

ウ　日本はグアムの真珠湾を攻撃し，太平洋戦争がはじまった。

エ　日本は東南アジアやオーストラリア大陸を占領《せんりょう》した。

問16　下線部⑮について，松尾芭蕉の代表作に

「五月雨《さみだれ》を　あつめて早し　(　　　)」

という句があります。(　)に入る語句は，山形県を流れ，酒田で日本海にそそぐ川の名が入ります。その川の名を**漢字**で答えなさい。

問17　下線部⑯について，日本で最大の前方後円墳は大仙（大山）古墳ですが，これは現在では何という市にありますか。市の名を答えなさい。

問18　下線部⑰について，正岡子規は明治時代に活躍した俳人・歌人です。正岡子規の作品に

「行く我に　とどまる汝《なれ》に　秋二つ」

という句があります。故郷松山に滞在《たいざい》していた正岡子規が，再び東京にもどることになり，松山中学校に勤務していた「汝（おまえ）」に贈《おく》った句です。「汝」はのちに有名な小説家になり，四国の中学教師を主人公にした作品を書きます。「汝」にあたる人物の名を答えなさい。

問19　下線部⑱について，歌川広重は「東海道五十三次」の作者としても有名です。「東海道五十三次」に描かれている宿場として**誤っているもの**を，次の**ア**～**エ**から１つ選び，記号で答えなさい。

ア　庄野《しょうの》　**イ**　藤沢《ふじさわ》　**ウ**　板橋《いたばし》　**エ**　桑名《くわな》

問20　下線部⑲について，埼玉県の古墳から出土した鉄剣には

「ワカタケル大王の朝廷がシキの宮にある時，私は大王が天下を治めるのを補佐《ほさ》した」

ということが記されています。この「ワカタケル」は雄略天皇のことだと考えられています。この鉄剣が出土した古墳の名を答えなさい。

問21　下線部⑳について，アメノタヂカラオノミコトは，神話ではアマテラスオオミカミが天岩戸《あまのいわと》にこもった時，外に引っぱり出した神です。このような神話が記されている歴史書を**漢字**で２つ答えなさい。

問22　下線部㉑について，室町時代の出来事について述べた文として正しいものを，次の**ア**～**エ**から１つ選び，記号で答えなさい。

ア　奥州藤原氏が平泉に中尊寺金色堂を建てた。

イ　３代将軍の足利義満は，北山に銀閣を建てた。

ウ　法隆寺が創建され，枯山水の庭もつくられた。

エ　観阿弥・世阿弥の父子が，能を大成した。

問23　下線部㉒について，平安時代に

「この世をば　わが世とぞ思う　もち月の　欠けたることも　なしと思えば」

という歌をよんだ人がいます。だれがどのような時によんだ歌ですか。正しいものを，次の**ア**～**エ**から１つ選び，記号で答えなさい。

ア　平清盛が太政大臣になった時によんだ。

イ　藤原道長が自分の娘《むすめ》を天皇のきさきにした時によんだ。

ウ　源義経が壇ノ浦の戦いに勝った時によんだ。

エ　清少納言が月を見て，夏は夜がよいと思った時によんだ。

問24　下線部㉓について，７世紀には大宰府の役所北方に水城《みずき》とよばれる防衛のための堤《つつみ》がつくられました。水城はなぜつくられたのですか。その理由として正しいものを，次の**ア**～**エ**から１つ選び，記号で答えなさい。

ア　卑弥呼ひきいる邪馬台国の反乱にそなえるため。

イ　藤原純友の反乱にそなえるため。

ウ　唐や新羅の侵攻《しんこう》にそなえるため。

エ　元の再度の侵攻にそなえるため。

問25　下線部㉔について，江戸時代における江戸の人々の楽しみについて述べた文として**誤っているもの**を，次の**ア**～**エ**から１つ選び，記号で答えなさい。

ア　寺や神社の修理費用を集めるため，勧進相撲《かんじんずもう》がもよおされた。

イ　江戸の隅田川では打ち上げ花火がもよおされ，見物人でにぎわった。

ウ　そば，にぎりずし，天ぷらなどの屋台が多く出店された。

エ　市川団十郎や近松門左衛門などの歌舞伎役者が人気となった。

2　日本には海岸線の長さが100メートル以上の島が，6,800以上もあります。そのうち人が住む島は300～400程度あるといわれます。面積が上位100位までに入る，**A**～**H**の８つの有人島（北方領土も含む）に関する文章を読み，それに続く問いに答えなさい。

A

九州北部からは（　**あ**　）灘《なだ》と東水道をはさんで約130キロメートル，朝鮮半島南部からは西水道をはさんで約50キロメートルの距離《きょり》にあり，古くから①日本と中国や朝鮮半島との経済交流や文化交流の窓口としての役割をもっていた。現在も韓国のプサンと定期航路で結ばれ，韓国からの観光客も多く訪《おとず》れる。島の中央にある浅茅《あそう》湾は，入り江が複雑に入り組むリアス海岸で，魚や真珠の養殖《ようしょく》が行われている。

問１　文章中の空らん（**あ**）にあてはまる語句を答えなさい。

問２　下線部①について，現代でも中国や韓国は，日本の重要な貿易相手国です。次の表中の**ア**～**オ**は，中国・韓国・アメリカ合衆国・オーストラリア・ベトナムのいずれかの，対日貿易収支と，日本への主な輸出品目およびその割合（2017年）を示しています。なお対日貿易収支は，日本への輸出総額から，日本からの輸入総額を引いたもので，△は赤字を示しています。**中国と韓国**にあたるものを，それぞれ**ア**～**オ**から１つ選び，記号で答えなさい。

	ア	イ	ウ	エ	オ
対日貿易収支（億円）	△ 28,225	△ 70,232	25,694	35,696	3,911
1位	機械類 30.0	機械類 29.2	石炭 36.7	機械類 46.6	機械類 30.4
2位	石油製品 10.7	科学光学機器 5.3	液化天然ガス 27.9	衣類 10.5	衣類 18.3
3位	鉄鋼 10.4	医薬品 5.1	鉄鉱石 12.8	金属製品 3.3	魚介類 5.6

（『日本国勢図会《ずえ》2018/19年版』より作成）

B

第二次世界大戦後，②ロシア（ソ連）が実効支配してきた北方領土の島のひとつで，天気が良ければ知床《しれとこ》半島や野付《のつけ》半島，根室半島などから望むことができる。沖縄島よりも面積が大きい島で，戦前は昆布《こんぶ》・サケ・カニ漁や缶詰《かんづめ》加工などの産業が栄えていた。島内に暮らしていた日本人は1948年までに強制移住させられ，現在も，元島民や関係者の特例的な訪問や交流事業以外では，基本的に入域が制限されている。

問３　**B**島の名を**漢字**で答えなさい。

問４　下線部②について，日本とロシアの関係について述べた，次のページの**ア**～**オ**の文のうち，下線部が**誤っているもの**を１つ選び，記号で答えなさい。

ア　ウラジオストクと同程度の緯度にある札幌との間に，飛行機の定期便が就航している。

イ　ウラジオストクと同程度の経度にある境港との間に，船の定期便が就航している。

ウ　ロシアでは，全土で首都モスクワの時間を標準時としているため，日本に近いウラジオストクも日本との間に時差がある。

エ　日本政府は，サハリン（樺太）南部を帰属未定地としているが，便宜《べんぎ》上ユジノサハリンスクに総領事館を置いている。

オ　サハリンでは，日本企業《きぎょう》も出資した天然ガス田の開発が進められ，日本へもＬＮＧ（液化天然ガス）が輸出されている。

Ｃ

瀬戸内海で２番目に大きい島で，船でしか渡《わた》れない島のなかでは，日本で最も人口が多い。③通勤・通学などの移動のために日常的に船を利用する人も多く，島内には旅客船の港が６つあるが，そのうち４つが南側と西側に位置するのは，風や地形も関係している。④しょう油やそうめん，つくだ煮《に》などが名産で，この島のそうめんは，日本三大そうめんのひとつに数えられる。1970年代には集中豪雨《ごうう》によって，大規模な山地の崩壊《ほうかい》がおこった。扇状地に位置する集落が土石流による被害《ひがい》を受けたほか，田畑が⑤真砂土《まさど》に覆《おお》われ農作物も大きな被害を受けた。

問５　下線部③について，次の表は関東地方の７都県の，鉄道による旅客輸送，乗用車の100世帯あたり保有台数，通勤・通学にかかる平均時間を示しています。**茨城県**と**埼玉県**にあたるものを，それぞれ**ア**～**オ**から１つ選び，記号で答えなさい。

	鉄道旅客輸送（百万人）2015年	乗用車保有台数（100世帯あたり）2016年	通勤・通学時間 2016年
ア	2863	72.4	1時間45分
千葉県	1350	99.2	1時間42分
イ	1264	99.2	1時間36分
ウ	9989	45.2	1時間34分
エ	127	160.8	1時間19分
オ	65	162.5	1時間09分
群馬県	51	164.8	1時間09分

※鉄道による旅客輸送は，JRグループおよび民間鉄道の合計で，各都道府県に所在する駅から乗車する人員数。
※通勤・通学時間は，10歳以上の通勤・通学をしている人，平日１日あたり。
（『データでみる県勢2018年版』および総務省「平成28年社会生活基本調査」より作成）

問６　下線部④について，しょう油やそうめんの原料として，大豆・小麦・塩・食用油などが使われます。これらの日本における現状を述べた文として正しいものを，次の**ア**～**オ**から１つ選び，記号で答えなさい。

ア　しょう油や食用油などすべての加工品について，遺伝子組み換《か》え大豆を使用する場合，商品に表示する義務がある。

イ　大豆の絞《しぼ》り粕《かす》はミールとよばれ，加工食品の原料や飼料などに利用される。

ウ　小麦は80％以上を輸入に頼《たよ》っており，世界最大の生産国である中国からの輸入が最も多い。

エ　塩の販売《はんばい》は，1997年まで日本専売公社，それ以降は塩事業センターによる専売制としている。

オ　食用油のうち，植物油の原料の自給率は90％を超《こ》え，ほぼ自給できている。

問7　下線部⑤について，真砂土とは，どの岩石が風化してできた土壌《どじょう》ですか。次の**ア**～**オ**から1つ選び，記号で答えなさい。

ア　石灰《せっかい》岩　**イ**　花こう岩　**ウ**　玄武《げんぶ》岩　**エ**　凝灰《ぎょうかい》岩　**オ**　斑《はん》れい岩

D

八重山列島のなかで，人口が最も多く，面積は西表島に次いで２番目に大きい島である。海や山の動植物には，八重山地方の固有種が数多く，独特な生態系を維持《いじ》している。⑥ラムサール条約に登録されている干潟《ひがた》エリアでは，甲殻類《こうかくるい》や貝類，は虫類，両生類，鳥類など，絶滅《ぜつめつ》危惧種《きぐしゅ》を含む多くの生物が確認《かくにん》されている。

問8　下線部⑥について，ラムサール条約は，絶滅するおそれのある動植物の生息地を保全する目的もありますが，特に何の生息地としての湿地《しっち》を保全する目的で作られた条約ですか。次の**ア**～**オ**から１つ選び，記号で答えなさい。

ア　甲殻類　**イ**　貝類　**ウ**　は虫類　**エ**　両生類　**オ**　鳥類

問9　次のページの図は，この島の一部を示した地形図（一部改変，縮尺はそのまま）です。この図を見て，次の問い⑴・⑵に答えなさい。

⑴　図中の赤崎から観音崎までを結んだ直線は，地図上で約14.3センチメートルの距離です。この距離は，およそ何海里に相当しますか。小数第一位を四捨五入し，**整数**で答えなさい。

⑵　次の写真は，地図中の**ア**～**エ**のいずれかの場所で撮影《さつえい》されたものです。撮影された場所を，**ア**～**エ**から１つ選び，記号で答えなさい。

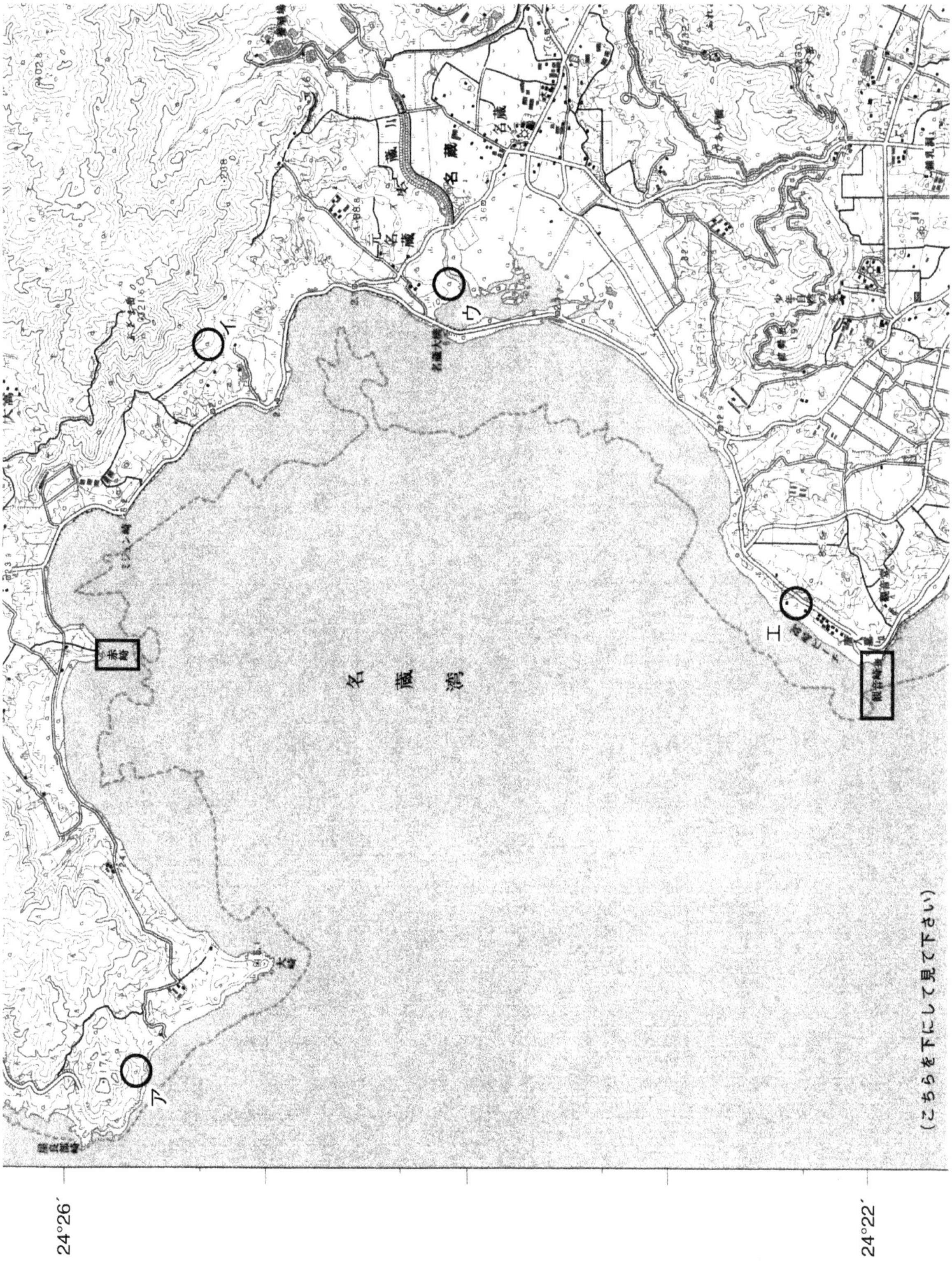

(編集上の都合により90%に縮小してあります。)

E

この島を含む（　い　）諸島と宇土半島は，パールラインの愛称《あいしょう》をもつ連絡《れんらく》道路や橋で結ばれ，自動車での往来が可能である。一方で，従来のフェリーなど船舶《せんぱく》航路の多くは，利用者の減少や経営難を理由に廃止された。2018年にこの島にある﨑津集落が世界文化遺産の構成資産のひとつとして登録されたことで，今後⑦観光客数の増加が見込まれるものの，交通機関や駐車場《ちゅうしゃじょう》の整備，観光客の受け入れ態勢の充実《じゅうじつ》，観光客の増加と住民プライバシーの問題への対策など課題もある。

問10　文章中の空らん（い）にあてはまる語句を**漢字**で答えなさい。

問11　下線部⑦について，次のグラフ中の**ア〜エ**は，Ｅ島が属する都道府県・愛媛県・東京都・北海道のいずれかの，宿泊《しゅくはく》を伴《ともな》う観光客数（都道府県外からの日本人，観光目的）の推移を示したものです。Ｅ島が属する都道府県にあたるものを，**ア〜エ**から１つ選び，記号で答えなさい。

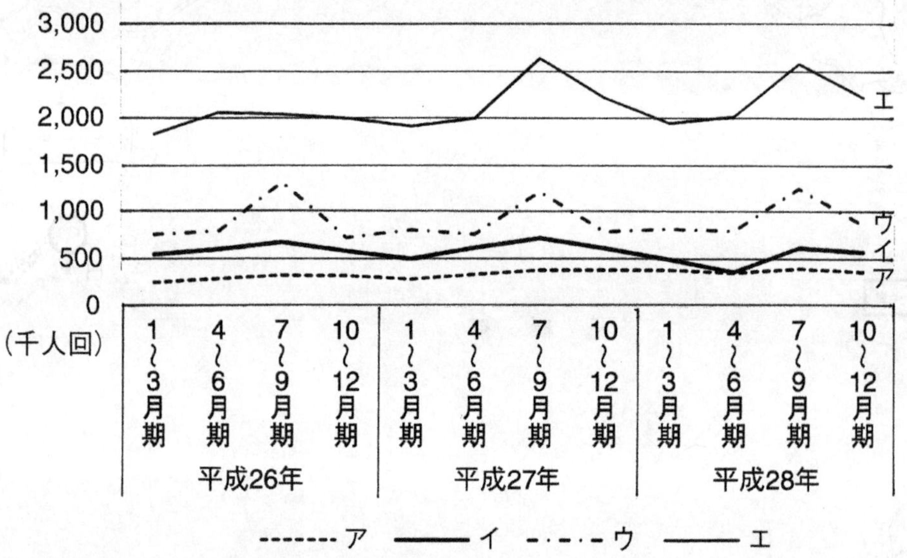

※観光客一人の１回の来訪を，1人回と数える。
※同じ都道府県内の複数の観光地を訪れた場合も，1人回と数える。
（観光庁ウェブサイト「統計情報」より作成）

F

伊豆諸島で最も大きな島である。この島は，過去に何度も噴火《ふんか》を繰《く》り返してきた火山島で，特に1986年の噴火の際には全島民が島外避難《ひなん》をした。この島は富士箱根伊豆国立公園の一部で，2010年には日本ジオパークにも認定《にんてい》され，⑧この火山のカルデラや中央火口周辺を巡《めぐ》るトレッキングコースを訪れる観光客も多い。本州に比べて温暖なこの島では，椿《つばき》や桜の一足早い開花を楽しむことができる。

問12　この島は，どの都道府県に属しますか。**漢字**で答えなさい。

問13　下線部⑧について，この山の名を**漢字**で答えなさい。

G

北海道本島と北方領土を除くと，日本最北に位置する有人島で，⑨北端《ほくたん》のスコトン岬《みさき》は宗谷岬とほぼ同程度の緯度である。島内にはダケカンバなどの落葉広葉樹，エゾマツ・トドマツ・ハイマツなどの針葉樹，チシマザサなどが広がるほか，冷涼《れいりょう》な気候のため高山植物の花が低標高の土地にも見られ，夏にはフラワートレッキングに訪れる観光客も多い。

問14　下線部⑨について，スコトン岬の緯度に最も近いものを，次の**ア**～**オ**から１つ選び，記号で答えなさい。

ア　北緯36度　**イ**　北緯39度　**ウ**　北緯42度　**エ**　北緯45度　**オ**　北緯48度

H

この島にある，三島神社の総本社である大山祇《おおやまづみ》神社のことを「大三島」と呼んでいたことから，島自体の名前となった。⑩この島を通る自動車道の橋梁《きょうりょう》部には，徒歩や自転車でも通れる道路が併設《へいせつ》され，⑪サイクリングを目的にこの地域を訪れる観光客が年々増加している。また最近では，村上水軍を扱《あつか》った小説が話題となり，関連する遺跡や施設，大山祇神社へ訪れる観光客も多い。

問15　下線部⑩について，この自動車道の名称《めいしょう》を答えなさい。

問16　下線部⑪について，公道での自転車の運転について述べた次の**ア**～**エ**の文のうち，**誤っているもの**を１つ選び，記号で答えなさい。

ア　ブレーキ装置が備えられていない自転車の走行は，禁止されている。

イ　歩道と車道の区別のある道路では，基本的に車道の左側を走行しなければならない。

ウ　右図ａの標識がある道路では，自転車も時速20キロメートルを超えて走行してはいけない。

エ　右図ｂの標識は，自転車歩行者専用道や，自転車が走行してもよい歩道を示している。

図ａ

図ｂ

問17　右の図ｃ・ｄは，Ａ～Ｈのいずれかの島の形を表しています。（どちらの図も上が北です。ただし縮尺は異なります。）図ｃ・ｄの島は，それぞれＡ～Ｈのどれにあたりますか。記号で答えなさい。

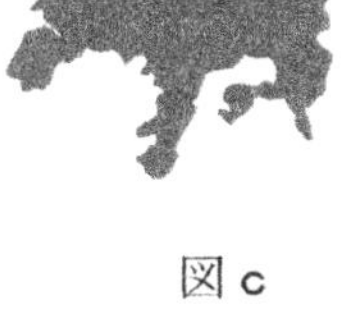
図ｃ

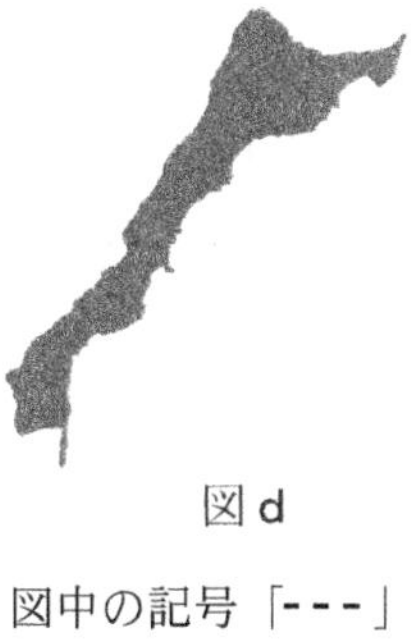
図ｄ

問18　次のページの図は，Ａ～Ｈのいずれかの島の一部を示した地形図です。図中の記号「**- - -**」は，徒歩道を示しており，一般《いっぱん》のハイキング客も訪れることができるコースの一部です。この図を見て，問い⑴・⑵に答えなさい。

⑴　この島は，Ａ～Ｈのどれにあたりますか。記号で答えなさい。

⑵　図中の地点○から●へ向かって歩くとします。これについて述べた文として正しいものを，

次の**ア**～**エ**から１つ選び，記号で答えなさい。

ア　地点○と●の標高差はおよそ80メートルである。

イ　ほぼ尾根《おね》伝いに歩くコースである。

ウ　左側には，常に海が見えている。

エ　地点●付近が最も傾斜《けいしゃ》が大きい。

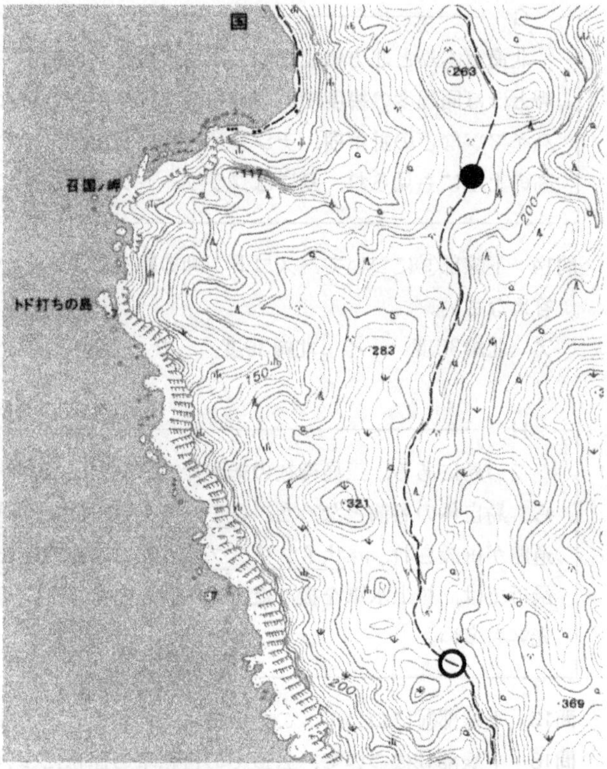

問19　次の表中の**ア**～**エ**は，**Ａ**・**Ｄ**・**Ｆ**・**Ｈ**の４つの島のいずれかの，ある地点における気象データ（1981年～2010年の平年値）です。上段は月別の平均気温（℃），下段は月別の平均風速（メートル / 秒）を示しています。**Ｈ**にあたるものを，**ア**～**エ**から１つ選び，記号で答えなさい。

		1月	2月	3月	4月	5月	6月	7月	8月	9月	10月	11月	12月	年平均
ア	気温	5.7	7.0	9.7	13.9	17.6	20.7	24.2	25.9	22.9	18.9	13.3	8.2	15.7
	風速	6.0	5.5	5.4	4.8	4.3	4.1	4.1	4.3	5.1	4.7	4.8	5.7	4.9
イ	気温	18.6	19.1	20.8	23.3	25.7	28.0	29.5	29.2	27.9	25.9	23.2	20.1	24.3
	風速	5.3	5.5	5.4	5.0	4.6	5.3	6.2	6.0	5.4	6.1	5.6	5.6	5.5
ウ	気温	5.6	5.7	8.3	13.2	17.5	21.3	25.3	26.8	23.5	17.9	12.7	8.1	15.5
	風速	3.2	2.7	2.3	2.0	1.7	1.6	1.7	1.8	1.9	2.0	2.4	3.0	2.2
エ	気温	7.3	7.4	9.9	14.2	17.9	20.8	24.1	25.7	23.0	18.5	14.2	9.9	16.1
	風速	5.4	5.0	5.2	5.1	4.7	4.2	4.4	4.2	4.5	4.9	5.1	5.4	4.9

（気象庁ウェブサイト「過去の気象データ検索《けんさく》」より作成）

問20　右の表中の**ア**～**エ**は，**Ａ**・**Ｄ**・**Ｆ**・**Ｇ**の４つの島のいずれかの，夏至および冬至における，およその日の入り時刻（役場のある地点の経緯度から計算，地形は考慮《こうりょ》していない）を示したものです。**Ａ**と**Ｄ**にあたるものを，それぞれ**ア**～**エ**から１つ選び，記号で答えなさい。

	夏至	冬至
ア	19:38	17:17
イ	19:35	18:01
ウ	19:28	15:56
エ	18:59	16:36

（国立天文台ウェブサイト「暦《こよみ》計算室」より作成）

3 次の文章を読み，あとの問いに答えなさい。

私たちにはさまざまな権利があり，それは①日本国憲法や②法律によって保障されています。しかし，日常生活のなかで権利の侵害《しんがい》がないとは言えません。そのような場合を考えて，日本国憲法には「何人も，③裁判所において④裁判を受ける権利を奪《うば》われない。」(第32条) という条文もあります。裁判によって権利を回復させたり，他者の権利を侵害した者を裁いたりする権力のことを司法権といい，⑤三権分立制のもと，その役割は裁判所だけが担《にな》っています。

21世紀に入ってからは，司法制度をもっと身近に利用することができ，社会の変化にも対応したものにしようとさまざまな改革が進められてきました。そのひとつである⑥裁判員制度はまもなく10年を迎《むか》えます。

裁判所は科学技術の進歩にも対応していかなくてはなりません。2017年，最高裁判所は，令状がないまま捜査《そうさ》対象者の車にGPS（全地球測位システム）の発信器を取り付けた捜査方法は違法《いほう》という判断を下しました。個人の行動を継続的《けいぞくてき》に把握《はあく》するこの捜査方法は，個人の（　A　）の権利を侵害する可能性があるというのがその理由です。

他方，インターネットの検索サイトから，自分にとって不都合な過去を記した記事などの削除《さくじょ》を求める裁判が増えています。⑦EU（ヨーロッパ連合）ではこれを「（　B　）権利」として法的に認めていますが，日本では最高裁判所が検索結果の削除に高いハードルを設けました。

ICT（情報通信技術）は私たちの生活を格段に便利にします。しかし同時に，新たな技術によって私たちの権利はどうなるのか，気にとめておく必要がありそうです。

問1　文章中の空らん（A）・（B）にあてはまる語句を答えなさい。

問2　下線部①について，次の条文は，日本国憲法第97条です。条文中の空らん（1）・（2）にあてはまる語句を答えなさい。

> **第97条**
> この憲法が日本国民に保障する基本的人権は，人類の多年にわたる（　1　）獲得《かくとく》の努力の成果であつて，これらの権利は，過去幾多《いくた》の試錬《しれん》に堪《たえ》へ，現在及《およ》び将来の国民に対し，侵《おか》すことのできない（　2　）の権利として信託《しんたく》されたものである。

問3　下線部②について，法律の制定過程について述べた文として**誤っているもの**を，次の**ア**～**エ**から1つ選び，記号で答えなさい。

ア　法律案は，国会議員だけでなく内閣からも提出できる。

イ　法律案は，衆議院が参議院より先に審議《しんぎ》するとは限らない。

ウ　委員会での審査の際，必要に応じて参考人の意見を聞くことができる。

エ　両議院が異なる議決をした場合，緊急集会での可決によって成立する。

問4　下線部③について，下の図は裁判所の種類を簡単に示したものです。あとの問い(1)～(3)に答えなさい。

（A）最高裁判所

（B）高等裁判所

（C）地方裁判所　（D）家庭裁判所

（E）簡易裁判所

⑴　前のページの（A）～（E）の裁判所のうち，違憲審査権をもつ裁判所はどれですか。その組み合わせとして正しいものを，次の**ア**～**カ**から１つ選び，記号で答えなさい。

ア　Aのみ　　**イ**　Bのみ　　**ウ**　Cのみ　　**エ**　AとB

オ　AとBとC　　**カ**　A～Eすべて

⑵　前のページの（A）～（E）の裁判所のうち，裁判員裁判が行われる裁判所はどれですか。その組み合わせとして正しいものを，次の**ア**～**カ**から１つ選び，記号で答えなさい。

ア　Aのみ　　**イ**　Bのみ　　**ウ**　Cのみ　　**エ**　AとB

オ　AとBとC　　**カ**　A～Eすべて

⑶　刑事裁判において，第一審が簡易裁判所だった場合，控訴《こうそ》審はどの裁判所ですか。前のページの図中の（A）～（E）から１つ選び，記号で答えなさい。

問５　下線部④について，ひとびとの権利が保障されるためには，公正で誤りのない裁判が行われなければいけません。公正で誤りのない裁判を行うためのしくみについて述べた文を，次の**ア**～**エ**から１つ選び，記号で答えなさい。

ア　地方裁判所は各都府県に１か所，北海道に４か所設置されている。

イ　同じ争いや事件について，３回まで裁判を受けることができる。

ウ　最高裁判所裁判官は，任命後，その後は10年ごとに国民審査を受ける。

エ　刑事裁判では，被害者《ひがいしゃ》ではなく検察官が裁判所に訴える。

問６　下線部⑤について，次の問い⑴・⑵に答えなさい。

⑴　著書『法の精神』でこの考えを示したフランスの思想家の名を答えなさい。

⑵　右の図は，日本国憲法で定められている三権分立のしくみを表したものです。次の**A**～**C**の内容は，どの機関がどの機関に対して行うものですか。最も適切なものを，それぞれ図中の矢印（**あ**）～（**か**）から１つ選び，記号で答えなさい。

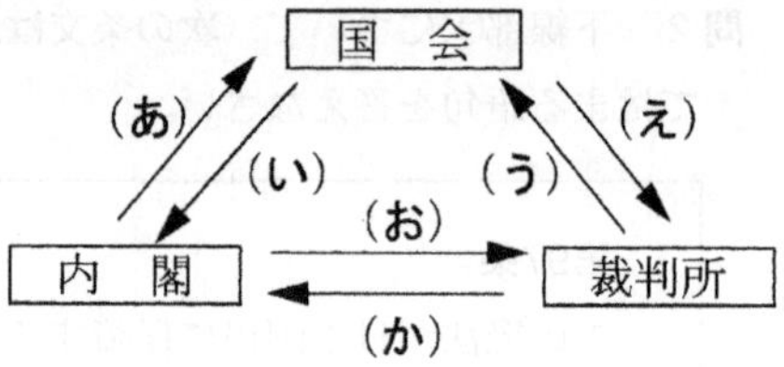

A　弾劾《だんがい》裁判を実施《じっし》する。

B　衆議院を解散する。

C　国政調査権を行使する。

問７　下線部⑥について，以下の２つの資料は，裁判員経験者を対象にしたアンケート結果の一部です。２つの資料から読み取れることとして正しいものを，あとの**ア**～**エ**から１つ選び，記号で答えなさい。

「裁判員に選ばれる前、裁判員に選ばれることについてどう思っていましたか。」

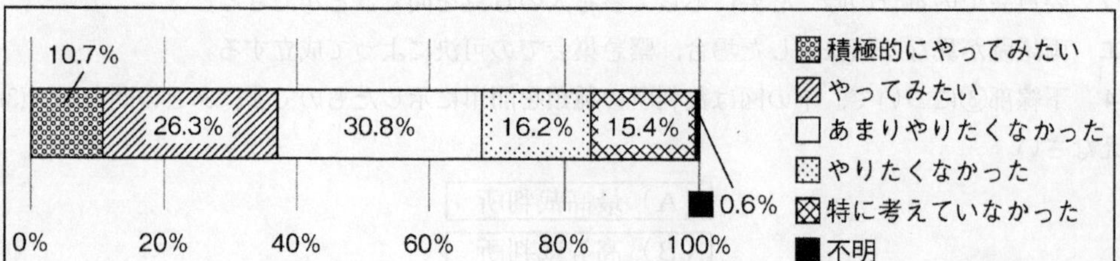

「裁判員として裁判に参加したことは、あなたにとってどのような経験であったと感じましたか。」

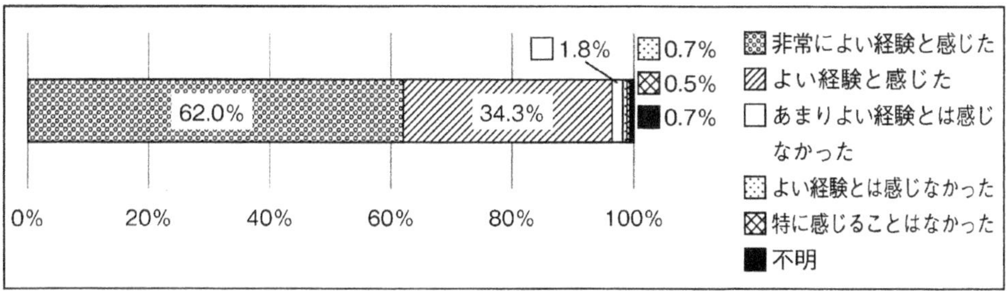

（最高裁判所「裁判員等経験者に対するアンケート調査結果報告書（平成29年度）」をもとに作成）

ア　裁判員に選ばれる前に「積極的にやってみたい」と思っていた人は，その全員が裁判員として裁判に参加したことを「非常によい経験」と感じている。

イ　裁判員に選ばれる前に「特に考えていなかった」人というのは，裁判員制度がどのようなしくみなのかを知らなかった人という意味である。

ウ　裁判員に選ばれる前は「あまりやりたくなかった」と思っていた人の多くが，裁判員として裁判に参加したことで「非常によい経験」または「よい経験」と感じた。

エ　裁判員として裁判に参加したことを「よい経験」と感じた人の多くは，裁判員に選ばれる前には，「やりたくなかった」か「特に考えていなかった」人である。

問８　下線部⑦について，EU（ヨーロッパ連合）の前身であるEC（ヨーロッパ共同体）結成当初からの加盟国として**誤っているもの**を，次の**ア**～**エ**から１つ選び，記号で答えなさい。

ア　フランス　　**イ**　ルクセンブルク　　**ウ**　スペイン　　**エ**　イタリア

れ、できるだけストレスを感じないで3スむシステムがつくられていた。

　おそらく、お辞儀する女性は感情を交えて関わり合う「人」ではなく、券売機の「ご利用ありがとうございます」という機械音と同じ「記号」だった。

　つねに心に波風が立たず、一定の振幅《ふりはば》におさまるように保たれている。その洗練された仕組みの数々に、②逆カルチャーショックを受けた。

　そのうち、自分がもとの感情の起伏《きふく》に乏《とぼ》しい「自分」に戻っていることに気づいた。顔の表情筋の動きも、すっかり緩慢《かんまん》になった。顔つきまで変わっていたかもしれない。いったい、エチオピアにいたときの「自分」は「だれ」だったのだろうか？　そんなことも考えた。

　でも日本の生活で、まったく感情が生じないわけではなかった。テレビでは、新商品を4センデンするために過剰《かじょう》なくらい趣向《しゅこう》を凝《こ》らした〔＝工夫《くふう》した〕CMが繰り返し流され、物欲をかき立てていた。それまで疑問もなく観《み》ていたお笑い番組も、無理に笑うという「反応」を強《し》いられているように思えた。そんなとき、③ひとりテレビを観ながら浮かぶ「笑い」は、「感情」と呼ぶにはほど遠い、薄《うす》っぺらで、すぐに跡形《あとかた》もなく消えてしまう軽いものだった。

　多くの感情のなかで、特定の感情／欲求のみが喚起《かんき》され〔＝呼び起こされ〕、多くは抑制《よくせい》されて〔＝おさえ込《こ》まれて〕いるような感覚。エチオピアにいるときにくらべ、自分のなかに生じる感情の動きに、ある種の「いびつさ〔＝ゆがみ〕」を感じた。どこか意図的に操作されているようにも思えた。

（松村圭一郎『うしろめたさの人類学』より）

問一　――1～4の**カタカナ**を漢字に直しなさい。一画ずつ、ていねいに書くこと。

問二　――①「それが、エチオピアにいるときは、まるで違っていた」とありますが、筆者がそのように言うのはエチオピアでの生活がどのようなものだったからですか。説明しなさい。

問三　――②「逆カルチャーショックを受けた」とはどういうことですか。説明しなさい。ただし、カルチャーショックとは、自分とは異なる文化に接したときに受ける精神的な衝撃《しょうげき》のことを言います。

問四　――③で筆者が「ひとりテレビを観ながら浮かぶ『笑い』」を「『感情』と呼ぶにはほど遠い」と表現しているのはなぜだと考えられますか。説明しなさい。

役立たずのがらくたのおもちゃだった」とありますが、「夢と冒険」が「がらくたのおもちゃ」であるとはどういうことですか。説明しなさい。

問四 ――④「ありがとう、海」とありますが、なぜ茜は海に感謝しているのですか。説明しなさい。

二 次の文章を読み、後の問いに答えなさい。ただし、〔＝　〕は出題者による注です。

エチオピアでの経験から話を始めよう。最初にエチオピアを訪《おとず》れたのは、もう二十年近く前のことだ。ほとんど海外に出たこともなかった二十歳《はたち》そこそこのころ。十カ月あまりの滞在《たいざい》期間の大半をエチオピア人に囲まれて過ごした。

それまで、自分はあまり感情的にならない人間だと思っていた。人とぶつかることもそれほどなく、どちらかといえば冷めた少年だった。

①それが、エチオピアにいるときは、まるで違《ちが》っていた。

なにをやるにしても、物事がすんなり運ばない。タクシーに乗るにも、物を買うにも、値段の交渉《こうしょう》から始まる。町を歩けば、子どもたちにおちょくられ、大人からは質問攻《ぜ》めにあう。調査のために役所を訪れると、「今日は人がいないから明日来い」と何日も引き延ばされる。「ここじゃない、あっちの窓口だ」と、たらいまわしにされる。話がうまくいったと思ったら最後に賄賂《わいろ》を1**ヨウキュウ**される……。

言葉の通じにくさもあって、懸命《けんめい》に身振《みぶ》り手振りを交えて話したり、大声を出して激高してしまったりする自分がいた。

村で過ごしているあいだも、生活のすべてがつねに他人との関わりのなかにあって、ひとりのプライベートな時間など、ほとんどない。いい意味でも、悪い意味でも、つねにある種の刺激《しげき》にさらされ続けていた。食事のときは、いつもみんなでひとつの大きな皿を囲み、「もっと食べろ」と声をかけあい、互《たが》いに気遣《きづか》いながら食べていた。

村にはまだ電気がなかった。食後はランプの灯《あか》りのもとで、おじいさんの話に耳を傾《かたむ》け、息子《むすこ》たちと腹を抱《かか》えて笑い転げたり、真顔で驚《おどろ》いたりと、にぎやかで心温まる時間があった。

村のなかにひとり「外国人」がいることで、いろんないざこざが起きて、なぜこんなにうまくいかないんだと、涙《なみだ》が止まらない日もあった。

毎朝、木陰《こかげ》にテーブルを出して、前日の日記をつけるのが日課だった。ふと見上げると、抜《ぬ》けるような青空から木漏《こも》れ日《び》がさし、小鳥のさえずりだけが聞こえる。さわやかな風に梢《こずえ》が揺《ゆ》れる。おばあさんが炒《い》るコーヒーのいい香《かお》りが漂《ただよ》ってくる。自分はなんて幸せなんだろうと、心からうっとりした。

腹の底から笑ったり、激しく憤慨《ふんがい》したり、幸福感に浸《ひた》ったり、毎日が喜怒哀楽《きどあいらく》に満ちた時間だった。顔の筋肉も休まることなく、つねにいろんな表情を浮《う》かべていた気がする。

そんな生活を終えて、日本に戻《もど》ったとき、不思議な感覚に陥《おちい》った。関西国際空港に着くと、すべてがすんなり進んでいく。なんの不自由も、憤《いきどお》りや戸惑《とまど》いも感じる必要がない。バスのチケットは自動券売機ですぐに買えて、数秒も違《たが》わず2**テイコク**ぴったりに出発する。動き出したバスに向かって深々とお辞儀《じぎ》する女性従業員の姿に、びっくりして振《ふ》り返ってしまった。

人との関わりのなかで生じる厄介《やっかい》で面倒《めんどう》なことが注意深く取り除か

たく輪っかをつくって空との境目を眺めた。
うん、海だ。
元気だったか、海。
靴《くつ》と靴下を脱《ぬ》いで海に入った。フォレストも後ろからついてきた。
何度も何度も波を追いかけて走り、同じ回数だけ波に追いかけられて砂浜《すなはま》に戻《もど》った。それから傘《かさ》とゴミ袋《ぶくろ》で魚とりをした。一匹《いっぴき》もつかまらないうちに、海からオレンジ色が消えて、魚臭《くさ》い見渡《みわた》すかぎりの濁《にご》った水だけが残った。
空も急に暗くなった。暗くなったとたん、茜の頭に灯《あかり》がともった。現実という名前のその灯が、茜の薄《うす》もやみたいな夢と冒険を容赦《ようしゃ》なく照らし出した。③現実の光をまともにあてられたら、それはどれもこれも、役立たずのがらくたのおもちゃだった。
家出はむりだ。一人でどこかに泊《と》まるなんてできっこない。フォレストがいっしょでももちろんおなじ。母ちゃんにガトリング砲《ほう》みたいなお説教を食《く》らうだろうけど、やっぱり帰るしかない。

【茜は帰ろうと思っていましたが、そこへ男性が現れます。茜はその人のことを、「大きな男」という意味の「ビッグマン」と呼びます。ビッグマンは茜とフォレストを家に帰そうとします。しかし、フォレストがいやがったので、自分の住むブルーのシートでできた家に二人を泊めてくれました。夜中になって、茜は目を覚ましました。】

毛布を抜《ぬ》け出して、外へ顔を出してみた。
星は見えなかった。
そのかわり月が出ていた。ビッグマンの家を囲んだ木々の先に、海が見えた。その上に月が出ているのだ。
英語でいうと、月はムーン。今夜の月は、まんまるムーンだ。
茜は靴をはいて海岸へ歩いた。
月の真下の海には、月の光の細い帯ができていた。まるで一本の道みたいに。
想像の中で茜は、その光の道を歩いた。靴を脱ぐ必要はない。海の上を歩ける道なのだ。光の道はあったかくて、ふわふわやわらかかった。
そうだ。明日はまた新しい道を歩いてみよう。もっと遠くへ行ってみよう。いまはそう思えた。ほんとうのことを言えば、今朝、家を出たときには、夕方には怖《こわ》くなって帰るだろうって自分でもわかっていた。でも帰らずに、ここにいる。
そのことに茜は興奮していた。
誰《だれ》もいない夜の海岸にひとりでいることを忘れるほど興奮していた。ぜんぜん怖くなかった。初めてひとりで見る海は、茜を包んで、茜を抱《だ》きしめて、茜の体に新しい何かを注ぎこんでくれる気がした。月の光みたいな何かだ。
④ありがとう、海。お前もがんばれよ。

（荻原浩「空は今日もスカイ」より）

問一 ——①「たんぼを荒らすカラスを見る目つき」とありますが、ここで茜は泰子おばさんのどのような気持ちを読み取っていますか。説明しなさい。

問二 ——②「生活なんか嫌いだ。茜はライフがしたい」とありますが、ここには茜のどのような気持ちが表れていますか。説明しなさい。

問三 ——③「現実の光をまともにあてられたら、それはどれもこれも、

茜は石を拾ってたんぼにぽこぽこ投げこんだ。大人は勝手だ。だから茜も勝手にやることにした。今日の茜はただの冒険《ぼうけん》をしているわけじゃない。大冒険だ。ホーム・ゴーをしてきたのだ。日本語でいうと家出。

行き先は海。それしか決めていない。道の先のどこかに海があるはずだった。去年死んだ、忠志おじさんの家のばぁばが元気だったころ、ここから海へ遊びに行ったことを茜は覚えている。父ちゃんもいっしょだった。まだ泳げなくて浮《う》き輪《わ》にしがみついていた茜を、海岸にいる母ちゃんたちがガシャポン人形に見えるぐらい海の先の先まで連れていってくれた。

海に着いたら、海を見るのだ。

彼女《かのじょ》は海を見る。英語でいうと、シー・シー・シー。

ここを好きになれないのは、きっと海がないからだ。

茜が二カ月前まで住んでいた街には、海があった。マンションの窓を開ければ、いつも海が見えた。運がいいときにはコンビナートのすき間から船も見えた。色はブルーというより灰色だったけれど、きれいな灰色だった。茜にとって海は、いつもそこにあるものだった。空や酸素や壁紙《かべがみ》みたいに。

さぁ、急ごう。シー・シー・シー。

【茜は海を目指して歩いていく途中《とちゅう》、森島陽太《もりしまはるた》君という男の子に出会います。茜は森島君のことを、英語で「森」という意味の「フォレスト」と呼び、いっしょに海を目指します。途中で雨が降ったので、二人は道ばたで雨宿りをし、それからまた先へ進むことにしました。】

坂を下ると道が広くなって、両側に建物が増えてきた。ここじゃだめだ。もっと見晴らしのいいところに行けば虹《にじ》が見えるかもしれない。茜は正面の緑の帯に見える細長い林を指さした。

「あっちに行って虹をさがそう」

「海はいいの？」

「虹は海にかかるんだよ」

雨が降ってくるまで、ずっと茜とフォレストの前を歩いていた二人の影《かげ》は、いまは真横をついてくる。いつのまにか影はずいぶん長くなっていた。

緑の帯が近づくと、かすかな音が聞こえてきた。

ざわざわざわ。

ざわざわざわざわ。

茜は鼻をひくつかせる。波の音に聞こえたのだけれど、海の匂《にお》いがしない。茜がよく知っている海はガソリンの匂いがするのだ。

緑の帯に見えた背の低い林の中に入ると、わかめと干し魚をミックスジュースにしたような匂いが強くなった。林の向こうがきらきら光っている。茜は光に向かって駆《か》けだした。

「海だ」

「海だ」

海にはあまり人がいなかった。サーファーをしているピープルが少し。釣《つ》りをしているピープルがもっと少し。泳いでいるピープルは、いない。

海はブルーじゃなかった。茜の街の海の灰色でもない。オレンジ色に光っていた。

まぶしい。茜は片手を目の上にあてて波を見つめた。両手で双眼鏡《そうがんきょう》み

【国語】（五〇分）〈満点：八五点〉

一　次の文章を読み、後の問いに答えなさい。ただし、【　】は省略した部分の説明、〔＝　〕は出題者による注です。

【小学三年生の茜《あかね》は、お母さんといっしょに大きな街から引っ越《こ》してきて、今は忠志《ただし》おじさんと泰子《やすこ》おばさんの家に住んでいます。茜は小学校では英語を習っていませんが、いとこの澄香《すみか》ちゃんが英語を教えてくれていました。英語にすると、自分の身の回りの色々なものが「別のものに見えてくる」と茜は感じています。】

このあたりに住んでいるピープル〔＝人〕たちはお互《たが》いに知り合いで、新入りの茜たちのことを同じピープルとは思っていない。最初は親切でも、しばらくここに住むとわかると、とたんに警戒《けいかい》する目つきになる。泰子おばさんもそうだ。母ちゃんが「しばらくお世話になります」と言ったときには、「ずっといていいんだよ」と笑ってくれたのに、泰子おばさんの「ずっと」は十日間ぐらいだった。最近は茜が、おはよう、おやすみなさい、とあいさつしても、返事をしてくれない。「いただきます」のときは、①たんぼを荒《あ》らすカラスを見る目つきになる。母ちゃんにわざと聞こえるように忠志おじさんに言う。いつまでいる気だろうね。あんた、きちんと食費をもらってよね。

英語だと、おばさんは、アント。ありんこだ。〔＝「おばさん」も「あり」も、英語では「アント」〕

澄香ちゃんが英語を教えてくれなくなったのも、きっとアントのせいだ。澄香ちゃんが最後に教えてくれた英語は「パラサイト〔＝寄生虫。ほかの動物にくっついて生きる虫〕」。茜たちのことだそうだ。いまでは茜は、澄香ちゃんの部屋のイラスト英和辞典という本をこっそり持ち出して新しい英語を覚えている。

スタディ。ブック。ペンシル。フレンド。ファミリー。ペアレンツ。〔＝勉強。本。えんぴつ。友だち。家族。両親。〕

母ちゃんは母ちゃんで、最近はすぐにカラスみたいなカーカー声をあげる。仕事がなかなか見つからないからだ。いままで住んでいた街では医療《いりょう》事務の仕事をしていたのだが、「近くの大きな病院がなくなっちゃった。私が子どもの頃《ころ》より田舎《いなか》になってる。事務どころか、医療がない」なんて言ってる。

勝手《かって》なことゆーなよ。だったらなんでここに来たんだよ。茜は来たくて、このビレッジ〔＝村〕に来たわけじゃない。学校の友だちと別れなくちゃならないことが決まったとき、悲しくて何日も泣いたのに。いまだって毎日寄せ書きを取り出して眺《なが》めているのに。

茜は気に入らなかった。澄香ちゃんはマイタウン〔＝私の街〕というけど、どこから見てもビレッジなここが。母ちゃんといっしょに寝《ね》ている物置《ものおき》の隣《となり》の狭《せま》くて湿《しめ》ったタタミがぶかぶかした部屋が。窓を開けるとき まって流れてくる鶏《にわとり》小屋の臭《にお》いが。どこを見てもイネしかない風景が。一学年が二クラスしかない小学校が。転校したとたん夏休みになって遊ぶ相手がいない長い長い夏休みが。

ビレッジは嫌《きら》いだ。空以外は、みんな嫌いだ。消えてしまえばいい。

母ちゃんは言う。「もう少し我慢《がまん》してよ。仕事が見つからないと家も探せないの。生活できないもの」

②生活なんか嫌いだ。茜はライフがしたい。

2019年度

解　答　と　解　説

《2019年度の配点は解答欄に掲載してあります。》

＜算数解答＞《学校からの正答の発表はありません。》

1 (1) $\frac{3}{16}$倍　(2) $\frac{5}{36}$倍　(3) 毎分62m

2 (1) 六角形　(2) 14.4cm　(3) 20.3cm

3 (1) 《図1》 10通り　《図2》 18通り　(2) 《図4》 18通り　《図5》 63通り

4 (1) 解説参照

(2) (a) (x)…23　(y)…89　(z)…38

(b) (例) ハート より スペード が1大きい　(c) 解説参照

○推定配点○

4(2)(b) 7点　他 各6点×13(4(2)(a)～(c)各完答)　計85点

＜算数解説＞

重要 1 (速さの三公式と比)

K君の自宅からおばさんの家までの距離を，60，80，100の最小公倍数1200mとする。

(1) K君が初めに予定した時間…1200÷60＝20(分)K君が実際にスイカ1個を運んだ時間…1200÷80＝15(分)　したがって，K君が，実際におばさんの家から戻りS君からスイカ1個を受取って再びおばさんの家に着くまでの時間は，$20\times\frac{15}{16}-15=\frac{15}{4}$(分)であり，予定した時間の$\frac{15}{4}\div 20=\frac{3}{16}$(倍)である。

(2) K君が，スイカ1個を持って歩く速さとスイカを持たないで歩く速さの比は，80：100＝4：5であり，(1)より，K君が，おばさんの家から戻りS君と出会うまでの時間は$\frac{15}{4}\div(4+5)\times 4=\frac{5}{3}$(分)である。したがって，K君がおばさんの家から戻った距離は1200mの$100\times\frac{5}{3}\div 1200=\frac{500}{3}\div 1200=\frac{5}{36}$(倍)である。

(3) (1)・(2)より，S君は$1200-\frac{500}{3}=\frac{3100}{3}$(m)を$15+\frac{5}{3}=\frac{50}{3}$(分)で歩いたので，その分速は$\frac{3100}{3}\div\frac{50}{3}=310\div 5=62$(m)である。

図1

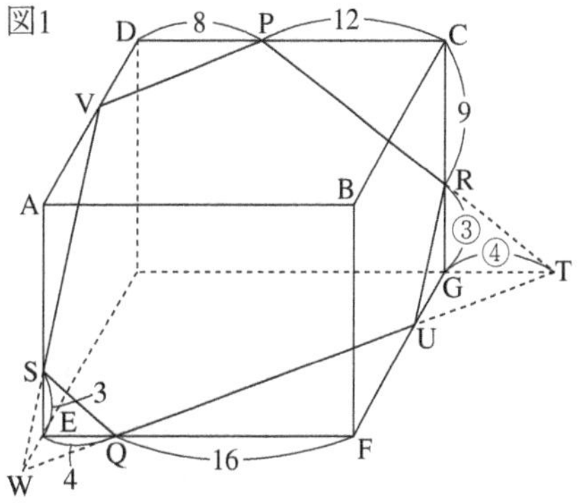

2 (平面図形，相似，立体図形)

基本 (1) 図1より，切り口の図形Xは六角形である。…PRとSQ，RUとVS，PVとQUがそれぞれ平行である。

基本 (2) 図2において，長方形ABCDの高さ(縦)は{228＋(3×4＋12×9)÷2}÷20＝14.4(cm²)

重要 (3) (2)より，図1の③は14.4－9＝5.4(cm)，④は5.4÷3×4＝7.2(cm)であり，図3において，直角三角形CUT，BUQ，DVPは相似で，CU：BU：DVは7.2：16：8＝9：20：10

図2(前)

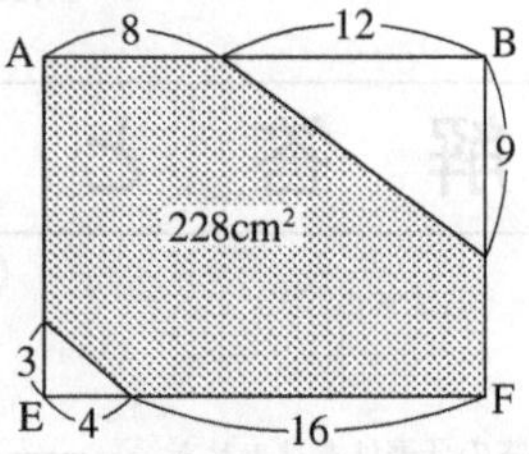

図3(上)

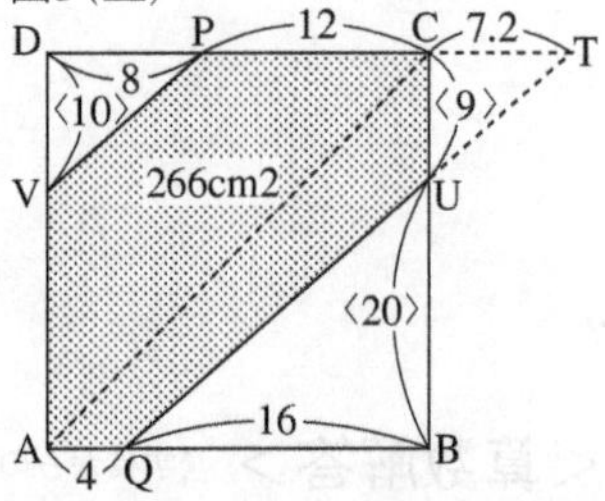

である。したがって，直角三角形BUQの面積は長方形ABCDの面積の$\frac{1}{2}\times\frac{16}{20}\times\frac{20}{29}=\frac{8}{29}$，直角三角形DVPの面積は長方形ABCDの面積の$\frac{1}{2}\times\frac{8}{20}\times\frac{10}{29}=\frac{2}{29}$であり，$1-\left(\frac{8}{29}+\frac{2}{29}\right)=\frac{19}{29}$が266cm²に相当するので，長方形の面積が$266\div\frac{19}{29}$＝406(cm²)，奥行き(縦)は406÷20＝20.3(cm)である。

+α 3 (場合の数，平面図形，立体図形)

基本 (1) 図1において，各頂点の数はその頂点に達するまでの経路のの場合の数を表し，A→Bの経路は(1＋1＋1)×3＋1＝10(通り)ある。

重要 同様に，図2において，A→Bの経路は18通りある。

図1

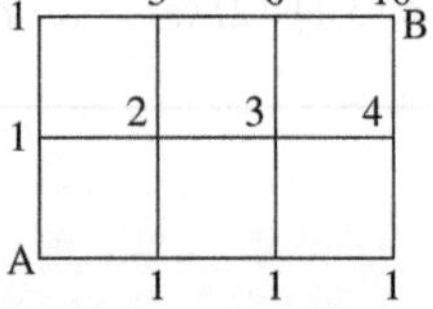

図2

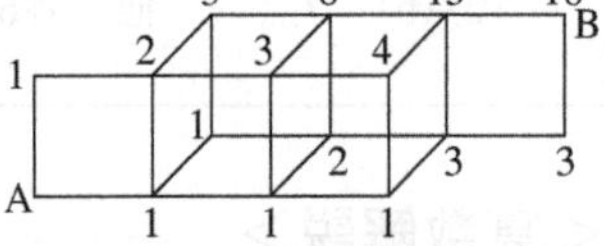

やや難 (2) 図Xにおいて，往復する経路がアの場合が4通り，イの場合が3通り，ウの場合が2通り，エの場合が2通り，オの場合が3通り，カの場合が4通りあるので，全部で(4＋3＋2)×2＝18(通り)ある。図Yにおいて，図1より，往復する経路がアの場合が10通り，イの場合が6通り，ウの場合が3通り，エの場合が2×4＝8(通り)，オの場合が3×3＝9(通り)，カの場合が4×2＝8(通り)，キの場合が3通り，クの場合が6通り，ケの場合が10通りあるので，全部で(10＋6＋3＋8)×2＋9＝63(通り)

図X

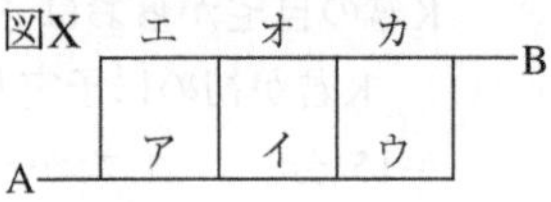

図Y

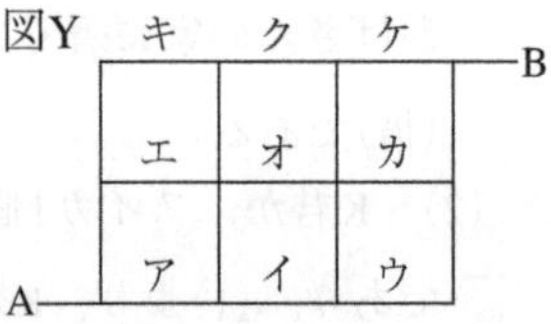

4 (推理，場合の数，数の性質)

基本 (1) 問題《図2》の手順[1]，[2]の表記に注意して図を完成させると，下図のようになる。

《図2》

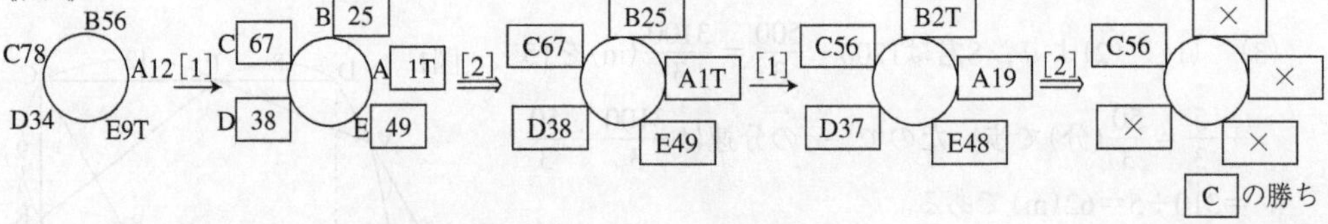

やや難 (2) (a) D(ケ)に3がなく手順[1]の後にD38になったので，C(ク)から3が回ってきたのであり，C(ク)は(x)23である。ということは，D(ケ)にはすでに8があり手順[1]の後にD38になったので，手順[1]でD(ケ)から8より大きい奇数9がEへ回ったのであり，D(ケ)は(y)89

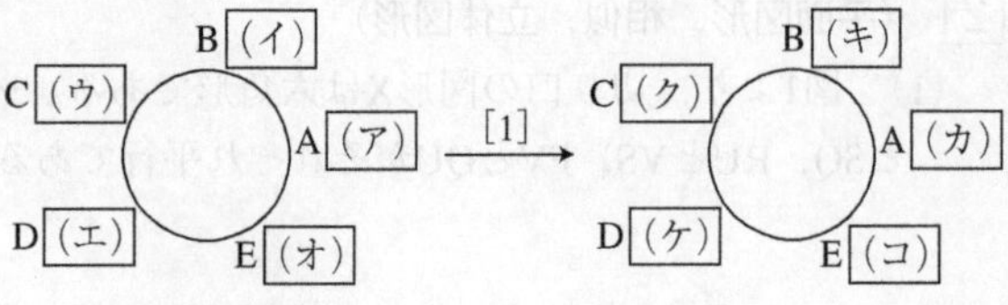

である。したがって，C(ウ)はC(ク)23とD(ケ)89の組合せから，29または(z)38である。

(b)　問題の《図3》をヒントにする。この図において，E9TのTは次々に回っていき，各組の奇数と偶数のうち，必ず偶数が大きくなければいけないので，(★)「ハート よりスペード が1大きい」…問題の例を参考にして「1大きい」という内容まで含める。

《図3》

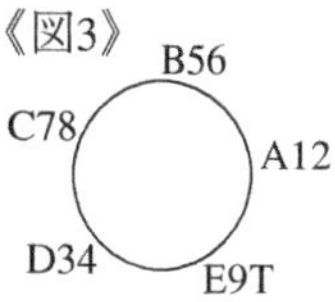

(c)　(2)より，D(エ)は34であり，解答欄には右のように記載する。

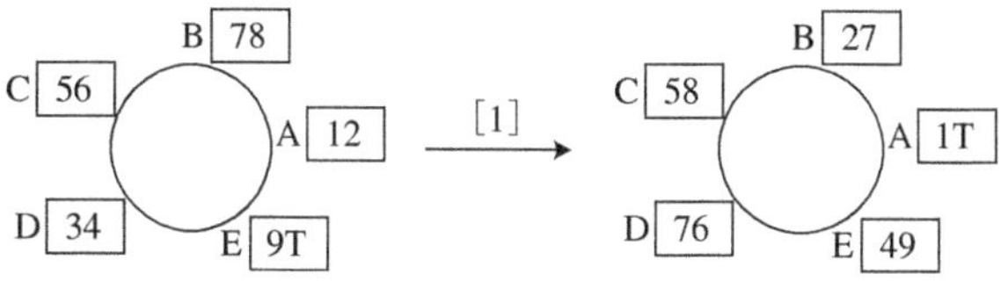

D	(ア)…12 (イ)…78 (ウ)…56 (エ)…34 (オ)…9T (カ)…1T (キ)…27 (ク)…58 (ケ)…36 (コ)…49

★ワンポイントアドバイス★

4(2)(b)「(★)の文章」は，図《3》のヒントに気づかないと時間がかかる。逆に，ほとんどの生徒が得点できると考えられる問題は，2(1)「図形Xの形状」，(2)「直方体の高さ」，3(1)「移動経路」，4(1)「ゲームの進行」である。

＋α は弊社HP商品詳細ページ(トビラのQRコードからアクセス可)参照。

＜理科解答＞ 《学校からの正答の発表はありません。》

1　問1　②　問2　ウ　問3　A　①　B　③　問4　ウ　問5　④

2　問1　イ　問2　ウ　問3　ア，エ　問4　イ　問5　ア　問6　イ

3　問1　③　問2　さなぎ　問3　ウ　問4　ウ　問5　イ　問6　ウ

4　問1　イ　問2　イ　問3　72　問4　6　問5　オ

問6　(金属棒4)　3　(金属棒5)　3.7

○推定配点○

1　問3　各2点×2　他　各3点×4　2　各3点×6(問3は完答)

3　問1　2点　他　各3点×5　4　問6　各2点×2　他　各3点×5　計70点

＜理科解説＞

1　(変化状態―氷のでき方)

基本　問1　水は凍ると体積が大きくなる。そのため，ペットボトルや缶に水溶液が入ったまま凍らせると，体積が膨張して容器が割れる危険がある。そして，氷と水では同じ体積でも氷の方が軽くなるので氷は水に浮く。関係が深いものは②である。

基本　問2　冷蔵庫の氷の真ん中が白くなるのは，外側から水が凍り始め水に溶け込んだ空気が中心に残るためである。ゆっくりと凍らせると途中で空気が抜けて透明な氷ができるが，冷蔵庫では急激

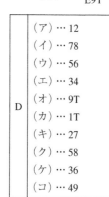

に凍らせるので氷の中に空気が残り白く見える。

基本 問3　A　水に溶ける気体の量は温度が高いほど少なくなる。①で水を入れたコップを暖かいところにしばらく置くとコップの内側に小さな泡ができるのは，溶けきれなくなった空気が泡になって出てきたからである。　B　水溶液を冷やすと，初めに水だけが氷になる。③でジュースを凍らせると，水だけが凍った部分で味が薄くなり，それ以外のところは逆に濃縮されて味が濃くなる。同様に海水もはじめは水だけが氷るので，氷は塩からくない。

問4　②で水より海水の方が同じ体積で重くなるので，凍らなかった海水は重くなり海の底の方へ沈んでいく。

問5　④で泥水をそのままにしておくと土だけが残ったり，海水をそのままにしておくと塩が残ったりするのは，水溶液が蒸発する時水だけが蒸発するからである。同様に，地上にある水が空に移動する時も水だけが蒸発するので，雨になって地上に戻るときも透明な水が雨となって降ってくる。

2　**（実験と観察－物質の分離・クロマトグラフィー）**

問1　Cの黒ペンのインクは水に溶けず，ろ紙上を移動しなかった。

問2　A，Bのインクは水に溶けるので，水につかる状態では水の中に溶けていってしまう。Cは水に溶けないので，ろ紙上に残る。

問3　時間がたつとインクが数種類の色にわかれるので，インクの成分には何種類かが混ざっていることがわかる。水に溶けやすい成分ほどろ紙の上の方に移動するので，水色の成分は水に溶けやすい。

問4　図5より，折り曲げたものもまっすぐなものも，ろ紙上での水の移動距離が同じであることがわかる。

問5　図5の結果より，折り曲げてもまっすぐでも水の移動距離が同じなので，アのようになる。

問6　図3より水色が一番遠くまで移動するので，最も外側にくるのは水色である。

3　**（昆虫・動物－アリの観察）**

基本 問1　アリは，さなぎの時期を経る完全変態の昆虫である。③はハチのさなぎの状態である。

重要 問2　さなぎの時期を経て成虫になるものを完全変態といい，チョウ，カブトムシ，ハチなどがその例である。

基本 問3　分かれ道で右に曲がってエサ場に到着し，同じようにして右に曲がって巣に変えるとき図ウのルートを取る。

重要 問4　アリを加えてすりつぶしたアルコールには，アリの出す臭いの成分が含まれる。これを最短距離でないルート(曲線)に塗り付けると，曲線に沿って行列するか，まっすぐ進むかで可能性1が正しいか間違いかがわかる。ウの実験の結果になれば，アリはにおいに沿って行列することがわかる。

問5　アルコールだけを曲線に塗り付けて行列を観察すると，曲線に沿って進めば可能性2が正しいことになり，進まなければ否定できる。アの実験ではアルコールに沿って行列したのか，最短距離で行列したのか判断できない。

問6　アリはエサと巣の距離を記憶できるので，それぞれの条件で巣を探し始める行動の多い所が見られる。また，この実験では目で距離を測っていると考える根拠がない。　歩数と歩幅から距離を計算しているのであれば，歩幅が変わっても距離がわかっているので歩数を調節して同じくらいの位置で巣を探し始める行動を始めるはずである。アリが歩幅を記憶できるなら，実験3－1で数回往復後に足の長さが変わる(歩幅が変わる)と，同じ歩数でも移動距離が異なるので①～③で巣を探し始める行動が始まる位置も違ってくる。さらに実験3－2のように足の長さを変えてから数回往復させると，歩幅によって歩数が異なるが，巣までの距離は歩数でわかるので巣を探し始める行動が①～③でほぼ同じ距離で起きる。

4（熱の性質ー熱の伝わり方）

問1　同じ時間に金属板上で同じ距離まで熱が伝わるので，イのようになる。

問2　容器の外側の温度が3分の1になると氷が溶けるまでの時間が3倍に，5分の1になると5倍になっているので，反比例の関係である。

問3　容器の外側の温度が$\frac{350}{630}=\frac{5}{9}$(倍)になるので，時間は$\frac{9}{5}$倍になり$40\times\frac{9}{5}=72$(秒)になる。

問4　ロウソクの溶ける50℃になる位置が，金属棒1では左端から約60cm，金属棒2では90cmの手前，金属棒3では30cmを超えたあたりである。それより右側にあるロウソクはとけないので，金属棒1では2本，2では1本，3では3本の合計6本が残っている。

問5　1秒後の各地点の温度を表すグラフは，図5の太い線のグラフのすぐ下のグラフである。このグラフで0mの温度は430℃，2mの温度は75℃になる。

問6　3秒後のグラフは0mにおいて太い線のグラフから下に3本目にあたる。このグラフがロウソクの溶ける温度の50℃になる位置は，金属棒4では左端から3m，金属棒5では3.7mのところである。

★ワンポイントアドバイス★

実験を題材にし，データから結論を導く形式の問題がほとんどである。文章読解力や思考力が求められる。普段から，結果から導ける理由を考える練習をしておくことが大切である。

＜社会解答＞《学校からの正答の発表はありません。》

1　問1　1　薩摩　2　征韓　3　伊藤博文　4　徳川慶喜　5　琵琶　6　菅原道真
問2　吉田松陰　問3　坂本竜馬　問4　イ　問5　ウ　問6　ア　問7　勝海舟
問8　弘道館　問9　延暦寺　問10　愛知(県)　問11　天草四郎　問12　イ
問13　ア　問14　エ　問15　ア　問16　最上川　問17　堺(市)
問18　夏目漱石　問19　ウ　問20　稲荷山(古墳)　問21　古事記(と)日本書紀
問22　エ　問23　イ　問24　ウ　問25　エ

2　問1　玄界(灘)　問2　(中国)　エ　(韓国)　ア　問3　国後(島)　問4　ウ
問5　(茨城)　エ　(埼玉)　イ　問6　イ　問7　イ　問8　オ
問9　(1)　4(海里)　(2)　ウ　問10　天草(諸島)　問11　イ　問12　東京都
問13　三原山　問14　エ　問15　瀬戸内しまなみ海道　問16　エ　問17　c　C
d　B　問18　(1)　G　(2)　ア　問19　ウ　問20　A　ア　D　イ

3　問1　A　プライバシー　B　忘れられる　問2　1　自由　2　永久　問3　エ
問4　(1)　カ　(2)　ウ　(3)　(B)　問5　イ　問6　(1)　モンテスキュー
(2)　A　(え)　B　(あ)　C　(い)　問7　ウ　問8　ウ

○推定配点○

1　各1点×30(問21は完答)　2　各1点×25(問2は完答)　3　各1点×15　計70点

＜社会解説＞

1 （日本の歴史ー上野公園を題材にした日本の歴史）

重要 問1　1　薩摩藩は，現在の鹿児島県の旧国名。　2　征韓論は，朝鮮の鎖国排外主義を武力で打破し，国交を開き，日本が勢力を伸ばしていこうとする主張。西郷隆盛や板垣退助が主張した。3　伊藤博文は長州藩出身の政治家。明治維新後，藩閥政権内で力を伸ばし，憲法制定の中心となる。1885年内閣制度を確立し，自ら初代内閣総理大臣に就任した。　4　徳川慶喜は江戸幕府最後の将軍。1867年，大政奉還を行い幕府は滅亡した。　5　琵琶湖は日本最大の湖。滋賀県の面積の約6分の1を占める。　6　菅原道真は平安時代の学者，政治家。894年，遣唐使の廃止を提言。醍醐天皇のとき，右大臣になったが，藤原時平の讒言《ざんげん》（告げ口）により，大宰府に左遷された。

問2　吉田松陰は幕末の思想家・教育者。1854年のペリー再来の際，下田で海外密航を企てたが失敗し，幽閉中に萩の松下村塾で教授。幕府の対外政策を批判し，安政の大獄により江戸で刑死した。

基本 問3　坂本竜馬は土佐藩出身の幕末の志士。西郷隆盛，木戸孝允などとともに，薩長同盟の締結に尽力。1867年，京都の近江屋で幕府見廻組に殺害された。

問4　明治政府は，殖産興業政策の一環として，群馬県に富岡製糸場を建設。1872年に操業を開始した。アー「20歳以上の男女」ではなく，「20歳以上の男子」。ウー「地価の10％」ではなく，「地価の3％」。エー「自治体の選挙」ではなく，「天皇の任命」。

問5　五か条の誓文には，「これまでのよくないしきたりを改め，世界共通の正しい道理にしたがっていこう」ということは述べられているが，「憲法をつくる」ことには触れられていない。

問6　下関条約では，清はリャオトン半島（アの都市が含まれる）や台湾などを日本に割譲することが定められた。しかし，この後，三国干渉によって，リャオトン半島は清に返還された。

問7　勝海舟は幕末，維新期の政治家。旧幕臣。1860年，幕府の遣米使節を乗せた咸臨丸の艦長として太平洋横断に成功。戊辰戦争では，西郷隆盛と交渉して江戸城無血開城を実現した。

やや難 問8　弘道館は，江戸時代末期の1841年，水戸藩主徳川斉昭《なりあき》によって創設された藩校。尊皇攘夷の水戸学を中心に，洋学の技術も教授した。

問9　延暦寺は，滋賀県大津市，比叡山にある天台宗の総本山。788年，唐より帰国した最澄により，比叡山に中堂が創建されたのが起源とされる。

問10　三河は現在の愛知県東部の旧国名。なお，尾張は現在の愛知県西部の旧国名である。

問11　天草四郎は，島原・天草一揆の指導者。本名は益田四郎時貞。さまざまな奇跡を行ったとされ，「神の子」としてキリシタンの崇拝を集めた。

問12　目安箱は，1721年，江戸幕府　8代将軍徳川吉宗が，庶民の要求や不満などの投書を受けるために設置した投書箱。享保の改革の一環である。アー「かわりに参勤交代を廃止した」ではなく，「かわりに参勤交代の江戸滞在期間を半年とした」。ウー5代将軍徳川綱吉。エー日米和親条約が結ばれたのは幕末の1854年。

問13　豊臣秀吉は，1588年，刀狩令を発布し，農民が所有する武器を没収させた。イー「上杉氏」ではなく，「北条氏」。ウー「清の援軍」ではなく，「明の援軍」。エー「桶狭間の戦い」ではなく，「山崎の戦い」。

重要 問14　第一次世界大戦は，1914年（大正3年）～1918年（大正7年）。アは1905年（明治38年），イは1910年（明治43年），ウは1932年（昭和7年）。

問15　第二次世界大戦は，1939年9月，ドイツのポーランド侵攻によって始まった。イー「ドイツ・イギリス」ではなく，「ドイツ・イタリア」。ウー「グアム」ではなく，「ハワイ」。エーオーストラリア北部を攻撃したが，占領はしていない。

基本 問16　最上川は，飯豊・朝日の両山地を水源とし，米沢，山形，新庄の各盆地を北上し，庄内平野で日本海に注ぐ河川。山形県を貫流し，その流域面積は県の約80%を占める。富士川，球磨川とともに日本三急流に数えられる。

基本 問17　大仙(山)古墳は，大阪府堺市大仙町にある前方後円墳。仁徳天皇陵古墳ともよばれる。

問18　夏目漱石は，明治・大正期の小説家。森鷗外と並ぶ文豪。東大英文科卒業後，松山中学，五高などの教師を経て，イギリスに留学。代表作は『坊っちゃん』,『吾輩は猫である』,『それから』,『門』『こころ』など。

問19　板橋は中山道第一番目の宿場。一方，庄野，藤沢，桑名はいずれも東海道の宿場である。

問20　稲荷山古墳は，埼玉県行田市の埼玉(さきたま)古墳群内にある前方後円墳。1978年，保存修理中に，鉄剣の表裏にわたり115字の金象嵌《きんぞうがん》の銘文が発見された。

問21　古事記は現存する日本最古の歴史書。稗田阿礼《ひえだのあれ》が暗誦していたものを，太安万侶《おおのやすまろ》が編纂したとされる。712年成立。日本書紀は，日本最古の勅撰の正史。720年，舎人《とねり》親王らの編纂により成立。

問22　室町幕府3代将軍足利義満の保護を受けた観阿弥・世阿弥の父子が能を大成した。アー平安時代のできごと。イー「銀閣」ではなく，「金閣」。ウー法隆寺が創建されたのは飛鳥時代。

問23　藤原威子(藤原道長の三女)が後一条天皇の后になった祝いの席で，藤原道長が詠んだ歌。通称「望月(満月)の歌」とよばれる。

問24　663年，百済の再興をめざす日本は，朝鮮の白村江で新羅・唐の連合軍と戦い，大敗した(白村江の戦い)。このため，唐や新羅の日本本土への侵攻に備えて，水城がつくられた。

問25　近松門左衛門は，人形浄瑠璃や歌舞伎の脚本家。歌舞伎役者ではない。

2 （日本の地理ー島を題材にした日本の自然，産業，貿易など）

問1　Aは対馬。玄界灘は福岡県北西方の海。冬季，風波の激しさで名高い。

重要 問2　中国は，日本に対して多額の貿易黒字になっている。また，日本に対する主な輸出品に衣類が含まれる。韓国は，日本に対し貿易赤字になっている(ただし，イのアメリカ合衆国よりは少額である)。また，日本に対する輸出品の上位は工業製品で占められている。イはアメリカ合衆国，ウはオーストラリア，オはベトナムである。

基本 問3　Bは「北方領土の島のひとつ」,「知床半島や野付半島，根室半島などから望むことができる」,「沖縄島よりも面積が大きい島」などから国後島である。

問4　ロシアは世界で最も多くの標準時を持つ国で，2019年1月現在，11の標準時を持っている。

やや難 問5　一般に，公共の交通網が発達している都市部では，世帯あたりの乗用車保有台数は少ない。よって，この数値が最も小さいウが東京都，次いで小さいアが神奈川県，三番目に小さいイが埼玉県と判定できる。残ったエ，オは，鉄道旅客輸送の多いエが茨城県，少ないオが栃木県と判定できる。なお，Cは小豆島の説明である。

やや難 問6　大豆から大豆油を絞り取ったあとの大豆の絞り粕は，ミール(ソイビーン・ミール)とよばれ，しょう油などの原料や飼料などに利用される。アーしょう油や食料油については，表示義務は課せられていない。ウー中国ではなく，アメリカ合衆国。エー1997年に塩の専売制は廃止された。オー大豆の自給率は例年5　%前後。植物油の原料はほとんど自給できていない。

問7　真砂土は花崗岩の風化が進んで砂状になったもの。水に弱く，容易に流水によって侵食される。

問8　ラムサール条約の正式名称は,「特に水鳥の生息地として国際的に重要な湿地に関する条約」。なお，Dは石垣島の説明である。

問9　(1)　1海里は，緯度1分の距離と等しい。赤崎は北緯24度26分，観音崎は北緯24度22分に位置していているので，両者の緯度差は4分。よって，両者の間の距離は4海里。　(2)　写真のようなマングローブは，熱帯や亜熱帯の遠浅で泥深い海岸や，波の穏やかな河口や入江などの，干満両線の間に発達する。

問10　天草諸島は，熊本県西部，天草灘と八代海の間に分布する大小の島々。上島，下島を中心に大小約110の島々からなる。Eはそのうち，下島の説明である。

やや難　問11　アが愛媛県，イが熊本県，ウが北海道，エが東京都。

問12　Fは伊豆大島。伊豆大島など，伊豆諸島に属する島々はすべて東京都に属する。

問13　三原山は大島にある活火山。標高764m。江戸時代には2度の噴火の記録があり，近年では，1986年に大噴火した。その噴火，噴煙は御神火(ごじんか)とよばれる。

問14　Gは礼文島。礼文島の最北端であるスコトン岬は北緯45度28分付近に位置している。

問15　瀬戸内しまなみ海道は，本州四国連絡橋，尾道・今治ルートの愛称。広島県と愛媛県を結ぶ。

問16　図bは，横断歩道・自転車横断帯の交通標識である。

問17　図cは小豆島，図dは国後島の形を表している。

問18　(1)「トド打ちの島」に注目して，Gの礼文島。トドはアシカ科の哺乳類で，日本では，冬に北海道まで南下してくる。　(2)　地点○は標高280mほど，地点●は標高200mほどである。イー半分近くが谷を歩くコース。ウーコースの中では，左手の高みがじゃまをして海が見えなくなる。エー○地点と地点●の中間付近が最も傾斜が急である。

重要　問19　Hの大三島は，瀬戸内海にうかぶ島。南北を四国山地，中国山地に挟まれ，季節風の影響を受けにくい。よって，年中，風速の数値が小さいウが大三島と判定できる。

やや難　問20　アはA(対馬)，イがD(石垣島)，ウがG(礼文島)，エがF(伊豆大島)。

3　(政治ー日本の政治のしくみなど)

問1　A　プライバシーの権利は，新しい人権の一つ。私生活をみだりに公開されないという法的保障ないし権利のこと。近年では，自分に関する情報を自分で管理する権利として主張されるようになってきている。　B　忘れられる権利とは，ネット上の個人情報や誹謗中傷などを削除してもらう権利。とくに過去の経歴や画像に対して行使される場合が多い。

やや難　問2　日本国憲法第97条は，国民の基本的人権保障について述べるとともに，98条に示されている憲法の最高法規性についての実質的な根拠となっている条文である。

問3　両議院が異なる議決をした場合に開かれるのは，緊急集会ではなく，両院協議会。ただし，法律については，両院協議会の開催は任意である。

やや難　問4　(1)　違憲審査権はすべての裁判所がもっている。ただし，最終的な決定権は最高裁判所にある。　(2)　裁判員裁判は，重大な刑事事件の第一審においてのみ行われる。よって，裁判員裁判が行われるのは地方裁判所だけである。　(3)　刑事裁判において，第一審が簡易裁判所だった場合，第二審は高等裁判所，第三審は最高裁判所で行われる。

問5　国民の基本的人権を守り，公正で誤りのない裁判を行うために，同じ争いや事件について，3回まで裁判を受けることができる。このような制度を三審制という。

重要　問6　(1)　モンテスキューはフランスの政治思想家。イギリスの政治制度を模範とし，三権分立を主張し，近代民主政治のあり方に大きな影響を与えた。　(2)　A　弾劾裁判は，裁判官としてふさわしくない行いのあった裁判官を罷免するかどうかを決める裁判。国会が設ける弾劾裁判所で裁判が行われる。　B　衆議院を解散するのは内閣の仕事。　C　国政調査権は，衆参両議院が国政に関し調査を行う権限。証人の出頭，証言，記録の提出を求めることができる。国政調査権は内閣の行政にも及ぶ。

問7　裁判員として参加した人のうち，「非常によい経験」と感じた人が62.0%，「よい経験」と感じた人が34.3％を占め，両者を合わせると96.3％と圧倒的多数となる。よって，裁判員に選ばれる前は「あまりやりたくなかった」と思っていた人の多くが，「非常によい経験」または「よい経験」と感じたといえる。

問8　EC結成当時からの加盟国は，フランス，ドイツ（結成時は西ドイツ），イタリア，ベルギー，オランダ，ルクセンブルクの6か国。スペインは含まれない。

★ワンポイントアドバイス★

例年以上に問題数が多い。手際よく解いていくことがなによりも大切である。時間のかかりそうな問題は，後回しにするなどの工夫が必要である。

＜国語解答＞ 《学校からの正答の発表はありません。》

一　問一　（例）　自分の生活をみだそうとする者を迷惑がり，憎む気持ち。　問二　（例）　金銭的なことに左右されながら生計を立てようと生きるのではなく，自分が満足するように生きたいという気持ち。　問三　（例）　家出はわくわくするが，現実問題として，茜は一人で生きていくことはできないということ。　問四　（例）　自分はきっと家出をあきらめるだろうと思っていたのに反して，明日はまた新しい道を歩いてみようという希望や勇気を与えてくれたから。

二　問一　1　要求　2　定刻　3　済　4　宣伝　問二　（例）　言葉が通じにくいうえ，生活のすべてがつねに他人との関わりのなかにあるため，激高したり涙を流したりと，感情の変化が大きくなったから。　問三　（例）　感情の変化が激しかったエチオピアでの生活に慣れたので，つねに心に波風の立たない洗練された日本の仕組みに接して衝撃を覚えたということ。　問四　（例）「笑い」が，人との関わりのなかで生じる感情の起伏によるものではなく，無理に笑うという「反応」を強いられているように思えたから。

○推定配点○

一　問一　5点　他　各10点×3　二　問一　各5点×4　他　各10点×3　計85点

＜国語解説＞

一　（小説ー表現理解，心情理解，内容理解，主題）

問一　「田んぼ」は自分のために稲を育てる場である。それが荒らされることは迷惑であり，荒らす「カラス」は憎むべきものである。泰子おばさんにとって茜と母は，おばさんの今までの生活をみだす迷惑な存在なのである。

問二　直前で茜の母が，「仕事が見つからないと家も探せないの。生活できないもの」と言っていることに注目。生計を立てるために，仕事をして金銭を得なければならないということを母は言っている。茜にしてみれば，そういった現実的なことに振り回されるのではなく，もっといきいきと自分の好きなことをして生きたいのである。

重要　問三　茜は，「ビレッジ」での嫌な生活から抜け出して家出をした。そして海までやってきた。これは茜にとってすばらしい「夢と冒険」であったが，日が沈んで夜の明かりがともると，自分は結局一人では生きていけないという現実を思い出さざるをえなくなったのである。

やや難 問四　茜は，「今朝，家を出たときには，夕方には怖くなって帰るだろう」と思っていた。しかし，夜，茜が海を見ると，「月の光の細い帯」ができており，「想像の中で茜は，その光の道を歩いた」。そのとこにより，「明日はまた新しい道を歩いてみよう。もっと遠くへ行ってみよう」という気持ちになれたのである。一人でもっと進んでいこうと思えたのは，海のおかげである。

二 （論説文ー漢字の書き取り，内容理解）

問一　1 「要求」は，必要である，当然であるとして強く求めること。　2 「定刻」は，決められた時刻，という意味。　3 「済」の右下の部分を「月」としないように注意。　4 「宣」の「亘」の部分を「且」「旦」「目」などとしないように注意。

問二　直前に「それまで，自分はあまり感情的にならない人間だと思っていた。……冷めた少年だった」とあることに注目。それとは違うことがエチオピアで起こったのである。エチオピアでは，「なにをやるにしても，物事がすんなり運ばない」「言葉の通じにくさもあって，……激高してしまったりする自分がいた」「涙が止まらない日もあった」「心からうっとりした」とあるように，日本にいたときの筆者とは違った激しい感情の変化があったのである。

重要 問三　エチオピアにいてそこでの感情の変化に慣れていたため，再び日本に戻ってみると，エチオピアと日本の違いに衝撃を受けたのである。

やや難 問四　日本について筆者は，「人との関わりのなかで生じる厄介で面倒なことが注意深く取り除かれ，できるだけストレスを感じないで済むシステムがつくられていた」と述べている。感情の起伏の激しいエチオピアとは違い，日本では「お笑い番組も，無理に笑うという『反応』を強い」るものであることに，筆者は気づいたのである。

★ワンポイントアドバイス★

すべて記述問題である。文章の内容をしっかりおさえたうえで，自分の言葉で説明する力が求められる。ふだんからいろいろなジャンルの文章にふれることや，文章を要約する練習をしておくことが大切！

平成30年度

★★★★★★★★★★★★★★★★★★★★★★★★

入　試　問　題

平成30年度

開成中学校入試問題

【算　数】（60分）　　＜満点：85点＞

【注意】 ◎答えが分数になるときは，できるだけ約分して答えなさい。円周率が必要なときは3.14を用いなさい。

◎必要ならば，「角柱，円柱の体積＝底面積×高さ」，「角すい，円すいの体積＝底面積×高さ÷３」を用いなさい。

◎式や図や計算などは，他の場所や裏面などにかかないで，すべて解答用紙のその問題の場所にかきなさい。

◎問題用紙を切り取ってはいけません。

1 (1) 次の □ には同じ数が入ります。あてはまる数を求めなさい。

$$0.1875\times\left(1\frac{1}{3}-\square\right)=\left(\frac{17}{21}-\square\right)\div1\frac{1}{7}$$

(2) 赤球，青球，黄球が２個ずつ６個あります。同じ色の球がとなり合わないように６個すべてを左から右へ一列に並べます。このような並べ方は何通りあるか求めなさい。ただし，同じ色の球は区別しないことにします。

(3) 川の上流のＡ町と下流のＢ町の間を船で往復します。Ａ町からＢ町までは42分かかり，Ｂ町からＡ町までは１時間52分かかります。船の静水での速さは川の流れる速さの何倍か答えなさい。船の静水での速さと，川の流れる速さはそれぞれ一定とします。

(4) 容器Ａには濃度《のうど》1.62％の食塩水が600グラム，容器Ｂには濃度のわからない食塩水が400グラム入っています。Ａの食塩水のうちNグラムをＢに移してよくかきまぜたのち，同じNグラムをＡにもどしました。さらにまた同じことをくり返したところ，Ａ，Ｂの食塩水の濃度は順に1.88％と2.04％になりました。最初のＢの食塩水の濃度を求めなさい。

(5) 右の図はある立体の展開図です。Ｂ，Ｃ，Ｄは一辺が６㎝の正方形，Ａ，Ｅ，Ｆは直角二等辺三角形，Ｇは正三角形です。この立体の体積を求めなさい。

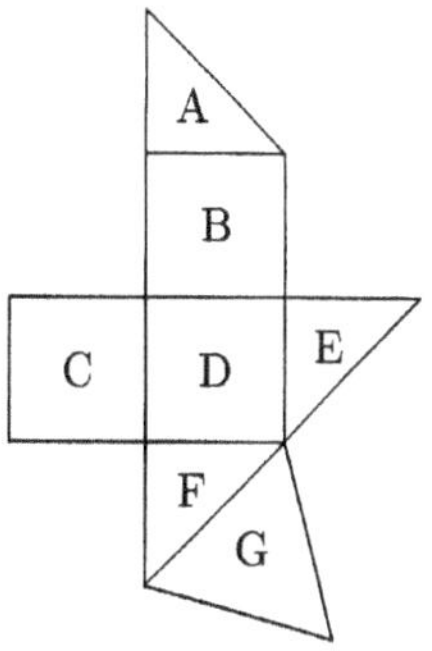

(6) 面積が９㎠である正六角形ABCDEFの各辺の中点（真ん中の点）を結んで新しい正六角形を作ります。新しい正六角形の面積を求めなさい。右の図の点Ｏは対称の中心です。

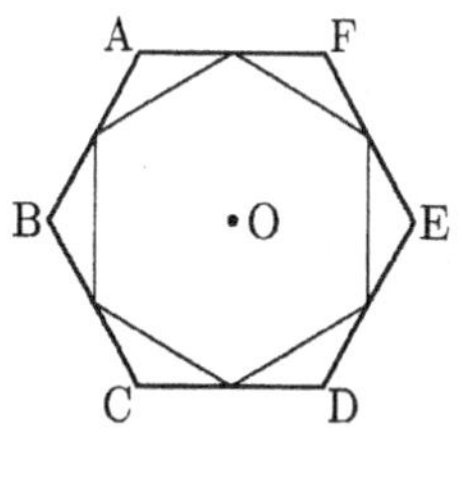

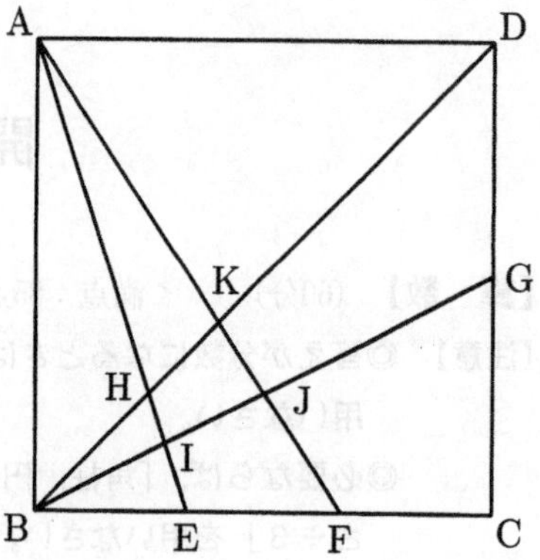

(7) 右の図において，四角形ABCDは正方形で，BE＝EF＝FC，CG＝GD です。

(i) 三角形AIJと四角形ABCDの面積比を最も簡単な整数の比で答えなさい。

(ii) 四角形HIJKと四角形ABCDの面積比を最も簡単な整数の比で答えなさい。

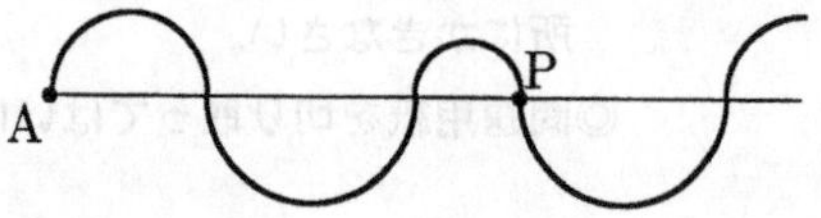

2 右の図のように，直線上に中心をもつ半円が上下交互《こうご》につながった「道路」があります。この道路の一番左の点をA，３番目の半円が終わった所をＰとします。

(1) 左から１番目，２番目，3番目の半円の半径がそれぞれ3.45m，4.21m，2.34mのとき，Aから Ｐまでの道のりを求めなさい。

(2) $\frac{4}{11}$＝0.363636…のように分数を小数で表し，その小数第１位の数字を１番目の半円の半径，小数第２位の数字を２番目の半円の半径，小数第３位の数字を３番目の半円の半径，…とすることを考えます。ただし，メートルを単位とします。すなわち，この場合は左から１番目，２番目，３番目，…の半円の半径はそれぞれ３m，６m，３m，…となります。
同じように$\frac{1}{7}$を小数で表し，その小数第１位の数字を１番目の半円の半径，小数第２位の数字を２番目の半円の半径，小数第３位の数字を３番目の半円の半径，…とします。Aからこの道路を道のり2018m進んだ地点は，左から何番目の半円上の点となるか，答えなさい。

3 正方形のマスの中に，１は１個，２は２個，３は３個のように整数nはn個使い，ある整数から連続した３種類以上の整数を図のように小さい順に並べます。

図１

2	2	3
3	3	4
4	4	4

図２

11	11	11	11	11	11
11	11	11	11	11	12
12	12	12	12	12	12
12	12	12	12	12	13
13	13	13	13	13	13
13	13	13	13	13	13

図３

1	2	2	3	3	3
4	4	4	4	5	5
5	5	5	6	6	6
6	6	6	7	7	7
7	7	7	7	8	8
8	8	8	8	8	8

図１では３マス四方の正方形に，２を２個，３を３個，４を４個，ちょうど並べきりました。
図２，図３では，６マス四方の正方形に11から13まで，１から８までの整数をちょうど並べきりました。（６マス四方に並べる並べ方はこの２通り以外ありません。）次の問いに答えなさい。(1)，(2)では，２通り以上の並べ方がある場合は，すべて答えること。解答らんには，図１の３マス四方なら ２～４ ，図２，図３の６マス四方なら 11～13 / １～８ のように書きなさい。

⑴　７マス四方の正方形にちょうど並べきるには，いくつからいくつまでの整数を並べればよいですか。

⑵　10マス四方の正方形にちょうど並べきるには，いくつからいくつまでの整数を並べればよいですか。

⑶　30マス四方の正方形にちょうど並べきる並べ方は何通りありますか。また，それぞれの並べ方は何種類の整数を使うか求めなさい。（６マス四方の正方形にちょうど並べきる並べ方は図２，図３の「11～13」，「１～８」の２通りです。この場合には，「2 通りの並べ方があり，それぞれ 3，8 種類の整数を使う」と答えること。また，種類を示す整数は小さい順に並べること。）

【理　科】（40分）＜満点：70点＞

1　棒の真ん中を支点とした実験用てこがあります。図１のように，左のうでにおもりＡを２個，右のうでにおもりＡを１個下げると，棒は水平につり合います。棒の目盛りは等間隔《かく》とし，おもりＡ１個の重さを10ｇとして，以下の問いに答えなさい。

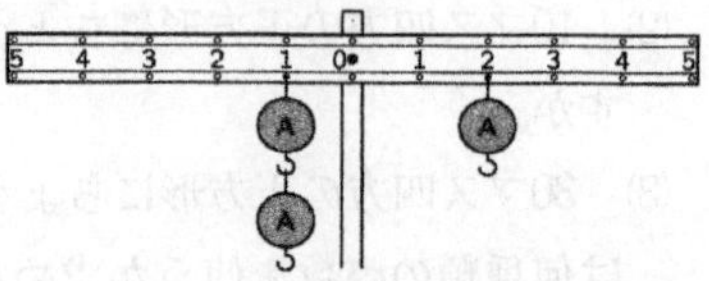

図１

図２のように，左のうでにおもりＡを２個下げました。図２の右のうでの目盛り１～５の５か所のうちの，どこか１か所だけにおもりＡを何個か下げて，棒を水平につり合わせることを考えます。

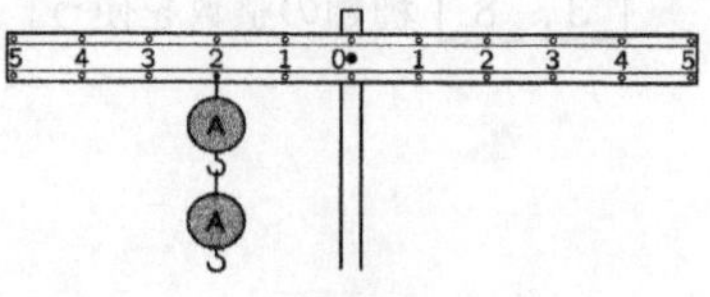

図２

問１　図２の右のうでのどこかにおもりＡを１個下げると，棒は水平につり合いました。このとき，おもりＡを下げた位置はどこですか。図２の右のうでの目盛り１～５の中から１つ選び，数字で答えなさい。

問２　図２の状態にもどした後，右のうでの目盛り１におもりＡを何個か下げると，棒は水平につり合いました。このとき，右のうでに下げたおもり全部の重さは何ｇですか。

問３　もう一度，図２の状態にもどした後，右のうでのどこか１か所だけにおもりを下げて，棒が水平につり合うときを考えます。このとき「支点から右のおもりまでの距離《きょり》」と「右のおもり全部の重さ」は，比例の関係ですか，反比例の関係ですか。

次に，棒の左のうでの，ある位置に目盛りＸをとり，おもりを下げるための小さな穴をあけました。おもりＡとは別のおもりＢを用意して，図３ａのように，左のうでの目盛りＸにおもりＢを１個，右のうでの目盛り５におもりＡを１個下げると，棒は水平につり合いました。また，図３ｂのように，左のうでの目盛りＸにおもりＡを４個，右のうでの目盛り５におもりＢを１個下げても，棒は水平につり合いました。（図３ａと図３ｂの目盛りＸの位置は，正しく書かれてはいません。）

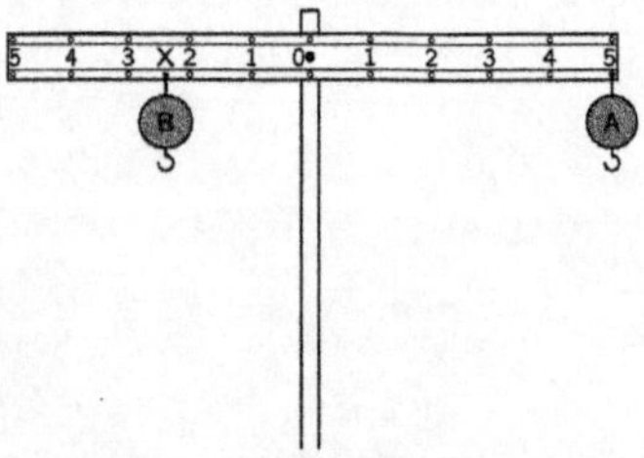

図３ａ

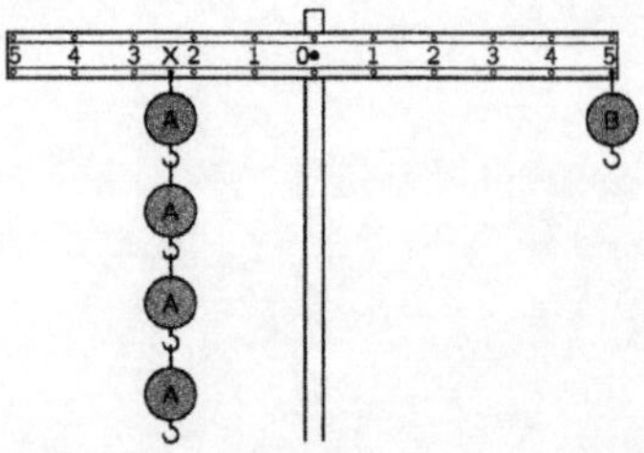

図３ｂ

問４　図３ａと図３ｂで，「支点から左右のおもりまでの距離の比」を，「片側のおもり全部の重さと，もう片側のおもり全部の重さの比」で表すと，どうなりますか。次の式の空らん［あ］・［い］に入るおもりの重さを答えなさい。

図３ａの式

支点から目盛りＸまでの距離：５目盛り分の長さ＝［あ］ｇ：おもりＢ１個の重さ

図3bの式

支点から目盛りXまでの距離：5目盛り分の長さ＝おもりB 1個の重さ：[い] g

問5　おもりB 1個の重さは何gですか。また，支点から目盛りXまでの距離は1目盛り分の長さの何倍ですか。割り切れない場合は，四捨五入して小数第1位まで求めなさい。

最後にもう一度，前のページの**図2**の状態にもどします。今度は，**図2**の右のうでの目盛り**1**～**5**の5か所のうちの**何か所かに**おもり**A**を何個か下げて，棒を水平につり合わせることを考えます。

問6　**図2**の右のうでのどこか**2か所に**おもり**A**を1個ずつ下げると，棒は水平につり合いました。このとき，おもり**A**を下げた位置はどことどこですか。**図2**の右のうでの目盛り**1**～**5**の中から**2つ選び**，数字で答えなさい。

問7　**図2**の右のうでにおもり**A**を下げて，棒を水平につり合わせるやり方には，おもりを1か所に下げるやり方と，2か所に下げるやり方があります。**図2**の右のうでにおもり**A**を下げて，棒を水平につり合わせるやり方は，**問1**，**問2**，**問6**の場合をふくめて，全部で何通りありますか。

2　学校近くの草原に昆《こん》虫採集に来ていたS君は，虫取りあみでチョウやトンボなどを追いかけていました。その時，背の高い草のてっぺんで，何かが動いたような気がしました。気になって近づいてみると，A草とほとんど見分けがつかない色の大きなカマキリと目が合って，おどろきました。体も羽も茶色で，羽のふちが緑色の，雌《めす》のカマキリでした。つかまえてK先生に見せると，「それはチョウセンカマキリだね」と言われました。「もう成虫がいるのか。さっきハラビロカマキリの幼虫を見かけたよ。ハラビロカマキリの幼虫は，B腹部が垂直に立っているから他のカマキリとすぐに見分けがつくんだ」そう言うとK先生は，**図1**のようなスケッチをかいてくれました。

図1

それを見たS君は，以前から疑問に思っていたことを聞いてみました。「そういえば，去年，川の近くで，死んだカマキリとそのおなかから出てきたハリガネムシを見かけたのですが，ハリガネムシはどうやってカマキリの体内に入るのですか？」

K先生は答えました。「ハリガネムシは水中に卵を産むのだけれど，卵からかえった子どもは水生昆虫の幼虫に食べられて，その体内に入るんだ。C水生昆虫が成虫になって，カマキリに食べられると，水生昆虫の中にいたハリガネムシもカマキリの体内に移るんだよ。おもしろいのはそのあとで，ハリガネムシに寄生されたカマキリは，なぜか本来は大きらいな水場に移動するようになるそうだ。寄生されたカマキリの行動も変化させるなんて，不思議だね」

「だから水の中にすむハリガネムシが，ちゃんと川にもどれるのですね」カマキリの行動を変化させる仕組みは何か，S君はいつかその謎《なぞ》を解いてみたいと思いました。

冬になると，同じ草原には昆虫の姿がほとんど見られなくなりました。夏にはあれほどたくさんいた，チョウもトンボもセミもバッタももういません。それでもS君が周りをよく探すと，かれた草の間にオオカマキリの卵《らん》のうを見つけました。

「どうして冬になると昆虫は見られなくなるのですか？」S君は聞いてみました。

「冬は寒くて乾燥《かんそう》していて，生きものが暮らすには不向きだよね。この厳しい季節をどうやって乗り切るかは，生きものにとって重要な問題なんだ」Ｋ先生が答えました。「D多くの昆虫は卵や蛹《さなぎ》の状態で冬をやり過ごすけれども，中には成虫で冬ごしするものもいるんだよ」Ｋ先生はそう言うと，近くの木の根元にあった落ち葉をそっとかき分け，E落ち葉と石の下に固まっていた昆虫を見せてくれました。

「成虫で冬ごしすることには，どんな利点があるのですか？」Ｓ君が聞くと，

「Fこの昆虫のえさを考えてみればわかるよ。この昆虫のえさはどこにでもいるわけではないよね。卵で冬ごししたとして，かえった幼虫はえさを見つけられるかな？」Ｋ先生は笑って答えてくれませんでした。

問１　下線部Aについて，カマキリの保護色はどのように役立っていると考えられますか。あてはまるものを次の**ア～エ**の中から**２つ選び**，記号で答えなさい。

ア　カマキリを食べる昼行性の（昼に活動する）鳥から身を守る。

イ　カマキリを食べる夜行性の（夜に活動する）動物から身を守る。

ウ　カマキリが食べる昼行性のチョウに気づかれないようにする。

エ　カマキリに寄生するハリガネムシに気づかれないようにする。

問２　下線部Bに関連して，**図２**はチョウセンカマキリの成虫を示しています。チョウセンカマキリの腹部はどこから始まりますか。腹部と胸部の境目として正しいものを，**図２**の**ア～エ**の中から１つ選び，記号で答えなさい。

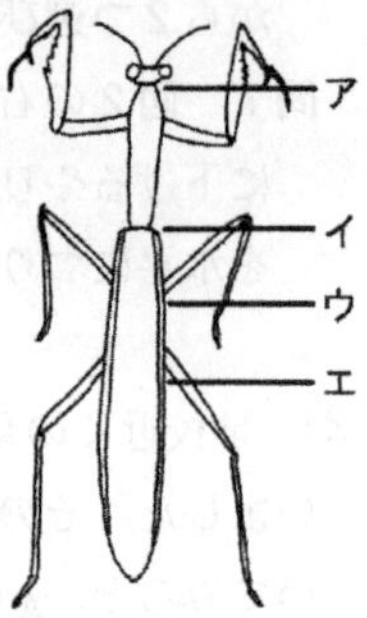

図２

問３　下線部Cについて，昆虫には，幼虫から直接成虫になるもの（不完全変態）と，幼虫から蛹を経て成虫になるもの（完全変態）がいます。水生昆虫では，カゲロウやカワゲラは不完全変態ですが，トビケラは完全変態です。学校周辺で見かける次の**ア～キ**の昆虫のうち，**不完全変態のもの**はどれですか。**すべて選び**，記号で答えなさい。

ア　モンシロチョウ　　**イ**　カブトムシ　　**ウ**　ナミテントウ

エ　ナミアゲハ　　**オ**　オオカマキリ　　**カ**　ショウリョウバッタ

キ　シオカラトンボ

問４　下線部Dについて，多くの昆虫が「幼虫や成虫」ではなく「卵や蛹」で冬ごしする理由は何ですか。「冬は寒くて乾燥していて～が少ないから」という形で４字以内で答えなさい。

問５　下線部Eの昆虫としてあてはまるものを次の**ア～カ**の中から１つ選び，記号で答えなさい。

ア　カブトムシ　　**イ**　ナミテントウ　　**ウ**　エンマコオロギ

エ　ショウリョウバッタ　　**オ**　シオカラトンボ　　**カ**　モンシロチョウ

問６　下線部Fについて，「この昆虫のえさ」とは何ですか。５字以内で答えなさい。

問７　下線部Eの昆虫が成虫で冬ごしする理由は，何だと考えられますか。あてはまるものを次の**ア～エ**の中から１つ選び，記号で答えなさい。

ア　春にえさがどこに出てくるか秋のうちからわかっているので，待ちぶせしたいから。

イ　春にえさがいつどこに出てくるかわからないので，競争相手より早く広い範《はん》囲を探しに行きたいから。

ウ　春まで待たなくても，冬の間にもえさが十分にあるから。

エ　春にえさを食べるより前に，交尾《び》して子孫を残したいから。

3　Ⅰ　実験室の薬品庫に，硝《しょう》酸カリウムという白色粉末の薬品がありました。この硝酸カリウムが水にどのようにとけるか知りたいと思い，次の実験１と実験２をおこないました。ただし，表の「とける量」とは，硝酸カリウムを水にこれ以上とけなくなるまでとかしたときの量をいいます。

＜実験１と結果＞　水の温度20℃で，水の量を100ｇ，200ｇ，300ｇ，400ｇと変えたとき，硝酸カリウムのとける量を調べました。その結果は，**表１**のようになりました。

表１　「水の量」と「硝酸カリウムのとける量」の関係（水の温度 20 ℃）

水の量(ｇ)	100	200	300	400
とける量(ｇ)	31.6	63.2	94.8	126.4

＜実験２と結果＞　水100ｇの温度を20℃，40℃，60℃，80℃と変えたとき，硝酸カリウムのとける量を調べました。その結果は，**表２**のようになりました。

表２　「水の温度」と「硝酸カリウムのとける量」の関係（水の量 100ｇ）

水の温度(℃)	20	40	60	80
とける量(ｇ)	31.6	63.9	109	169

問１　実験１の結果に見られる，同じ温度における「水の量」と「とける量」の間には，どのような関係がありますか。

問２　実験１，実験２の結果を参考にして，次の**ア～エ**の中から正しいものを**すべて選び**，記号で答えなさい。

ア　水の量が一定の場合，水の温度が高くなると，硝酸カリウムのとける量が増える。

イ　20℃の水500ｇに硝酸カリウム170ｇのすべてをとかすことができる。

ウ　20℃の水250ｇに硝酸カリウム100ｇのすべてをとかすことはできないが，そこに20℃の水100ｇを加えると，すべてをとかすことができる。

エ　80℃の水100ｇに硝酸カリウム50ｇのすべてをとかした後，これを40℃まで冷やすと，硝酸カリウムの固体が出てくる。

問３　硝酸カリウムを60℃の水にこれ以上とけなくなるまでとかしました。この水よう液の重さに対する硝酸カリウムの重さの割合は何％ですか。四捨五入して，整数で答えなさい。

問４　硝酸カリウムを80℃の水にこれ以上とけなくなるまでとかしました。この水よう液200ｇを20℃まで冷やしたときに出てくる固体は何ｇですか。四捨五入して，整数で答えなさい。

Ⅱ　二酸化炭素について，次の問いに答えなさい。

問５　次の**ア～オ**の中から正しいものを**すべて選び**，記号で答えなさい。

ア　二酸化炭素の中に火がついた線香《こう》を入れると，線香が激しく燃える。

イ　二酸化炭素の水よう液を加熱すると，とけきれなくなった二酸化炭素が出てくる。

ウ　ドライアイスを気温20℃の教室で放置しておくと，気体の二酸化炭素になる。

エ　動物の呼吸によって，二酸化炭素が体内に取りこまれ，酸素が放出される。

オ　ろうそくが燃えると，二酸化炭素ができる。

二酸化炭素を用いて，次のように①～④の手順で実験を行いました。ただし，ＢＴＢ《ビーティービー》よう液の色は，中性で緑，酸性で黄，アルカリ性で青になります。

実験操作

①ペットボトルに４分の１くらい水を入れる。

②ペットボトルにＢＴＢよう液を数滴《てき》加え，水の色を緑にする。

③二酸化炭素ボンベを用いて，ペットボトルの残り４分の３を二酸化炭素で満たす。

④ペットボトルのふたをしっかりと閉め，よく振《ふ》る。

問６　この実験の結果とその理由として，正しいものを次の**ア～カ**の中から**すべて選び**，記号で答えなさい。

ア　二酸化炭素が水にとけて，ペットボトルがへこんだ。

イ　二酸化炭素が増えて，ペットボトルがふくらんだ。

ウ　二酸化炭素が水にとけて，水よう液の色が緑から青に変化した。

エ　二酸化炭素が水にとけて，水よう液の色が緑から黄に変化した。

オ　二酸化炭素が水と反応して，白くにごった。

カ　二酸化炭素が冷えて，ペットボトルの中がくもった。

4　月日や曜日のような時間の区切りかたは，自然の現象を利用しています。これについて，以下の問いに答えなさい。なお，2018年の春分の日は３月21日，秋分の日は９月23日，2019年の春分の日は３月21日です。また，2018年，2019年ともに閏《うるう》年ではありません。

問１　太陽の中心が真南を通過した時から再び真南を通過するまでの時間をもとに，1日の長さを決めました。ただし，地球から観察する太陽には大きさがあるため，真南を通過するのにいくらか時間がかかります。太陽の片方の端《はし》が真南を通過して，もう片方の端が真南を通過するまで何分かかりますか。割り切れない場合は，四捨五入して整数で答えなさい。なお，下の**図１**に示すように，太陽の見かけの大きさは角度にして0.5°です。

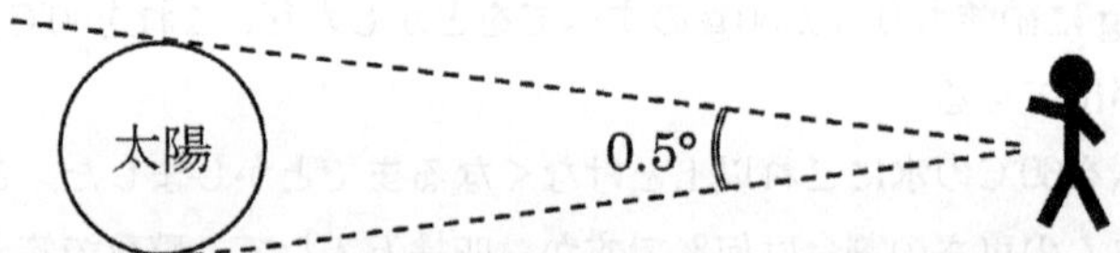

図１

問２　月は，新月から満月となり再び新月にもどります。この変化は29.5日でくり返されます。2018年最初の満月は１月２日でした。2018年の春分の日，空に明るく輝《かがや》いて見える月の見え方についてあてはまるものを，次の**ア～オ**の中から１つ選び，記号で答えなさい。

ア　満月のような丸い形の月が，一晩中見える。

イ　半円のような形の月が，南の空から西の空に見える。

ウ　半円のような形の月が，東の空から南の空に見える。

エ　三日月のような形の月が，東の空に見える。

オ　三日月のような形の月が，西の空に見える。

問３　春分の日から秋分の日の前日までを夏半年とします。秋分の日から翌年の春分の日の前日までを冬半年とします。2018年の春分の日から始まる夏半年と，2019年の春分の日の前日までの冬半年の日数を比べると，どちらが何日多いですか。

問4　地球は，**図2**のように太陽を中心としてその周りをまわっています。太陽の周りをまわっている地球のような天体は他にもあり，それらを惑《わく》星といいます。また，月は地球の周りをまわっています。惑星，太陽，月などをまとめて天体といいます。これらの天体は**図2**のような位置関係になっており，太陽から惑星までの距離は，**表1**のとおりです。**表1**に示す太陽からの距離は，太陽と地球の距離を１として，その何倍かで示しています。

さて，曜日は，**図3**のように地球が宇宙の中心と考えられていたころに，次のように作られたといわれています。まず，1日を24等分してその各１時間をそれぞれ異なる天体が順番に支配するものとしました。その天体とは，当時知られていた５つの惑星に太陽と月をあわせた７つであり，支配する順番は，土星・木星・火星・太陽（日）・金星・水星・月としました。この順は，当時考えられていた地球中心の宇宙において，地球からその天体までの距離が遠い順です。これを，**図4**のように，１時から当てはめ，その日の１時を支配する天体をその日の曜日としました。例えば，**図4**のように，1時に土星，２時に木星，３時に火星…と順に当てはめると，24時に火星となり，翌日の１時は太陽となります。このようにして，曜日は現在知られている土・日・月・火・水・木・金の順となりました。

(1)と(2)に答えなさい。

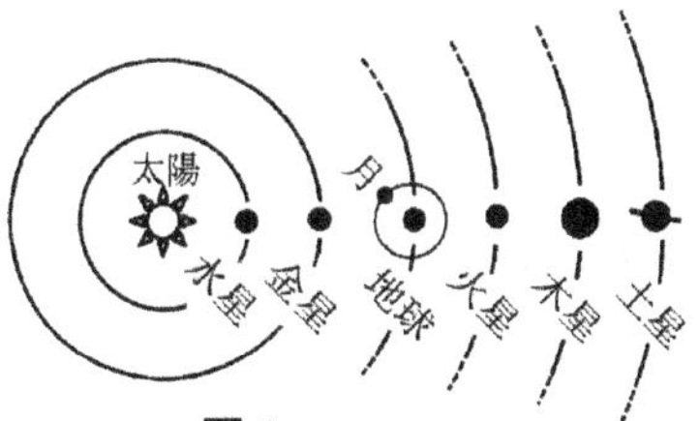

図2

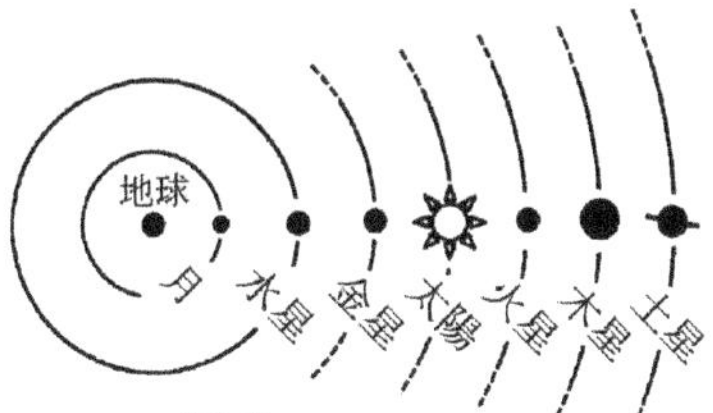

図3

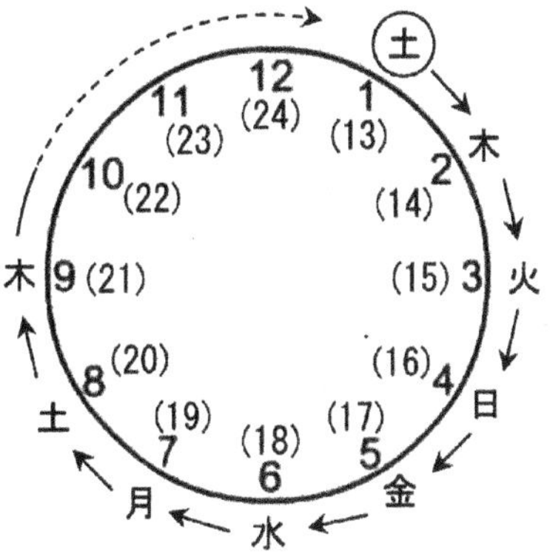

図4

表1　太陽から惑星までの距離

天　体	水星	金星	地球	火星	木星	土星
太陽からの距離	0.39	0.72	1	1.5	5.2	9.6

(1)　**図2**のように並んでいるとき，水星と火星のうち，地球に近い惑星はどちらですか。ここで，地球からそれぞれの惑星までの距離は，**表1**を使って比べるものとします。

(2)　**図2**のように並んでいるとき，地球から遠い順に天体を並べて曜日の配列を考え直すとどのようになりますか。「日」を１番目としたとき，２番目にくる曜日を書きなさい。なお，地球からそれぞれの天体までの距離は月が最も近いものとし，他の天体については(1)と同様に，**表1**を使って比べるものとします。

【社　会】（40分）　＜満点：70点＞

1　次の文章は，ある日の中学校の職員室での，先生と生徒の会話です。これを読んで，あとの問いに答えなさい。

Ａ君：リオオリンピックが終わり，次はいよいよ2020年の①東京大会ですね。この東京を舞台《ぶたい》にオリンピックが開かれるなんて，考えただけでワクワクしてくるなあ。

先生：そうだね。オリンピックというのは，世界中が注目する大きなイベントだからね。日本でオリンピックが開催《かいさい》されるのは，冬季大会が開かれた1972年の（　②　）大会と1998年の（　③　）大会をあわせると，今回で４回目だ。君たちの記憶《きおく》にある一番古いオリンピックは，どこで開催された大会だろう？　2004年の(あ)アテネ大会ぐらいかな。

Ａ君：その頃《ころ》，僕《ぼく》はまだ生まれたばかりで，記憶にはありません。

Ｂ君：僕の記憶にある一番古いオリンピックは，④中国で初めて開催された，2008年の北京大会だな。競泳の北島康介《きたじまこうすけ》選手，アテネに続いて２大会連続の金メダル！　すごかった，感動したよ。2012年の(い)ロンドン大会になると，さすがにいろいろなことを，はっきりと覚えているよ。

先生：⑤私は，ちょうど前回の東京オリンピックが開催された年に生まれたんだ。さすがに生まれたばかりで，その当時の記憶はまったくないけどね。

Ａ君：オリンピックって，いつ始まったんですか？

先生：近代のオリンピックは，フランスのクーベルタンという人の提案で，19世紀末に始まったんだ。⑥第１回大会は1896年，古代オリンピック発祥《はっしょう》の地であるアテネで開かれたんだよ。

Ｂ君：じゃあ，もう100年以上続いているんだ。

先生：そうだね。でも，その歴史は，決して平坦《へいたん》な道のりではなかったんだ。

Ａ君：どういうことですか？

先生：そうだね，たとえば，東京でオリンピックが開かれるのは，今回で何回目かな？

Ｂ君：えっ？　もちろん２回目ですよね。

先生：そう。でも，実はその前の1940年にも，開催が予定されていた「幻《まぼろし》の東京大会」があったんだ。しかし，実際には開催されなかった。その理由はわかるかな？

Ａ君：1940年ということは，⑦第二次世界大戦ですね。

先生：そう。国際関係の悪化によって，当時決まっていた東京開催は見送られたんだ。

Ｂ君：そんなことがあったんだ。

先生：その前回大会である，第二次世界大戦開戦前の1936年の(う)ベルリン大会は，⑧ナチスの絶大な権力を，世界にアピールする場として使われたんだ。

Ａ君：戦争とオリンピックか，難しい問題ですね。

先生：他にも，1980年開催の(え)モスクワ大会に，日本選手団が参加しなかったのは知っているかな？

Ｂ君：聞いたことはあります。当時の国際情勢が関係していたんですよね。

先生：そう。当時の国際情勢って，具体的に言うと，どういうことかな？

Ａ君：⑨東西冷戦ですか。

先生：そのとおり。当時，日本はアメリカなどとともに西側陣営《じんえい》に属していたから，それらの国々と歩調を合わせる形で，1979年のソ連による（　⑩　）侵攻《しんこう》に反発して，モスクワ大会をボイコットしたんだ。

Ｂ君：一生懸命《いっしょうけんめい》その大会を目指して練習していた選手達《たち》は，きっとがっかりしただろうな。

先生：そうだね。１年１年が勝負のスポーツ選手にとって，４年間というのは，ものすごく長い時間だからね。

Ａ君：スポーツと戦争や政治，国際情勢などは，切り離《はな》して考えるべきですよね。

先生：そうだね。近代オリンピックの原型である，⑪紀元前９世紀頃から紀元後４世紀頃まで開かれていた，いわゆる古代オリンピックでは，「聖なる休戦」といって，どんなに都市国家（ポリス）同士がはげしい争いをしていても，オリンピアの祭典，つまり古代オリンピックが始まると，一切《いっさい》の争いをやめ，一同が集まって競技に集中するという原則があったんだ。

Ｂ君：昔の人々は，なかなかやるなあ。

先生：ポリスは違《ちが》っても，自分たちは同じギリシア人だという仲間意識があったことが，その理由のひとつだろうね。また，1968年の(お)メキシコシティ大会では，⑫アメリカの黒人選手が表彰台《ひょうしょうだい》の上で黒手袋《てぶくろ》をした腕《うで》を高く突《つ》き上げ，人種差別反対を世界に訴《うった》えたこともあった。

Ａ君：オリンピックは，世界中が注目しているから，それを利用して，世界の人々に訴えようとしたのかな？

Ｂ君：選手生命をかけての，まさに命がけの抗議《こうぎ》だったんだろうね。

Ａ君：2020年の東京大会でも，何かオリンピックの歴史に残るような出来事が起こるのかな。

先生：起こるかもしれないね。前回の2016年の(か)リオデジャネイロ大会には，⑬約200の国と地域が参加したんだ。次の東京大会も，それを上回る参加が予想されるからね。

Ａ君：2024年は(き)パリ，2028年は(く)ロサンゼルスでの開催が決まったそうですね。

先生：うん。君たちが大学生，社会人になっている頃だ。パリもロサンゼルスも，今度がそれぞれ３度目の開催だ。

Ｂ君：僕たちが大学生や社会人の頃か。そんな時が来るなんて，何だか信じられないなあ。

先生：私が大学生の時，ちょうど成人を迎《むか》えた1984年にロサンゼルスで，新任の教師になった1988年に⑭韓国《かんこく》のソウルで，結婚《けっこん》した1992年に(け)バルセロナで大会があったんだ。さらに子どもが生まれたのが1996年のアトランタ大会，そしてこの学校に着任したのが2000年の(こ)シドニー大会の頃なんだ。自分の人生の節目と，オリンピックがぴったり重なっているんだよ。

Ｂ君：先生，さりげなく自分の幸せな人生を披露《ひろう》していますね。

先生：いやいや。でも君たちも大人になると，あのオリンピックの頃自分はどうだったとか，自分の人生と重ね合わせて思い出すことが，きっとあると思うよ。

Ａ君：2024年と2028年か。その頃の自分は，日本は，そして世界は，いったいどうなっているんだろう。考えただけでドキドキ，ワクワクしてきます。

先生：本当だね。その時の自分に恥《は》ずかしくないように，今日もお互《たが》いしっかり頑張《がんば》ろう！

Ａ君・Ｂ君：はい！！

問１　会話文中の下線部(あ)～(こ)の都市は，それぞれ次のページの地図中のＡ～Ｚのどこにあたるか，記号で答えなさい。

（こちらを上にして見てください。）

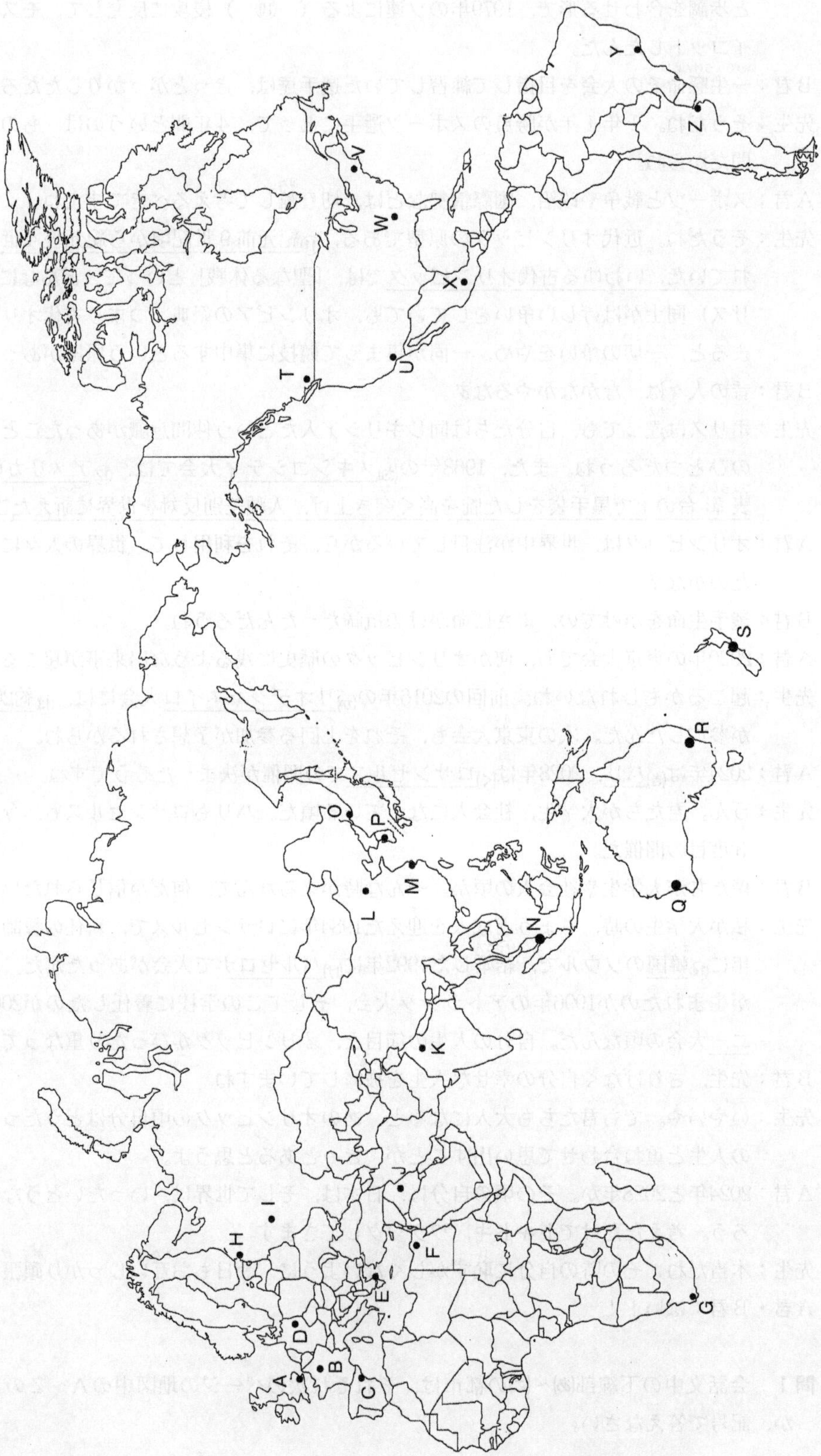

問2　下線部①について，東京の歴史に関する以下の問い(1)～(3)に答えなさい。

(1)　江戸《えど》で15世紀から18世紀までに起こった出来事に関する以下の４つの事項を，時代の古い順に，**ア～エ**の記号を使って正しく並べかえなさい。

ア　浅間山の大噴火《ふんか》による火山灰が，江戸に降った。

イ　太田道灌《おおたどうかん》が，江戸に城を築いた。

ウ　羽村《はむら》から江戸まで，玉川上水がつくられた。

エ　日比谷《ひびや》入江が埋《う》め立てられ，江戸の町の一部になった。

(2)　江戸日本橋を起点に整備された五街道《かいどう》の，日本橋を出て最初の宿場町として**誤っているもの**を，次の**ア～エ**から１つ選び，記号で答えなさい。

ア　千住《せんじゅ》　**イ**　板橋　**ウ**　目黒　**エ**　品川

(3)　江戸を中心に数多く作られた浮世絵について述べた文として，内容が**誤っているもの**を，次の**ア～エ**から１つ選び，記号で答えなさい。

ア　浮世絵は，絵師《えし》・彫師《ほりし》・刷師《すりし》などの分業で作られた。

イ　１枚の版木で，多色刷りの浮世絵を作ることができた。

ウ　浮世絵は，大量に刷られて安く売られ，多くの人々に買い求められた。

エ　オランダの画家ゴッホが，歌川広重《ひろしげ》の浮世絵を模写した油絵を描いた。

問3　会話文中の（②）・（③）にあてはまる都市の組み合わせとして正しいものを，次の**ア～エ**から１つ選び，記号で答えなさい。

ア　②…札幌《さっぽろ》　③…長野　**イ**　②…長野　③…札幌

ウ　②…札幌　③…函館《はこだて》　**エ**　②…函館　③…札幌

問4　下線部④について，日本と中国の関係に関する以下の問い(1)・(2)に答えなさい。

(1)　遣唐使《けんとうし》に随行《ずいこう》した人物として**誤っているもの**を，次の**ア～エ**から１つ選び，記号で答えなさい。

ア　阿倍仲麻呂《あべのなかまろ》　**イ**　吉備真備《きびのまきび》　**ウ**　鞍作止利《くらつくりのとり》　**エ**　最澄《さいちょう》

(2)　日宋《にっそう》貿易を行うため，12世紀に大輪田泊《おおわだのとまり》を大規模に改修させた人物の名前を，**漢字**で答えなさい。

問5　下線部⑤について，前回の東京オリンピックが開かれた，1960年代の日本に関する記述として**誤っているもの**を，次の**ア～エ**から１つ選び，記号で答えなさい。

ア　所得倍増をスローガンにかかげた池田勇人《はやと》内閣が誕生した。

イ　日韓基本条約を結び，日本は韓国政府を朝鮮《ちょうせん》半島における唯一《ゆいいつ》の政府として承認《しょうにん》した。

ウ　小笠原《おがさわら》諸島が日本に復帰した。

エ　日本の国民総生産（ＧＮＰ）が，アメリカを抜《ぬ》いて世界第１位となった。

問6　下線部⑥について，第１回近代オリンピックが開かれた年（1896年）と時期的にもっとも近いアジアの出来事を，次の**ア～エ**から１つ選び，記号で答えなさい。

ア　韓国併合《へいごう》　**イ**　三国干渉《かんしょう》　**ウ**　朝鮮戦争　**エ**　満州事変

問7　下線部⑦について，以下の問い(1)～(3)に答えなさい。

(1)　第二次世界大戦開戦以前に起こった，日本が関わった以下の４つの戦争を，起こった時代順に，**ア～エ**の記号を使って正しく並べかえなさい。

ア　第一次世界大戦　**イ**　日中戦争　**ウ**　日露《にちろ》戦争　**エ**　日清《にっしん》戦争

⑵　第二次世界大戦開戦時のアメリカ・ソ連の指導者の組み合わせとして正しいものを，次の**ア**～**エ**から１つ選び，記号で答えなさい。

ア　アメリカ…ルーズベルト　ソ連…レーニン

イ　アメリカ…ブッシュ　　　ソ連…スターリン

ウ　アメリカ…ルーズベルト　ソ連…スターリン

エ　アメリカ…ブッシュ　　　ソ連…レーニン

⑶　第二次世界大戦に関連した以下の文について，内容が**誤っているもの**を，次の**ア**～**エ**から１つ選び，記号で答えなさい。

ア　ドイツがポーランドに侵攻し，第二次世界大戦が始まった。

イ　日本・ドイツ・ソ連が，三国同盟を結成した。

ウ　日本がハワイの真珠湾《しんじゅわん》を攻撃《こうげき》し，太平洋戦争が始まった。

エ　アメリカが日本に，原子爆弾《ばくだん》を投下した。

問８　下線部⑧について，以下の問い⑴～⑶に答えなさい。

⑴　1936年のベルリン大会の時の，ナチスの最高指導者の名前を答えなさい。

⑵　ナチスの政策として，ユダヤ人をはじめとする多くの人々が弾圧《だんあつ》され，強制収容所に送り込《こ》まれました。現在は世界遺産にも登録されている，ポーランドにある代表的な強制収容所の名称《めいしょう》を，**カタカナ**で答えなさい。

⑶　ナチスによる迫害《はくがい》を受けていた多くの人々を救うため，当時の日本の外務省の方針に反して，大量のビザ（査証）を発行した日本人を，次の**ア**～**エ**から１つ選び，記号で答えなさい。

ア　小村寿太郎《じゅたろう》　　**イ**　陸奥《むつ》宗光《むねみつ》　　**ウ**　井上馨《かおる》　　**エ**　杉原千畝《ちうね》

問９　下線部⑨について，以下の問い⑴～⑶に答えなさい。

⑴　東西冷戦において対立の根幹をなした，東側諸国・西側諸国がそれぞれ支持したイデオロギー（理念・主義）の組み合わせとしてもっともふさわしいものを，次の**ア**～**エ**から１つ選び，記号で答えなさい。

ア　東側…資本主義　　西側…民主主義

イ　東側…自由主義　　西側…社会主義

ウ　東側…社会主義　　西側…資本主義

エ　東側…民主主義　　西側…社会主義

⑵　日ソ共同宣言に調印し，ソ連との国交を回復した時の日本の首相《しゅしょう》として正しいものを，次の**ア**～**エ**から１つ選び，記号で答えなさい。

ア　吉田茂《よしだしげる》　　**イ**　鳩山一郎《はとやまいちろう》　　**ウ**　岸信介《きしのぶすけ》　　**エ**　佐藤栄作《さとうえいさく》

⑶　1989年に東西冷戦の終結を告げる会談が開かれた，地中海にある島の名前を，次の**ア**～**エ**から１つ選び，記号で答えなさい。

ア　マルタ島　　**イ**　セイロン島　　**ウ**　ジャワ島　　**エ**　オアフ島

問10　会話文中の（⑩）にあてはまる国名を，次の**ア**～**エ**から１つ選び，記号で答えなさい。

ア　イラク　　**イ**　クウェート　　**ウ**　アフガニスタン　　**エ**　シリア

問11　下線部⑪について，古代オリンピックが開かれていた頃の日本と中国について述べた以下の文のうち，内容が**誤っているもの**を，**ア**～**エ**から１つ選び，記号で答えなさい。

ア　大陸から移り住んだ人々によって，稲作《いなさく》が九州北部に伝えられ，やがて東日本にまで広がった。

イ　倭《わ》には100余りの国があり，なかには楽浪郡《らくろうぐん》を通じて，漢に使いを送る国もあった。

ウ　倭の奴国《なこく》の王が，隋《ずい》に使いを送り，皇帝《こうてい》から金印を授《さず》けられた。

エ　邪馬台国《やまたいこく》の女王卑弥呼《ひみこ》が，魏《ぎ》に使いを送り，皇帝から「親魏倭王」の称号《しょうごう》を授けられた。

問12　下線部⑫について，以下の問い(1)・(2)に答えなさい。

(1)　南北戦争中に奴隷《どれい》解放宣言を出した第16代アメリカ合衆国大統領を，次の**ア～エ**から１つ選び，記号で答えなさい。

ア　ワシントン　　**イ**　ジェファーソン　　**ウ**　リンカーン　　**エ**　ケネディ

(2)　第二次世界大戦後のアメリカで黒人差別と戦い，最後には暗殺された，「私には夢がある」の演説で有名な人物を，次の**ア～エ**から１つ選び，記号で答えなさい。

ア　マンデラ　　**イ**　キング　　**ウ**　ガンジー　　**エ**　スーチー

問13　下線部⑬について，台湾《たいわん》が「地域」とされる背景には，中国と台湾の，いわゆる「ふたつの中国」の問題があります。これに関する次の表とその説明文の（**１**）・（**２**）にあてはまる国名を，それぞれ**漢字**で答えなさい。

「ふたつの中国」の対比

	中国（大陸）	台湾
国名	（ **１** ）	（ **２** ）
指導者（内戦時）	毛沢東《もうたくとう》	蒋介石《しょうかいせき》
中心政党（内戦時）	共産党	国民党

＜説明文＞　第二次世界大戦後の内戦に敗れ，（　**２**　）が台湾に拠点《きょてん》を移した当初，国際連合は，（　**２**　）政府を中国の正式代表とする立場をとっていた。しかし国際情勢の変化にともない，国際連合はのちに方針を転換《てんかん》。1971年に中国の代表権を（　**１**　）に変更《へんこう》し，また安全保障理事会の常任理事国の地位も，（　**１**　）が引き継《つ》ぐこととなった。

問14　下線部⑭について，豊臣秀吉《とよとみひでよし》の朝鮮侵略《しんりゃく》に関して述べた以下の文のうち，内容が**誤っているもの**を，次の**ア～エ**から１つ選び，記号で答えなさい。

ア　秀吉は，明《みん》の征服《せいふく》を考え，その足がかりとして大軍で朝鮮に攻《せ》めこんだ。

イ　朝鮮の人々は激しく抵抗し，水軍の活躍《かつやく》と明の援軍により，秀吉の軍を退けた。

ウ　多くの人々が殺され，学者や焼き物の技術者が朝鮮から日本に連れ去られた。

エ　秀吉は，２度の戦いに失敗した後，朝鮮への３度目の出兵を計画した。

問15　下線部(け)について，昨年（2017年）バルセロナを中心とする州で，分離《ぶんり》独立について賛否を問う住民投票が行われ，独立賛成が反対を大きく上回りました。この州の名前を，**カタカナ**で答えなさい。

2　以下の**問１～問10**に答えなさい。

問１　次のページのグラフ中の**ア～エ**は，札幌《さっぽろ》・東京・多治見《たじみ》・那覇《なは》のいずれかにおける，2016年８月１日～31日の日《にち》最高気温の推移を示したものです。**東京**と**那覇**にあたるものを，それぞれ**ア～エ**から１つ選び，記号で答えなさい。

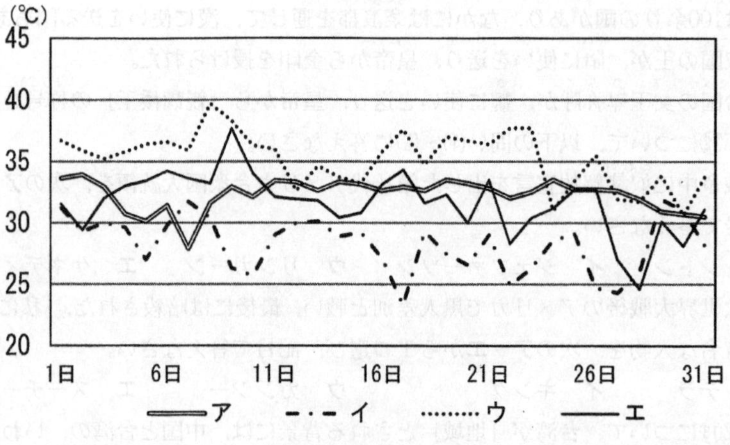

(気象庁「気象観測データ」をもとに作成)

問２　2017年10月10日，Ｈ－ⅡＡロケット36号機の打ち上げが行われました。このロケットには，準天頂衛星システム（日本版ＧＰＳ）のための人工衛星が搭載《とうさい》されました。これについて，以下の問い⑴・⑵に答えなさい。

⑴　打ち上げが行われた宇宙センターが位置する都道府県を，**漢字**で答えなさい。

⑵　この準天頂衛星システムや人工衛星は，何という愛称《あいしょう》で呼ばれていますか。**ひらがな**で答えなさい。

問３　次の天気図は，ある年の７月１日のものです。図中のＨは高気圧，Ｌは低気圧を示しています。オホーツク海に高気圧があることが分かります。この年の７月は北日本・東日本で，この天気図に象徴《しょうちょう》されるような気象状態が続き，東北地方を中心とした米の不作の原因となりました。これについて，あとの問い⑴～⑶に答えなさい。

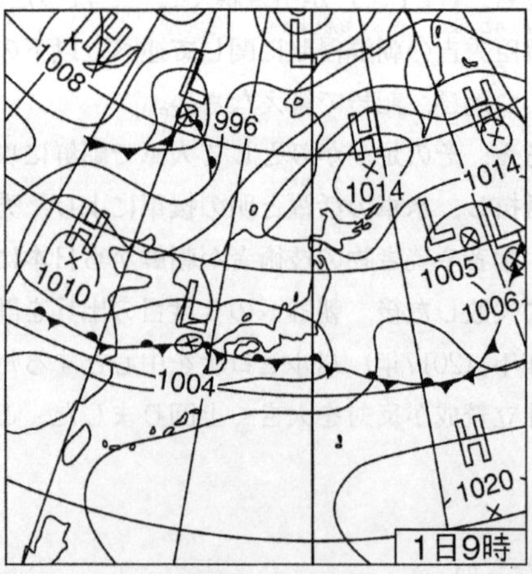

(気象庁「過去の天気図」による図を一部加工)

⑴　次のページの表は，東北６県における**７月の平均気温・日照時間**と**米の作況《さっきょう》指数**を，この年を含《ふく》む５年間について示したものです。Ａ・ＢおよびＣ・Ｄのグループには，それぞれ青森県と福島県以外の４県が，２県ずつ含まれます。**宮城県が含まれるグループの組み合わせ**として正しいものを，あとの**ア～エ**から１つ選び，記号で答えなさい。

7月の平均気温（上段）日照時間（下段）

	青森	福島	Aグループ		Bグループ		
2年前	21.9	26.1	23.8	25.4	23.2	24.7	℃
	135.3	190.0	133.1	207.6	142.1	207.5	時間
1年前	21.5	25.1	23.8	24.6	22.9	23.3	℃
	96.2	130.1	115.7	144.4	101.9	126.0	時間
この年	18.1	19.6	20.8	20.2	18.8	18.4	℃
	140.6	49.4	134.8	92.9	74.9	34.2	時間
1年後	22.7	25.6	24.1	25.1	23.2	23.8	℃
	171.0	199.8	160.4	213.6	156.8	196.2	時間
2年後	20.3	23.1	22.3	23.0	20.6	21.4	℃
	137.9	100.9	120.0	104.3	88.4	95.2	時間

※観測地点は各県庁所在都市

（気象庁「気象観測データ」をもとに作成）

米の作況指数

	青森	福島	Cグループ		Dグループ	
2年前	99	105	103	101	101	102
1年前	98	103	103	100	98	101
この年	53	89	69	73	92	92
1年後	101	104	108	102	85	95
2年後	103	101	101	101	100	101

※平年並みを100とする

（平成28年農林水産省資料をもとに作成）

ア　A・C　　**イ**　A・D　　**ウ**　B・C　　**エ**　B・D

(2)　この年の米の不作の原因となった東北地方特有の気象現象は，何と呼ばれていますか。

(3)　昭和の初めごろに著《あらわ》されたある作品では「サムサノナツハオロオロアルキ」という表現を用いて，この年と同じような農業の不作の様子が描《えが》かれています。この作品を著した人物の名前を答えなさい。

問4　47都道府県のうち，海に面していない内陸県で，県庁所在都市名が県名と異なるものが4県あります。（漢字とひらがなで読みが同じ場合は，同じ名前とします。）次のA～Dは，この4県に関することがらについて述べた文です。A～Dを読んで，あとの問い(1)～(5)に答えなさい。

A　この県の北東部には，片品《かたしな》川が流れています。片品川が合流する河川《かせん》は，かつては東京湾《わん》へ注いでいましたが，江戸《えど》時代以降の治水事業によって流路が変更《へんこう》され，千葉県と茨城県の間を通り太平洋へ流れ出ています。

B　この県の北部に広がる扇状地《せんじょうち》は，水持ちが悪く農業・生活用水が不足していたため，明治期に地元実業家によって，疎水《そすい》が建設されました。那珂《なか》川から取水した用水は，現在も農業などに利用されています。

C　明治期に，この県にある湖から隣接《りんせつ》する都道府県へ疎水が建設されました。（　①　）が中心となって設計・監督《かんとく》し，県境である山にトンネルを掘《ほ》って通した疎水で，完成後は水力発電や工業などに利用されました。

D　この県の北部にある甲武信ヶ岳《こぶしがたけ》は3県の県境にあたり，昔の国名の頭《かしら》文字を合わせた名前だと言われています。甲武信ヶ岳を水源とする笛吹《ふえふき》川は，釜無《かまなし》川と合流して富士川となり，（　②　）湾に流れ出ています。

(1)　B県の県庁所在都市の名を，**漢字**で答えなさい。

(2)　文章中の（①）にあてはまる人名を，次の**ア**～**オ**から１つ選び，記号で答えなさい。

ア　布田保之助《ふたやすのすけ》　**イ**　田辺朔郎《たなべさくろう》　**ウ**　矢板武《やいたたけし》　**エ**　吉田勘兵衛《よしだかんべえ》　**オ**　浜口梧陵《はまぐちごりょう》

(3)　文章中の（②）にあてはまる湾の名を答えなさい。

(4)　次の表は，ぶどう・キャベツ・いちご・米（水稲《すいとう》および陸稲《りくとう》）について，この４県の収穫《しゅうかく》量（2015年，単位：トン，表中の「－」はデータなし）を示したものです。AとBの県にあたるものを，それぞれ表中の**ア**～**エ**から１つ選び，記号で答えなさい。

	ぶどう	キャベツ	いちご	米
ア	511	8,800	－	166,800
イ	1,030	243,900	3,260	77,300
ウ	41,400	4,170	－	27,100
エ	1,760	6,490	24,800	310,300

（e-Ｓｔａｔ「作物統計調査」をもとに作成）

(5)　この４県について述べた文として**誤っているもの**を，次の**ア**～**エ**から１つ選び，記号で答えなさい。

ア　４県のすべてが，４つ以上の都道府県と隣接している。

イ　４県のうち，新幹線の駅がない県は１つである。

ウ　４県のうち，県名と同じ名前の市をもつ県は２つである。

エ　４県のうち，政令指定都市がない県は３つである。

問５　日本の水産業について，以下の問い(1)～(3)に答えなさい。

(1)　日本の漁業や漁業環境《かんきょう》について述べた次の**ア**～**オ**の文のうち，正しいものを１つ選び，記号で答えなさい。

ア　沿岸・沖合《おきあい》・遠洋漁業のうち，ここ30年で最も漁獲《ぎょかく》量が減少しているのは，沿岸漁業である。

イ　遠洋漁業では，定置網《ていちあみ》やさし網を利用して，大型の回遊魚を漁獲する漁法が中心に行われる。

ウ　いけすを利用し稚魚《ちぎょ》や稚貝《ちがい》を成魚や成貝になるまで育てる栽培《さいばい》漁業は，漁獲・収入が安定するメリットがある。

エ　魚つき林は，熱帯や亜熱帯《あねったい》地域の海岸沿いや河口に育つ森林で，沖縄県や鹿児島県などで見られる。

オ　海藻《かいそう》の育成や人工魚礁《ぎょしょう》の設置などによって，人工的につくられた魚の生育環境を，海洋牧場と呼ぶ。

(2)　次のページのグラフA～Dは，2015年における日本の漁港別水揚《みずあげ》量５位以内の漁港のうち，４漁港の主要水揚品目を表したものです。あとの**ア**～**エ**は，4漁港のいずれかの位置を，経度のみ示したものです。(「分」は，1度の60分の１を表す単位です。) BとDの漁港の位置にあたるものを，それぞれ**ア**～**エ**から１つ選び，記号で答えなさい。

なお，グラフ中の魚種は「○○類」を示しています。例えば，マグロとはクロマグロ・メバチマグロ・ビンナガマグロなどマグロ類について，生・冷凍《れいとう》（および魚種によっては塩漬《しおづ》け）の合計を表しています。

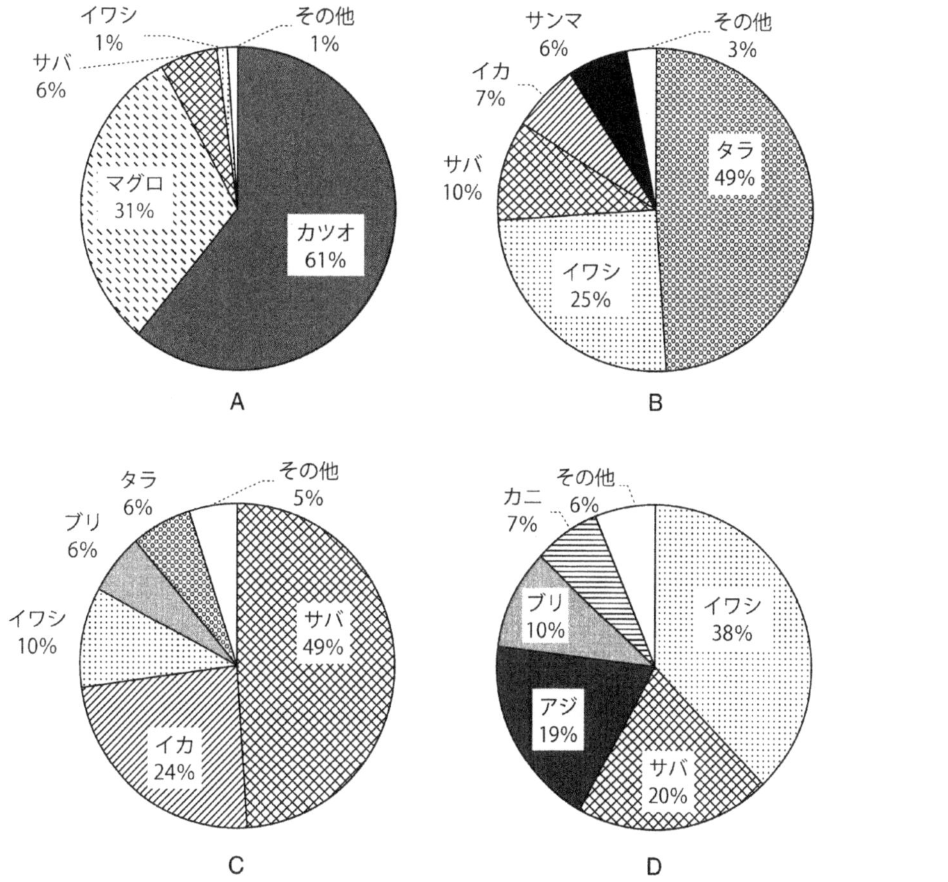

（水産庁「水産物流通調査」をもとに作成）

ア　東経133度13分　　**イ**　東経138度20分　　**ウ**　東経141度30分　　**エ**　東経144度21分

⑶　港で水揚げされた水産物を，低温のまま保存・輸送し，市場や小売店をへて，新鮮《しんせん》なまま消費者へ届けられるしくみがつくられています。このようなしくみのことを，何といいますか，**カタカナ**で答えなさい。

問６　日本の工業について，以下の問い⑴～⑷に答えなさい。

⑴　次の表は，事業所規模別の工業統計（2014年）です。**ア～ウ**は，従業者数が29人以下，30～299人，300人以上のいずれかの事業所にあたります。30～299人の事業所にあたるものを１つ選び，記号で答えなさい。

	事業所数	製造品 出荷額等 (億円)	１人あたり 現金給与 (万円)
ア	3,210	1,591,876	583
イ	354,274	341,040	282
ウ	40,251	1,137,167	407

（矢野恒太記念会『日本国勢図会 2017/18年版』をもとに作成）

(2)　ある一定の地域に，特定の業種の中小企業《きぎょう》が集積（集中して立地）する場合があります。これらの産業は，江戸時代からの伝統産業を背景とするものや，明治・大正以降の工業化によって発展したものなどがあります。このような産業を何といいますか，**漢字**で答えなさい。

(3)　上の(2)の産業について，地域と産業の組み合わせとして**誤っているもの**を，次の**ア**～**オ**から１つ選び，記号で答えなさい。

ア　今治《いまばり》（愛媛）－タオル

イ　堺《さかい》（大阪）－自転車部品

ウ　鯖江《さばえ》（福井）－洋食器

エ　高岡《たかおか》（富山）－銅器

オ　丸亀《まるがめ》（香川）－うちわ

(4)　上の(2)の産業について，同業者のライバルが増えるというデメリットがあるにもかかわらず，一定の地域に集積するのは，いくつかの立地上の利点があるためです。この利点として考えられることを，１つ説明しなさい。

問７　日本の農業や食品の生産・流通について，以下の問い(1)～(3)に答えなさい。

(1)　米の生産工程や関連施設《しせつ》について述べた次の**ア**～**オ**の文のうち，**誤っているもの**を１つ選び，記号で答えなさい。

ア　一定の濃度《のうど》の塩水に沈《しず》むかどうかによって，種もみの良し悪《あ》しを選別する。

イ　温度管理をしたトンネルやビニールハウスなど，苗《なえ》の発芽や生育を管理するための場所を苗床《なえどこ》という。

ウ　田に水をはる前に，肥料を混ぜながらトラクターを使って田の土を掘り起こす作業は，田おこしと呼ばれる。

エ　気温の低い東北や北海道では，晩生《おくて》と呼ばれる，田植えを遅《おそ》くして収穫を早める品種の稲《いね》が多く生産されている。

オ　カントリーエレベーターと呼ばれる施設では，収穫した米の乾燥《かんそう》・選別・保存が行われる。

(2)　近年，卸売《おろしうり》業者を通さずに，生産者が農作物を販売《はんばい》したり，消費者へ直接配送したりする流通形態が増えています。このような流通のあり方を何といいますか，**漢字４文字**で答えなさい。

(3)　次の表は，日本の農作物の主要輸入相手国（2016年）を示したものです。**ア**～**エ**は，小麦・大豆・茶・コーヒー（生豆《きまめ》）のいずれかです。**大豆**にあたるものを１つ選び，記号で答えなさい。また，表中の**X**にあたる国名を答えなさい。

ア	%	イ	%	ウ	%	エ	%
中国	48.1	アメリカ合衆国	46.3	X	31.7	アメリカ合衆国	71.5
スリランカ	27.3	カナダ	33.0	ベトナム	22.8	X	16.7
インド	11.6	オーストラリア	15.5	コロンビア	15.4	カナダ	10.9
その他	13.0	その他	5.2	その他	30.1	その他	0.9

（矢野恒太記念会『日本国勢図会 2017/18年版』をもとに作成）

問８　日本の防災や消防について，以下の問い(1)・(2)に答えなさい。

(1)　緊急地震《きんきゅうじしん》速報の発令や火山活動の監視《かんし》を行う機関は，何省に属しますか。省の名前を，**漢字**で答えなさい。

(2) 消防について述べた，次の**ア**～**オ**の文のうち，**誤っているもの**を１つ選び，記号で答えなさい。

ア 公道の消火栓《しょうかせん》は，すべてマンホール内に地下式で設置されることが，消防法により定められている。

イ 離島《りとう》や規模の小さい町村には，消防署や消防本部が設置されていないところがある。

ウ 消防車には，はしご車・ポンプ車・化学車・指揮車などの種類がある。

エ 119番通報により出動する救急車は，地方公共団体の消防本部や消防局などに所属している。

オ 消防法により，現在の新築住宅には，居室や階段上などに火災警報器を設置することが義務づけられている。

問９ 日本の国会や内閣について，以下の問い(1)・(2)に答えなさい。

(1) 国会や内閣について述べた文として正しいものを，次の**ア**～**オ**から１つ選び，記号で答えなさい。

ア 参議院には解散がなく，議員を選出する選挙は，６年に１度行われる。

イ 内閣総理大臣は，国会によって国会議員の中から任命される。

ウ 国務大臣は，すべて国会議員の中から内閣総理大臣によって任命される。

エ 内閣不信任案が可決された場合，内閣は衆議院を解散し，総選挙を実施《じっし》しなければならない。

オ 国会議員だけでなく，内閣からも法律案を提出することができる。

(2) 衆議院・参議院選挙をはじめ，日本の選挙は，投票自体も任意である自由選挙です。その他に，選挙に関する４つの原則があります。普通《ふつう》選挙・秘密選挙・直接選挙と，あと１つの原則は何ですか，**漢字**で答えなさい。

問10 次の条文は，日本国憲法の一部です。これについて，あとの問い(1)～(4)に答えなさい。

第十一条 国民は，すべての a基本的人権の享有《きょうゆう》を妨《さまた》げられない。この憲法が国民に保障する基本的人権は，侵《おか》すことのできない永久の権利として，現在及《およ》び将来の国民に与《あたえ》へられる。

第十三条 すべて国民は，個人として尊重される。生命，自由及び幸福追求に対する国民の権利については，（ ① ）に反しない限り，立法その他の国政の上で，最大の尊重を必要とする。

第九十六条 この憲法の改正は，各議院の総議員の（ ② ）の賛成で，国会が，これを発議し，国民に提案してその承認《しょうにん》を経《へ》なければならない。この承認には，b特別の国民投票又《また》は国会の定める選挙の際行《おこなわ》はれる投票において，その（ ③ ）の賛成を必要とする。

(1) 条文中の（①）にあてはまる語句を答えなさい。

(2) 条文中の（②）・（③）にあてはまる語句を，それぞれ次の**ア**～**エ**から１つ選び，記号で答えなさい。

ア 三分の一以上

イ 過半数

ウ 三分の二以上

エ 四分の三以上

(3) 条文中の下線部ａについて，社会生活の変化にともなって，新しい人権が主張されるようになりました。日本における新しい人権に関することがらについて述べた**ア**～**エ**の文のうち，**下線部の内容が誤っているもの**を１つ選び，記号で答えなさい。

ア プライバシーの権利を背景に制定された個人情報保護法は，日本国民，外国人を問わず，生存する個人や死者および法人の情報に適用される。

イ　知る権利の主張を背景として，国や地方公共団体が持つ情報について，一般《いっぱん》市民が開示請求《せいきゅう》できることを定めた法律がつくられた。

ウ　自己決定権のうち生命・身体の自己決定について，尊厳死や積極的安楽死を認める法律は制定されていない。

エ　大阪の伊丹《いたみ》空港において，周辺住民の環境権を根拠《こんきょ》に，騒音《そうおん》対策として夜間飛行の差し止めを求める訴訟《そしょう》が起こった。

(4)　条文中の下線部ｂについて，2007年に定められた国民投票法（日本国憲法の改正手続きに関する法律）では，何歳《さい》以上の国民に投票権がありますか，答えなさい。

三　以下の**問題**にある空欄《くうらん》①～⑤には、それぞれ、上の漢字から続いて二字熟語を作り、下の漢字へ続いて二字熟語を作ることのできる漢字が入ります。空欄に入る漢字については、**例題一**のように、上の漢字から続く熟語の場合と、下の漢字へ続く熟語の場合で、同じ読み方になる場合もありますが、**例題二**のように、異なる読み方になる場合もあります。

　空欄①～⑤に入れることのできる漢字を答えなさい。なお、人名・地名などは熟語にふくまれません。

・**例題一**　安（　）理　**答え**「心」

　例題二　劇（　）所　**答え**「場」

・**問題**　状（①）度　下（②）順

　意（③）式　辺（④）目

　博（⑤）別

「部長の報告は客観性に欠ける。君はすでに大西社員を高く評価しようとしているではないか」

と伝えたうえで、

「私《わたし》は、小池社員の方を高く評価する」

と答えました。部長が、

「新宿支店よりやや小さめの池袋支店でも、小池社員が、高い成果を上げたということがポイントでしょうか」

と尋《たず》ねたところ、社長は、

「支店規模の問題ではない」

と告げ、自分の考えを示しました。

問一　社長は、部長の報告のどの表現に、客観性に欠けたものを感じたのでしょうか。二つ探し出し、なるべく短い字数で書きぬきなさい。

問二　大西社員より小池社員の方を高く評価する社長の考えとは、どのようなものと考えられるでしょうか。「たしかに」「しかし」「一方」「したがって」の四つの言葉を、この順に、文の先頭に使って、四文で説明しなさい。

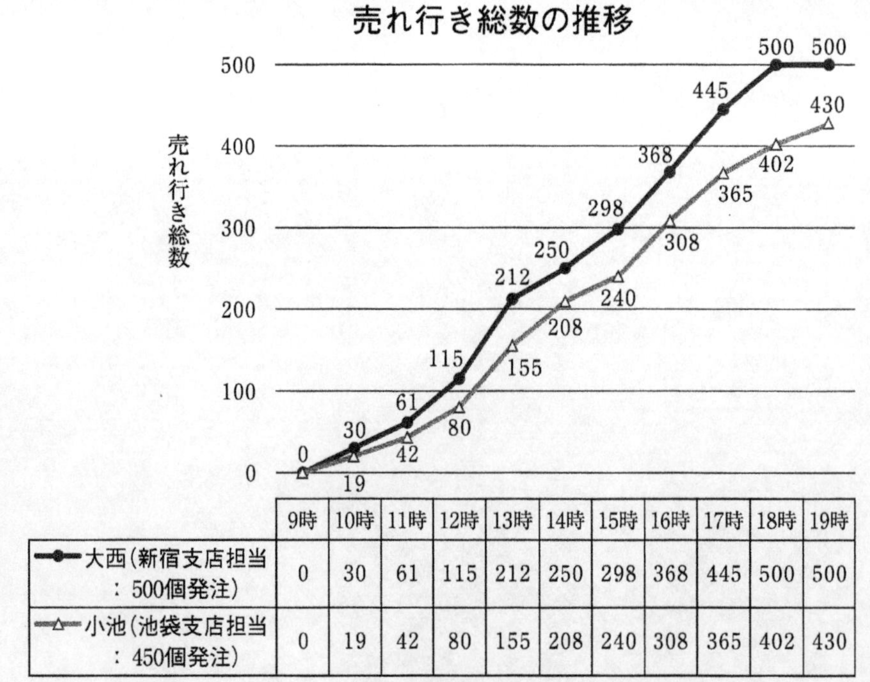

	9時	10時	11時	12時	13時	14時	15時	16時	17時	18時	19時
大西（新宿支店担当：500個発注）	0	30	61	115	212	250	298	368	445	500	500
小池（池袋支店担当：450個発注）	0	19	42	80	155	208	240	308	365	402	430

奮闘《ふんとう》してくれた大きな丸いフライパンを私はそっと愛《め》でる。輝也と話せてよかった。ありがとうね、と言おうとしたら、先を越《こ》された。

「がんばったね。素敵《すてき》なお母さんじゃないか、ちっともダメじゃないよ。朝美のそういうまじめで純粋《じゅんすい》なところ、好きだよ」

さっきぽっかり空いてしまった穴が、じわじわと埋《う》まって満たされていく。輝也のその言葉が、私の居場所を作ってくれたように思えた。

私はゆっくりと言った。

「オ輝也の絵、たくさんの人に見てもらえるといいね」

ちょっとずつ、家事もできるようにがんばってみるね。そんな言葉も浮《う》かんだけど、今日のところはとりあえず、胸にしまっておくことにした。まずは明日の朝、幼稚園でボーダー添島さんに会ったら、私から「おはようございます」と挨拶しよう。

気がつくとキッチンに拓海が入り込んでいて、「これ食べていい?」と問いかけてきた。私の腰《こし》のあたりで、さらさらしたまるい頭のキューティクル（＝髪の毛の表面をおおっているもの）が光る。できそこないの卵焼きを指さしているその小さな手は、菜の花にとまったモンシロチョウみたいだった。

（青山美智子「きまじめな卵焼き」より）

問一 ――ア「振り返らずに私は、再び歩き出した」とありますが、ここでの「私」の気持ちを説明しなさい。

問二 ――イ「不遜な自分に気づく」とありますが、自分のどのような点を不遜だと感じたのでしょうか。具体的に説明しなさい。

問三 ――ウ「自分が泣いているのだと知って驚いた」とありますが、「私」は自分が泣いている理由についてどのように考えましたか。説明しなさい。

問四 ――エ「絵なんか売れないで。誰にも認められないで」・――オ「輝也の絵、たくさんの人に見てもらえるといいね」とありますが、この気持ちの変化を説明しなさい。

二 次の文章を読んで、後の問いに答えなさい。

北海商事株式会社は、北海道の名産物を、各地に紹介《しょうかい》し、販売《はんばい》する会社です。大手百貨店の安田デパートから、「月末の休日に、新宿支店と池袋支店で北海道物産展を行うので、カニ弁当を仕入れてほしい」と依頼《いらい》されました。

北海商事では、新宿支店の仕入れ販売を大西社員が担当し、新宿支店よりやや規模の小さい池袋《いけぶくろ》支店の仕入れ販売は小池社員が担当することになりました。両支店での販売を終え、翌月の月例報告会では、販売部長があとのグラフを示しながら、両支店での成果を社長に報告しました。

「大西社員は、販売用に500個のカニ弁当を発注し、小池社員は、450個のカニ弁当を発注しました。最終的に、新宿支店では、見事にカニ弁当は完売となりました。池袋支店では、20個の売れ残りが生じてしまいました。グラフは、九時の開店から十九時閉店までの、カニ弁当の売れ行き総数を示したものです。二人の社員の評価について、社長はいかがお考えになりますか」

この報告を聞いて、社長は、

拓海は「おかあさん、おとうさんが代わってって」とスマホを差し出した。

「朝美？　すごいじゃん、何作ってるの」

輝也のやさしい声に、私はこらえきれず息を漏《も》らした。拓海に聞かれないように奥《おく》の部屋に移り、小さな声でしゃくりあげながら伝える。

「卵焼き……お弁当の。ぜんぜんうまくできないよ。ちゃんと形にならないし、なんかべとべとしてるし」

「明日のために練習してるの？　卵焼きじゃなくてもいいじゃん、炒《い》り卵でもゆで卵でも」

「ダメなの！　卵焼きじゃなきゃ。去年、幼稚園でもらった拓海のバースデーカードに、好きな食べものは卵焼きって書いてあったでしょ、卵焼きがないと絶対がっかりするよ」

「しないでしょう、がっかりなんて」

「する！　するよ。本の通りにやってるつもりなのに、なんでぜんぜん違うのができちゃうの？　卵焼きも作れないこんなダメなお母さんじゃ、拓海がかわいそうだよっ」

「朝美」

輝也がピシャリと私を制した。珍《めずら》しく怒《おこ》ったのかと、私は身をすくめる。でも輝也は、穏《おだ》やかに言った。

「どのフライパン使ってる？」

「え？　壁《かべ》にかけてあった赤くて丸いの……」

「それ、古くてテフロン（＝熱した時に食品がこびりつかないようにするもの）はがれちゃってるから卵がくっつくでしょ。場所がちょっと違うからわかんなかったと思うけど、卵焼き用の四角いのがあるんだ。買い替《か》えたばっかりだから使いやすいと思う。シンクの下の扉《とびら》開けてみて。青い柄《え》だよ」

言われるままキッチンに戻り、扉を開けたら、あった。小ぶりの、長方形のフライパン。たしかに本にもこんなのが載っていたけど、私はてっきり撮影《さつえい》用のプロが使うものだと思っていた。

「最初によーく熱して。卵を落としたときにじゅって音がするくらいだよ。調味料は塩ひとつまみでＯＫ。油は少量、直接じゃなくて、キッチンペーパーに含《ふく》ませて引いて。たぶん、ひっくり返すタイミングがちょっと早いんだと思う。待ってるから、ちょっとやってみ」

私はいったんスマホを食器棚《しょっきだな》の端《はし》に置き、輝也の指示をたどった。その四角いフライパンは軽くて扱いやすくて、信じられないくらいきれいな卵焼きが生まれた。角にうまく卵を押し当てると、形も整えやすい。百点とはいえないけどそこそこ合格だった。

「な、なんか、できたみたい」

「でしょ」

四角いフライパンは、卵焼きを皿に移してもまだすべすべで、いっさいのこびりつきがない。

「なんて優秀なフライパン。丸いほうだと、ぜんぜんダメだったのに」

「いや、丸いのも優秀なんだよ。深くてどっしりしてて、すごく使いやすいんだ。炒めものとか麻婆豆腐《まーぼーどうふ》作るときなんか、それが一番。ちょっとパスタ茹でたりもできるしね。いくら新しくて小回り効いても、卵焼き器に中華《ちゅうか》なんて任せられない。合った道具があるんだ」

合った道具。そう言われて、なんとなく自分が慰《なぐさ》められた気がした。

「これ、なんていうお料理？」

その言葉に私はがっくりと脱力《だつりょく》し、無言で新しい卵をボウルに割る。

テレビからアニメの主題歌が流れてきた。拓海は歌いながらあやしいダンスを始め、ぴょんと飛び跳《は》ねると「ぶーん」と飛行機になってリビングに戻《もど》った。

菜箸《さいばし》で卵を混ぜる。シャカシャカ、シャカシャカ。どれくらい混ぜればいい？ どれくらい焼けばうまくなる？ 視界いっぱいの黄色がだんだんぼやけてきて、ウ自分が泣いているのだと知って驚いた。

なんで、なんで。なんで卵焼きくらい満足に作れないのだろう。

子どものころから一生懸命《いっしょうけんめい》勉強して、大学生になったら一生懸命就職活動して、会社に入ったら一生懸命仕事して、ずっと優秀《ゆうしゅう》だ優秀だと言われてきたのに。

仕方ない、私はずっと、逃げてきた。大嫌《きら》いな家事と自信のない育児を輝也に一切《いっさい》まかせて、仕事に逃げてきた。みんながなんでもなくできることができないコンプレックスから逃げてきた。

仕事はどれだけでもやれる。クライアント（＝仕事を注文してきた人や会社）の名前や顔は一度会ったら絶対に忘れないし、どんな大企業《だいきぎょう》の重役と会っても緊張《きんちょう》しないで堂々と意見を言える。みんなをあっと驚かせる企画を出すことも、大勢の人の前でプレゼン（＝企画や意見を映像などを使いながら効果的に説明すること）することも、部下のミスのフォロー（＝失敗を助けたり補ったりすること）も、私は誰よりもうまくこなせる自信がある。

だけど、私にはママ友ひとりいない。拓海の同級生のお母さんたちの輪がこわい。幼稚園の先生の名前すら間違《まちが》える。りんごの皮をむけば食べるところがなくなってしまうし、ゴミは全部燃えるとしか思えないし、洗濯《せんたく》ものを折り紙みたいに形よくたたむなんて難しい芸当、私にはできない。

唯一《ゆいいつ》、家計を支えているという自負がこれまではあった。でもそれももう、私を安心させてはくれない。輝也がデイトレードでどれほどの利益を上げているのかは知らないけど、私が収入をなくしたとしてもきっと大丈夫《だいじょうぶ》なのだ。輝也にとって、拓海にとって、私がこの家にいる意味ってなんなんだろう。

どうしよう、輝也の絵が売れるようになったら。どうしよう、家にいてくれなくなったら。エ絵なんか売れないで。誰にも認められないで。ずっと私と拓海のそばにいて。

涙《なみだ》がつつっと流れ落ちた瞬間《しゅんかん》、スマホが鳴った。画面表示を見ると、輝也だった。

「お父さんだから、出て」

私は拓海にスマホを渡《わた》す。拓海ははしゃぎながら電話に出た。

もしもし、おとーさん！ うん、うん、そうなの、ハンバーグ食べたよ。拓海の声をぼんやり聞きながら動かしていた菜箸が、次の言葉で止まった。

「すごいんだよ。おかあさん、お料理してるの。あのね、菜の花畑みたいなの。すっごくきれいでおいしそう！」

はっと顔を上げる。菜の花畑？ 黄緑色の皿を使ったから、拓海にはそんなイメージが湧《わ》いたのかもしれない。ボロボロの卵の群れが、突然《とつぜん》報《むく》われてほほえんでいるように見える。

私はすぐに「いいよ」とは返せなかった。「仕事あるし、無理」という非情な言葉が喉元《のどもと》までせりあがっていた。私が黙《だま》っていると、輝也はとりなすように言った。

「交通費とかホテル代とかなら、僕、自分で出すよ。朝美が働いて稼《かせ》いでくれたお金は1円も使わないから、お願い」

絶句した。輝也はもしかしたらずっと「お金を稼いでいない自分は好きなことを我慢《がまん》しなくてはならない、生活費を自分のことに使ってはいけない」などと思いながらつましく暮らしていたのだろうか。ひょっとしてこれまでも、絵を描くのに必要なものはすべて、結婚前から持っていた自分の貯金を崩《くず》して買っていたのだろうか。

私は思わず「そんなのいいよ、出してあげるから使いなさいよ」と言ってしまい、その直後にハッとした。「出してあげる」だって。イ不遜《ふそん》な自分に気づく。

しかし輝也は、そこには特に引っかからない様子で、さらりと言った。

「いや、ほんとに。お金のことはいいから。僕もそこそこ稼いでるから」

「え？」

稼いでる？　私が首を前に突《つ》き出すと、輝也はちょっとうつむきながら告げた。

「うん……言ってなかったけど、デイトレード（＝株などを一日のような短期で細かく取引すること。自宅のパソコンなどでも行える。）がわりとうまくいってるんだ」

私は言葉を失った。そんなの、想像もしたことがなかった。ぽかんとしたまま輝也を見つめていると、彼はうかがうように言った。

「拓海のことお願いできる？」

うん、まあ……。仕方なく口ごもりながら承諾《しょうだく》したが、私はそこからずっと、悶々《もんもん》とした不安に取り憑《つ》かれている。

さておき、まずは目前のハードルをクリアしなければならない。

幼稚園の送迎は、その日だけ仕事をやりくりすればなんとかなるだろう。輝也がいない間の食事も、外食なりデパ地下の惣菜《そうざい》なり、どうとでもできる。

問題は、金曜日の弁当だ。

赤、緑、黒、茶、そして黄。どうにも逃げられない卵焼き。

拓海と一緒にファミレスで夕食をすませて帰宅したあと、私はキッチンに立ち、フライパンを片手に特訓に入った。「卵焼きの作り方」は、本でもネットでもたくさん見て頭に入れたはずなのに、どうしてだかうまくいかない。ふっくらせずぺたんこだし、卵がフライパンにひっついてきれいに巻けない。おまけに、レシピによって卵に入れるのは塩だったり砂糖だったり醤油《しょうゆ》だったり、あるいは片栗粉《かたくりこ》や牛乳と書いてあるものもあって、うちの卵焼きはどうなのかわからない。でもそんなことを輝也に電話して聞くのも憚《はばか》られた。

キッチン台の上に、崩れまくった卵焼きがどんどん並んでいく。リビングでテレビを見ていた拓海がやってきて「うわー！」と声をあげ、無邪気《むじゃき》にこう言った。

「乗ってないよ。京都には新幹線で行くんだよ」
「新幹線は、飛ぶ?」
「飛ばない」
「カナブンは飛ぶよ」
「カナブンの話なんかしてないじゃん」
「キョートゆき、たっくん号、離陸《りりく》しまーす！　出発しんこーう！」
めちゃくちゃだ。おもしろいけど。
私は思わず吹《ふ》き出しながら、拓海のしめった手をぎゅっと握《にぎ》った。
蟬《せみ》が鳴いている。そういえば少し前に、拓海がお父さんと拾ったと言って蟬の抜《ぬ》け殻《がら》を持って帰ってきたっけ。季節の移り変わるこの道を毎日毎日、輝也はこうやって拓海と歩いているんだなと思ったら、なんだか急に仲間はずれみたいな気持ちになって、胸がきしんだ。

夫の輝也は絵を描《か》いて暮らしている。絵を「売って」ではない。「描いて」いるばかりだ、今のところは。知り合ったときは同じ広告代理店で働く、2つ年下の部下だった。
結婚するまぎわになって、彼《かれ》は「僕《ぼく》、絵を描きたいんだよ」と言い出し、「もしできるなら、会社を辞《や》めて家事を受け持ちたい」と懇願《こんがん》した。
そう言われて一応「ええーっ」と驚いては見せたが、私は内心ラッキーと思っていた。ずっと実家暮らしに甘《あま》んじていた私は、それまで茶碗《ちゃわん》を洗ったこともなく、炊飯器《すいはんき》のスイッチさえ押《お》したことがなかったのだ。
家事なんかより仕事のほうが百倍楽しい。「絵描き志望の夫を食わせる大黒柱の妻」でいられるなら、これで大義名分ができたというものだ。
かくして私はますます仕事に精を出し、輝也はかいがいしい主夫となった。料理が上手で、シーツにまでアイロンをかけ、ちりひとつなく部屋を整える。電車で1時間ほどのところに住む私の両親とぬかりなくうまくやることも忘れない。私が妊娠《にんしん》して産休を取っている間も、彼は私をそれはそれは大事に扱《あつか》い、拓海が生まれてからは私がしっかり睡眠《すいみん》を取れるように時々別室で寝させてくれた。母乳の出が悪かったのもあって早々にミルクに切り替《か》え、仕事への復帰を早めたので、私は拓海を育児しているという実感があまりない。【中略】
ともかく、我が家は完璧《かんぺき》なコンビネーションで成り立っていたのだ。
京都から誘《さそ》いがくるまでは。

インスタグラム(＝インターネット上で写真などを公開・共有するシステム。読者がコメントなどもつけられる。)に載せた輝也の絵が「独特でユニークだ」と評価されて、フォロワー(＝読者登録をしている人)が増えたりコメントがきたりしているのは知っていたが、まさかグループ展のオファー(＝さそい招待)がくるほどだとは思っていなかった。京都のモノ好きなギャラリーのオーナーが、まだ世に出ていない画家やイラストレーターを5人ほど集めて展覧会を開くからやってみないかと声をかけてくれたのだ。【中略】インスタ(＝「インスタグラム」のこと)経由でダイレクトメッセージを受け取った輝也は、私に言った。
「グループ展自体は金曜から日曜だけど、搬入《はんにゅう》とか打ち合わせとかあるから、木曜日の朝に拓海を幼稚園に送ってその足で京都に行きたいんだ。だから、木曜日のお迎えと、金曜日の送迎《そうげい》と弁当をお願いできないかな。日曜日の最終で帰ってくるから」

「パパ来ないんだー。今日は私、パートで延長保育したけど、たっくんいるからパパに会えるのかと思ったのに」と、輪の中からあきらかにがっかりな声がして、私は思わず足を止める。

なんだ、人気者なのね、輝也パパは。ア振《ふ》り返らずに私は、再び歩き出した。

園舎に入ると、拓海がマッシュルーム頭を揺《ゆ》らしながら「おかあさーん」と駆《か》けてきた。両腕《りょううで》をぴっと横へ伸《の》ばして、飛行機のマネをする。乗ったことのない飛行機は拓海の憧《あこが》れだ。

拓海に続き、ハタチくらいの先生が寄ってきた。たしか副担任の、えり先生だ。むきたてのゆで卵みたいに肌《はだ》がつるんとしていて、ピンクのエプロンがこの上なく似合っている。

「わあ、初めてじゃないですか、ママがお迎えなんて。たっくん、よかったねえ」

またそれか。私が迎えに来ることがそんなに驚《おどろ》きなのか、それともみんな、そんなに輝也に会いたいのか。被害妄想《ひがいもうそう》かもしれないけど、普段《ふだん》送り迎えしないことをみんなに責められているように思えた。

拓海はロッカーから通園バッグを取り出し、先生に向かって「おとうさん、キョートなの」と得意気《とくいげ》に話した。先生が拓海と目線を合わせるように中腰《ちゅうごし》になる。

「キョート? 旅行なのかな?」

「ううん、おしごと!」

「へえ、パパ、お仕事始めたの?」

私は先生に「仕事ってほどじゃないんですけどね」と答えながら、通園バッグを拓海の肩《かた》にかけた。

「たっくんちはトーキョーで、おとうさんはキョート。トーキョーとキョート」

拓海は覚えたての地名をうれしそうに唱えながら玄関《げんかん》へ走り出していく。5歳児《さいじ》の脳は、新しいものを取り入れるのが楽しくて仕方ないらしい。

園舎の窓から、まだ話し込《こ》んでいるお母さんたちの輪が見えた。私は先生に「あの、あそこのボーダーシャツの方、誰のお母さんでしたっけ」と小声で訊《たず》ねた。

「ああ、瑠々《るる》ちゃんのママ。添島瑠々《そえじまるる》ちゃん」

そえじま、そえじまるるちゃんね。私は頭の中で復唱し、言われてみれば入園式のとき隣の席に彼女がいたような、うっすらとした記憶《きおく》がよみがえってきた。そのとき挨拶《あいさつ》と簡単な自己紹介《じこしょうかい》をしたかもしれない。

「じゃ、失礼します、えり先生」

頭を下げたら、先生のエプロンに「えな」と刺繍《ししゅう》されたワッペンが縫《ぬ》い付けられているのに気づいた。しまった、「えり」じゃなくて「えな」だ。

しかし先生はまったく気にするふうでもなく、笑顔で「さようなら」と言って他《ほか》のお母さんのところに行ってしまった。

はい、さようなら。逃《に》げるように園舎を飛び出す。バカな親って思われたかな。暑さのせいだけじゃない変な汗《あせ》が、額からにじみ出た。

手をつないで歩道へ出ると、拓海が顔を上げた。

「ねえねえ、おかあさん。おとうさん、飛行機に乗ったかな」

【国　語】（五〇分）〈満点：八五点〉

一　次の文章を読んで、後の問いに答えなさい。なお、出題の都合上、省略している部分があります。ただし（＝）は出題者による注です。

腕時計《うでどけい》を見ると、お迎《むか》え時間の16時になろうとしていた。7月中旬《ちゅうじゅん》の陽射《ひざ》しは、この時間になってもまだ暑い。太陽にまで追い立てられている気分になって、ストッキングのはりつく足を速める。仕事のファイルに加え、特集誌を2冊入れているせいでショルダーバッグがパンパンだった。

幼稚園《ようちえん》は、橋を渡《わた》った向こう岸にある。今から拓海《たくみ》をピックアップして、ファミレスで早めの夕食を食べて、帰宅して、そのあとは……。あ、拓海を風呂《ふろ》に入れたり寝《ね》かしつけたりしなくちゃいけないんだった。今日は練習することがあるのに。仕事よりもうんと荷が重い、結婚《けっこん》してから最大のミッション（＝任務役割）。

私《わたし》は明日、初めて拓海の弁当を作らなくてはならない。

さっきカフェでめくった弁当づくりの本には、「おいしそうに見せる基本の5色」が載《の》っていた。赤、緑、黒、茶、黄。赤のプチトマトは入れるだけだから楽勝。緑はブロッコリーで、茹《ゆ》で具合《ぐあい》に自信はないけどそう難なくいけるだろう。黒は海苔《のり》、小さいおにぎりを作るとして、茶色はウィンナーを炒《いた》めればいい。よくわからないけど、切り目を入れればタコだとかカニだとかになるはず。

黄色。

そう、問題は、黄色。黄色い食べ物って、そして弁当って、もうアレしかない。

幼稚園の門が見えてきた。考えてみたら、幼稚園に拓海をお迎えに行くのも初めてだった。入園してから2年以上たつのに、私がこれまで幼稚園を訪《おとず》れたのは、入園式と運動会、クリスマス会くらいのものだ。どれも輝也《てるや》と一緒《いっしょ》に、ビデオカメラを回した。でも今日は、隣《となり》に輝也がいない。ひとりでは心もとなくて緊張《きんちょう》しながら門をくぐると、横から誰《だれ》かに「こんにちは」と言われた。

そちらを向くと、4人のお母さんたちがぐるりと輪になっている。そのまわりで子どもたちが追いかけっこをしていた。お母さんも子どもも、誰ひとり見覚えがなくて私は体をこわばらせる。

ボーダー（＝横じまのもよう）のシャツを着た、お母さんのひとりが私を見ていた。声をかけてくれたのは彼女《かのじょ》だろう。ぱさついた髪《かみ》の毛を後ろでひとつにくくり、銀縁《ぎんぶち》の眼鏡をかけている。

「今日はパパじゃないのね」

「あ、はい、ええ」

誰だっけと思いながら、私はせいいっぱいの愛想《あいそ》笑いをした。ボーダーさんは、私に話しかけたはいいものの、それ以上の会話が広がらないらしくて苦笑いをしている。私は早く場を離《はな》れたくて、お辞儀《じぎ》をしつつ園舎に体を向けた。他のお母さんたちもぎごちない笑顔《えがお》で会釈《えしゃく》しながら、私に視線を走らせているのがわかる。

私が彼女たちに背中を向けると、「誰？」「たっくんとこの」「ああ」と話しているのが聞こえた。

MEMO

大切なことはメモしておこうネ！

平成30年度

解答と解説

《平成30年度の配点は解答用紙に掲載してあります。》

＜算数解答＞ 《学校からの正答の発表はありません。》

1 (1) $\frac{2}{3}$ (2) 30通り (3) 2.2倍 (4) 2.43% (5) $180cm^3$ (6) $6.75cm^2$

(7) (i) 3：28 (ii) 9：280

2 (1) 31.4m (2) 左から144番目

3 (1) 4～10 (2) 18～22／9～16 (3) 8通り 3，5，8，9，15，24，25，40種類

＜算数解説＞

1 (四則計算，割合と比，消去算，場合の数，流水算，濃度，立体図形，平面図形，相似，単位の換算)

重要 (1) $\frac{4}{3}-□$の$\frac{3}{16}$倍と$\frac{17}{21}-□$の$\frac{14}{16}$倍が等しいので，□は$\left(\frac{17}{21}\times\frac{3}{16}-\frac{17}{21}\times\frac{14}{16}\right)\div\left(\frac{14}{16}-\frac{3}{16}\right)=\frac{11}{24}\times\frac{16}{11}=\frac{2}{3}$である。

やや難 (2) 以下のように，2×5＋4×5＝30(通り)がある。

左側から1番目と3番目が赤の場合→2通り
左側から1番目と4番目が赤の場合→2×2＝4(通り)
左側から1番目と5番目が赤の場合→2通り
左側から1番目と6番目が赤の場合→2通り
左側から2番目と4番目が赤の場合→2×2＝4(通り)
左側から2番目と5番目が赤の場合→2×2＝4(通り)
左側から2番目と6番目が赤の場合→2通り
左側から3番目と5番目が赤の場合→2×2＝4(通り)
左側から3番目と6番目が赤の場合→2×2＝4(通り)
左側から4番目と6番目が赤の場合→2通り

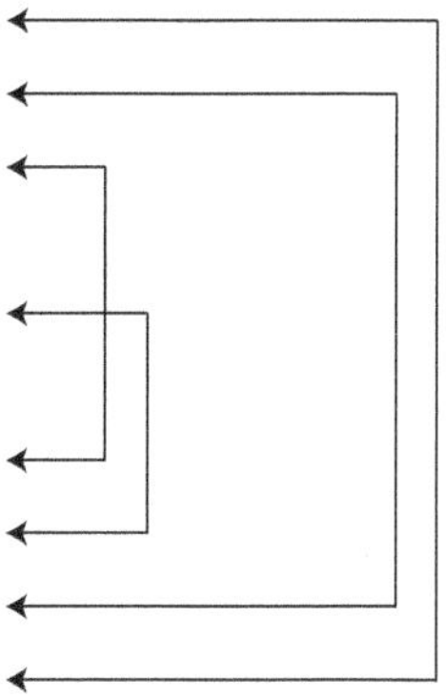

基本 (3) 下りの速さと上りの速さの比は112：42＝8：3であり，静水での速さが(8＋3)÷2＝5.5のとき，この速さは流れの速さの5.5÷(5.5－3)＝$\frac{11}{5}$(倍)である。

重要 (4) 食塩の量の和は一定であり，最初のBの濃度は{600×(1.88－1.62)＋400×2.04}÷400＝2.43(%)である。

基本 (5) 図1の立体ができるので，体積は6×6×6－6×6×6÷(2×3)＝180(cm^3)である。

図1

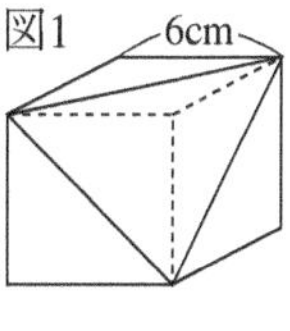

重要 (6) 図2において，正三角形OHGはタコ形AGOHの面積の$\frac{3}{4}$であり，内接する正六角形の面積は$9\times\frac{3}{4}=\frac{27}{4}$($cm^2$)である。

図2

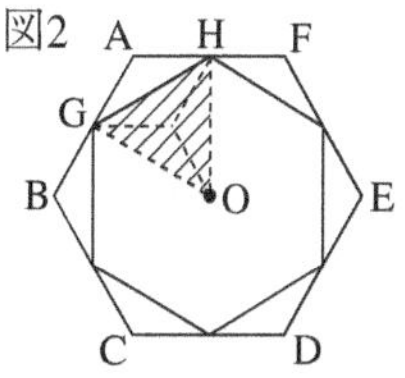

やや難　(7)　(ⅰ)　図3において，三角形AILとEIBは相似で対応する辺の比は6：1，AI：AEは6：7である。同様に，三角形AJLとFJBは相似で対応する辺の比は6：2＝3：1,AJ：AFは3：4である。三角形AEFの面積が14のとき，三角形AIJの面積は14×$\frac{6}{7}$×$\frac{3}{4}$＝9であり，正方形の面積は14×2×3＝84である。したがって，これらの比は9：84＝3：28になる。

図3

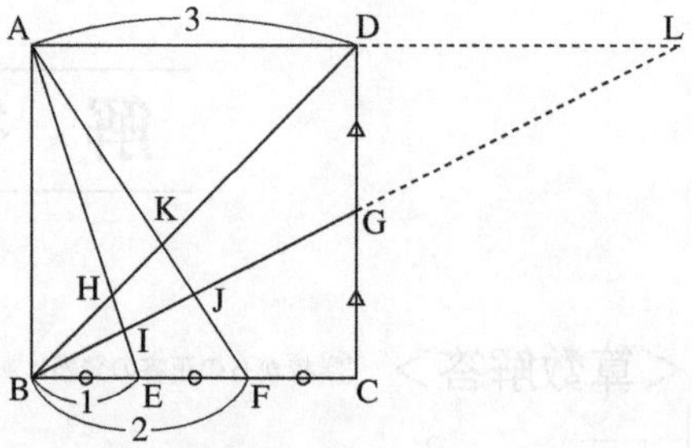

(ⅱ)　同様に，三角形AHDとEHBは相似で対応する辺の比は3：1，AH：AEは3：4であり，三角形AKDとFKBは相似で対応する辺の比は3：2，AK：AFは3：5であるから，(ⅰ)より，三角形AEFの面積が14のとき，三角形AHKの面積は14×$\frac{3}{4}$×$\frac{3}{5}$＝6.3であり，正方形の面積は84である。したがって，四角形HIJKと正方形の面積比は(9－6.3)：84＝9：280になる。

② （平面図形，規則性，概数）

基本　(1)　(3.45＋4.21＋2.34)×3.14＝31.4(m)

重要　(2)　1÷7＝0.142857…であり，2018÷3.14＝642.6…である。1＋4＋2＋8＋5＋7＝27，643÷27＝23…22であり，1＋4＋2＋8＋5＝20であるから求める位置は6×24＝144(番目)の半円上にある。

重要　③ （数の性質，規則性）

(1)　7×7＝49＝55－6より，4～10である。

(2)　10×10＝100＝20×5より，18～22，または，25×4より，9～16である。

(3)　30×30＝900より，以下の8通りがある。

300×3より，299～301…3種類の整数　　225×4より，109～116…8種類の整数
180×5より，178～182…5種類の整数　　100×9より，96～104…9種類の整数
75×12より，26～49…24種類の整数　　60×15より，53～67…15種類の整数
45×20より，3～42…40種類の整数　　36×25より，24～48…25種類の整数

★ワンポイントアドバイス★

まず，①(2)「場合の数」に注意しよう。②「平面図形」は難しくはなく，③「数の性質，規則性」も，小問(3)に注意すれば難しくない。したがって，①の7題で着実に得点することが重要になる。

＜理科解答＞ 《学校からの正答の発表はありません。》

① 問1　4　問2　40　問3　反比例　問4　あ　10　い　40
問5　(重さ)　20　(距離)　2.5　問6　1・3　問7　5

② 問1　ア，ウ　問2　エ　問3　オ，カ，キ　問4　えさ　問5　イ
問6　アブラムシ　問7　イ

③ 問1　比例の関係　問2　ア，ウ　問3　52　問4　102　問5　イ，ウ，オ
問6　ア，エ

④ 問1　2　問2　オ　問3　夏・7　問4　(1)　火星　(2)　金

＜理科解説＞

1 （力のはたらきーてんびん）

基本 問1 「支点からの距離」×「おもりの重さ」が左右で等しくなると，てんびんはつり合う。支点の左2の目盛に20gの重さがかかるので，支点の右4の目盛の位置に10gのおもりをつるすとてんびんはつり合う。

基本 問2 右のうでの1の目盛に40gのおもりをつるすと，「支点からの距離」×「おもりの重さ」が左右で等しくなり，てんびんはつり合う。

基本 問3 「支点からの距離」×「おもりの重さ」の値が一定になるので，一方が2倍になると他方は2分の1倍になる。このような関係を反比例という。

問4 あ 支点からの距離の比とつりさげるおもりの比が反比例する。支点から目盛りXまでの距離：5目盛り分の長さ＝目盛り5につるしたおもりの重さ：目盛りXにつるしたおもりの重さになるので，目盛り5につるしたおもりの重さはA1個分の10gである。 い 同様に目盛りXにつるしたおもりの重さはA4個分なので，答えは40gとなる。

問5 おもりBの重さを□gとすると，図3aの式より，支点から目盛りXまでの距離：5目盛り分の長さ＝10：□ また，図3bの式より，支点から目盛りXまでの距離：5目盛り分の長さ＝□：40となり，これら2つの式の左辺が等しいので，10：□＝□：40となる。これを満たす□の値は20gである。また，支点から目盛りXまでの距離：5目盛り分の長さ＝10：20より，支点から目盛りXまでの距離は2.5となる。

問6 右うでの2か所での「支点からの距離」×「おもりの重さ」の値の合計が，左うでのその値に等しくなれば，てんびんはつり合う。つり下げるおもりは1個ずつなので，目盛り1に1個つりさげると，目盛り3に1個つりさげると1×10＋3×10＝40となり，左うで側とつり合う。これ以外では，合計の値が40になるケースはない。

重要 問7 おもりを1か所につるしてつり合うのは，目盛り1に4個，2に2個，4に1個の3通りである。2か所につるしてつり合うのは，目盛り1と3に1個ずつのときと，1に2個，2に1個の2通りであり，全部で5通りである。

2 （昆虫・動物ー昆虫）

問1 保護色だと，他の動物から見つかりにくい。そのため，カマキリを食べる昼行性の鳥から身を守ることができる。また，カマキリがえさにするチョウに気づかれにくいため，えさを取るのに有利である。

重要 問2 昆虫の体は，頭部・胸部・腹部の3つに分かれている。胸部に3対の足がある。図では足の下のエの部分から腹部が始まることがわかる。

重要 問3 さなぎの時期を経て成虫になるものを完全変態といい，チョウ・ガ・ハチなどがこれにあたる。さなぎの時期を経ないものを不完全変態といい，バッタ・セミなどがこれにあたる。ショウリョウバッタ・シオカラトンボの他に，カマキリも不完全変態である。

問4 冬は寒くて乾燥しており，えさが少ないので卵や蛹で越冬する昆虫が多い。

問5 ナミテントウは，多くの個体が集まって石の割れ目や木の隙間，落ち葉の下などで越冬する。

問6 ナミテントウのえさはアブラムシ類である。

問7 成虫で冬ごしすると，春のはやい時期からえさを見つけて食べることができる。

3 （ものの溶け方・気体の性質ー溶解度・二酸化炭素の性質）

基本 問1 水の量が2倍，3倍になると，溶ける量も2倍，3倍になる。比例の関係にある。

重要 問2 ア 表2より，温度が高いほど溶ける量が多くなることがわかる。 イ 20℃の水500gに硝酸カリウムは31.6×5＝158(g)まで溶ける。よって170gは溶けない。 ウ 20℃の水250gに硝酸カリウムは31.6×2.5＝79(g)溶かすことができる。350gの水には31.6×3.5＝110.6(g)まで溶けるので，このとき100gの硝酸カリウムは全て溶ける。　エ　40°Cで100gの水に硝酸カリウムは63.5gまで溶けるので，50gは全て溶けている。

基本　問3　60°Cで水100gに109g溶けているので，水溶液の重さは209gである。水溶液に対する硝酸カリウムの重さの割合は，109÷209×100＝52.1≒52(%)になる。

重要　問4　80°Cの水100gに硝酸カリウムは169gまで溶け，このときの水溶液(飽和水溶液という)の重さは269gである。これを20°Cまで冷やすと，このとき水100gに31.6gしか溶けられないので，169－31.6＝137.4(g)が出てくる。80°Cの飽和水溶液200gを同様に20°Cに冷やすと□gの硝酸カリウムが出てくるとすると，80°Cの飽和水溶液の重さ：出てくる硝酸カリウムの重さの比を取って，269：137.4＝200：□　□＝102.1≒102(g)である。

問5　気体は温度が高いほど水に溶けにくい。二酸化炭素の水溶液を加熱すると，とけきれなくなった二酸化炭素が出てくる。二酸化炭素の固体はドライアイスという。ドライアイスは普通の温度・圧力の下では，温度を上げると液体の状態を経ずに気体になる。これを昇華という。ろうそくが燃えると二酸化炭素と水が生じる。

問6　二酸化炭素の一部が水に溶けると，ペットボトル内の二酸化炭素の圧力が減少し圧力が低くなるので，ペットボトルがへこむ。二酸化炭素は水に溶けると炭酸になり，水溶液は酸性を示す。そのためBTB溶液の色は緑色から黄色に変わる。

4　(太陽と月－太陽の動き・太陽系の惑星)

問1　地球は24時間で一周自転する。360°回転するのに24×60分かかるので，0.5°の太陽のみかけの大きさ分を移動するのに要する時間は，(24×60÷360)×0.5＝2分である。

問2　1月2日から3月2日までは59日間であり，3月2日は最初の満月から3回目の満月になる。それから春分の3月21日までに19日間なので，月の見え方は西の空に三日月のような月が見える。

問3　夏半年の日数は，3月21日から9月21日までにひと月が31日の月が4回と30日の月が2回であり，秋分の日の前日の9月22日までで185日である。冬半年の日数は9月23日から3月23日までに一月が31日の月が3回と30日の月が2回と28日の月が1回であり，春分の日の前日の3月20日までで178日である。その差は夏半年の方が7日多い。

問4　(1)　水星と地球の距離と，火星と地球の距離を比較するには，表1の値を使って(地球までの距離－それぞれの惑星までの距離)を計算する。地球と水星の距離の差は1－0.39＝0.61　地球と火星の距離の差は1.5－1＝0.5　よって火星の方が地球から近い。

やや難　(2)　地球から遠い順に，土星，木星，太陽，水星，火星，金星，月となる。これを問題文の規則に従って時計の文字盤に当てはめると，土→水→木→月→火→日→金の順番になる。この並びでは日の次に来るのは金である。

★ワンポイントアドバイス★

実験を題材にし，データから結論を導く形式の問題が多い。文章読解力や思考力が求められる。ふだんからこのような形式の問題を解いておくようにしたい。

＜社会解答＞《学校からの正答の発表はありません。》

1 問1 あ E い A う D え I お X か Y き B く U
け C こ R 問2 (1) イ(→)エ(→)ウ(→)ア (2) ウ (3) イ
問3 ア 問4 (1) ウ (2) 平清盛 問5 エ 問6 イ
問7 (1) エ(→)ウ(→)ア(→)イ (2) ウ (3) イ 問8 (1) ヒトラー
(2) アウシュビッツ(強制収容所) (3) エ 問9 (1) ウ (2) イ (3) ア
問10 ウ 問11 ウ 問12 (1) ウ (2) イ 問13 (1) 中華人民共和国
(2) 中華民国 問14 エ 問15 カタルーニャ(州)

2 問1 東京 エ 那覇 ア 問2 (1) 鹿児島県 (2) みちびき 問3 (1) ウ
(2) やませ (3) 宮沢賢治 問4 (1) 宇都宮(市) (2) イ (3) 駿河(湾)
(4) A イ B エ (5) エ 問5 (1) オ (2) B エ D ア
(3) コールドチェーン 問6 (1) ウ (2) 地場(産業) (3) ウ
(4) (例) 品揃えがよく，利便性が高いので，多くの顧客が集まる。 問7 (1) エ
(2) 産地直送 (3) 大豆 エ X ブラジル 問8 (1) 国土交通(省)
(2) ア 問9 (1) オ (2) 平等(選挙) 問10 (1) 公共の福祉
(2) ② ウ ③ イ (3) ア (4) 18(歳以上)

＜社会解説＞

1 **(総合―オリンピックをテーマにした地理，歴史など)**

基本 問1 あ アテネはギリシャの首都。バルカン半島の南部に位置する。 い ロンドンはイギリスの首都。グレートブリテン島の南東部に位置する。 う ベルリンはドイツの首都。ドイツの北東部に位置する。 え モスクワはロシアの首都。ロシアの東部の内陸部に位置する。 お メキシコシティはメキシコの首都。北アメリカの南部，メキシコの中南部に位置する。 か リオデジャネイロはブラジルを代表する大都市の一つ。ブラジルの南東部に位置する。 き パリはフランスの首都。フランスの北部に位置する。 く ロサンゼルスはアメリカ合衆国を代表する大都市の一つ。アメリカ合衆国の南西部に位置する。 け バルセロナはスペイン第2の都市。スペインの北東部に位置する。 こ シドニーはオーストラリア最大の都市。オーストラリアの南東部に位置する。

問2 (1) イ(1457年)→エ(江戸時代初期)→ウ(1653～1654年)→ア(1783年)。 (2) 目黒は江戸の不動尊で最も信仰された目黒不動の門前町。アは日光街道，イは中山道，エは東海道の，それぞれ日本橋を出て最初の宿場町である。 (3) 多色刷りの浮世絵は，色ごとに異なる版木を使用した。

基本 問3 日本で今まで開催されたオリンピックは，夏季が1964年の東京オリンピック，冬季が1972年の札幌オリンピック，1998年の長野オリンピックの3回。2020年に開かれる，夏季の東京オリンピックで4回目となる。

問4 (1) 鞍作止利は飛鳥時代の仏師で，法隆寺の本尊である釈迦三尊像が代表作。遣唐使に随行していない。 (2) 平清盛は，中国の宋の大船を迎え入れるため，それまでの大輪田泊を拡張する工事を行った。大輪田泊は現在の神戸港のもとになった港である。

問5 1960年代の後半，日本は当時の西ドイツを抜いて，国民総生産(GNP)で第2位となった。1位はアメリカ合衆国である。

問6　アは1910年，イは1895年，ウは1950～1953年，エは1931年。

基本　問7　(1)　エ(1894～1895年)→ウ(1904～1905年)→ア(1914～1918年)→イ(1937～1945年)。
(2)　第二次世界大戦開戦時(1939年9月1日)のアメリカ合衆国の大統領はフランクリン・ルーズベルト，ソ連の書記長はスターリン。この2人にイギリスのチャーチル首相を加えた3名で，第二次世界大戦末期の1945年2月4日～11日，ヤルタ会談が開かれ，ドイツの戦後処理などが決められた。　(3)　三国同盟は，日本，ドイツ，イタリアの三国間の軍事同盟。ソ連が誤りである。

重要　問8　(1)　ヒトラーはドイツの独裁政治家。第一次世界大戦後，ドイツ労働者党(のちのナチス)に加入し，1921年に党首となる。1933年に首相，1934年に総統に就任し，以後徹底した全体主義政治体制を形成して，1939年第二次世界大戦に突入した。1945年4月30日，ベルリン陥落の直前に自殺をした。　(2)　アウシュビッツ強制収容所は，ナチス・ドイツが，現在のポーランドのオシフィエンチム(ドイツ語でアウシュビッツ)に建設した最大の強制収容所。ナチスがヨーロッパにおけるユダヤ人抹殺，いわゆる「最終的解決」の実施に使用した主要施設の一つで，ユダヤ系一般市民など約140万人が虐殺されたとされる。現在，跡地は博物館となっており，1979年，いわゆる「負の遺産」として，世界文化遺産に登録された。　(3)　杉原千畝は，昭和時代前期の外交官。1940年，リトアニアのカウナスの日本領事館領事代理のとき，ナチスの迫害を逃れたユダヤ人らに，日本通過のビザ(いわゆる「命のビザ」)を発給し，多くの人々の命を救った。1969年，イスラエル政府から「イスラエル建国の恩人」として表彰された。

問9　(1)　東側諸国は旧ソ連を中心とした社会主義諸国，西側諸国はアメリカ合衆国を中心とした資本主義諸国。社会主義とは，主な生産手段(土地，工場，大型の機械など)は社会全体で共有すべきであるとする考え方，資本主義は生産手段の私有を認めるべきであるという考え方である。
(2)　日ソ共同宣言は，1956年10月に調印された第二次世界大戦についての日本，ソ連間の戦争終結宣言。鳩山一郎首相とブルガーニン首相との間で結ばれ，これにより両国の戦争状態が終わり，外国関係が回復した。　(3)　1989年12月に地中海のマルタ島で開かれた米ソ首脳会談で，冷戦の終わりが宣言された。このとき，アメリカ合衆国のブッシュ大統領，ソ連のゴルバチョフ書記長は，米ソ首脳として史上初めて共同記者会見にのぞみ，新しい平和の時代の到来を表明した。

やや難　問10　アフガニスタンの政情不安に際し，ソ連は1979年末，親ソ政権擁護のために侵攻。アメリカ合衆国，日本，西ドイツなどは，抗議の意味を込めて，1980年のモスクワオリンピックをボイコットした。ソ連は侵攻に失敗し，1988～1989年に撤兵した。

問11　倭の奴国の王が使いを送ったのは，隋ではなく，漢(後漢)である。このとき漢の皇帝(光武帝)から「漢委奴国王」の金印を与えられたという記述が，中国の歴史書である『後漢書』東夷伝にある。

問12　(1) リンカーンはアメリカ合衆国第16代大統領(在職1861～1865年)。共和党出身。1963年，南北戦争中に奴隷解放を宣言。1864年に再選され，翌年南部出身者によって暗殺された。「人民の，人民による，人民のための政治」という民主主義の理念を説いたことでも知られる。

やや難　(2) キング(マーティン・ルーサー・キング)は，アメリカ合衆国の黒人解放運動，公民権運動の指導者。キリスト教バプティスト派の黒人牧師で，非暴力による人種差別撤廃の大衆抗議運動の組織化に成功し，1963年，黒人の公民権獲得を目指すワシントン大行進を成功させた。1964年，ノーベル平和賞を受賞。1986年，「貧者の行進」を展開中にテネシー州メンフィスで暗殺された。「I have a dream」で始まる演説が有名。

問13　中華人民共和国は，中華民国国民党政権を革命によって倒し，1949年10月10日に成立した共和国。毛沢東を国家主席とし，中国共産党が中心となって建国した社会主義国。一方，中華民国は，1912年，辛亥革命で清が滅んだのちに成立した共和国。初め軍閥による対立が続いたが，蔣介石が北伐に成功して国民党による統一を達成した。第二次世界大戦後，中国共産党との内戦に敗れ，台湾に移った。

問14　豊臣秀吉は，2度目の出兵の途中，日本で病死。その遺言に，日本への全軍退却が指示されていた。朝鮮への3度目の出兵は計画されていない。

問15　カタルーニャ州は，スペイン北東部，地中海に臨む州。カタルーニャ語が使用され，中世以来，独特の文化を保持し，現在も強い自治権を有する。中央政府からの独立を目指す動きが盛ん。中心都市はバルセロナ。

2　**（総合－日本の地理，政治，時事問題など）**

やや難　問1　札幌は緯度が高いことから，他の都市に比べて気温が低い。よって，イが札幌である。多治見は「日本で最も暑いまち」として知られ，日本最高気温を記録したことがある。よって，ウが多治見である。那覇と東京を比べると，那覇は周囲がほぼ海に囲まれていること，海からの風の影響を受けやすいことなどから，夏の気温はそれほど上がらない。一方，東京はヒートアイランド現象の影響で夏の気温が非常に高くなる。よって，アが那覇，エが東京である。

やや難　問2　(1)　H-ⅡAロケット36号は，2017年10月10日，鹿児島県の種子島南部，南種子島町にある種子島宇宙センターから打ち上げられた。　(2)　みちびきは，主に日本向けの地域航行衛星システムおよびこのために打ち上げられる衛星の愛称。これにより，正確な位置を知ることや，緊急時・災害時に必要な情報を伝えることが可能になる。

問3　(1)・(2)　日本海側の秋田県，山形県などは，沖合を暖流の対馬海流が流れていること，奥羽山脈が初夏吹く冷涼な風である「やませ」を防いでくれることなどにより，夏の気温は比較的高く，冷害が発生することはまれである。一方，太平洋側の岩手県，宮城県などは，沖合を寒流の千島海流が流れていること，やませの影響を強く受けることなどから，夏の気温が上がりにくく，冷害が発生しやすい。　(3)　宮沢賢治は，岩手県花巻市生まれの詩人，童話作家。早くから法華経に帰依し，農業研究者，農村指導者として人々に貢献。代表作は詩「春と修羅」「雨ニモマケズ」，童話「銀河鉄道の夜」「風の又三郎」など。

基本　問4　Aは群馬県，Bは栃木県，Cは滋賀県，Dは山梨県。　(1)　栃木県の県庁所在地は宇都宮市。栃木県の政治，経済の中心で，「餃子のまち」としても知られる。　(2)　文中の「疎水」は，琵琶湖疏水。琵琶湖の水を京都市内に引き，水力発電や用水として利用されている。この琵琶湖疏水の設計をしたのが田辺朔郎である。　(3)　駿河湾は，静岡県東部，伊豆半島南端の石廊崎と西の御前崎とを結ぶ線より北側の湾。富士川が流入する。　(4)　Aの群馬県は嬬恋村を中心にキャベツの栽培が盛ん。例年，愛知県と生産量日本一を争っている。よって，イが該当する。Bの栃木県はいちごの栽培が盛ん。例年，生産量は日本一で，とちおとめなどの品種の栽培が有名。よって，エが該当する。なお，アは滋賀県，ウは山梨県。　(5)　群馬県，栃木県，滋賀県，山梨県の4県とも政令指定都市は存在しない。

やや難　問5　(1)　海藻の生育や人工魚礁の設置によって，魚介類の生育環境が良くなり，多くの魚介類が集まるようになる。ア－沿岸漁業ではなく，遠洋漁業。イ－定置網は主に沿岸漁業で用いられる。ウ－栽培漁業ではなく，養殖業の説明。エ－魚つき林ではなく，マングローブの説明。
(2)　Aは静岡県の焼津でイ，Bは北海道の釧路でエ，Cは青森県の八戸でウ，Dは鳥取県の境でア。　(3)　コールドチェーンは，生鮮食料品を冷凍，冷蔵，低温の状態で鮮度を保ちながら生産者から消費者に届ける輸送・保管の一貫した体系。日本語では，低温流通体系とよぶ。

問6　(1)　事業所数では，29人以下の企業が最も多く，300人以上の企業が最も少ない。また，製造品出荷額等では，300人以上の企業が最も多く，29人以下の企業が最も少ない。さらに，1人あたりの現金給与は，300人以上の企業が最も多く，29人以下の企業が最も少ない。よって，30～299人の事業所は，どの指標も中程度のウと判定できる。 (2) 地場産業は，特定の自然的条件，歴史的条件をもつ土地において，地元資本が伝統的な技術や地元の労働力を利用して，特産品を製造する産業。伝統工業の多くはこれに該当する。 (3) 福井県の鯖江市は眼鏡の枠の生産で知られる。一方，洋食器で有名なのは新潟県の燕市。 (4) 同業の企業が一定の地域に集積すると，顧客は，必要とする製品が必ず手に入る，いろいろな製品の中から選択できるなど利点が多い。このため，多くの顧客がこの地域を訪れることになる。

問7 (1) 東北や北海道では，早稲(わせ)とよばれる成熟が早く，早期に収穫できる稲の栽培が盛んである。 (2) 産地直送は，生産者と消費者が契約を結んで直接行う取引き形態。農家が団地で朝市を開いて野菜や果実を直売したのが始まりで，現在では様々な形態がある。略して「産直」ともよぶ。 (3) 大豆の生産はアメリカ合衆国が圧倒的に多く，これにブラジル，カナダが次いでいる。アは茶，イは小麦，ウはコーヒー(生豆)である。

問8 (1) 緊急地震速報の発令や火山活動の監視を行う機関は気象庁。気象庁は国土交通省の外局である。(2) 消火栓は，水道の給水管に設けられた，消火ホースを取り付けるための口。道路の交差点，分岐点，大建築物の側壁部など消防活動に便利な場所に設置される。地上式と地下式があり，すべてマンホールの中に設置されるわけではない。

重要 問9 (1) 法律案の提案権は，国会議員と内閣の両方にある。アー「6年に1度」ではなく，「3年に1度」。イー「任命」ではなく，「指名」。ウー「すべて」ではなく，「過半数」。エー総辞職をしてもよい。「衆議院を解散し，総選挙を実施しなければならない」わけではない。 (2) 平等選挙は，選挙人の投票の価値をすべて平等に取り扱う制度。特定の選挙人に複数の投票を認めたりすることは平等選挙の原則に反する。

問10 (1)「公共の福祉」は，社会全体の幸福や利益のこと。各個人が人権を確保するために，相互に，矛盾・衝突を起こした場合，それを調整するための原理である。ただし，何が公共の福祉かを判断するには，慎重で厳格な配慮が必要とされる。 (2) 憲法は，国の最高法規である。そのため，その改正には，法律の制定や改廃に比べて，よりきびしい条件が課せられている。
(3) 個人情報保護法第2条2項の規定により，「死者や法人の情報」はこの法律の対象外となっている。 (4) 選挙権と同様，国民投票における投票権も，18歳以上の国民が有すると規定されている。ただし，2018年6月20日までは，20歳以上の国民が有すると規定されている。

★ワンポイントアドバイス★

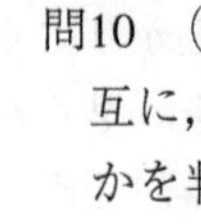

問題数が非常に多いので手際よく解いていくことが大切。グラフや表を用いた問題は，じっくりと考える必要があるので，後回しにするなどの工夫が必要である。

＜国語解答＞《学校からの正答の発表はありません。》

一 問一 (例) 自分は輝也と違って，お母さんたちを知らずうまく会話もできないので，とにかくその場を離れて，拓海を引き取りにいこうという気持ち。 問二 (例) 自分と輝也は対等の立場であるはずなのに，輝也に対してお金を「出してあげる」と，自分が上の立場であるかのように発言した点。 問三 (例) 家事や育児が苦手だというコンプレックスに改めて直面し，自分が家計を支えているという自負にも，安心できなくなり，自分がこの家にいる意味に疑問を抱いたから。　問四　(例)　エでは，自分が家計を支えて輝也が育児と家事をするという今までの役割分担が少しでも崩れるのは嫌だと思っていたが，オでは，家族が互いに自分の得意なことをやりながら，いたわりあい，協力しあって生活していけばよいと考えている。

二　問一　見事に・しまいました　問二　(例)　(たしかに)　大西社員が売れ残りを出さなかったことは評価できる。　(しかし)　十八時以降は売り切れになり，商品を買えないお客様がいたことになる。　(一方)　小池社員は多めに仕入れたので，商品を買いたいお客様の全員が買えた。　(したがって)　お客様にとってよい店舗だという観点から，小池社員を高く評価する。

三　①　態　②　手[道]　③　図　④　境[地]　⑤　識

＜国語解説＞

一　(小説ー内容理解，心情理解，主題)

問一　「ひとりでは心もとなくて緊張しながら門をくぐると」「誰ひとり見覚えがなくて私は体をこわばらせる」「私は早く場を離れたくて，お辞儀をしつつ園舎に体を向けた」などの表現から，「私」が幼稚園で居心地の悪い思いをしていることがわかる。そんな中，輝也がいなくて「あきらかにがっかりな声」なども聞き，私はともかくその場を離れ，任務である拓海のお迎えの仕事を果たそうと考えている。

問二　「不遜」は，思いあがっていること，という意味。「私」と輝也は互いの役割を分担し，対等の立場にあるはずである。これに対して，「私」がお金を「出してあげる」という発言は，「私」が上の立場に立っているようで，思い上がった発言とも考えられる。

重要　問三　――ウのあとからとらえる。特に「唯一，家計を支えているという自負がこれまではあった。でもそれももう，私を安心させてはくれない」「輝也にとって，拓海にとって，私がこの家にいる意味ってなんなんだろう」に注目。

やや難　問四　――エは，問三とも関連付けて考える。「私」と輝也がきっちりと役割分担をすることで，「私」は自分のコンプレックスから逃れられ，好きな仕事もできて安心してきた。しかしその土台が崩れるのではないかと思ったとき，「私」は――エのように思ったのである。これに対して，輝也の温かい心に触れ，卵焼きを完成させたとき，「私」と輝也それぞれの居場所や役割分担は，もっとゆるやかなものであってよいと思えたから，――オのように言ったのである。「合った道具。そう言われて，なんとなく自分が慰められた気がした」「輝也のその言葉が，私の居場所を作ってくれたように思えた」に注目。

二　(資料を含む表現の問題)

問一　大西社員については，単に「完売」と言わずに，「見事に……完売となりました」と肯定的に言っている。小池社員については，「売れ残りました」「売れ残りが生じました」と客観的に述べるのではなく，「売れ残りが生じてしまいました」と，マイナス点を強調して言っている。

やや難　問二　新宿支店では，18時の時点ですでに500個を完売してしまっており，18時から19時までの間は売り切れであったことに注目する。

三　(熟語)

①　「状態」「態度」という熟語ができる。　②　「下手」「手順」，「下道」「道順」という熟語ができる。　③　「意図」「図式」という熟語ができる。　④　「辺境」「境目」，「辺地」「地目」という熟語ができる。　⑤　「博識」「識別」という熟語ができる。

★ワンポイントアドバイス★

すべて抜き出しと記述問題である。読解は文章が長いので，内容をしっかりおさえたうえで，自分の言葉で説明する力が求められる。ふだんからいろいろなジャンルの文章にふれることや，文章の要約する練習をしておくことが大切！

平成29年度

★★★★★★★★★★★★★★★★★★★★★★★

入　試　問　題

平成29年度

開成中学校入試問題

【算　数】 (60分)　　＜満点：85点＞

【注意】 ◎答えが分数になるときは，できるだけ約分して答えなさい。円周率が必要なときは3.14を用いなさい。

◎式や図や計算などは，他の場所や裏面などにかかないで，すべて解答用紙のその問題の場所にかきなさい。

1　次の各問いに答えなさい。

(1)　次の $\boxed{}$ には同じ数が入ります。その数を求めなさい。

$$\frac{35}{3}\times\left(\boxed{}\times1.4+\boxed{}\div\frac{1}{2}+20\right)\div\frac{7}{60}=2017$$

(2)　1から2017までの整数のうち，3でも4でも割り切れないものを考えます。そのうち，2の倍数と5の倍数はそれぞれ何個ありますか。

2　右の図1は，正方形で分割《ぶんかつ》された長方形です。ただし，正方形の中の数はその正方形の1辺の長さ（単位はcm)を表しています。この分割された長方形から，以下のような手順にしたがって，点を矢印つきの線（以下では，この線を「矢印」ということにします）で結んだ図形（次のページの図4）を作ります。最後にできたこの図形（図4）を「長方形の分割を表す経路」ということにします。

【「長方形の分割を表す経路」を作る手順】

(i)　図1のそれぞれの縦線の真ん中に点をとり，図2のように左にある点から順にA，B，C，…と名前をつけます。

(ii)　各正方形について，左の辺を含む縦線の真ん中の点から右の辺を含む縦線の真ん中の点へ向かう矢印をかき，その近くにその正方形の中の数を移します。(次のページの図3）

(iii)　もとの長方形，正方形の辺の線をすべて消します。(次のページの図4）

矢印の近くに記入した数を「矢印に対応する数」ということにします。いずれの問いも，解答らんに答えのみを記入しなさい。

図1

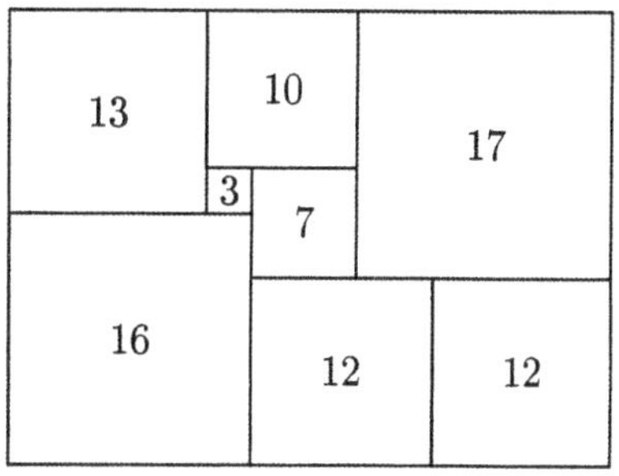

↓(i)

図2

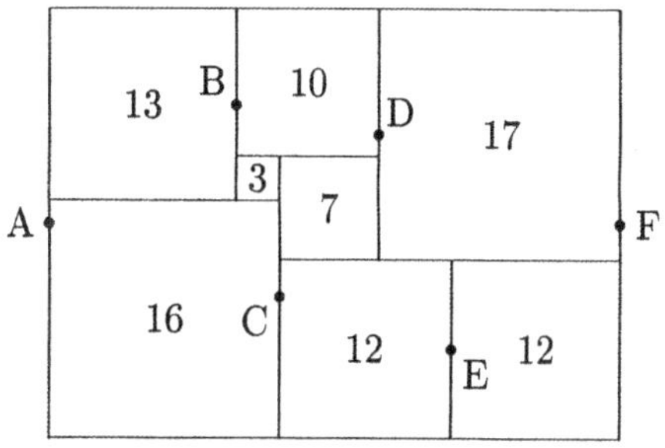

↓(ii)

(図3・図4が次のページに続きます)

(1) 矢印に対応する数の間にはいくつかの法則があります。その1つは，1つの点に注目したとき，その点に入ってくる矢印に対応する数の和と，その点から出ていく矢印に対応する数の和は必ず等しくなることです。例えば図4で，点Cに入ってくる矢印B→C，A→Cに対応する数の和3＋16と，点Cから出ていく矢印C→D，C→Eに対応する数の和7＋12はともに19になります。この理由を表した文を，次の(い)，(ろ)の中から1つ選び，その記号を答えなさい。

> (い) 1つの縦線と辺が重なっているすべての正方形について，その縦線の左側にある正方形の中の数の合計と右側にある正方形の中の数の合計が等しいから。
>
> (ろ) 1つの横線と辺が重なっているすべての正方形について，その横線の上側にある正方形の中の数の合計と下側にある正方形の中の数の合計が等しいから。

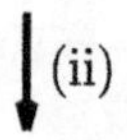

図3

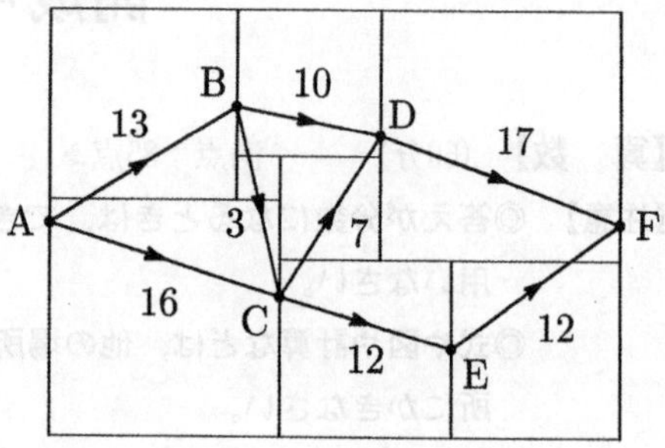

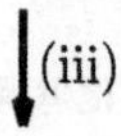

図4

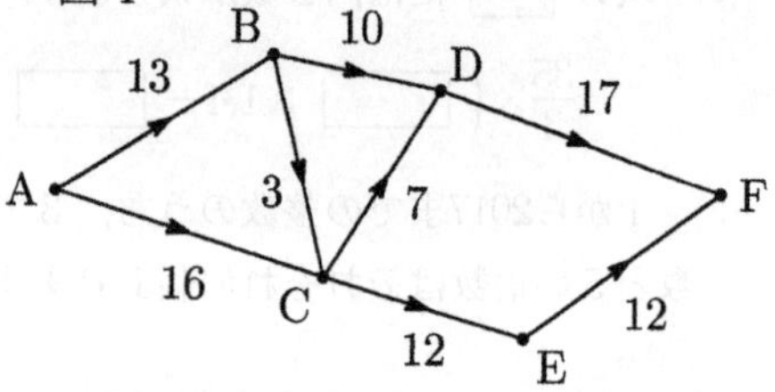

前のページの図1とは別の，正方形で分割された長方形を考えます。同じ手順にしたがってその長方形の分割を表す経路を作ると，図5のようになりました。この図について，以下の問いに答えなさい。

図5

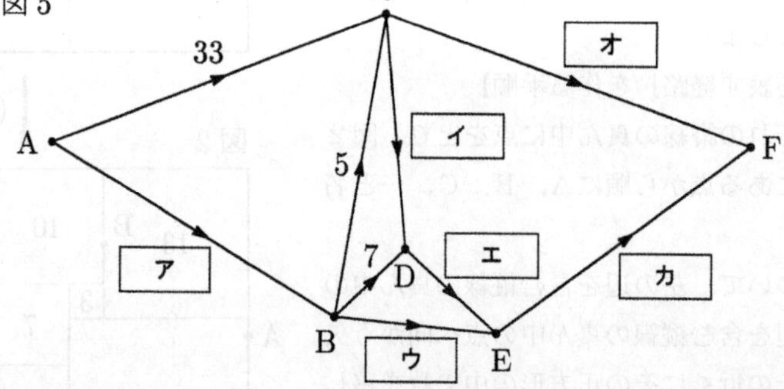

(2) 空らん ア ～ カ はそれぞれ矢印に対応する数を表しています。これらの空らんに当てはまる数を答えなさい。

(3) 図5におけるもとの長方形の縦，横の長さを答えなさい。

(4) 解答らんの長方形は(3)で縦，横の長さを求めたもとの長方形を表しています。この長方形に図5で表された正方形による分割をかきこみ，それぞれの正方形の中にその1辺の長さを表す数を書きなさい。分割の様子がわかれば，辺の長さは多少不正確でも定規を使っていなくても構いません。

3 次の各問いに答えなさい。

(1) 右の図において，四角形ＡＢＣＤと四角形ＡＢＥＦはどちらも長方形で，３つの直線AG，BD，EFが１点Hで交わっています。GEの長さが１㎝，DFの長さが９㎝，AFの長さが x ㎝のとき，x の値《あたい》を求めなさい。

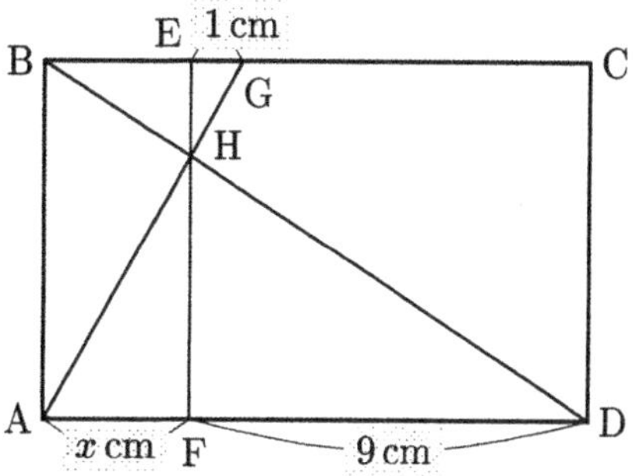

(2) Ａ地点とＢ地点の間に一本道があります。阿《あ》部《べ》君はこの道をＡ地点からＢ地点へ向かって分速50mで進みます。馬場君もこの道をＢ地点からＡ地点へ向かって一定の速さで進みます。二人は同時に出発し，Ｂ地点から250m離れた地点ですれ違いました。また，阿部君がＢ地点に着いてから46分12秒後に，馬場君はＡ地点に着きました。右の図は，二人が出発してからの時間とＡ地点からの道のりの関係を表しています。二人が出発してからすれ違うまでにかかった時間を y 分とするとき，y の値を求めなさい。

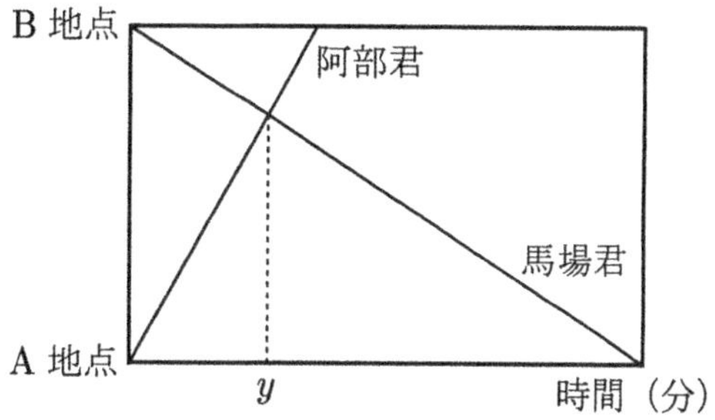

4 図１のように，底面がAB＝４㎝，BC＝３㎝，CA＝５㎝，角ABCの大きさが90°の三角形であり，側面がすべて長方形の透明《とうめい》な三角柱のガラスでできた容器があります。この容器には水を入れることができ，どのような向きに置いても水はもれないものとします。また，容器のガラスの厚さは考えません。

まず，この容器に少し水を入れたところ，面DEFを下にして水平な床《ゆか》に置いたときと，図２のように面BCFEを下にして水平な床に置いたときとで，容器の下の面から水面までの高さが等しくなりました。

次に，この容器に，これまでに入っていた量の $\frac{5}{4}$ 倍の水をさらに追加したところ，面DEFを下にして水平な床に置いたときと，図３のように面ABEDを下にして水平な床に置いたときとで，容器の下の面から水面までの高さが等しくなりました。

ただし，下の図において斜線《しゃせん》の部分は入っている水を表しています。あとの問いに答えなさい。

図１

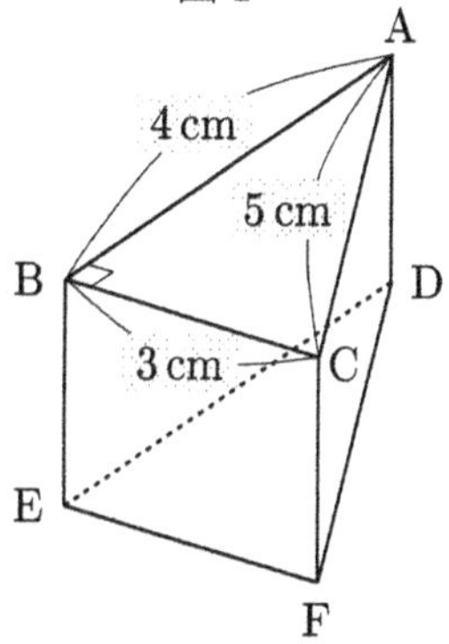

図２

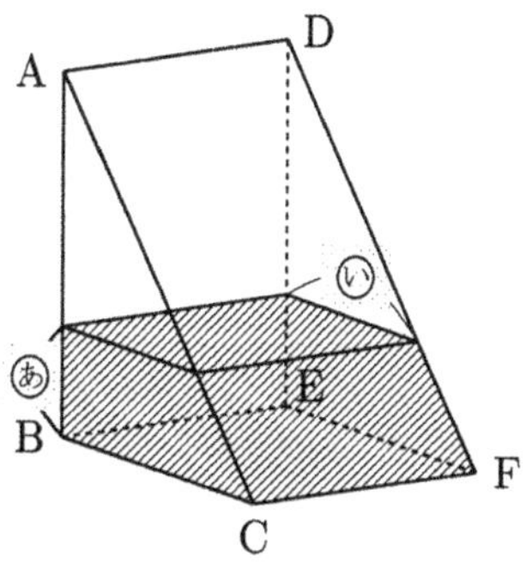

図３

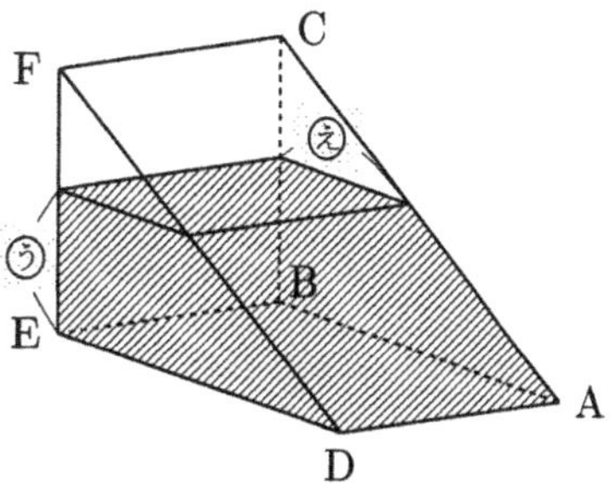

⑴　前のページの図３の㋒の長さは，図２の㋐の長さの何倍ですか。

⑵　図３の㋓の長さは，図２の㋑の長さより何cm長いですか，または短いですか。解答らんの「長い」，「短い」のいずれかに○印を付け，その差を答えなさい。

⑶　図２の㋐の長さは何cmですか。

⑷　BEの長さは何cmですか。

⑸　図３の状態のあと，この容器に水をさらに追加したところ，面DEFを下にして水平な床に置いたときと，面ACFDを下にして水平な床に置いたときとで，容器の下の面から水面までの高さが等しくなりました。このとき，等しい水面の高さは何cmですか。

【理　科】（40分）　＜満点：70点＞

1　次の文を読み，以下の問いに答えなさい。

図1のようなガスバーナーでは，２種類の調節ねじを回すことで，流れ出てくる燃料のメタンガスと空気の量とを調節することができます。空気が十分に出ている状態の青色の炎《ほのお》では，ガスは完全に燃えていて，石灰水《せっかいすい》をにごらせる性質をもつ気体が発生しています。

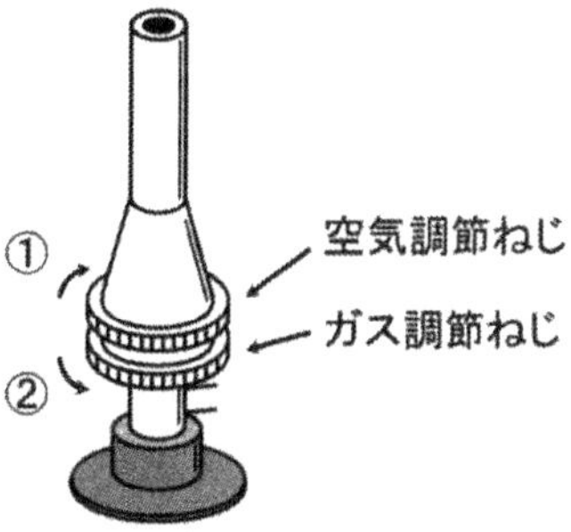

図1

ここで，青色の炎が出ているガスバーナーに，**図2**のように上から乾《かわ》いたビーカーを近づけたところ，ビーカーの内側のかべがくもりました。一方，**図3**のように高温にした電熱器に対しては，上から乾いたビーカーを近づけても，ビーカーの内側のかべはくもりませんでした。このとき，ビーカーの口付近での空気の温度を測定したところ，ガスバーナーと電熱器で温度に差はほとんどありませんでした。

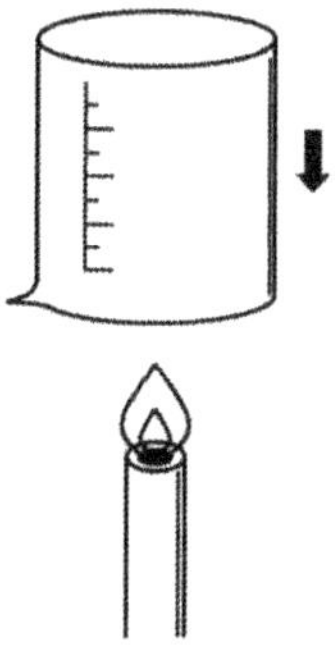
図2

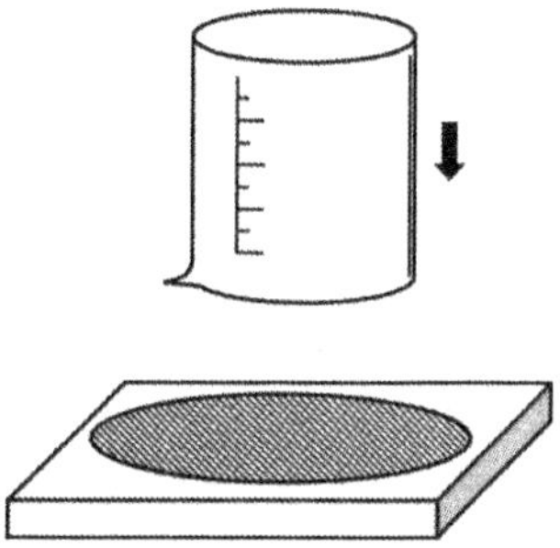
図3

問1　ガスバーナーの燃料が燃えるためには，空気中のある気体が必要になります。この気体について正しく述べたものを次の**ア～カ**の中から**すべて選び**，記号で答えなさい。

ア　ものを燃やすはたらきをもつ。
イ　この気体の濃度が大きくても小さくても，ものの燃え方は変わらない。
ウ　この気体を発生させるためには，石灰石に塩酸を加えればよい。
エ　この気体を発生させるためには，二酸化マンガンに過酸化水素水を加えればよい。
オ　この気体は無色無臭《むしゅう》である。
カ　この気体には，つんとするにおいがある。

問2　**図1**のガスバーナーで炎の大きさを調節しましたが，炎の色はオレンジ色でした。炎を青色にするためにもっとも適当な方法を次の**ア～エ**の中から１つ選び，記号で答えなさい。

ア　ガス調節ねじをおさえたまま，空気調節ねじを①の方向に回す。
イ　ガス調節ねじをおさえたまま，空気調節ねじを②の方向に回す。
ウ　空気調節ねじをおさえたまま，ガス調節ねじを①の方向に回す。
エ　空気調節ねじをおさえたまま，ガス調節ねじを②の方向に回す。

問3　文中の下線部の気体の物質名を，漢字で答えなさい。

問4　文中の下線部の気体を溶《と》かした水溶液《すいようえき》をつくりました。この水溶液と同様に，加熱して蒸発させても何も残らないものを次の**ア**～**オ**の中から**すべて選び**，記号で答えなさい。

ア　食塩水　**イ**　塩酸　**ウ**　砂糖水　**エ**　石灰水　**オ**　アンモニア水

問5　文中の下線部の気体を十分に溶かした水溶液の性質として，もっとも適当なものを次の**ア**～**エ**の中から1つ選び，記号で答えなさい。

ア　水溶液からは，つんとするにおいがする。

イ　BTB溶液を加えると，うすい黄色になる。

ウ　アルミニウムを加えると，アルミニウムが気体を出して溶ける。

エ　ムラサキキャベツの液を加えると，うすい緑色になる。

問6　前のページの**図2**のビーカーの内側のかべはくもり，**図3**のビーカーの内側のかべはくもりませんでした。**図2**のビーカーの内側のかべのくもりの説明として，もっとも適当なものを次の**ア**～**エ**の中から1つ選び，記号で答えなさい。

ア　図2のビーカーの内側のかべのくもりは，大気中に元からあった水蒸気が，ビーカーに触《ふ》れて冷やされて生じた。

イ　図2のビーカーの内側のかべのくもりは，大気中に元からあった水蒸気が，ビーカーに触れて温められて生じた。

ウ　図2のビーカーの内側のかべのくもりは，ガスの燃料が燃えることによって新しく生じた水蒸気が，ビーカーに触れて冷やされて生じた。

エ　図2のビーカーの内側のかべのくもりは，ガスの燃料が燃えることによって新しく生じた水蒸気が，ビーカーに触れて温められて生じた。

問7　水は，温度によって，固体（氷），液体（水），気体（水蒸気）にすがたを変えます。**図4**は，氷をビーカーに入れてガスバーナーでゆっくり加熱した時の温度変化を表しています。**図2**のビーカーの内側のかべに生じたくもりは，**図4**のどの部分の水のすがたと同じですか。もっとも適当なものを図中の**ア**～**エ**の中から1つ選び，記号で答えなさい。

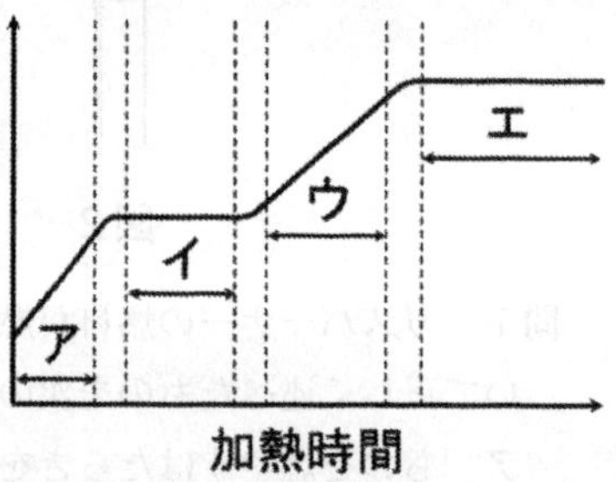

図4

2　次のページの**図1**は，ある地域の地形の断面を示したものです。川と同じ高さの水平面が**C**の範囲《はんい》に広がっており，川から4m高い**B**と**D**の範囲に，そしてさらに4m高い**A**と**E**の範囲にも，それぞれ水平面が広がっています。川は蛇行《だこう》しながら**C**の範囲全体を流れており，川に運ばれたれきなどは，**C**の範囲全体に水平に堆積《たいせき》しています。**ア**～**オ**の各地点の地表付近には，厚さ1mのれき層があり，いずれも川のはたらきで堆積したものだと考えられます。

このように，川は土砂を堆積させる作用がある一方で，川底を侵食《しんしょく》する作用もあります。この地域に見られる階段状の地形は侵食作用により形成されたと考えられます。

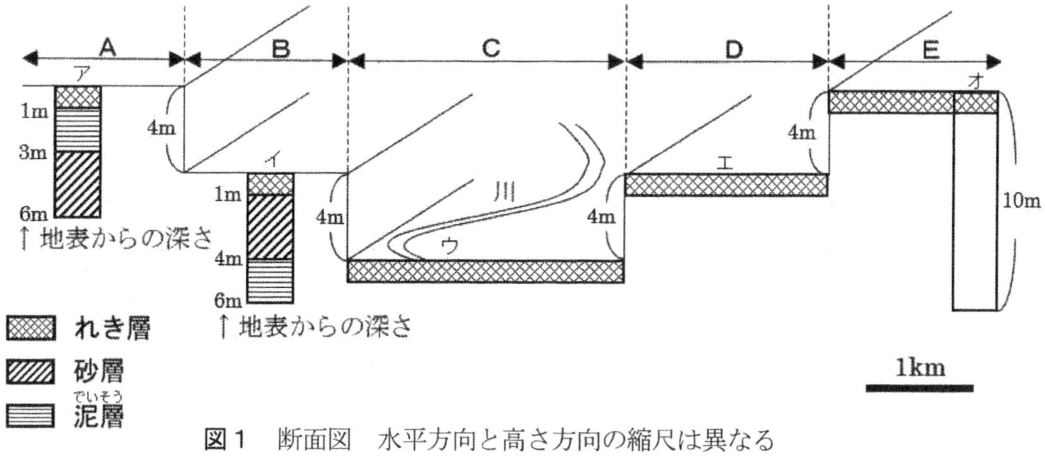

図1　断面図　水平方向と高さ方向の縮尺は異なる

問1　**ウ**地点のれき層が堆積した時代には，川は**C**の範囲全体を蛇行しながら流れていましたが，**イ**地点のれき層が堆積した時代には，川は**A～E**のどの範囲を蛇行しながら流れていたと考えられますか。**A～E**の記号で答えなさい。ただし，複数の範囲にまたがる場合はその記号をすべて書きなさい。

問2　**ア**，**イ**，**ウ**の各地点の地表付近にあるれき層が堆積した時代が古いものから順に**ア**，**イ**，**ウ**の記号を並べて答えなさい。

問3　**ア**地点と**イ**地点のボーリング調査で，深さ６ｍまでの地層の重なりがそれぞれ**図１**に示されるようになっていることがわかりました。**オ**地点で地表から深さ10mまでボーリングした場合，地層の重なり方はどのようになっていると考えられますか。解答らんの図に書き入れて答えなさい。地層の種類は上の**図１**のパターン（横線など）を使って区別できるように示すこと。ただし，砂層と泥層は，この地域全体に水平に広がっているものとします。

問4　文中の下線部に関して，川底の侵食が進むと，川底の高さと海面の高さの差が小さくなるため川の流れが遅くなり，侵食作用は弱まります。それでは，いったん弱まった侵食作用が再び強くなり，この地域に見られるような階段状の地形が形成されるのはどのような場合でしょうか。もっとも適当なものを次の**ア～エ**の中から１つ選び，記号で答えなさい。

ア　土地の沈降《ちんこう》，または海面の上昇

イ　土地の沈降，または海面の低下

ウ　土地の隆起《りゅうき》，または海面の上昇

エ　土地の隆起，または海面の低下

問5　**図１**の**C**の範囲は川が蛇行して流れています。川の流れが川岸を侵食する力がもっとも強いと考えられる場所を**図２**の**a～e**の中から１つ選び，記号で答えなさい。

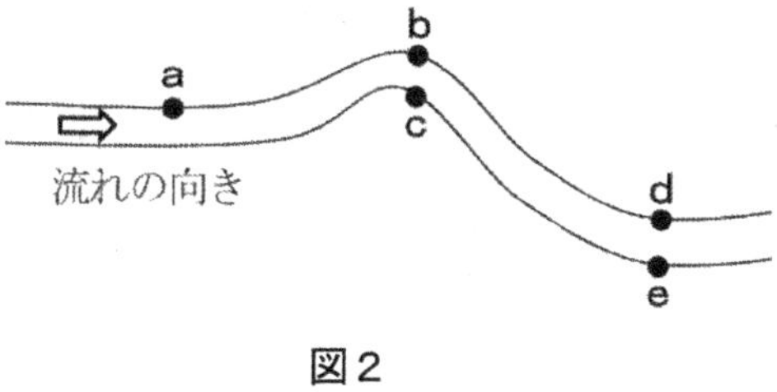

図2

問6　川の流れが土砂を運搬《うんぱん》し堆積させるように，氷河も土砂を運搬し堆積させます。**写真1**の点線の間の部分が氷河で，谷に沿って氷が年間数百メートルほど流れ下っていきます。矢印で示された黒い筋は氷河の上にのっている土砂であり，氷河の流れとともに移動していきます。氷河の氷がとけてしまうと運ばれてきた土砂はそこに取り残されて堆積します。

写真1　氷河は点線の間の部分

写真2と**写真3**はどちらかが氷河の堆積物でどちらかが河川《かせん》の堆積物です。両者には，運搬のされ方の違いを反映した特徴《とくちょう》がありますが，その違いは**写真2**と**写真3**からも読み取ることができます。堆積物の特徴の違《ちが》いを「氷河の堆積物の方が」に続く形で2つ，それぞれ5～12字で答えなさい。

写真2　矢印のれきの大きさは約5 cm

写真3　矢印のれきの大きさは約5 cm

3　動物や植物は，子が生まれるまで守り育てるしくみをもっています。植物の子は，種子として育ちます。植物の花は受粉すると実になりますが，このときめしべの中では動物と同じように受精がおこり，種子のもとになるものができます。種子のもとは，親の体の一部分である実のなかで育ち，やがて実が熟すと親の体から離《はな》れ，外の世界に種子として生まれます。

図1，**図2**は順にカボチャのおばな，めばなで，花の一部をとりのぞいて中を見やすくした状態が示されています。**図3**はカボチャの実です。**図1**～**図3**について，互《たが》いの大きさの関係は実際とは異なっています。

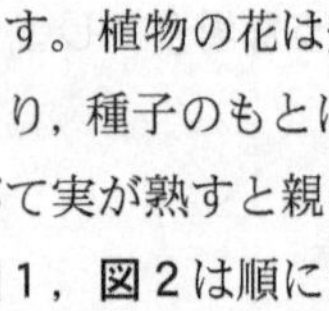

図1　カボチャのおばな

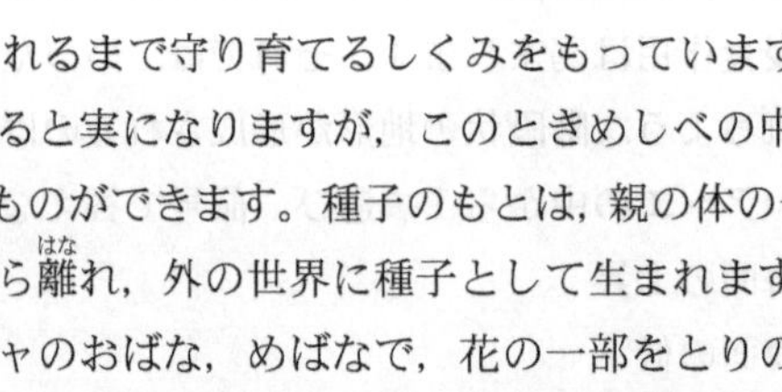

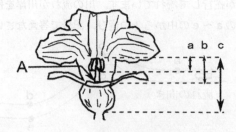

図2　カボチャのめばな

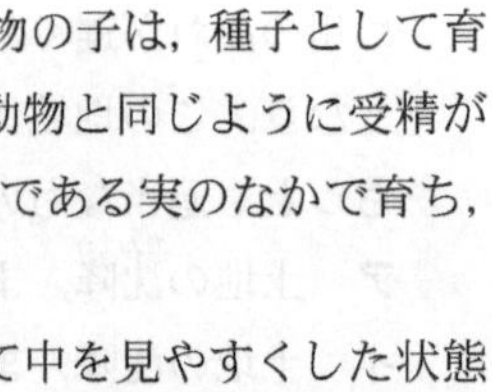

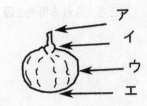

図3　カボチャの実

問1　前のページの**図2**のａ，ｂ，ｃは花の一部分を示しています。めしべ全体と，めしべのうち受粉する部分を，ともに正しく示したものはどれですか。もっとも適当なものを下の①～⑥の中から１つ選び，番号で答えなさい。

	①	②	③	④	⑤	⑥
めしべ全体	a	b	c	b	c	c
受粉する部分	a	a	a	b	b	c

問2　カボチャのめばなは受粉すると，成長して実になります。花から実になるときに，**図2**のめばなの**A**で示した位置は，**図3**の実のどの位置に近くなりますか。もっとも近いものを前のページの**図3**の**ア～エ**の中から１つ選び，記号で答えなさい。

図4はメダカの受精卵《らん》です。メダカのメスは一度に20個程度の卵を産み，オスがそれを受精させます。受精卵は，長い毛と短い毛がついた透明《とうめい》なまくに包まれ，守られています。

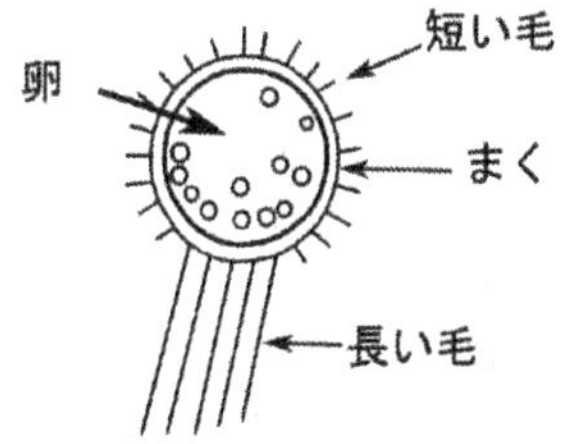

図4　まくに包まれた
メダカの受精卵

問3　メダカの受精卵がある場所とその状態としてもっとも適当なものを次の**ア～エ**の中から１つ選び，記号で答えなさい。

ア　受精卵は，１つ１つばらばらになって水面に浮《う》き，卵が育つために必要な酸素が届くようになっている。

イ　受精卵は，１つ１つばらばらになって水底の土の中に埋《う》まり，外敵に見つかりにくいようになっている。

ウ　受精卵は，多数がひとかたまりになるよう水底の土の上に産みつけられ，ふ化するまで親がすぐ近くで守り，新しい水を送るなど卵の世話をしている。

エ　受精卵は，多数がひとかたまりになり，ふ化するまで水草などに付着し，流されないようになっている。

ヒトの子は，ある程度大きくなるまでは，母体の中で育ちます。

問4　母体の中でヒトの子が酸素や養分など，成長に必要な物質を得るしくみとしてもっとも適当なものを次の**ア～エ**の中から１つ選び，記号で答えなさい。

ア　必要な物質は一度たいばんを通り，子の腹部から直接体内に吸収される。

イ　必要な物質は一度たいばんを通り，子の口と消化器官とを通って吸収される。

ウ　必要な物質は一度たいばんと羊水を通り，子の皮ふから体内に吸収される。

エ　必要な物質はたいばんを通らず，母体の血液が子の体内に直接流れこむことにより吸収される。

問5　母体の中でヒトの子が出す二酸化炭素などの，いらなくなったものを処理するしくみの説明としてもっとも適当なものを次の**ア～エ**の中から１つ選び，記号で答えなさい。

ア　いらなくなったものは子からへその緒《お》を通してたいばんへ送られ，たいばんから母体の血液に吸収される。

イ　いらなくなったものは子からえらを通して羊水へ放出され，羊水からたいばんに吸収され，たいばんから母体の血液に吸収される。

ウ　いらなくなったものは子から皮ふを通して羊水へ放出され，羊水からたいばんに吸収され，たいばんから母体の血液に吸収される。

エ　いらなくなったものは子から肺を通して羊水へ放出され，羊水からたいばんに吸収され，たいばんから母体の血液に吸収される。

問６　ヒトとメダカの特徴としてもっとも適当なものを次の**ア～エ**の中から１つ選び，記号で答えなさい。

ア　ヒトは生まれる前に体の一部を動かすようになるが，メダカはふ化した後にはじめて体を動かすようになる。

イ　ヒトは生まれて数か月のあいだ親から与《あた》えられた乳を飲む期間が続くが，メダカはふ化して数日たつと自分でえさを追いかけて食べるようになる。

ウ　ヒトでは心臓は生まれる前にできて動き始めるが，メダカでは心臓はふ化した後にできる。

エ　ヒトでは目の位置は生まれる前にはっきりわかるようになるが，メダカでは目はふ化した後に形成される。

ダイズ，メダカ，ヒキガエル，ヒトの４種の生物で，子が生まれるときの様子を調べました。ダイズでは受粉した花のめしべの中で受精がおこり，実の中でダイズの子，すなわち種子が育ちます。**図５**はダイズの実の一部をとりのぞいて，中の種子が見えるように示したものです。ダイズの実は熟すにつれて乾燥《かんそう》し，一度大きくなった種子から水分がぬけてやや小さくなります（**図６**）。やがて実がはじけ，種子が外の世界に生まれます。ダイズでは，受精卵の大きさは0.1㎜で，受精から生まれるまでの時間は70日です（**表１**）。メダカ，ヒキガエルでは受精卵が水中で育ち，やがてふ化して子が外の世界に生まれます。ヒトでは，子は母体の中である程度大きく育った後，母体から生まれます。**表１**からは，受精卵の大きさと受精から生まれるまでの時間が４種の生物のあいだでさまざまであることがわかります。

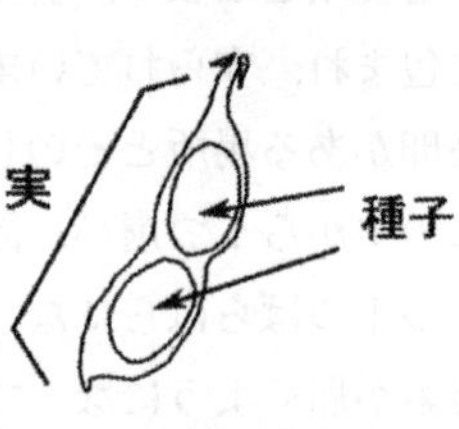

図５　ダイズの実と中の種子

図６　熟したダイズの実と中の種子

表１　受精卵の大きさと受精から生まれるまでの時間

	ダイズ	メダカ	ヒキガエル	ヒト
受精卵の大きさ(直径)（mm）	0.1	1	3	0.1
受精から生まれる*までの時間（日）	70	9	6	270

＊生まれるとは，本文の内容と同じことを指す。

図７は４種の生物について，受精から生まれるまでの子の大きさの変化を示したグラフです。たて軸《じく》は体長を示しており，各生物で，生まれる時点での体長を100％としています。よこ軸は，受精の時点を０％，生まれる時点を100％とした時間を示しています。図中の**Ａ～Ｄ**には，ダイズ，メダカ，ヒキガエル，ヒトのいずれかが対応します。

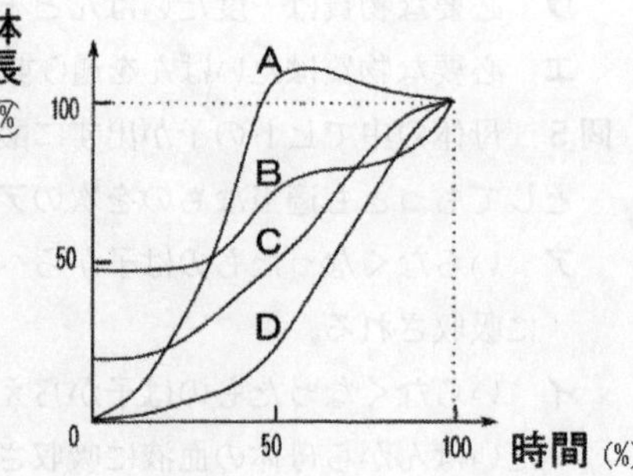

図７　受精から生まれるまでの子の大きさの変化

問７　前のページの**図７**では，４種の生物の生まれる時点での体長と，それぞれの受精卵の時点での大きさを比べることができます。生まれる時点での体長が受精卵の大きさに比べて**10倍以上**になるものを**図７**の**Ａ～Ｄ**から**２つ**選び，記号で答えなさい。

問８　**問７**のように，生まれる時点での大きさが受精卵に比べて10倍以上と，たいへん大きくなって生まれる２種の生物に共通する特徴を次の**ア～オ**から１つ選び，記号で答えなさい。

ア　卵が受精してから生まれるまでのあいだ卵の養分だけで成長する生物であり，透明なまくを破って生まれる。

イ　卵が受精してから生まれるまでのあいだ卵の養分だけで成長する生物であり，子の体内の各部分に養分を送る心臓と血管ができてから生まれる。

ウ　卵が受精してから生まれるまでのあいだ卵の養分だけで成長する生物であり，生まれた直後から活発に動いて移動することができる。

エ　一生の中で水中から陸上へと生活の場を変える生物であり，そのときに呼吸の方法をえら呼吸から肺呼吸にかえる。

オ　卵が受精してから生まれるまでのあいだ子の体が親の体とつながりをもつ時間が長い生物であり，そのあいだ養分を親から直接もらう。

問９　**図７**で，ダイズとヒトのグラフをそれぞれ１つずつ選び，**Ａ～Ｄ**の記号で答えなさい。

4　次の文を読み，以下の問いに答えなさい。ただし，答えが割り切れない場合は四捨五入して**小数第１位**まで求めなさい。

Ｉ　軽くて重さが無視でき，太さのかわらない長さ72.0cmの棒の真ん中（Ｏ点）にひもを結びつけ，ひもを持ち上げたところ，棒は水平につり合いました。この棒とおもりを使ってつり合いの実験を行いました。使用するおもりの重さは１個20.0ｇで，大きさは同じです。

実験：棒の両端《りょうはし》に１個ずつおもりをつり下げます（**図１－ａ**）。水を入れた容器を用意し，右端のおもりを水中に沈《しず》めたところ，棒は水平につり合わなくなりました。そこで棒が水平につり合うように左端のおもりの位置を動かして調整しました。

その結果，左端から7.2cmの位置におもりをつり下げたとき，棒は水平につり合いました（**図１－ｂ**）。

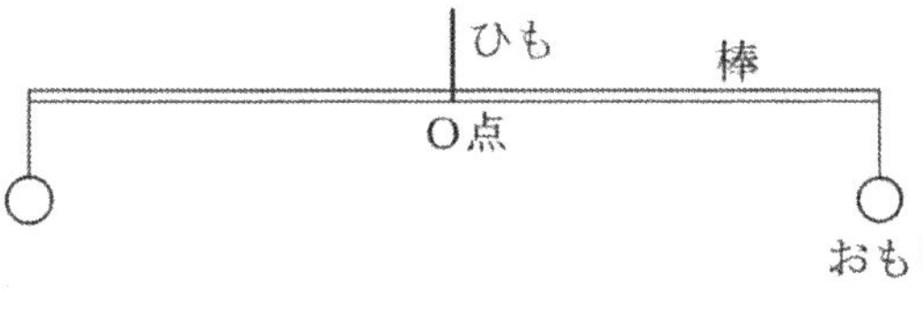

図１－ａ

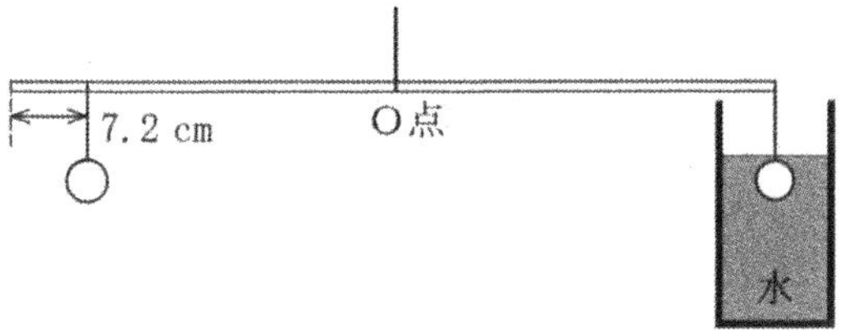

図１－ｂ

次に，左右につり下げるおもりの個数をそれぞれ２個，３個（次のページの**図２**），４個と増やして，右端のおもりを全部水中に沈めたとき，棒が水平につり合うおもりの位置を調べたところ，次のページの**表１**のようになりました。ただし，おもりを増やしても，右側のおもりが容器にさわってしまうことはありませんでした。

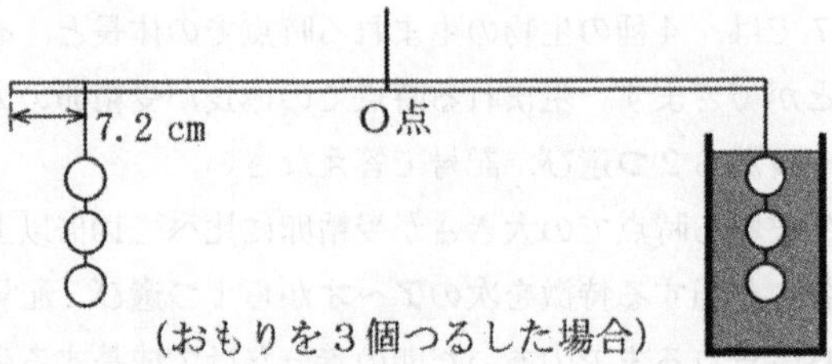

(おもりを３個つるした場合)

図２

表１

つり下げたおもりの個数（個）	1	2	3	4
左側のおもりのつり合いの位置 （左端からの距離）（cm）	7.2	7.2	7.2	7.2

問１　図１－ｂで，棒の右端にかかっている力の大きさを答えなさい。

問２　図１－ｂのつり合っている状態から，水に沈めたおもりを棒の右端から10.0cm左側の位置に動かしました。このとき棒が水平につり合うためには，左側のおもりを棒の左端から何cmの位置に動かせばよいか答えなさい。

問３　図２のつり合っている状態から，図３のように水に沈めた３個のおもりのうち，一番上のおもりだけを水面の上に出しました。このとき棒が水平につり合うためは，左側のおもりを棒の左端から何cmの位置に動かせばよいか答えなさい。

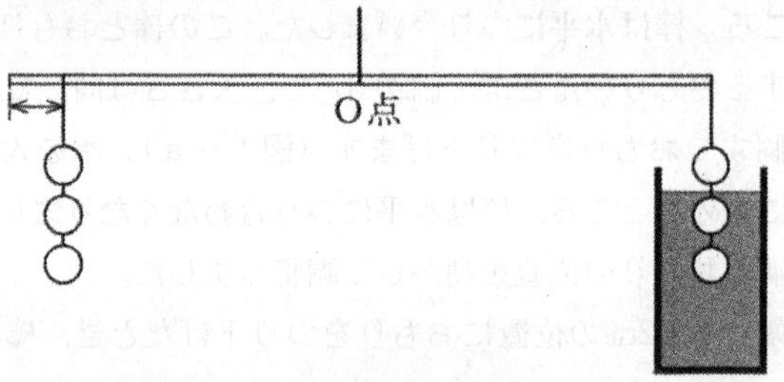

図３

実験では左側のおもりの位置を動かして棒を水平につり合わせましたが，両端のおもりは動かさないで，棒をつり下げているひもの位置を真ん中（O点）から動かすことによってつり合わせるという方法もあります。

問４　図４のようにつり合わせるためには，ひもの位置をO点から左に何cm動かせばよいか答えなさい。

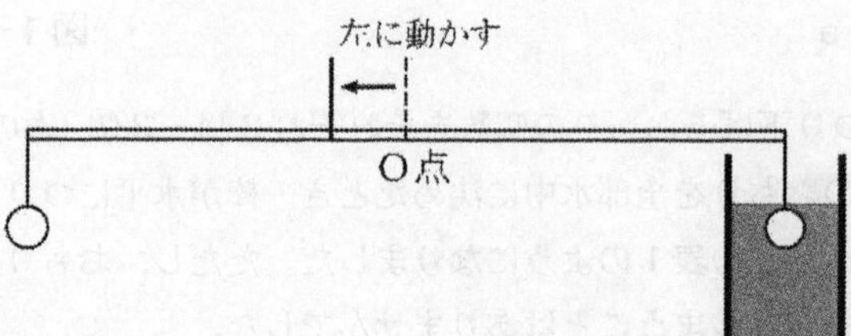

図４

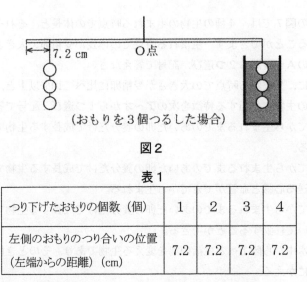

問5　**図5**のようにおもりの数をそれぞれ3個にしてつり合わせるためには，ひもの位置を**問4**で求めた位置からどのように動かせばよいでしょうか。もっとも適当なものを次の**ア～ウ**の中から1つ選び，記号で答えなさい。

ア　少し左に動かす
イ　少し右に動かす
ウ　動かさない

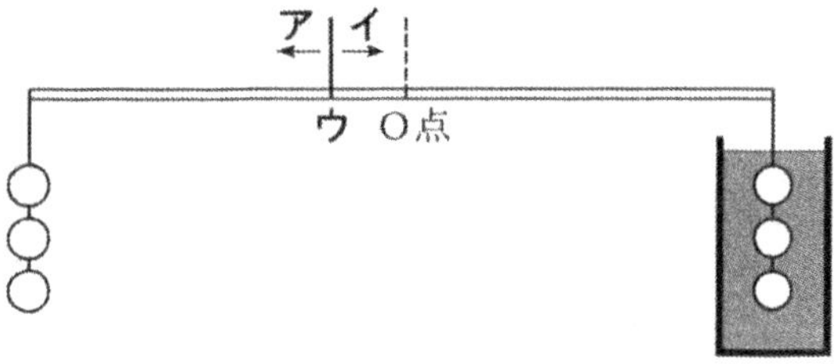

図5

Ⅱ　次に，使っていた棒を，重さが無視できない別の棒にかえて**図4**と同じ実験を行いました。棒に重さがあるとき，棒の重さはいつも棒の真ん中のO点にすべてかかっていると考えることができます。ただし，棒の長さと太さはⅠで使ったものと同じです。

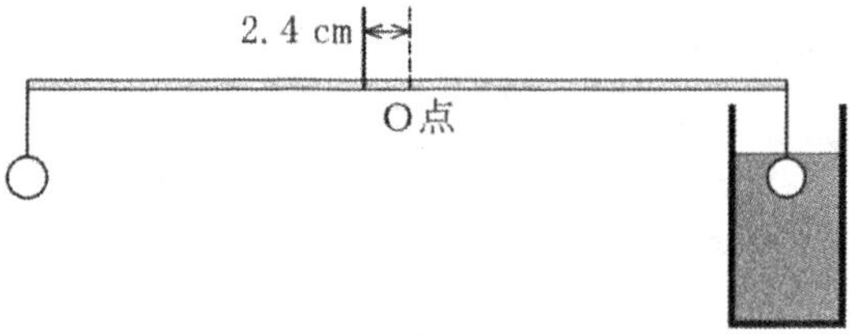

図6

この棒でつり合わせるには，**図6**のように，ひもの位置を棒の真ん中のO点から左に2.4㎝動かす必要がありました。

問6　棒の重さを答えなさい。

問7　**図7**のようにおもりの数をそれぞれ2個にしてつり合わせるためには，ひもの位置をO点から左に何㎝動かせばよいか答えなさい。

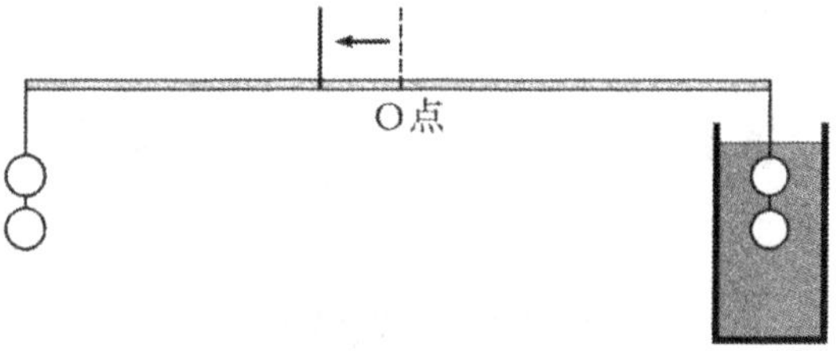

図7

問8　このあと，左右のおもりの個数をそれぞれ3個，4個，…と増やしていったとき，棒がつり合うためのひもの位置はO点からどのように動いていくでしょうか。もっとも適当なものを次の**ア～エ**の中から1つ選び，記号で答えなさい。ただし，おもりを増やしても，右側のおもりは全部水中にあり，容器にさわってしまうことはありませんでした。

ア　おもりの数が増えるにしたがい，左へ等間隔《とうかんかく》に動いていく。
イ　おもりの数が増えるにしたがい，左へ動いていくが，等間隔ではない。
ウ　おもりの数が増えるにしたがい，左へ動いていくが，ある個数より多くなると右（O点の方）へ向かって動いていく。
エ　おもりの数が増えても，O点から左に2.4㎝の位置から動かない。

【社　会】（40分）　＜満点：70点＞

1　次の文章は，東京をテーマにしたグループ学習中の中学生４人の会話です。これと関連する図を参照しながら，あとの問いに答えなさい。

『江戸図屏風《びょうぶ》』左隻《させき》

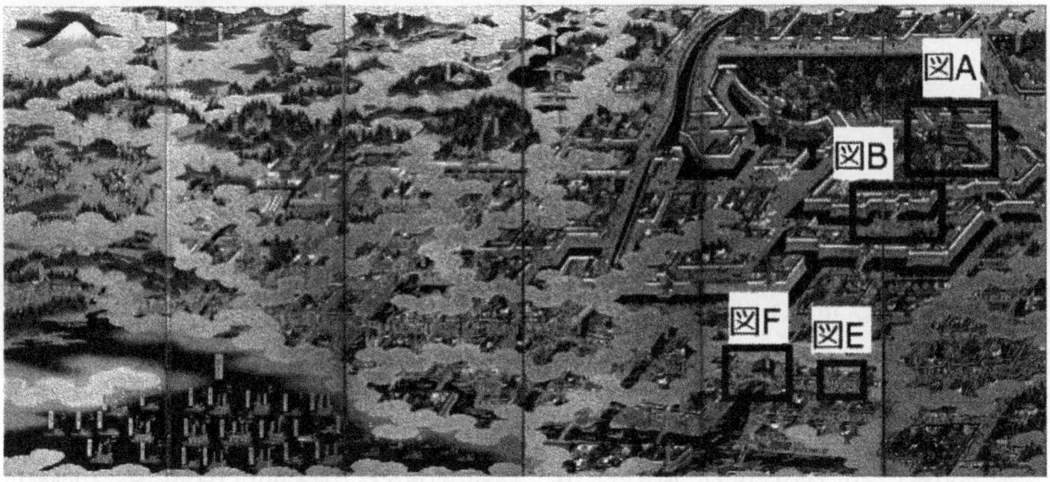

『江戸図屏風』右隻

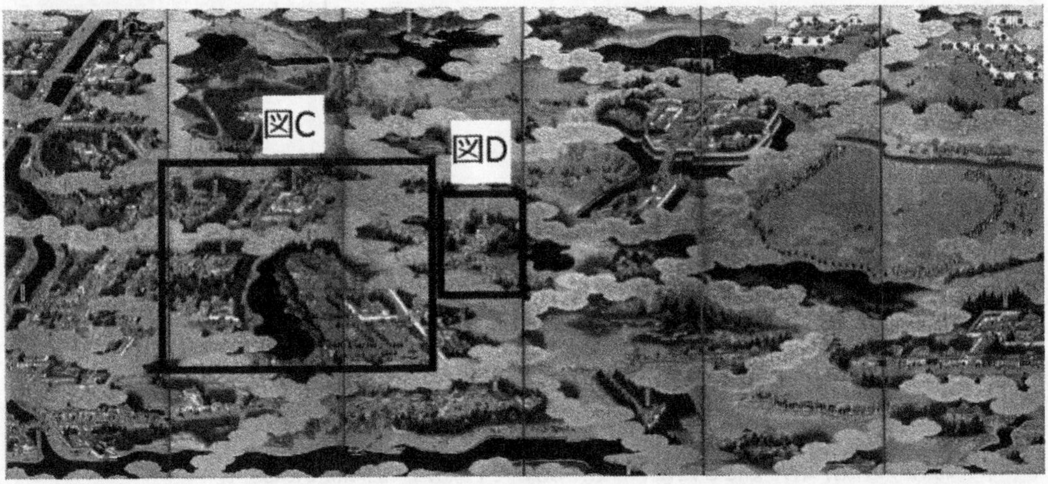

（左隻・右隻とも国立歴史民俗博物館ウェブサイトより）

A：僕《ぼく》らの班は，「①『江戸図屏風』から東京を探《さぐ》る」というテーマだったよね。これは左右一対《つい》の屏風で，今は千葉県佐倉《さくら》市にある国立歴史民俗博物館《こくりつれきしみんぞくはくぶつかん》に所蔵されているんだ。

B：僕が小学生の時に使っていた社会科の教科書に写真があったような気がする。国立歴史民俗博物館のある佐倉市は，奈良時代に作られた律令の行政区分でいえば［　1　］国になるね。この屏風と今の(1)東京を比べて，その違いを確認してみよう。

図A

図B

C：左隻と右隻はそれぞれ６つの面からなり，右から順に１扇《せん》から６扇と数えるんだ。両者をならべると，江戸城を中心とした江戸の町が見られるんだね。

D：それにしても，この屏風は，左隻と右隻を少し見比べただけでも，左のほうが華《はな》やかなのがわかるね。建物や人の数が違《ちが》いすぎる。

C：確か，この屏風にはおよそ②5000人が描《えが》かれているみたいだけど，人の数も建物の数も左隻に集中しているね。左隻には，右隻寄りの１扇に江戸城があり，最も離《はな》れた６扇には目黒や③品川宿があり，遠くに(2)富士山が顔をのぞかせているよ。

D：あれ。「御本丸《ごほんまる》」（**図A**）のところをみると，立派な［　2　］があるよ。今の皇居に［　2　］はないよね。いつまであったんだろう。

C：1657年に起きた［　3　］で，西の丸を除く江戸城の大半が失われ，江戸の町の大部分も被害にあったみたいだよ。

B：ということは，この江戸図屏風に描かれた江戸の町は，1657年以前の様子を伝えていることになるね。将軍でいえば④徳川家綱《いえつな》より前になる。明治以降の⑤天皇はもちろん，江戸幕府の歴代将軍も，ほとんどが［　2　］を知らないんだね。

A：実は，この屏風の制作年代には諸説があり，はっきりしていないんだよ。ただ３代将軍の［　4　］の功績をたたえる目的で作られたということはどの学者も同意しているようなんだ。

D：大手門のところでは，旗が掲《かか》げられているね（**図B**）。

C：これは⑥朝鮮通信使《ちょうせんつうしんし》を迎《むか》え入れているところで，武士の警備も厳重だよね。使節がもたらした産物も置かれている。(3)朝鮮との関係は，［　4　］の時代になってようやく回復するからね。

A：そして江戸城の周りには，(4)大名屋敷《やしき》や(5)町人地も見えるね。左隻２扇の下側には，(6)日本橋がかけられている（17ページの**図F**）。

B：江戸東京博物館に復元された日本橋が展示されているけれど，ここまでの反《そり》橋ではないよね。ところでそろそろ右隻を見てみよう。水戸中納言下屋敷（右隻６扇）は現在の後楽園，加賀肥前守下屋敷（右隻５扇）は現在の［　5　］で，いずれも後に上屋敷となった。

A：加賀肥前守下屋敷の左側には，⑦平将門を祀《まつ》る［　6　］があるね。この神社のお祭は，山王祭・三社祭とともに江戸三大祭の一つに数えられているけれど，学校の運動会と同じ日に開催《かいさい》されるんだよね。［　6　］の下には湯島天神も見えるけど，この右側にみえる黒いのは何を表しているんだろう（次のページの**図C**）。

図C

図D

C：[　7　] だ。そうするとこの辺りは現在の⑧上野にあたるから，大仏や五重塔《ごじゅうのとう》などの建物は(7)寛永寺《かんえいじ》ということになるね。寛永寺や［　7　］は，⑨平安京やその周辺をモデルにして作られているんだよ。これらは江戸城からみて北東，すなわち艮《うしとら》の方角で百鬼《ひゃっき》（さまざまな妖怪《ようかい》）が出入りする［　8　］にあたるんだ。

B：そういえば，寛永寺は東叡山《とうえいざん》という山号を持っていることから，(8)比叡山延暦寺《ひえいざんえんりゃくじ》をイメージして作られたことがわかる。そうすると［　7　］は琵琶湖《びわこ》をイメージしているということになるね。

D：確かこの辺りには，世界遺産に選ばれた国立西洋美術館があったよね。

C：ル・コルビュジエが設計し，(9)1959年に開館した美術館で，大陸をまたぐ初の(10)世界遺産（文化遺産）でもあるんだ。

A：西洋美術館だけが選ばれたわけではないんだね。2015年には，⑩国内の県をまたぐかたちで世界遺産が認められたけれど，国をもまたいでしまうんだなあ。

C：展示物としては，第4代目の内閣総理大臣で，後に元老にもなった(11)松方正義の三男，松方幸次郎が収集した「松方コレクション」が中心となっているね。例えば，モネの「睡蓮《すいれん》」とか。

B：屏風では寛永寺の下側には⑪浅草寺の五重塔が見えるね。その下には隅田川が流れている。

D：学校に一番近い場所はどのように描かれているのかな。

C：谷中は学校から歩いて数分のところだよ。この屏風には，谷中の感応寺から善光寺にかけての通りに，人々が［　9　］をしている様子が描かれている（**図D**）。17世紀に刊行された『可笑記』という書物には，善光寺境内《けいだい》で町人たちが［　9　］を楽しむ様子が記されているとか。

A：この近くにある上野公園での［　9　］は今も有名だけれど，この時期から行われていたんだね。感応寺は現在「天王寺」といって，日暮里駅前にあるよ。もともとは(12)日蓮《にちれん》宗のお寺だったのが，江戸時代に入り幕府の命令で天台宗に改宗することになったんだ。善光寺については，今は「善光寺坂」という道が残っているだけで，お寺そのものは見られない。1705年に現在の港区に移転したようだ。

B：ほかにも川越城《かわごえじょう》や鹿狩《しかが》り・猪狩《いのししが》りの様子が描かれていたり，寛永寺と同じく徳川家代々の墓がある［　10　］なども描かれていて，情報が豊富だ。ここから何を取り上げてテーマとすべきか，話し合いを深めないといけないね。

問1　文中の空らん［1］～［10］にあてはまる語句を**漢字**で書きなさい（［3］にはひらがなも入る）。

問２　文中の波線部⑴～⑿に対応する以下の問いに答えなさい。

⑴　2016年７月31日に行われた東京都知事選挙において，都知事に当選した人物名を**漢字**で答えなさい。

⑵　江戸時代に富士山を描いた「富嶽《ふがく》三十六景」の作者を答えなさい。

⑶　朝鮮との関係について，日本から朝鮮へはどこの藩《はん》の者が，朝鮮のどの都市にわたって交流をしていたのか，説明しなさい。

⑷　江戸の町に大名屋敷が置かれるようになった理由を説明しなさい。

⑸　**図Ｅ**のように，屋根より一段高くして家の格式を示したり，また防火用としても用いられたりした小屋根を付けた壁を何というか答えなさい。

図Ｅ

（図Ｅ拡大図）

⑹　**図Ｆ**のような日本橋のたもとに設けられているものを何というか，**漢字**で答えなさい。

図Ｆ

（図Ｆ拡大図）

⑺　寛永寺を開山（創建）し，徳川家康以来三代の政治顧問《こもん》をつとめた僧侶《そうりょ》の名を**漢字**で答えなさい。

⑻　平安時代後期に，この寺の僧たちが集団となって日吉《ひえ》神社のみこしを担《かつ》ぎ，権力者に訴《うった》えを起こしましたが，この行為《こうい》を何というか答えなさい。

⑼　この翌年１月に岸信介首相によって改定された条約を何というか，**漢字８文字**で答えなさい。

⑽　「法隆寺地域の仏教建造物」は日本で最初に世界遺産に選ばれたもののひとつですが，はじめて倭国《わこく》に対しておおやけに仏教を伝えた百済《くだら》の国王を何というか答えなさい。

⑾　この人物が首相在任中に開催された第二回帝国議会《ていこくぎかい》で，渡良瀬川《わたらせがわ》流域の汚染《おせん》問題を取り上げ，政府を追及《ついきゅう》した衆議院議員の人物名を答えなさい。

⑿　日蓮宗で唱える「南無妙法蓮華経《なむみょうほうれんげきょう》」のことを何というか答えなさい。

問３　文中の下線部①～⑪に対応する以下の問いに答えなさい。

①　「屏風」の説明として正しいものを，次の**ア**～**エ**から１つ選び，記号で答えなさい。

ア　木枠《わく》に紙や布を張って連結し，たためるようにしたもの。

イ　枠の縦横に桟《さん》をわたし，白い和紙などを張った，部屋の内外を仕切る建具。

ウ　鴨居《かもい》から垂れ下げた布で，室内の仕切りや外界との隔《へだ》てとしたもの。

エ　木の骨を組み，その両面に布・紙などを張り重ねた建具。

②　『江戸図屏風』には，右図のような衣服を着た女性が描かれています。室町時代から一般的となり，江戸時代になると友禅《ゆうぜん》染など様々な文様がほどこされました。この衣服を何というか，次のア～エから１つ選び，記号で答えなさい。

ア　狩衣《かりぎぬ》

イ　小袖

ウ　束帯

エ　直衣《のうし》

③　品川宿を描いたものとして正しいものを，次のア～エから１つ選び，記号で答えなさい。

ア

イ

ウ

エ

（『東海道五十三次ハンドブック改訂版』より一部改変）

④　徳川家綱が将軍の時の出来事として正しいものを，次のア～エから１つ選び，記号で答えなさい。

ア　禁中並公家諸法度が制定された。　イ　正徳小判が作られた。

ウ　殉死《じゅんし》の禁止を命じた。　エ　湯島聖堂が建立《こんりゅう》された。

⑤　生前譲位《じょうい》（存命中に天皇の位をゆずること）を行った天皇を，次のア～エから１つ選び，記号で答えなさい。

ア　持統天皇　イ　推古天皇　ウ　天智《てんじ》天皇　エ　天武天皇

⑥ 朝鮮通信使に関して述べた文のうち**誤っているもの**を，次の**ア**～**エ**から１つ選び，記号で答えなさい。

ア 豊臣秀吉による朝鮮出兵の影響《えいきょう》から，江戸時代初期の朝鮮使節は回答兼刷還《さっかん》使と呼ばれた。

イ 江戸幕府の将軍が就任するごとに派遣《はけん》されたため，使節は計15回日本を訪れた。

ウ 朝鮮通信使が立ち寄った岡山県牛窓町では，その影響を受けた踊《おど》りが祭として残っている。

エ 江戸時代の終わりごろには，費用の問題などで江戸までは行かないこともあった。

⑦ 平将門が活躍《かつやく》した10世紀前半に起きた出来事として正しいものを，次の**ア**～**エ**から１つ選び，記号で答えなさい。

ア 桓武天皇が都を奈良から京都に移した。

イ 藤原道長が「この世をば…」の歌を詠《よ》んだ。

ウ 源義家が後三年の役を戦った。

エ 藤原純友が瀬戸内海で乱を起こした。

⑧ 1927年に上野－浅草間で日本初の地下鉄が開通しましたが，この前後の出来事**ア**～**エ**のうち，**２番目に古い出来事**を記号で答えなさい。

ア 関東大震災が起きた。 **イ** 世界恐慌《きょうこう》が起きた。

ウ 国際連盟に加盟した。 **エ** 日中戦争がはじまった。

⑨ 平安京で起きた出来事として**誤っているもの**を，次の**ア**～**エ**から１つ選び，記号で答えなさい。

ア 応仁の乱が起きた。 **イ** 菅原道真が亡くなった。

ウ 保元の乱が起きた。 **エ** 室町幕府が開かれた。

⑩ このようなかたちで世界遺産が認められたものとして正しいものを，次の**ア**～**エ**から１つ選び，記号で答えなさい。

ア 「琉球王国のグスク及び関連遺産群」

イ 「平泉－仏国土（浄土）を表す建築・庭園及《およ》び考古学的遺跡《いせき》群」

ウ 「古都京都の文化財」

エ 「古都奈良の文化財」

⑪ 浅草寺が創建されたといわれる７世紀の出来事として**誤っているもの**を，次の**ア**～**エ**から１つ選び，記号で答えなさい。

ア 中大兄皇子により蘇我氏が滅《ほろ》ぼされた。

イ 第１回遣唐使が派遣された。

ウ 『日本書紀』が完成した。

エ 白村江の戦いで倭が敗退した。

2 人やものの移動に関連して，あとの問いに答えなさい。

問１ 次のページの**図１**は1964年から2015年における海外旅行者数の推移を示したものです。旅行者の数はさまざまな要因により変動しますが，**図１**中の**Ａ**～**Ｃ**と最も関係が深いできごとを，次の**ア**～**カ**よりそれぞれ選び，記号で答えなさい。

ア 感染症《かんせんしょう》SARS（サーズ）流行 **イ** デング熱流行 **ウ** バブル経済崩壊《ほうかい》

エ リーマンショックによる金融《きんゆう》危機 **オ** 東日本大震災 **カ** 阪神淡路大震災

図１

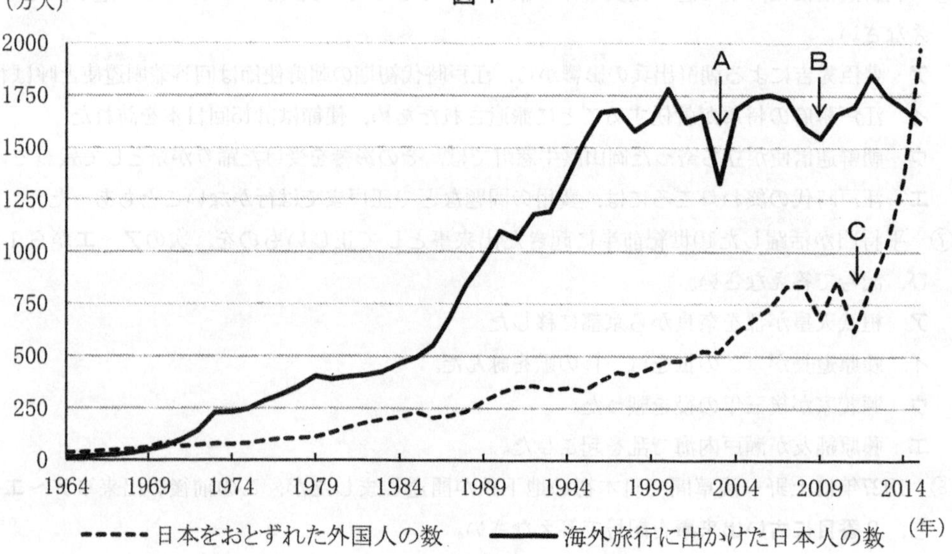

（日本政府観光局ウェブサイト「統計データ」より）

問２　日本をおとずれる外国人のなかでも中国，韓国，台湾からの入国者は多いです。**図２**の①～③は，成田空港および，関西国際空港（関西），福岡空港，那覇空港への，この３つの国，地域からの2015年における入国者の国籍・地域別割合を示したものです。①～③にあてはまる空港の組み合わせを，次の**ア**～**カ**より選び，記号で答えなさい。なお，中国の統計には香港および他国政府発給の身分証明書等を所持する者は含みません。

図２

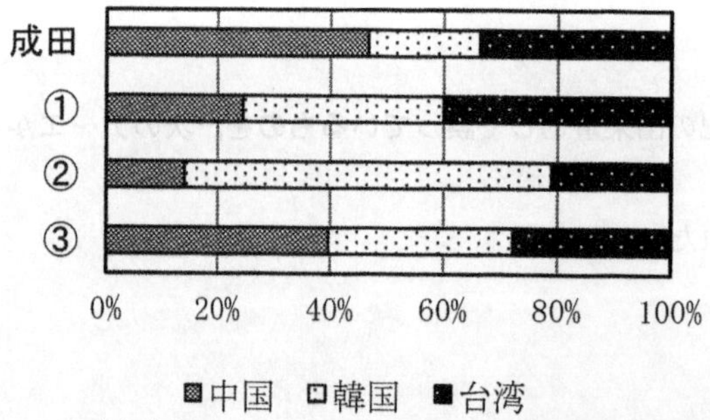

（法務省ウェブサイト「出入国管理統計統計表」より）

	①	②	③
ア	関西	福岡	那覇
イ	関西	那覇	福岡
ウ	福岡	関西	那覇
エ	福岡	那覇	関西
オ	那覇	関西	福岡
カ	那覇	福岡	関西

問３　日本をおとずれる外国人観光客は「入ってくる，内向きの」という意味の用語でよばれることがあります。その用語を**カタカナ**で答えなさい。

問４　中国，韓国，台湾と日本は貿易でも密接な関係があります。次のページの**表１**は2014年におけるこの３つの国，地域からの日本の主要な輸入品と輸入総額に占《し》める割合を示したものです。あとの(1)，(2)に答えなさい。

表１

	主要な輸入品と輸入総額に占める割合（%）
中国	（①）29.2　一般《いっぱん》機械17.0　衣類と同付属品12.0　化学製品5.4　金属製品3.2
韓国	（①）20.3　石油製品19.7　一般機械9.8　（②）9.5　非鉄金属4.2
台湾	（③）31.1　一般機械7.7　プラスチック4.0　（②）3.3　金属製品3.0

※中国には香港を含まない（『データブック オブ・ザ・ワールド　2016年版』より）

⑴　（①）～（③）にあてはまるものを，次の**ア**～**カ**よりそれぞれ選び，記号で答えなさい。

ア　電気機器　　**イ**　小麦　　**ウ**　乗用車　　**エ**　集積回路　　**オ**　鉄鋼　　**カ**　石炭

⑵　３つの国，地域のうち，最も日本との貿易額が多いのは中国ですが，中国と日本との貿易に関して述べた次の文の［①］～［③］に入る語句はそれぞれ**ア**・**イ**のいずれが適切か答えなさい。また，［④］に入る内容を**10字以内**で答えなさい。

日本と，中国，韓国，台湾との輸出額，輸入額を比べると，日本が［① **ア** 輸出　**イ** 輸入］している額のほうが多いのは中国のみであり，中国最大の港はコンテナの取りあつかいも多い［② **ア** 北京　**イ** 上海］です。日本企業《きぎょう》も多く中国に進出してきましたが，［③ **ア** 円高　**イ** 円安］になると，海外での日本製品の価格が下がるため日本からの輸出がしやすくなることや，中国の経済発展にともなって［　④　］ことによって中国から引き上げる動きもみられました。

問５　海外旅行に出かけた日本人の数は経済成長とともに増加してきましたが，旅行が自由化された1964年から1970年までは日本をおとずれた外国人の数のほうが多いです。1964年から1970年までのできごととして**誤っているもの**を，次の**ア**～**カ**より２つ選び，記号で答えなさい。

ア　日本万国博覧会の開催　　**イ**　日韓基本条約の調印

ウ　日ソ共同宣言の調印　　**エ**　東名高速道路の開通

オ　東海道新幹線の開業　　**カ**　所得倍増計画の策定

問６　日本をおとずれる外国人のなかには，買い物を目的とする人々もいます。**図３**はかれらが買い物をする際にあることが可能となる店舗《てんぽ》を示すシンボルマークです。このマークについて説明した次の文を（①），（②）にあてはまるかたちで完成させなさい。なお（①）は**漢字３文字**で答えなさい。

このマークのある店舗では
（　①　）が（　②　）。

図３（観光庁ウェブサイトより）

問７　日本をおとずれる外国人のなかには，世界遺産の訪問を目的とする人々もいます。⑴～⑶に答えなさい。

⑴　2016年７月には上野にある国立西洋美術館を含む「ル・コルビュジエの建築作品」が世界文化遺産に登録されることが決まりました。この世界遺産は７カ国が共同で推薦《すいせん》した17作品であり，その７カ国は**図４**に色をぬって示した国々です。①～④はこれらの国々のうち４カ国に関

して述べた文ですが，それぞれどの国についての文ですか。**図4**中の位置をそれぞれ記号で答え，国名を答えなさい。

図4

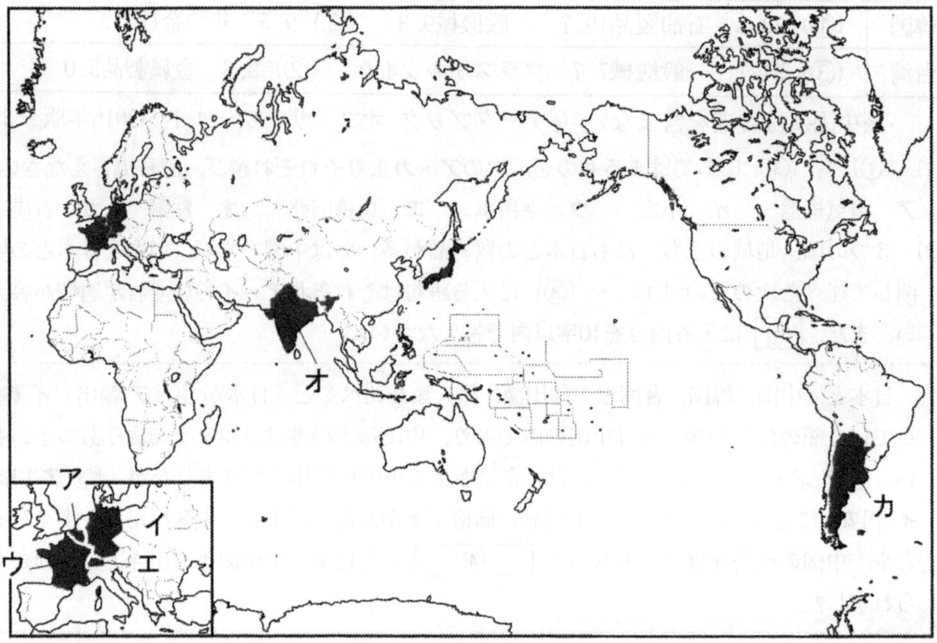

①日本との時差は12時間。スペイン語が公用語であり白人が大多数を占める。

②人口は世界第２位である。古くからの身分制度やヒンドゥー教の影響《えいきょう》が強い。

③ヨーロッパ最大の工業国で人口はＥＵ最大である。日本へは乗用車などの輸出が多い。

④多民族・多言語国家であり，永世中立国としても知られる。観光業がさかんである。

⑵　ル・コルビュジエが活動の拠点《きょてん》とし，17作品のうち最も多くの作品がある国は**図4**中のどの国ですか。位置を記号で答え，国名を答えなさい。

⑶　⑵で答えた国の国旗は３色からなります。**図5**は模式的にその国旗を示したものですが，**ア～ウ**にあてはまる色をそれぞれ**漢字１文字**で答えなさい。なお，**ア**の色は日本の国旗に使われていません。

図5

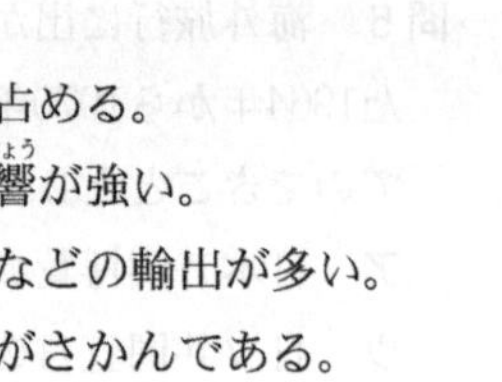

問8　2020年の東京オリンピック・パラリンピックの開催に向けて，さらに多くの人々が東京をおとずれることが予想されます。⑴～⑶に答えなさい。

⑴　次のページの**図6**は2016年８月から導入されている首都圏《けん》における駅名表示のイメージです。

①　この図のなかには日本語，英語，中国語以外の文字による表示が１つありますが，その文字を使用する言語は何語か答えなさい。

②　「目黒」の文字の横に「JY 22」という表示がみられます。この表示のなかで「JY」が表

図6

（ＪＲ東日本ウェブサイトより）

しているものを具体的に答えなさい。

(2)　2020年におとずれる多くの人々の宿泊施設《しゅくはくしせつ》については不足が予想され，住宅の空き部屋などを宿泊施設として利用することも検討されています。住宅の空き部屋などを宿泊施設として利用することは一般に何とよばれますか，**漢字２文字**で答えなさい。

(3)　1964年のオリンピックでも多くの人々が東京をおとずれましたが，マラソン競技では国立競技場から江戸時代の五街道《かいどう》に由来する道がコースとなり，都内に折り返し地点が設けられました。その街道の名前を答えなさい。

問９　１日の間でも人々の移動はみられます。**表２**は東京23区のうち，昼夜間人口比率の高い５区と低い５区の昼夜間人口比率を示したものであり，**表３**は本校の位置する荒川区および隣接《りんせつ》する３つの区の人口を示したものです。(1)～(3)に答えなさい。

表２

昼夜間人口比率の高い５区		昼夜間人口比率の低い５区	
千代田区	1,738.8	練馬区	82.1
中央区	493.6	江戸川区	84.1
港区	432.0	葛飾区	85.0
渋谷区	254.6	杉並区	87.4
新宿区	229.9	足立区	89.1

表３

	昼間人口	夜間人口
荒川区	191,626	203,296
北区	321,581	335,544
台東区	294,756	175,928
墨田区	279,272	247,606

（平成22年国勢調査より）

(1)　昼夜間人口比率について述べた文として**誤っているもの**を，次の**ア**～**エ**より１つ選び，記号で答えなさい。

ア　昼夜間人口比率は夜間人口100人あたりの昼間人口の比率を示したものである。

イ　昼夜間人口比率が100を上回る場合，夜間人口よりも昼間人口のほうが多い。

ウ　昼夜間人口比率が100を下回る地域は夜間人口が多いため人口密度が高い。

エ　都市部への通勤・通学者が多く住む地域では昼夜間人口比率は低いことが多い。

(2)　**表２**の昼夜間人口比率が高い５区および低い５区に色をぬって示したものを，それぞれ次のページの地図**ア**～**エ**より選び，記号で答えなさい。

ア

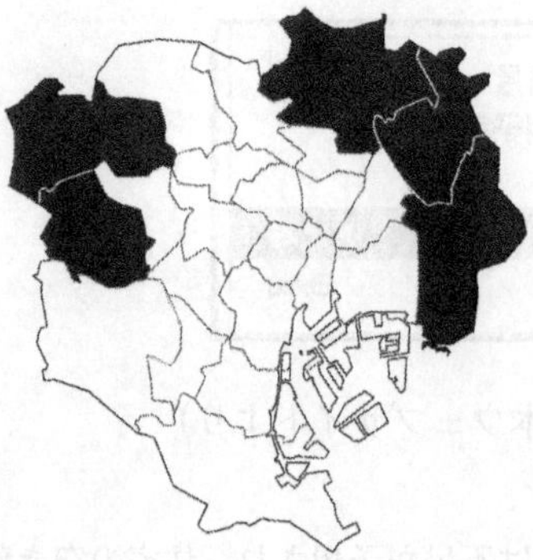

イ

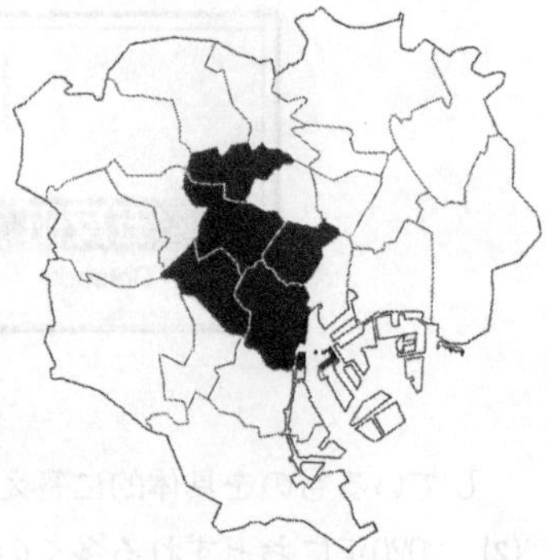

ウ

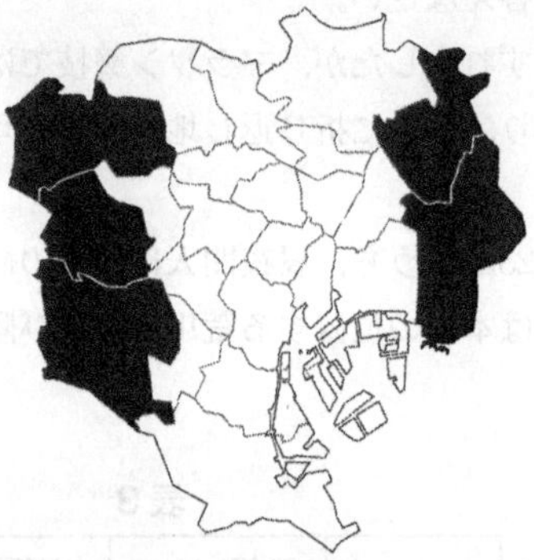

エ

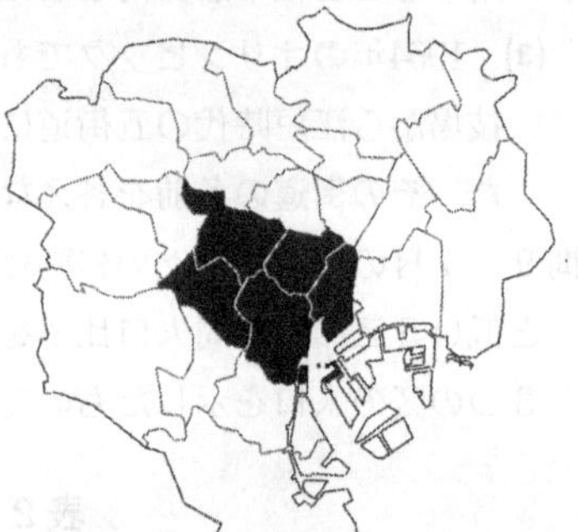

(3)　前ページの**表3**を読み，次の①～③に答えなさい。

①　荒川区の位置を**図7**の**ア～エ**より選び，記号で答えなさい。

②　荒川区の昼夜間人口比率を計算しなさい。なお，小数第2位を四捨五入し，**小数第1位**までの数値で答えなさい。

③　**表3**のなかで，昼夜間人口比率が最も高い区はどれか，区名を答えなさい。

図7

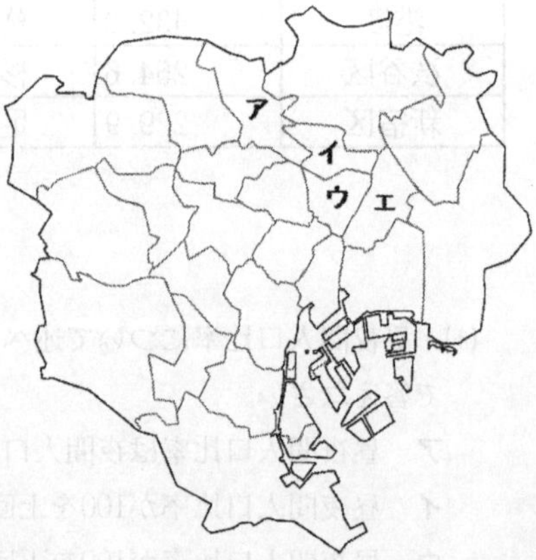

「きたねえなあ、みんなで休んでよお」

照れ隠《かく》しの乱暴な言葉を吐きながらも、自分の身長分に切った唐松を立ち木にそっと立て掛けてから、彼は走ってきて澄子の首にからみついた。

（『熊出没注意　南木佳士自選短篇小説集』より）

問一　――1「缶蹴りに加わるのに金が要る」とはどういうことか、わかりやすく説明しなさい。

問二　――2「それでいながら、翌朝からも椎の木の味噌漉しを使うのはやめなかった」とは、澄子のどのような思いを表しているか、説明しなさい。

問三　――3「思い出しの苦笑」とありますが、語り手はなぜ「苦笑」したのか、理由を説明しなさい。

問四　――4「いとおしむように切った」ときの健二の心情を説明しなさい。

問五　この文章全体を通して、兄真一、弟健二はそれぞれどのような性格の子供としてえがかれているか、説明しなさい。

問六　＝＝＝A～Eの**カタカナ**を漢字にしなさい。

［二］　次の詩を読んで後の問に答えなさい。作者は「いぬのおまわりさん」で知られる童謡《どうよう》作家で、この詩も昭和三五年に作られた童謡の歌詞です。

アイスクリームのうた　　佐藤　義美

おとぎばなしの　おうじでも
むかしは　とても　たべられない
アイスクリーム
アイスクリーム
ぼくは　おうじではないけれど
アイスクリームを　めしあがる
スプーンですくって
ピチャッ　チャッ　チャッ
したに　のせると
トロン　トロ
のどを　おんがくたいが
とおります
プカプカ　ドンドン
つめたいね
ルラ　ルラ　ルラ　ルラ
あまいね
チータカ　タッタッタッ
おいしいね
アイスクリームは
たのしいね。

（『日本児童文学大系　第二七巻』より）

問一　――「めしあがる」とありますが、ここでの「めしあがる」は一般的な使い方ではありません。「めしあがる」という言い方の一般的に見ておかしな点を説明しなさい。

問二　あえて「めしあがる」という言い方をしているのはなぜか、その理由を考えて説明しなさい。

振《ふ》り向いてみると、彼は背を丸めて枝を切る三歳上の兄に向かって、やったんだぜ、とノコギリを差し上げてポーズをきめていた。真一はおもむろに腰を伸ばし、どれどれ、と切り口をのぞきに来た。

「うーん、年輪は七本だな」

しゃがみ込んで切り口の年輪を数えた真一は、慎重《しんちょう》にもう一度数え直しながら言った。

「なんだ、ねんりんてのは」

分からない宿題を兄に聞くときと同じ横柄《おうへい》さで健二は真一を見おろした。

「年輪ていうのはこの輪のことで、木の年齢《ねんれい》をあらわすんだ。つまり、この木は七歳のときに死んだってことさ」

真一は淡々《たんたん》と言い置いて持ち場の幹の先に戻《もど》って行った。

健二はうつ伏《ぶ》せになって指さしながら年輪を数え、助けを求めるような顔を兄の方に向けた。

「ほんとうに七歳で死んだのかあ」

泣き出しそうな声だった。

「年輪が七本で終わっているんだから、そうだろう」

真一は振り返らずに、先の方に残る枝にノコギリをあてていた。

「おれとおなじ年で死んだのかよお、こいつ」

健二がおどけた表情を造ろうとして定まらない顔をこちらに向けたので、そうさ、とそっけなく応《こた》えてやった。

兄とどんな交渉《こうしょう》をしたのか知らないが、太い倒木の中程《なかほど》まで切ってひと休みしながら見ると、健二は枝を適当に切る役に替わっていた。

子供達とそれぞれ一本ずつ倒木を処理したところに沢から澄子がもどって来た。出がけに母がかぶせた麦ワラ帽子《ぼうし》の中にはタラの芽が山盛りになっていた。

「きれいな沢ねえ、芹《せり》もあったわよ」

澄子は子供達に笑いかけたが、ノコギリで木を切る初体験のおもしろさと不気味さを知った彼らは、

「早く手伝えよお」

と、そろえて口を尖《とが》らせた。

作業に澄子が加わり、倒木の処理ははかどった。枝を払い、適当な長さに切り揃《そろ》えた五本の倒木は、ここを墓地にするとき、県道からの段差を埋《う》める階段に用いればよさそうだったので、林の端《はし》にまとめて積んだ。

健二は七歳で死んだ木にこだわり、それが人の足で踏《ふ》まれる階段の用材として使われることが気に入らなかった。それではどうするのだ、と問うてみても膨《ふく》れっ面《つら》を返すだけであった。

「木のお墓を作ってやれば」

積み上げた倒木に腰をおろし、ポットの麦茶を飲んでいた真一が独り言のように小さくつぶやいた。

それを聞きとめた健二は、まだ運んでいない木を立て、自分の身長と同じ高さにノコギリで印をつけてから切った。

横に寝《ね》かせてから根でも枕《まくら》にして足で押《おさ》えてノコギリを引けば楽なのに、健二は木を立てたまま両膝《りょうひざ》で抱《かか》え込み、左手でつかんで 4 いとおしむように切った。稀《まれ》に見る真剣《しんけん》な目をしていた。

「それ、どうするの」

真一の横で汗《あせ》を拭《ふ》く澄子が優《やさ》しく笑いかけた。

健二はそのとき初めて、自分の没頭《ぼっとう》していた奇妙《きみょう》な作業が、腰をおろして休むみんなの注目を浴びていたのに気づいた。

へばりつくように枝を伸《の》ばしていた。上への丈《たけ》は三メートルばかりだが、枝の周囲は五メートルを越《こ》えそうだった。澄子は素足《すあし》で枝を捕《とら》えながら、上下に目を配っていた。やがて、あった、と叫《さけ》ぶと同時に頭上の枝をつかむと、そのまま草の上にとびおりた。弾力《だんりょく》に富む榧の枝は、雑草の上に立った小柄《こがら》な澄子をもう一度空中に弾《はじ》きそうなほど急な円弧《えんこ》を描《えが》いてしなっていた。

「やることが乱暴だな。おかあさんは」

祖母の墓に水をかけたついでに、棒切れで苔《こけ》を落としていた真一が大人びた笑《え》みを投げかけた。

お墓でそういうことしていいのかよお、いいのかよお、と健二が澄子のスカートの裾《すそ》を引いた。いいかしら、という目で澄子が見たので、曖《あい》昧《まい》な返事をしたら、彼女はボディビルダーのように両腕《りょううで》をしめて、枝の先を五十センチほど折りとった。口数も少なく、ふだんは身のこなしもおとなしい方の女なのだが、無言で荒《あら》っぽいことをするときがある。玄《げん》界灘《かいなだ》を見て育った女なのだな、と妙《みょう》に感心させられたりする。

澄子は折った枝を二又《ふたまた》の部分だけ残して東京に持って帰り、婦人雑誌の図解どおりに味噌漉しを作った。なんだかたまらなく手作りの物を台所に置きたくなったの、とだけ言った。三人目の子を妊娠《にんしん》し、これからも金の要る都会暮らしが続くことを考え、何度も話し合った末に結局産むことにしたやさき、あっけなく流産してしまってから、まだ三月も経《た》っていない頃のことだった。

「ねえ、行きましょう。行って、お墓を移すの手伝いましょう」

澄子は上気した頬を両手でこすりながら、夕食の席で幾度《いくど》もそう繰《く》り返した。

2それでいながら、翌朝からも榧の木の味噌漉しを使うのはやめなかった。

《中略》

唐松林の整理はまず倒木を切っていくことから始めた。この唐松林は以前はニンジンとゴボウの植えられていた畑であったが、三十年前、仕事が忙《いそが》しくなって畑に通いきれなくなった祖母が植林したものだという。祖母に連れられて下刈《したが》りに来た覚えがある。

「おまえさんが嫁《よめ》でももらったら、この唐松で家を建てりゃあいい」

若木にまとわりつく蔓《つる》をナタ鎌《がま》で切りながら、祖母は何度もそう繰り返していたものだった。

唐松はたしかに家を建てるのが可能な太さに育っているのだが。そして、「おまえさん」は嫁ももらって子もいるのだが……。細い倒木を見おろしながら3思い出しの苦笑《くしょう》をしていると、健二が、笑ってる場合じゃねえよ、早くやろうぜ、と背を叩いた。澄子はタラの芽を探して沢の方へ降りて行ったらしい。

根をつけたまま横倒《よこだお》しになって枯《か》れきっていない倒木の根元にノコギリを入れた健二は、おどけて腰《こし》をふらつかせながら作業していた。枝払《えだはら》いの真一は一本ずつ丁寧《ていねい》に枝を幹からそぎ落としていった。材木にするのではないから適当でいい、と言ったのだが、真一はニヤニヤ笑っているだけだった。このようにしか仕事のできない自分の性分《しょうぶん》に照れているような、大人びた微笑《びしょう》であった。

「やったぜ」

太い倒木を切っていると、うしろから健二のはしゃいだ声がした。

「墓が流れちまったぞ」
めずらしく語尾《ごび》が上がり、責めるような口調だった。
上州の山村でCザッカ屋をDイトナむ母は今年で六十五歳になる。年に一度、正月か盆《ぼん》に帰省して会うのだが、若造りをしているためにいつも五十代の印象が抜《ぬ》けない。それに比べて、七十歳になる父の方はめっきり老《ふ》け込んでしまっている。
「鉄砲《てっぽう》水が出てなあ、裏山が崩《くず》れてお墓は土の下になっちまったよ」
母の声から、わざとらしくなく力が失《う》せた。
テレビや新聞に出るほどの大雨は最近なかったはずだが、Eキョクチ的な豪雨《ごうう》でもあったのだろうか。
「芽吹《めぶ》きどきに雨が降るのは、昔からよくあることさ。悪いのはゴルフ場だよ。あんなもんができてから、家の前の県道まで水に浸《つ》かることがよくあったんさ」
再び語尾が上がり始めた。
山の中の盆地で育った、と知り合ったばかりの澄子に話していたのだが、父母に会うために初めて村の駅に降りた彼女《かのじょ》は、これは盆地じゃなくて谷よ、とつぶやいたものだった。一方に高さ三十メートルばかりの崖《がけ》がそそり立ち、その下を流れる川に沿って電車が走っている。川の対岸の斜面《しゃめん》に人家と狭《せま》い田畑がへばりつき、背後の森はいくつもの尾根《おね》を経て隣県《りんけん》まで数十キロに亙《わた》る深さである。
三年前、森を開いてゴルフ場ができた。それから一年してスキー場がオープンした。山の入会権《いりあい》を持っていた小農家の錆《さ》びたトタン屋根が新しくなった。年に一度の帰省のたびに、村の畑と田の数が減り、レジャー施設《しせつ》に勤めるためにUターンした次男、三男の色つき瓦《かわら》の家が増えていた。
「この際だから、お墓を移そうと思ってな。硫黄沢《いおうざわ》の唐松植えてある山にな」
連休に帰省してくれ、とは決して言わないが、受話器を持ち替《か》えたのが分かるくぐもった声で母の電話は切れた。
墓を移す作業というのが具体的にどういうものなのかは分からないが、とにかく男手が必要らしいことは明らかだった。夕食の席で、田舎《いなか》の墓が土砂崩《どしゃくず》れで埋まったらしい、と澄子に話すと、彼女は飲みかけの味噌汁《みそしる》を誤って気管に入れ、激しくむせた。真一が背を叩《たた》いてやってようやく咳《せき》はおさまったが、頬《ほお》が真っ赤になっていた。
「罰《ばち》が当たったのかしら」
澄子は背後のキッチンに立って味噌漉《みそこ》しを手にした。
榧《かや》の木で把手《とって》と枠《わく》を作り、金網《かなあみ》を張った味噌漉しは澄子の手製だった。
二年前の盆に家族そろって帰省し、裏山の墓参に出かけたとき、澄子は祖母の墓の前にある榧の木に目をつけた。ちょうど婦人雑誌の「手製の食器特集」で見たばかりの、榧の木で作った味噌漉しの写真が、彼女の脳裏《のうり》に鮮明《せんめい》に浮《う》かんだ。
「ねえ、これは榧の木よねえ」
澄子は一応はていねいに墓前で手を合わせてから、墓の上に枝を広げる榧の木を見上げた。
榧の実なんてうまくないぞ、と口中にあの独特の苦味を想い出しながら答えたのだが、彼女は何も言わずにサンダルを脱《ぬ》ぎ、ワンピース姿のまま木に登った。
裏山は人家のある土地よりもさらに斜面が急なので、榧の木は墓地に

【国語】（五〇分）〈満点：八五点〉

一　次の小説は南木佳士「ニジマスを釣《つ》る」の部分です。語り手である父は、ゴールデンウイークに妻澄子《すみこ》、長男真一《しんいち》、次男健二《けんじ》の家族で実家の唐松林《からまつばやし》の倒木《とうぼく》の処理をすることになりました。これを読んで後の問に答えなさい。なお、出題の都合上、省略している箇所《かしょ》があります。

ゴールデンウイークをどのように過ごすかについてはそれぞれの思惑《おもわく》があった。真一は三浦《みうら》半島の海に行き、海辺の生物の観察をしたかった。健二は池袋《いけぶくろ》の水族館とプラネタリウムに行きたかった。そして、澄子は久しぶりに福岡《ふくおか》の実家に帰りたがっていた。

会社は交代で五日間の連休がとれることになっていた。会社といっても、副都心のはずれに建つ老朽《ろうきゅう》ビルの三階で、建設業界向けの外国語論文や法規の翻訳《ほんやく》をしている、電話番の女の子を含《ふく》めて社員五名の零細企《れいさいき》業《ぎょう》である。

三十二歳《さい》までは都内の中学校の教師をしていた。これといった夢があって就《つ》いた仕事ではなく、大学の英文科を出るとき、生来の緊張《きんちょう》Aカタの体質に合わない仕事を除外していって辛《かろ》うじて最後に残った職であった。卒業を控《ひか》えた夏、アパートの壁《かべ》に張ったカレンダーの日付の上に思いつく職業を十五ばかり書き連ね、毎日一つずつ消して行った。折り畳《たた》みテーブルを出し、自炊《じすい》の夕食をコロッケやサバの水煮《みずに》の缶詰《かんづめ》で食べながら、なるべく体に無理のない仕事を、とおよそ若者らしくない眼《め》つきでカレンダーを見上げていた結果、十二日の土曜日の上にあった教師が残ったのだ。

しかし、学校はもしかしたらカレンダーから最初に除外した商社よりも体にこたえる職場だったのではないか、と後になって思った。英語の好きな子だけに英語を教える、などといった青くさい道理が通ろうとははなから思っていなかったが、Bセイセキの悪い子の親の、アパートまで押《お》し掛《か》けてくる理不尽《りふじん》な抗議《こうぎ》。非行防止の夜回り。そして、いわゆる明るい人気教師となるよう「性格の改造」を諭《さと》す教頭。

十年の間に三つの学校に勤めた。通勤電車の中での腹痛に悩《なや》まされ続け、家と職場とブレザーのポケットの中にいつも正露丸《せいろがん》の瓶《びん》を置いて飲みまくり、吐《は》く息がクレオソートくさい、と生徒たちに笑われるようになって教師をやめた。

その間《かん》、電話会社に勤める澄子と結婚《けっこん》し、郊外《こうがい》の公団住宅に入居していたが、次第《しだい》に食が細くなるので、私と暮らすのがそんなに嫌《いや》なら、と何度か泣かれたこともあった。

大学の先輩《せんぱい》に誘《さそ》われて気楽な翻訳の仕事に移ってからは、体重は着実に増えてきたが、収入は教師の頃《ころ》より減った。澄子との共稼《ともかせ》ぎを続けなければ、東京の郊外で暮らすサラリーマンの平均的な生活を維持《いじ》できない。体面など繕《つくろ》わなくても、と思うだけは思うのだが、子供達をスイミングスクールに通わせたり、少年サッカーチームに入れたりする支出は削《けず》りたくない。1缶蹴《かんけ》りに加わるのに金が要《い》る時代になったのだ、と諦《あきら》めている。

このごろ、公団住宅の四階のベランダに出て、建ち並ぶ五階建てのコンクリの塊《かたまり》の群れを眺《なが》めながら、ため息をつくことが多くなった。どんなに体調が悪いときでも、以前には考えもしなかった、ここで死ぬのか、という想《おも》いが頭を過《よぎ》るのである。

母からの電話はちょうどそんな夕暮れどきにかかってきた。

MEMO

大切なことはメモしておこうネ！

平成29年度

解答と解説

《平成29年度の配点は解答用紙に掲載してあります。》

＜算数解答＞《学校からの正答の発表はありません。》

1　(1)　0.05　(2)　(2の倍数)　336個　(5の倍数)　202個

2　(1)　(い)　(2)　ア　28　イ　2　ウ　16　エ　9　オ　36　カ　25

(3)　(縦の長さ)　61cm　(横の長さ)　69cm　(4)　解説参照

3　(1)　$x=3$(cm)　(2)　$y=16$(分)

4　(1)　$2\frac{1}{4}$倍　(2)　1cm・短い　(3)　$\frac{8}{9}$cm　(4)　$2\frac{1}{4}$cm　(5)　2.24cm

＜算数解説＞

1　(四則計算，数の性質)

(1)　$\square\times3.4=2017\div\left(\frac{35}{3}\times\frac{60}{7}\right)-20=0.17$　$\square=0.17\div3.4=1.7\div34=0.05$

重要　(2)　2，3，5の最小公倍数30までで，3，4で割り切れない2の倍数は2，10，14，22，26の5個があり，5の倍数は5，10，25の3個がある。2017÷30＝67…7であり，2011～2017の7個のうち，3，4で割り切れない2の倍数は2014の1個があり，5の倍数は2015の1個がある。したがって，2017までで，求める2の倍数は5×67＋1＝336(個)，5の倍数は3×67＋1＝202(個)ある。

2　(平面図形，論理)

基本　(1)　(い)…図アにおいて，例えば，B→Cの3＋16＝19は辺の長さが3cmと16cmの2つの正方形の縦の長さの和を示し，この高さが，辺の長さが7cmと12cmの2つの正方形の縦の長さの和に等しい。

図ア

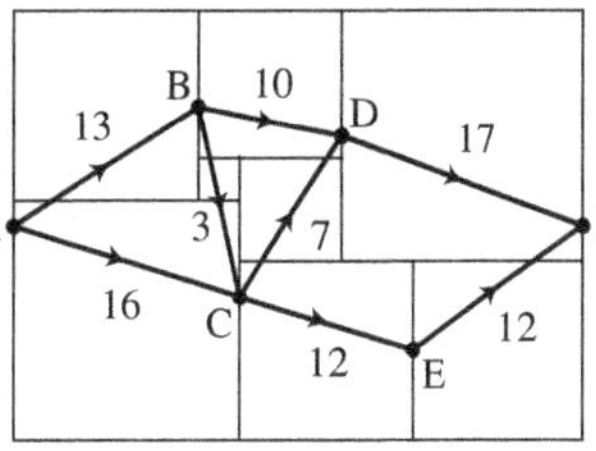

やや難　(2)～(4)　(4)から取り組むと，図イにおいて以下の点がポイントになる。

・Bを通る縦線とCを通る縦線の間に辺の長さが5cmの正方形があるので，辺の長さが33cmの正方形の下に辺の長さが33－5＝28(cm)の正方形と辺の長さが5cmの正方形が左右に並ぶ。

・Bを通る縦線とDを通る縦線の間に辺の長さが7cmの正方形があるので，辺の長さが5cmの正方形の下に，辺の長さが7cmの正方形と辺の長さが28－(5＋7)＝16(cm)の正方形が上下に並ぶ。

図イ

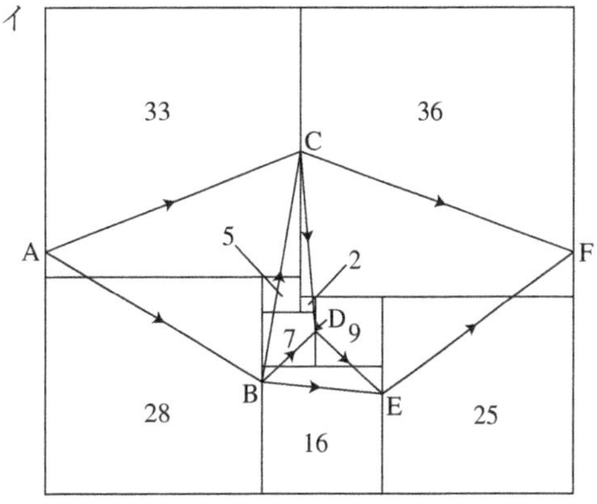

・Bを通る縦線とCを通る縦線の間が16cmであり，辺の長さが7cmの正方形の右に辺の長さが16－7＝9(cm)の正方形が並び，その右に辺の長さが16＋9＝25(cm)の正方形が並ぶ。

・辺の長さが33cmの正方形の右に辺の長さが33＋28－25＝36(cm)の正方形が並び，この正方形の左下に辺の長さが7－5＝2(cm)の正方形が並ぶ。

したがって，(2)ア28，イ2，ウ16，エ9，オ36，カ25であり，(3)全体の長方形の縦は33＋28＝61(cm)，横は33＋36＝69(cm)である。

重要 3 （平面図形，相似，グラフ，速さの三公式と比，数の性質，単位の換算）

(1)　図1において，三角形アとイ，三角形ウとエはそれぞれ相似であり，それぞれの対応する辺の比x：1の比の値は$\frac{x}{1}=x$，9：xの比の値は$\frac{9}{x}$になり，これらの比の値は共に$\frac{\mathrm{HF}}{\mathrm{EH}}$で等しい。したがって，$x=\frac{x\times x}{x}$であり，$x\times x$が9に等しいので$x$は3である。

…$\frac{x}{1}$と$\frac{9}{x}$の両方に1とxをかけると$x\times x=9\times 1$になる。

(2)　図2において，阿部君は馬場君とすれ違ってから250÷50＝5(分)でBに着き，馬場君は阿部君とすれ違ってから5＋46.2＝51.2(分)でAに着く。したがって，(1)より，$y\times y$が5×51.2＝256＝16×16に等しく，yは16である。

図1

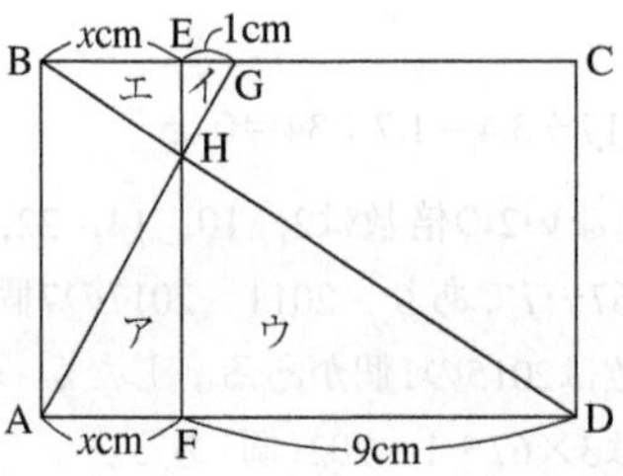

図2

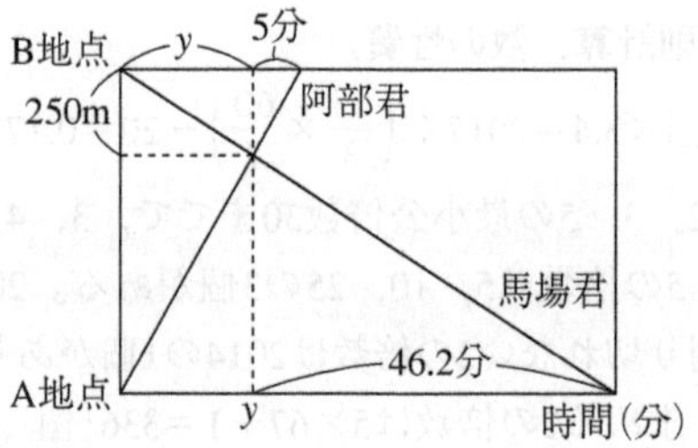

4 （立体図形，平面図形，相似，割合と比）

(1)　$1+\frac{5}{4}=\frac{9}{4}$であり，図1の容器に高さが4になるまで水を入れると，図2の状態で(あ)も4になり，図1の容器に高さが9になるまで水を入れると，図3の状態で(う)も9になる。したがって，(う)は(あ)の$\frac{9}{4}$倍である。

図1

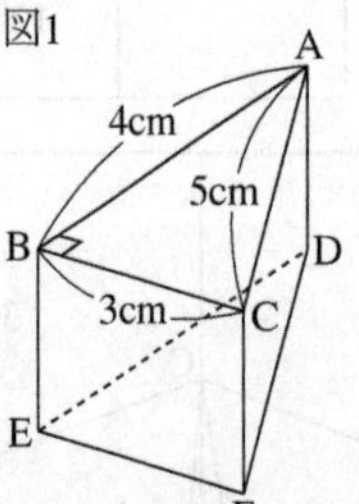

図2

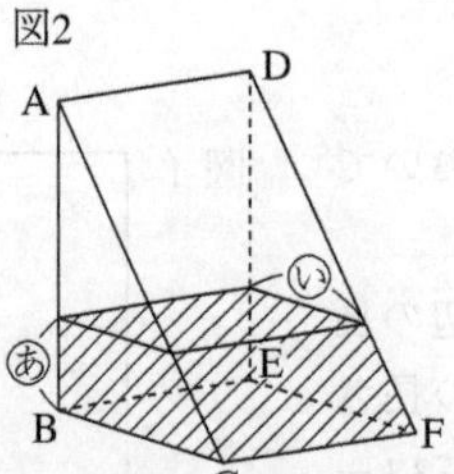

図3

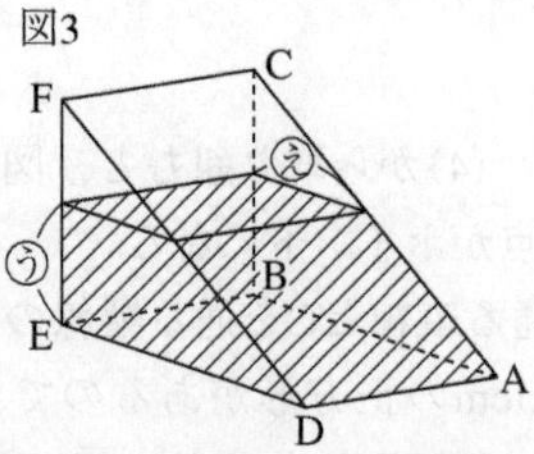

(2)　図4において，2つの台形の面積が4：9，高さも4：9のとき，(い)＋3が(え)＋4に等しい。したがって，(え)は，(い)より4－3＝1(cm)「短い」。

図4

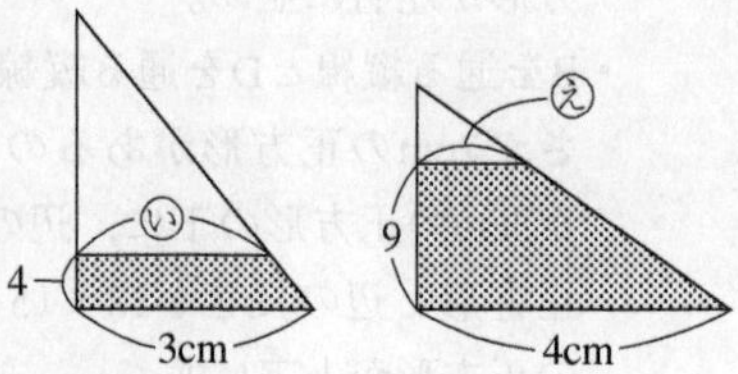

やや難 (3)　図5において，直角三角形GHCとABCは相似であり，GHが4のとき，HCは3である。同じく，直角三角形JKDとFBDは相似であり，JKが9のとき，KDは$9 \div 3 \times 4 = 12$である。したがって，(2)より，$12 - 3 = 9$が$1 \times 2 = 2$(cm)であり，(あ)の高さ4は$2 \div 9 \times 4 = \frac{8}{9}$(cm)である。

図5

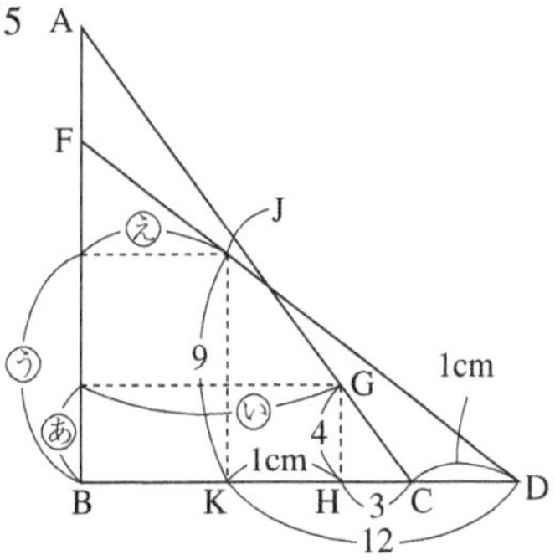

(4)　(3)より，図1の最初の水量は$4 \times 3 \div 2 \times \frac{8}{9} = \frac{16}{3}$($cm^3$)であり，図5において，(3)より，(い)は$3 - 2 \div 9 \times 3 = \frac{7}{3}$(cm)である。したがって，BEは$\frac{16}{3} \div \left\{\left(\frac{7}{3} + 3\right) \times \frac{8}{9} \div 2\right\} = \frac{9}{4}$(cm)である。

(5)　図1の容器に高さが1になるまで水を入れたとき，図6の台形の高さも1であり，このとき，水の体積は$4 \times 3 \div 2 \times 1 = 6$($cm^3$)であり，(4)より，台形の面積は$6 \div \frac{9}{4} = \frac{8}{3}$($cm^2$)，台形の上底は$\frac{8}{3} \times 2 - 5 = \frac{1}{3}$(cm)である。したがって，$\frac{1}{3} : 5 = 1 : 15$であり，台形の高さは$3 \times 4 \div 5 \div 15 \times (15 - 1) = \frac{56}{25}$(cm)である。

図6

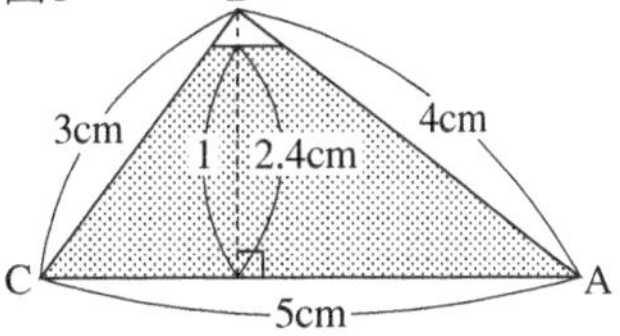

★ワンポイントアドバイス★

まず，1「四則計算」・「数の性質」で着実に得点する。2「平面図形」は(1)の後，(4)の図から考える。これも面倒だと感じたら，3・4「図形」問題を優先して解こう。問題を選択して，解けそうな問題で着実に得点しよう。

＜理科解答＞ 《学校からの正答の発表はありません。》

1　問1　ア，エ，オ　問2　イ　問3　二酸化炭素　問4　イ，オ　問5　イ
問6　ウ　問7　ウ

2　問1　B，C，D　問2　ア，イ，ウ　問3　右図　問4　エ　問5　b
問6　角張っている。　大きさがそろっていない。

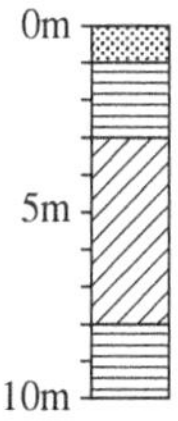

3　問1　③　問2　エ　問3　エ　問4　ア　問5　ア　問6　イ
問7　A，D　問8　オ　問9　ダイズ　A　ヒト　D

4　問1　16g　問2　15.2cm　問3　4.8cm　問4　4cm　問5　ウ
問6　24g　問7　3cm　問8　イ

＜理科解説＞

1　(燃焼ーガスバーナーの使い方・燃焼の総合問題)

基本 問1　酸素はそれ自身は燃えないが，他の物質を燃やす性質を持つ。酸素が多いほど燃焼は激しくなる。酸素を発生させるには，二酸化マンガンに過酸化水素水を加える。酸素は無色，無臭の気体である。

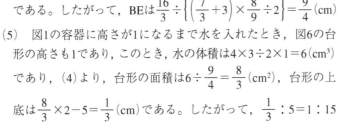

基本　問2　炎を青色にするには，酸素の量を増やす必要がある。そのためには，ガス調節ねじをおさえたまま，空気調節ねじを②の方向に回す。

基本　問3　メタンガスが燃えると，水蒸気と二酸化炭素が発生する。石灰水をにごらせるのは二酸化炭素である。

基本　問4　水分を蒸発させて何も残らないものは，塩酸とアンモニアである。その他は固体が残る。

問5　二酸化炭素を水に溶かした炭酸水は無色，無臭で酸性なのでBTB溶液を加えると黄色になる。あまり水に溶けないので，アルミニウムを加えても溶けない。ムラサキキャベツの液は，酸性で赤色，中性で紫色，アルカリ性で緑色になる。

問6　ガスバーナーと電熱線でビーカーの口付近での空気の温度に差がなかったので，ビーカーの内側のくもりはメタンの燃焼で生じた水蒸気と考えられる。燃焼で生じた暖かな水蒸気がビーカーの内側で冷やされて水滴となってくもった。

問7　図4のアの部分では，氷だけが存在する。イでは氷と水が共存し，ウでは水だけが存在する。エでは水と水蒸気が共存する。ビーカーの内側のくもりは液体の水であるので，答えはウである。

2　（大地の活動ー川・氷河の働き）

基本　問1　イとエは同じ時期に堆積したと考えられるので，川はB，C，Dの範囲を蛇行していた。

基本　問2　川が地層を侵食して階段状の地形ができたと考えられるので，れき層の高さが高いものほど時代が古い。古い順にア→イ→ウである。

問3　上から1mまでがれき層，3mまでが泥層，8mまでが砂層，その下が泥層である。

基本　問4　川底の高さと海面の高さの差が大きくなると侵食作用が強まるので，土地が隆起するか，海面が低下する場合である。

基本　問5　河川の曲がり角の外側で最も侵食作用が強い。

問6　河川の堆積物は運搬作用により，石の形が丸くなる。また，石の大きさもそろっている。氷河の堆積物はその逆に，石の形が角張っており，大きさもそろっていない。

3　（植物と動物ー受粉・受精）

基本　問1　図2のaの部分が受粉する部分であり，cがめしべ全体をさす。

基本　問2　図3のアの部分が茎とつながっており，エの部分に花が咲いていた。Aはエの位置に近い。

基本　問3　メダカの卵は，多数がかたまりとなって水草に産み付けられる。

問4　栄養は母親のたいばんを通り，へその緒を通って胎児に吸収される。

問5　不要物はへその緒からたいばんに送られ，母親の血液に吸収される。

問6　メダカもふ化する前に卵の中で動く。心臓や目は，ふ化する前に卵の中で完成している。

問7　図7の時間0において体長の％が10以下のものは，AとDである。

問8　受精してから生まれるまでの時間が長いとその間に多くの栄養を受け取るので，生まれるときの体長が受精時よりかなり大きくなる。

問9　ダイズは熟すと身が乾燥してやや小さくなることから，Aに相当する。ヒトの成長はゆっくりで，その間多くの栄養を母親から受け取るため，生まれるときには受精したときよりかなり大きくなる。Dがヒトのグラフである。

4　（力のはたらきー天秤・浮力）

基本　問1　（支点からの距離）×（おもりの重さ）の値が，支点の両側で釣り合うので，おもりにかかる力の大きさを□gとすると，(36.0－7.2)×20.0＝36.0×□　□＝16g

問2　左のおもりを棒の左端から□cmの位置に移動させたとして，右側のおもりにかかる力は16gなので，(36.0－□)×20.0＝(36.0－10.0)×16.0　□＝15.2cm

問3　水中に沈んでいるおもりにかかる力は16.0gであるが，水から出ているおもりは20.0gなので，左のおもりを棒の左端から□cmの位置に移動させたとして，$(36.0-\square)\times20.0\times3=36.0\times(16.0\times2+20.0)$　$\square=4.8$cm

基本　問4　おもりの重さの比がO点の左と右で20.0：16.0つまり5：4となるので，O点からおもりまでの長さの比はO点の左と右で4：5となる。支点の位置は$72.0\times4\div9=32.0$(cm)となり，O点より左に4cm移動させた。

問5　表1より，おもりの数を増やしても左側のおもりのつり合いの位置は変わらないので，ここでもひもの位置は動かさなくてよい。

重要　問6　棒の重さを□gとするとO点に棒の重さがかかるので，$(36.0-2.4)\times20.0=2.4\times\square+(36.0+2.4)\times16$　$\square=24$g

問7　ひもの位置をO点の左□cmとすると，$(36.0-\square)\times40.0=\square\times24+(36.0+\square)\times32.0$　$\square=$3cm

問8　同様におもり3個のときのひもの位置を求めると，O点より左に3.2cmとなる。このことよりイが正しいと判断できる。

★ワンポイントアドバイス★

実験を題材にし，データから結論を導く形式の問題が多い。思考力が求められる。普段からこのような形式の問題を解いておくようにしたい。

＜社会解答＞《学校からの正答の発表はありません。》

1　問1　1　下総　2　天守閣　3　明暦の大火　4　徳川家光　5　東京大学
6　神田明神　7　不忍池　8　鬼門　9　花見　10　増上寺

問2　(1)　小池百合子　(2)　葛飾北斎
(3)　(例)　対馬藩の者が釜山にわたって交流した。
(4)　(例)　参勤交代が義務化されたので，江戸に滞在する必要があったから。
(5)　うだつ　(6)　高札　(7)　天海　(8)　強訴　(9)　日米安全保障条約
(10)　聖明王　(11)　田中正造　(12)　題目

問3　①　ア　②　イ　③　イ　④　ウ　⑤　ア　⑥　イ　⑦　エ　⑧　ア
⑨　イ　⑩　ウ　⑪　ウ

2　問1　A　ア　B　エ　C　オ　問2　カ　問3　インバウンド

問4　(1)　①　ア　②　オ　③　エ
(2)　①　イ　②　イ　③　イ　④　(例)　人件費が高くなった

問5　ウ・カ　問6　①　消費税　②　かからない

問7　(1)　①　(位置)　カ　(国名)　アルゼンチン
②　(位置)　オ　(国名)　インド
③　(位置)　イ　(国名)　ドイツ
④　(位置)　エ　(国名)　スイス
(2)　(位置)　ウ　(国名)　フランス　(3)　ア　青　イ　白　ウ　赤

問8　(1)　①　韓国・朝鮮(語)　②　JR山手線　(2)　民泊　(3)　甲州街道

問9　(1)　ウ　　(2)　(高い5区)　エ　　(低い5区)　ア
　　(3)　①　イ　　②　94.3　　③　台東(区)

<社会解説>

1　(日本の歴史ー東京をテーマにした日本の歴史)

やや難　問1　1　下総は現在の千葉県北部および茨城県の一部の旧国名。　2　天守閣は，城の本丸の中央に，他の建物よりもひときわ高く構えた物見やぐらのこと。戦時は司令塔，平時は領主の権勢の象徴となった。　3　明暦の大火は，1657年(明暦3年)1月，江戸でおこった大火事。本郷本妙寺から出火して江戸市街の約6割を焼き，死者10万人余りを出した。　4　徳川家光は江戸幕府3代将軍。職制の整備，参勤交代の義務化し，対外的には鎖国を完成させた。　5　東京大学の南西隅にある赤門は，もと加賀前田家上屋敷の御守殿門で，1827年に建造されたもの。　6　神田明神は，千代田区外神田にある神社。例祭は神田祭として有名。　7　不忍池は，台東区の上野公園南西部にある池。池中の中島は琵琶湖の竹生島に見立てて，弁財天をまつる。江戸時代以来，ハスの名所として知られる。　8　鬼門は艮(うしとら)すなわち北東の方向で，陰陽道では鬼が出入りするといって忌み嫌う方向である。　9　花見は，花(主にさくら)を見て遊び楽しむこと。上野公園は花見の名所として知られる。　10　増上寺は，港区芝公園にある浄土宗の大本山。徳川家康の帰依を得て，徳川家の菩提寺となった。

やや難　問2　(1)　2016年7月に行われた東京都知事選挙で，都知事に当選したのは小池百合子。もと，衆議院議員で，環境大臣を務めたこともある。　(2)　葛飾北斎は，江戸時代後期の浮世絵師。風景画にすぐれ，フランスの印象派の画家たちに大きな影響を与えた。代表作は『富嶽三十六景』。(3)　対馬藩は，日本と朝鮮との国交回復に努力し，回復後は江戸幕府の朝鮮貿易を独占的に担った。　(4)　徳川家光の時代，参勤交代が義務化され，大名やその家来らが江戸に滞在することになった。そのため，江戸に大名屋敷が置かれた。　(5)　うだつは，商家などで隣家との境に設けた防火壁。これを高く華麗に掲げて繁栄のしるしとした。「うだつが上がらない」とは，地位や生活がさっぱり向上しないという意味である。　(6)　高札は，昔，禁令・罪人の罪状などを書いて人目につく場所に高く掲げた板のこと。裁判所の地図記号はこれをデザインしたものである。　(7)　天海は江戸時代初期の天台宗の僧。徳川家康の政治顧問として，内外の政務に参画。家康の死後，東照大権現の贈号と日光改葬を主導した。　(8)　強訴は，徒党を組んで訴えをおこし，それを強く主張する集団行動。平安時代後期，延暦寺の僧兵らが日枝神社の神輿を，興福寺の僧兵らが春日神社の神木を奉じて入京し，朝廷に強訴したことが有名。　(9)　日米安全保障条約は，1951年9月8日，サンフランシスコ平和条約と同日に調印，翌年4月28日に発効した条約。日本の安全を保障するために，米軍の日本駐留などを定めたもの。1960年，岸信介内閣のもとで改定され，日米両国の共同防衛，米軍の軍事行動に関する事前協議制度などが加えられた。　(10)　聖明王は百済の第26代の王。欽明天皇のとき，仏像や経典を日本に送り，公的に仏教を伝えたとされる。　(11)　田中正造は栃木県選出の国会議員。足尾銅山鉱毒問題の解決に努力し，1901年には天皇への直訴を試みた。　(12)　日蓮は，「南無妙法蓮華経」の題目を唱えることにより，末法の世を救済し，仏の救いにあずかることができると説いた。

やや難　問3　①　イは障子，ウは御簾(みす)，エは襖(ふすま)。　②　小袖は，袖口を狭くし，袖下を丸く仕立てた衣類の総称。現在の和服の原型。江戸時代には寛文小袖などの大文様のものや友禅染などが普及し，小袖の全盛期となった。　③　品川宿は，東海道の第1宿。中世に品川湊として発展していたが，徳川家康の伝馬・宿駅制度の整備に伴い，1601年に正式に宿となった。

④ 殉死は，主君が死んだとき，あとを追って臣下が自殺すること。江戸幕府4代将軍徳川家綱のもと，殉死は禁止された。アは徳川秀忠，イは徳川家継，エは徳川綱吉のもとで行われた政策。 ⑤ 持統天皇は，697年，文武天皇に譲位し，初めて太上天皇と称した。 ⑥ 朝鮮通信使は，1607年から1811年まで12回来日した(日本へ拉致された朝鮮人送還も兼ねた回答兼刷還使として来日した3回を含む)。 ⑦ 藤原純友が瀬戸内海で乱を起こしたのは939～941年。アは794年，イは1018年，ウは1083～87年。 ⑧ アは1923年，イは1929年，ウは1920年，エは1937年。 ⑨ 菅原道真は，903年，大宰府で亡くなった。 ⑩ 古都京都の文化財の多くは京都府だが，延暦寺は滋賀県の大津市にある。 ⑪ 『日本書紀』が完成したのは720年。アは645年，イは630年，エは663年。

2 （総合－人やものの移動をテーマにした日本の地理，歴史など）

問1 A サーズ(SARS)は重症急性呼吸器症候群の略称。発熱，咳，呼吸困難を呈する。2002～2003年にかけて世界的に流行した。 B 2008年9月，アメリカ合衆国第4位の投資銀行であったリーマン＝ブラザーズがサブプライムローン(低所得者向けの住宅ローン)問題で破綻し，世界金融危機へと発展した。 C 2011年3月11日，東北地方沖の太平洋の海底を震源とするマグニチュード9.0の大地震が発生。地震による巨大な津波により，東北・関東地方の太平洋沿岸部に壊滅的な被害が発生した。

重要 問2 ①は台湾からの入国者が多いことから那覇，②は韓国からの入国者が多いことから福岡，③は中国からの入国者が多いことが関西である。

やや難 問3 インバウンド(inbound)は外から内に向かうこと。転じて，訪日外国人客の意。

問4 (1) 2014年現在，中国，韓国からは電気機械の輸入が，台湾からは集積回路の輸入が最も多い。 (2) ① 韓国，台湾に対して日本は貿易黒字，中国に対して日本は貿易赤字。 ② 上海は，2014年現在，コンテナの取扱量が世界一である。 ③ 円高は輸出に不利，円安は輸出に有利である。 ④ 中国の経済発展によって人件費が高くなり，さらに人件費の安いカンボジアやミャンマーなどに工場を移転する動きがみられる。

基本 問5 日ソ共同宣言の調印は1956年，所得倍増計画の発表は1960年。なお，アは1970年，イは1965年，エは1969年，オは1964年。

問6 消費税は国内で消費される物品に対して課されるため，外国人が購入した物品には消費税が免除される制度がある。

問7 (1) ① 「日本との時差は12時間」，「スペイン語が公用語」などからアルゼンチン。 ② 「人口は世界第2位」，「ヒンドゥー教」などからインド。 ③ 「ヨーロッパ最大の工業国」，「人口はEU最大」などからドイツ。 ④ 「永世中立国」，「観光業がさかん」などからスイス。 (2) ル・コルビュジエはフランスの建築家。フランスを拠点に活躍した。 (3) フランスの国旗(三色旗)は，パリ市の色である赤と青に，王室の色である白を加えた三色でデザインされている。

問8 (1) ① ハングルは韓国・朝鮮語で用いられる文字。 ② JはJR，Yは山手線の駅であることを示している。 (2) 民泊を営むには規制が多いため，規制を法的に緩和していくことが検討されている。 (3) 1964年の東京オリンピックのマラソンは，国道20号線(甲州街道)を利用したコースで行われた。

やや難 問9 (1) 昼夜間人口比率と人口密度との間には直接の関係はない。 (2) イは昼夜間人口比率の高い中央区が含まれていない。また，イは昼夜間人口比率が低い足立区が含まれていない。 (3) ① 荒川区は足立区の南，台東区の北に位置している。 ② 昼夜間人口比率は，昼間人口÷夜間人口×100で求める。荒川区の昼夜間人口比率は，191,626÷203,296×100＝94.25…≒94.3。 ③ 昼夜間人口比率は，北区が95.8，台東区が167.5，墨田区が112.8。

★ワンポイントアドバイス★

東京をテーマにした問題が多数出題された。東京の地誌については特別な対策が必要である。東京の歴史や地理に関する書籍を熟読することが最良の対策である。

＜国語解答＞《学校からの正答の発表はありません。》

一 問一　(例)　子供たちに運動をさせるのにも，有料の習いごとが必要だということ。
問二　(例)　榧の木を切った罰で墓が流されたと気に病んだが，流産後の心のすき間を埋める味噌漉しを手放せない。　問三　(例)　結婚もして子供もいるが，家を建てる余裕がなく，祖母の思いに応えられない自分が不甲斐なく感じたから。　問四　(例)　自分と同じ年齢で死んだ唐松に自分自身を重ねて同情し，お墓を作ってやるほどあわれむ気持ち。
問五　(例)　兄は物事を冷静に分析する，慎重で大人びた性格の子供にえがかれていて，弟は少し活発で乱暴なところもあるが，感受性が強くやさしい性格の子供にえがかれている。　問六　A　過多　B　成績　C　雑貨　D　営　E　局地

二 問一　(例)　自分の動作なのに，尊敬語の「めしあがる」を使っている点。
問二　(例)　昔，「おうじ」のような偉い人でも食べられなかったアイスクリームを食べている，「ぼく」の満足感やよろこびを表すため。

＜国語解説＞

一 (物語文ー心情・理由・細部表現の読み取り，記述，漢字の書き取り)

問一　傍線1と，そこまでの内容から類推して記述する問題である。傍線1の「缶蹴り」とは，子供たちが仲間と運動することの例である。それは，当然，お金のかからない遊びである。しかし，現代では，傍線部直前「スイミングスクール」や「少年サッカーチーム」が，缶蹴りの代わりになっている。それは当然，お金がかかることである。そういった文脈をおさえる。筆者は，子供たちを運動させるときにも，「スイミングスクール」「少年サッカーチーム」など，有料の習いごとに通わせなければならないことを，傍線部の表現で表したのだ。「運動するとき」+「有料の習いごとが必要」という内容を中心に記述する。

問二　傍線2までの展開を読み取り，考えることができる。お墓が流されたことを聞いて，澄子は激しくむせ，「罰が当たったのかしら」とすぐに発言している。その後，墓を移すことの協力を申し出ていることから，「罰」を気に病んでいることがわかる。「罰」のきっかけになることは，傍線2直前の場面に書かれた，榧の木を切ったことである。流産した後の澄子は，たまらなく手作りのものを身近に置きたくなり，「お墓でそういうことをしてもいいのか」という健二の声を無視して，榧の木を折り取り，味噌漉しを作った。傍線部分で「やめなかった」とあるが，心のすき間を埋めるような榧の木の味噌漉しは，たとえ罰が気になっても，手放せなかったのである。解答の際には，「罰で墓が流されたことを気にした」という内容と，「心のすき間をうめるような榧の木の味噌漉しは手放せなかった」という内容を中心に書く。

重要 問三　この部分の「苦笑」とは，しかたがなく笑うという意味である。傍線3直前にあるように，結婚後はこの唐松で家を建てるとよい，そのように祖母は言ってくれた。だが，傍線1直前に書かれているように，結婚して子供もいるが，生活は共稼ぎをしないと苦しい状況なのだ。そして，

郊外の公団住宅に住んでいて，祖母の思いに応えるような，一戸建ての家を建てるほどには豊かではない。そのような自分が不甲斐なく(情けなく)，語り手は苦笑したのである。記述の際には，「結婚して子供もいるが，家を建てる余裕がない」+「祖母の思いに応えられていない」という内容を書き，それに対する「情けない／不甲斐ない」という心情を書き加えるとよい。

問四　「健二は七歳で死んだ木にこだわり……」の場面から健二の心情を考えることができる。自分と同じ年で死んだ木に同情して，あわれんでいるのである。また，お墓を作る様子からも，健二の同情とあわれみが読み取れる。記述の際には，「同じ年で死んだ木に自分を重ねた」「お墓を作ろうとした」という木に対する健二の様子と，「同情／あわれみ」という健二の気持ちを合わせてまとめる。

やや難　問五　文章中の複数個所から解答の手がかりをつかむことができる。「兄」に関しては，傍線2より前の部分で母親の行動を「乱暴だな。お母さんは」と評したところから，大人びた性格がうかがえる。また傍線3より後の部分で，丁寧に一本ずつ枝を幹からそぎ落とした部分から慎重さが，さらに傍線3より後の部分で，木の年輪を見ているところから，冷静さがうかがえる。以上のようなことを中心にまとめたい。「弟」に関しては，傍線2より前の母親の行動を，お墓でそういうことをしていいのかとたしなめた様子や，傍線3以降で乱暴に木を切った様子などから，兄とは異なる，活発さや乱暴な性格が読み取れる。また，最後の場面で，木のお墓を作ろうとするところから，感受性が豊かな性格が読み取れる。そのような内容を中心にまとめる。

基本　問六　A　多すぎるという意味である。反対に，少なすぎる様子は，「過少」となる。　B　ここでは，勉強のできぐあいを意味する。事業に関係する成績は，「業績」ともいう。　C　生活に必要なこまごまとした品物を意味する。「雑貨屋」とは，そうしたこまごまとしたものを販売する店のことである。　D　ここでは，仕事をすることを意味する。事業を営むことは，二字熟語で，「営業」となる。　E　ある限られた一部分の土地を意味する。「極地」は，南極や北極の地方を意味する。

二　**(詩ー主題・細部表現の読み取り，敬語)**

問一　めしあがるとは，「食べる」の尊敬語である。一般的には，相手の動作に対して敬意を表すときに用いる。一方，自分の食べる動作に対しては，謙譲語の「いただく」を用いる。しかし，ここでは，自分の食べる動作に対して，「めしあがる」という言葉が使われているのである。それが，一般的に見たおかしさとなる。「自分の動作であるが，尊敬語を用いている」という点を中心に記述すること。

重要　問二　詩の中に「おとぎばなしの　おうじでも／むかしは　とても　たべられない」という表現がある。その部分に着目する。だが，「ぼくは　おうじではないけれど／アイスクリームを　めしあが(っている)」のである。そのときの感情は，詩の後半から読み取れる。「おんがくたい」「プカプカ　ドンドン」「ルラ　ルラ　ルラ」「チータカ　タッタッタッ」などからは，「ぼく」の満足感やよろこびが感じられる。解答の際には，「昔は王子でも食べられなかったアイスクリーム」+「ぼくは食べている」という状況と，「満足感，よろこび」などの心情を合わせて書くとよい。

★ワンポイントアドバイス★

詩の記述問題の場合，詩中の表現から類推して，自分の言葉で記述しなければならない場合が多い。それぞれの詩の表現が何を意味するのか，状況を十分にイメージして考えていきたい。

MEMO

大切なことはメモしておこうネ!

データ対応

収録から外れてしまった年度の
問題・解答解説・解答用紙を弊社ホームページで公開しております。
巻頭ページ＜収録内容＞下方のQRコードからアクセス可。

※都合によりホームページでの公開ができない内容については，
次ページ以降に収録しております。

「Kさんって、中学ん時、楽しかった?」

気がつくとそんな質問をしていた。Kさんに自分の故郷をバカにされたと思ったのかもしれない。Kさんがとつぜん表情を暗くする。予想以上の反応だった。港を見つめたままのKさんの静かな横顔には「知ってるくせに」と書いてある。

「ちゅ、中学の時の友達と今でも会う?」

慌《あわ》ててしまって、1ますます墓穴《ぼけつ》を掘《ほ》った。その時だった。

「つまんない」

Kさんがそう呟《つぶや》いたのだ。

「え?」

「……中学の時でしょ? だからつまんなかった」

Kさんはそう言い捨ててテラスを出て行った。テラスに「つまんない」という言葉だけが残る。それが彼女の中学時代に向けられたものなのか、僕《ぼく》自身に向けられたものなのか分からなかった。もちろん初めて耳にする言葉ではなかった。テレビや映画でなら何度となく聞いたことのある言葉だった。しかし2この時初めて、「つまんない」という生の東京弁に僕は接したのだと思う。

3中学の頃、Kさんを苛めたという同級生たちの顔が浮かんだ。そこには十四階建てのビルをバカにされたような気がした自分の顔も混じっていた。

高台にあった学校からは長崎港が見下ろせた。イ普段は大きな港なのだが、年に何度か立派な船が停泊すると、港は急に小さく見えた。

(吉田修一「つまんない」より)

問一 ――1で、「ますます墓穴を掘った」とありますが、どういうことですか。説明しなさい。

問二 ――2で、「この時初めて、『つまんない』という生の東京弁に僕は接したのだと思う」とありますが、どういうことですか。説明しなさい。

問三 ――3で、「Kさんを苛めたという同級生たちの顔」に「自分の顔も混じっていた」とありますが、そのとき「僕」が感じたのはどのようなことですか。説明しなさい。

問四 ══アと══イの文は似ていますが、それぞれの内容には違《ちが》いがあります。それはどのような違いですか。説明しなさい。なお、説明するときには、「ア」「イ」の記号を用いなさい。

三 **次の――①~④のカタカナを漢字に直しなさい。一画ずつ、ていねいに書くこと。**

約一対一・六を黄金比と呼び、①タテと横がこの比率の長方形は②キンセイがとれているとされる。

③テイエンの池の水面《みなも》に魚の背びれがうかび上がり、ときどき何かを④イるようにするどくきらめいた。

【国　語】（五〇分）〈満点：八五点〉

一 ※問題に使用された作品の著作権者が二次使用の許可を出していないため、問題を掲載しておりません。

二 **次の文章を読んで、後の問いに答えなさい。ただし、［＝　］は出題者による注です。**

高台に立つ高校に通っていた。

授業中、窓の外へ目を向けると、上空ではなく、すぐそこを鳶《とび》が飛んでいるような場所だった。

高台にあったから、眺《なが》めは良かった。山肌《やまはだ》にぎっしりと建てられた家々と長崎港《ながさきこう》を覗《のぞ》き込《こ》むように眺められた。港には造船所のドックがあり、五島列島や上海《シャンハイ》へ向かうフェリー乗り場があり、ガスタンクがいくつか並んでいる。ア普段《ふだん》は大きな港なのだが、一年に何度か外国の豪華《ごうか》客船（クイーンエリザベス号など）や、大きな帆船《はんせん》［＝帆《ほ》を張った船］が停《てい》泊《はく》すると、その港は急に小さく見えた。

港を眺める特等席は、図書室があった四階の西側だった。立ち入り禁止だったが、小さなテラスもついていた。

ある時、友達を探して図書室へやって来ると、このテラスにKさんという女の子の姿があった。同じクラスではなかったが何度か話したことはあり、Kさんと同じ中学から来た男友達の話によれば、「Kさん、中学ん時はちょっと苛《いじ》められとった」らしかった。

「なんで？」

「だって東京からの転校生で顔も可愛《かわい》かったら、他の女子たちは歓迎《かんげい》せんやろ。ほんとにいつも一人ぼっちやったなぁ」

実際、Kさんの東京弁は高校でも目立っていた。のんびりした長崎弁の中だとリズムが狂《くる》うというか、例《たと》えば友達に「先生が呼びよったばい」と言われたら、「なんやろか？」と呑気《のんき》に職員室へ向かえるのだが、「先生が呼んでたよ」と言われると、「ああ、叱《しか》られる」と思ってしまうのだ。

図書室に探していた友達がいなかったので、なんとなくKさんのいるテラスに出た。何をしているのかと尋《たず》ねると、同じテニス部の友達を待っているのだがまだ来ない、と彼女《かのじょ》が答える。

「ふーん。これから練習？」

「今日は休み」

なんとなく彼女の隣《となり》に立ち、眼下の港を見下ろした。テニス部だったKさんは日に灼《や》けて、ポニーテールがよく似合っていた。Kさんを真似《まね》て、同じ髪型《かみがた》にする女の子も多かったはずだ。

「ここから吉田くんち、見える？」

Kさんに聞かれて探してみたが、グラウンドの椰子《やし》の木が邪魔《じゃま》をして見えなかった。その後、長崎市内で一番高いビルはどれかという話になった。記憶《きおく》に間違《まちが》いがなければ、当時は駅前にあった十四階建ての小さなオフィスビルが一番高かったはずだ。

「ええ？　あれ？」

呆《あき》れたようにKさんが高くない高層ビルを見つめる。隣にKさんがいるせいか、見慣れた長崎の町に、まだ見たことのない東京の様子が重なった。自宅を隠《かく》す椰子の木のような東京の高層ビルが、小さな長崎の町を隠してしまう。

問二 ――イ「『見たか？　こいつ、すっかり克己心が身についたようだぞ』『うん、そう、こっき心だよ』」とありますが、「克己心」「こっき心」という書き分けがされていることに注意しながら、ここでの「父さん」と「ぼく」の気持ちをそれぞれ説明しなさい。

問三　この話は、「一人の少年がブタの貯金箱との心の交流を通して、『友人を愛すること』を体験する物語」と考えることもできます。少年にとって「友人を愛する」とはどのようなことであったと考えられますか。文章全体の展開をふまえて、自分の言葉で説明しなさい。

なるということだ」「うん、そうだね」とぼくは言った。「スケボーに乗ったバート・シンプソン人形、すごくうれしいな。でもお願いだからマーゴリスをそんなふうに振らないでよ。目を回しちゃうじゃないか」父さんはマーゴリスをテーブルに置いて、母さんを呼びにいった。そして片手で母さんの手をひっぱり、もう片ほうの手に金づちを持ってもどってきた。「どうだ、おれの言ったとおりだろう」父さんは母さんに言った。「こいつもやっと物の大切さを学んだんだ。そうだな、ヨアヴィ？」「うん」とぼくは言った。「すごくわかったよ。でもその金づちはなんなの？」

「お前がやれ」父さんはそう言って、ぼくの手に金づちをにぎらせた。「気をつけるんだぞ」「うん。気をつけるよ」とぼくは言って、そのとおり気をつけていたけれど、しばらくすると父さんはしびれを切らして言った。「どうした、早くブタを割れ」「え？」とぼくは言った。「マーゴリスを、割る？」「そうだ、そのマーゴリスだ」と父さんは言った。「さあ、早く割るんだ。もうバート・シンプソンを買っていいんだぞ。お前はよくがんばったからな」マーゴリスは、自分がもうすぐ死ぬ運命なのを知っている陶器のブタの悲しい笑《え》みを浮《う》かべていた。バート・シンプソンなんてどうだっていい。このぼくが、友だちの頭を金づちでかち割るだって？「バート・シンプソンなんかいらない」ぼくは父さんに金づちを返した。「マーゴリスだけでいい」「なにを言ってるんだ」と父さんは言った。「遠慮《えんりょ》するな。これは社会勉強なんだから。貸せ、父さんがやってやろう」父さんは金づちをふりあげた。母さんがぎゅっと目をとじ、マーゴリスがあきらめたようにほほえむのを見て、ぼくは自分がなんとかするしかないと気づいた。ぼくが何もしなければ、マーゴリスは死ぬのだ。「父さん」ぼくは父さんの脚《あし》にすがりついた。「なんだ、ヨアヴィ」父さんは金づちをもった手を止めて言った。「お願い、あともう一シェケルだけ」とぼくは言った。「あしたの朝ココアを飲んで、もう一シェケル入れてもいいでしょ？　そしたらきっと割るから。約束するよ」「あと一シェケルだと？」父さんは笑って金づちをおろした。**イ**「見たか？　こいつ、すっかり克己心《こっきしん》が身についたようだぞ」「うん、そう、こっき心だよ」とぼくは言った。「だからあしたまで待って」もう涙《なみだ》で声がふるえていた。

　二人が出ていったあと、ぼくはマーゴリスを抱《だ》きしめて、好きなだけ泣いた。マーゴリスは何も言わずに、ただぼくの手のなかで小さくふるえていた。「心配しないで」ぼくはかれの耳にささやいた。「きっと助けてやるから」

　その夜、父さんが居間でテレビを見おわって二階に上がるまで、ぼくは待った。それからそっとベッドを抜《ぬ》けだして、マーゴリスを連れて忍《しの》び足で玄関《げんかん》を出た。ぼくらは暗やみのなかを長いこと歩き、やがてアザミのおいしげる原っぱについた。「ブタは原っぱが大好きだろ」ぼくはそう言って、マーゴリスを地面におろした。「とくにアザミの原っぱには目がないんだ。お前もきっと気に入るよ」ぼくはマーゴリスが何か言うのを待ったけれど、かれはだまっていた。さよならのかわりに鼻にさわると、かれはただ悲しげにぼくを見つめかえしただけだった。もう二度と会えないのがわかっていたのだ。

（エトガル・ケレット＝著、岸本佐和子《さわこ》＝訳、『ブタを割る』の全文）

問一　――**ア**「さあこれでもう大丈夫、息子は不良になったりしない」とありますが、「父さん」がそのように考える理由を説明しなさい。

の場とペットを取り巻く場との間には、どのような共通点があると筆者は考えていますか。「強者」と「弱者」という言葉を用いて、わかりやすく説明しなさい。

二　次の文章を読んで、後の問いに答えなさい。

どんなに頼《たの》んでも、父さんはバート・シンプソン人形を買ってくれなかった。母さんはいいと言ったのに、父さんは母さんがぼくに甘《あま》すぎると言った。「そうだろうが、え?」父さんは母さんに言った。「なんだっておれたちがそんなものを買ってやらなきゃならん? お前はいつもそうやって、息子《むすこ》がちょっと泣き声を出したらすぐに言うことを聞いちまうんだ」お前はお金のありがたみがわかっていない、と父さんはぼくに言った。こういうことは子供のうちに叩《たた》きこまなきゃだめなんだ。バート・シンプソン人形を簡単に買ってもらうような子供が、大きくなって雑貨屋に押《お》し入るような不良になるんだ。欲しいものは何でも楽して手に入るのが当たり前だと思っているからな。というわけで、父さんはバート・シンプソン人形のかわりに、背中にお金を入れる穴のあいた、ださい陶器《とうき》のブタの貯金箱をぼくにくれた。**ア**さあこれでもう大丈夫《だいじょうぶ》、息子は不良になったりしない、というわけだ。

毎朝、ぼくは大きらいなココアを飲まされる。膜《まく》がはったココアを飲めば一シェケル、膜なしだと半シェケル。すぐに吐《は》き出してしまったら何もなしだ。もらったコインをブタの背中に入れて振《ふ》ると、ガラガラ音がする。ブタがいっぱいになって振っても音がしなくなったら、スケボーに乗ったバート・シンプソンの人形を買っていい。そう父さんが約束したのだ。これならお前のためにもなるからな。よく見るとブタはかわいかった。鼻をさわるとひんやりしていて、一シェケルを背中に入れるとにっこり笑い、半シェケルを入れてもにっこり笑う。でもなんといっても一番すてきなのは、何も入れないときでもにっこりしてくれることだ。ぼくはブタに名前をつけた。マーゴリス——これは前にうちの郵便受けに住みついていた人の名前で、父さんはやっきになってこの人のシールをはがそうとしたけれど、だめだった。マーゴリスは他のどんなおもちゃとも似ていない。とても静かで、ライトも、バネも、液もれのする電池もない。ただ一つだけ、かれがテーブルから飛びおりようとするのだけは要注意だ。「マーゴリス、気をつけろ! お前は陶器でできてるんだから」マーゴリスが身を乗り出して下の床《ゆか》をのぞいているのを見つけて、ぼくは言う。するとかれはにっこり笑って、ぼくが下におろしてやるまでおとなしく待っている。マーゴリスが笑うとぼくもうれしくなる。マーゴリスのためだけに、ぼくは毎朝膜のはったココアを飲む、一シェケルを背中に入れて、かれの笑顔《えがお》がいつもと変わらないのを、ただたしかめたい一心で。「大好きだよマーゴリス」そのあとでぼくは言う。「ほんとだよ。母さんよりも父さんよりも好きだ。何があっても、たとえお前が雑貨屋に押し入ったって、きらいになんかなるもんか。でもお願いだから、テーブルからジャンプするのだけはやめてくれよな!」

きのう父さんがやって来て、テーブルの上にいたマーゴリスを持ちあげて、乱暴に振ったりさかさまにしたりしだした。「やめてよ父さん」とぼくは言った。「マーゴリスがお腹《なか》をこわしちゃうよ」でも父さんはやめなかった。「もう音がしなくなったな。つまりどういうことかわかるか? スケボーに乗ったバート・シンプソン人形があしたお前のものに

て忌避《きひ》し(＝嫌《いや》がって避《さ》け)ているという図と、図としては同じである。へこんだ存在をみなが気づかい、いたわることもあれば、それをあざ笑うことで①おぞましい連帯が生まれることもある。ときにそのあざ笑われる者が、なにかの拍子《ひょうし》に反転してまぶしい光を4ハナつということもある。そして、「差別」や「崇拝《すうはい》」と同じこの構造の力が、ケアという場にはたらきださない保証はどこにもない。

獣医さんの多くはこよなく動物好きだろうが、同時に、こうした構造をもつ場を仕切る司祭者のごとくにふるまってもいる。もの言わぬ動物を中心に編まれる家族の「ファンタジー(＝幻想《げんそう》)」の強力な共犯者としても、その場に登場するわけだ。だれがペイする(＝ペットの治療費を支払《しはら》う)のかという計算もつねに頭をよぎることだろう。「愛らしい」ものを愛《め》でる獣医は、そんな「専門職」としてのクールな顔を背後に隠《かく》してもいるはずだ。そして、他方で、飼い主に棄《す》てられたペット、ショップで売れ残ったペットがどのようなプロセス(＝手順)で「処分」されるかを、5ジュクチし、憂《うれ》えてもいるはずだ。

イそこで話はケアという仕事に戻《もど》る。ケアの場は②やるせないものだ。一度かぎりの解決というものもなくて、果てしない疲労《ひろう》に襲われる。そこには、本人の無念、家族との長年の確執《かくしつ》(＝お互《たが》いが自分の意見を譲《ゆず》らずに生じる不和)もまた流れ込んでいる。だからケアについてはくりかえし「美しい」物語が紡《つむ》ぎだされるのだが、わたしたちは同時に、そのケアの場がとてつもなく「危《あや》うい」場でもあることから眼《め》を逸《そ》らせてはならない。見たくないものを見ることも、希望を抱《いだ》くことと同じくらいたいせつだ。「無力な」者を「善意」でくるみ、「わたしたち」の向こうに押し出してしまう構造、そのような強・弱の関係の外に出ることを、先の中井さんの言葉は説いているのかもしれない。

(鷲田《わしだ》清一《きよかず》『大事なものは見えにくい』より)

問一 ‖1～5のカタカナの部分を、漢字に改めなさい。一画ずつていねいに書くこと。

問二 ‖①「おぞましい」・②「やるせない」の本文中における意味としてもっとも適当なものを次の中から一つ選び、それぞれ記号で答えなさい。

① **「おぞましい」**

ア　強力な
イ　みじめな
ウ　けがらわしい
エ　ぞっとするような
オ　目にあまるような

② **「やるせない」**

ア　許しがたい
イ　なじみのうすい
ウ　取り組みにくい
エ　気のゆるむ間もない
オ　気持ちのやり場のない

問三 ――**ア**「『心のうぶ毛』をはたらかせなければならない」とありますが、「『心のうぶ毛』をはたらかせ」るとは動物の場合、どうすることですか。ここまでの内容をふまえて、わかりやすく説明しなさい。

問四 ――**イ**「そこで話はケアという仕事に戻る」とありますが、ケア

【国　語】（五〇分）〈満点：八五点〉

一　次の文章を読んで、後の問いに答えなさい。ただし、（＝　）は出題者による注です。

ケア（＝介護《かいご》や世話）の専門家といえば、看護師や介護福祉士《ふくしし》、ソーシャルワーカー（＝社会福祉活動を行う人）やカウンセラーといった職種のひとがすぐに浮《う》かぶ。お坊《ぼう》さんや「保健の先生」というのも、ある意味でケアの専門家といえるかもしれない。それに対して、獣医《じゅうい》さんは人間を相手にするわけではないので、ふつうケア・サーヴィスという職種には数え入れられない。

こういう見方に対してささやかに異議を唱えるのが、精神科医の中井《なかい》久夫《ひさお》さんだ。

「医療《いりょう》では、ずいぶん患者《かんじゃ》に無理を強《し》いる。実は獣医学のほうがずっと、相手である動物の意志を尊重している。それは、動物にがまんをさせるということがむずかしいからである。とらえられただけでハンガー・ストライキ（＝飲まず食わずで抵抗《ていこう》すること）をして死ぬ動物も多い。食べ物が違《ちが》うとか、寝床《ねどこ》が違うだけで、拒絶《きょぜつ》反応をするペットも多い。だから獣医さんたちは徹底的《てっていてき》に動物のほうに自分を合わせる。獣医さんたちは、動物の気持を察するためにたいへんこまやかな心のアンテナを持っておられる方が多い」。だから、ケア・サーヴィスに1ジュウジしているひとは獣医さんからこそ多くを学ぶべきだと、中井さんは言う。

「処置」を前に、わたしたちは無言の「弱者」のさしあたっては理解不能なふるまいを、からだ全体のあらゆる感覚を動員して、受けとめなければならない。中井さん一流の言い方を借りると、ア「心のうぶ毛」をはたらかせなければならないのだ。

しかし、ペットを中心としたこの場には、その「心のうぶ毛」を押《お》さえつける、なにか強力な構造（＝仕組み）の力のようなものが、知らぬまにはたらきだしている。

調子がぐんと落ち込《こ》んでいるのに何も訴《うった》えない犬、苦痛や痒《かゆ》みに襲《おそ》われているのに何が起こっているのか見当もつかないらしい猫《ねこ》。わたしたちは気が2ドウテンし、底知れぬ不安に包まれながら、犬あるいは猫を抱《だ》きかかえ、獣医さんのもとへ走る。何が起こっているのか分からないペットは、苦しいはずなのに、獣医さんがいつも大好きなお菓子《かし》をくれるのでたぶんそれを待っている。獣医さんは犬に声をかけながら、聴診《ちょうしん》器《き》を当て、触診《しょくしん》し、最後は注射を打つ。声を立てているのは人間ばかり。訴えもしない犬にみなの視線が集中する。

ある病院の脳外科《のうげか》で看護助手をしていたことのある若い社会学者が、獣医科のあの光景は脳外科の集中治療室《ちりょうしつ》の光景に重なると言った。もの言わぬ患者さんを中心に、すべての言葉、すべての行動が組織される。その一体感、その熱気はすごいものだった、と。

もの言わぬ「弱者」、いってみれば「へこんだ」存在を中心に据《す》えることで、こちら側に形成される強力な秩序《ちつじょ》。それは、みなの関心を一点に3キュウシュウすることでできあがる。じぶんたちのなかから何者かを「無力な」存在として押《お》しだし、それにみなが視線を集中させることで「わたしたち」という連帯がこちら側に確立される。みなの視線を集める〈空虚《くうきょ》な中心〉、その役割は、現代の家族生活では大型テレビやペットが担《にな》っている。

じっさい、みながこぞって心配している図というのは、みながこぞっ

二 次の詩を読み、後の問いに答えなさい。

しんじゅのぎょうれつ

まど　みちお

じいちゃんとおふろに入ったとき
ぼく　おならが出ちゃった
くすぐったくて　おもしろくって
あはあは　わらった

ばんごはんのとき　そのはなし
ぼくがすると

にんげんのからだから出てくるものが
あんなに美《うつく》しいんだからなあ…
とじいちゃんが　ためいきついた。

そんなにほめたらおならが
きょうしゅくしますよとパパがわらい
ぼくもママも大わらいした

だがじいちゃんはまたじまんした
いやあれは　ほんとに
しんじゅのぎょうれつだったぞう！　と
まるでおならがぼくとおなじに
じぶんのまごででもあるかのように…

問一　第三連に「そんなにほめたらおならが／きょうしゅくしますよ」とありますが、この言い方のおもしろさは、どういうところにありますか。「きょうしゅく」という言葉に気をつけて、説明しなさい。

問二　第四連に「しんじゅのぎょうれつだったぞう！」とありますが、このように言ったとき、「じいちゃん」はどのような気持ちだったと思いますか。説明しなさい。

三 ひらがなの「や」と「ら」とを、〔例〕にならって、一画ずつ増やしていくかたちで正しく書きなさい。また、「を」をカタカナに直して、同じように一画ずつ増やしていくかたちで正しく書きなさい。ただし、マス目をすべて使うとは限りません。

〔例〕「い」→

いの様子から想像がつく。すると、蚊の退治が目的で、環境の美化はご利益だったということになる。

　ここで一つの問題は、下草を刈ると本当に蚊がいなくなるのかということである。蚊にもいろいろな種類がいて、その発生場所つまり彼《かれ》らの幼虫（ボウフラ）が育つ場所も種類によってさまざまである。ふつうの家《いえ》蚊《か》（アカイエカ）には、小さくてもよいから多少深さのある水たまりが必要である。けれど小さなシマカたちは、つもった落ち葉の隙間《すきま》にたまる水で十分に育つが、決して茂った草の葉の間で育つわけではない。

　だから、彼らを退治するのは草を刈っただけではだめで、林の中の落ち葉をすべて4ノゾき、地面をからからに乾《かわ》かしておかねばならない。そういう林が環境「美化」につながるかどうか？　だから、林の草刈りは④はじめから問題を含《ふく》んでいたわけだ。

　けれど、大人たちにとっての、このとにもかくにもの「ご利益」はとんでもない祟りを招いた。つまりそれは、考えてもいなかったオバケの隠れ場所をなくし、子どもたちの楽しい遊びを一つ奪《うば》ってしまったのである。

　まったく予想もできなかったという点でこれは、限りなく祟りに近い。林は子どもたちという神様の楽しい遊びの場であると考えたら、これはまさに祟りである。

　蚊を退治しようという大人たちの近視眼的な願望が、思いもかけぬ結果を招いたこのできごとは、それ以来ぼくにしっかり焼きついている。これはまさにいわゆる環境問題の典型的なパターンであると、そのときぼくは直感したからである。

　あれは今からもう四十年近く前のこと。その後同じような公害や環境問題が世界じゅうでいったいいくつ起こったことか。

　考えてみると、これはわれわれ人間の文化の根本的問題なのかもしれない。

（中　略）

　祟りの感覚は、大昔のどの時代にも、時代おくれのものとされた。そして古くはエジプトのピラミッドや神を恐《おそ》れぬバベルの塔《とう》のように、それを乗りこえるものが人間の名に値《あたい》する新しい文明であると、いつの時代にも認識《にんしき》されてきた。それが問題なのではあるまいか。

　今さら祟りの思想をとり戻せということではない。⑤そこからもう一度考えなおしてみる必要があるのではないかということである。

（日高敏隆《としたか》「〝祟り〟という思想」による）

問一　1の漢字の読みをひらがなで書きなさい。また、2・3・4のカタカナを漢字に改めなさい。一画ずつ、ていねいに書くこと。

問二　①「ぼくは余計なことをしてしまったのかもしれない」とありますが、なぜ「余計なこと」というのですか。理由を説明しなさい。

問三　②「こういう形」と、③「そういう言い方」はどう違《ちが》いますか。アとイの言い方を比べて、自分の言葉で説明しなさい。なお、説明するときには、「ア」「イ」の記号を使いなさい。

問四　④「はじめから問題を含んでいた」とありますが、どのようなことが問題なのですか。二つに分けて、具体的に説明しなさい。

問五　⑤「そこからもう一度考えなおしてみる必要があるのではないか」とありますが、筆者は、自然に対する接し方をどのように考えなおす必要があるというのですか。説明しなさい。

うことを聞いた。これを積極的に使うと自然が守られる場合もありますよ、と笑いながら話してくれる人もいた。でも、このごろはみんな祟りなんか信じなくなりましたからねぇ、とその人は嘆《なげ》くようにつけ加えた。

ご利益だって同じことである。ここの木を大事にしていると必ずご利益があるよ、という言い伝えもあちこちにある。でもそれを信じているのは土地のおばあさんかおじいさんで、若い人はそんなことに2ムカンシンだ。ましてや、よそから来た観光客には通じない。

けれどこのような言い伝えの「祟り」や「ご利益」には、それ相応の理由があることはいうまでもないし、それが自然環境《かんきょう》を守ってきたことも確かである。

ア「そんなところにオシッコをすると、オチンチンが腐《くさ》りますよ」と小さいときによくいわれた。子どもだったから、男にとってオチンチンがどれほど大切なものかはわからなかったが、それでもなんだか怖《こわ》くて、オシッコをがまんしたことを憶《おぼ》えている。

しかし、祟りやご利益はいつも②こういう形で人々の間に3ソンザイしつづけていたのでもないようだ。

第二次大戦直後、つまりぼくが十六歳《さい》で中学四年の八月末、疎開先《そかいさき》の秋田県大館《おおだて》で、ぼくはある忘れられない体験をした。近所の人たちに誘《さそ》われて、山へ山菜を採りにいったときのことである。

大館から汽車に乗って北の方へいく。たしか陣場《じんば》という駅で降りて山中に入る。場所をよく知っている人に連れられていくと、そこここに大きな蕗《ふき》がおがって（生えて）いる。さすが、秋田蕗というだけあって、茎《くき》（葉柄《ようへい》）は太さ三センチもあろうか。そして高さはぼくの背丈《せたけ》ほど。そんな立派な蕗が山の中にたくさん生えていた。

ぼくは感動してさっそくポケットに入れてきたナイフを開き、左右二本の茎をそろえて、地面すれすれの根元から切りとった。

とたんにそれを見ていた近所のおじさんがぼくをどなりつけた。「それはだみだ！」おじさんはいった。イ「ほれ、この二本の茎の間に次の芽がある。こういうように左から切って、その次に右から切って、真ん中の芽を残してやるんだ。そうしたら、来年もまた生えてくる」。ぼくは一言もなかった。

おじさんは祟りとかご利益とかいう言葉は使わなかったけれど、明らかに祟りとご利益のことをいっていたのである。今から五十年も前のことで、そのおじさんは当時五十歳くらい。もしまだ生きていれば、一〇〇歳近いだろう。山の祟りを信じている年代だったことはまちがいない。その人が③そういう言い方をしたことは、今思うと不思議でもあるが、実は不思議ではないのかもしれない。次の芽を守ることの大切さぐらいは、すぐわかる。祟りというのは、もっとわかりにくい、目の前ですぐには想像のつかないものにいう概念《がいねん》なのだ。

農工大宿舎での林の草刈りはなんだったのだろうか？宿舎の大人たちにすれば、その目的は蚊の退治だった。そして雑然と茂った林をすっきりときれいにしたいという願望もあった。今の言葉でいえば、環境の美化とアメニティ（＝住み心地《ここち》の良さ）ということにもなろうか。

それは大人たちにとってはある種のご利益であったかもしれない。林がきれいになって、ついでに蚊もいなくなる、どちらが主目的だったかというと、蚊の退治が第一の目的だったらしいことは、居住者の話し合

【国　語】（五〇分）〈満点：八五点〉

一　次の文章を読み、後の問いに答えなさい。

かつてぼくが東京農工大の農学部に勤めていたころ、ぼくの宿舎は小《こ》金《がね》井《い》の工学部の一隅《いちぐう》にあった。いわゆる公務員宿舎である。狭《せま》い二階建ての部屋が十1戸ずつほど連なったのが三棟《むね》と、二軒長屋《けん》（＝一階建ての二軒の家を一棟に建て連ねたもの）が何戸かあった。

入居者は若い教官や事務官が多いので、子どもたちはたくさんいた。夏になると、夕食後、子どもたちは宿舎のまわりで楽しそうに遊んでいた。

宿舎の北側はちょっとした林になっており、ひょろひょろした木がけっこうたくさん生えていた。そしてその下には、それらの木の若木やハギのような、どうということのない灌木《かんぼく》（＝低木）があちらこちらに立っている。その間にはこれまたどうということのない草が茂《しげ》っていた。

あるとき宿舎の集まりがあった。ぼくは出席できなかったが、あとで聞くと、裏の林から蚊《か》が出るので、下草や木を刈《か》ってきれいにしようと決めたということだった。

それから数日後の日曜日、入居者が総出で林をきれいにする作業が始まった。ぼくは午後まで大学の研究室にいたので、戻《もど》ってきたらもう夕方近かった。

草刈りは林のへりから始められ、もうだいぶ奥《おく》まで進んでいた。働いている人々の後ろには、子どもたちがたくさん集まって、心配そうな顔つきでじっと見守っている。

何が心配なのかとぼくは子どもたちに聞いた。

「オバケの出るところがなくなっちゃう」

ある小さな子が泣き出しそうな声でそういった。

実は子どもたちはもうだいぶ前から、夏の夕暮れに肝《きも》だめしというかオバケごっこをして遊んでいたのである。

もう暗くなったころ、子どもたちは少し年上の子から、「さあ、ここから林の中へ入っていけよ」といわれる。それで、みんな半ばおもしろがって、半ば多少の不安を感じながら、下草を分けて林の中へ入っていく。すると突然《とつぜん》、茂った灌木のかげからオバケが出てくるのだ！　キャアといって子どもたちは逃《に》げる。するとまた別の草かげから、また新しいオバケが現れる。運の悪い子はオバケにつかまってしまう。子どもたちにしてみれば、スリル満点の遊びだった。

ところが今、大人たちは蚊を退治しようとして草や灌木を刈っている。オバケの隠《かく》れている場所がなくなってしまうのではないか？　子どもたちはそれが心配だったのである。

ぼくはそのことを大人たちに話して、いくつかの「オバケの隠れ場所」を残してもらった。けれどそれ以後、子どもたちのオバケ遊びはすたれてしまったようである。自分たちだけの秘密が大人に知れてしまったからだ。①ぼくは余計なことをしてしまったのかもしれない。でも、林がすっきりきれいになったら、子どもたちはやっぱり悲しんだろう。

「祟《たた》りとご利益《りやく》」というテーマを示されて、ぼくはかつてのこの体験を思い出してしまった。これも「祟り」と「ご利益」の話ではないかと。

ここは神様のいる森だから、勝手に木を切ると必ず祟りがあるよ、という言い伝えが森を守ってきたという話はよく聞く。屋久島《やくしま》でもそうい

ときの「わたし」の気持ちをわかりやすく説明しなさい。

二 次の文中の――①～⑤のカタカナを漢字に直しなさい。字は一画ずつていねいに書きなさい。

郷里の祖父母を①タズねた。近くのK温泉は山並みが美しく、②ケイショウの地として有名だ。温泉③ガイに出向き、父と二人で湯を④アびると、長い⑤タビジの疲《つか》れもすっかり癒《い》えた。

ドをゆっくり読んでみると、⑤別の感動がじわじわとわいてきた。一年生の字は、長谷川くんの字みたいで、ちょっと笑える。

「楽しいんだけど、かなしかった。でも、さいごはおもしろかった」

「はせがわくんは、よわいとおもった」

「はせがわくんは、『きらいや』って何回も言われてかわいそう」

「絵がおもしろかった」

「はせがわくんはずっとないてた」

「関西弁で、おもしろかった」

「おれは、はせがわくんになりたくない」

「かなしかった。でも、最後はおもしろかった」

「かなしくておもしろかった」……。

カードを何回も読み返した。

悲しくておもしろい、って、ホントだね。

『はせがわくんきらいや』の読み聞かせは、まあまあうまくいったけれど、やっぱり、わたしじゃなくて、誰かに関西弁で読んでほしい。それで、わたしは、聞く側に回ってみたい。長谷川くんをおぶって歩く男の子の声を聞いてみたい。

「大だいだいだい　だあいきらい」と言いながら、暗い道を歩いて行くページを、もう一度ゆっくり開いてみる。

★

さっちゃん、今頃、どうしてる?

さっちゃんの一番仲の良い友達って、誰だったんだろう。

あの後、わたしは転校してしまったし、結局、さっちゃんとは一度も遊ばなかった。

ボサボサ頭のさっちゃん。真剣に自転車をこいで、ジグザグに大きな車の間を通り抜けていたさっちゃん。運動会の帰り、お母さんとお父さんに挟《はさ》まれて歩いていった、さっちゃんの後ろ姿。

今頃になって、わたしは、さっちゃんを前よりも鮮明《せんめい》に思い出している。

(華恵《はなえ》『本を読むわたし』による)

問一　この文章の★印より前の部分は、大きく三つの段落に分けることができます。四年生の「わたし」のことが書かれているか、それより前のことが書かれているかに注目して分けたとき、第二段落と第三段落の始まりはどこからになりますか。それぞれ最初の五字を抜き出して答えなさい。テン・マル・カッコなどの記号も一字に数えます。

問二　――①「『会う』というよりも、『見かける』というほうが正しいかもしれない」とありますが、「会う」と「見かける」という言葉にはどのような意味の違《ちが》いがありますか。わかりやすく説明しなさい。

問三　――②「明日、みんながいるところで『ハナエちゃん、きのう楽しかったね』とか『また遊ぼうね』なんて言われるかもしれないから、避《さ》けることにしたんだ」とありますが、「ハナエ」はそう言われるかもしれないことがなぜ嫌《いや》だったのですか。わかりやすく説明しなさい。

問四　――③「わたしは、三人の後ろ姿をずっと目で追いかけていた」とありますが、なぜですか。わかりやすく説明しなさい。

問五　――④「わたしの大好きな場面」とありますが、「わたし」はその場面のどのような点に引きつけられていると考えられますか。「ぼく」の言葉と行動に注目して、わかりやすく説明しなさい。

問六　――⑤「別の感動がじわじわとわいてきた」とありますが、この

「ぼくは、はせがわくんが、きらいです」

目の前の女の子は、本を食い入るようにじっと見ている。気づいたら、シーンと静まりかえり、みんなの視線はわたしが持っている本に集中している。次のページをめくろうとした時、わたしは初めて自分の手に汗《あせ》をかいていたことに気がついた。

「幼稚園《ようちえん》のとき長谷川くんは来たんや……」

乳母車《うばぐるま》に乗っていて、体が弱くて、すぐ泣く長谷川くん。

「頭にきて『泣くな』ゆうてなぐってやったんや」

長谷川くんが殴《なぐ》られて、鼻水と涙《なみだ》を弾《はじ》き飛ばしのけぞっているスゴイ絵。「ぼく」は、長谷川くんのお母さんから、長谷川くんは小さい時にヒ素の入ったミルクを飲んで体をこわしてしまった、ということ（＝一九五五年に起こった、乳児用粉ミルクに有害物質のヒ素が混入して多くの被害者《ひがいしゃ》が出た事件のこと）を、聞かされる。

「おばちゃんのゆうこと、ようわからへんわ。なんで、そんなミルク飲ませたんや。おばちゃんのゆうこと、わからへん」

そう言いながら、ひまわりの花の向こうの縁側《えんがわ》で、「おばちゃん」からキャンデーをもらって、長谷川くんとふたりで食べる。わたしは、本の真ん中をぎゅっと開いて、一年生に、ゆっくりと見せた。そして、少し深呼吸をして、④わたしの大好きな場面に入る準備をした。

「ぼく」は、「はせがわくんきらいや」と言いながらも、長谷川くんを野球に連れて行く。そして、三振《さんしん》ばかりする長谷川くんにイライラする。

長谷川くん　もっと早《はよ》うに走ってみいな。

長谷川くん　泣かんときいな。

長谷川くん　わろうてみいな。

長谷川くん　もっと太りいな。

長谷川くん　ごはんぎょうさん食べようか。

長谷川くん　だいじょうぶか。長谷川くん。

一年生の目が本に釘《くぎ》付けになっている。誰《だれ》も笑わない。

長谷川くんが鉄棒からまっさかさまに落ちると、「ぼく」はバットを投げ出して駆けつける。そして、暗い道を、長谷川くんをおぶって歩く。

「長谷川くんといっしょにおったら、しんどてかなわんわ。長谷川くんなんか　きらいや。大だいだいだいだあいきらい」

わたしは、本をゆっくりと閉じた。

女の子の目は、わたしの腕の中の本に釘付けになっている。最初に座ってくれた男の子たちの、まん丸い目。ぎこちなく笑ったり周りを見回したりしている顔。泣き出しそうな顔の子もいる。

わたしは、「読み聞かせ」が始まる前は自信がなかったけれど、今、一年生の表情を見ると、ちょっとした「達成感」が喉《のど》まで膨《ふく》らんでくる。

一年生がゆっくりと立ち上がって、次の本のところに移動する。さっきの男の子のグループのひとりが、わたしに近づいてきて、「おもしろかった」と言い、となりの教室に行った。それだけなのに、わたしはうれしくて、目のあたりがジワーッとしてきた。

六時間目が終わった。一年生は、一番おもしろかったところに感想カードを書いて、本を読んだ四年生に渡《わた》す。別に競争じゃないんだけれど、わたしたちは、やっぱりカードの枚数が気になる。

思いがけなく、もらったカードの枚数が一番多いのはわたしだった。初めは「一番」というのに浮かれていたけれど、放課後、ひとりでカー

それから十日後ぐらいに、学校で運動会があった。

わたしは走るのは得意だし、五十メートル走ではゼッタイ一番になる、と張り切っていた。結果、ほんとに一等賞になった。徒競走は、応援《おうえん》もすごい。ビデオを持っているお父さんたちがどんどん前に出てくる。大人も大声でかけ声をかけたり笑ったりで、興奮している。

さっちゃんは、練習の時と同じように、ビリだった。というか、最初から競争する感じじゃなかった。運動靴《ぐつ》が大きすぎる。足と運動靴の間にすき間が見えるし、紐《ひも》もゆるく結んである。ちゃんと締《し》めればもっと早く走れるのに。さっちゃんは、自転車に乗っている時の真剣《しんけん》な表情ではなく、最初から諦《あきら》めたみたいにやる気なさそうにフラフラ走っていた。

最後の整理運動が終わると、自分の椅子を持って、教室に戻《もど》る。それから、校庭に出て、皆《みな》いっせいに走り出して親を探す。人、人、人でごったがえして、校庭に砂嵐《すなあらし》が起こったみたいに、真っ白で見えなくなる。

わたしは、道路側の入り口に行って、しばらくお母さんを待つことにした。あたりを見回していると、二人の大人の人がニコニコ笑いながら真ん中の子に話しかけながら歩いてくるのが見える。歩きにくそうに体をゆすりながら不規則な歩幅《ほはば》で歩いているお母さんと、顔をくしゃくしゃにして笑っているお父さん。そして、真ん中にいるのは、さっちゃん。いつもと同じ。頭がぐしゃぐしゃだ。運動着のお腹《なか》のところが砂で汚れている。ゴール前に転んだ時のだ。青い短パンの後ろからは、下着がちょっとだけ飛び出している。大きめの運動靴と細い足が対照的で、歩きにくそう。

お父さんもお母さんも、体の小さい人だった。何か障害があるみたいだった。でも、ふたりとも、真ん中にいるさっちゃんの手をぎゅっと握《にぎ》って、笑いながらさっちゃんの顔を覗《のぞ》き込んでいる。さっちゃんは、黙《だま》ってうなずいている。お父さんが、さっちゃんの頭を何度もなでている。

わたしは、ずっと突《つ》っ立ったまま見ていた。さっちゃんはわたしに気づかずに歩いて行った。

教室で見るさっちゃんとは違う。ひとりで自転車をこいでいるさっちゃんとも違って、両脇《りょうわき》をがっちりとお父さんとお母さんに守られていた。さっちゃんよりも、お父さんとお母さんの方が、嬉しそうだった。

③わたしは、三人の後ろ姿をずっと目で追いかけていた。

お母さんが別の入り口から走ってきた。

「ハナエ、こっち側にいたの?」

一瞬《いっしゅん》、さっちゃんのことを言おうかどうか迷った。でも、言わなかった。さっきの三人の後ろ姿だけ、頭にこびりついている。わたしは母の左手をぎゅっとつかんだ。

今、目の前にいる一年生に、あの時のさっちゃんや友達やわたし自身が重なる。そうだ。わたしがこのくらいの時、この本に出会ったんだ。さっちゃんのマネをして、ひとりで自転車に乗って図書館に行った時、わたしはこの本に出会った。

一年生は、わたしのヘタクソな関西弁と、本の絵の迫力《はくりょく》とに、ゲラゲラ笑っている。ところが、三ページをめくったとたん、一番前の女の子の表情がサッと変わった。めちゃくちゃな絵に矢印で「はせがわくん」と書いてある。短いクレヨンで書いたようなへたくそな字がぎっしり並んでいる。最初のことばは、

立っていた。そして、お母さんの後ろにいたわたしを見て、「ハナエちゃん、遊ばない？」とゆっくり言った。

「遊べない。出かけるの、ごめんね」

わたしがはっきり言うと、お母さんは少し驚《おどろ》いたようにわたしの顔を見た。

「いつ遊べる？」

「わかんない」

「何時に帰ってくるの？」

「わかんない。買い物に行くから」

「お昼ごろ？」

「わかんない、って」

「じゃ、お昼過ぎ？」

「……」

なんか、やだ。さっちゃん、いつもこうなんだ。しつこい。うざい。休みの日は、決まって自転車であちこちの家に「遊ばない？」と言ってまわってるみたいだ。みんな断るそうだから、わたしも断ればいいや、と思っていた。

「ハナエ、じゃ、帰って来たら、さっちゃんに電話すれば？」

お母さんがよけいなことを言う。

「……じゃ、後で電話するね」

しぶしぶわたしが言うと、

「うん、でも、ウチいないかもしれないから、いいよ」

あんまりアッサリ言うので、びっくりした。さっちゃんは「じゃあねー」と言うとくるっと振《ふ》り向いて、マンションの階段をあっという間に駆《か》け下りていった。

出かける、というのは本当だった。お母さんとチビ（ネコ）のエサと砂を買いに行くだけなんだけど。家に帰る時間は、わからないはずなかった。他に買いものをしてもたぶん一時間くらい。でも、さっちゃんと遊ぶのは、めんどくさかったし、②明日、みんながいるところで「ハナエちゃん、きのう楽しかったね」とか「また遊ぼうね」なんて言われるかもしれないから、避《さ》けることにしたんだ。

断ったけど、すっきりしない。なんか、もやもやしたような、いやな気持ち。

お母さんと自転車で買い物に行く途中、さっちゃんを見かけた。トラックのすぐ後ろを自転車で右に行ったり左に行ったりしていた。必死で自転車をこいでいて、全然わたしに気づかない。急いでいるみたいだった。どこに向かっているのか、わたしの家と反対方向だった。わたしは、家に帰っても、さっちゃんには電話しなかった。

次の日、さっちゃんはわたしの家に来たことも忘れているみたいだった。わたしが「さっちゃん、自転車で急いでどこかに行くところを見かけたんだけど、早くて声かけられなかったよ」と用意しておいた言い訳を言うと、フツウに「うん」と言った。女の子たちは、「さっちゃん、また来たよ」「うちにも」と話している。そして、あんまり目立たない美咲《みさき》ちゃんがヒソヒソ声で言うのが聞こえてきた。

「うちのママ、さっちゃんに、『お母さんに言って来たの？』って聞いたら、さっちゃん、『お母さん、寝《ね》てる』って言ってたよ。なんかへんだよね」

みんな、それを聞いて、「ねー」と言って笑った。

子四人も、真っ直《す》ぐわたしの前にチョコンと座った。わたしが胸の前で本を立てて見せて、「はせがわくん……」と題名を読み始めると、また後ろから男の子たちが入ってきて、すべり込《こ》むように急いで座った。みんなの目が本の表紙に集まっている。わたしはゆっくりと深呼吸をして、一ページ目をめくった。

「この前なんか、ひどかったんや。ぼくら日曜日に……」

声の上がり下がりがむずかしい。自分の心臓の音が聞こえる。緊張《きんちょう》している。ピアノの発表会よりも、運動会の徒競走よりも。

そう、運動会の徒競走よりも……。

急に、さっちゃんが目の前の女の子の顔に重なった。さっちゃんに少し似ている。小さくて細くて、髪《かみ》の毛がクシャクシャで。でも、この子は、さっちゃんと違《ちが》って、顔も手も足も汚《よご》れてないし、きれいなスカートをはいている。

前の学校のこと、さっちゃんのこと、さっちゃんのお父さんとお母さんのことが、いっぺんに目の前に浮《う》かんできた。

一・二年生の時、わたしはさっちゃんと同じクラスだった。

わたしは一年生からずっと、学校が終わると学童保育（＝子供が放課後に行く保育所）に行っていた。教室の中でおやつを食べて、外で遊んで、また中に入って折り紙で遊んだりしているうち、あっという間に五時になる。

さっちゃんとは別に仲良しでも何でもなかった。背の順に並ぶと、さっちゃんは一番前で、わたしは一番後ろだから、席が隣《となり》になることはなかった。家も近くじゃなかったから、いっしょに学校に行くことも、遊ぶこともなかった。さっちゃんは、帰りの会が終わると、一人で走って帰る。わたしが家に帰る途中、必ずさっちゃんに会った。休みの日に出かける時も、ピアノに行く時も、バレエに行く時も、お母さんと買い物に行く時も、必ず会う。わたしだけじゃなかった。クラスのみんながそう言っていた。さっちゃんに①「会う」というよりも、「見かける」というほうが正しいかもしれない。わたしから声をかけることはなかった。さっちゃんは、いつも自転車で猛《もう》スピードで目の前を通り過ぎるだけだったから。

さっちゃんは、いつも必死で、無我夢中《むがむちゅう》になって、自転車をこいでいた。今のわたしだったら、「どこ行くの?」ぐらい聞くと思う。でも、その頃《ころ》は何も思わなかったし、関心もなかった。さっちゃんの自転車は、子供用の中でも小さい。なのに、坂道を下りる時はビュンビュン飛ばすし、大きな道路では、トラックや車の間をあっと言う間にジグザグに潜《くぐ》り抜《ぬ》けて行く。

さっちゃんはいつも、口のまわりが汚《きたな》かった。ケチャップやソースがついていたり、眠《ねむ》っていた時のよだれのあとが白く乾《かわ》いて残っていた。髪の毛も梳《と》かしてなくて、グチャグチャ。だから、男の子にいつも「きたねー」ってからかわれていた。シャツに食べこぼしがあるのはいつものことだったし、腕《うで》や足はカサカサしていた。いつも風邪《かぜ》を引いているみたいに、鼻水が出ているか詰《つ》まっているかのどっちかだった。

女の子の中で、さっちゃんと仲良しの子はいなかったと思う。わたしも、仲良くしたい、とは思わなかった。

ところが、二学期が始まってすぐの日曜日、さっちゃんが突然《とつぜん》うちに来た。ピンポーン、って、普通《ふつう》は一回だけなのに、何度も何度も鳴らすので、お母さんが急いで玄関《げんかん》を開けた。さっちゃんが一人でドアの外に

【国 語】〈五〇分〉〈満点：八五点〉

一 次の文章を読み、後の問に答えなさい。

朝、六時前に目が覚めた。夢の中で、わたしは、上手に本を読めなくて、「もっと練習しておけばよかった」と焦《あせ》っていた。

今日は五・六時間目に、四年生が一年生に絵本を読んであげる「読み聞かせ会」がある。この日のために、みんな、一か月前から自分で読む本を決めて練習していた。図書館の「すいせん本」リストや、先生から配られたリストの中から本を選ぶと、自然にグループが出来《でき》上がる。そこから更《さら》に二、三人でひとつのグループになって、一冊の本を読むパートを決める。でも、わたしは、リストにない本を選んだのでわたし一人。わたしが読みたい本は、『はせがわくんきらいや』（長谷川集平《はせがわしゅうへい》）。もうずっと前から決めていた。

「一人でだいじょうぶ？」

先生から言われて、わたしは「はい、だいじょうぶです」と答えた。正直言って、この本はわたしひとりで読みたかった。だから、ホッとしているし、ちょっと嬉《うれ》しい。読んでる途中《とちゅう》で気持ちをブツッと切って「はい、次の人」と交代するなんて、考えられなかった。

二年生の時、図書館でこの本に出会った。受付《うけつけ》で本を借りて帰ろうとしたら、絵本のラックに立ててあった表紙に目が留まった。ヘロヘロの字と、ブッ飛んだ絵。ひっくり返るような格好の男の子たちと、パンツ丸出しで石蹴《け》りをしている女の子。本を開いてみると、更に強烈《きょうれつ》。わたしはその場に座《すわ》りこんで読み始めた。あれ以来、何度も何度も図書館から借りてきた。「そんなに好きなら、買ってあげようか？」とお母さんが言ってくれたけど、絶版《ぜっぱん》になってしまったとかで、どこを探しても売っていない。「読み聞かせ会」で読む本は、絶対にこれだと決めていたけれど、本当は、自分で読むよりも、関西弁の上手な人に読んでほしい。わたしは、それを聞く側に回りたい。テレビで聞く関西弁のイントネーションをまねして練習しても、全然自信がない。お手本がないから、わからない。

すごく不安。でも、あんなに練習したんだから、だいじょうぶ、きっとうまくいく。自分に何度も言い聞かせた。

お掃除《そうじ》の時間に、机と椅子《いす》を全部後ろに片付けて、大きな空間を作った。この後、四年生は本を持って、三つの教室に分かれる。がらんと空いた教室のあちこちに四年生の島ができて、一年生は自分の興味のある本のところに行く。一冊の本を読み終えるのに十分ぐらいだから、一年生はいろんな絵本のところに行ける。時間があれば、全部の島を回れるかもしれない。わたしのところには何人ぐらい来てくれるだろうか。時間の計算をしたり、「お客さん」の人数を想像したりしていたら、ますますドキドキしてきた。やっぱり一人は、キツイかも。わたしは、本をひざに立てて、一年生を待った。

前のドアから、男の子が五人ぐらいドドッと入ってきた。窓際《ぎわ》のグループに走っていく途中、「はせがわくん」の本をちらっと見て立ち止まった。ボスっぽい男の子。急に気が変わったように、わたしの方を指差して、「こっちにしよう」と言う。すると、他の子もあとについて、いっぺんに男の子五人が移動してきた。

「じゃ、ここに座って」

わたしが言うと、みんな、体育座りをする。後ろから入ってきた女の

とだったが、手でさわってみると、さほどでもないらしいので安心した。

(これなら大丈夫《だいじょうぶ》、自家《うち》で気が付く人はない)

そう思って門のほうをのぞいてみると、もう人影は見えなかった。彼は思い切って立ち上がり、辺りに注意を払いながら門を出た。

門を出ると、無念さが急に込み上げてきて、涙がひとりでに頬を流れた。だが同時に、不正に屈《くっ》しなかったという誇《ほこ》りが、彼の胸の中で強く波打っていた。彼の涙はすぐ止まった。彼は一人で歩きながら、少しも寂しいという気がしなかった。「武士道」「慈悲」——今日講堂で見たり聞いたりしたそんな言葉が、いつの間にか思い出されていた。そして、**問四**「慈悲」という言葉は、もう正木のお祖母さんを思い出させるような、そんなやさしい言葉ではないように思われてきた。

「涙のある人間だけが、すべてを支配することができるんじゃ。」

大垣校長の言ったそんな言葉が、今更《いまさら》のように強く彼の胸に響いてきた。

歩いて行くうちに、山犬や狐や三つボタンのいやな顔がひとりでに思い出された。しかし彼はもう、それらをちっとも恐《こわ》いとは思わなかった。それどころか、彼らの前に青い顔をして並んでいた新入生たちのことを思うと、**問五**一種の武者ぶるいのようなものを総身《そうみ》に感ずるのだった。

(下村湖人《しもむらこじん》『次郎物語』による)

問一

① 入学式で講堂に入った時、次郎が強く心ひかれた言葉があります。その言葉を一つ抜《ぬ》き出しなさい。

② 入学式における校長の訓辞において、校長は次郎たちにとって何が最も大切だと言っていますか。二つ抜き出しなさい。

③ 特に不快に感じられた五年生に対して、次郎はその特徴《とくちょう》をとらえたあだ名をつけています。それらを四つ抜き出しなさい。

④ 始業式の日、校門を出てから、次郎は自分のどのような気持ちに気付きましたか。それを表す言葉を二つ抜き出しなさい。

問二 「彼は思わずかっとなった。同時に鼻の奥《おく》が酸《す》っぱくなって、そこから熱いものが眼の底にしみてくるような気がした」とありますが、この時の次郎はどのような気持ちだったのでしょうか。わかりやすく説明しなさい。

問三 「演説した生徒が止めているんだな」とありますが、なぜそのように次郎は想像したのでしょうか。演説した生徒に対する次郎の思いをふまえて、わかりやすく説明しなさい。

問四 「『慈悲』という言葉は、もう正木のお祖母さんを思い出させるような、そんなやさしい言葉ではないように思われてきた」とありますが、次郎は「慈悲」をどのようなものだと思い始めているのでしょうか。わかりやすく説明しなさい。

問五 「一種の武者ぶるいのようなものを総身《そうみ》に感ずるのだった」とありますが、この時の次郎はどのような気持ちだったのでしょうか。わかりやすく説明しなさい。

二 **次の①~④の文中のカタカナを漢字に直しなさい。送りがなを含《ふく》む場合は、送りがな(ひらがな)を付けて答えなさい。字は一画ずつ丁寧《ていねい》に書きなさい。**

① 学級委員を**ツトメル**。

② 文章を**ミジカク**まとめる。

③ 祖父の**ヨウショウ**のころの写真。

④ ものすごい**ギョウソウ**でにらんだ。

山犬の声に似たどら声が聞こえて、彼の周囲が急に明るくなったと思った時には、彼は地べたに横向きに転がっていた。彼の顔の真ん前には、ペンキのはげた指揮台が二つ三つ節穴を見せて立っていた。

彼はじっと耳をすました。

「ばかなやつだ。」

そんな声がどこからか聞こえた。

彼はその声を聞くと、無意識に起き上がった。そして、くるりと向きを変えて新入生のほうを見た。彼はもうすっかり落ち着いていた。新入生たちはみんな青い、おびえきったような顔をして彼を見ていた。その青い顔の両側に、五年生たちがにやにや笑って立っているのが、はっきり見えた。

次郎はその光景を見ると、これからどうしたものかと考えた。もとの位置に帰る気には、とてもなれなかった。かといっていつまでもそのまま立っているわけには、なおさらいかない。彼はしばらくじろじろと周囲を見回していたが、ふと眼の前に、踏《ふ》みにじられたようになって転がっている帽子《ぼうし》が眼についた。それは、彼がついこないだ父に買ってもらったばかりの、そして昨日初めて組主任の先生に渡された新しい徽章《きしょう》を付けたばかりの、彼の制帽だった。

問二 彼は思わずかっとなった。同時に鼻の奥《おく》が酸《す》っぱくなって、そこから熱いものが眼の底にしみてくるような気がした。しかし、彼は唇《くちびる》をゆがめてじっとそれを抑《おさ》えた。そして、静かにその帽子を拾い、丁寧に形を直し、塵《ちり》を払《はら》ってそれをかぶると、そのままさっさと渡り廊下のほうに向かって歩きだした。

「こらっ！　どこへ行くんだ！」

五年生の一人が叫んだ。それは三つボタンらしかった。次郎はしかし、振《ふ》り向きもしなかった。

「あいつ、いよいよ生意気だ！」

「このまま放っとくと、上級生の権威《けんい》にかかわるぞ！」

「つかまえろ！」

五年生全体がざわめき立っているのを後ろに感じながら、次郎はもう渡り廊下を一、二間《けん》ほども歩いていた。

彼は、そこでちょっと後ろを振り返って見た。すると雨天体操場の中から無数の視線がまだ自分をのぞいており、その視線の一部をさえぎって、二人の五年生が入口の近くに向きあって立っているのが見えた。その一人は三つボタンであり、もう一人は最初に演説した生徒だった。

次郎は、三つボタンが自分を追っかけるのを、問三 演説した生徒が止めているんだなと思いながら、足を早めた。

次郎が本校舎の前まで来ると、ちょうど職員会議が終わったところらしく、先生たちがぞろぞろと玄関《げんかん》から出て来るところだった。彼は先生たちに顔を見られるのがいやだったので、校舎の陰《かげ》にかくれて人影《ひとかげ》の見えなくなるのを待つことにした。

その間に彼は、自分の着物――制服ができるまで和服に袴《はかま》だった――が破れていないかを調べてみた。不思議にどこにも大した破損はなかった。ただ袴の右わきに二寸(＝約六センチメートル)ばかりのほころびがあるだけだった。時間割を写すために持って来ていた手帳と、父に買ってもらったガマ口《ぐち》(＝財布《さいふ》)とを懐《ふところ》に入れていたが、それらは無事だった。

肩や股《もも》の辺《へん》に二、三か所鈍痛《どんつう》が感じられだしたが、次郎はほとんどそれを気にしなかった。彼が最も気にしたのは頬がはれぼったく感ずるこ

込み上げてくるのを覚えた。それでも歯を食いしばって我慢《がまん》していたが、指揮台の狐は新入生を見渡しながら、次々にいろんな難癖の種を見付け出して、いつまでもねばっていた。そしてしまいには、とりわけ皮肉な調子でこんなことを言った。

「上級生が訓戒《くんかい》をしてやっているのに、君らは地べたばかりを見ている。それを無礼だとは思わんか。」

　これには地曳網の連中もさすがに意想外だったらしく、すぐには声援ができなかった。しかし一人が思い出したように「そうだ失敬千万《しっけいせんばん》だ！」と言うと、次々に「こいつら聞いちゃおらんぞ」とか「上級生をばかにするにもほどがある」とか、いろんな罵声《ばせい》が方々《ほうぼう》から起こってきた。

　新入生たちはおそるおそる顔を上げた。しかし、みんな眼の付けどころに困っているようなふうだった。その中で次郎一人だけが、わざとのように首を伸ばし、狐の顔をまともににらんでいた。

　しばらく沈黙《ちんもく》が続いた。狐は新入生たちの顔を一人一人丹念《たんねん》に見回していたが、次郎の眼に出くわすと、その視線はぴたりとそこで止まった。次の瞬間には彼の頬《ほお》に冷たい微笑《びしょう》が浮《う》かんだ。微笑が消えたかと思うと、彼の癇走《かんばし》った声がトタン屋根をびりびりと震わすように響《ひび》いた。

「おい、そのちび！　貴様はよっぽど生意気だ。出て来い！」

　次郎は動かなかった。そして彼の眼は依然《いぜん》として狐を見つめたままだった。

「出て来いと言ったら、出て来い！」

　もう一度狐が叫《さけ》んだ。しかし次郎はびくともしなかった。

「上級生の命令を聞かんか！　ようし！」

　狐はそう叫んで指揮台を飛び降りると、新入生の列を乱暴に押《お》し分けて次郎に近付いた。そして、いきなり彼の襟首《えりくび》をつかみ、引きずるようにして彼を指揮台の前に連れて行った。すると、ほかの五年生が四、五名、ぞろぞろとその周りに寄って来た。その中には最初演説した生徒や獰猛な山犬の顔は見えなかった。しかしその代わり、三つボタンが恐《おそ》ろしい眼をして彼を見据《みす》えていた。

「名は何というんだ。」

　狐がたずねた。

「本田次郎《ほんだじろう》。」

　次郎はぶっきらぼうに答えた。

「ふむ、生意気そうだ。」

　三つボタンが端《はた》から口を出した。

「貴様はさっきおれをにらんでいたな。」

　狐は今度はうす笑いしながら言った。

「見てたんです。」

「何？　見ていた！」

「ええ、見てたんです。地べたを見るのは無礼だって言うから、顔を見てたんです。」

「理屈《りくつ》を言うな！」

　鉄拳《てっけん》が同時に次郎の頬に飛んで来た。しかし、次郎の両手が狐の顔に飛びかかったのも、ほとんどそれと同時だった。

　それから後、次郎は何が何やら分からなかった。ただ真っ黒なものが周囲を取り囲み、そこから手や足が何本も出て、自分の体を前後左右に跳《は》ね飛ばしているような感じだった。

「もうよせ！　もうこのくらいでいいんだ。」

じも起こらなかった。

雨天体操場までは渡《わた》り廊下伝いで、かなり遠かった。次郎たちの組が着いた時には、他の組の新入生たちはもうきちんとその中央に並ばされていた。次郎たちは三つボタンの五年生の指揮《しき》でその左側に四列縦隊《じゅうたい》に並んだが、トタン屋根をふいただけの、壁も何もない広々とした土間が、次郎には何かものすごく感じられた。

それまであちらこちらに散らばっていた五年生たちは、新入生の整列が終わったと見ると、急にその周りをぐるりと取り巻いた。それはちょうど地曳網《じびきあみ》を下ろしたといった格好《かっこう》であった。

それが終わると、体操の指揮台の上に一人の五年生が現れた。三つボタンとは違《ちが》って、非常に品のいい、聡明《そうめい》そうな顔つきをしている。彼は隠《かく》し（＝ポケット）から小さな紙片《しへん》を取り出し、割合《わりあい》静かな調子で演説を始めた。

演説の内容は次郎にはよくわからなかった。言葉の言い回しが変に込《こ》み入っているうえに、まだ聞いたことのない漢語が多過ぎたのである。しかし、悪いことを言っているようには、ちっとも思えなかった。

「校風は愛と秩序《ちつじょ》によって保たれる。上級生は愛をもって下級生に接するから、下級生は秩序を重んじて上級生に十分の敬意をはらってもらいたい。」

大体そんなような意味に受け取れた。そして最後に、「以上、五年生を代表して、新入生諸君に希望を述べた次第《しだい》である。」と言って、その生徒は指揮台を降りた。次郎はそれで万事《ばんじ》が終わったつもりになって、ほっとしていた。

ところが、それから後が大変だった。その次に指揮台の上に現れたのは、見るからに獰猛《どうもう》な（＝荒々《あらあら》しい）山犬のような顔の生徒だった。そして、「貴様たちの眼つきが、第一横着だ。」とか、「新入生のくせに、もう肩をいからしているやつがある。」とか、「講堂で五年生のほうを盗《ぬす》み見ばかりしていたのは誰《だれ》だ。出て来い。」とか、まるで酔《よ》っぱらいのような声で怒鳴り始めた。しかも、それを声援《せいえん》する役目を引き受けたのが地曳網の連中である。「そうだ！」「そのとおりだ！」「引きずり出せ！」「ぶんなぐっちまえ！」——そうした声が横からも後ろからも新入生たちの耳をつんざくように襲い、それがトタン屋根に反響《はんきょう》して異様なうなりを立てた。

新入生たちの中には、もう誰も顔を上げている者がなかった。次郎は背が低くて、しかも組の中では右側の前から十番目ぐらいのところにいたので、五年生に顔を見られる心配は比較的《ひかくてき》少なかったが、それでもひとりでに頭が下がっていた。で、もしそんな狂気《きょうき》じみた状態がそう長く続かなければ、別に大したこともなしに済んでいたかもしれなかったのである。

ところが、その獰猛な顔が引っこんだらしいと思うと間もなく、今度は癇《かん》（＝感情が激しく、怒《おこ》りやすい性質）の強い声が指揮台から聞こえだした。新入生たちはちょっと顔を上げてその声の主を盗み見た。それはすごいほど眼の光った、青白い狐《きつね》みたいな顔の男だった。この男は、いかにも皮肉な調子で、ゆっくりゆっくり新入生に難癖《なんくせ》をつけ始めた。そして、前の獰猛な顔の男とは違って、地曳網の連中の声援があるごとに、それがひととおり終わるのを、一種の余裕《よゆう》をもって待っているかのようであった。

そのうちに時間は三十分とたち、四十分とたっていった。次郎は次第にいらいらしてきた。そしてたまらないほどの憎悪《ぞうお》の念が、腹の底から

一年生が顔を上げたころになって、やっとばらばらに礼を返したことだった。しかも、その顔つきは礼を返しているというよりも、あざ笑っているといったほうが適当であった。

対面式がすむと校長の始業式の訓話が始まった。まず新入生のほうを向いて上級生に兄事《けいじ》する（＝先輩《せんぱい》として敬意をもって接する）心得を説いたが、それはほんの二、三分で、校長の顔はいつの間にか五年生のほうを向いていた。顔が五年のほうに向くと同時に言葉の調子も高くなり、その眼つきも光ってきた。そして、「どんなわずかな力でも、それを不正なことに使ってはならない。不正なことというのは慈悲心のない行いじゃ。武士道におくれをとらないというのも、慈悲心が内にみなぎっていて初めてできることで、それがなくては武士道も何もあったものではない。よろしいか。本校の生徒はみんな涙《なみだ》のある人間になってくれ。涙のある人間だけが、すべてを支配することができるんじゃ。」と、演壇の端《はし》まで乗り出して来て言った時には、もうどう見ても五年生にだけ話しているとしか思えなかった。

その時、五年生の中にはごく少数ではあったが、お互《たが》いに顔を見合って、変ににやにやしたり、傲然《ごうぜん》と（＝いばって人を見下すように）伸び上がって校長の顔をにらみ返すようなふうをしたりする者があった。次郎は、横からでよく見えなかったが、できるだけ五年生の表情に注意していた。そして、何かしら不安なものを胸の底に感じた。

式がすんだ後、教室で組主任からこまごまと注意があった。それでその日の予定は終わりであった。ところが、組主任の先生は、自分の注意が終わった後、気の毒そうな顔をして言った。

「五年生たちが、校風をよくするために、君らに雨天体操場に集まってもらって、何か話したいと言っている。これは毎年の例だ。間もなくだれかが迎えに来るだろうから、しばらくここで待っていてもらいたい。自分は今から職員会議があるから、そのほうに行く。」

そう言って先生はすぐ出て行った。残された新入生たちは、お互いに顔を見合わせて黙《だま》りこんだ。間もなく五年生らしい生徒が二人でのっそり教室に入って来たが、その一人は教壇に立って、じろじろとみんなを見回した。人相がよくないうえに、制服のボタンが五つのうち三つしかついていない。しかも一番上のと一番下のとがはずれていて、あかじみたシャツが上下からのぞいているのが、いかにもきたならしく見える。次郎は軽蔑《けいべつ》したい気持ちになってきた。

と、だしぬけにその生徒が怒鳴《どな》った。

「上級生に対して尊敬の念を持たないやつは、顔を見るとすぐわかるぞ！」

次郎は危ないところで冷笑《れいしょう》をかみころした。

「立て！　おれについて来い！」

その生徒はまた怒鳴った。そして、肩《かた》をいからしながら教壇を降りて廊下《ろうか》に出た。

新入生たちは、ぞろぞろと、しかし、何となくお互いに先をゆずりたがっているようなふうで、その後についた。だれの口からも、ささやき一つもれなかった。

もう一人の五年生は、みんなが教室を出るのを入口に立ってじっと見ていたが、最後の一人が出てしまうと黙ってその後についた。この生徒の制服にはボタンが五つともそろっており、顔つきもおとなしそうだった。次郎は教室を出しなにちらと彼の顔をのぞいたが、別に不愉快な感

右側の壁には軍人の写真の額が一尺（＝約三〇センチメートル）おきぐらいにかかっていた。次郎は多分《たぶん》学校出身の戦死者の額だろうと思い、いちいちその下に書いてある名前を見たいと思ったが、自分の位置がずっと左側になっていたのでよく見えなかった。

やがて型どおりの式が進んで、校長の訓辞が始まった。

校長は五分刈《ごぶが》りで、顎骨《あごぼね》の四角な、眼玉《めだま》の大きい、見るからに魁偉《かいい》な（＝顔形のいかつい）感じのする、五十四、五歳《さい》の人だった。いくぶん中風《ちゅうぶう》気味らしく、おりおり顎や手が変に震《ふる》えていたが、その大きな眼玉からは人を射るような鋭《するど》い光が流れており、しかも、その中にどこか人の心をひきつけるようなやさしさが漂《ただよ》っていた。

次郎は校長が壇《だん》に立った瞬間から、何かしら気強い感じがした。

「私が本校の校長、大垣洋輔《おおがきようすけ》じゃ。」

校長はまずそう言って口を切った。訓辞はそう長くなかった。

「君らは日本の少年の中の選士である。選士に何よりも大切なのは、へりくだる心と慈悲心でなければならない。そういう心をもった人だけが、ほんとうに正しい努力をする。正しい努力をする人だけが、ほんとうに伸《の》びる。伸びる人であってこそ真の選士といえるのだ。傲慢《ごうまん》な（＝おごりたかぶった）人や無慈悲な人には正しい努力がない、そういう人は一見強そうに見えて弱いものだ。それは生命の伸びる力が止まっているからだ。君らは決してそんな人間になってはならない。学問においても心の修養においても、伸びて伸びやまない人間になってもらいたい。それでこそ日本が伸びるのだ。へりくだる心、慈悲心、そして伸びる日本。

――諸君を迎《むか》える私の第一の言葉はこれである。」

大体そういった意味のことであった。それでも、二、三の実例をあげてわかりやすく話したので、十四、五分間はかかった。その後校長は父兄のほうに向かって自分の教育方針を話し、それで式は終わった。

「りっぱな校長先生だな。」

式がすんで校門を出ると、俊亮《しゅんすけ》（＝次郎の父親）は次郎を顧《かえり》みて何度もそう言った。次郎はうれしかった。

翌日はさっそく始業式だった。

次郎が驚いたことには、組主任《くみしゅにん》（＝学級担任）の先生に引率《いんそつ》されて講堂に入ると、新入生の座《すわ》るすぐ右側の席に、もう五年生（＝最上級生）らしい生徒が高い塀《へい》のように並んでおり、その多くが気味のわるい眼つきをして、じろりじろりと新入生たちを睨《ね》め回していることだった。

次郎は席につくと、首をちぢめ、そっと隣《となり》の新入生にたずねた。

「僕《ぼく》たちの右のほうに並んでいるの、五年生？」

「そうさ、五年生だよ。五年生の右が四年生で、三年生と二年生とが僕たちの後ろに並ぶんだよ。この学校では一学期の始業式には新入生との対面式があるんだから、いつもそうだってさ。」

隣の新入生はいかにも物識《ものし》り顔に答えた。次郎はなぜかいやな気がして、それっきりうつむいてばかりいた。

やがて先生たちの顔がそろい、最後に校長が入って来て、すぐに壇上に立った。そして、一同の敬礼をうけると、「ただ今より、二年以上の生徒と、新入学生との対面式を行う。」と言った。

対面式は別に面倒《めんどう》なものではなかった。一年が右に、四年五年が左に、それぞれ向きを変え、二年三年はそのままで、体操の先生の号令で同時に敬礼をし合うだけだった。しかし、次郎の気持ちをいよいよ不愉快《ふゆかい》にしたのは、すぐ眼の前の五年生が、号令では頭を下げないで、

【国　語】（五〇分）〈満点：八五点〉

一　次の文章は、今から八十年あまり前の時代の物語です。当時の学校制度は現在とは大きく異なりますが、本文中の「次郎《じろう》」は君たちとほぼ同年代の少年です。これを読んで、後の問いに答えなさい。

次郎が中学校入学式で講堂に入った時、まず第一に眼《め》についたのは、正面右側に掲《かか》げてある、すばらしく大きな額《がく》だった。それには「進徳修業」の四字が、まるでほうきの先ででも書いたように乱暴に並んでいた。次郎はただその大きさと乱暴さとに驚《おどろ》いただけで、ちっともいい字だとは思わなかった。

（どうしてこんな乱暴な字を額になんかしてあるんだろう）

彼《かれ》はそう思って、すぐ眼を左のほうに転じた。

左正面にも同じ大きさの額がかかっていた。しかし、それには平仮名《ひらがな》交じりの文章が四箇条《かじょう》ほど箇条書きにしてあったので、さほど大きくは見えなかった。字も丁寧《ていねい》だった。書体は少しくずしてあったが、次郎にも読めないほどではなかった。彼は他の新入生たちが何かこそこそささやき合っている暇《ひま》に、念入りにそれを読んでみた。文句は次のとおりであった。

一、武士道においておくれ取り申すまじきこと

一、主君の御用《ごよう》にたつべきこと

一、親に孝行つかまつるべきこと

一、大慈悲《じひ》をおこし人のためになるべきこと

次郎は武士道という言葉の意味を、はっきりとは知っていなかった。しかし、第一条はよくわかるような気がした。第二条と第三条とは、これまで修身（＝道徳）の時間で十分教わってきたことだし、別に珍《めずら》しいとも思わなかった。親孝行のことを、自分の境遇《きょうぐう》にあてはめて考えてみようという気にも、まるでならなかった。ただ、この二箇条をなぜ初めのほうに書いてないのだろうと、それがちょっと不思議に思えた。

第四条の「慈悲」という言葉が、妙《みょう》に彼の心をとらえた。彼はその言葉の意味を「武士道」という言葉の意味以上に知っていたわけではなかったが、その字を見た瞬間《しゅんかん》、すぐ正木《まさき》のお祖母《ばあ》さん（＝亡《な》くなった母の実家の祖母）のことを思い起こしたのだった。

「慈悲深い方だ。」「仏様のような方だ。」

これが正木のお祖母さんのうわさをする時に、村人たちがいつも使う言葉だったのである。

次郎は何度も大慈悲の一条を読み返した。そして、正木のお祖母さんが自分や家庭の者や村人たちに対して言ったりしたりしていたことを、いろいろと回想してみた。そのうちに彼は、うれしいとも寂《さび》しいともつかぬ、妙な感じに襲《おそ》われてきた。そして、それからそれへと連想が続いて、正木のお祖母さんとお墓参りをしたことから、ついには亡《な》くなった母の顔までが思い出されてくるのだった。

左側の窓の上の壁《かべ》には一間《いっけん》（＝約一・八メートル）おきぐらいに大きな油絵がかかっていた。それはすべて郷土出身の維新《いしん》（＝明治維新）当時の偉人《いじん》の肖像画《しょうぞうが》だった。次郎は見るともなくそれを見ているうちに、その下に新入生の父兄《ふけい》たちが顔をずらりと並べているのに気付いた。次郎はすばやくその中に父の顔を見付けた。父も彼を捜《さが》していたらしく、視線がすぐぶつかった。次郎は少し顔を赤らめて眼をそらし、今度は右のほうを見た。

MEMO

大切なことはメモしておこうネ！

解答用紙集

○月×日 △曜日　天気（合格日和）

◆ご利用のみなさまへ

＊解答用紙の公表を行っていない学校につきましては、弊社の責任において、解答用紙を制作いたしました。

＊編集上の理由により一部縮小掲載した解答用紙がございます。

＊編集上の理由により一部実物と異なる形式の解答用紙がございます。

人間の最も偉大な力とは、その一番の弱点を克服したところから生まれてくるものである。――カール・ヒルティ――

東京学参株式会社

開成中学校　2024年度　　◇算数◇

※ 137%に拡大していただくと，解答欄は実物大になります。

（注意）　式や図や計算などは，他の場所や裏面などにかかないで，すべて解答用紙のその問題の場所にかきなさい。

1 (1)

(2)

(ア)	cm
(イ)	g

(3)

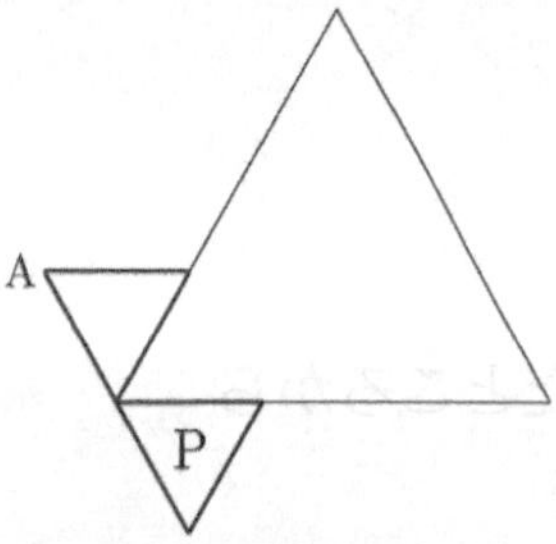

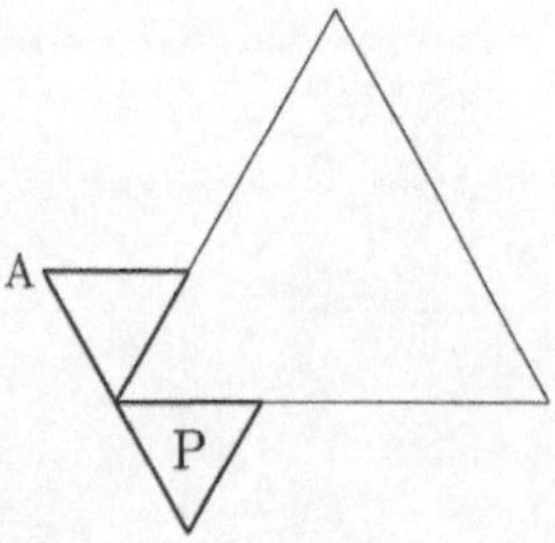

<table>
<tr><td>(ア)</td><td colspan="2">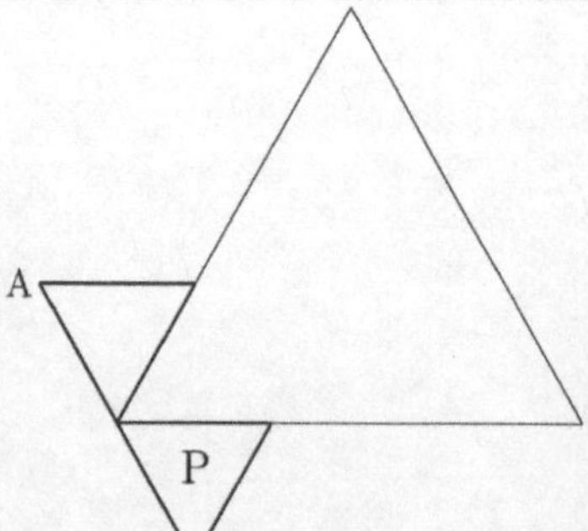
</td></tr>
<tr><td>(イ)</td><td colspan="2">cm</td></tr>
<tr><td>(ウ)</td><td>(X)</td><td>(Y)</td></tr>
</table>

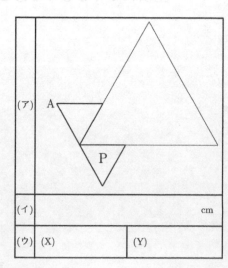

（注意）　式や図や計算などは，他の場所や裏面などにかかないで，すべて解答用紙のその問題の場所にかきなさい。

2

(1) 《　　　　　》

(2)

(ア)
【　　　　】
【　　　　】
【　　　　】
【　　　　】
【　　　　】
【　　　　】

(イ)
【　　　　】
【　　　　】
【　　　　】
【　　　　】
【　　　　】
【　　　　】

(ウ) ①　　　　通り
②　　　　通り

(エ)　　　　通り

(3)　　　　通り

3

(1)

(2)

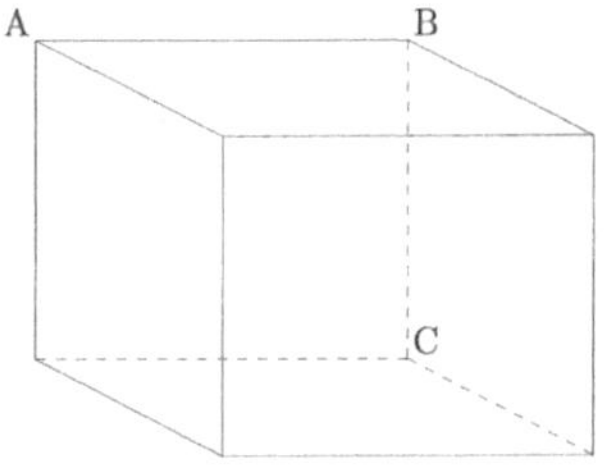

(3)

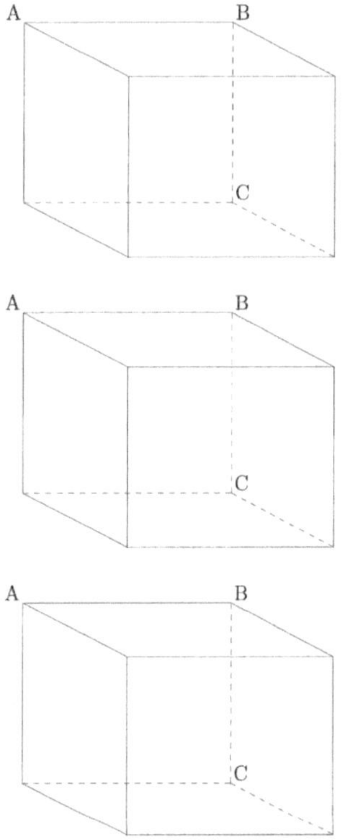

(4)

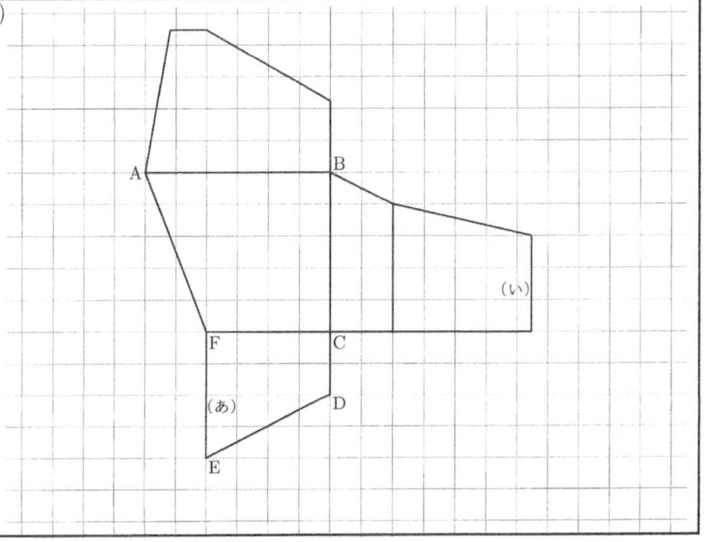

(5)　　　　cm²

開成中学校　2024年度

◇理科◇

※ 135％に拡大していただくと，解答欄は実物大になります。

1

問 1	問 2	問 3

問 4	問 5	問 6
g	g	

2

問 1		問 2
昔	現在	日

問 3		
a	b	c

問 4	問 5	問 6

問 7

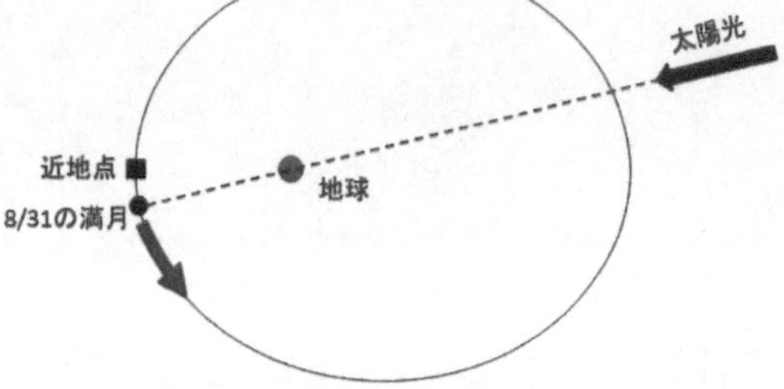

3

問 1	問 2

問 3					問 4
(1)	(2)	(3)	(4)	(5)	

問 5				
(1)	(2)	(3)	(4)	(5)

4

問 1	問 2	問 3

問 4			問 5	問 6
① : :	②	③		

問 7

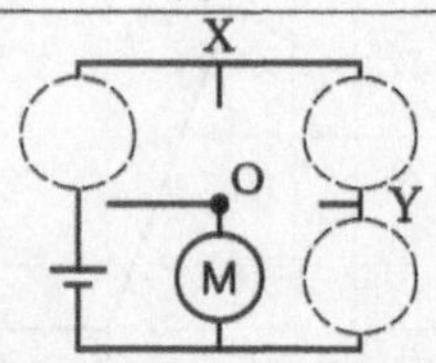

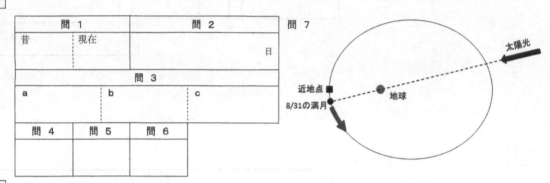

開成中学校　2024年度　◇社会◇

※ 139％に拡大していただくと，解答欄は実物大になります。

1

問1

問2　(1)　(2)

問3　(1)　分の1　(2)　(3)

問4　(1) C　D　(2)　問5

問6　(1)　(2)　問7

2

問1　i　半島　ii　盆地　iii　iv　市

問2　問3　問4　(1)　(2)

問5　A県　C県　問6　(1) B県　D県　(2) B県　C県　(3)

3

問1

①	②	③	④
⑤	⑥	⑦	⑧
⑨	⑩		

問2　(1)　(2)　(3)　(4)

4

問1　世界　→　→　→　日本　→　→　→

問2　A　(1)　(2)　B

C　(1)　宮殿　(2)　D　(1)　(2)

問3　文京区　台東区　問4　問5　問6

問7　市　問8

◇国語◇

開成中学校　２０２４年度

※１４９％に拡大していただくと，解答欄は実物大になります。

一

問一　①　②　③

問二

問三

二

問一

問二

問三

問四

問五

① イッキョイチドウ

② コキュウ

③ タイジ

④ シンセイ

⑤ イシツ

開成中学校　2023年度　　◇算数◇

※ 139%に拡大していただくと，解答欄は実物大になります。

（注意）　式や図や計算などは，他の場所や裏面などにかかないで，すべて解答用紙のその問題の場所にかきなさい。

1

(1)	分　　秒
(2)	m
(3)	m

2

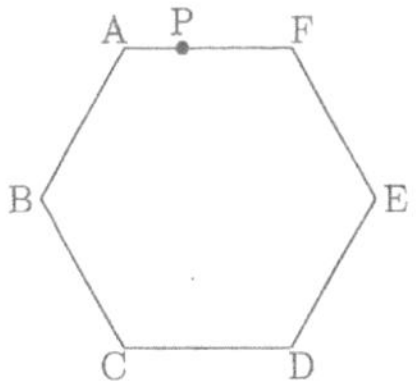

分　　秒後
分　　秒後

3

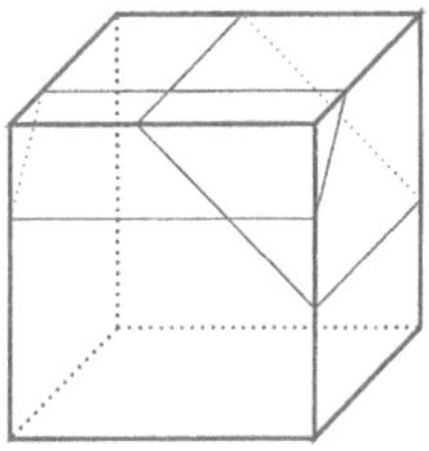

(1)	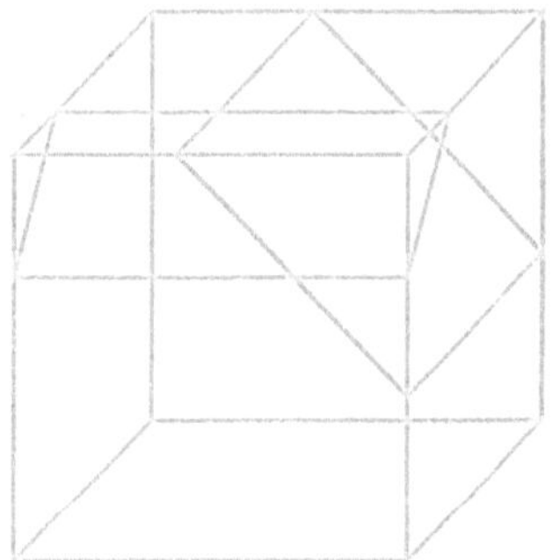
(2)	cm^3

4

(1)	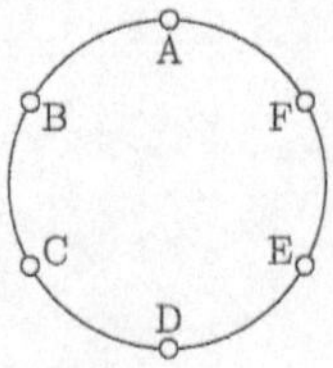
(2)	秒後
(3)	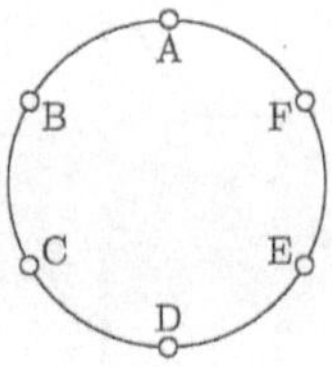
(4)	秒後

5

ア	(通り)
イ	(通り)
ウ	(通り)
エ	(通り)
オ	(通り)
カ	(通り)
キ	(通り)

◇理科◇

※ 141％に拡大していただくと，解答欄は実物大になります。

1

問1	問2	問3	問4	問5
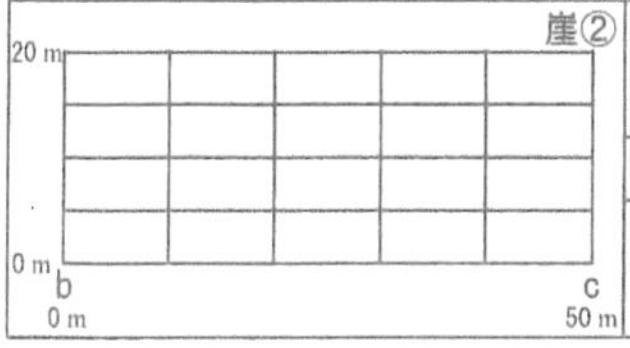	m			

問6	問7	問8

2

問1	問2

問3		問4		
（あ）	（い）	図3（中央）		図3（右）
		色	理由	色

問5		問6		
太郎さん	花子さん	（う）	（え）	（お）

3

問1	問2		問3		問4	問5
	①	②	③	④	倍	

問6	問7	
秒	⑥	⑦

4

問1			問2	問3	
（1）		（2）		（1）	（2）
①	②			→ →	mL

問4		
（1）	（2）	（3）
回	倍	

開成中学校　2023年度　◇社会◇

※ 141％に拡大していただくと，解答欄は実物大になります。

1

問1 1890年は
1946年は

問2　問3　問4 (1)　(2)　問5　から　へ　問6

問7 (1) う　え　(2)

問8 (1) お　か　(2)　問9 最も近い　最も遠い

問10 (1) き　く　(2)

問11 (1) け　こ　(2)　(3)

問12 (1)　(2)　銀山　問13 (1)　(2)

問14 (1) さ　し　(2)　(3)

2

問1 あ　い　う　え　お

か　問2 ①　②　③　問3

(どちらかを〇で囲む)

問4 (1)　(2) 円の 上昇 ・ 下落　問5

問6 (1) 年 (2) 県と 県 県と 県 (3)

問7 A　B　C

問8 (1)

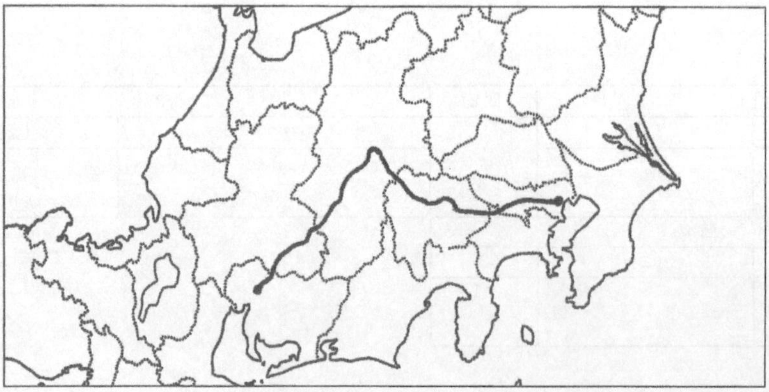

(2) 山脈

山脈

(3) e 県

f 川

◇国語◇

開成中学校　２０２３年度

※１３９％に拡大していただくと，解答欄は実物大になります。

一

問一

モクヒョウ

イキグルしい

ギャク

タガヤし

問二

問三

東京の現場

椅原という場所

二

問一

問二

問三

問四

開成中学校　　2022年度

◇算数◇

※ 143％に拡大していただくと，解答欄は実物大になります。

（注意）　式や図や計算などは，他の場所や裏面などにかかないで，すべて解答用紙のその問題の場所にかきなさい。

1 (1) (2)

(1)	
(2)	

(3)

(3)	通り

(4)

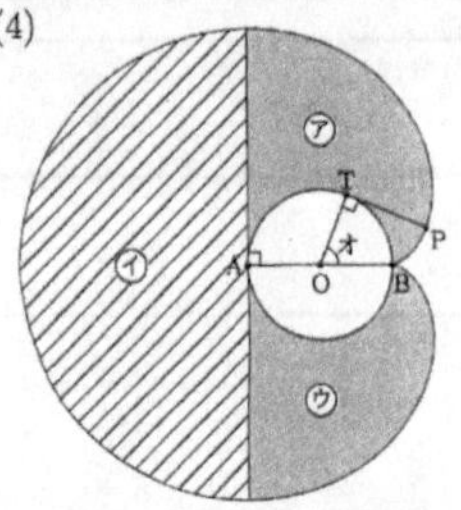

(4)	① 倍
	② 度

2

(1)	体積の比	：
	表面積の比	：

(2)	体積の比	：
	表面積の比	：

（注意）　式や図や計算などは，他の場所や裏面などにかかないで，すべて解答用紙のその問題の場所にかきなさい。

3

(1)

か所	種類

(2)

(ア)

	1	2	3	4	5	6	7
A							
B							

	1	2	3	4	5	6	7
A							
B							

	1	2	3	4	5	6	7
A							
B							

	1	2	3	4	5	6	7
A							
B							

	1	2	3	4	5	6	7
A							
B							

	1	2	3	4	5	6	7
A							
B							

(イ)	種類
(ウ)	種類

(3)

(ア)

	1	2
A		
B		

	1	2
A		
B		

	1	2
A		
B		

	1	2
A		
B		

	1	2
A		
B		

	1	2
A		
B		

(イ)	種類
(ウ)	種類

4

(1)	時	分
(2)	時	分
(3)	分	秒

開成中学校　　2022年度　　◇理科◇

※ 128%に拡大していただくと，解答欄は実物大になります。

1

問 1			問 2	問 3	問 4		
(1)	(2)	(3)					

問 5			問 6			問 7
(1)	(2)	(3)	(1)	(2)	(3)	

2

問 1	問 2	問 3
cm	cm	cm

問 4	問 5	問 6
cm	cm	cm

3

問 1					問 2	問 3

問 4	問 5	問 6						

4

問 1	問 2	問 3	問 4	問 5	問 6
					曜 日

開成中学校　2022年度

◇社会◇

※ 139%に拡大していただくと，解答欄は実物大になります。

1

問1　1　皇后　2　3

4　5　6

問2 (1)　江　(2)　問3　問4

問5　問6　市　問7

問8 (1)　(2)　問9　問10　問11

問12　問13　問14

問15 (1)　(2)　問16　問17

2

問1　問2　問3　問4

問5　1　3　問6

問7 (1)　(2)

(3)　(4)　問8

問9 (1)

(2)

東京		仙台	
新	旧	新	旧

問10 (1)　→　→　(2)

問11　問12　問13　問14

3

問1 (1)　(2)　問2 (1)　(2)

(3)　(4)　(5) A　B　県

問3 (1)　(2)　課税　問4 (1)　(2)

問5　問6　問7 (1) C　D

(2) E　F

問8　母親は　というアンコンシャス・バイアス

開成中学校　2022年度

※123%に拡大していただくと、解答欄は実物大になります。

◇国語◇

問一

①

②

③

④

問二

45

60

問三

25

40

問四

35

50

問五

50

65

問六

60

75

開成中学校　2021年度　　◇算数◇

※ 141％に拡大していただくと，解答欄は実物大になります。

（注意）　式や図や計算などは，他の場所や裏面などにかかないで，すべて解答用紙のその問題の場所にかきなさい。

1

(1)

(1)	曜日

(2)

(2)	個

(3)

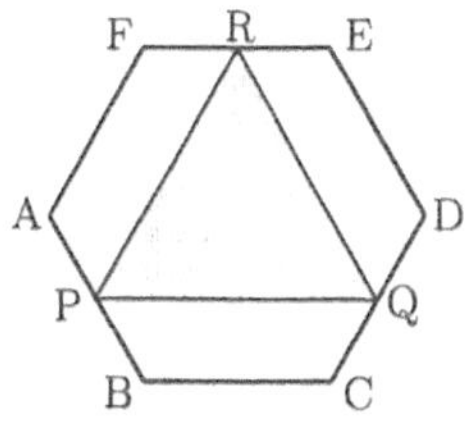

(3)	cm^2

(4)

(4)	48位	
	56位	
	96位	

（注意）　式や図や計算などは，他の場所や裏面などにかかないで，すべて解答用紙のその問題の場所にかきなさい。

2

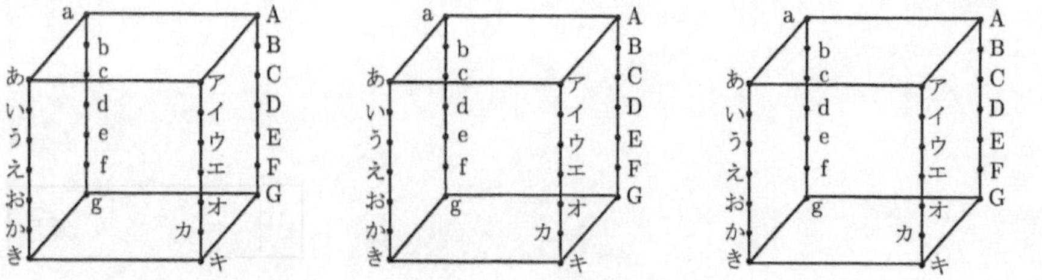

(1)	cm^3
(2)	cm^3
(3)	cm^3

3

(1)	
(2)	
(3)	
(4)	
(5)	通り

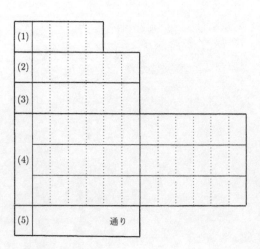

開成中学校　2021年度

◇理科◇

※ 130％に拡大していただくと，解答欄は実物大になります。

1

問1	

問2	問3	問4	問5

問6	問7	問8	問9
mL			

2

問1	問2	問3	問4		
			(a)	(b)	(c)

問5

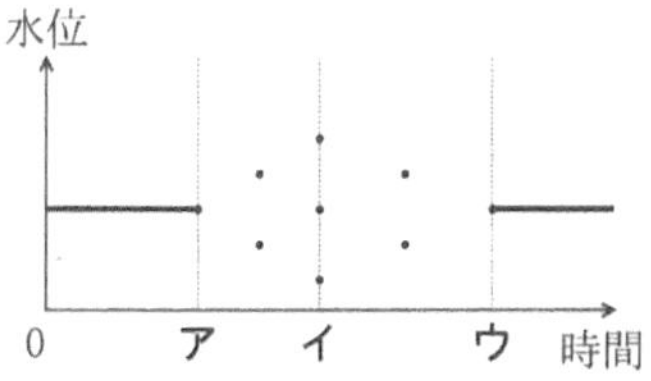

問4 (d)										10
										20

問6

3

問1			問2	問3	問4
①	②	③			

問5										
(1)	問5 (2)									

4

問1		問2	
左端から cm	重さ g	ア cm	イ cm

問3	問4	問5
エ cm	オ cm	カ cm

開成中学校　2021年度 ◇社会◇

※ 132%に拡大していただくと，解答欄は実物大になります。

1

問1 ① ② 問2

問3 問4 ① ② 問5

問6 問7 ① ②

2

問1 ① 1 2 3

② X Y ③ a b

問2 ① ② 問3 X Y Z

3

問1 A B

C D

問2 ① ② 問3 ① ② 問4 ① ② 問5 ① ②

問6 問7 問8

問9 政党

4

問1 問2 A C 問3 問4 問5

問6 問7 発電 問8 問9

問10 問11 問12 問13 問14 ① 油

問14 ②

問15 問16 旭川 網走

◇国語◇

開成中学校　２０２１年度

※１３５％に拡大していただくと，解答欄は実物大になります。

一

問一

問二

25

問三

後悔した。

問四

問五

二

問一　1　2　3

問二

25

に嫉妬しているということ。

問三

開成中学校　2020年度　◇算数◇

※ 141%に拡大していただくと，解答欄は実物大になります。

（注意）　式や図や計算などは，他の場所や裏面などにかかないで，すべて解答用紙のその問題の場所にかきなさい。

1

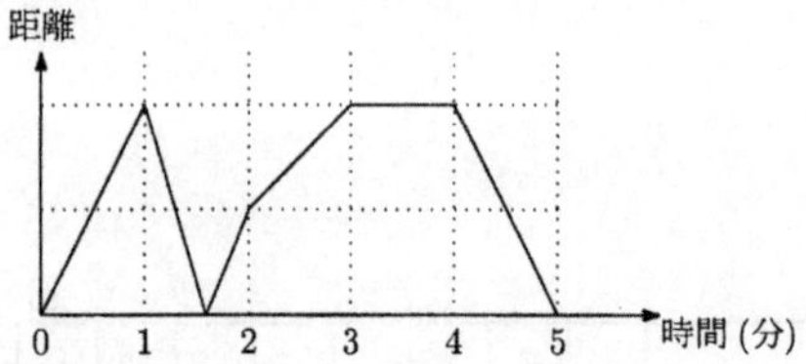

<　　　　>	<　　　　>
<　　　　>	<　　　　>
<　　　　>	<　　　　>

2

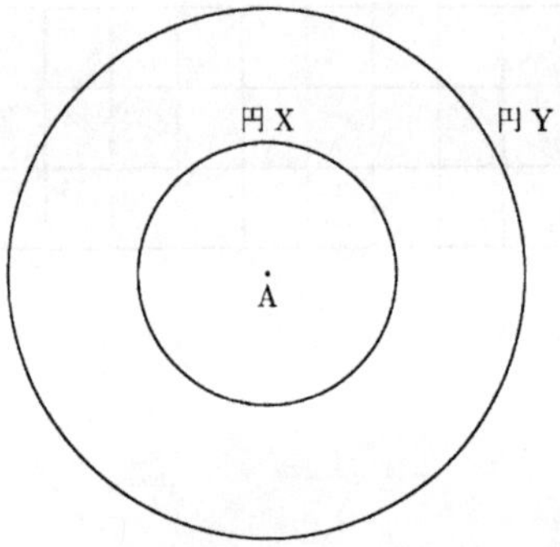

(1)	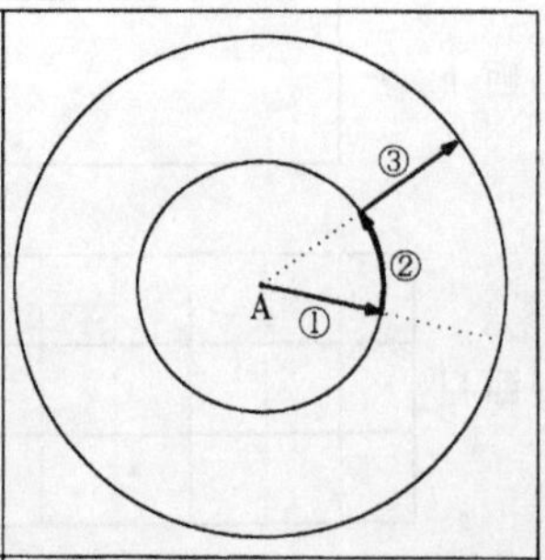
(2)	分後
(3)	m

3

最低枚数	金額	何通りか
1	1, 5, 10	3
2	2, 6, 11, 15, 20	5
3	3, 7, 12, 16, 21, 25, 30	7
4	4, 8, 13, 17, 22, 26, 31, 35, 40	9
5		③
6		④
7		⑤
8		⑥
9	49	1

(1)	(ア)　　　通り	(イ)　　　人	
(2)	①	②	
	③	④	
	⑤	⑥	
	⑦	⑧	

4

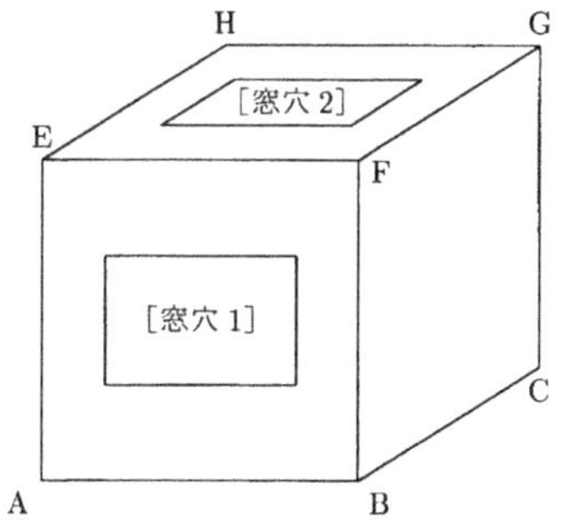

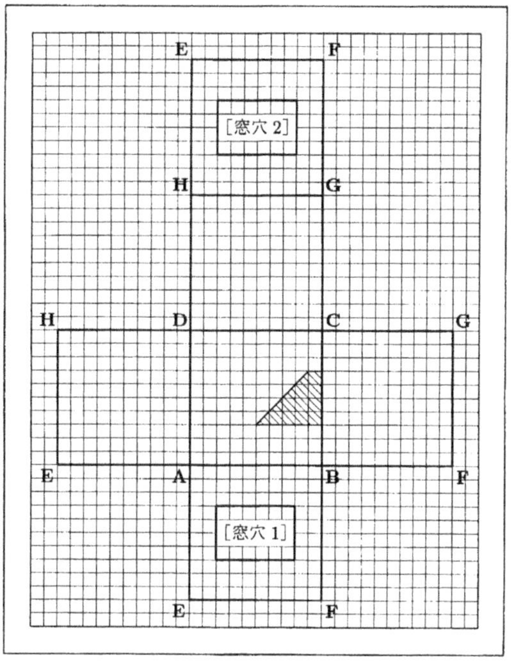

開成中学校　　2020年度

◇理科◇

※ 137%に拡大していただくと，解答欄は実物大になります。

1

問１	問２ (1)	問２ (2)	問２ (3)	問３

問４	問５	問６

2

問１	問２	問３	問４	問５

3

問１	問２	問３	問４
		g	g

問５	問６

4

問１

問２・問３

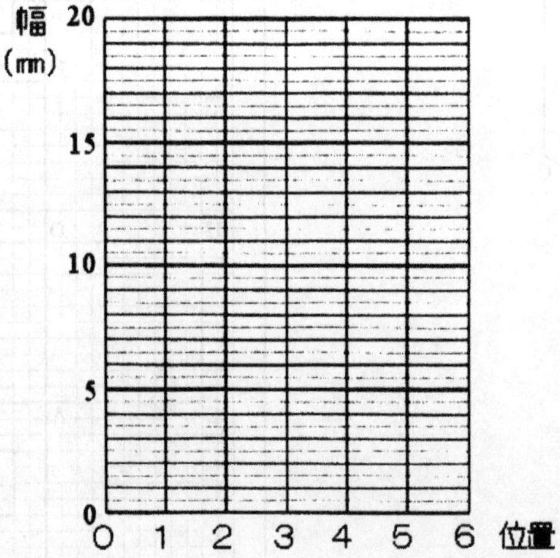

問４	問５ ①	問５ ②

開成中学校　2020年度

◇社会◇

※ 136%に拡大していただくと，解答欄は実物大になります。

1

問1

問2 (1)　(2)

問3 (1)　(2)

問4 (1)

問4 (2)　(3)

問5

問6 (1)　(2)

問7 (1)　(2)　(3) O　P

2

問1　問2　問3　問4　問5　問6

問7　問8　問9　問10　問11

問12　問13 年　問14　問15

問16　問17　問18　問19　問20

問21　問22　問23 月 日

問24　問25 → →　問26　問27

3

問1

問2 (1) D 用水 E 用水 F 用水　(2)

問3 (1)

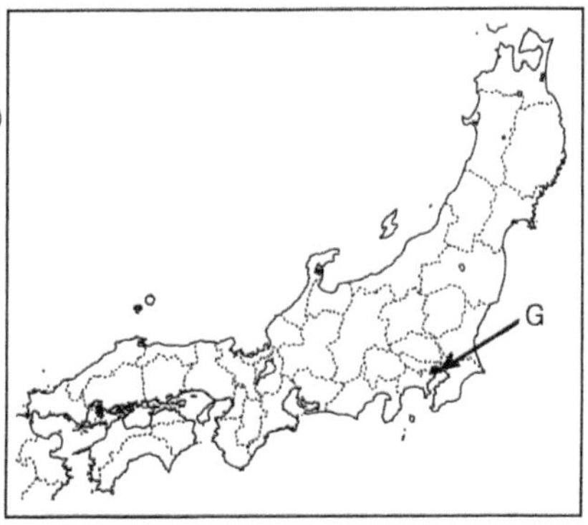

問3 (2) → → →

問4

問5

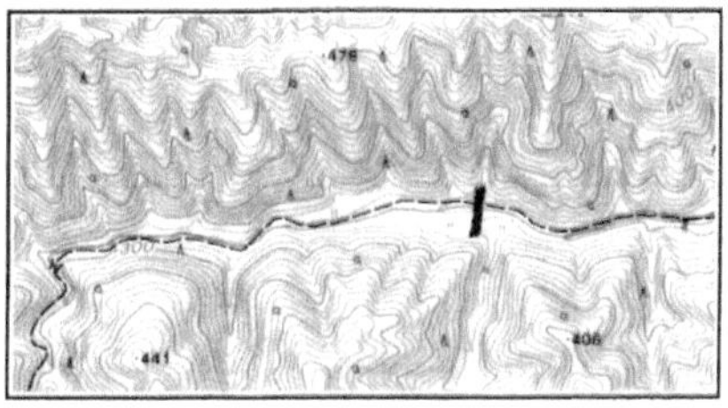

問6

約 リットル

問7 (1)

(2)

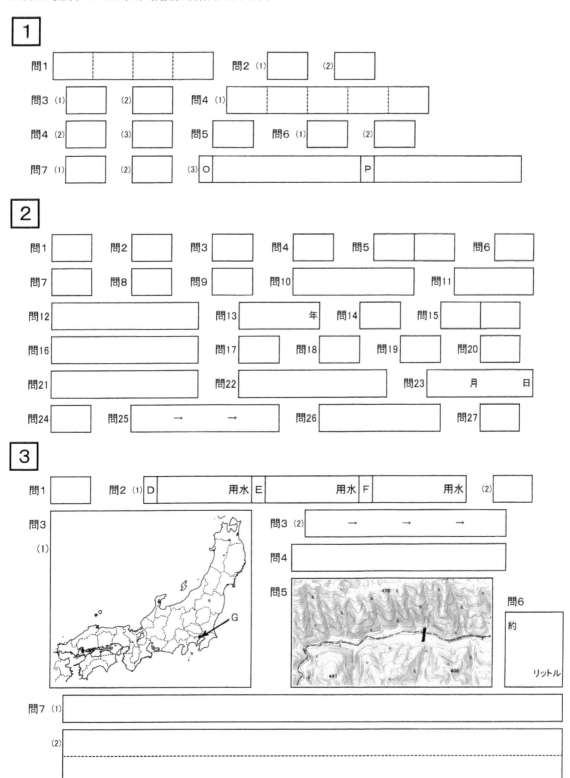

◇国語◇

開成中学校　２０２０年度

※１２８%に拡大していただくと、解答欄は実物大になります。

一

問一

問二

問三

問四

問五

二

問一　①　②　③　④　⑤　⑥　⑦

問二

問三

開成中学校　　2019年度　　　　◇算数◇

※この解答用紙は141％に拡大していただくと，実物大になります。

(注意)　式や図や計算などは，他の場所や裏面などにかかないで，すべて解答用紙のその問題の場所にかきなさい。

1

(1)　　　　倍

(2)　　　　倍

(3) 毎分　　　　m

2

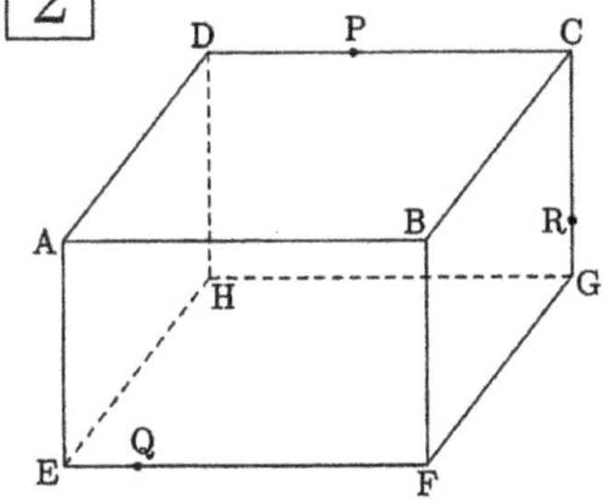

(1)

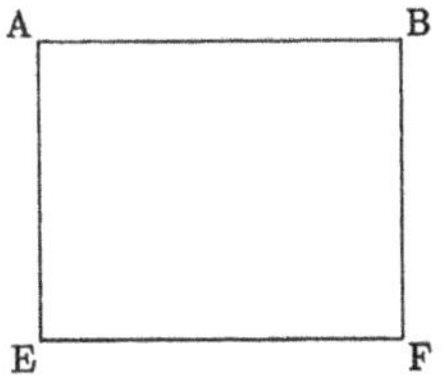

(2)　　　　cm

(3)　　　　cm

3

《図 1》

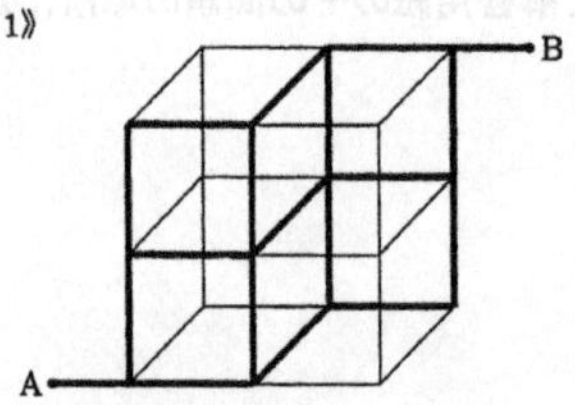

《図 2》

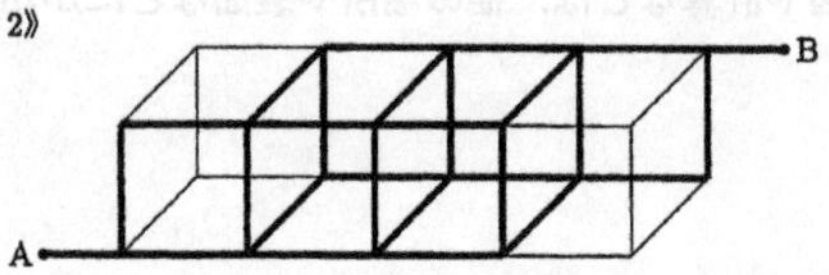

(1)	《図 1》	通り
	《図 2》	通り

《図 4》

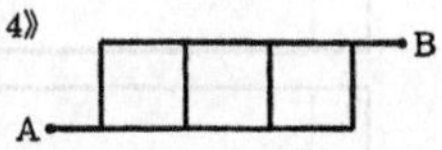

《図 5》

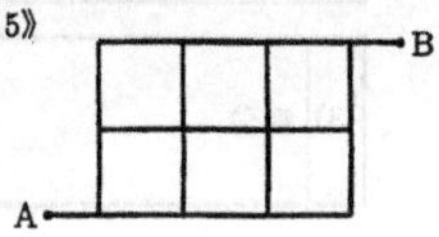

(2)	《図 4》	通り
	《図 5》	通り

4

(1)

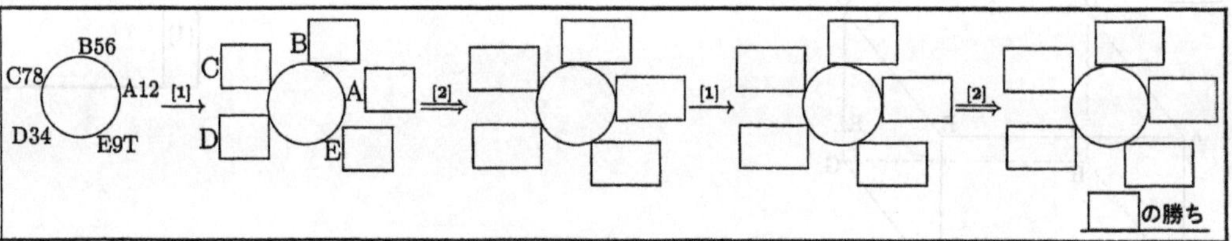

(2)	(a)	(x) …	(y) …	(z) …
	(b)			
	(c)	(ア) … (イ) … (ウ) … (エ) … (オ) … (カ) … (キ) … (ク) … (ケ) … (コ) …	(ア) … (イ) … (ウ) … (エ) … (オ) … (カ) … (キ) … (ク) … (ケ) … (コ) …	(ア) … (イ) … (ウ) … (エ) … (オ) … (カ) … (キ) … (ク) … (ケ) … (コ) …

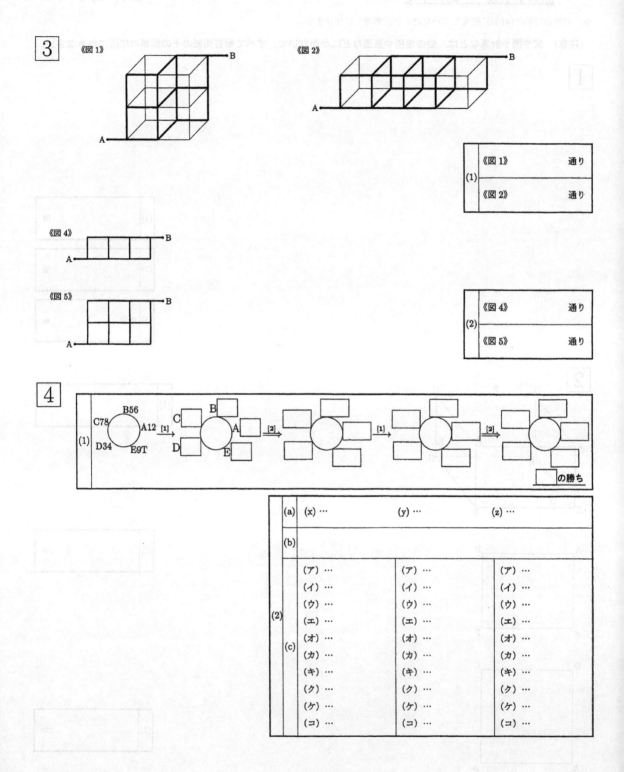

開成中学校　2019年度

◇理科◇

※この解答用紙は119％に拡大していただくと，実物大になります。

1

問 1	問 2	問 3		問 4	問 5
		A	B		

2

問 1	問 2	問 3		問 4	問 5	問 6

3

問 1	問 2	問 3	問 4	問 5	問 6

4

問 1	問 2	問 3	問 4	問 5
		秒	本	

問6	
金属棒４　m	金属棒５　m

開成中学校　2019年度

◇社会◇

※この解答用紙は136%に拡大していただくと，実物大になります。

1

問1　1　2　3
4　5　6

問2　問3　問4　問5

問6　問7　問8　問9

問10　県　問11　問12　問13

問14　問15　問16　問17　市

問18　問19　問20　古墳

問21　と　問22　問23

問24　問25

2

問1　灘　問2　中国　韓国　問3　島

問4　問5　茨城　埼玉　問6　問7

問8　問9　(1)　海里　(2)　問10　諸島

問11　問12　問13　問14

問15　問16　問17　c　d

問18　(1)　(2)　問19　問20　A　D

3

問1　A　B　問2　1　2

問3　問4　(1)　(2)　(3)　問5

問6　(1)　(2)　A　B　C

問7　問8

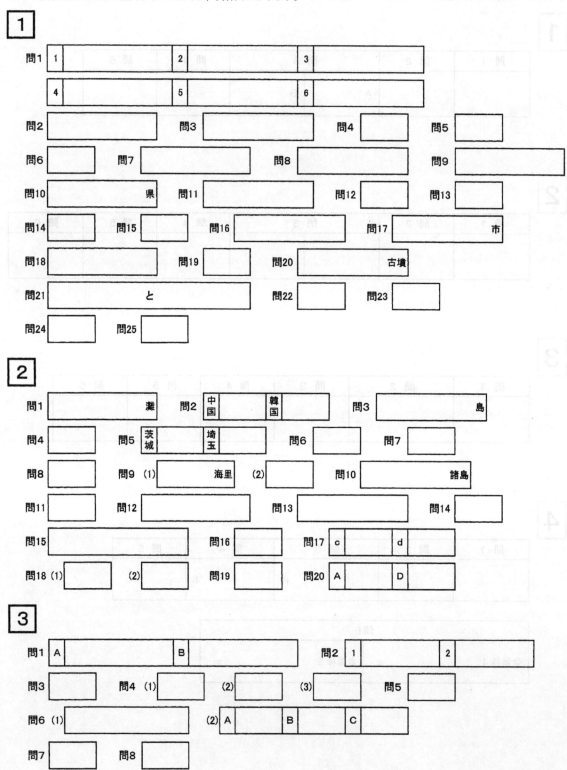

◇国語◇

開成中学校　２０１９年度

※この解答用紙は１３１％に拡大していただくと、実物大になります。

一

問一

問二

問三

問四

二

問一　1　2　3　む　4

問二

問三

問四

開成中学校　平成30年度　◇算数◇

※この解答用紙は143%に拡大していただくと，実物大になります。

(注意)　式や図や計算などは，他の場所や裏面などにかかないで，すべて解答用紙のその問題の場所にかきなさい。

1

(1)

(2)

(3)

(4)

(5)

(6)

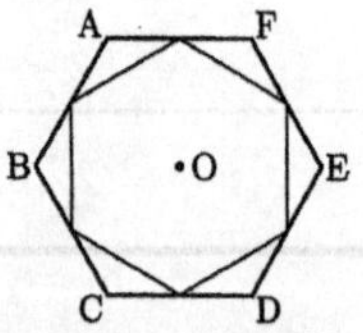

(7)

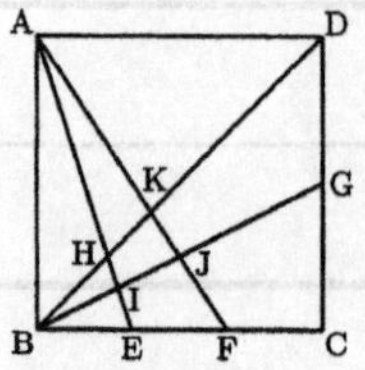

(1)		
(2)		通り
(3)		倍
(4)		%
(5)		cm^3
(6)		cm^2
(7)	(i)	三角形 AIJ:四角形 ABCD =　　　:
	(ii)	四角形 HIJK:四角形 ABCD =　　　:

2

(1)	m
(2)	左から　　　　　　番目

3

(1)	
(2)	
(3)	通りの並べ方があり， それぞれ 　　 種類の整数を使う。

(3) の種類を示す整数は小さい順に並べること。

○推定配点○　1(1)～(6)　各6点×6　　他　各7点×7(3(3)完答)　　　計85点

/85

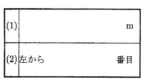

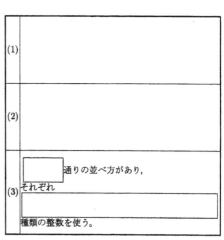

開成中学校　　平成30年度　　　　◇理科◇

※この解答用紙は133％に拡大していただくと，実物大になります。

1

問 1	問 2	問 3	問 4	
	g	の関係	あ　g	い　g

問 5		問 6		問 7
重さ　g	距離　倍			通り

2

問 1		問 2	問 3

問 4					
冬は寒くて乾燥していて					が少ないから

問 5	問 6					問 7

3

問 1	問 2	問 3	問 4
		%	g

問 5	問 6

4

問 1	問 2	問 3	問 4	
分		(　　　)半年が(　　　)日多い	(1)	(2)　曜日

〇推定配点〇
1 問1～問3　各2点×3　　他　各3点×6
2 問1～問4　各2点×4　　他　各3点×3
3 問1・問3・問5　各2点×3　　他　各3点×3
4 問4(1)　2点　　他　各3点×4　　計70点

/70

開成中学校　平成30年度　　◇社会◇

※この解答用紙は143％に拡大していただくと，実物大になります。

1

問1　あ　い　う　え　お

か　き　く　け　こ

問2 (1)　→　→　→　(2)　(3)　問3

問4 (1)　(2)　問5　問6

問7 (1)　→　→　→　(2)　(3)

問8 (1)　(2)　強制収容所　(3)

問9 (1)　(2)　(3)　問10

問11　問12 (1)　(2)

問13 (1)　(2)

問14　問15　州

2

問1　東京　那覇　問2 (1)　(2)

問3 (1)　(2)　(3)

問4 (1)　市　(2)　(3)　湾

(4) A　B　(5)

問5 (1)　(2) B　D　(3)

問6 (1)　(2)　産業　(3)

(4)

問7 (1)　(2)　(3) 大豆　X

問8 (1)　省　(2)　問9 (1)　(2)　選挙

問10 (1)　(2) ②　③　(3)　(4)　歳以上

○推定配点○　1　各1点×35(問2(1)・問7(1)は完答)
2　問1・問6(4)・問7(3)　各2点×3(問1・問7(3)は完答)　他　各1点×29
計70点

/70

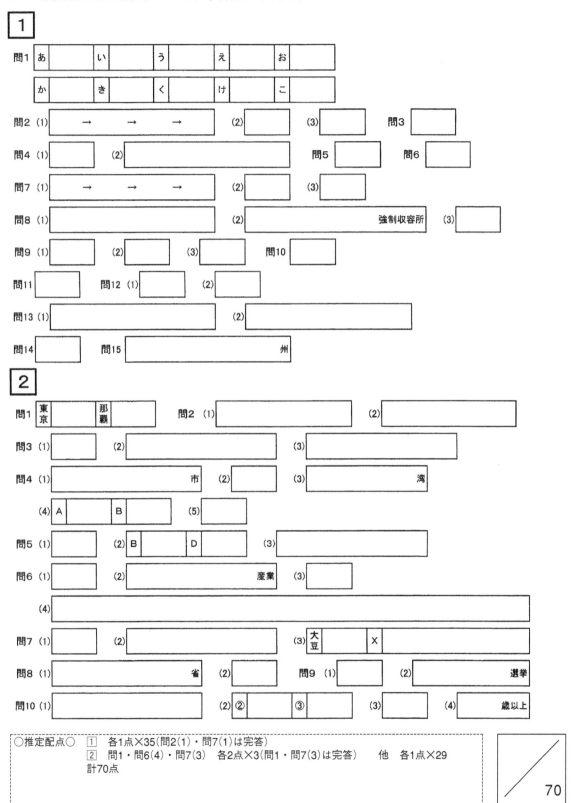

平成30年度 開成中学校

※この解答用紙は155%に拡大していただくと、実物大になります。

◇国語◇

一

問一

問二

問三

問四

二

問一

問二

たしかに

しかし

一方

したがって

三

①

②

③

④

⑤

○推定配点○ 一 各10点×4 二 問一 各5点×2 問二 10点 三 各5点×5 計85点

85

開成中学校　平成29年度

◇算数◇

※この解答用紙は151％に拡大していただくと，実物大になります。

(注意)　式や図や計算などは，他の場所や裏面などにかかないで，すべて解答用紙のその問題の場所にかきなさい。

1

(1)	

(2)	2の倍数	個
	5の倍数	個

2

(1)	

(2)	ア		イ	
	ウ		エ	
	オ		カ	

(3)	縦の長さ	cm
	横の長さ	cm

(4)

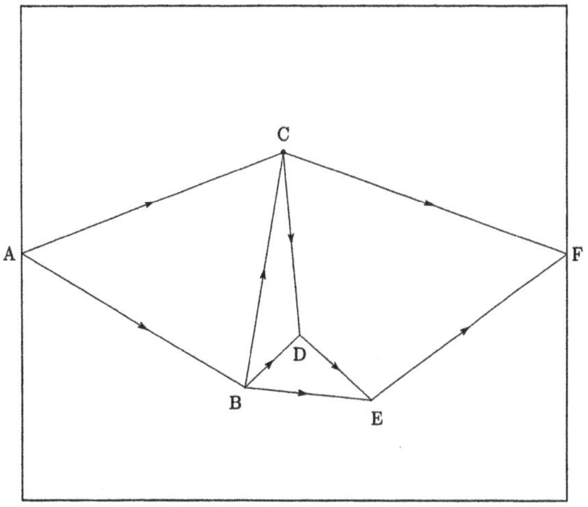

3

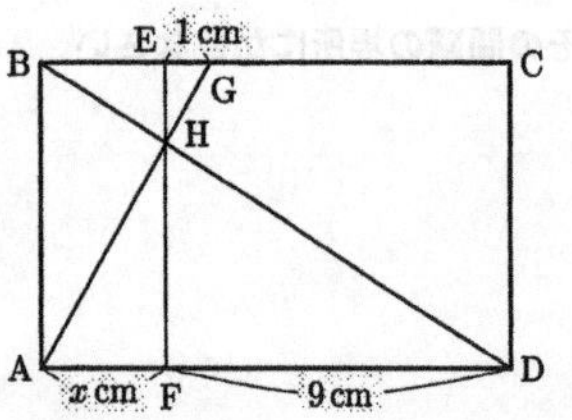

(1) $x =$ (cm)

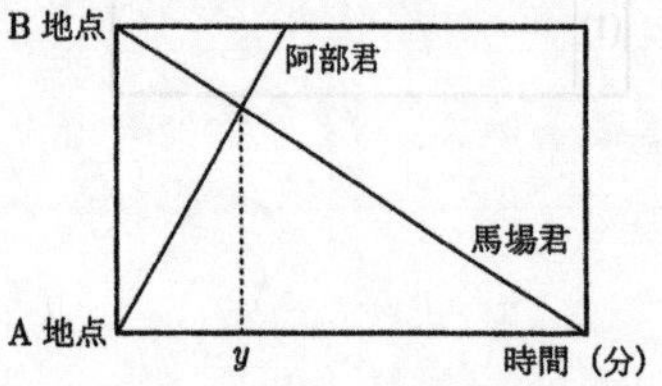

(2) $y =$ (分)

4

(1) ㋒ の長さは ㋐ の長さの 倍

(2) ㋓ の長さは ㋑ の長さより cm〔長い・短い〕

(3) cm

(4) cm

(5) cm

○推定配点○　2(2)　各2点×6　(4)　8点　他　各5点×13(4(2)完答)　計85点

85

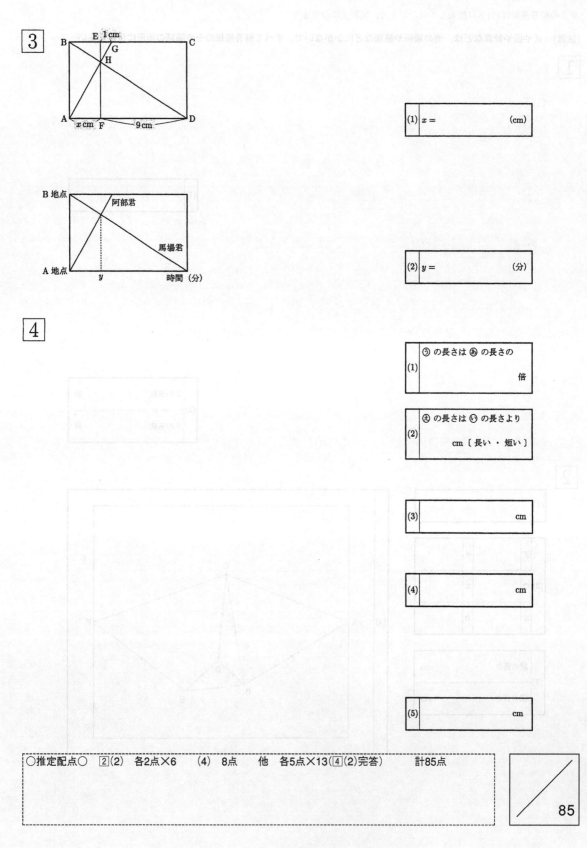

開成中学校　　平成29年度　　　　◇理科◇

※この解答用紙は144％に拡大していただくと，実物大になります。

1

問 1	問 2	問 3	問 4	問 5	問 6	問 7

2

問 1	問 2
問 4	問 5

問 3

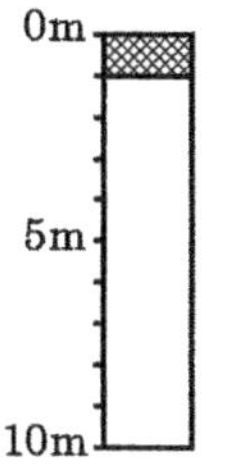

問 6												
違い1 氷河の堆積物の方が												
違い2 氷河の堆積物の方が												

3

問 1	問 2	問 3	問 4	問 5
問 6	問 7	問 8	問 9	
			ダイズ	ヒト

4

問 1	問 2	問 3	問 4
g	cm	cm	cm
問 5	問 6	問 7	問 8
	g	cm	

○推定配点○　1　各2点×7　　2　問3　3点　　他　各2点×6　　3　各2点×10
4　問1・問5・問8　各2点×3　　他　各3点×5　　計70点

/70

開成中学校　　平成29年度　　◇社会◇

※この解答用紙は152％に拡大していただくと，実物大になります。

1

問1　1　2　3

4　5　6

7　8　9

10　問2　(1)　(2)

(3)

(4)

(5)　(6)　(7)

(8)　(9)　(10)

(11)　(12)

問3　①　②　③　④　⑤　⑥　⑦　⑧　⑨　⑩　⑪

2

問1　A　B　C　問2　問3

問4　(1)①　②　③　(2)①　②　③

④

問5　問6　①　②

問7　(1)①位置　国名　②位置　国名

③位置　国名　④位置　国名

(2)位置　国名　(3)ア　イ　ウ

問8　(1)①　語　②　(2)　(3)

問9　(1)　(2) 高い5区　低い5区

(3)①　②　③　区

○推定配点○　1　問1(3)・(4)　各2点×2　他　各1点×31

2　各1点×35（問5，問7の(3)，問9(2)は各完答）　計70点

70

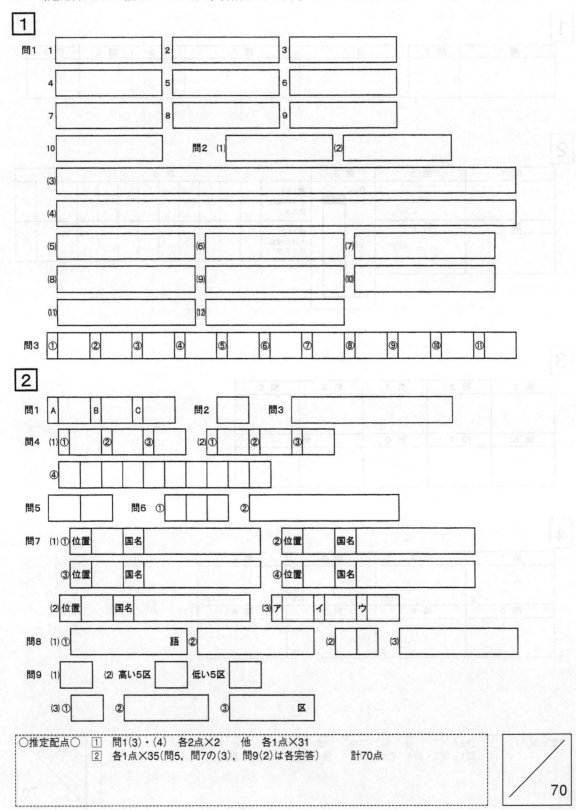

◇国語◇

開成中学校　平成29年度

※この解答用紙は143％に拡大していただくと、実物大になります。

一行のらんに二行以上書いたもの、小さすぎる字は減点の対象にします。

一

問一

問二

問三

問四

問五

問六

A カ　タ

B セイ　セキ

C ザッ　カ

D イトナ

E キョク　チ

二

問一

問二

○推定配点○

一 問五 15点　問六 各2点×5　他 各10点×4

二 問一 7点　問二 13点　計85点

85

MEMO

大切なことはメモしておこうネ！

MEMO

大切なことはメモしておこうネ！

MEMO

大切なことはメモしておこうネ！

MEMO

大切なことはメモしておこうネ！

東京学参の

中学校別入試過去問題シリーズ

＊出版校は一部変更することがあります。一覧にない学校はお問い合わせください。

東京ラインナップ

あ 青山学院中等部(L04)
麻布中学(K01)
桜蔭中学(K02)
お茶の水女子大附属中学(K07)
か 海城中学(K09)
開成中学(M01)
学習院中等科(M03)
慶應義塾中等部(K04)
啓明学園中学(N29)
晃華学園中学(N13)
攻玉社中学(L11)
国学院大久我山中学
（一般・CC）(N22)
（ＳＴ）(N23)
駒場東邦中学(L01)
さ 芝中学(K16)
芝浦工業大附属中学(M06)
城北中学(M05)
女子学院中学(K03)
巣鴨中学(M02)
成蹊中学(N06)
成城中学(K28)
成城学園中学(L05)
青稜中学(K23)
創価中学(N14)★
た 玉川学園中学部(N17)
中央大附属中学(N08)
筑波大附属中学(K06)
筑波大附属駒場中学(L02)
帝京大中学(N16)
東海大菅生高中等部(N27)
東京学芸大附属竹早中学(K08)
東京都市大付属中学(L13)
桐朋中学(N03)
東洋英和女学院中学部(K15)
豊島岡女子学園中学(M12)
な 日本大第一中学(M14)
日本大第三中学(N19)
日本大第二中学(N10)
は 雙葉中学(K05)
法政大学中学(N11)
本郷中学(M08)
ま 武蔵中学(N01)
明治大付属中野中学(N05)
明治大付属八王子中学(N07)
明治大付属明治中学(K13)
ら 立教池袋中学(M04)
わ 和光中学(N21)
早稲田中学(K10)
早稲田実業学校中等部(K11)
早稲田大高等学院中学部(N12)

神奈川ラインナップ

あ 浅野中学(O04)
栄光学園中学(O06)
か 神奈川大附属中学(O08)
鎌倉女学院中学(O27)
関東学院六浦中学(O31)
慶應義塾湘南藤沢中等部(O07)
慶應義塾普通部(O01)
さ 相模女子大中学部(O32)
サレジオ学院中学(O17)
逗子開成中学(O22)
聖光学院中学(O11)
清泉女学院中学(O20)
洗足学園中学(O18)
捜真女学校中学部(O29)
た 桐蔭学園中等教育学校(O02)
東海大付属相模高中等部(O24)
桐光学園中学(O16)
な 日本大中学(O09)
は フェリス女学院中学(O03)
法政大第二中学(O19)
や 山手学院中学(O15)
横浜隼人中学(O26)

千・埼・茨・他ラインナップ

あ 市川中学(P01)
浦和明の星女子中学(Q06)
か 海陽中等教育学校
（入試Ⅰ・Ⅱ）(T01)
（特別給費生選抜）(T02)
久留米大附設中学(Y04)
さ 栄東中学（東大・難関大）(Q09)
栄東中学（東大特待）(Q10)
狭山ヶ丘高校付属中学(Q01)
芝浦工業大柏中学(P14)
渋谷教育学園幕張中学(P09)
城北埼玉中学(Q07)
昭和学院秀英中学(P05)
清真学園中学(S01)
西南学院中学(Y02)
西武学園文理中学(Q03)
西武台新座中学(Q02)
専修大松戸中学(P13)
た 筑紫女学園中学(Y03)
千葉日本大第一中学(P07)
千葉明徳中学(P12)
東海大付属浦安高中等部(P06)
東邦大付属東邦中学(P08)
東洋大附属牛久中学(S02)
獨協埼玉中学(Q08)
な 長崎日本大中学(Y01)
成田高校付属中学(P15)
は 函館ラ・サール中学(X01)
日出学園中学(P03)
福岡大附属大濠中学(Y05)
北嶺中学(X03)
細田学園中学(Q04)
や 八千代松陰中学(P10)
ら ラ・サール中学(Y07)
立命館慶祥中学(X02)
立教新座中学(Q05)
わ 早稲田佐賀中学(Y06)

公立中高一貫校ラインナップ

北海道 市立札幌開成中等教育学校(J22)
宮 城 宮城県仙台二華・古川黎明中学校(J17)
市立仙台青陵中等教育学校(J33)
山 形 県立東桜学館・致道館中学校(J27)
茨 城 茨城県立中学・中等教育学校(J09)
栃 木 県立宇都宮東・佐野・矢板東高校附属中学校(J11)
群 馬 県立中央・市立四ツ葉学園中等教育学校・
市立太田中学校(J10)
埼 玉 市立浦和中学校(J06)
県立伊奈学園中学校(J31)
さいたま市立大宮国際中等教育学校(J32)
川口市立高等学校附属中学校(J35)
千 葉 県立千葉・東葛飾中学校(J07)
市立稲毛国際中等教育学校(J25)
東 京 区立九段中等教育学校(J21)
都立大泉高等学校附属中学校(J28)
都立両国高等学校附属中学校(J01)
都立白鷗高等学校附属中学校(J02)
都立富士高等学校附属中学校(J03)
都立三鷹中等教育学校(J29)
都立南多摩中等教育学校(J30)
都立武蔵高等学校附属中学校(J04)
都立立川国際中等教育学校(J05)
都立小石川中等教育学校(J23)
都立桜修館中等教育学校(J24)
神奈川 川崎市立川崎高等学校附属中学校(J26)
県立平塚・相模原中等教育学校(J08)
横浜市立南高等学校附属中学校(J20)
横浜サイエンスフロンティア高校附属中学校(J34)
広 島 県立広島中学校(J16)
県立三次中学校(J37)
徳 島 県立城ノ内中等教育学校・富岡東・川島中学校(J18)
愛 媛 県立今治東・松山西中等教育学校(J19)
福 岡 福岡県立中学校・中等教育学校(J12)
佐 賀 県立香楠・致遠館・唐津東・武雄青陵中学校(J13)
宮 崎 県立五ヶ瀬中等教育学校・宮崎西・都城泉ヶ丘高校附属中学校(J15)
長 崎 県立長崎東・佐世保北・諫早高校附属中学校(J14)

公立中高一貫校「適性検査対策」問題集シリーズ

総合編　作文問題編　資料問題編　数と図形編　生活と科学編　実力確認テスト編

私立中・高スクールガイド

THE《ザ》 私立

私立中学＆高校の学校生活がわかる！

東京学参の

高校別入試過去問題シリーズ

＊出版校は一部変更することがあります。一覧にない学校はお問い合わせください。

東京ラインナップ

あ 愛国高校(A59)
青山学院高等部(A16)★
桜美林高校(A37)
お茶の水女子大附属高校(A04)
か 開成高校(A05)★
共立女子第二高校(A40)★
慶應義塾女子高校(A13)
啓明学園高校(A68)★
国学院高校(A30)
国学院大久我山高校(A31)
国際基督教大高校(A06)
小平錦城高校(A61)★
駒澤大高校(A32)
さ 芝浦工業大附属高校(A35)
修徳高校(A52)
城北高校(A21)
専修大附属高校(A28)
創価高校(A66)★
た 拓殖大第一高校(A53)
立川女子高校(A41)
玉川学園高等部(A56)
中央大高校(A19)
中央大杉並高校(A18)★
中央大附属高校(A17)
筑波大附属高校(A01)
筑波大附属駒場高校(A02)
帝京大高校(A60)
東海大菅生高校(A42)
東京学芸大附属高校(A03)
東京実業高校(A62)
東京農業大第一高校(A39)
桐朋高校(A15)
都立青山高校(A73)★
都立国立高校(A76)★
都立国際高校(A80)★
都立国分寺高校(A78)★
都立新宿高校(A77)★
都立墨田川高校(A81)★
都立立川高校(A75)★
都立戸山高校(A72)★
都立西高校(A71)★
都立八王子東高校(A74)★
都立日比谷高校(A70)★
な 日本大櫻丘高校(A25)
日本大第一高校(A50)
日本大第三高校(A48)
日本大第二高校(A27)
日本大鶴ヶ丘高校(A26)
日本大豊山高校(A23)
は 八王子学園八王子高校(A64)
法政大高校(A29)
ま 明治学院高校(A38)
明治学院東村山高校(A49)
明治大付属中野高校(A33)
明治大付属八王子高校(A67)
明治大付属明治高校(A34)★
明法高校(A63)
わ 早稲田実業学校高等部(A09)
早稲田大高等学院(A07)

神奈川ラインナップ

あ 麻布大附属高校(B04)
アレセイア湘南高校(B24)
か 慶應義塾高校(A11)
神奈川県公立高校特色検査(B00)
さ 相洋高校(B18)
た 立花学園高校(B23)
桐蔭学園高校(B01)
東海大付属相模高校(B03)★
桐光学園高校(B11)
な 日本大高校(B06)
日本大藤沢高校(B07)
は 平塚学園高校(B22)
藤沢翔陵高校(B08)
法政大国際高校(B17)
法政大第二高校(B02)★
や 山手学院高校(B09)
横須賀学院高校(B20)
横浜商科大高校(B05)
横浜市立横浜サイエンスフロンティア高校(B70)
横浜翠陵高校(B14)
横浜清風高校(B10)
横浜創英高校(B21)
横浜隼人高校(B16)
横浜富士見丘学園高校(B25)

千葉ラインナップ

あ 愛国学園大附属四街道高校(C26)
我孫子二階堂高校(C17)
市川高校(C01)★
か 敬愛学園高校(C15)
さ 芝浦工業大柏高校(C09)
渋谷教育学園幕張高校(C16)★
翔凜高校(C34)
昭和学院秀英高校(C23)
専修大松戸高校(C02)
た 千葉英和高校(C18)
千葉敬愛高校(C05)
千葉経済大附属高校(C27)
千葉日本大第一高校(C06)★
千葉明徳高校(C20)
千葉黎明高校(C24)
東海大付属浦安高校(C03)
東京学館高校(C14)
東京学館浦安高校(C31)
な 日本体育大柏高校(C30)
日本大習志野高校(C07)
は 日出学園高校(C08)
や 八千代松陰高校(C12)
ら 流通経済大付属柏高校(C19)★

埼玉ラインナップ

あ 浦和学院高校(D21)
大妻嵐山高校(D04)★
か 開智高校(D08)
開智未来高校(D13)★
春日部共栄高校(D07)
川越東高校(D12)
慶應義塾志木高校(A12)
さ 埼玉栄高校(D09)
栄東高校(D14)
狭山ヶ丘高校(D24)
昌平高校(D23)
西武学園文理高校(D10)
西武台高校(D06)
た 東京農業大第三高校(D18)
は 武南高校(D05)
本庄東高校(D20)
や 山村国際高校(D19)
ら 立教新座高校(A14)
わ 早稲田大本庄高等学院(A10)

北関東・甲信越ラインナップ

あ 愛国学園大附属龍ヶ崎高校(E07)
宇都宮短大附属高校(E24)
か 鹿島学園高校(E08)
霞ヶ浦高校(E03)
共愛学園高校(E31)
甲陵高校(E43)
国立高等専門学校(A00)
さ 作新学院高校
（トップ英進・英進部）(E21)
（情報科学・総合進学部）(E22)
常総学院高校(E04)
た 中越高校(R03)＊
土浦日本大高校(E01)
東洋大附属牛久高校(E02)
な 新潟青陵高校(R02)
新潟明訓高校(R04)
日本文理高校(R01)
は 白鷗大足利高校(E25)
ま 前橋育英高校(E32)
や 山梨学院高校(E41)

中京圏ラインナップ

あ 愛知高校(F02)
愛知啓成高校(F09)
愛知工業大名電高校(F06)
愛知みずほ大瑞穂高校(F25)
暁高校（3年制）(F50)
鶯谷高校(F60)
栄徳高校(F29)
桜花学園高校(F14)
岡崎城西高校(F34)
か 岐阜聖徳学園高校(F62)
岐阜東高校(F61)
享栄高校(F18)
さ 桜丘高校(F36)
至学館高校(F19)
椙山女学園高校(F10)
鈴鹿高校(F53)
星城高校(F27)★
誠信高校(F33)
清林館高校(F16)★
た 大成高校(F28)
大同大大同高校(F30)
高田高校(F51)
滝高校(F03)★
中京高校(F63)
中京大附属中京高校(F11)★
中部大春日丘高校(F26)★
中部大第一高校(F32)
津田学園高校(F54)
東海高校(F04)★
東海学園高校(F20)
東邦高校(F12)
同朋高校(F22)
豊田大谷高校(F35)
な 名古屋高校(F13)
名古屋大谷高校(F23)
名古屋経済大市邨高校(F08)
名古屋経済大高蔵高校(F05)
名古屋女子大高校(F24)
名古屋たちばな高校(F21)
日本福祉大付属高校(F17)
人間環境大附属岡崎高校(F37)
は 光ヶ丘女子高校(F38)
誉高校(F31)
ま 三重高校(F52)
名城大附属高校(F15)

宮城ラインナップ

さ 尚絅学院高校(G02)
聖ウルスラ学院英智高校(G01)★
聖和学園高校(G05)
仙台育英学園高校(G04)
仙台城南高校(G06)
仙台白百合学園高校(G12)
た 東北学院高校(G03)★
東北学院榴ヶ岡高校(G08)
東北高校(G11)
東北生活文化大高校(G10)
常盤木学園高校(G07)
は 古川学園高校(G13)
ま 宮城学院高校(G09)★

北海道ラインナップ

さ 札幌光星高校(H06)
札幌静修高校(H09)
札幌第一高校(H01)
札幌北斗高校(H04)
札幌龍谷学園高校(H08)
は 北海高校(H03)
北海学園札幌高校(H07)
北海道科学大高校(H05)
ら 立命館慶祥高校(H02)

★はリスニング音声データのダウンロード付き。

都道府県別 公立高校入試過去問 シリーズ

- 全国47都道府県別に出版
- 最近数年間の検査問題収録
- リスニングテスト音声対応

公立高校入試対策 問題集シリーズ

- 目標得点別・公立入試の数学（基礎編）
- 実戦問題演習・公立入試の数学（実力錬成編）
- 実戦問題演習・公立入試の英語（基礎編・実力錬成編）
- 形式別演習・公立入試の国語
- 実戦問題演習・公立入試の理科
- 実戦問題演習・公立入試の社会

高校入試特訓問題集 シリーズ

- 英語長文難関攻略33選（改訂版）
- 英語長文テーマ別難関攻略30選
- 英文法難関攻略20選
- 英語難関徹底攻略33選
- 古文完全攻略63選（改訂版）
- 国語融合問題完全攻略30選
- 国語長文難関徹底攻略30選
- 国語知識問題完全攻略13選
- 数学の図形と関数・グラフの融合問題完全攻略272選
- 数学難関徹底攻略700選
- 数学の難問80選
- 数学 思考力―規則性とデータの分析と活用―

〈ダウンロードコンテンツについて〉

本問題集のダウンロードコンテンツ、弊社ホームページで配信しております。現在ご利用いただけるのは「2025年度受験用」に対応したもので、**2025年3月末日**までダウンロード可能です。弊社ホームページにアクセスの上、ご利用ください。

※配信期間が終了いたしますと、ご利用いただけませんのでご了承ください。

中学別入試過去問題シリーズ

開成中学校　2025年度

ISBN978-4-8141-3161-7

[発行所] 東京学参株式会社

〒153-0043　東京都目黒区東山2-6-4

書籍の内容についてのお問い合わせは右のQRコードから　⇒

※書籍の内容についてのお電話でのお問い合わせ、本書の内容を超えたご質問には対応できませんのでご了承ください。

2024年3月29日　初版